U0786168

富阳年鉴

FUYANG YEARBOOK

2019

杭州市富阳区地方志编纂委员会　编

（总第24卷）

方志出版社
Publishing House of Local Records

图书在版编目（CIP）数据

富阳年鉴. 2019 / 杭州市富阳区地方志编纂委员会编. -- 北京：方志出版社，2019.12
ISBN 978-7-5144-4100-0

Ⅰ. ①富… Ⅱ. ①杭… Ⅲ. ①富阳－2019－年鉴
Ⅳ. ① Z525.54

中国版本图书馆 CIP 数据核字（2019）第 298816 号

富阳年鉴（2019）

编　　者：	杭州市富阳区地方志编纂委员会
责任编辑：	刘方圆
出 版 者：	方志出版社
	地址　北京市朝阳区潘家园东里 9 号（国家方志馆 4 层）
	邮编　100021
	网址　http://www.fzph.org
发　　行：	方志出版社图书经销中心
	电话（010）67110500
经　　销：	各地新华书店
印　　刷：	杭州富阳正大彩印有限公司
开　　本：	889×1194　1/16
印　　张：	25.75
字　　数：	731 千字
版　　次：	2019 年 12 月第 1 版　2019 年 12 月第 1 次印刷
印　　数：	0001 ～ 1000 册
ISBN	978-7-5144-4100-0　定价：180.00 元

· 版权所有　翻印必究 ·

编辑说明

一、《富阳年鉴》是综合性地方年鉴，以大型资料性工具书的形式，全面、系统、连贯地逐年记载富阳区政治、经济、文化及社会发展的主要情况，为广大读者了解富阳提供丰富、翔实的信息资料。自1996年开始编纂至今，已连续公开出版24卷。

二、《富阳年鉴（2019）》以马克思列宁主义、毛泽东思想、邓小平理论、“三个代表”重要思想、科学发展观、习近平新时代中国特色社会主义思想为指导，坚持辩证唯物主义和历史唯物主义的立场，观点和方法，紧紧围绕中国共产党的路线、方针、政策，全面、客观地反映富阳区人民在2018年勇于开拓创新，在经济、政治、文化、社会、生态文明建设中，取得的新成就、新经验，以及在前进道路上遇到的新情况、新问题。本部年鉴的记述时间为2018年1—12月。

三、《富阳年鉴（2019）》集资料、信息、知识于一体，以文字记述为主要形式，采用分类编纂法，由卷首、百科、卷尾3个基本部分组成，以类目、分目、条目3个层次为框架结构。卷首设：特载、年度聚焦、大事记、富阳总述。百科部分设：中国共产党杭州市富阳区委员会、杭州市富阳区人民代表大会、杭州市富阳区人民政府、政协杭州市富阳区委员会、纪律检查·监察、民主党派·人民团体、法治、人民武装、经济管理、农业·新农村、工业、商务流通、金融、交通·运输、邮政通信、旅游业、富阳经济技术开发区、投融资平台、城乡建设与管理、环境保护、科学技术、教育、文化·传媒、医疗卫生、体育、社会生活、乡镇·街道。卷尾设：名录、附录。全书共设33个类目，223个分目，1560个条目。类目之首一般设“综述”，分目之首一般设“概况”，以集中记述各行各业的综合情况。

四、《富阳年鉴（2019）》的文稿大部分由富阳区各部门和各乡镇、街道提供，部分由区史志办公室和有关人员撰写。文稿由领导审核，文后作者署名，以示负责。凡涉及全区性国民经济和社会发展的数据，均以富阳区统计局当年《统计年鉴》为准；《统计年鉴》未收录的，采用各专业部门提供的数据。个别数据由于来源不同、统计口径不一而不尽相同的，以该行业主管部门提供的为准。各业所涉及的产值均指当年价。

五、先进名录由各部门单独提供，收录标准为国家级和国家属部门级、省级和省属部门（厅）级及杭州市委、杭州市政府以上颁奖或命名的先进集体和先进个人。

六、附录的收录范围为新任区领导简历、重要文件目录。

七、全书所涉浙江省委、市委、区委如无特殊说明，一般指中国共产党浙江省委、杭州市委、富阳区委。

《富阳年鉴》编辑部

2019年12月

杭州市富阳区地方志编纂委员会

顾　问：朱党其

主　任：吴玉凤

副主任：仰中旻　夏　芬　赵玉龙　孙　洁　王小丁　刘文灿

委　员：包国灿　刘晓锋　赵骊中　申屠裕仁　祝燕青　朱　峻
颜　炎　金占辉　丁建军　俞加兴　刘学军　林高贤
包莹莹　陈炜祥

《富阳年鉴》编辑部

主　　编：刘文灿

副 主 编：陈炜祥　董江军

编　　辑（以姓氏笔画为序）：
汪校良　沈绍坤　何开城　洪菁龙
胡春国　赵雪红　蒋虹瑶

彩页编辑：洪菁龙

2019 年 2 月 2 日，浙江省委书记车俊（中）等省市领导参加富阳场口农村文化礼堂“我们的村晚”

（朱啸尘　供稿）

2018 年 12 月 20 日，省委常委、杭州市委书记周江勇（左二）到富阳调研　（朱啸尘　供稿）

2019 年 1 月 9 日，区委一届六次全体（扩大）会议召开　　（朱啸尘　供稿）

2019 年 1 月 16 日，区十六届人大三次会议召开　　（包　健　供稿）

2019 年 1 月 15 日，区政协九届三次会议召开 （骆晓飞　供稿）

2018 年 3 月 9 日，全区"三看四态促转型"战斗再动员大会召开 （包　健　供稿）

2018 年 3 月 16 日，全区农村工作会议召开　　（包　健　供稿）

2018 年 4 月 2 日，全区经济工作会议召开　　（包　健　供稿）

2018 年 4 月 9 日，富阳区地铁沿线征迁战斗动员大会在银湖街道举行　　（包　健　供稿）

2018 年 4 月 26 日，“公望富春”文化节暨第一届“乡村百花大会”在龙门镇启动　　（骆晓飞　供稿）

2018 年 5 月 23 日，富阳举行重大项目集中开工活动 （包　健　供稿）

2018 年 6 月 1 日，纪念“海峡两岸交流基地”创建五周年暨“公望富春”海峡两岸文化交流系列活动在公望美术馆启幕 （包　健　供稿）

2018 年 6 月 29 日，达夫路精品街区正式开街　　（骆晓飞　供稿）

2018 年 6 月 30 日，浙商回归——场口小城市培育建设举行项目签约仪式　　（包　健　供稿）

2018 年 7 月 29 日，富阳区政府与中国水稻研究所签订战略合作框架协议　　（包　健　供稿）

2018 年 8 月 28 日，富阳区政府与浙江省人民医院签订合作协议，双方将合作共建省人民医院富阳院区

（包　健　供稿）

2018 年 12 月，杭州“城市大脑”卫健系统（舒心就医）在富阳率先上线　　（区卫生健康局　供稿）

2018 年 9 月 28 日，富阳区政府分别与浙江师范大学、杭州师范大学签署教育合作项目　　（包　健　供稿）

2018年10月20日，富阳举行“看富阳、议发展、促转型”现场考察、交流恳谈活动　　　（包　健　供稿）

2018年10月20日，富阳美丽经济招商推介会在新桐乡举行　　　（包　健　供稿）

2018 年 11 月 5 日，省委第五巡视组巡视杭州市富阳区工作动员会召开　（包　健　供稿）

2018 年 11 月 27 日，杭州·黄山乡村振兴与旅游发展高峰论坛暨第十四届杭州·浙西旅游合作峰会召开
（章岳群　供稿）

2018 年 11 月 29 日，由富阳区政府、杭州日报报业集团联合主办的 2018 年度富阳创客文化节系列活动之“创新力量 新城之光——2018 杭州（富阳）数字经济高峰论坛”在中国智谷富春园区举行 （骆晓飞 供稿）

2018 年 12 月 7 日，第五届郁达夫小说奖颁奖晚会在富春山馆举行 （骆晓飞 供稿）

2018 年 12 月 25 日，杭黄高铁通车，富阳迈入“高铁时代” （朱啸尘　供稿）

2018 年 12 月，“江南区块”正式定名为“杭州富春湾新城”。图为杭州富春湾新城夜景 （杨平儿　供稿）

2018 年，“三美”建设成效显著，获得“省美丽乡村示范区”等称号，图为湘溪村村景　　（朱啸尘　供稿）

2018 年，富阳被评为“省农村文化礼堂建设示范区”。图为洞桥村文化礼堂　　（洞桥镇　供稿）

目　　录

特　载

年度聚焦

大事记

总　述

中国共产党杭州市富阳区委员会

杭州市富阳区人民代表大会

杭州市富阳区人民政府

政协杭州市富阳区委员会

纪律检查·监察

民主党派·人民团体

法 治

人民武装

经济管理

农业 · 新农村

工 业

商贸流通

金　融

交通·运输

邮政通信

旅游业

富阳经济技术开发区

投融资平台

城乡建设与管理

环境保护

科学技术

教　育

文化·传媒

医疗卫生

体　育

乡镇·街道

名 录

附 录

特　载

全面推进高新产业发展、高品质城市建设、高水平社会治理全力加快与杭州大都市高质量一体化发展

——在区委一届六次全体（扩大）会议上的报告

（2019年1月9日）

中共杭州市富阳区委书记　朱党其

这次全会的主要任务是：高举习近平新时代中国特色社会主义思想伟大旗帜，全面贯彻落实党的十九大、中央和省委经济工作会议精神，市委“干好一一六、当好排头兵”部署要求，回顾总结2018年工作，研究部署2019年重点任务，团结带领全区党员干部群众，坚定“拥抱富春江、拥抱大都市、拥抱新时代”不动摇，全面推进高新产业发展、高品质城市建设、高水平社会治理，全力加快与杭州大都市高质量一体化发展，为早日建成富裕阳光的大都市新型城区打下坚实基础。

下面，我代表区委常委会向全会作报告。

一、回顾总结过去一年工作，富阳转型发展迎来历史性变革

刚刚过去的2018年，是富阳历史上转型任务最为艰巨、发展成果最为丰硕的一年。一年来，区委常委会以习近平新时代中国特色社会主义思想为指

导，深入贯彻落实党的十九大精神，坚定不移践行“八八战略”，认真落实市委“六大行动”，以“一年脱掉一层皮、干出一番新天地”的干劲和韧劲，团结带领全区人民持续高质量打好转型硬仗，较好地完成了“破题大仗基本打下来”的既定目标，全区上下捷报频传、战果丰硕，富阳大地正在经历一

场全面的、高速的、革命性的发展变化。

（一）都市发展理念不断提升。我们始终把“转型发展、融合发展”作为主要任务，保持战略定力，坚定发展方向，以思想的解放和理念的革新，推动各级党员干部作风转变和本领提升。紧紧扭住“转型”不动摇。两次召开“三看四态促转型”战斗动员大会，持续高质量打好融合发展、产业转型、城市有机更新、江南转型、“三美”建设、社会治理、改革创新七大转型攻坚硬仗，研究部署“高新产业发展、高品质城市建设、高水平社会治理”工作。尽管经历了非常困难的宏观环境，经受了大规模“拆改整”的战斗考验，但我们仍超出预期地完成了破题战斗任务。“转型”不仅成为富阳发展的正确方向，更已成为党员干部的行动自觉。牢固树立“都市”理念。坚定“拥抱富春江、拥抱大都市、拥抱新时代”不动摇，积极主动向东学向东干，坚定不移地推动产业、城市、环境等一切因素与都市一体，争当大都市的重要一极。党员干部都市发展理念、都市建设本领、都市管理水平得到极大提升，全区人民、社会各界和在外乡贤对富阳未来发展的信心空前高涨。牢固树立“优质服务是发展的第一要务”理念。行政服务中心新大楼和场口分中心建成启用，行政审批和公共服务事项100%实现“最多跑一次”；创新设立投资项目联审联批中心，一般企业投资项目开工前审批压缩至100天以内；试点商事登记证照分离改革，新设企业开办时间压缩至2.5个工作日，跑改实现率和满意率后来居上，位居全市前列。建立服务企业联席会议制度，区四套班子领导带头，各级各部门参与，常态化、持续性开展服务企业专项行动，全区营商环境明显好转。

（二）都市一体化不断加快。我们以“一江带城、南北呼应，山水相依、产城融合，现代气派、田园风光”为目标，大步向东迈进，推动与都市一体化发展；奋力拥江发展，推动富春江南北一体化发展。都市发展格局全面形成。高起点编制《富阳分区规划》，制订实施拥江发展行动方案，江南新城更名为杭州富春湾新城，编制完成杭州富春湾新城中轴线、秦望“城市眼”、地铁沿线等重点区域城市设计，建成城市规划展示新馆。通过规划布局大优化、核心区域大拆迁、重点项目大建设，逐步构建起以富春江和地铁沿线为主轴、以秦望区块“城市眼”和杭州富春湾新城为核心、以精品街区精品江景精品河道为肌理、以美丽乡村美丽城镇为底板、现代而又田园式的都市发展格局。都市一体交通加快推进。建立区重大交通项目建设综合指挥部，强势推进地铁富阳线、彩虹快速路、杭州绕城高速西复线、春永快速路等重大交通项目建设。杭黄高铁开通运营，富阳一举跨入“高铁时代”。启动杭新景高速东洲岛互通改造、渌渚江航道养护改造等工程，推进“中环”富阳段、大盘山隧道等项目前期，谋划杭新景高速南移、杭淳开高速等项目。实施“四好农村路”建设三年行动计划，城乡公交线路更优化、服务更优质。都市品质城区日益显现。这一年，顺利完成秦望、杭州富春湾新城、地铁沿线、东洲、新登、场口等区块9341户民房、440家企业和3011户经营户的拆迁签约，征地39.4公顷，为下一步发展留足了空间。杭州富春湾新城产业、城市、环境整体转型迈入正轨。编制新城各类专项规划、土地利用规划，完成建设、亭山、灵桥等区块农居签约腾空，开展第二轮造纸企业签约，两年完成征地733.3公顷、收储533.3公顷。建成大桥南路延伸工程，加快推进杭黄富阳站前广场及保通工程项目建设。江北老城有机更新扎实推进。启动秦望过江隧道和秦望“城市眼”地下空间建设，达夫路精品街区精彩亮相，桂花路精品街区、富春湾精品江景二期、“两山两桥”精品夜景、城区河道景观改造提升等工程进展顺利，贯通和开工11条“断头路”，完成3条背街小巷整治，启动北支江水上运动中心等杭州亚运会场馆建设。建立“一巡多功能”综合巡查二级平台，强化道路运输环境源头管控，基本保持了良好的城乡环境卫生。创新建立工程项目“大监管”机制和建筑企业积分制，重拳整治违法施工、违法分包转包等行为，有效提升了建设质量。

（三）都市产业体系不断完善。我们始终坚持“高新工业强区”的产业发展战略，敢于先破后立、快破快立，加快新旧动能转换，为实现“蹲下去跳起来”奠定扎实的产业基础。持续淘汰落后产能。深入推进传统制造业改造提升省级试点，拆迁高污染高能耗企业415家，削减造纸产能270万吨，整治“低散乱”企业415家，正在逐步告别靠山靠水、靠天靠地的环境污染型、资源消耗型“四靠经济”。深入实施“留心留根”工程，20个项目正在落地。扎实开展精准招商。瞄准“无污染、小空间、高科技、大产出”的新兴产业开展精准招商、产业链招商，成功落地西安航天寰星、百城医药等项目116个；签约北影（杭州）国家级电影产业基地等项目145个，总投资365亿元，为优化产业结构、实施创新驱动积蓄潜能。全方位培育高新产业。编制出台新一轮产业政策，强化对转型升级、科技创新、人才引进的精准扶持，培育高新制造、数字经济等新兴产业。实施“双百培育行动”，首次公布百强工业企业并开展月度效益竞赛，组织百家高新潜力企业申报和培育。深化“亩均论英雄”、企业投资项目“标准地”制度等改革，加快推动产业高质量发展。加快推进智能制造发展，富通工业4.0项目投产，美科斯叉车、日月电器等与国际制造业巨头实现合作，大华智联产业园获评工信部智能制造试点示范项目。建设专业化产业平台。富阳经济技术开发区全面提速“一园多区”平台建设，“一城一带5100”计划顺利推进，银湖创新中心成为富阳区首家省级孵化器。杭州富春湾新城编制完成产业发展规划，实质性开工飞旋科技、新亚低温、梁辉科技等一批高新产业项目。硅谷小镇、黄公望金融小镇、药谷小镇合计完成投资5.7亿元，实现税收7.24亿元。强化人才科技支撑。制定新版人才政策，在引进海内外高端人才、硕士以上研究生、“5110”项目的数量上实现大突破，签约引进中央财经大学政产学研实践基地、中科院上海光机所杭州分所、杭州电子科技大学富阳研究院等项目。

（四）城乡区域统筹不断加强。我们认真践行“绿水青山就是金山银山”发展理念，以打造“现代版富春山居图最美示范区”为目标，深入实施乡村振兴三年行动计划，组建乡村振兴工作领导小组，按照“六个有”和“24字”要求，统筹推进美丽乡村、美丽城镇、美丽经济，乡村从“脏乱差”变成“洁净美”，小城镇由“丑小鸭”变成“白天鹅”，群众的获得感和幸福感得到大幅度提升。坚持全域提升，合力推进精品线路、特色村、AAA级景区村建设和小城镇环境综合整治，获评浙江省美丽乡村示范区、杭州市小城镇整治优秀区，整洁有序、温馨文明成为富阳乡村代名词，洞桥、湖源、春建荣获小城镇整治省级样板。成功签约场口“微镇”项目和新登小城市建设项目，打造社会资本合作共建小城镇富阳样本。建立美丽经济指导委员会，全面构建美丽经济“4+24X”发展体系。探索激活农村资产资源新机制，引导土地规范有序流转，盘活农村沉睡资源，有效促进农业规模经营和“农创客”小镇、农夫乐园、民宿经济等农村新经济新业态发展。成功举办美丽经济招商推介大会，签约春江秀等美丽经济项目10个。创新探索大龙门、大安顶、葛溪流域等区域联动发展模式，成功举办富春山居乡村百花大会、富春江江鲜大会、二十四节气等系列节庆活动，形成洞桥查口村、场口东梓关村、新登上山村等一批美丽经济示范村。全区乡村旅游接待游客突破1000万人次，同比增长20.5%。坚决打好脱贫攻坚战，加大对锦屏、缙云等地对口帮扶力度，全面完成“消薄”年度任务，全区288个村（社）全部达到年集体收入50万元以上、经营性收入10万元以上。与杭州科职院合作共建“乡村振兴学院”，为乡村振兴提供人才支撑。

（五）社会治理水平不断提升。我们坚持“以人民为中心”的发展理念，区委常委会多次专题研究教育、医疗卫生、文化等事业发展，全力办好民生实事、构建社会安全、提升社会治理水平，推动改革发展成果惠及更多群众。民生工程取得积极成效。大力实施“名师名校名校长”工程，成功与浙师大、杭师大等高校签约合作办学，深化中小学教师“区管校聘”改革，着力缓解城区入学难问题。启动卫生健康事业发展三年行动计划，与省人民医院签约共建富阳院区，推进医疗服务共同体建设，顺利通过国家卫生城市复评验收。做好大学生创业、失业人员再就业、退役士兵安置、特殊困难群体帮扶等工作。扎实推进城乡危旧房改造，加快拆迁安置房、保障房项目建设。坚决打好污染防治攻坚战，全面完成中央环保督察反馈问题整改，深入推进环保执法百日会战，开工建设南方水泥“三合一”项目，加快推进矿山、热电厂、污水厂关停，启动循环经济产业园区建设。文化阵地得到持续巩固。建立区乡风文明指导办公室，开展城市和乡镇（街道）文明指数测评，助推城乡文明提升。积极打造“家在富春江上”特色文化品牌，举办第五届郁达夫小说奖颁奖、公望文化周、首届网络文化节等活动，农村文化礼堂覆盖率位居杭州第一。达夫路匠艺空间等文创项目落地，“春江花月夜”文创街区开街。基层治理实现系统提升。以都市化社区治理为目标推进社区建设，全区社区数量由28个调整为50个，首次面向社会公开招聘115名专职社工，完成12个股份经济合作社组织换届。扎实推进平安富阳建设，坚决打好防范化解重大风险攻坚战，突出抓好治安、生产、消防、交通、食品等安全工作，积极化解信访积案，矛盾纠纷“最多跑一地”、小作坊整治规范提升等经验在全国推广，扫黑除恶专项斗争取得阶段性成果，社会大局保持和谐稳定。

（六）党的建设质量不断提高。我们牢固树立“党建强发展强”理念，以配合省委第五巡视组开展巡视为契机，深入贯彻全面从严治党要求，不断强化新时代党的建设，为建设大都市新型城区提供坚强保障。强化政治学习。区委常委会带头认真学习贯彻党的十九大和习近平总书记对浙江工作重要指示精神，深入开展“大学习、大调研、大抓落实”活动，推动中央、省市委重大决策部署在富阳落地生根。凝聚工作合力。区委总揽全局、协调各方，支持政府依法履职、强化执行，支持人大、政协强化监督、参政议政。进一步压实党委（党组）意识形态工作责任制，积极营造昂扬向上的良好舆论氛围。认真做好党的统一战线工作，引导社会各界力量建言献策、服务大局，合力画好“同心圆”。始终坚持党管武装原则，深入推进国防动员，获得中央军委国防动员部民兵调整改革考核全国第一。顺利推进工会、共青团、妇联、科协等群众团体改革，党校、史志、档案、老干部、关心下一代等工作取得新成绩。打造过硬队伍。坚持“鼓励肯干的、提拔好干的、鞭策少干的、整治不干的、拔除倒干的”用人导向，加强各级领导班子和干部队伍建设。深入开展“四提一争”专题活动、“百千万”蹲点调研活动，推进干部交流轮岗，抽调368名干部到重点工作平台挂职锻炼，不断促进干部加快成长。夯实基层基础。深入开展“最强支部”创建活动，扎实推进机关、城市、农村、两新基层党建工作，切实抓好村（社）组织规范化建设，深化村干部“领头雁”工程，持续举办村干部“擂台比武”和基层党建“互学互比”活动，进一步营造“担当有为、比学赶超”的浓厚氛围。加强党风廉政建设。开展“主体责任深化年”活动，高标准高质量建设“清廉富阳”。创新监督手段，深化区委巡察、村（社）延伸巡察和项目化监督工作。坚持监督执纪问责和监督调查处置一体推进，全年效能问责257人，党纪政务处分26人。坚定不移惩治贪腐，处分党员干部302人，移送司法机关14人。

在经历“蹲下去跳起来”的转型阵痛过程中，我们仍较好地完成了年初设定的各项目标任务。预计，全年地区生产总值增长6%左右；财政总收入123.2亿元，一般公共预算收入72.7亿元，分别增长13.3%和12.5%；城镇和农村居民人均可支配收入分别达到55780元和32358元，分别增长8.5%和9%。

这些成绩的取得，应当归功于习近平新时代中国特色社会主义思想的正确指引，归功于省市委的坚强领导，归功于全区各级党员干部的顽强拼搏，归功于离退休老同志、各民主党派和社会各界的鼎力支持，归功于广大人民群众的积极拥护和奋发进取。这是一个伟大的、奋进的时代，在“三看四态促转型”的战斗中，涌现出了一大批战功显赫的先进单位和先进个人，同时也凝聚了许许多多默默无闻、埋头苦干的奉献者的汗水，对于他们的奋斗和付出，历史不会忘记，富阳人民不会忘记，富阳这方美丽的土地不会忘记！在此，我代表区委常委会，向所有为富阳转型发展做出突出贡献的单位和个人，向所有支持我们战斗的党员干部群众和社会各界人士，表示最诚挚的感谢和最崇高的敬意！

回顾一年来的工作，我们深刻体会到：

*加快富阳转型发展，必须要始终保持战略定力。*开弓没有回头箭，富阳历史上转型最困难的时期已经过去，我们没有理由再来强调即将面临的困难，只有清醒看到“破不易、立更难”的客观实际，只有树立坚如磐石的战略定力，保持脚踏实地、从容不迫的良好心态，以“我不入地狱谁入地狱”的决心和魄力，以“一年脱掉一层皮，干出一番新天地”的积极姿态，坚定不移地向着与都市高质量一体化的方向不断奋进。

*加快富阳转型发展，必须要全力解放思想。*解放

思想是增强社会活力的“总开关”，思想认识的深度决定发展的高度、力度与速度。我们要全面树立都市理念，以“都市人”的身份看待发展，以都市的格局、都市的视野、都市的标准来谋划推动工作，坚决打破思维定式、工作惯性和路径依赖。特别是领导干部，要充分发挥“关键少数”作用，把主要精力转到与都市一体化发展上来，带头查找差距、跨越追赶，以自身思想的先解放、真解放，带动全区上下思想的大解放。

*加快富阳转型发展，必须要全面深化改革。*改革是转型发展的动力源泉和重要法宝。当前，富阳的转型发展面临着一系列突出矛盾和挑战，我们必须要紧紧围绕“转型”这个富阳最大的改革课题，在全面深化改革上做文章、下功夫，坚持向改革要效益、向改革要发展，以改革的思维促进理念的提升，以理念的转变带领行动的转变，以刀刃向内的勇气进行自我革命，以“最多跑一次”改革为龙头引领全面改革，不断优化发展环境，提高发展质量，加快转型进度，增强人民福祉。

*加快富阳转型发展，必须要密切干群关系。*良好的干群关系是做好一切工作的基础。一年来，通过产业业态、城乡形态、环境生态、干部精神状态的大转型，人民群众对我们的工作给予更多点赞、更大支持、更深参与，干群关系由过去“党员干部干，群众一边看”逐步转变为“党员干部带头干，群众自发跟着干”，这是富阳转型发展的一笔宝贵财富，我们要倍加珍惜，以打造“忠诚、实干、担当、坚毅、有为”的都市型队伍为目标，更加密切联系群众，与广大人民群众一起共建大都市新型城区。

*加快富阳转型发展，必须要形成强大合力。*众人拾柴火焰高。建设大都市新型城区，离不开全区广大党员干部群众的共同努力，也离不开各民主党派、社会各界尤其是在外乡贤的鼎力支持。他们发挥德才学识、资金技术、创新创业实践等各方面优势，认真建言献策、服务大局，积极投资富阳、回报桑梓，实现了个人事业与富阳发展相融共进。我们决不能忘记他们的全力支持和突出贡献，要充分利用好“富阳人”资源，以最大的诚意、最优的服务，团结更多社会人士和在外乡贤共同建设美好富阳。

同志们，尽管富阳的转型发展取得了阶段性胜利，但我们也必须清醒地看到当前面临的严峻形势和自身存在的短板。

*从宏观背景看，我国发展仍处于并将长期处于重要战略机遇期。*当今世界正处于百年未有之大变局，经济全球化、世界多极化加速推进，国际贸易摩擦成为影响经济发展的最大变量。国内经济由高速增长转向高质量发展阶段，经济保持“稳中向好、稳中有进”发展态势，但外部冲击与国内结构性矛盾相互交织，经济运行稳中有变、变中有忧，面临下行压力。外部环境深刻变化中危和机同生并存，克服了危就是机，失去了机就是危。过去两年，我们在强烈的忧患中，在国际国内宏观格局的巨大变化中抓住了自身发展的机遇，实现了自我突破。今后，更要增强忧患意识、坚定必胜信念，坚持“蹲下去跳起来”的定力不变，坚持“三个拥抱”、加快与都市一体化发展的决心不变，坚持“三高”发展、全力建设大都市新型城区目标不变，牢牢把握重要战略机遇期，坚定不移朝着既定目标走下去，集中精力办好自己的事情。

*从发展趋势看，区域融合发展成为势不可挡的时代潮流。*当前，实施区域协调发展、融合发展已成为新时代我国发展的大趋势，长三角一体化发展已上升为国家战略。省委经济工作会议明确，要着力抓好改革开放、三大攻坚战、长三角一体化国家战略三件大事，突出稳企业、增动能、保平安三大重点，提出了一系列针对性极强、富有操作性的高质量发展组合拳。杭州市委市政府坚定不移“干好一一六、当好排头兵”，统筹推进“六大行动”，聚力拥江发展、协调发展，进一步加强财政体制机制、规划设计管理、土地空间配置、招商引资机制、基础设施建设和公共服务供给上的统筹力度，加快形成以东带西、城乡一体新格局，尤其是全面启动湘湖和三江汇流区块规划建设，为推进富阳与都市一体化发展带来了历史性机遇和全局性利好。但也要看到，区域竞争日趋“白热化”，国家和省市相继出台文件，对真抓实干、成效明显的地方在政策、要素、项目上给予奖励倾斜，周边区县（市）抓发展力度明显加大，形成了你追我赶、比学赶超的竞争态势，稍有松懈就有可能掉队。我们只有保持强烈的开放意识和争先意识，敢于同台竞争、全力拼

抢机遇，才能在区域融合发展大局中找准定位、走在前列，才能不断提升富阳在杭州大都市中的能级。

从富阳实际看，总体发展环境中部分短板仍需发力突破。回顾改革开放40年，富阳的发展取得了长足的进步，迈入了撤市建区、与都市一体化发展的崭新阶段。但与建设大都市新型城区的要求和人民群众的期盼相比，我们在一些方面还存在短板，还没有跟上都市发展的水平。在发展理念上，部分干部观念落后、故步自封，缺少改革的勇气和创新的能力，面临问题和困难时往往一筹莫展，拿不出破难攻坚的硬招实招，甚至有极少数同志对于坚定不移推进转型发展还存在畏难情绪和异见杂音。在工作标准上，部分干部自我衡量要求不高，存在“船到码头车到站”“比上不足比下有余”等懈怠思想，少学习甚至不学习，干事激情消退，认为“凡事差不多、不犯错就好”。部分干部工作标准设定不高，不敢与都市比、与先进地区比，存在“过得去就行”的思想，不思变、不求变，对自身工作岗位缺少应有的敬畏之心，专业技能水平不高，缺少精雕细琢的“工匠精神”。部分干部工作程序设定要求不高，在城市建设和产业发展上贪多求快，只管建不管用，忽视了经济社会发展的客观规律，降低了大都市新型城区建设的标准。在工作效率上，部分党员干部习惯于按部就班、机械执行，缺少主动创新的精神，工作缺乏特色亮点。部分党员干部平时功夫下得不深，热衷于搞突击，工作成效巩固不足，反弹回潮时有发生，导致重复投入浪费较多。还有个别干部仍存在少作为、不作为甚至乱作为的现象，在“最多跑一次”改革、产业空间整合利用等方面迟滞不前，严重影响了发展环境。

面对成绩，我们绝不能沾沾自喜，更不能自我感觉良好；面对问题，我们绝不能视而不见，更不能藏起来拖过去，必须要有清醒的认识和强烈的危机感、责任感，认真加以解决。

二、全面推进“三高”发展，加快与都市高质量一体化进程

2019年，是新中国成立70周年，是改革开放开启新征程和机构改革后的第一年，也是富阳实现工作转段、开启全面建设的关键一年。习近平总书记在改革开放40周年大会上，向我们发出了“不忘初心、牢记使命，将改革开放进行到底，不断实现人民对美好生活的向往，在新时代创造中华民族新的更大奇迹，创造让世界刮目相看的新的更大的奇迹”的伟大号召，美好前景令人鼓舞，神圣使命催人奋进。富阳这两年坚定不移推进的转型发展就是最大的改革、融合发展就是最大的开放，我们要坚持方向不变、道路不偏、力度不减，不断把新时代富阳改革开放、转型发展推向前进。在去年11月召开的全区“三看四态促转型”第三次战斗动员大会上，区委基于对当前战斗形势、战场形势、战略形势的判断和把握，作出将全区转型的工作重心从“破立并举、以破为主”转变到“破立并举、以立为主”上来的决定，把全面推进“高新产业发展、高品质城市建设、高水平社会治理”作为全区下一个阶段的主攻方向，明确了目标任务，制订了行动计划，落实了工作举措。我们要按照这一决策部署，久久为功地抓下去，一年接着一年干、一锤紧着一锤敲，不断将转型进行到底。

为此，区委提出2019年工作的指导思想是：高举习近平新时代中国特色社会主义思想伟大旗帜，全面贯彻党的十九大、中央和省委经济工作会议精神，按照省委“‘八八战略’再深化、改革开放再出发”和市委“干好一一六、当好排头兵”的部署要求，坚定“三看四态促转型”“拥抱富春江、拥抱大都市、拥抱新时代”不动摇，全面推进高新产业发展、高品质城市建设、高水平社会治理，加快实现与杭州大都市高质量一体化发展，为早日建成富裕阳光的大都市新型城区打下坚实基础，以优异成绩迎接中华人民共和国成立70周年。

全面推进高新产业发展，就是要牢固树立“产业第一、产业当中高新产业第一”的理念，把培育和引进以高新制造业为主体的新兴产业作为主攻方向，通过高新制造业带动现代服务业联动发展，形成完备的、产城融合的高新产业发展体系。要大力发展规模化、一二三产融合发展的现代农村经济和多元化的美丽乡村经济，推动形成独特的都市乡村发展格局。

全面推进高品质城市建设，就是要始终坚定“富阳是杭州大都市重要一极”的定位，瞄准“拥江发展、都市一体、产城融合、现代田园”，充分发挥区位、

环境、空间、人文优势，同步推进城市与产业融合，高起点规划设计、高品质落地建设，实现富阳城乡面貌显著变化和城市功能、城市环境、城市品质明显提升，打造现代版富春山居图最美示范区。

全面推进高水平社会治理，就是要始终坚持“以人民为中心”的发展思想，以大都市的治理标准，统筹抓好巩固党建基础、维护社会稳定、提升城市文明、深化基层治理、优化政府服务等各项工作，通过几年努力，确保富阳基层党建、平安和谐、文明创建、社区管理、营商环境走在全市前列，让人民群众普遍感受到都市的获得感、幸福感、安全感。

建设富裕阳光的大都市新型城区，其内涵就是高质量发展，而全面推进高新产业发展、高品质城市建设和高水平社会治理，正是高质量发展的内在要求和重要特征。我们必须按照“三高”要求，坚持面向都市、融入都市、追赶都市，发力加快与都市一体化发展，争取用三年时间基本跟上都市发展步伐，用五年时间基本做到与都市无缝对接，跨入真正意义上的都市行列，成为杭州大都市中具有独特韵味的新型城区。

对此，区委建议2019年经济社会发展的主要预期目标是：地区生产总值增长6.5%，一般公共预算收入增长10%，城镇居民、农村居民人均可支配收入分别增长7.5%和8.5%，研发经费支出占地区生产总值比重和全员劳动生产率稳步提升，投资结构优化、投资效益提高，全面完成节能减排指标任务。

（一）集中力量，集中智慧，全力推动高新产业发展

坚持实施“高新工业强区”战略，坚持与大都市产业发展一体化的标准，加快高新产业发展，加快产业平台建设，加快新旧动能转换，着力打造杭州产业特色鲜明、创新人才集聚、创新体系完善、创业投资活跃的高新产业发展新高地。

一是要积极重塑产业结构。重构产业体系，坚持以数字经济“一号工程”为引领，主攻高端装备制造产业，力争通过三至五年努力，以现有产业和在建项目为重要支撑，将八大优势产业做强成为八个超100亿元产业集群；积极招引培育以“人工智能”为主的八大未来产业，打造八个超10亿元产业集群，构建起“八高八新”产业体系。强化招商引资实效，扎实开展招商引资年活动，坚持“大而优”“小而美”招引并举，推进产业链、资本链、人才链招商，支持以商引商、以企引企，用政策鼓励在外创业成功的富阳籍企业家回乡投资创业，力争在引进“152”项目、高新产业项目、战略新兴产业项目上实现突破。推动企业转型升级，推广“互联网+”“机器人+”“大数据+”等智能制造模式，梯度化实施技术改造项目，切实提升传统企业装备数字化率。深化工业百强榜企业综合效益竞赛，加快培育龙头骨干企业，分梯队做好企业上市培育。落实拆迁企业“留心留根”政策，全力支持拆迁企业在富阳二次创业和发展总部经济。坚决淘汰落后产能，持续推进“拔烟囱”“关矿山”行动，坚决淘汰高污染、高能耗、低效益的落后产业，新增可用空间333.3公顷以上，力争年底基本完成杭州富春湾新城造纸行业腾退。

二是要优化整合产业平台。明晰产业布局，重点打造杭州富春湾新城和富阳经济技术开发区两大产业平台，进一步细分两大平台内部各重点产业园区的主攻方向，实现差异化、集聚化、专业化发展。做强做优硅谷小镇、黄公望金融小镇、药谷小镇，打响上官球拍名镇品牌。培育孵化平台，完善市场化运营机制，鼓励运营机构、创投机构、龙头企业积极参与孵化器、众创空间建设。大力扶持小微企业园高质量发展，新建、培育一批高新产业小微园区。完善城市功能，坚持产城融合导向，加快完善产业平台交通、生活、商业、金融、生态等综合性配套，营造有利于高新产业人才创新创业、居住生活的环境。

三是要坚持科技人才创新驱动。加大国家高新技术企业、高新潜力企业、科技型中小微企业的培育力度，引导“国高企”加大研发经费投入，开展高新潜力领军企业评选，优化科技型中小微企业发展环境，促使各类企业快速发展。积极发挥人才新政“升级版”、“5110计划”等核心政策的引领作用，以“高精尖缺”为导向、以战略性新兴产业和未来产业为重点，大力引进和集聚一批领军型人才团队和高尖人才，引导和鼓励高校毕业生来富创业创新。积极实施“杭州工匠”行动计划，推进企业与技工院校、高职院校合作培养高技能人才。加快中央财大政产学研基地、上海光机所杭州分所、杭电富阳研究院等新引进科研机构建设，鼓励企业与科研院校开展科技合作。

四是要全面优化营商环境。坚持“优质服务是

发展的第一要务”理念，常态化开展好服务企业专项行动，巩固服务企业发展联席会议制度，打造富阳服务企业“金名片”。大力弘扬企业家精神，爱护尊重企业家，加强新生代企业家队伍建设，依法保护企业和企业家合法权益。出台支持民营经济高质量发展政策，着力提升扶持手段的精准性和实效性，重点破解企业经营成本高和融资难融资贵问题。坚决打好防范化解重大风险攻坚战，深化企业应急转贷市场化运行机制，加大民营企业流动性风险化解力度，切实提振市场信心。聚焦空间要素制约，科学推动收储土地滚动开发和全域土地综合整治，盘活用好闲置土地、旧厂房等存量空间。

五是要坚持发展美丽经济。加快把美丽环境转化为美丽经济，紧紧抓住都市乡村区位优势，深入挖掘地方特色，强化文旅产业发展，办好“味道山乡”“乡村百花大会”“江鲜大会”“龙门庙会”等农事节庆活动，打响“乘高铁游富春山居图”区域品牌。加快农村土地流转，培育壮大龙头企业和专业合作社，鼓励发展“农夫乐园”、现代民宿、养生养老、乡村文创、文旅综合体等新业态，挖掘“一乡一品、一村一特色”，大力推广“营地+”“互联网+”“文旅+”等经营模式，推动一二三产融合发展，树立一批美丽经济发展样板镇村。继续打好精准脱贫攻坚战，高标准做好与锦屏、恩施、缙云等地帮扶协作，切实增强农村集体收入和农民收入，全面消除经营性收入15万元以下的薄弱村。

（二）强化责任、强化优势，全力推动高品质城市建设

按照“拥江发展、都市一体、产城融合、现代田园”的要求，围绕富春江和地铁沿线两大主轴，加快城市规划、建设、运维实现与都市一体化，实现城乡面貌显著变化和城市功能、城市环境、城市品质明显提升。

一是要着力提升城市规划品质。高标准落实《富阳分区规划》，推动应用“多规合一”平台，落实空间布局与空间管控“一张图”。深入对接省市重大战略，积极参与杭州三江口区域、杭州西南区域等系列规划，加强与主城区交通网络、公共设施、产业布局等全方位无缝契合。细化重点区块城市设计编制，高品质引导重点区块开发建设，打造城市核心区域，形成城市形象地标点。强化规划执行刚性，严格规划执行定力，以制度建设落实好规划执行的严肃性。

二是要着力提升城市交通环境。全面推进“三铁三高三快速”重大交通项目建设，确保年底前贯通杭州绕城高速西复线，加快杭州“中环”、湖杭温高铁、杭淳开高速等项目前期，切实谋划好富阳远期地铁线网，着力打造杭州西南交通枢纽。全力推动“七纵九横”城市主干路网建设，加快推进秦望过江隧道、杭新景高速东洲互通口整治提升等项目建设，开工杭州中环北线通道、大盘山隧道、新中线改造等工程，切实让城市内部运行通畅起来。有效疏通交通毛细血管，推进渌渚江航道养护改造工程，推进“四好农村路”全域建设，推动拥江绿道主线率先贯通、提质生效，构建美丽经济交通走廊。

三是要着力提升城市建设形象。加快杭州富春湾新城建设，启动中沙岛“城市眼”、生态湿地建设，规划建设广电中心、会展中心、图书馆等公共服务设施，加速推进秦望南路、江南大道、亭山路、江滨南大道东延工程、省人民医院富阳院区等项目建设。以建设高铁商业商务片区为目标，加快推进杭黄富阳站场1平方公里城市建设，点亮富阳城市“门户眼”。加快实施秦望地下空间开发及配套工程，做好综合体项目招引，打造国际标准的秦望“城市眼”。加快推进江北精品江景、桂花路精品街区、城区精品河道建设，全力打通城市“断头路”，加大城中村改造力度，启动阳陂湖区域环境综合整治，全面提升城市生活品质。全面推进高品质安置房项目建设。以打造“全省一流小城市”为目标，加快“新登味道”古城建设和场口“微镇”项目建设。

四是要着力提升城市运维能力。加快推进城市污水处理厂改扩建工程，积极创建省级“污水零直排区”。实施农村饮用水保障计划，实现“四线供水”乡镇全覆盖。坚决打好污染防治攻坚战，落实乡镇（街道）环境保护责任制、生态环境质量考评机制，以最严标准开展环境执法，让富阳人民享有更好的绿水青山。深化垃圾分类处置，扎实推进循环经济产业园建设。完善建设项目“大监管”体制，持续开展质量安全、文明施工等专项整治行动，深化“一巡多功能”综合巡查向乡镇（街道）延伸机制，实

现24小时巡查全覆盖。加快建立智慧城市大脑和城市管理实时指挥平台，推动城市管理从数字化向智慧化转变。

五是要着力提升乡村颜值产值。坚持以富春山水为本色、精品线路为基础、旧村改造为方向，推进美丽乡村建设，打造杭派民居、风情小镇、历史文化村落等特色亮点，构建乡土气息、田园风光、地域特色、富阳品牌的美丽宜居乡村。坚持精致靓丽、产城融合、各具特色的要求推进美丽城镇建设，高标准完成国省道弱电线整治，加快城镇建成区雨污管网建设改造。推进富春江治理、北支江水利综合整治等省“百项千亿防洪排涝工程”。不断健全违法用地违法建筑防控长效机制，重点解决老旧违建、小区违建、涉险违建等整治难题，争创省“无违建区”。推进大龙门、大安顶、葛溪流域、壶源溪流域等区域高质量联动发展，实现乡镇之间优势互补、资源共享，加快区域景区化向全域景区化发展。

（三）服务人民、服务发展，全力推动高水平社会治理

牢固树立“以人民为中心”的发展思想，以防范化解基层社会风险矛盾为着力点，以打造高水平社会治理个性化富阳样本为目标，加快推进平安建设、社区治理、文明创建、营商环境等与都市一体化，为建设大都市新型城区创造安全稳定的社会环境。

一是要切实提高群众安全感。深入推进平安富阳建设，突出抓好生产安全、交通道路安全、消防安全、食品药品安全等工作，围绕重点领域集中开展整治，排查消除安全隐患风险点，完善安全防护设施设备，加强应急救援力量，着力压降各类死亡事故。强化“雪亮工程”等智慧安防运用，重拳打击各类违法犯罪活动。扎实做好互联网金融、涉众型经济领域风险排查管控，纵深推进扫黑除恶专项斗争，营造安全稳定的社会环境和风清气正的政治生态。推进基层社会稳定“一体两翼”工作体系建设，深化矛盾化解“最多跑一地”联动机制，强化法制宣传教育，化解信访积案。

二是要坚决稳固基层社会治理。强化党组织领导下社区居委会、小区业委会、物业管理企业民主协商机制，重点解决部分小区管理缺位、私搭乱建、开墙破洞、毁绿种菜等突出问题。落实新设社区服务管理用房，推行“全科社工”制度，打造“党建+公益”社区治理新模式，培养一支过硬的专职社工队伍，打造一批现代都市社区样板。推动群团组织、社会组织参与基层治理，深化“最美厂区”“青春党课”“网格妇女之家”等群团工作品牌进社区，积极开展各类公益志愿服务。加快建立全方位的社会联动平台，推动“一窗受理”平台向乡镇（街道）和村（社）便民服务中心延伸。

三是要提升城乡文明文化水平。深入普及社会主义核心价值观，大力弘扬“忠诚、实干、担当、坚毅、有为”的富阳精神。高标准抓好全国文明城市复评和城市、乡镇文明程度指数测评，深化文明村镇、文明单位创建，开展文明家庭、富阳工匠、德艺双馨等评选，启用新时代市民文明公约，不断凝聚起社会正能量。扎实开展文化兴盛行动，启动郁达夫纪念馆建设，做好手工造纸等非遗项目保护与传承，实现农村文化礼堂行政村全覆盖。加快融入之江文化产业带，建设富春影视发展极，推动银湖文创园、“春江花月夜”文旅走廊等文创项目建设。

四是要不断增进民生福祉保障。把稳就业作为当前工作重点，深入实施就业创业三年行动计划，千方百计帮助转型企业职工、大学生、失业人员、就业困难人员等群体实现就业再就业。稳步提升社保水平，推动养老保险、医疗保险等精准扩面。持续做好养老、慈善、红十字等工作，开展对低收入、残疾人等群体精准帮扶。建设全省一流综合教育强区，深入实施“名师名校名校长”工程，力争再引进一所名校，做深“新名校集团化”办学模式，完成富中改扩建、富春九小主体工程。深入实施“名医名科名院名院长”工程，推进区三院迁建、区妇保院改扩建等项目建设，高水平建设区域医共体，让群众就近享受高水平医疗健康服务。加快推进亚运会比赛场馆、富阳体育中心提升改造建设，提升公共体育服务水平。

五是要全面增强改革发展活力。建立健全新的改革工作领导体制机制，推动全面深化改革向纵深推进。稳妥有序推进机构改革，确保机构、职责、队伍按照要求调整到位，高质量完成机构改革任务。深化“最多跑一次”改革，加强政务服务标准化建设、

“互联网＋政务服务”应用，持续深化联审联批中心建设，实现咨询服务再提升，打造“移动办事之城”。聚焦高新产业发展、高品质城区建设、高水平社会治理领域，统筹推进激发民营经济活力、政府投资监管、社会资本运用、国企平台、“亩均论英雄”、“城市数据大脑”建设、公共配套合理布局、美丽经济发展、综合执法等重点领域改革，不断激发转型发展活力。

三、加强新时代党的建设，形成干事创业强大合力

越是任务繁重，越到关键时期，越要加强党的领导。我们要充分运用好省委巡视成果，借势发力、乘势而上，纵深推进全面从严治党，保障各项工作落到实处，为推进“三高”发展，加快与杭州大都市高质量一体化发展提供坚强的政治保障。

（一）要加强党的政治建设。坚持把党的政治建设放在首位，区委常委会带头，深学笃行习近平新时代中国特色社会主义思想，坚决贯彻落实习近平总书记对浙江工作重要指示精神，牢固树立“四个意识”，坚定“四个自信”，坚决维护习近平总书记党中央的核心、全党的核心地位，坚决维护党中央权威和集中统一领导。严守党的政治纪律和政治规矩，严肃落实党内政治生活若干准则，严格执行民主集中制、“三重一大”等制度，倡导积极健康的党内政治文化。加强党的集中统一领导，支持人大、政府、政协和监委、法院、检察院依法依章履行职责，进一步形成党委领导下各司其职、团结奋进的工作格局。压紧压实党委（党组）意识形态工作责任制，牢牢把握意识形态工作领导权和话语权，加强阵地建设和管理，深度净化网络空间。围绕庆祝新中国建立70周年等重大活动，宣传好阐释好富阳发展成果。

（二）要不断夯实党建基层基础。深入推进各级党组织“两学一做”学习教育常态化制度化，严格执行《党支部工作条例》，按照中央部署高标准开展“不忘初心、牢记使命”主题教育。全力推进基层党群服务中心建设，启动新一轮基层党建“整乡推进、整区提升”行动，继续开展“最强支部”创建、“一江两路”党建示范带建设，实现基层党建全域提升、全面提质。深化村干部“领头雁”队伍建设，常态化开展“擂台比武”活动，大力提升村干部能力素质。持续探索“党建＋”在社会治理、乡村振兴、信息化建设等工作中的新模式。强化基层党组织服务功能，扎实开展好“走亲连心三服务”、“百千万”蹲点调研、“组团联村”等活动，进一步密切党群干群关系。

（三）要培养打造高素质干部队伍。加大干部教育培训力度，不断提升干部专业化水平和都市工作能力。旗帜鲜明树立正确选人用人导向，围绕中心工作开展近距离、跟踪式全程考核，继续开展机关、乡镇不适宜干部交流和转化工作，真正做到鼓励肯干的、提拔好干的、鞭策少干的、整治不干的、拔除倒干的。创新干部挂职锻炼新方法，突出在项目建设、招商引资、征地拆迁和信访维稳等一线培养选拔年轻干部。按照“锻炼使用一批、培养储备一批”的思路，长短结合谋划好、培养好富阳发展所需人才，不断丰富人才储备。继续引进培养党政高层次专业人才，优化干部队伍结构。

（四）要全面深化清廉富阳建设。严格落实省委巡视整改工作，深入开展政治生态状况评估，全面推动各级党组织履行好主体责任。高标准落实中央八项规定实施细则精神，集中整治“形式主义、官僚主义”问题，严肃查处“不收敛、不收手，不敬畏、不在乎”问题，有效治理“不担当、不作为、不落实”问题，坚决防止“中梗阻、末梢堵”问题，驰而不息正风肃纪。进一步发挥纪律监督、监察监督、巡察监督、审计监督等作用，将监督执纪工作做深做透。坚决查处侵害群众利益的不正之风和腐败问题，严肃查处基层党员干部违纪违法行为，重点关注新增监察对象腐败问题，始终保持惩治腐败高压态势。

（五）要全面形成干事创业大氛围。始终坚持“干”字当头，各级领导干部要以上率下带头干，既统筹全局、压实责任，又冲锋在前、亲上一线，真正做到一级带着一级干、一级为一级负责。各级各部门要树立强烈的争先意识，聚焦项目推进、招商引资、服务企业、“三美”建设等开展各类擂台比武，营造争当先进、争创一流的浓厚氛围。坚持正向激励，落实容错免责，强化督查问责，真正树立起“干好干坏不一样”导向。巩固和壮大最广泛的爱国统一战线，发挥好民主党派、工商联、无党派人士、在外乡贤作用。一以贯之做好老干部、党校、

党史、民族宗教、外事侨务、对台、人民武装等各项工作，凝聚起干事创业、推动转型的强大合力。

同志们，伟大梦想不是等得来、喊得来的，而是拼出来、干出来的。站在2019年这个新时代改革开放的新起点，我们绝不能有半点骄傲自满、故步自封，也绝不能有丝毫犹豫不决、徘徊彷徨。让我们紧密团结在以习近平同志为核心的党中央周围，高举习近平新时代中国特色社会主义思想伟大旗帜，不忘初心、砥砺前行，牢记使命、昂扬奋进，全面推进高新产业发展、高品质城市建设、高水平社会治理，全力加快与杭州大都市高质量一体化发展，以建设大都市新型城区的优异成绩迎接中华人民共和国成立70周年！

名词解释

【“干好一一六、当好排头兵”】是市委十二届四次全体（扩大）会议形成决策部署的概括：“一城”即建设独特韵味别样精彩世界名城；“一窗”即打造展示新时代中国特色社会主义的重要窗口；“六大行动”即全面推进拥江发展、三化融合、文化兴盛、民生福祉、改革攻坚、强基固本六大行动；“当好排头兵”即当好“八八战略”再深化、改革开放再出发的排头兵。

【“八八战略”】2003年7月，省委第十一届四次全体（扩大）会议提出“发挥八个方面的优势、推进八个方面的举措”的简称：进一步发挥浙江的体制机制优势，大力推动以公有制为主体的多种所有制经济共同发展，不断完善社会主义市场经济体制；进一步发挥浙江的区位优势，主动接轨上海、积极参与长江三角洲地区交流与合作，不断提高对内对外开放水平；进一步发挥浙江的块状特色产业优势，加快先进制造业基地建设，走新型工业化道路；进一步发挥浙江的城乡协调发展优势，统筹城乡经济社会发展，加快推进城乡一体化；进一步发挥浙江的生态优势，创建生态省，打造“绿色浙江”；进一步发挥浙江的山海资源优势，大力发展海洋经济，推动欠发达地区跨越式发展，努力使海洋经济和欠发达地区的发展成为我省经济新的增长点；进一步发挥浙江的环境优势，积极推进基础设施建设，切实加强法治建设、信用建设和机关效能建设；进一步发挥浙江的人文优势，积极推进科教兴省、人才强省，加快建设文化大省。

【“两山两桥”精品夜景】从鹳山到鹿山、从富春江第一大桥到富阳大桥之间的富春江两侧沿江精品夜景灯光工程。

【“留心留根”工程】按照去“高污染、高能耗、大空间、小产出”、留“企业总部、高科技、无污染、效益好、潜力大”的总体思路，通过区内异地安置、发展总部经济和创新型经济等方式，引导和鼓励搬（拆）迁工业企业提档提质和二次创业，促进产业业态和城市形态转型升级。

【“一城一带5100”计划】重点建设银湖科技城和高尔夫路智能装备产业带，5年培育、招引100个高新产业项目，积极培育企业上市。

【“双百培育行动”】“双百”即富阳工业百强企业和百家高新潜力企业。从2018年5月启动，工业百强企业每月开展综合效益竞赛，组织开展高新潜力培育企业申报，进行政策重点扶持。

【“亩均论英雄”】用“亩均效益”而非“唯GDP”对经济效果进行评价，建立企业综合评价指标体系，工业企业综合评价指标包括亩均税收、亩均增加值、全员劳动生产率、单位能耗增加值、单位排放增加值和R&D经费支出占主营业务收入之比共六项，按评价结果把企业分类为A、B、C、D四档，实行用地、用电等资源要素差别化配置，鼓励企业向更高的评价档级发展。

【“标准地”】对非独立选址项目带着能耗、环境、建设、亩产等标准进行“招拍挂”，用市场来选择项目、引进项目，进一步倒逼转型。

【“5110”工程】围绕富阳经济社会发展需求，5年内引进培养并重点支持100名海外高层次创新创业人才，其中国家“千人计划”、省“千人计划”和杭州市“521”计划人选10名左右。

【美丽经济“4+24X”发展体系】“4”即四个一批项目（富春山居综合体、富春田园沙洲综合体、富春乡村村落景区、富春乡村文化品牌），“24X”即24个乡镇“一镇一业”创建。

【“四好农村路”】建好、管好、护好、运营好农村公路。

【区管校聘】区政府统筹管理中小学校人员编制、职称岗位和教师资源，各学校在核定的编制和岗位内对教师实施聘用上岗。

【“春江花月夜”文创街区】围绕省市之江文化产业带建设，规划东起东吴文化公园、西至鹿山街道上新眺村全长约5公里，着力打造一条以二次元为主题，汇集城市书吧、创意集市、休闲娱乐、茶会料理等文化休闲内容为一体的特色文创街区。

【“最多跑一地”】矛盾化解“最多跑一地”联动机制，是为有效化解各类民间矛盾纠纷，以乡镇（街道）综治平台为依托，由乡镇（街道）综治中心主导，联合法院、公安、司法、检察等部门共同发力，通过多种途径和方式，将矛盾纠纷化解于“第一线”的矛盾化解联动机制。

【“四提一争”】“四提”，指提高政治站位、提高专业素养、提高推进城市国际化能力、提高克难攻坚能力；“一争”，就是要争当新时代一流铁军排头兵。

【“主体责任深化年”活动】2018年，为强化基层党组织落实全面从严治党主体责任，区委围绕明责、担责、督责、追责等关键环节，建立健全责任分解、落实、报告、督查、考核、问责机制，层层压实主体责任。

【“八高八新”】围绕高新产业发展目标任务，坚持数字经济“一号工程”引领，主攻高端装备制造产业，做强做优八大优势产业（光通信、机电交运装备、医药健康、物联网、节能新能源新材料、电商互联网、智能装备、文旅体艺），招引培育八大未来产业（人工智能、增材制造、大数据和云计算、软件服务、磁悬浮+、集成电路、光电激光、数字创意）。

【“152”项目】省领导每年要谋划、招引1个100亿元新项目，市领导每年要谋划、招引1个50亿元新项目，县（市、区）领导每年要谋划、招引1个20亿元新项目。

【“杭州工匠”行动计划】通过5年努力，全市新增高技能人才20万人左右，基本构建起一支适应杭州经济社会发展需要的结构较合理、层次较分明的高技能人才队伍。

【全域土地综合整治】对乡村生态农业建设空间进行全域优化布局，对“田水路林村”进行全要素综合整治，对高标准农田进行连片提质建设，对存量建设用地进行集中盘活挂钩，对新农村和产业融合发展用地进行集约精准保障，对乡村人居环境进行统一治理修复。

【“四线供水”】通过自来水厂分东南西北四个方向向城市周边农村供水。

【一巡多功能】整合城管、公安、住建、规划、交通、国土、环保、农林、水利等部门的部分日常检查、现场整改、工作督查等职能，破解部门职能交叉、权责不清、多头管理和监管缺位等问题，变“各自为战”为“协同作战”，变“事后执法”为“前端管理”，从而有效提升问题发现与处置的及时性和实效性。

【百项千亿防洪排涝工程】省委省政府2016年提出的加快实施全省138个防洪排涝项目建设，到2020年完成投资额近2000亿元。

【“一体两翼”】“一体”是乡镇（街道）主体，“两翼”是防火、灭火两端，通过抓乡镇（街道）大主体责任，重防火、强灭火，构建“大情报、大化解、大联动、大稳控”四大工作机制，弥补基层维稳工作短板，推进维稳机制的升级和维稳效能的升级。

【雪亮工程】取自群众的眼睛是雪亮的，即以县乡村三级综治中心为指挥平台、以综治信息化为支撑、以网格化管理为基础、以公共安全视频监控联网应用为重点的群众性治安防控工程。

【“城市大脑”】是由大规模云计算平台、数据采集转换加载平台、人工智能开放算法平台、数据应用支持平台等组成，通过汇聚、共享数据资源，实现城市从信息化到数据化，构建城市治理所需的数据运营体系。

【“一江两路”党建示范带】主要选取富春江、320国道和杭新景高速沿线党建基础较为扎实的，具有典型性、示范性、辐射性的各类示范点，打造集党建景象、自然景色、人文景观为一体的红色风景带。

【“走亲连心三服务”】省委提出的从2019年元旦后的第一个工作日开始，组织省、市、县（市、区）的四套班子领导干部开展服务企业、服务群众、服务基层活动。

【“百千万”蹲点调研】联百乡、结千村、访万户调研活动。

杭州市富阳区人民代表大会常务委员会工作报告

在杭州市富阳区第十六届人民代表大会第三次会议上

（2019年1月17日）

杭州市富阳区人大常委会主任　汤金华

各位代表：

我受区人大常委会委托，向大会报告工作，请予审议。

一、过去一年的主要工作

2018年，是富阳“拥抱富春江、拥抱大都市、拥抱新时代”的关键一年。一年来，区人大常委会在区委的坚强领导下，高举习近平新时代中国特色社会主义思想伟大旗帜，认真落实区委一届三次、四次全体（扩大）会议部署，坚持党的领导、人民当家作主、依法治国有机统一，按照政治上高站位、履职上高质量、队伍上高素质的要求，认真履行宪法法律赋予的职责。区十六届人大二次会议以来，共召开常委会会议9次，主任会议12次。依法行使重大事项决定权，作出决议决定15项；依法履行监督职能，听取“一府两院”专项工作报告18项，发出审议意见9份，对5部法律法规开展了执法检查；按照法定程序开展人事任免，依法任免国家工作人员65人次，有效行使了国家权力机关职能，各项工作取得新进展。

（一）坚持党的领导，人民代表大会制度焕发新的生机活力

党的领导是人民当家作主的根本保证，常委会始终把讲政治、讲大局放在首要位置，明方向、强

担当，坚持把党委的决策部署不折不扣地落实到人大工作中。

牢牢把握正确政治方向。以习近平新时代中国特色社会主义思想为指引，着力抓好党的十九大精神的学习宣传和贯彻，组织开展党性教育培训，深化党性锻炼和理想信念教育，牢固树立“四个意识”，始终坚持“四个自信”，坚决做到“两个维护”。制定了《关于进一步健全向区委请示报告制度》，坚持在区委领导下开展工作，定期向区委报告工作，听取区委意见，积极争取区委对人大工作的支持。常委会党组充分发挥领导核心作用，全年累计召开党组会议12次，对区委全会精神、重大部署、重要工作、具体要求等事项进行研究部署，向区委请示、

报告事项5件，区委主要领导对人大工作作出批示10件，为人大依法履职提供了坚强政治保障。

依法讨论决定重大事项。常委会坚持在区委的领导下，对事关全区高质量转型、融入大都市等重大事项依法作出决议决定，着力通过法定程序将区委重大决策转化为全区人民的共同意志，最大限度凝聚发展的向心力。根据富阳转型发展的需要，及时作出科学合理安排，常委会第十三次会议审议批准了《2018年部分政府投资项目计划调整方案》，常委会第十六次会议审议批准了《2018年财政收支预算调整方案》。为助推富阳区国家级生态文明建设，常委会第十二次会议审议批准了《富阳生态文明建设示范区规划》。

规范行使人事任免职权。常委会坚持党管干部原则与人大依法行使任免权有机统一，通过法定程序实现党组织的意图。认真落实任前法律知识考试、法律职务任前资格审查、任职表态、颁发任命书、宪法宣誓等制度，切实提高被任命干部的宪法意识、公仆意识和人大意识。为贯彻市委区委人事安排意图，常委会依法决定任免了4名副区长、14名政府组成部门负责人，4名人大专门委员会组成人员、40名司法工作人员。

（二）围绕中心大局，在快转型快融入中充分展现人大担当

常委会以区委一届三次、四次全会精神为引领，坚持"三看四态促转型"不动摇，紧紧围绕攻坚硬仗重点任务，强化责任担当，积极主动作为。

聚力助推都市建设。常委会坚定不移落实"拥江发展"战略，全面履行富春湾新城建设指导组工作职责，在新城规划、空间腾退、项目建设、招商引资等方面深入调研，当好新城建设决策的参谋。发动辖区内各级人大代表主动参与到富春湾新城、秦望区块城市有机更新、银湖地铁沿线等建设一线，发挥示范带头作用，积极参与帮拆，当好建设的"宣传员""联络员"和"监督员"，以人大智慧和人大力量助力都市建设。

聚力助推产业转型。常委会根据区委"服务企业百日专项行动"的要求和实施"高新工业强区"的战略部署，深入企业走访调研，主动协调解决企业在发展过程中遇到的问题和困难，帮助企业适应新常态，提升核心竞争力和品牌影响力。专题调研上官乡"球拍名镇"建设工作，形成了调研报告，从建设规划、产业提升、环境整治等方面提出建设性意见，全力助推球拍产业转型。

聚力助推乡村振兴。常委会专题视察小城镇环境综合整治工作，先后踏勘14个乡镇街道16个小城镇整治点的建设情况，当好小城镇环境综合整治的"监督者"和"建言者"。组织开展"消除集体经济薄弱村"工作专题调研，提出了"增强工作紧迫感、全面统筹推进、加大要素支持"等意见建议，助力全区打好"消薄"攻坚战。开展"壶源溪流域综合整治"专题调研，完成了题为《自然为本 文化为魂 全域统筹 五美联动——擦亮生态底色引领壶源溪流域绿色发展》的调研报告，助推壶源溪全域保护利用能力提升。

（三）推进民生实事，生动践行以人民为中心的发展思想

2018年，"民生实事项目人大代表票决制"在全省市县乡三级实现全覆盖，常委会根据《中共杭州市富阳区委关于推行政府民生实事项目人大代表票决制工作的通知》要求，积极推进票决制各项工作开展。

注重人民群众意志体现。项目初选阶段，常委会发动人大代表通过代表联络站、代表履职平台、主动走访选民等形式广泛征集选民意见。票决阶段，高度重视群众需求，引导代表认真酝酿审议，充分发表意见建议。2018年首次通过全体代表票决，产生政府民生实事项目10项，真正实现政府决策与群众需求的精准对接。

切实抓好项目跟踪监督。制定了《杭州市富阳区人大常委会关于政府民生实事项目人大代表专项监督办法》，按照"一项一小组""一事一计划""一季一督查""半年一报告""一年一测评"的总体要求，组织全体代表积极参与，提出了很多有效的意见建议，有力推进政府民生实事项目的实施。

同心同力推动项目实施。常委会专题听取和审议了政府民生实事项目进展情况，召开政府民生实事项目完成情况评议会，听取各监督小组关于项目专项监督情况的汇报。通过各方努力，2018年10

件民生实事项目基本完成，解决了一批与群众需求密切相关的民生问题，真正把民生实事办到了群众的心坎上。

（四）紧扣时代要求，把创新作为推动人大工作的不竭动力

创新是一个民族进步的灵魂，是社会发展的不竭动力，常委会积极适应新形势新任务新要求，以改革创新的精神推动人大工作与时俱进。

升级打造“代表问政”品牌。2013年以来，常委会率先在“政情报告会”上引入“代表问政”环节，几年来，我们坚持并不断完善。2018年，首次采用电台、网络视频的方式向市民直播，点击率超过10万，充分展现了开放、开明政府的良好形象，大大提高了市民对政府工作的关注度、参与度和美誉度。2018年，杭州市人大要求所有区县（市）参照富阳模式开展“一府两院”工作报告会，全面推广“代表问政”。

试行街道人民议事会议制度。为贯彻落实党的十九大关于完善基层民主制度建设的精神，结合我区实际，在五个街道全面试行人民议事会议制度。按照“只议事不议人”的原则，参照乡镇人代会的程序和要求，使议事代表对街道的社会事业发展等方面享有知情权、参与权、表决权和监督权。通过议事代表的积极履职，五个街道首次票选出街道民生实事项目，完善了街道层面重大事项民主决策机制，丰富了街道人大工作平台，畅通了街道居民诉求表达渠道。

指导基层人大打造特色品牌。常委会着眼于激发基层人大工作的主动性和积极性，业务指导与工作考核双管齐下，鼓励基层人大主动作为。富春街道推行代表周五晚接待选民制度，有针对性地开展接待活动；春江街道采取到选民家中开“小队会”的形式，访民情、听民意；新登镇开展人代会副镇长述职代表评议工作；万市镇探索决定重大事项从“为民做主”向“由民做主”转变等。一年来，各乡镇街道人大积极探索、勇于实践，创造了许多好做法、好经验，成功打造乡镇街道人大特色品牌。

（五）紧盯计划财政，提高经济工作监督的质量和水平

计划、财政是人大监督工作的重点，常委会坚持把程序性监督与实质性监督、事前监督与事后监督相结合，依法依规不断提升经济工作监督实效。

加强规划实施监督。开展“十三五”规划纲要实施情况中期评估审议工作，从“注重规划引领、加强结构调整、激活创新引擎”等方面提出审议意见。同时，加强对宏观经济形势的研判和区域经济运行形势分析，及时掌握全区经济运行态势，把计划执行情况和经济决策实施情况的监督放在突出位置。

加强预决算审查。根据新形势下加强预决算审查的新要求，加强审前调研，注重审查专业技术力量建设，有序推进了人大预算联网监督工作。听取和审议了预决算执行和其他财政收支审计工作专项报告。以资金绩效作为监督重点，指定区发改局、财政局、审计局开展监督工作，主任会议专题听取了3个部门的监督报告，监督工作更具刚性和针对性。

加强政府投资项目监督。在做好年初政府投资项目计划审查的基础上，准确把握项目监督工作的核心要点，持续开展全程跟踪监督。将“把脉问诊”贯穿政府投资重大项目建设始终，变重大项目“期末考”为“月度考”“季度考”，提升了监督的及时性和有效度。

（六）强化法律实施，推动依法行政和保障司法公正

法律的生命力在于实施，法律的权威也在于实施，人大对法律实施工作开展监督，是宪法赋予的重要职权之一。

加强执法检查。一年来，常委会组织开展《中华人民共和国中医药法》、固体废物污染环境防治“一法一条例”、《浙江省学前教育条例》、《宗教事务条例》等五部法律法规实施情况检查，主任会议、常委会会议分别讨论、审议了执法检查报告，推动政府和社会各界牢固树立法治意识。对2017年作出的《中华人民共和国非物质文化遗产法》执法检查审议意见开展“回头看”，推动常委会执法检查审议意见的持续落实。

加强司法工作监督。2018年是最高人民法院提出“用两到三年时间基本解决执行难问题”的收官之年，常委会对区人民法院执行工作进行专题调研。通过听取汇报、组织代表参加法院执行专项行动、

对两名执行法官进行履职监督等多种形式，全力助推执行破“难”攻坚。常委会还听取了区政府法制办、法院、检察院等单位关于行政机关负责人出庭应诉工作情况，精准分析问题，向政府提出了“提升依法行政意识、建立出庭应诉工作规则、配齐配强法律专业知识人才”等意见建议。

*加强法治宣传教育监督。*2018年是“七五”普法规划实施的第三年，是承上启下之年，常委会组织开展“七五”法治宣传教育中期检查。听取了区普法办工作汇报，开展实地调研、检查，组织人大代表视察工作开展情况，提出了“强化法治理念、完善法治宣传教育机制建设、推进‘三治融合’”等意见建议。

（七）突出民生重点，提升人民群众的获得感和幸福感

履职为民是人大工作的本质要求，常委会从人民群众的利益出发，从人民群众对美好生活的向往出发，积极关切人民群众的利益诉求。

*加强饮用水保障监督。*常委会从大会议案督办入手，联动乡镇人大，开展了饮用水保障专项监督。为区政府起草《关于加快推进农村饮用水保障工作实施意见》提出了可行性意见，对农村饮用水工程“最后一公里”建设资金分担方案提出了建议，督促区政府及时编制完成了《杭州市富阳区农村饮用水规划（2018—2025年）》和《全区夏季高峰饮用水保障应急预案》，有力推进城乡供水一体化建设。

*加强生态环境监督。*以“富阳经验”为基础的生态环境报告制度在全省推行以来，常委会不断优化完善，编写了《杭州市富阳区人大关于生态环境报告制度的探索和实践》，供全省及全国各地人大学习参考，将生态环境报告推向了制度化、长效化的新高度。实地查看了部分矿山治理情况和绿色建筑建设情况，对气象灾害预警进行了专题调研，积极推动我区环境可持续协调发展。

*加强社区治理监督。*常委会根据全区“文明创建分片包干责任制”的规定，与牵头单位、成员单位深入走访社区，按照文明城市创建标准要求，督促、指导落实各项指标任务，助力文明创建工作。协调组织部、民政局、富春街道等单位人员，组成调研组，开展社区治理专题调研，提出了“厘清社区治理基本理念、优化社区治理实现方式、发挥社区治理最大合力”等意见建议，助推社区治理水平提升。

（八）激发代表活力，提高代表履职的积极性和主动性

代表是人大工作的力量源泉、智慧源泉、活力源泉，常委会充分尊重代表主体地位，不断完善保障机制，积极创新服务载体，切实加强和改进代表工作。

*强化代表履职服务保障。*完善人大代表履职管理制度，落实代表履职经费保障，开展履职积极分子评选，制定了《杭州市富阳区人大常委会区人大代表优秀议案、建议评选办法》，评选出10件优秀议案建议。开发启用“富阳代表履职”手机APP，实时记录代表履职情况，运用信息化、智能化手段改进代表履职方式。

*丰富代表履职活动载体。*坚持常委会会议邀请代表列席制度，2018年累计有45名代表列席参加常委会会议。组织代表围绕政府中心工作参与到常委会组织的各项活动中，167名代表参加“一府两院”工作报告会，发挥代表在“代表问政”中的主体作用。深入推进代表进联络站建设，领导干部以代表身份走进基层代表联络站，接待群众、听取民意，帮助解决群众诉求。

*提升议案建议办理实效。*对204件区十六届人大二次会议议案建议进行了汇编，并在富阳日报上刊登相关办理责任，接受全区人民监督。设立议案建议办理备用资金制度，用于解决“政府预算在前、议案建议提出在后，经费保障不对称的矛盾”。规范重点督办建议办理工作，充分发挥在建议办理工作中的引领、示范和带动作用。专题召开会议，对被列为暂时无法办理的18件建议进行研究论证，逐个分析，解决制约的瓶颈，最终将其中的9件改为可以办理，有效提升代表建议解决率。升级“富阳区人大议案建议办公平台”系统，改传统书面评议为网上评议，召开全区议案建议办理情况评议会，真实反映代表对议案建议办理的评价。

（九）注重自身建设，提升思想政治水平和业务工作能力

常委会始终按照“自身建设永远在路上”的要求，做到精神上保持“一线”状态，工作上坚持“一线”

标准，实践中发挥“一线”作为。

*加强学习提高站位。*常委会以建设学习型党组织为载体，制定年度学习计划，通过专题学习会、学习研讨交流会、自主学习等形式，深入学习习近平新时代中国特色社会主义思想，深刻领会习近平总书记在庆祝改革开放40周年大会上的重要讲话精神。及时传达部署省、市、区委重要会议精神，坚定维护党委统揽全局、协调各方的领导地位，充分发挥人民代表大会制度的优势和作用。

*注重提升履职水平。*常委会将人大干部能力提升作为改进人大工作的重中之重，先后开展了“红船精神”、国家机构改革、宪法修改等专题培训和学习研讨，组织常委会各专门委员会、工作委员会和乡镇街道人大干部赴全国人大深圳培训中心开展集中业务培训。坚持求真务实，大兴调查研究之风，围绕重点任务深入基层一线开展调研，全年完成10余项课题研究，不断提高分析研判能力。

*发挥人大整体作用。*通过邀请乡镇街道人大负责人列席常委会会议，召开工作交流会，上下联动开展工作等形式，加强对乡镇街道人大工作的指导。各乡镇街道人大认真履行职责，人代会程序进一步规范，主席团履职水平和工作实效明显提升，在本级财政预决算监督、政府投资重大项目审查监督、代表联络站建设等方面取得较好成效。

各位代表，过去一年常委会所取得的成绩，是区委正确领导的结果，是常委会组成人员、各专门委员会组成人员和全体人大代表共同努力的结果，是区政府、区监委、区法院、区检察院密切配合、团结协作的结果，也是全区人民充分信任、上级人大关心指导和社会各界大力支持的结果。在此，我代表区人大常委会表示衷心的感谢！

回顾过去一年的工作，我们也清醒地认识到，常委会工作中还存在一些问题和短板，与全区人民的期望和广大代表的要求还有一定差距，主要表现在：人大监督的方式、方法、手段需要不断创新；服务保障代表履职的方式有待拓展；自身建设与服务大局的能力还需加强等。对于这些问题，我们必须高度重视，自觉接受人民监督，虚心听取代表意见，不断加强和改进各项工作，切实担负起党和人民赋予人大的职责使命。

二、2019年的主要任务

2019年是新中国成立70周年，也是富阳实现工作转段、开启全面建设的关键一年。面对新形势、新任务，今年区人大常委会工作的总体要求是：高举习近平新时代中国特色社会主义思想伟大旗帜，深入学习贯彻习近平总书记关于坚持和完善人民代表大会制度重要思想，坚持党的领导、人民当家作主和依法治国有机统一，按照区委一届六次全体（扩大）会议决策部署要求，紧紧围绕“全面推进高新产业发展、高品质城市建设、高水平社会治理，全力加快与杭州大都市高质量一体化发展”，密切联系群众、增强监督实效、推进民主法治，为加快建设富裕阳光的大都市新型城区贡献人大智慧和力量。

根据这一总体要求，2019年常委会工作的主要任务是：

（一）深刻领会习近平总书记关于坚持和完善人民代表大会制度的重要思想，增强政治定力和使命担当

习近平总书记关于坚持和完善人民代表大会制度的重要思想，是习近平新时代中国特色社会主义思想的重要组成部分，科学阐述了国家根本政治制度的历史必然、特点优势、实践要求，明确提出了做好新时代人大工作的重大原则、重要举措、重点任务。常委会要把学习习近平总书记关于坚持和完善人民代表大会制度的重要思想摆在突出位置，加强理论武装，提高政治站位。在学习上下足功夫。做到思想认识到位、原原本本学习、持续深入学习，与学习贯彻总书记在浙江工作期间关于人大制度、人大工作和民主法治建设的重要论述结合起来，形成常态化长效化的学习制度，始终保持人大工作正确的政治方向。在研究上立足实际。围绕总书记的重要思想，全面贯彻“十个坚持”，突出问题导向，加强基础性、实践性、对策性研究，做好人大工作好经验好做法的总结提炼、交流推广，形成全区人大工作创新发展的良好氛围。在落实上围绕大局。根据区委一届六次全会提出的目标任务和决策部署，依法履职尽责，主动积极有为，全身心投入到加快富阳高质量一体化发展这一中心任务之中。

（二）紧紧围绕全区发展新要求，提升监督刚性和监督实效

紧扣省、市、区委决策部署，坚持把事关改革发展稳定的重点工作和民生热点难点问题，作为依法监督的重要内容。深入开展调查研究。我区经济社会正在向高质量发展阶段迈进，各类新矛盾、新问题不断产生，人民群众需求的广度和深度不断拓展。常委会要围绕如何提升高质量发展，如何解决好人民群众的迫切需求，如何缩小发展中不平衡、不充分等问题进行深入调研，为区委决策提供参考，为人大监督确定议题，为政府实施提供依据。科学确定监督内容。以实现经济社会高质量发展为导向，以满足人民群众美好生活需要为目标，找准人大工作切入点。围绕“高新产业发展、高品质城市建设、高水平社会治理”开展各项监督工作，做到监督“少而精、精而准、准而实”。不断创新监督方式。积极拓宽监督渠道，开展递进式“全链条”监督，着力增强监督的刚性和韧性。根据《中华人民共和国监察法》的规定，听取区监委专项工作报告。就人民群众的重大关切问题，开展“专题询问”，针对社会普遍关注的焦点、热点问题，向“一府两院”和政府组成部门开展询问，通过“面对面、硬碰硬、实打实”的监督方式，推动人大监督工作再上新台阶。

（三）积极探索代表履职新路径，强化职务意识和履职能力

坚持把尊重代表主体地位、发挥代表主体作用作为开展人大工作的重要基础和关键环节，切实履行亲民、为民、惠民的职责使命。深化代表履职保障。继续邀请代表列席常委会会议、参加重要活动，拓展代表参与人大工作的广度和深度。强化代表履职培训，实施以法律意识和履职能力为重点的代表素质提升计划，使代表不断适应我区转型发展新要求。围绕“智慧人大”创建，升级“富阳代表履职”手机APP各项功能，为代表履职提供更加便捷的智能化服务。优化代表活动组织。继续拓宽代表联系群众的线上线下“全天候”渠道，围绕省、市、区委工作重点和民生热点开展代表主题活动，努力提升小组活动质量。深化代表联络站建设，围绕“最多跑一次”改革，将联络群众工作延伸到群众办事全过程。强化议案建议、民生实事督办。坚持和完善重点建议督办、代表建议办理进度通报、二次答复等制度，抓实议案建议个案分析和集体评议工作，提高代表议案建议办理的解决率和满意率。重点提升民生实事项目质效，采取常态化监督、专项监督、不定期监督等方式，助推2019年民生实事项目按期高质量完成。

（四）全面展现自身建设新气象，锤炼工作作风和过硬本领

常委会要牢记使命，不断更新理念、转变作风，努力锻造一支政治素质高、履职能力强、担当精神好的“人大铁军”。着力加强思想作风建设。要深入学习贯彻习近平新时代中国特色社会主义思想，深刻认识改革开放40年来坚持和完善人民代表大会制度取得的重大成就，不断推进人民代表大会制度在我区的完善发展。全面落实中央和省、市、区委改进作风的各项规定，守纪律、讲规矩，在服务人民、推动发展中检验自己、完善自己、提高自己。着力提升依法履职能力。坚持大局着眼和问题导向，按照“缺什么补什么，干什么学什么”的要求，强化宪法意识，加强法律知识学习，提高用法治思维推进改革发展的能力。学习科技前沿新知识，不断增强人大干部勇于监督、善于履职的能力。着力深化创新人大宣传。积极适应“互联网+”时代趋势，推进宣传理念、内容、手段、体制机制等全方位创新，建立市民旁听常委会会议制度，扩展人大宣传新阵地。围绕区委对人大工作的决策部署，总结提炼人大工作新的创新创优成果，加大内外、上下全方位宣传力度，同时充分利用“富阳人大”微信公众号等新兴载体，讲好人大故事、彰显监督力量、展示代表风采，用有温度的宣传方式，营造知晓、理解、支持人大工作的浓厚社会氛围。

各位代表，当前富阳正处于拥江发展的战略机遇期、转型发展的攻坚决战期，全区人民对我们充满期待，富阳的改革发展需要我们倍加努力，让我们紧密团结在以习近平同志为核心的党中央周围，在中共杭州市富阳区委的坚强领导下，不忘初心、牢记使命、开拓创新、勇于担当，积极推动人民代表大会制度在富阳的生动实践，为加快建设富裕阳光的大都市新型城区而努力奋斗！

杭州市富阳区人民政府工作报告

在杭州市富阳区第十六届人民代表大会第三次会议上
（2019年1月16日）

杭州市富阳区人民政府区长　吴玉凤

各位代表：

现在，我代表区人民政府向大会作工作报告，请予审议，并请区政协委员和其他列席人员提出意见。

2018年工作回顾

2018年是全面贯彻党的十九大精神的开局之年，是改革开放40周年，也是富阳转型道路上非同寻常的一年。一年来，我们深入学习贯彻习近平新时代中国特色社会主义思想和党的十九大精神，在中央、省、市和区委的坚强领导下，区人大、政协的监督支持下，牢牢把握稳中求进工作总基调，坚定“三看四态促转型”不动摇，以加快转型、加快融合为主要任务，持续打好高质量发展组合拳，基本实现了全面破题的战斗任务，为富阳加快建设大都市新型城区奠定了坚实基础。

这一年，全区经济运行稳中有进，地区生产总值增长5.7%；财政总收入123亿元，一般公共预算收入72.7亿元，分别增长13.3%和12.5%，增幅为2012年以来最高。城镇和农村居民人均可支配收入55985元和32448元，分别增长8.9%和9.3%。这一年，富阳正式步入高铁时代，“高铁通机场、地铁进杭城、快速路实现同城效应”的交通框架日渐清晰。这一年，富阳坚定迈向拥江发展，江南新城正式更名为杭州

富春湾新城，有机更新、空间腾挪、城市建设快速推进。这一年，富阳新旧动能加快转换，落后产能淘汰力度持续加大，新兴产业招引实现突破，“三美”建设亮点纷呈，全面转型的态势业已形成。

一、城市发展框架进一步打开，大融合大提升的格局初步形成。城市规划同城共绘。完成富阳分区规划，划定城市开发边界，进一步明晰世界名城重要一极的功能定位，“多规融合”一张图基本形成。编制富阳总体城市设计，完成秦望“城市眼”、富春湾新城中轴线、地铁沿线等重点区块城市设计。全面开展34个单元控规编制，建立分区规划实施项目库，城市规划展示新馆建成开放。交通项目多头并进。彩虹快速路、杭富城际铁路、春永快速路、绕城高速西复线工程加速推进，杭黄高铁设定线路

通达全国，环金线改扩建一期、汤马线整治工程等建成启用，渌渚江航道养护改造工程开工建设。打通文昌路、后周路等5条城区道路，开工实施凤浦路、西山路等5条“断头路”贯通工程。拥江发展南北联动。江北秦望、钢圈厂区块3350户（套）房屋顺利拆迁签约，启动秦望隧道和广场地下空间建设，达夫路精品街区精彩亮相，“春江花月夜”文化创意街区、精品江景二期、“两山两桥”精品夜景、3条精品河道、桂花路精品街区、精品绿道、鹿山4幢总部大厦加快推进。富春湾新城完成2824户农居和314家企业拆迁签约，建成大桥南路延伸工程，完成江南大道、亭山快速路等项目前期，省人民医院富阳院区签约落户。北支江水上运动中心、银湖射击射箭馆等亚运会新建场馆有序推进。

二、产业转型步伐进一步加快，蹲下去跳起来的信心更加坚定。产业结构不断优化。整合出台五大产业扶持政策，加快推进高新产业、现代服务业发展，三次产业比调整为5.9∶43.5∶50.6。实施数字经济“一号工程”，数字经济、战略性新兴产业、高新技术产业增加值分别增长10.1%、8.5%和9.0%。服务业提档升级，网络零售额增长33.8%，文创产业增加值增长9.3%，服务业增加值增长8%。全面推进振兴实体经济和传统制造业改造提升分行业省级试点，拆迁高污染高能耗企业415家，削减造纸产能270万吨，整治“低散乱”企业415家，20个“留心留根”项目正在落地。加快传统产业数字化改造，实施“机器换人”项目80个，推动应用工业机器人238台，实施工厂物联网和工业互联网项目9个，新增上云企业1700家。专业平台稳步提升。开发区四个平台完成银湖公寓、场口入城口改造等基础设施项目25个，富通4.0、大华智联一期等15个产业项目竣工投产。银湖科技城启动地铁沿线开发建设三年计划和“一城一带5100”计划，再增创新型、成长型企业41家。富春湾新城同步推进空间腾挪、项目招引和配套建设，编制“规划、做地、招商”一张图，启动全域土地综合整治试点，完成建设、亭山、灵桥等区块拆迁平整，腾出空间1.1万亩，飞旋科技、新亚低温、梁辉科技等项目动工建设。项目招引有力突破。大力实施“152”工程，成功招引落地西安寰星、百诚医药、图南电子等项目116个，签约北影（杭州）国家级电影产业基地等项目145个、总投资365亿元。全年实到内资84亿元，实到外资2.89亿美元。创新能力持续提升。新增国家重点支持高新技术企业43家、省级企业研究院4家、发明专利授权284件、“浙江制造”标准12项、浙江名牌产品7个。出台人才新政升级版，落地国外引智项目和“5110”项目各27个，引进海内外高端人才111人、硕士及双一流本科毕业生708人。银湖创新中心成为我区首家省级科技企业孵化器，中财大政产学研实践基地、上海光机所杭州分所、杭州电子科技大学富阳研究院、大数据产业创新研究院等成功落户，与杭州科职院共建“乡村振兴学院”。

三、环境治理力度进一步加大，景区化一体化的成效持续显现。美丽城镇加快建设。实施省级小城市培育行动计划，新登塔山、共和、双溪等区块有机更新全面启动，城市入口、城市阳台尽显现代气息，古城复兴迈入新征程。启动场口“微镇”项目，实施场口老村整体搬迁。小城镇环境综合整治形成“富阳经验”，提前一年高标准完成23个小城镇整治任务，洞桥、湖源和春建成为全省第一、第二批样板，获评杭州市小城镇环境综合整治优秀区。美丽乡村全景打造。持续加强农村建房管理，全面落实带方案审批。新建提升精品线路12条、特色村20个，获评省美丽乡村示范乡镇3个、特色精品村5个，创成省美丽乡村示范区。积极推广东梓关、文村等建设模式，5个村200栋杭派民居完成主体建筑，10个村启动旧村改造试点。美丽经济全域铺开。百花大会、江鲜大会、二十四节气等系列节庆活动贯穿全年，乡村旅游人数突破1500万人次、增长20%，实现旅游收入139亿元，增长18.8%。成功创建黄公望隐居地AAAA级旅游景区，新增省休闲旅游示范村4个。“农创客”小镇、农夫乐园、田园综合体等新型业态不断涌现，春江秀、东梓关特色休闲小镇等总投资超50亿元的美丽经济项目签约落户。富春山居区域品牌逐步打响，“安顶云雾茶”获国际茶业博览会金奖。城乡环境全面提升。建立“一巡多功能”二级平台，实行城区市场化16小时保洁，开展工地文明施工“大比武”活动，持续加强市容环境、户外广告、停车秩序和交通拥堵综合治理。推进“厕所革命”和垃圾“三化四分”，新建、改造厕所580座，新增标准化回收站点56个、分类垃圾桶26万只，城区餐厨垃圾实现分类运输，循环经济产业园启动建设。开工建设南方水泥“三合一”项目，整治制砂点21个，拆除工业烟囱6支，关停矿山2个、热电厂1家、工业污水处理厂2座。完成“三改”115万平方米，拆违327万平方米。千岛湖配水工程富阳段主隧洞全线贯通，北支江综合整治及桥闸工程启动建设，新建改造城镇污水管网23公里，关停壶源溪干流水电站9座，4条河道被评为市级“美丽河湖”，富春江出境断面水质自2015年1月以来持续保持优秀。

四、重点领域改革进一步深化，体制性机制性的创新整体突破。深化“放管服”改革。行政审批和公共服务事项100%实现“最多跑一次”，361项实现凭身份证“一证通办”，1185项实现网上办理，实现率和满意率位居全市前列。行政服务中心新大楼和场口分中心建成启用，新增43个“24小时不打烊”综合自助办事服务网点。实施工程建设项目审批制度“1+9”改革，设立联审联批中心，完成30宗“标准地”出让，一般企业投资项目开工前审批压缩至“100天”以内。深化经济领域改革。全面落实各级减负惠企政策，减免企业各类税费48.8亿元。推进“证照分离”首批改革试点，新设各类市场主体1.3万家。完成区属国有企业重组整合，减少二、三级企业43家，挂牌成立富阳文旅集团。深化要素配置改革。强化“亩均论英雄”导向，全区432家规上企业和401家规下企业完成亩均效益综合评价，实施城镇土地使用税、用地指标等要素差异化配置。试点中小企业组团供地，组建海绵农田公司，完成垦造水田107.8公顷、建设用地复垦122.1公顷、高标准农田建设1666.7公顷，争取新增建设用地指标141.3公顷。累计完成土地流转1万公顷，流转率提高至61.5%，基本完成农村土地承包经营权确权登记，农村集体产权交易平台网上交易模式开创全市先例。深化政府管理改革。开发区、富春湾新城实行封闭运行管理。完成国地税征管体制改革。成立重大交通指挥部和地上公司，统筹推进重大交通建设和渣土“四统一”处置。夯实基层治理“四个平台”和全科网格管理，建成共用共享社会信息数据汇集库。全区社区数量由28个调整为50个，完成12个股份经济合作社换届。

五、民生事业投入进一步增加，看得见摸得着的实惠越来越多。关键小事用心办好。完成10个方面26项民生实事。高血压等16种慢性病一次性配药量可延长至12周，80%以上村（社）提供老年人就餐服务，为14.5万名老年人投保意外伤害险，新（改）建母婴室45个，实施城区公办小学延迟上学和学后托管服务，城东、鹿苑2家农贸市场开业运营。社会事业共建共享。推进“健康富阳”建设，3家医院分别与市一院、市中医院、上海国妇婴医院开展合作，高标准通过国家卫生城市复评。成功与浙师大、杭师大等名校合作办学。农村小班化教育“富阳模式”全省推广，新劳动教育成为全国德育品牌，场口镇小摘得世界杯跳绳比赛11金。建成投用3家医院和3个社区卫生服务中心，富中改扩建等项目加快推进。积极打造“家在富春江上”特色文化品牌，成功举办第五届郁达夫小说奖评选，开展徐玉兰纪念系列活动。区图书馆连续第四次被评为“国家一级馆”。新增文化礼堂50个，覆盖率全市第一。举办区第九届老年人运动会。保障水平稳步提高。实施创业补贴和融资担保贷款，新增城镇就业1.55万人，帮助拆（搬）迁企业1536名职工实现再就业，城镇登记失业率控制在1.6%。城乡居民养老、医保综合参保率保持在95%、99%以上。低保标准上调至每人每月955元。新交付公租房871套、安置房2312套，开工建设安置房9029套。完成2200户农房改造、200户农村困难群众住房救助和1067户农村C级危房治理。新（改）建4家养老机构，新增养老床位352张。启动殡仪馆改扩建工程。全面实现城乡公交一体化，启用场口公交站，新增（优化）公交线路48条，完成残疾车置换。社会治理持续加强。启用城市大脑，交通、医疗、信用等领域智慧化水平大幅提高，推出“先看病后付费”2.0版，在全市率先上线“舒心就医”板块。加强社会治安立体化防控，推进“雪亮工程”，严厉打击黑恶势力。“最多跑一地”矛盾化解机制获“2018年度中国十大社会治理创新”。小作坊整治提升经验全国推广，创获“浙江省食品安全区”。深入开展消防、交通、危化品等重点领域专项整治，安全生产事故起数、死亡人数分别下降30%和34%，夺得省平安创建“十三连冠”。消薄帮扶更加精准。制订“一村一方案”，探索入股大企业模式，实施项目、结对、抱团等“消薄十法”，288个村（社）全部达到年集体收入50万元、经营性收入10万元以上。扎实做好与贵州锦屏、湖北恩施等东西部扶贫协作，深化与缙云山海协作，启动“飞地经济”“合作共建园”等项目14个。

六、政府自身建设进一步加强，想干事干成事的氛围日益浓厚。政治建设全面加强。始终把坚持和加强党的全面领导贯穿到政府工作全过程、各领域，认真学习贯彻落实党的十九大精神，切实增强“四个意识”，坚决做到“两个维护”，严守政治纪律和政治规矩。坚决执行“八项规定”及实施细则，牢固树立政府过“紧日子”思想，持之以恒正风肃纪，严控“三公”经费。依法行政不断深化。主动接受人大依法监督、政协民主监督，强化审计监督，广泛接受社会监督，办理人大建议204件，政协提案166件，满意率100%。积极推进行政复议体制改革，落实常务会议学法、行政首长出庭应诉等制度，开展“两高一低”专项整治，积极做好政务公开。“两强三提高”扎实推进。加强政府执行力工程建设，持续开展拔钉清零、清障提速、百日冲刺等专项行动，“迷彩服”成为工作新常态，秦望、富春湾等重点区块均实现提前签约，项目征迁任务实现不跨年目标。完善府院联席会议制度，创新预破产、债券回购等处置方式，企业“两链”风险处置平稳有序，全区不良贷款率降至1.2%。高质量做好中央环保督察整改“回头看”工作，彻底整治饮用水源地保护问题。深入开展“大学习大调研大抓落实”、“百千万”蹲点和“走亲连心”活动，推进服务企业百日专项行动常态化、制度化，全年走访企业4383家（次），协调解决问题1339个。

同时，人防、外事、应急、侨务、慈善、档案、残疾人、红十字、史志、宗教、关心下一代等事业进一步发展，工会、共青团、妇联在结对帮扶、志愿者服务、美丽庭院建设中发挥重要作用，工商联、统计、科协、气象等有力助推了经济社会转型发展。

各位代表，区第一次党代会以来，在区委的坚强领导和科学决策下，从老城更新到挺进江南，从空间拓展到公共配套，从交通构架到沿线开发，从环境提升到乡村振兴，富阳转型升级迈出了坚实的步伐。特别是刚刚过去的2018年，是宏观形势严峻复杂的一年，是富阳转型任务最为艰巨的一年，也是捷报频传、战果丰硕、有力破题的一年。我们每个富阳人都是发展的亲历者、推动者和共享者。在此，我谨代表区人民政府，向全区人民，向人大代表、政协委员和离退休老同志，向各民主党派、工商联、人民团体和社会各界人士，向驻富部队官兵，向关心、支持富阳发展的海内外各界朋友们，表示崇高的敬意和衷心的感谢！

在肯定成绩、坚定信心的同时，必须更加清醒地看到，我们正在经历前所未有的变局，变局中危和机同生并存，如果不能更快一步转型，就跟不上时代步伐和都市节奏，就将痛失机会、掉队落伍。一是科技变革正在改变产业体系，数字经济、人工智能、5G商用等技术将重构我们的生活、学习和思维方式，重塑区域、产业和企业竞争力，而在杭州打造数字经济第一城的整体布局中，我们的产业空间布局与分工还不够清晰，产业平台专业化水平还较低，高新产业还没有集群成链，支持高质量发展生态体系还不够完善，现代服务业、都市农业水平不高，产业业态还没有跟上都市步伐。二是高铁地铁正在改变区位优势，杭州1小时通勤圈范围明显扩大，周边更多区（县、市）站上了同一起跑线，而我们融杭的交通通道仍然单一，快速路、轨道线体系还不完善，沿路沿线的开发建设相对滞后，交通轴线还没有成为产业轴线、发展轴线，立体式综合交通建设还没有跟上都市步伐。三是拥江发展正在改变城市格局，杭州已全面向世界名城迈进，以235公里钱塘江为主轴的城市新板块竞相争艳，而最美富春江畔的城市核心区和新地标仍未实质性启动，基础设施配套相对滞后，“城中村”顽症依然存在，城市品质还没有跟上都市步伐。四是社会发展正在改变民生需求，而我们的优质教育、医疗等公共资源供给不足，出行难、停车难等问题比较突出，小区物业、交通秩序管理水平不高，社会治理还没有跟上都市步伐。特别是与“将来时”“现在时”相比，与大都市发展要求相比，我们的一些思想理念、能力水平还处于“过去时”和县域模式，不担当、不作为问题还不同程度存在，政府职能转变需要深化，行政效率仍有较大提升空间。

变局之中往往挑战最大、机遇也最大。对此，我们必须树立强烈的危机感、责任感和紧迫感，倒逼自己、改变自己，以更坚定的决心、更扎实的举措，加快推进富阳向更高质量发展。

2019 年指导思想和总体任务

根据区委一届六次全会精神，全区“三看四态促转型”这场大仗要进行转段升级。要主攻“高新产业发展、高品质城市建设、高水平社会治理”，将工作重心从“破立并举、以破为主”转变到“破立并举、以立为主”上来，一年接着一年干、一锤紧着一锤敲，快干三年、决胜三年，全面加快富阳转型步伐。

2019 年是新中国成立 70 周年，是机构改革后的第一年，也是富阳实现工作转段、开启全面建设的关键一年。做好今年的工作，意义重大。

今年全区工作的指导思想是：高举习近平新时代中国特色社会主义思想伟大旗帜，全面贯彻党的十九大、中央和省委经济工作会议精神，按照省委“‘八八战略’再深化、改革开放再出发”和市委“干好一一六、当好排头兵”的部署要求，坚定“三看四态促转型”“拥抱富春江、拥抱大都市、拥抱新时代”不动摇，全面推进高新产业发展、高品质城市建设、高水平社会治理，加快实现与杭州大都市高质量一体化发展，为早日建成富裕阳光的大都市新型城区打下坚实基础，以优异成绩迎接中华人民共和国成立 70 周年。

建议 2019 年全区发展主要预期目标是：地区生产总值增长 6.5%，一般公共预算收入增长 10%，城镇居民、农村居民人均可支配收入分别增长 7.5% 和 8.5%，研发经费支出占地区生产总值比重和全员劳动生产率稳步提升，金融风险有效防控，投资结构优化、投资效益提高，完成节能减排指标任务。在实际工作中，特别是外部环境深刻变化的情况下，我们将全面落实中央“六个稳”工作部署，在高质量前提下能快则快，并着重把握以下要求：

一、聚力聚焦“三高”建设。破不易，立更难。我们必须抢抓杭州加快拥江发展、推动“六大西进”、建设世界名城和后峰会、前亚运等战略机遇，牢牢把握富阳转型发展的“黄金五年”，切实将精力集中到“三高”建设上来，加快把发展的新动能立起来，把融杭发展的轴线立起来，把宜人的环境立起来。要倍加珍惜腾出来的宝贵空间，保持转型的战略定力，进一步明确在大湾区中的产业分工和主攻方向，坚定不移推动高新产业发展。要坚定“富阳是杭州大都市重要一极”的定位，更加积极主动对接全省“四个大”建设和杭州新一轮城市总体规划，加快构建起以富春江和地铁沿线为主轴，以秦望“城市眼”和富春湾新城为核心，以精品街区、精品江景、精品河道为肌理，以美丽乡村为底板的城市格局，实现城市品质大提升。要始终坚持“以人民为中心”的发展思想，维护社会稳定，提升城市文明，优化政府服务，全面提升社会治理现代化水平。

二、聚力聚焦改革创新。惟改革者进，惟创新者强，惟改革创新者胜。我们必须高举改革大旗，把融杭作为最大的开放，把转型作为最大的改革，以更大的觉醒，推动改革开放再出发。要把转变和优化职能作为机构改革的关键，不光是改头换面，更要脱胎换骨，切实解决多头分散、条块分割等问题，改出动力，改出活力，改出效率，优化治理体系，提升治理能力。要致力于打造一流营商环境，继续深化“最多跑一次”改革、“移动办事之城”建设，进一步简政放权、优化管理、提高效能。要深刻领会改革方法论，重点攻克一批改革突破口，推出一批探索性的示范点，努力补齐改革落地的短板，以改革成效撬动高质量发展。

三、聚力聚焦实干快上。发展出题目，实干做文章。我们要坚决贯彻落实中央、省、市决策部署，将稳企业、增动能、保平安各项政策措施转化为具体行动。要围绕高质量、竞争力、现代化，制定和实施“三高”建设三年行动计划，紧盯目标，把握节点，抖擞精神，继续战斗，切实做到“定一件、干一件、成一件”，将转型进行到底。要坚持项目为王，牢牢扭住项目“牛鼻子”不松劲，一切围绕项目转，一切围绕项目干，确保各项工作有载体、有支撑、有动力，努力把发展蓝图变成美好现实。

四、聚力聚焦为民惠民。人民对美好生活的向往就是我们的奋斗目标。要把群众想干的事，变为政府要干成的事，用心干好每一件民生实事和关键小事。我们要下定决心，有计划、分步骤持续推进农村饮用水、断头路贯通、背街小巷整治等工程，直至有效解决。要兜好底、织好网，加大对低收入家庭、特困人员帮扶救助力度，让每个市民的尊严都得到呵护。要更主动回应群众关切，全面实施交通隐患点治理，加快推进城市绿道和公园建设，加强社区物业管理，多用心思，换位思考，努力给市民直抵内心深处的温暖。

2019 年工作安排

2019 年，我们将大力弘扬“忠诚、实干、担当、坚毅、有为”的富阳精神，切实在抓实抓细上狠下功夫，努力在产业发展、城市建设和社会治理上有重大突破和明显变化。

一、干出产业转型加速度，全力打造高新发展升级版

在支持实体经济上发力。旗帜鲜明支持民营经济发展，在降本减负、解决融资难融资贵、加快市场主体升级和营商环境建设上有实质性突破，切实增强企业获得感。全面落实中央和省市减税降费政策，出台我区扶持民营经济发展举措，想方设法降低企业用工、用能、商务、物流、税收等成本。清理规范融资服务类中介机构，建立企业“白名单”制度，实施小微企业信贷“增氧计划”和“滴灌”工程，强化金融对实体经济的精准支持。实施“鲲鹏”“凤凰”“瞪羚”“雏鹰”计划，新增上市企业 1 家、“国高企”50 家、省级科技型企业 100 家。深入开展“走亲连心”服务企业活动，推进“企业点题、部门答题”模式常态化制度化。大力弘扬企业家精神，依法保护企业和企业家合法权益，加强新生代企业家队伍建设。推进“留心留根”工程，加强土地要素保障，全力支持本土拆（搬）迁企业二次创业和发展总部经济，为企业家实现自我价值和社会价值提供舞台。

在培育新兴产业上发力。坚持“数字经济”一号工程，启动数字经济培育和战略性新兴产业倍增计划，瞄准未来 3 年培育八大优势产业和八大未来产业目标，加快做大高新产业增量，形成更多优势产业集群。更加主动对接“两廊一带”省市布局，依托富阳制造业基础，以及富通、富春江集团等龙头企业和北影、飞旋科技等新落地项目，加快推进补链、建链、强链，全力打造智能装备、数字影视、光通信产业链条。深入实施传统产业数字化改造工程，新增上云企业 500 家、工厂物联网项目 6 个、机器换人项目 80 个。加快培育壮大信息服务、文化创意、研发设计等现代服务业，积极推动服务业与制造业深度融合，实现服务业增加值增长 9%。实施消费升级行动，提升商业街区，积极发展新零售，鼓励引导文旅、康养等新兴消费，着力提升服务品质、增加服务供给。加强对重点外贸企业的动态监测和跟踪管理，引导企业开拓“一带一路”新兴市场。持续扩大有效投资，突出抓好 133 个产业项目，切实发挥投资对稳增长、调结构的关键作用。扎实开展招商引资年活动，坚持“大好高”“小而美”招引并举，推进产业链、资本链、创新链、人才链招商，全年引进“152”工程项目 5 个以上、高新产业项目 50 个以上。深入实施浙商回归、富商回归工程，支持异地商会建设，引导乡贤回乡创业。

在提升专业平台上发力。坚持产城融合、以产兴城，加快提升平台专业化水平，切实为高新产业发展提供生态环境和要素支撑。继续推进富春湾新城全域土地综合整治，基本完成高污染、高能耗、低效益产业腾退，加快基础设施和公共配套项目建设，确保招引 20 亿元以上项目 1 个，亿元以上项目 10 个，挤进全省万亩千亿产业平台。完成开发区新一轮整合提升，统筹考虑纳入金桥、鹿山、环山工业功能区。继续推进银湖新区地铁沿线开发建设和“一城一带 5100”计划，新增研发总部企业 12 家、产业人口 3000 人，形成人才、资金、项目、配套聚合效应。新登新区、场口新区要重点抓好中南绿建、昆仲机械、浙江中铝等产业项目，加快实施道路、电力等 24 个基础配套项目。东洲新区要主动对接融入杭州三江口总体发展战略规划，实现与之江板块联动发展。推进永昌、上官等乡镇工业平台向“小而精”发展，建设提升小微企业园 6 家。加快硅谷、药谷、金融小镇等特色小镇专业化、集聚化发展，进一步提高特色产业投资占比。

在构建创新生态上发力。充分调动、配置各类资源，着力形成创新引领发展的新生态、新路径。突出企业创新主体，鼓励企业加大研发投入，全社会研发经费（R&D）增长10%以上，发明专利授权量增长10%，新增省级以上企业研发机构12家。推进“名校名院名所”工程，深化与上海光机所、中财大、浙工大、杭电等高校院所的战略合作，新增市级以上科技孵化器、众创空间2家，促进校企合作项目50个。弘扬工匠精神，引导企业强化质量意识、标准意识和品牌意识，新增“浙江制造”团体标准2个、认证产品1个、市级以上名牌4个。坚持人才第一要素，完善促进人才集聚、使用和评价机制，进一步补齐居住、教育、医疗等人才保障短板，力争新增国家、省“千人计划”、市“521”计划人才8人，引进硕士及以上研究生1000人，吸引带项目带团队落地创办科技型企业50家。实施产教融合职业教育三年行动计划，加大高技能人才培育力度，提高职业学校办学与经济社会发展需求的精准度。

二、干出拥江发展加速度，全力打造城市建设升级版

加快综合交通出形象。重点构筑三大交通圈层，着力让富阳的交通骨架更加清晰。构筑对外交通圈层。全力加快“三铁三高三快速”建设，确保2019年贯通绕城西复线，2020年建成杭富城际铁路、彩虹快速路和春永快速路。加快杭州中环、湖杭铁路、杭淳开高速等项目前期，积极对接杭州市轨道交通规划，主动谋划富阳远期地铁线网。围绕构建“15分钟进出快速路、20分钟进出高速公路”目标，深化东大道进城区入口、富春湾新城入口等通道方案研究。构筑中心交通圈层。推进“七纵九横”骨干路网建设，加快城市内环快速路项目，实施大盘山隧道、新中线改造等工程，让城市内部运行更通畅。构筑农村交通圈层。加快推进环金线整治二期等工程，高品质实施“四好农村路”建设三年行动计划，争取到2021年底形成一个完备的、城乡一体的都市交通体系。

加快城市建设出形象。深化城市设计，进一步增强规划设计的系统性、前瞻性和执行刚性。集中力量打造秦望城市眼，推进秦望隧道与地下空间建设，做好秦望综合体项目招商，以一流标准建设最美湾区。打造富春湾新城，加快建设江南大道、亭山路等城市路网和杭黄站场1平方公里城市区块，推进省人民医院富阳院区等项目建设，高标准打造沿江景观带，规划建设广电中心、会展中心、图书馆，加强轨道交通、杭千南移项目规划研究。打造地铁商业圈，重点推进“地铁车辆段上盖物业＋富阳客运中心”“阳陂湖区块综合整治＋城市综合体”“钢圈厂区块改造＋东方茂业态提升”，着力形成若干个关键节点和先行区块。打造亚运综合体，推进北支江水上运动中心、激流回旋、银湖射击射箭现代五项亚运比赛场馆建设，实施体育馆提升改造工程。继续推进城市精品工程，“两山两桥”亮灯工程、江北精品江景、3-4-5号渠精品河道、桂花路精品街区全面亮相。按照自主改造原则，启动1—2个城中村改造试点。以“全省一流小城市”为目标，加快推进“新登味道”古城建设和场口“微镇”项目，打造杭州大都市重要组团。

加快城市管理出形象。深化“城市大脑”建设，逐步覆盖交通管理、渣土管理、安全监管、市场监管等领域，推动城市管理向智慧化转型。提升给排水能力，推进富阳取水口上移、银湖水厂一期等工程建设，加快“四线供水”乡镇全覆盖和城区老旧供水管网改造。推进电网升级改造，投运220KV龙星变等4项输变电工程。启动城区综合治理三年行动计划，按照“背街小巷整治、二次供水改造、污水零直排区建设、节点绿化提升”的要求，分区域整体推进。科学安排道路施工时序，减少工程施工对市民出行影响。加强城市渣土管理，采取山坳堆填、地标抬升、堆坡绿化等措施，加大资源化利用，努力解决渣土难题。深入推进城市交通拥堵点、占道经营等专项整治行动，不断提升城市品质。

三、干出乡村振兴加速度，全力打造三美建设升级版

推进生态环境治理。坚持“绿水青山就是金山银山”发展理念，继续开展“蓝天、碧水、净土、清废”四大行动，打好污染防治攻坚战。大力推进节能减排，继续推进“拔烟囱、关矿山”行动，开展特种纸、球拍等行业“低散乱”整治，新增清洁生产企业20家，完成10个废弃矿山治理，积极创建全省绿色矿业发展示范区。深化“五水共治”，清淤排水管网230公里，提升改造农村生活污水治理设施终端440

个，创建省市级“美丽河湖”4条，确保富春江水质持续优秀。全面推进净土行动，深化电镀和有色金属冶炼行业污染整治，加强重点土壤污染地块生态修复，重点行业重金属污染物排放量较2013年下降8%以上。提升垃圾处理能力，城区实现分类投放设施和分类运输全覆盖，加快循环经济产业园和飞灰协同处置项目建设。健全“两违”防控长效管理机制，开展非法“一户多宅”专项清理，重点整治老旧违建、小区违建，积极争创“无违建区”。深化“青山白化”专项整治，新建美丽林相8处、浙江森林城镇2个、村庄绿化10个。巩固中央环保督察问题整改成果，加大环境执法力度，打造环保最严格监管城区。

推进全域景区建设。围绕打造现代版富春山居图目标，重点做好资源整合、区域联动文章，进一步推动区域景区化向全域景区化发展。积极争创市级新时代美丽城镇，建设和提升小城镇教育、医疗、养老、停车场、农贸市场等配套设施，积极引导产业集聚发展，努力让小城镇焕发生机活力。持续推进美丽乡村建设，启动15个A级景区村庄创建，完成10个旧村改造，加快乡村有机更新。实施10条精品线路提升工程，完成沿线300公里弱电线整治，不断提升田园“八相”。突出黄公望隐居地、新沙岛、龙门古镇、东梓关品牌效应，抓好35个沿江精品特色村建设，实现富春江两岸景观绿道全程贯通，积极推进富春江国家级旅游风景区创建。完成大龙门、大安顶、壶源溪流域、葛溪流域综合发展规划编制，统筹安排美丽项目，实现优势互补、特色叠加和配套设施共享。

推进美丽经济发展。坚持把产业兴旺作为乡村振兴的首要任务，更加注重主体培育、产业植入，加快把美丽环境转化为美丽经济。策划“乘高铁游富春山居图”系列活动，办好“味道山乡”、江鲜大会、龙门庙会等农事节庆活动。大力培育现代民宿、休闲农业、养生养老、乡村文创等新业态，新增精品民宿8家，创建“多彩农业、美丽田园”示范基地3个。挖掘“一乡一品、一村一特色”，探索“营地+、体育+、互联网+、文旅+”模式，完善吃住行游购娱等配套，讲好人文故事，打造特色主题产品，推动三产融合发展。稳定粮食播种面积，提升粮食安全保障水平。建立“两进两回”机制，持续打好增收组合拳，力争村社经营性收入达到15万元，低收入农户人均纯收入增长10%以上。

四、干出深化改革加速度，全力打造发展环境升级版

将“最多跑一次”改革进行到底。加快“移动办事之城”建设，推进“不见面审批”，60%以上民生服务事项实现“掌上办理”，70%以上民生事项实现“一证通办”，所有民生和企业事项开通网上办理。深化工程建设项目审批制度改革，推广应用“多规合一”平台，推行区域评估、联合中介等机制，力争实现一般企业投资项目审批时间平均60天。放宽经营场所登记条件，降低企业准入门槛，企业开办时间压缩至2.5个工作日以内，全年新设各类市场主体1.4万家以上。全面落实63312345“一号问”在线咨询，实施分领域无差别全科受理，不动产交易登记实现一体化办理。推进“一窗受理”平台向镇街、村社延伸，进一步健全三级代办和跨层级办理体系。

全面深化重点领域和关键环节改革。开展“亩均效益”领跑者行动，扩大亩均效益评估范围，引导项目向重点产业集中、要素向优质项目集中。实施存量土地盘活利用三年行动计划，消化和处置批而未供、供而未用土地266.7公顷，低效用地再开发100公顷，消化村级留用地20公顷以上。扩大“标准地”供给，深化土地弹性出让、中小企业组团供地等做法，优先保障实体经济用地。坚持市场化方向，深化国有企业改革，着力激发创新活力。推进农村各项改革，基本完成宅基地及住房确权登记，扩大土地流转规模。全面实施信用“531X”工程，实现五类主体信用档案100%覆盖，构建起“一处失信、处处受限”的信用机制。

大力推进政府自身改革。按照“优化协同高效”的原则，完成新一轮政府机构改革。优化政府职能配置，实现原则上一类事项由一个部门统筹、一件事情由一个部门负责。改变重审批轻监管方式，全面推进“双随机一公开”，切实加强事中事后监管。完善“部门专业执法+综合行政执法+联合执法”体系，整合组建市场监管、生态环境保护、文化市场、交通运输、农业等5个领域专业执法队伍，解决多头重复执法问题，全面推动执法重心前移、下移。

加强和优化社会保障、教育文化、法律服务、卫生健康、医疗保障等方面职能，更好保障和改善民生。

五、干出民生实事加速度，全力打造社会治理升级版

加快发展社会事业。以建设“全省一流综合教育强区”为目标，推动教育优质均衡发展。完成富中改扩建工程，加快推进富春九小，动工建设大源镇小、胥口镇小等项目。做深“新名校集团化”办学模式，做实“名师乡村工作室”，做精农村小班化教育改革，让农村孩子共享美好教育。深化与浙师大、杭师大合作，引进1所名校紧密合作办学。实施“护校安全”专项行动，整治提升学校周边食品安全、交通秩序、文化环境、社会治安水平。以打造“健康杭州先行区”为目标，加强高等级医院引进与合作，高水平建设区域医共体，完善远程医疗会诊服务体系、家庭医生移动工作平台，让群众就近享受高水平医疗健康服务。加快推进区三院迁建、区妇保院改扩建、中医骨伤医院二期等项目，完成常绿、场口社区卫生服务中心工程。加强出生缺陷防治工作，免费开展新生儿先心病早期筛查。启动建设郁达夫纪念馆，做好农村古建筑修缮和综合利用，建成高品质农村文化礼堂47个，新增24小时开放型“杭州书房”1家。持续打造“家在富春江上”特色文化品牌，办好富春江运动节、区第九届全运会等重大体育赛事活动，努力让富阳青春洋溢、充满活力。认真做好对口支援和扶贫协作，努力提高受援地老百姓获得感。

完善社会保障体系。优化公共就业服务配套政策，全力帮助高校毕业生、拆（搬）迁企业职工、就业困难人员和退役军人实现就业再就业，全年新增城镇就业5000人以上，技能培训1万人以上，城镇登记失业率稳控在3%以内。健全农民工工资应急周转金制度等六大机制，全面打造“无欠薪”城市。着力发展幸福养老事业，新增养老床位200张。深化大病保险“政保合作”，强化医保基金监管力度，努力用制度为困难人群兜底。实施全民参保计划，城乡养老、医疗保险参保率始终保持在95%、99%以上。把安置房建设摆上更加突出的位置，加快秦望、富春湾、银湖等区块拆迁安置房建设，提升品质、优化配套，尽最大努力让群众早日回迁。完善社会救助体系，做好低收入、残疾人等群体精准帮扶，大力发展慈善和红十字事业，做到“全面小康路上不让一个人掉队”。

加强社会治理创新。坚持问题导向，努力做好创新社会治理这篇大文章。整合建立社会综合治理网格化联动指挥平台，加快推进“雪亮工程”，广泛应用物联网、“人脸”识别等技术，全面提升治安防控能力。深入开展扫黑除恶专项斗争，精准实施“七五普法”，积极营造公平正义、风清气正的法治环境。健全应急管理体系，严格落实安全生产“1+8”责任，确保事故起数、死亡人数和单位生产经营死亡率持续下降，坚决遏制较大以上事故发生。突出消防、交通等专项整治，打赢消防安全三年翻身仗，实现运输车辆非现场执法无盲区、全覆盖。加强食品药品安全监管，创建国家食品安全示范城市，全力守护好老百姓“舌尖上的安全”。创新发展“枫桥经验”，深化“最多跑一地”矛盾化解机制，努力实现“无信访积案区”。

各位代表，今年我们将继续按照“群众提、大家定、政府办”的方式，由大家在候选项目中投票选定今年实施的10件民生实事。一是持续推进农村饮用水提标。完成5个四线供水总管工程和15个行政村四线供水一户一表改造，实施26个行政村农村自备供水工程建设。二是持续推进城市片区综合整治。完成3个区块背街小巷整治、4个老旧小区二次供水改造，打造城市综合整治样本区块1个。三是持续提升消防安全。完成20个社区微型消防站提档升级，新建1支乡镇专职消防队，设置电动车集中充放点1000处，充电口10000个，重点场所安装烟感报警器3000个。四是持续优化城乡公交服务。新增和更新新能源公交车100辆；新增公交线路4条，优化4条，启用东洲、银湖、龙门首末站，提升途中站配套设施100处。五是持续实施“断头路”贯通工程。完成西山路、凤浦路等5条，新开工2条“断头路”贯通工程。六是持续推进生活垃圾分类。创建垃圾分类示范村24个、示范小区20个、示范社区2个、示范学校10个；在开放式社区建设垃圾分类桶集置点50个，拆除垃圾房300座；在封闭式物业小区建设垃圾分类示范亭100座；提升易腐垃圾末端处置能力至80吨/日。七是推进社区规范化建设。落实50个社区服务管理用房，推行“全科社工”制度，实现便民事项全覆盖。加强老旧小区物业管理，创建2个以上杭州市优秀物业小区。八是加强道路安全隐患整治。完成19省道（环山、常绿）、23省道（渌渚）等路段路灯增亮工程，完成临水、临崖等道路事故多发点（段）安全护栏建设50公里。九是实施既有住宅加装电梯工程。对全区符合加装条件的做到“愿改尽改”，全年完成8台以上电梯加装任务。十是高品质推进“四好农村路”建设。实施农村公路提升改造180公里，路面维修60公里，打造美丽经济交通走廊115公里。十一是加强农村食品安全监管。创建农村家宴放心厨房15家、“名、特、优”食品小作坊22家、放心农贸市场3家。十二是提升养老服务能力。建成7家示范型居家养老中心。对代表票选确定的10件民生实事，我们将健全机制、加大力度、紧盯不放，确保实事办好、好事办实。

六、干出职能转变加速度，全力打造队伍建设升级版

强化政治建设。牢固树立“四个意识”，坚决落实“两个维护”，严格遵守政治纪律、政治规矩，自觉在思想上政治上行动上同以习近平同志为核心的党中央保持高度一致。深入学习贯彻习近平新时代中国特色社会主义思想和党的十九大精神，持续推进“两学一做”学习教育常态化制度化，认真开展“不忘初心、牢记使命”主题教育，坚决把中央大政方针和省、市、区委的决策部署不折不扣落到实处。

强化法治建设。坚持将法治思维和法治方式贯穿于政府工作的方方面面，切实增强政府依法履职能力。健全政府依法运行机制，规范行政决策程序，依法接受区人大及其常委会监督，主动接受区政协民主监督，自觉接受监察监督，强化审计监督，全面推进政务公开、信息公开，严格规范公正文明执法，以政府依法施政带动全社会更好尊法守法。

强化能力建设。深入实施政府“两强三提高”建设行动计划，积极推广运用“政务钉”、大数据和移动办公系统，推进政府治理数字化转型。深入开展“大学习大调研大抓落实”活动，不断提高政府系统干部队伍的专业能力、专业素养、专业精神，打造一支高素质专业化公务员队伍。

强化作风建设。始终把抓好落实作为政府工作的主旋律，工作项目化、项目清单化、清单责任化，实现“有谋划、有计划、有行动、有督查、有反馈”的闭环式管理。继续开展各种形式的擂台比拼，积极争取省市各类试点，全力争取各项工作走在省市前列，跑出比别人更快的速度，在更多领域创造富阳经验。

强化廉政建设。坚决扛起党风廉政建设主体责任，强化教育提醒和风险防控，守牢廉政底线，严格落实“八项规定”及实施细则精神，驰而不息纠“四风”。坚持政府过“紧日子”，让群众和企业过“好日子”，加强政府支出管理，进一步规范“三公”经费，全年一般性公共支出压减5%以上，做到花钱必问效、无效即问责。

各位代表，梦在前方，路在脚下。我们相信，在中央、省、市和区委的坚强领导下，在全区干部群众的齐心协力下，富阳的明天将更美更好。让我们更加紧密地团结在以习近平同志为核心的党中央周围，以永不懈怠的状态、一往无前的勇气，为建设富裕阳光的大都市新型城区一起奋斗！以优异成绩庆祝中华人民共和国成立70周年！

名词解释

三看四态：“三看”产业转型向东看、生态建设向西看、城市发展向南看，“四态”即产业业态、城乡形态、环境生态、党员干部精神状态。

“三美”建设：即推进美丽乡村、美丽城镇、美丽经济建设。

多规融合：国民经济和社会发展规划、城乡规划、土地利用规划、环境保护等各类规划要相互衔接，确保“多规”确定的保护性空间、开发边界、城市规模等重要空间参数一致。

两山两桥：鹳山、鹿山和富春江第一大桥、富阳大桥。

“留心留根”：按照去“高污染、高能耗、大空间、小产出”、留“企业总部、高科技、无污染、效益好、潜力大”的总体思路，通过区内异地安置、发展总部经济和创新型经济等方式，引导和鼓励搬（拆）迁工业企业提档提质和二次创业，促进产业业态和城市形态转型升级。

机器换人：以现代化、自动化的装备提升传统产业，推动技术红利替代人口红利，成为新的产业优化升级和经济持续增长的动力之源。

“一城一带5100”：重点建设银湖科技城和高尔夫路智能装备产业带，5年培育、招引100个高新产业项目，积极培育企业上市。

“152”工程：省领导每年要谋划、招引1个100亿元新项目，市领导每年要谋划、招引1个50亿元新项目，县（市、区）领导每年要谋划、招引1个20亿元新项目。

全域土地综合整治：对乡村生态农业建设空间进行全域优化布局，对“田水路林村”进行全要素综合整治，对高标准农田进行连片提质建设，对存量建设用地进行集中盘活挂钩，对新农村和产业融合发展用地进行集约精准保障，对乡村人居环境进行统一治理修复。

5110：围绕富阳经济社会发展需求，5年内引进培养并重点支持100名海内外高端创新创业人才，其中国家“千人计划”、省“千人计划”和杭州市“521”计划人选10名左右。

场口“微镇”项目：该项目通过引入社会资本，采用整体投资开发模式，对场口集镇核心区域约1.82平方公里进行开发建设，开启民资造城“场口模式”。该项目主要对场口老镇区、邻近的低密度地块、壶源溪两岸景观区域，以商业综合体、酒店以及滨水商业街打造为主，增强场口核心区块的旅游文化及集散功能，将场口集镇区块打造成为集休闲旅游、居住配套、文创智造于一体的滨水休闲城镇。

农创客：年龄在45周岁以下，有创意理念、创新精神、创业热情且投身现代农业创业的全日制大学（大专）毕业生或在校大学生。

一巡多功能：整合城管、公安、住建、规划、交通、国土、环保、农林、水利等部门的部分日常检查、现场整改、工作督查等职能，破解部门职能交叉、权责不清、多头管理和监管缺位等问题，变“各自为战”为“协同作战”，变“事后执法”为“前端管理”，从而有效提升问题发现与处置的及时性和实效性。

三化四分：减量化、资源化、无害化，分类投放、分类收运、分类利用、分类处置。

南方水泥“三合一”项目：通过关停整合富阳南方4000t/d熟料生产线、胥口南方2500t/d熟料水泥生产线和南方尖峰金马水泥厂1000t/d熟料生产线，利用山亚南方厂区现有存量土地，新建设一条技术一流、环保领先的5000t/d全能水泥熟料生产线。

三改：旧住宅区、旧厂区、城中村改造。

“放管服”改革：国家“十三五”规划纲要提出“加快政府职能转变，持续推进简政放权、放管结合、优化服务，提高行政效能，激发市场活力和社会创造力”。

工程建设项目审批制度“1+9”改革：1个实施方案+9个配套制度，“1”为富阳区工程建设项目审批制度改革试点实施方案，“9”为富阳区工程建设项目“多测合一”和“竣工测验合一”操作细则、富阳区工程建设项目施工图联合图审管理办法、杭州市“多规合一”工作实施意见、关于加强杭州市特色风貌和建筑景观管理的指导意见、富阳区建设项目日照分析管理办法、富阳区建设项目规划许可前公示办法、富阳区政府投资项目前期生成决策机制实施办法、富阳区住房投资项目投资估算控制指标体系、富阳区开展工程建设项目区域评估制度改革的实施意见。

标准地：对非独立选址项目带着能耗、环境、建设、亩产等标准进行“招拍挂”，用市场来选择项目、引进项目，进一步倒逼转型。

渣土“四统一”处置：统一选址布点、统一监督管理、统一收益分配、统一运营处置。

基层治理“四个平台”：综治工作、市场监管、综合执法、便民服务四个功能性工作平台。

雪亮工程：自“群众的眼睛是雪亮的”，即以县、乡、村三级综治中心为指挥平台、以综治信息化为支撑、以网格化管理为基础、以公共安全视频监控联网应用为重点的“群众性治安防控工程”，通过三级综治中心建设把治安防范措施延伸到群众身边，发动社会力量和广大群众共同监看视频监控，共同参与治安防范。

四个意识：政治意识、大局意识、核心意识、看齐意识。

“两高一低”专项整治：在法治政府建设中，要抓重点领域、重点层次、重点环节，着力解决行政复议和行政应诉中发生的行政发案率高、行政纠错率高、负责人出庭应诉率低的突出问题。

两强三提高：强谋划、强执行，提高行政质量、效率和政府公信力。

两链：资金链、担保链。

“百千万”蹲点调研：联百乡、结千村、访万户调研活动。

六个稳：稳就业、稳金融、稳外贸、稳外资、稳投资、稳预期。

“四个大”建设：大湾区、大花园、大通道、大都市区建设。

增氧计划：浙江省提出三年新增5000亿元用于小微企业贷款，确保小微企业贷款占到所有企业贷款的40%以上。

“滴灌”工程：将有限的金融资源进行定向配给，通过“滴灌”式精准对接，让小微企业享受到信贷支持。

“鲲鹏”“凤凰”“瞪羚”“雏鹰”计划：培育大企业、上市企业、“单项冠军”和“隐形冠军”、小微企业的计划。

八大优势产业和八大未来产业：八大优势产业分别是光通信、机电交运装备、医药健康、物联网、节能新能源新材料、电商互联网、智能装备和文旅体艺，八大未来产业分别是人工智能、增材制造、大数据和云计算、软件服务、磁悬浮+、集成电路、光电激光和数字创意。

两廊一带：城西科创大走廊、城东智造大走廊和之江文化产业带。

市“521”计划：从2016年开始，用5年时间，在全市引进并重点支持200名左右能够突破关键技术、发展高新技术产业、带动新兴产业发展的海外高层次人才，每年引进10名左右拥有海外学习工作经历，在高等院校、科研机构、科技企业和金融机构从事创新工作的青年人才。

“三铁三高三快速”：“三铁”即杭黄高铁、杭温高铁、杭富城际铁路，“三高”即杭新景高速、杭州绕城高速西复线、杭淳开，“三快速”即彩虹快速路西延工程、春永快速路、杭州“中环”。

“七纵九横”骨干路网：“七纵”即320国道、金秋大道—中埠大道、西环路—大盘山隧道—富阳大桥—望江路、金桥路—鹿山大道、秦望路—秦望南路、恩波大道—大桥路—富春江第一大桥—大桥南路、预留新沙通道—大源连接线，“九横”即高桥西路—高尔夫路、高教园路、公望街、文居街、横凉亭路—桂花路—江滨东大道、汤马线—新中线—富春湾大道、同登路、亭山路。

四好农村路：建好、管好、护好、运营好农村路。

城市大脑：由大规模云计算平台、数据采集转换加载平台、人工智能开放算法平台、数据应用支持平台等组成，通过汇聚、共享数据资源，实现城市从信息化到数据化，构建城市治理所需的数据运营体系。利用全局实时数据资源分析整个城市运转，优化公共资源，通过数据驱动城市治理的创新，也是未来城市治理的前瞻性实践。

四线供水：通过自来水厂分东南西北四个方向向城市周边农村供水。

五水共治：治污水、防洪水、排涝水、保供水、抓节水。

“两违”防控：违法用地、违法建筑管控工作。

青山白化：公墓外违规占用林地、耕地、园地等修建坟墓，违规对老坟进行建筑性修缮等破坏自然生态环境的行为或现象。

田园“八相”：路相、林相、湖相、坡相、村相、园相、田相、户相。

两进两回：科技进乡村、资金进乡村、青年回农村、乡贤回农村。

“531X”工程：“5”是指聚焦企业、自然人、社会组织、事业单位和政府机构5类主体；“3”是指构建公共信用评价、信用联合奖惩、信用综合监管3大体系；“1”是指完善全省统一的公共信用信息服务平台；“X”是指推动信用在若干领域的应用。

双随机一公开：在监管过程中随机抽取检查对象，随机选派执法检查人员，抽查情况及查处结果及时向社会公开。

七五普法：在公民中开展法治宣传教育的第七个五年规划（2016—2020年）。

安全生产“1+8”责任：杭州市富阳区安全生产委员会以及工矿企业、商贸旅游、特种设备、建设工程和燃气、道路交通、消防、农业农村、文教卫和民宗等8个专业安全生产委员会责任。

两个维护：坚决维护习近平总书记在党中央的核心、全党的核心地位，坚决维护党中央权威和集中统一领导。

两学一做：学党章党规、学系列讲话，做合格党员。

中国人民政治协商会议第九届
杭州市富阳区委员会常务委员会工作报告

（2019 年 1 月 15 日在政协第九届杭州市富阳区委员会第三次会议上）

杭州市富阳区政协主席　陆洪勤

各位委员：

我代表政协第九届杭州市富阳区委员会常务委员会，向大会报告工作，请予审议，并请列席同志提出意见。

一、2018 年工作回顾

过去的 2018 年，富阳全力攻坚、捷报频传，以持续高质量打好转型硬仗的丰硕成果献礼改革开放四十周年。这一年，以习近平同志为核心的中共中央，对人民政协事业发展作出重要部署，提出了新时代人民政协的新方位新使命。市委召开政协工作会议，为下一步推进杭州政协工作指明了方向。省、市政协切实加强对基层政协工作的指导和帮助。中共富阳区委高度重视政协工作，多次听取汇报，组织专题协商，明确年度协商、监督计划。区委书记朱党其出席政协读书会作富阳转型发展报告，作出重要批示 12 次，区委副书记、区长吴玉凤交办 5 件重点课题，出席政协读书会通报政府工作情况，作出重要批示 4 次，区委、区政府其他领导出席各类区政协协商会议 14 次。区委、区政府的重视、支持，给予了区政协工作极大鼓舞和有力鞭策！这一年，区政协及其常委会深入贯彻中共十九大精神和习近平新时代中国特色社会主义思想，以更高标准、严实作风，全力建设忠诚政协、有为政协、亲民政协、和谐政协、活力政协，充分发挥专门协商机构作用，为建设富裕阳光的大都市新型城区做出了应有贡献。

（一）建设“忠诚政协”，扛起政治责任，确保政协事业行稳致远

始终把巩固共同思想政治基础作为政协的首要任务，切实从思想上政治上扣好履行职能第一颗扣子。

掀起“大学习”热潮。组织全体委员和政协干部深入学习习近平新时代中国特色社会主义思想，及时传达习近平总书记在庆祝改革开放 40 周年、民营企业座谈会等会议上的重要讲话精神，认真学习新修订的宪法、政协章程，开展习近平总书记关于加强和改进人民政协工作的重要思想学习研讨。创新学习载体，首次以单独组班的形式分两批组织66名政协委员、基层政协工作者参加全国政协培训班；举办两期政协读书会、两次政协讲坛；召开主席会议10次、常委会议5次，其中组织专题学习6次；利用政协网站、“富阳政协”微信公众号推送理论文章，确保学习全方位、全覆盖。引导广大政协委员和机关干部同以习近平同志为核心的中共中央保持高度一致，把智慧和力量凝聚到中共中央和省市区委的决策部署上来，切实强化“四个意识”，坚定“四个自信”，坚决做到“两个维护”。

把坚持党的全面领导作为根本政治原则和贯穿政协工作的主线。根据区委统一领导，切实发挥区政协党组把方向、管大局、保落实作用，召开党组会议10次，专题研究政协党建、理论学习、意识形态、制度完善等重要工作。及时向区委请示报告区政协重要事项，协助区委做好市委督查政协工作、省委巡视工作，确保政协工作与党委中心工作同向发力。

（二）建设“有为政协”，精准协商建言，助力党政工作破难攻坚

始终把助推党政中心工作作为政协的核心任务，紧扣“三拥抱”助推打赢“七大攻坚硬仗”积极建言献策。

以“大调研”为基，切实提高建言质量。充分发挥政协人才、智力优势，整合资源，提高专题调研的科学化、组织化水平。开展高教园优化发展、富阳营商环境分析、城区公园与绿地网络、地铁沿线产业发展、鹿山新区土地统征遗留问题等16项重点课题调研，为党委政府科学决策提供参考。其中13篇调研报告得到区党政主要领导、分管领导的批示肯定，改造富春江江景及亮灯工程、成立青少年创客教育联盟等建议被党委、政府采纳，转化为政策文件或具体工作举措。

突出协商主线，服务改革发展大局。开展全会协商，政协委员在区政协九届二次会议期间提出意见建议100多条，得到区委、区政府重视和采纳。两件大会建议案提得准、办得好。针对“农村饮用水问题”，区政府制定《关于加快推进农村饮用水保障工作的实施意见》，大力实施市政水厂、农村四线供水工程和农村自备供水工程，力求在2020年根本性解决54万农村人口的饮用水问题。针对“社区规模调整问题”，区政府于7月份将全区28个社区调整为50个，新招聘一批社区干部，打造社区“10分钟服务圈”，提升社区治理水平。多层次开展常委会议、主席会议和对口协商。组织“美丽经济发展”常委会议协商，提出融合发展、破难发展、创新发展等建议；开展“发挥新乡贤作用”主席会议协商，推动区委、区政府出台《关于进一步加强新时代乡贤工作的实施意见》，乡镇（街道）普遍建立乡贤联谊会；围绕旅游高质量发展、加强青年人才招引等议题，专委会对口协商，提出科学建议。连续六年在乡镇（街道）推动基层协商。选取土地流转、乡村旅游、环境治理等24个紧贴基层需求的议题，发挥委员主体作用，积极营造“有事好商量”的氛围，有力助推常安镇特色村创建、洞桥镇青少年营地“项目+”农事体验点管理、上官乡球拍名镇打造等基层重点工作。

强化监督合力，助推党政工作落实。联动省市政协，注重协同作战，深化视察监督、专项集体监督、对口监督、委派监督员监督、民主评议监督等形式，充分发挥政协监督“敲钉子抓落实”重要一锤作用。委派37名委员组建7个监督小组监督7个部门“七大攻坚硬仗”推进情况，选派26名委员组建5个监督小组专项监督城乡生活垃圾分类处理五大环节，选派12名委员民主评议区安监局，成立6个监督小组联动监督小城镇环境综合整治、“深化‘最多跑一次’改革”、中央环保督察整改等工作，形成《民主监督建议书》20余份，提出意见建议100余条，并监督部门整改落实。

创新办理机制，提升提案工作质量。九届二次会议以来立案的166件提案，至10月底均完成答复。确定“关于引进高校院所创新资源的建议”等13件重点提案，并与区委、区政府协商明确重点提案的领办督办机制。首次开展区政协常委会议民主评议重点提案工作，部门一把手汇报，常委和提案人对办理情况当场点评、当场打分、当场公布打分结果，提升办理提案的重视程度和实效。开展走访提案承办大户、建议案办理情况媒体公开、提案办理回头看等工作，召开“产业转型升级”“精品线路打造”“名医名科名院建设”三次提案办理专题协商会，对办理不到位、答复不规范的提案进行“二次交办”，不断促进提案办理落实。

担当中心工作，和党政部门协力同行。区政协班子成员积极承担“五水共治”、北支江亚运项目建设、小城市培育、小城镇建设、消除薄弱村、信访维稳等中心任务。认真开展区政协服务企业百日专项行动，深入走访企业27家，项目17个，帮助协调反映解决问题30余个。

（三）建设“亲民政协”，真情履职为民，围绕民生福祉倾注全力

始终把以人民为中心作为政协履职的根本，为提升人民群众对美好生活的获得感、满意度竭智尽力。

探索开展政协委员助解“民生小事”系列履职活动。6个活动小组围绕路标路牌规范、酒店泔水处理、母婴室配置、未成年人帮扶、公厕革命、人行道绿化带设置等和群众息息相关的小事，深入调研，倾听民意。组织委员和部门在富阳日报“e动直播”现场议政，多媒体连续报道跟进，推动了一批具体问题的解决。如推动规划部门设置出让地块公厕配建条件；落实城区餐饮业泔水封闭运输、集中处理办法；助推商场车站等公共场所新建母婴室26个，改扩建19个；组织“富春江畔 爱心伴行”活动，邀请30位困难儿童聚会结对；查找出一批路标路牌、人行道绿化带设置问题，提交相关部门及时改进。

深入开展“民生系列”民主议政会。结合省市区三级政协联动监督城乡生活垃圾分类处理，开展实地调研和明察暗访，查看村（社区）46个、小区51个，发现问题和建议27个。组织政协委员、部门负责人、垃圾处理行业人士和基层代表进行民主议政，引起党政领导重视，有力推动垃圾分类处理工作向纵深推进。

持续推进服务群众系列活动。组织政协委员“走进基层、走进群众”，走访社区、村和企业60余次，向党政部门反映问题30多个。开展政协委员送文化、教育、科技、规划、卫生、体育、法律“七下乡”，组织各类活动12次，配合市政协赴新桐、东洲、上官等地开展送公益服务3次，努力为基层群众办实事、办好事。

广泛反映社情民意。政协委员积极搜寻民情民声，通过政协平台向各级各部门反映，上报市政协20篇，录用刊发本级信息6期18篇，不少建议得到落实。如“尽快落实洛夫和傅申两块诗碑”的建议被区旅游体育局落实，区机关事务管理局采纳“机关大院内带头执行垃圾分类处理”的建议，公安富阳分局落实“扩大城区限时（潮汐）停车位实施面的建议”。

（四）建设“和谐政协”，广泛团结联谊，共同绘出最大同心圆

始终把广泛凝聚共识、汇聚力量作为政协突出重要的工作，强化统战意识，促进大团结大联合。

更加重视发挥民主党派、人民团体的作用。坚持定期交流、联合履职等机制，邀请各民主党派、工商联、有关团体负责人参加政协重要会议、监督视察活动。协同开展专题调研、民主议政、大会发言，让党派、团体在政协舞台精彩亮相。认真做好少数民族和宗教工作，积极参与双江村畲族“三月三”文化活动。参加公望文化周，充分发挥海峡两岸交流基地作用。

深入开展“政协走亲”助推招商引资、招才引智活动。先后赴江苏、江西、天津、青海、内蒙古、山西等地，走访企业21家、乡贤25人，召开推介会、座谈会4次，收集意见建议11条。拜访北京大学、中科院上海光机所、南京林业大学、中国直升机设计研究所等高校院所，探讨交流合作。成功招引天津飞旋科技有限公司回乡创办“磁悬浮+”高端产业项目，促成中科院上海光机所与富阳合作共建杭州分所。

充分发挥文史工作“资政、育人”作用。围绕“拥江发展”战略，征编《一江十溪润富阳》一书。召开纪念夏震武创办灵峰精舍100周年座谈会，邀请8位知名专家开展研讨，助力灵峰精舍复建。举办区政协纪念改革开放四十周年书画展、富春水墨戊戌冬会等文化活动。举办第三届“黄公望奖”中小学师生美术比赛，参赛人数创新高。充分发挥书画院作用，组织3次书画惠民进村（社）活动。

（五）建设“活力政协”，提升履职本领，树立人民政协良好形象

始终把全面加强自身建设作为政协履职的根基，拉高标杆，打造作风优良、本领过硬的政协队伍。

不断完善工作机制。制订或修改区政协党组、机关党组工作规则和全体会议、常委会议工作规则等10余项规章制度，试行《富阳区政协民主评议重点提案实施办法》《基层政协民主议政会实施办法》，进一步推动政协工作科学化、规范化、程序化发展。

着力加强队伍建设。完善界别小组、政协委员履职考核办法，健全委员激励与约束机制。落实政协领导联系委员、委员联系基层的“双联系”制度，区政协领导全年走访委员及所在单位60余次。出台《区政协委员工作室实施办法》，支持原有5个委员工作室发挥作用，协助新建委员工作室5个。上线委员履职APP，方便委员开展“掌上”履职。严格落实中央“八项规定”精神，加强委员和干部队伍作风建设。以“百千万”蹲点调研、党员干部结对帮扶、“四提一争”等活动为载体，提升机关干部的群众意识、服务意识和工作效能。机关支部连续2年被评为全区先进基层党支部，机关支部书记被评为新时代浙江省“千名好支书”。

抓好宣传信息和理论研究。以公众微信号等新媒体为重点，精心策划“百千万”走访、民生小事履职和民主评议重点提案等专题，在省政协“同心苑”、《联谊报》等媒体发布，引起广泛传播，受到热烈好评。连续第五年在省政协理论研讨会获奖。

各位委员、同志们，2018年全区上下聚焦“三拥抱”、坚持“三看四态促转型”，持续高质量打好转型攻坚硬仗，取得了全面、高速、革命性的发展变化，令人倍受鼓舞、更加振奋！这一切，靠的是中共富阳区委的正确领导；靠的是全区上下众志成城、苦干实干拼命干；在这当中，也离不开区政协各参加单位、广大政协委员和机关干部的积极工作、默默奉献！在此，我谨代表区政协九届常委会向大家致以衷心的感谢和崇高的敬意！

我区政协工作虽然取得了一定发展，但对照新时代政协工作要求，对照一流先进地区，还有不小差距。主要表现在：政协系统党的建设存在薄弱环节，政协组织的特色优势有待进一步凸显，政协委员的履职能力还不够平衡，与党派团体的联系不够经常，政协机关的服务保障能力有待进一步增强。这些短板和不足，需要我们在今后的工作中努力克服改进。

二、牢牢把握新时代新方位新使命

2018年11月16日，习近平总书记在中央政治局常委会议听取十三届全国政协党组汇报时发表重要讲话，第一次鲜明提出新时代人民政协的新方位新使命，就是“推动人民政协这一具有中国特色的制度安排更加成熟更加定型、发挥好专门协商机构的作用”。这是习近平总书记立足新时代中国特色社会主义事业发展的全局，高瞻远瞩、深谋远虑，对今后一个时期完善和发展人民政协制度所提出的重大论断，是我们进一步做好政协工作的根本遵循。学习贯彻习近平总书记重要讲话精神，需要我们把握新方位、承担新使命、扛起新担当、展现新作为、树立新形象。

（一）深入学习习近平总书记重要讲话精神，牢牢把握新时代人民政协的新方位新使命

要组织全体政协委员、政协干部认真学习领会习近平总书记关于加强和改进人民政协工作重要思想和近期重要讲话精神，深刻理解核心要义。新一年要协助区委开好政协工作会议，贯彻好习近平总书记重要讲话和市委政协工作会议精神，研究部署新时代推进富阳政协事业发展的新任务。要在推动人民政协制度更加成熟更加定型上体现富阳作为，努力在理论上深化研究、实践上积极探索、制度上予以规范。要把坚持和发展中国特色社会主义思想作为巩固共同思想政治基础的主轴，把新时代中国特色社会主义思想作为统揽各项工作的总纲，把加强思想政治引领、广泛凝聚共识作为政协一切履职工作的中心环节，坚持建言资政和凝聚共识“双向发力”，引导委员增强“四个自信”。要聚焦“协商”这个主责主业，把协商民主贯穿政治协商、民主监督、参政议政全过程，创新平台，完善机制，丰富形式。要扩大参与面和开放度，组织各民主党派、团体、社会各界利用政协平台，广泛协商、凝聚共识。

（二）坚持党对政协工作的全面领导，切实加强政协党的建设

要牢固树立“四个意识”，坚决维护党中央权威和集中统一领导，引导各民主党派、人民团体和社会各界人士共同落实党中央对人民政协的领导和对政协工作的要求。要认真贯彻新时代人民政协党的建设工作若干意见，以党的政治建设为统领，全面推进政协党的建设。坚持政协一切工作在党的领导下开展，切实做到“党委的工作推进到哪里、政协的力量就汇聚到哪里，党委的部署落实到哪里、政协的作用就发挥到哪里”。要落实好区政协党组对人民政协领导的重大政治责任，切实发挥好把方向、管大局、保落实的重要作用。要进一步完善政协系统党建工作制度，抓好制度落实。要着力推进政协党的组织和党的工作有效覆盖，探索实行党员委员组织关系一方隶属、参加双重组织生活的办法，建立政协党组成员联系党员委员、党员委员联系党外委员制度，实现党的组织对党员委员的全覆盖、党的工作对政协委员的全覆盖。全区政协组织中的共产党员要时刻牢记自己的第一身份是共产党员，第一职责是为党工作，切实发挥好党员委员“先锋模范”和中共界别委员“关键少数”作用，努力完成党交给的光荣任务。

（三）从严从实加强队伍建设，不断锤炼履职本领

要从严从实加强政协班子建设，坚定理想信念，提高政治站位，充分发挥好政治引领和示范表率作用。要从严从实加强委员队伍建设，按照“懂政协、会协商、善议政”的要求，全面提升履职本领，做到政治协商有方、民主监督有力、参政议政有为。要按照守纪律、讲规矩、重品行要求，引导委员模范遵守宪法法律和政协章程，严格遵守政治纪律和政治规矩，树立起政协委员的良好形象。要从严从实加强机关队伍建设，狠抓思想作风，不断提升服务意识和水平，打造一支政治过硬、作风过硬、本领过硬的机关干部队伍。

（四）着力提升履职质效，推动政协工作高质量发展

坚持把提质增效作为谋划政协思路的重要理念、发挥政协优势的努力方向、评价政协履职成果的检验标准，切实做到高站位谋事、高水平检验、高质量履职。把调查研究作为政协体现性质定位、承载三大职能、融汇两大主题的基础性工作，不断增强建言献策的前瞻性、针对性和可操作性，使更多有见解、有分量、有价值的意见建议转化为有高度、有深度、有力度的协商议政成果。要认真总结政协工作经验，查找薄弱环节，注重规范提升，进一步提高政协履职的制度化、规范化、程序化水平。要强化宣传策划，说好政协话语，传播政协声音，焕发政协力量。要以改革创新精神，不断探索履职新模式、新方法、新载体，加强理论研究和实践总结，着力打造政协工作的精品亮点和特色品牌，不断提升政协工作整体水平。

三、2019年履职重点

2019年是中华人民共和国和人民政协成立70周年，是改革开放开启新征程和机构改革后的第一年，是富阳实现工作转段、全面建设的关键一年，也是本届区政协工作承上启下之年。做好新一年工作，意义十分重大。今年区政协工作的总体要求是：高举习近平新时代中国特色社会主义思想伟大旗帜，学习贯彻习近平总书记关于加强和改进人民政协工作的重要思想，牢牢把握新时代人民政协的新方位新使命，在中共杭州市富阳区委的坚强领导下，坚持团结民主两大主题，坚定“三看四态促转型”“拥抱富春江、拥抱大都市、拥抱新时代”不动摇，紧紧围绕“高新产业发展、高品质城市建设和高水平社会治理”的新目标、新任务、新部署，紧扣协商民主主线，深化创新履职载体，集思广益助发展，倾情履职惠民生，凝心聚力促和谐，全力加快与杭州大都市高质量一体化发展，不断开创新时代全区政协事业发展的新局面。

（一）探索“请你来协商”，彰显专门协商机构优势

协助区委谋划制订政协年度协商计划，聚焦协商重点、创新协商平台、完善协商机制，更加积极有效地推动协商活动开展。创设“请你来协商”综合性协商平台，统筹全年专题协商活动。学习先进地区经验，制订协商办法、策划协商标识、落实协商场所、完善协商机制、丰富协商内容、打造协商品牌，推动“请你来协商”活动有效开展。紧紧围绕区委、区政府提出的“高新产业发展、高品质城市建设和高水平社会治理”，选取“加强创新供给，提升先进制造业核心竞争力”“联动共治、综合施策，全力提升居民小区物业管理质量”“强化补短提升，打造高品质富阳教育”等课题，在精深调研基础上，开展“请你来协商”专题活动。针对建议案、提案办理，继续开展常委会议、主席会议协商。聚焦医保资金监管、农夫乐园建设、新时期旅游发展、青少年近视防控、法律服务供给等工作难点、盲点，发挥渠道优势、界别优势、专业优势，组织对口协商、界别协商，让协商更对路、更务实。坚持基层所急、党政所需、政协所能的导向，巩固和提升基层民主协商，让政协工作更好助力基层发展。完善提案办理协商，进一步开展重点提案、集体提案民主评议工作，增进提案人与部门办好提案的共识，推动提案落地见效。

（二）优化“监督组合拳”，凝聚“钉钉子、抓落实”合力

在大监督格局下谋划和思考政协民主监督工作，协助制定出台《关于加强和改进人民政协民主监督工作的实施意见》，进一步完善监督机制、优化监督载体、强化监督保障。聚焦党和国家大政方针、党委政府决策部署的贯彻落实，紧紧抓住人民群众关心的热点难点问题，充分运用视察监督、专项监督、委派民主监督员监督、民主评议监督、联合联动监督、提案监督等方式，察实情、讲真话、谋实招，推动“最多跑一次”改革、小城镇环境整治后续管理、城乡生活垃圾分类处理、城乡安置房和重大交通项目建设等工作更快落实、问题更好解决。发挥政协系统上下联动监督的协同效应，加强与党内监督、人大监督、行政监督、司法监督、社会监督、舆论监督等其他监督形式的协作配合，把握好监督节奏力度，多帮忙、不添乱、增实效。

（三）助解“民生小事”，真情畅通民意维护民利

始终“以人民为中心”，努力使群众的获得感、幸福感和安全感更加充实、更有保障。深化政协委员助解“民生小事”履职活动，关注母婴室全面配置、城区停车场有效利用、交通信号灯合理设置、深化餐饮行业泔水处理、公共厕所规划建设等事关百姓生活感受的“身边事”，委员主导、媒体联动、群众参与、部门互动，促进问题有效解决。充分发挥政协联系广泛、渠道畅通的优势，关注社会主要矛盾新变化，抓住老百姓对美好生活最迫切的需求，及时反映社情民意。深入开展政协委员“走进基层、走进群众”和“送服务、惠民生”活动，多做暖人心、顺人心、聚人心的帮扶工作，努力做到人民政协为人民。

（四）深化“政协走亲”，积极协调关系增进团结

把握人民政协是最广泛的爱国统一战线组织的性质定位，加强与民主党派、工商联、无党派人士的团结合作，加强同党外知识分子、非公有制经济人士、新社会阶层人士的沟通联络，最大限度地调动一切积极因素，增进最大共识度、寻求最大公约数、汇聚最大正能量、画出最大同心圆。主动适应新形势新任务新要求，完善“政协走亲”活动品牌，不断拓展团结联谊领域、创新工作方法载体。密切与各族各界人士的联系，增进与港澳台同胞、海外华人华侨的交流，广纳群言、广集民智，更好肩负起把党委政府的决策部署贯彻落实下去、把各方面智慧力量汇聚起来的职责使命。

（五）致力“精品文史”，传承历史文脉助推文化繁荣

坚持正确方向，强化精品意识，认真做好政协文史工作。围绕纪念新中国和人民政协成立70周年、富阳政协成立35周年，组织系列庆祝活动。广泛征集富阳新中国成立以来“三亲”史料，充分发挥“存史、资政、团结、育人”的作用。加强文史队伍建设，主动与宣传、文化、档案、史志等部门协作，共同致力地方文史的挖掘与保护。助力郁达夫纪念馆建设，积极参与规划设计、资料征集等工作。继续推动近代思想家、教育家夏震武学术研究，助推“灵峰精舍”复建，编撰出版夏震武创办灵峰精舍100周年纪念文集。加强政协书画院对外交流，组织书画惠民活动，举办第四届“孙过庭奖”中小学师生书法比赛，助力富阳书画事业传承发展。

各位委员，潮涌春江催人进，扬帆启航再出发。让我们更加紧密地团结在以习近平同志为核心的中共中央周围，在中共杭州市富阳区委的坚强领导下，和衷共济、勇担使命，锐意进取、改革创新，努力推进人民政协事业迈上新台阶，为推动富阳加快实现与杭州大都市高质量一体化发展、早日建成富裕阳光的大都市新型城区做出新的更大贡献！

名词解释

【七大攻坚硬仗】区委一届三次全体（扩大）会议提出的2018年要持续打好融杭发展、产业转型、城市有机更新、江南转型、“三美”建设、社会治理、改革创新等七大攻坚硬仗。

【四个意识】政治意识、大局意识、核心意识、看齐意识。

【四个自信】习近平总书记在庆祝中国共产党成立95周年大会上提出的坚持中国特色社会主义道路自信、理论自信、制度自信、文化自信。

【两个维护】坚决维护习近平总书记党中央的核心、全党的核心地位，坚决维护党中央权威和集中统一领导。

【三拥抱】区委一届三次全体（扩大）会议提出的“拥抱富春江、拥抱大都市、拥抱新时代”。

【“最多跑一次”改革】是通过“一窗受理、集成服务、一次办结”的服务模式创新，让企业和群众到政府办事实现“最多跑一次”的行政目标。

【五水共治】治污水、防洪水、排涝水、保供水、抓节水。

【e动直播】是富阳日报社和富阳新闻网联合推出的一档关注民生热点问题的网络互动直播节目。

【灵峰精舍】是近代著名思想家、教育家夏震武晚年在家乡富阳里山隐岩岗创办的一所传统学堂，“以孔孟程朱公道为天下倡”，成为当时发扬传播中华理学和弘扬中国汉学文化的书院，并成就清末民初发扬传播宋代理学的一大学派。

【中央“八项规定”】2012年12月4日，中共中央政治局召开会议，审议通过了中央政治局关于改进工作作风、密切联系群众的八项规定。

【百千万】2017年，中共杭州市委决定在全市党员干部中开展“联百乡结千村访万户”蹲点调研活动。

【四提一争】2018年，中共富阳区委决定在区管领导班子和领导干部中开展以“提高政治站位、提高专业素养、提高推进城市国际化能力、提高克难攻坚能力，争当新时代一流铁军排头兵”为主要内容的“四提一争”活动。

【三看四态促转型】区委第一次党代会提出的产业转型向东看、生态建设向西看、城市发展向南看，全面推动产业业态、城乡形态、环境生态、党员干部精神状态的全方位转型升级。

年度聚焦

·杭黄高铁开通·

2018年12月25日，杭黄高铁运行。杭黄高铁是国家重点建设项目，全长265千米，其中浙江境内184.73千米，安徽境内80.06千米，总投资338.30亿元，设计时速250千米。它起自杭州市江干区，经萧山、富阳，沿富春江南岸至桐庐后跨越富春江，经建德、淳安，向西北经安徽绩溪县至黄山北站，共设杭州东、杭州南、富阳、桐庐、建德、千岛湖、三阳、绩溪北、歙县北、黄山北10个车站，全程仅需1.50小时。其中，富阳段长39.19千米，途经渔山、里山、灵桥、大源、春江、环山、常安、场口8个乡镇（街道），通行时间9分钟。杭黄高铁横穿浙江、安徽两省，途经西湖、千岛湖、宏村、黄山等7个AAAAA级风景区及多个AAAA级风景区、国家级森林公园和地质公园，将名城（杭州）、名江（富春江、新安江）、名湖（千岛湖）、名山（黄山）串连起来，形成一条世界级黄金旅游通道，被誉为“中国最美高铁线”。

2014年12月1日，富阳召开征迁动员大会，杭黄高铁富阳段建设正式拉开帷幕。建设期间，富阳区完成民房拆迁502户、企业拆迁37家；完成临时用地共34块共38.13公顷，红线交地83.84公顷；完成苗木迁移14.93公顷，共计86000余棵；完成坟墓迁移1539座；完成四电工程30处；基本完成29个安置区块建设。

杭黄高铁富阳站房位于大源镇亭山村与春江街道山建村交界处、大桥南路的终点，紧邻杭新景高速公路，建设总投资2.16亿元。在站房的设计上，以源于《富春山居图》的“富春山居、山水驿站”为设计理念，充分融入了富阳当地的文化和风景。建筑面积12000平方米，架空层8820平方米，地铁预留接口809平方米，总建筑面积21629平方米。站房进深42米，宽度150米，净高19米，建筑总高度27.50米。候车厅总面积7338平方米，一层面积4593平方米，二层面积2745平方米。地面一层主要是购票厅、出站口、候车厅等；地面二层主要是候车厅；架空层主要是拥有150个车位的地下停车场，同时预留了地铁出入口。

杭黄高铁运行，富阳自此跨入“高铁时代”。

·杭州富春湾新城转型发展·

富阳江南区块曾是“中国白板纸基地”，白板纸产量占全国36%，高峰时集中了造纸企业461家，从业人员10万余名。自2017年8月起，富阳区根据省委书记车俊“富阳的传统产业特征明显，改造提升积极，可以予以支持其作为试点”的指示精神，推进江南区块整体转型，对原有造纸、化工及相关产业全部腾退，破解“资源高能耗，环境高污染”等困境，打造高新、高端、高效的万亩千亿级产业平台，着力将江南新城建设成为“产城融合、田园风光、现代气派、江南韵味”的现代山水田园城区。2018年12月26日，江南新城正式更名为杭州富春湾新城。

重点规划“四个十平方公里”布局，即十平方公里城市形态、十平方公里产业业态、十平方公里田园生态、十平方公里留白，并通过《江南新城规划深化专项行动（2017—2021年）》。已开展51个规划编制，其中已完成战略规划、总体规划、控制性详细规划、城市设计及专项规划等39个，正在深化完善12个。以《杭州富春湾新城“一三五”征迁行动方案》为指引，2018年完成搬迁农居4180户，拆除企业620家，总补偿款216.83亿元（其中农居

64.20亿元，企业152.63亿元）；腾退造纸企业70家，削减产能492.50万吨，收储1家热电企业和2家污水企业。实施现有存量建设用地“腾笼换凤”，腾出空间近1000公顷，完成收储土地537.06公顷，全面推进土地全域整治工作，确保建设用地连片集聚，为高水平规划落地提供空间保障。

按照重点发展“一高三新”即高端装备制造、新一代信息技术、新材料、新能源汽车及关键零部件四大主导产业的产业定位，已招引天津飞旋科技、新亚低温科技、北影（杭州）国家级电影产业基地等产业项目15个，其中：高新企业3家、高新产业项目8个、研究院项目2个，总投资81.86亿元，总用地规模90.40公顷。人民网、新华网、中新网、央视网等数十家央媒走进富春湾新城参观采访交流，人民日报、浙江经视等媒体连续报道。

·城市有机更新·

【秦望区块有机更新】 按照杭州市“一规六带”总体布局，富阳秦望隧道过江通道工程列入杭州拥江发展2018年重点工作任务，秦望区块位于该工程北端，涉及房屋958幢5939户，总建筑面积约69.13万平方米，土地面积约28.20公顷。该区块属于富阳建设年代较早的城中村，存在建筑密度较高、房屋结构老化、破旧危房较多、配套设施不完善、消防安全隐患较多、居住环境品质相对较差等问题，同时还存在房屋产权形式多样、私下出售比例较高、产权纠纷繁多等情况，导致房屋搬迁体量大、搬迁情况复杂。为保障杭州拥江发展战略顺利实施，富阳区自2017年起启动秦望区块有机更新项目，通过“树立诚信政府形象、创新一线工作方法、解决群众实际困难”，坚持“公开、公平、公正”阳光搬迁，坚持“一把尺子量到底”，拆出“富阳速度”，展现“富阳温度”。2017年9月，一、二片区房屋搬迁17天完成3341户签约清零；2018年6月，三、四片区房屋搬迁12天实现2598户签约清零。杭州市市长徐立毅批示：“富阳工作做的细，做的实，做的稳，应予肯定。”杭州市副市长缪承潮批示：“富阳区以‘拆迁温度’赢得‘拆迁速度’，秦望区块拆迁做到了力度大，进度快，又得到了群众的理解与支持，值得充分肯定。”

【精品街区建设】 达夫路精品街区改造工程于2017年9月启动。该工程南起桂花路，北至大桥路，全长660米，提升改造范围10.20万平方米，立面改造13.40万平方米，工程总投资1.50亿元，主要建设内容包括增加立体停车库、夜景灯光系统、高层立面和市政管线改造、新建建筑及建筑结构加固、公共艺术等。通过改造，以江南民国风格为特色，形成集文化、商业、生活、艺术为一体的综合性休闲街区。2018年6月29日，达夫路精品街正式开街，成为富阳新“网红”打卡地。

桂花路精品街区工程于2018年11月21日启动，改造提升后的桂花路将成为一条文商景观大道，实现交通品质化、街道公园化、建筑表情化、文化艺术化、设施智能化。至12月底，桂花路（达夫路—恩波大道段）完成自来水管、雨水管、弱电管等的埋设和路面沥青摊铺，实现了双向四车道临时通车。

【精品江景建设和特色景观河道建设】 精品江景项目，位于富阳主城区富春江两岸，设计范围东起富春江第一大桥，西至华庭路，全长4.10千米，景观总面积136000平方米。项目主要建设内容为慢行系统、水上栈道、绿化、城市家具、道路改造、夜景灯光、护栏、管线、亲水平台、驳岸加固及配套设施。至2018年底已完成项目前期。

“两山两桥”及沿江夜景灯光工程，涉及鹿山、鹳山和富春江第一大桥、富阳大桥，以及富春江北岸沿江重点建筑、滨江景观带、恩波公园的夜景亮化，东、西长约5000米。一期工程于2018年11月10日启动，至2018年底完成总工程量的65%，2019年春节前实现“两山两桥”亮灯。

城区河道综合整治一期工程，工程累计整治长度10.70千米，整治面积214336平方米，总投资约为2.76亿元，于2018年11月1日开工建设，春节前计划完成园路、木栈道慢行系统。该工程以“一河一景”为起点，实现“打造城市形象、提升河道魅力、传承城市文化、增强休闲体验”的战略目标。三号渠（蒋家桥—西环北路）打造樱花生态廊道，四号渠（金秋大道—大浦闸）以“紫薇”为特色树种，五号渠（三号渠—鹿山引水泵站）形成桃红柳绿春意盎然的滨水长廊效果。

【城市断头路贯通】 2018年，根据区委、区政府推进城市"断头路"贯通工程安排，全年打通文昌路、后周路、公望街与320国道交叉口、文豪路、开源路、金凤路等6条"断头路"，开工建设文豪路（八小至西环路）、凤浦路、西山路、文居街向东延伸（恩波大道至大桥路）、康月路桥等5条断头路。至2018年底，已打通文昌路、后周路、金凤路、文豪路、公望街与320国道交叉口等5条"断头路"，开源路完成总工程量90%。文豪路（八小—西环路）、西山路、文居街向东延伸（恩波大道—大桥路）、康月路桥于2018年12月进场施工，凤浦路完成招投标和施工许可证办理并准备进场施工。

·打造"现代版富春山居图最美示范区"·

【概况】 富阳区认真践行"绿水青山就是金山银山"发展理念，深入实施乡村振兴三年行动计划，创造性推进了美丽城镇、美丽乡村、美丽经济"三美"融合发展机制，打造现代版富春山居图，获评浙江省美丽乡村示范区和浙江省2018年度小城镇环境综合整治工作优秀区。

把优化城乡环境作为推动转型发展的重要抓手，牢固树立"全域景区化"理念，按照"拆违建、清溪流，堆整齐、扫干净，种满园、点漂亮，增收入、人和谐"24字工作要求，打好环境整治美化组合拳，构建自然和人文相得益彰的美丽宜居城乡新格局。

【"美丽机制"建设】 区委、区政府提出"三看四态促转型"发展战略，明确"生态建设向西看"，成立了"三美"新农村建设领导小组及指挥部，将三改一拆、五水共治一并纳入，与"三美"捆绑建设，发挥美丽乡村、美丽城镇、美丽经济、三改一拆、五水共治互促互推作用。建立美丽经济指导委员会，实施区领导联系美丽经济点制度，并组建区委党建和乡村振兴指导组，选派36名工作经验丰富、熟悉基层情况的领导分6个组监督、指导乡镇（街道）和集体经济相对薄弱村，构建党建引领乡村振兴的"1+2"工作体系。

出台《关于开展城乡组团竞赛的实施意见》，建立区级机关单位与乡镇（街道）组团捆绑机制，按照"职能对口、突出重点、统筹安排"的原则，每4-5家区级机关单位组团与乡镇（街道）捆绑结对，组团竞赛结果纳入区级机关单位年度目标考核和专项考核。明确由区领导作为各组团竞赛的牵头联系领导，负责定期召集组团各单位研判形势、分析情况，到点指导督查，解决困难和问题。

根据杭州市委"干好一一六、当好排头兵"和区委"提服务、快落实、优发展、争一流、促转型"要求，以目标化引领、清单化管理、体系化推进、全程化考核、制度化奖惩为手段，在区、乡镇（街道）、村（社）三级开展"奋力争先、勇创一流"擂台大比武竞赛活动，通过乡村振兴大比武、民生福祉大比武、项目建设大比武、村干部擂台比武以及最美乡村、最美庭院评选等活动，推进美丽乡村建设。

【获"浙江省小城镇环境综合整治工作优秀区"】 2016年12月开始，富阳区围绕"精致靓丽、产城融合、各具特色"的总体要求，开展小城镇环境综合整治工作，2018年获"浙江省小城镇环境综合整治工作优秀区"，提前一年高标准完成全区20个乡镇（街道）的23个小城镇环境综合整治任务，实现三年任务两年完成。其中，获评省级样板11个、市级样板2个，整治数量、样板数量均居全省各县（市、区）前列，形成了小城镇整治的富阳经验和富阳样板。

将党员参与整治情况纳入党员个性化测评，评选最强战斗队、最强领头雁、最强排头兵。开展组团帮扶比武，实施分片包干比武竞赛，激发比学赶超的整治热情。动员群众共建共治，群众自发组成"帮帮团"，投入小城镇背街小巷整治工作，集民智、聚民力，有效形成整治工作最大声势和最强合力。充分发挥民间智慧，施展工匠技艺，用最少的资金、最本土的材料，打造独具内涵特色的小微节点。消除田间地头脏乱差现象，就地取材制作创意小品点缀，提倡多菜园少公园。深入挖掘小城镇历史、文化、产业故事，并将这些特色文化元素充分融入整治全过程。新建及改造提升农贸市场21个、公共厕所97个、垃圾中转站12个、街头广场37个，新增停车泊位5908个；新建绿道42千米，新建及改造口袋公园4.20万平方米，新增绿化33.20万平方米。

【获“省美丽乡村示范区”】 按照山美、水美、人美、庭院美、庄园美、田园美“六个美”的要求，全面实行路相、林相、湖相、坡相、村相、园相、田相、户相“八相联治”。山水与乡村相融合，推进杭派民居建设、旧城改造，创建具有江南和杭州特色的古韵新居，打造洞桥文村、大源望仙、场口东梓关、新登秉贤等山水相映、入乡随俗、就地取材、低碳环保的“浙派民居”“杭派民居”样板，富春街道宵井村等5个杭派民居已基本完成主体建设。开展特色村、精品村、历史文化村落、风情小镇等建设，把美丽乡村从点上精致推向面上美丽，累计完成40个杭州市级精品村、32个中心村、6个风情小镇建设，新建提升特色村43个，新登镇湘溪村等7个村被评为浙江省首批AAA级景区村庄，常绿镇黄弹村成功创建“浙江省森林人家”，渔山乡稻香渔山田园被评为浙江省百个“最美田园”之一。将富春江两岸长达50余千米的岸线打造成为两条最长的精品线路，形成“城中江、江边城”的完美呼应。以富春江南北线为纲，深入各个乡镇（街道）腹地，统筹布局精品线路，将沿线景观、人文特色、本土风情融为有机整体，打造“春江花月”“富春叠嶂”“安顶云雾”等十大精品线路，总长330千米，形成以富春江景观带为轴线的“一江二线五岛十路”总体布局。

创新实施美丽经济“12410”工程，“1”即培育一镇一业，引导24个乡镇（街道）做强做精特色优势主导产业；“2”即两条农旅线，打造和提升从东到西南北两条精品旅游线，成为交通线、生态线、旅游线、产业线、致富线“五线合一”的精品示范线；“4”即“四个一批”项目引领，鼓励和引导一批山居综合体、一批沙洲田园综合体、一批村落景区综合体、一批乡村文化综合体项目落户，推动形成农村一二三产业融合发展经济模式；“10”即通过举办美丽经济招商推介大会，签约春江秀等“三美”融合产业项目10个，总投资超过50亿元。

实施农业品牌战略，培育以“富春山居”为主的区域公共品牌，通过开展百果大赛、百花大会等推选推介、营销宣传，凝聚品牌力量，撬动产业升级。推出“富春山居农夫乐园”“富春山居美丽农业产业园”“富春山居美丽农牧渔场”“富春山居美丽田园”等一系列品牌产品，打造农夫乐园17家，创建省级美丽牧场5家、美丽渔场3家，建成25个美丽田园体验区。其中，富春山居农夫乐园注册成为国家级及浙江省商标，蓝郡农业被认定为国家级星创天地（农业创新孵化器），“安顶云雾茶”获中国西安国际茶业博览会金奖。

培育民宿产业，打造民宿（农家乐）380余家，客房数4000余间，床位数7000余张，现代民宿示范村3个，以及以龙门驿事、尚古小筑为代表的农村现代民宿示范点36个。举办富春山居乡村百花大会、富春江江鲜大会、二十四节气等系列节庆活动，形成洞桥查口村、场口东梓关村、新登上山村等一批美丽经济示范村，“营地+”“互联网+”“文旅+”等逐渐成为可复制推广的新模式，为乡村美丽产业的发展提供广阔平台。2018年，全区乡村旅游累计接待游客突破1100万人次，同比增长26.78%，实现乡村旅游收入6.70亿元，同比增长32.91%。

【第一届富春山居“乡村百花大会”】 2018年4月26日上午，富阳区2018“公望富春”文化节暨第一届“乡村百花大会”在龙门镇正式启动。从2011年起，富阳每年举办“公望富春”文化节，着力打响“富春山居”城市品牌。首次举办百花大会，富阳要让百花种满园，实现“村村是公园，镇镇是花海”。要以花为媒，诠释美好乡村生活，带动城乡生活品质提升，联动乡村旅游产业和农业特色产业发展，助推乡村振兴。此次乡村百花大会龙门主会场分为入口氛围引导区、广场主题活动区、古镇核心游玩区，三段式由外到内呈现百花盛景，打造花景节点100个。游客到龙门可以观赏百花展、品尝百花宴、游玩百花园，淘富阳各地的特色农副产品，体验田园生活。4月25日起，龙门古镇面向所有杭州市民实行免票优惠政策。

4月30日CCTV-13新闻频道《朝闻天下》栏目，展示五一小长假期间龙门古镇面貌，其中龙门镇入镇口的百花造型，大源镇、新登镇的展位和湖源乡的“石头开花”都进入央视画面。新闻中讲到，这个假期特色旅游受到游客们的追捧，“在浙江富阳，一场主题为‘富春山居，百花芳菲’的乡村百花大会在千年古镇龙门启动，美丽的花草将小镇装扮一新。”这场百花大会的实践，也是美丽乡村带动美丽经济最好的范例。腾讯新闻网对乡村百花大会进行了“弹窗式”推送，弹窗导读内容显示：“杭州古镇50万盆花齐绽放，瞬间美成花海。现场还有奇特百花宴直击味蕾。”

百花大会期间，龙门古镇景区累计接待游客16.3万人次，同比增长了2700%，创古镇旅游历史之最。

【富春江江鲜大会】 2018年9月30日，2018富春江江鲜大会在场口镇东梓关村举行。活动前期，重点推出了转角遇见美·乡村振兴下的东梓关故事、评选“富春十二鲜”和“十佳”农家特色菜品、摄制江鲜纪录片和农家美食大赛VCR、江鲜大会新闻发布会、“星空朗读”东梓关专场等活动；开幕式当天，开展众筹“第一船”江鲜、2018富春江江鲜大会开幕式、富春江鲜第一锅、国际友人品江鲜、富春百鲜宴、乡村音乐小型演唱等活动；活动后期，推出中医骨伤诊疗活动、东梓关之秋系列活动等配套活动。8天活动期间，东梓关村累计接待游客37.85万人，村民直接创收800余万元，10月1日当天东梓关村接待10万人次。20余家江鲜馆，8天时间接待7000余桌游客。游最美村落、住最美民宿、行最美江堤、赏最美江景、品最美江鲜、采最绿果蔬，形成具有场口特色的乡村游品牌。

·民生保障加快融杭进程·

实现社保与杭州主城区全面统一，城乡居民养老、医疗保障参保率分别达95%、99%以上。全年新交付公租房871套、安置房2312套，开工建设安置房9029套。完成2200户农房改造、200户农村困难群众住房救助和1067户农村C级危房治理。

推进“健康富阳”建设，省人民医院富阳院区签约落户富春湾新城，区第二人民医院成为杭州市一医院富阳院区，区中医院、妇保医院分别于杭州市中医院、上海国妇婴医院建立合作关系；高标准通过国家卫生城市复评。推出“先看病后付费”2.0版，在杭州市率先上线“舒心就医”板块，富阳智慧医疗云平台纳入杭州市“城市大脑”工程。与浙江师范大学、杭州师范大学签订教育合作项目，农村小班化教育“富阳模式”全省推广，新劳动教育成为全国德育品牌。打造“家在富春江上”特色文化品牌，举办第五届郁达夫小说奖评选，开展徐玉兰纪念系列活动。全年新增文化礼堂50个，覆盖率杭州市第一。

全面完成公交一体化，全年新增、优化公交线路48条，其中城乡线路新增17条、优化16条，勤功村、景山村等常年未通公交的村已实现公交通达。城乡票价实行2元、3元一票制，实施老年人减免等优惠政策，折扣优惠和90分钟换乘减免覆盖面达100%，票价整体下降超过40%。

·深化“最多跑一次”改革·

全区纳入“最多跑一次”办事事项623项（子项1336项），实现率100%。杭州市2018年10月份跑改工作两率评估结果显示，富阳区“实现率”排名第一位，“满意率”排名第三位。设立投资项目联审联批中心，推行“一中心五部门”工作机制，实行“三堂会审”，项目审批效率不断刷新。在杭州地区率先推出不动产登记无差别全科受理服务，实现商品房一次性买卖等10大类登记“60分钟领证”，推行“不见面审批”。聚焦民生领域便利化服务，深化“一证通办”改革，合计减少审批材料140类490余种，实现361项民生事项“一证通办”。如老年优待证实现送证上门，做到“无申报、零材料”，为全省首创、全国领先。推行跨部门双随机监管，开展联合监管63次，抽查企业共计1511家/次，发现各类问题703起，责令整改454起，处罚金额243.41万元。企业年被抽检次数由联合检查前3.87次下降到1.63次，下降57.89%，受到省委常委、常务副省长冯飞的批示肯定。

·改革开放40周年主题宣传·

为隆重庆祝改革开放40周年，2018年，全区广泛开展庆祝改革开放40周年群众性主题宣传教育活动，通过理论阐释宣讲、主题节目巡演、“最美”人物评选、特色文化主题展演等多种形式，多角度展示富阳改革开放成果，吸引群众广泛参与，营造积极热烈、团结奋进的社会氛围。

区委宣传部根据区委统一部署和要求，精心设计载体，采取有效形式，组织开展各类宣传活动。区史志办编印《改革开放40年富阳纪事》记录改革开放40年来发生的大事、要事，梳理40年历史变迁和重大成就；《改革开放40年纪念文集》收录富阳改革开放40年综述、历届党代会报告、部分重要文件和党史专题；配合区委办《美丽富阳》编辑部撰写《改革开放40年重大改革成果回顾》。《富阳日报》推出《致敬改革开放·富阳40事／富阳40人》系列报道，选取1978年以来40个重要的节点事件、40位在各领域推动发展的典型代表；推出《“数”说富阳40年发展》《改革开放40周年　“最美”在身边》等整版专题报道，总结富阳改革开放40年发展成果。富阳电视台推出《庆祝改革开放40周年特别报道》，采制播出报道30篇次，短片《走过40年，生活更美好》获“浙江省庆祝改革开放四十周年公益广告”大赛三等奖。富阳广播电台推出4个纪念改革开放40周年的宣传专栏，完成《富阳40年40件大事》40期、《歌声飘过40年》40期、《我与改革开放的故事》13期、《文学40年，我们共同见证》10期。

以多样的文艺形式展现富阳改革开放故事，举办“家在富春江上”富阳区纪念改革开放40周年暨富阳区首届戏剧曲艺大赛、“家在富春江上”首届音乐节系列活动，举办龙门风情节、万市银杏节、渔山稻香节等品牌文化活动，展现改革开放40年来美丽乡村建设成就。

【编辑　陈炜祥】

大事记

1月

1日 富阳统一城乡失业保险政策，农民合同制职工与城镇职工同等参保缴费，同等享受失业保险待遇，各项失业保险待遇的申领条件、申领程序与城镇职工完全一致。

是日 新登“富春·港”商业中心开业。

10日 区委一届三次全体（扩大）会议举行。全会以中共十九大精神为指引，提出拥抱富春江、拥抱大都市、拥抱新时代，全力加快建设富裕阳光的大都市新型城区。

15日 富阳区政府与杭州市城投集团签订战略合作框架协议，双方将在城市基础设施建设、城市区域开发、城市资源开发、城市公用事业建设运营、保障性住房建设等领域开展战略合作。

16—19日 中国人民政治协商会议杭州市富阳区第九届委员会第二次会议举行。会议听取和审议区政协常委会工作报告和提案工作报告；审议通过大会建议案；审议通过《中国人民政治协商会议杭州市富阳区第九届委员会第二次会议决议》。

17—20日 杭州市富阳区第十六届人民代表大会第二次会议举行。会议表决通过了关于杭州市富阳区人民政府工作报告、富阳区2017年国民经济和社会发展计划执行情况与2018年国民经济和社会发展计划、富阳区2017年财政预算执行情况和2018年财政预算的决议；通过了关于富阳区人大常委会工作报告、富阳区人民法院工作报告、富阳区人民检察院工作报告的决议。大会还通过了区十六届人大二次会议议案、建议处理意见的报告。

19日 由工信部电子商会、商务部中国国际电子商务中心、中国服务贸易协会电子商务委员会指导，农特集团、百诚源联合主办的中国“互联网+农业”大会暨第二届“互联网+农业”创业大赛在富阳举行。

24日 政协第十二届全国委员会常务委员会第二十四次会议通过中国人民政治协商会议第十三届全国委员会委员名单。其中，王建沂、蔡荣根两位富阳人当选为全国政协委员。

是月 2017年全区财政总收入106.89亿元，完成年初预算的102.80%，同比增长10%，首次进入主城区“百亿俱乐部”。

是月 省林业厅公布第三批森林特色小镇创建和森林人家命名名单，富阳湘溪村、文村村、窈口村被命名为森林人家。省关注森林组织委员会公布第八批“浙江省森林村庄”名单，富阳区大源镇亭山村、渔山乡墅溪村、新登镇上山村、场口镇马山村4个村入选。

2月

8日 富阳区政府与中国林科院亚热带林业研究所签订战略合作协议。

9日 浙江省军区政委王新海到富阳，看望慰问富阳籍现役将军王永明和张文旦的家属。

10日 富阳区第二人民医院新病房大楼正式投入使用，新病房大楼面积37091平方米（含地下4477平方米）。

是月 富阳获得“2017年度杭州市城中村改造工作优秀集体”“2017年度杭州市小城镇环境综合整治工作优秀区县（市）”两项荣誉。

是月 省旅游局公布浙江省首批休闲旅游示范村名单，富阳区场口镇东梓关村和新登镇湘溪村入选。

是月 杭州市首个村级乡贤协会新登镇湘溪村

乡贤协会成立。

3月

1日 区委常委会召开扩大会议，学习贯彻中共十九届三中全会精神。会议提出把思想行动统一到中央精神上来，坚定不移推进富裕阳光的大都市新型城区建设。

7日 富阳召开全区党建工作会议。区委书记朱党其强调，始终坚持党领导一切，牢固树立“党建强则发展强”的理念，以高标准党建促高水平发展，为富阳加快转型发展、全力加快建设富裕阳光的大都市新型城区提供坚强的保障。

8日 中国第一个公益村落户富阳，土地使用权受捐仪式在银湖街道举行。东坞山村村民周金灿、杭州上善文化艺术有限公司法定代表人沈功川与浙江省青螺公益服务中心签订土地使用权赠予合同。

是日 全国政协委员、浙江省工商联主席、富通集团董事局主席王建沂代表中华全国工商业联合会作大会发言，这是富阳人历史上第一次在全国政协会议上作大会发言。

9日 全区召开“三看四态促转型”战斗再动员大会，回顾总结2017年战斗成绩，进一步找准加快转型面临的问题和差距，全面部署落实2018年七大攻坚硬仗各项目标任务。区委书记朱党其强调，要坚定方向不回头、坚定目标不动摇，以战斗的姿态，凝心聚力、苦干实干，翻篇归零再出发，干好转型关键年。

16日 富阳举行全区农村工作会议。会议提出，全区上下要以实际行动贯彻落实中央和省市农村工作会议精神，持续高质量推进美丽乡村、美丽城镇、美丽经济建设，全面推动实施乡村振兴战略，将富阳打造成为现代版富春山居图的示范区。

4月

2日 全区经济工作会议举行。会议提出全面落实中央、省委经济工作会议精神，瞄准方向、看准问题，抓住重点、久久为功，动员全区上下的力量，持续加大转型力度、加快转型速度、提高转型质量，快速“蹲下去”，发力“跳起来”，高质量打好产业转型攻坚硬仗，为建设富裕阳光的大都市新型城区奠定坚实的经济基础。

4日 江南新城、金富春集团分别与浙江理工大学举行战略合作签约仪式，实现政校企合作共赢为目标，创新合作模式，进一步密切政校企联系，助推江南新城转型发展。

9日 富阳区地铁沿线征迁战斗动员大会在银湖街道举行，列出地铁沿线征迁三年工作时间表。

10日 富阳区拥江发展领导小组办公室挂牌成立，并召开第一次会议。

13日 陕西省委常委、西安市委书记王永康带领西安市党政代表团到富阳，考察美丽乡村建设工作。

17日 临安区委书记卢春强率领党政代表团到富阳考察城市有机更新等工作。

18—20日 区委书记朱党其赴北京、天津等地走访在外富商并开展招商引资。

26日 富阳区2018“公望富春”文化节暨第一届“乡村百花大会”在龙门镇正式启动。

28日 2018年庆祝“五一”国际劳动节暨“当好主人翁、建功新时代”劳动和技能竞赛推进大会在北京人民大会堂举行，富通集团荣获“全国五一劳动奖状”。

5月

8—23日 “家在富春山”羊晓君隶书作品展在浙江美术馆举行。

10日 区委书记朱党其赴延安看望富阳区领导干部理想信念教育和党性修养专题培训班学员。

16—18日 区委副书记、区长吴玉凤带领富阳区党政代表团赴贵州省锦屏县开展对口帮扶工作，并召开两地对口帮扶工作座谈会。

18日 浙江省委常委、纪委书记、组织部部长任振鹤专题调研杭州党风廉政建设和反腐败工作情况，当天下午，到富阳实地走访，了解富阳党风廉政建设和反腐败工作开展情况。

23日 富阳举行重大项目集中开工活动，参加此次集中开工的项目13个，总投资60.4亿元，包括2个政府投资项目、3个服务业项目和8个工业项目。

28日　区"三美"建设现场会举行。会议强调，要坚定走好乡村振兴之路，坚决打赢"三美"建设攻坚硬仗，打造现代版富春山居图最美示范区，将美丽进行到底。

31日　省政协副主席孙景淼带领省政协中共界别组到富阳调研。

是月　区委书记朱党其前往新疆阿克苏市，看望援疆干部、考察援疆项目。

是月　区经信局首次发布富阳工业企业百强榜，100家企业荣誉上榜，涵盖装备制造、信息经济、生物医药等领域。

6月

1日　由杭州市台办和富阳区政府联合举办的纪念"海峡两岸交流基地"创建五周年暨"公望富春"海峡两岸文化交流系列活动在富阳公望美术馆启幕。

9日　第十二届中国西安国际茶业博览会名优茶评比活动颁奖仪式在西安曲江国际会展中心举行，富阳区安顶云雾茶产业协会选送的富春山居"安顶云雾"茶获得金奖，成为本届名优茶评比中浙江省唯一获金奖的绿茶。

13日　缙云县委书记杨秀清带领党政考察团到富阳，对接山海协作工作。

15日　富阳区村社干部"六不"承诺书签订启动仪式在全区319个村社同时启动，1963名村社干部、近2000名村务工作者签下承诺书，并公开举报电话"12388"。"六不"承诺内容：（一）不承建本村社发包的工程项目。（二）不搭股参与本村社发包的工程项目。（三）不违规承包本村社集体资源资产。（四）不利用职权，为他人承建本村社工程、承包本村社资源资产提供便利。（五）不利用职权，违规为本人或他人谋取本辖区企业的业务。（六）不收受本村社工程项目承建人、资源资产承包人的礼金、礼品、礼卡。

16日　东梓关特色休闲小镇项目签约仪式在场口镇举行。

19日　省政协副主席、民建省委会主委陈小平带领省政协课题组一行到富阳，就"新时代新城区"主题，深度调研富阳江南新城建设工作开展情况。

21日　金固股份、德国蒂森克虏伯集团、鞍钢股份科技研发中心及新型轻量化车轮项目在富阳正式签约。

29日　达夫路精品街区正式开街。

是日　山东省济宁市委书记、市人大常委会主任傅明先带领党政代表团到富阳考察。

30日　浙商回归——场口小城市培育建设项目签约仪式在场口镇政府举行。场口镇政府和富春控股集团签约，双方就场口集镇约1平方千米区块开发工作达成共识。

是月　"2018浙商全国500强"榜单在第15届浙商（投融资）大会暨2018数字经济峰会上正式发布，富阳4家企业上榜，分别是富通集团、富冶集团、富春江集团、金固股份。

是月　富阳区第十七届（2016—2017年）郁达夫文艺奖评审结果揭晓，49件文艺作品分获一、二、三等奖。

7月

3日　区委召开常委会，专题研究富阳"大学习大调研大抓落实"活动推进情况。会议强调，要切实提高站位、注重实效，坚定不移沿着"八八战略"指引的路子走下去，不断把"大学习大调研大抓落实"引向深入，推动富阳高质量全方位转型。

7日　2018跳绳世界杯赛在美国佛罗里达大学举行，来自全球29个国家和地区，近80个团队800余名运动员参赛。富阳区场口镇小是浙江省唯一入选单位，8名运动员参赛，获得了11金8银3铜的成绩。

9日　区委书记朱党其与区委常委、纪委书记、监委主任胡志明为区监察委员会派出富春街道监察办公室揭牌。富阳按照省、杭州市相关要求，完成24个乡镇（街道）派出监察办公室全覆盖。

是日　贵州省黔东南州人大常委会副主任、锦屏县委书记毛有智率领锦屏县党政代表团到富阳考察，对接两地对口帮扶工作。

20日　新组建的国家税务总局杭州市富阳区税

务局挂牌成立，标志着原杭州市富阳区国家税务局、浙江省杭州市富阳地方税务局正式合并。

22日 22个新增社区授牌。经过本次调整，全区社区由28个调整为50个。

29日 富阳区政府与中国水稻研究所签订战略合作框架协议。

30日 富阳举行“一府两院”工作报告会。

是月 市委组织部、市直机关工委、市委党史研究室联合发文公布杭州市第二批党员教育示范基地，抗日战争胜利浙江受降纪念馆、富阳党史教育基地入选，富阳共有杭州市级党员教育示范基地3家。

8月

1日 区委副书记、区长吴玉凤率领富阳党政代表团赴缙云县，开展山海协作结对帮扶有关工作。

8日 区委一届四次全体（扩大）会议举行。会议提出坚持“三看四态促转型”不动摇，解放思想、转变作风、增强本领、打好硬仗，为加快高质量转型、融入大都市增添强大动力。

是日 《中国环境报》头版头条以题为《考评有压力乡镇有动力 富阳实施乡镇生态环境质量考评》的新闻报道，详细介绍富阳2018年创新推出的乡镇（街道）生态环境质量考核评价工作。

12日 浙江富冶集团有限公司举行建厂60周年庆典大会。

22日 副省长彭佳学一行到富阳，实地考察北支江综合整治工程。

28日 富阳区政府与浙江省人民医院签订合作协议，双方将合作共建省人民医院富阳院区。

29日 富阳召开全区深化“最多跑一次”改革推进会暨作风建设大会。会议要求牢固树立“优质服务是发展第一要务”的理念，保持发展定力，坚持问题导向，落实整改措施，知耻而后勇、奋力再向前，坚决打好“最多跑一次”改革翻身仗，推动全区党员干部精神转态大转型、作风大提升。

是月 浙江省工商局、浙江省工商联、浙江省民营企业发展联合会联合公布了“2017年度浙江省民营企业百强榜单”。“富通集团”“富冶集团”“富春江集团”分列第27位、29位和74位。

9月

2日 “2018年中国企业500强”榜单发布，富通集团有限公司、浙江富冶集团有限公司分别以第460名和468名首次跻身榜单。

3日 副省长王文序到富阳调研小作坊整治规范提升工作。

6日 全国人大代表第一小组到富阳调研美丽乡村建设工作。全国人大华侨委员会委员、浙江省十二届人大常委会党组书记、副主任王辉忠，杭州市人大常委会党组书记、主任于跃敏，嘉兴市委书记张兵等参加视察活动。

7日 洞桥镇成立“施肩吾教育基金会”。

13日 作为2018浙江·台湾合作周系列活动之一，黄公望产业金融峰会在富阳举行，来自海峡两岸的180余位专家学者、投资机构及企业负责人参加。

26日 “潮起春江——富阳区政协纪念改革开放40周年书画展”在富春山馆临展厅展出。

27日 东洲村队参加由中国篮球协会主办的2018年“全国美丽乡村篮球赛”，获得亚军。

是月 由省农业厅、省旅游局联合评选的2018浙江省100个“最美田园”名单公布，富春街道拔山高峰美丽茶园、渔山乡稻香渔山田园入选。

28日 富阳区政府分别与浙江师范大学、杭州师范大学签署教育合作项目，提升富阳基础教育水平，打造“全省一流综合教育强区”。

30日 富阳举行重大项目集中开工活动，19个重大项目总投资109.70亿元。

10月

国庆期间 场口镇东梓关村举办江鲜大会，吸引游客数十万。

8日 2018年中国中小城市科学发展指数研究成果发布，并公布了2018年度全国综合实力百强县市、百强区等名单，富阳列全国综合实力百强区第52位，比2017年上升4位，同时还入选全国绿色发展百强区和全国投资潜力百强区。

10日 富阳区政府与北京电影学院正式签约，北影（杭州）国家级电影产业基地项目正式落户富阳江南新城。

16日 由杭州富阳越剧艺术传习院创演的历史传奇越剧《苍生》在北京梅兰芳大剧院上演。

17日 “民间民俗·多彩浙江”周雄孝文化节在渌渚镇六渚村孝子湾文化公园开幕。

20日 富阳举行“看富阳、议发展、促转型”现场考察、交流恳谈活动。

是日 2018富阳美丽经济招商推介会在新桐乡桐洲岛飞翔基地举行。现场成功签约10个美丽经济项目，累计投资超过50亿元，将落户在富阳9个乡镇（街道）。

22日 杭州市政协主席潘家玮带领部分杭州市政协委员到富阳，围绕“高品质推进钱塘江综合保护与利用，打造世界级滨水区域”课题，深入调研拥江发展工作。

24日 全国工商联发布由中央统战部、全国工商联共同推荐宣传的“改革开放40年百名杰出民营企业家”名单。省工商联主席、富通集团董事局主席王建沂入选。

29日 杭州市非公有制企业清廉建设现场会在富阳召开。

30日 中国关工委《中国火炬》通联评刊暨通信员培训班在富阳开班。是日 杭州富阳文化旅游投资集团有限公司正式挂牌。

是月 富阳区被正式命名为“浙江省食品安全区”。

11月

3日 富阳学院（富阳区职业高级中学）建校60周年纪念活动举行。

5日 省委第五巡视组巡视富阳区工作动员会召开。

6日 富阳召开全区“三看四态促转型”第三次战斗动员大会，回顾总结两年来转型发展的战斗成绩，研究部署转型发展新阶段的工作目标和主要任务。

是日 由CRU（英国商品研究所）和富通集团联合主办的2018世界光纤光缆大会在杭州举行，本次大会以“一个光纤连接的智能世界”为主题。

10日 2018杭州国际人才交流与项目合作大会举行，富阳共引进合作项目8个，投资金额达7600余万元。

11日 富阳举行“创业中华·相约富春 2018年海外高层次人才‘银湖论坛’”。

21日 杭州市政协主席潘家玮到富阳开展“深化‘最多跑一次’改革，打造移动办事之城”专项集体民主监督活动。

22日 富阳区首届“蓝立方”国际艺术节——美术作品邀请展在富春山馆美术馆开幕。

23日 富阳召开全区领导干部会议，部署作风建设相关工作。会议强调，要高度重视、全力配合省委巡视工作，仔细梳理富阳存在的问题，进一步以巡促改、即知即改，借势借力推动全面从严治党，推动转型发展提质提速，夯实富阳融合都市转型发展的政治基础。

27日 2018杭州·黄山乡村振兴与旅游发展高峰论坛暨第十四届杭州·浙西旅游合作峰会在富阳召开，此次峰会主题为“乡村振兴与旅游发展”。

28日 富阳区教育局与浙江师范大学合作办学签约暨浙江师范大学附属富春实验学校揭牌仪式在富春三中举行。

29日 由富阳区政府、杭州日报报业集团联合主办的2018年度富阳创客文化节系列活动之“创新力量 新城之光——2018杭州（富阳）数字经济高峰论坛”在中国智谷富春园区举行。

是月 富阳连续两年进入全国工业百强区，位列第77位。

是月 浙江省诗词与楹联学会和杭州市拥江发展领导小组办公室发文，授予富阳区新登镇“浙江省诗词之乡”称号。

12月

1日 区委书记朱党其会见到富阳参访的台湾南投市市长宋怀琳一行。

5日 副省长彭佳学走访中国水稻研究所，并看望联系专家钱前。

7日 第五届郁达夫小说奖颁奖晚会在富春山馆举行，王安忆的《向西，向西，向南》、白先勇的 *Silent Night* 分获中篇小说奖和短篇小说奖。

10日 贵州省锦屏县委副书记、县长刘明波率领锦屏县党政代表团到富阳对接两地对口帮扶工作。

16日 “春江花月夜”文创街区在富春山馆报告厅举行开街仪式。

18日 富阳区红十字会第七次会员代表大会召开。

20日 省委常委、市委书记周江勇到富阳区调研。他强调，要深入贯彻落实习近平生态文明思想，坚定不移走生态优先、绿色发展之路，加快推进高新产业发展、高品质城市建设和高水平社会治理，用活山水资源，打造美丽城镇，努力描绘生态宜居、产城融合的新时代“富春山居图”。

是日 由杭州市委宣传部、杭州市文联、杭州市文广新局、杭州文广集团、富阳区委区政府共同主办，杭州文艺志愿者总团、杭州市文联直属各文艺家协会、富阳区委宣传部、富阳区文联共同承办，富阳区新登镇党委政府协办的“潮涌钱塘——新春送欢乐文化进万家”活动，在新登镇半山村文化礼堂举行。

25日 杭黄高铁通车，富阳迈入“高铁时代”。

26日 江南区块正式定名为“杭州富春湾新城”。新城区域总面积53.30平方千米，行政区划包括春江街道全部，大源、灵桥两镇的一部分，涉及总人口近10万人。

27日 杭州富春湾新城举行集中开工、签约仪式，六大项目包括3个产业项目和3个政府投资基础设施项目，总投资26.87亿元。

是日 杭富地铁工程车站站名命名正式批复，11个站点名称正式获批，站点位置正式公布。杭富地铁全长约23.50千米，设车站11座。11个站点名称及位置：1. 音乐学院站。位于320国道与知音路交叉口，沿320国道东西向布置，临近浙江音乐学院。2. 中村站。位于320国道与中村路（规划名）交叉口，中村社区辖区内，沿320国道东西向布置。3. 野生动物园东站。位于320国道上，沿320国道东西向布置，西临野生动物世界。4. 银湖站。位于320国道与富闲路交叉口，银湖街道辖区内，沿320国道东西向布置。5. 虎啸杏站。位于320国道上，虎啸杏自然村范围内，沿320国道东西向布置。6. 受降站。位于320国道与九龙大道交叉口，受降村辖区内，沿320国道东西向布置。7. 富阳客运中心站。位于320国道上，沿320国道东西向布置，临近富阳客运中心。8. 高桥站。位于金桥北路与高桥西路交叉口，高桥村辖区内，沿金桥北路南北向布置。9. 新桥站。位于金桥北路与新桥路交叉口南侧，新桥自然村范围内，沿金桥北路南北向布置。10. 公望街站。位于金桥北路与公望街交叉口，沿金桥北路南北向布置。11. 桂花西路站。位于金桥北路、金桥南路与桂花西路交叉口，沿金桥北路南北向布置。

29日 桂花路（花坞路—恩波大道段）实现双向四车道通行。

是日 城东综合市场整体搬迁至新建的城东迎宾商城。

是月 新时代浙江省“千名好支书”和“万名好党员”名单正式公布，富阳9名好支书、58名好党员榜上有名。

是年 区委组织部开展“最强支部”创建工作。

【编 辑 陈炜祥】

总　述

·自然状况·

【概况】　富阳区位于浙江省西北部，富春江下游，属杭州市所辖。地理坐标为北纬29°44′—30°12′、东经119°25′—120°09′，东接杭州市萧山区，南连诸暨市，西倚桐庐县，北与临安市、杭州市余杭区接壤，东北与杭州市西湖区毗邻。最东端位于东洲街道五丰村境内，北纬30°06′、东经120°09′；最西端位于万市镇何务村境内，北纬30°06′、东经119°25′；最南端位于湖源乡南坑村境内，北纬29°44′、东经119°55′；最北端位于万市镇东叙村境内，北纬30°12′、东经119°34′。市域东西长69.70千米（东起东洲街道五丰村，西至万市镇何务村），南北宽49.70千米（南起湖源乡石龙村，北至银湖街道杜墓村），总面积1821.03平方千米。富春江自西向东斜贯中部，320国道由北而南穿越全境。区政府驻地富春街道桂花路25号，距杭州市政府所在地31.50千米（径距），水陆交通便利。

全区整体地貌以"两山夹江"为最大特征。天目山余脉绵亘西北，仙霞岭余脉蜿蜒东南，富春江西入东出，斜贯市境中部。地势由东南、西北向中部倾斜。依其地表水陆形态分，山地、丘陵面积1439.60平方千米，占区境总面积的78.61%；平原、盆地面积299.63平方千米，占16.36%；水域面积91.98平方千米，占5.02%，故有"八山半水分半田"之称。

西北天目山余脉分布区以高丘为主，其特点是丘体零乱，丘顶浑圆，丘坡平缓，脉络模糊，多数呈馒头形。坡度组合15°—25°，山丘间岗地众多，土层深厚，有利于发展粮、林和各种经济特产，为境内茶叶、蚕桑、板栗、银杏等主要产区。

东南仙霞岭余脉分布区以低山为主，其特点是山势挺拔，脉络清晰，重峦叠嶂，山重水复，海拔均在500米以上。主峰杏梅尖，海拔1065.80米，为全境最高峰。由于山体高大，气候、土壤适宜竹木生长，是境内木材、毛竹主要产区。

境内富春江流长52千米，江宽700米～1000米，平均水深7米。两岸风光秀丽，1982年，经国务院批准，富春江—新安江—千岛湖"两江一湖"被列为国家级风景名胜区。

·建制沿革·

【概况】　富阳历史悠久，秦王政二十六年（前221）置县，县治即今富阳区区政府所在地。初置县时幅员辽阔，辖境含今桐庐、建德等地。三国吴黄武四年（225），析富春部分县地置建德、新昌（后改寿昌）、桐庐3县。次年（226），又析富春部分县地置新城（后改新登）县。富阳、新登两县建置以此而始。

富阳秦汉称富春。新莽始建国元年（9），改名诛岁。东汉建武元年（25），复名富春。东晋太元十九年（394），为避简文帝生母宣太后郑阿春讳，更名富阳，富阳之名始于此。五代梁开平二年（908）复改名富春，北宋太平兴国三年（978）又改为富阳县，此后富阳之名沿袭至今。新登初名新城，五代梁开平元年（907），太祖朱温为避其父朱诚讳，改名新登，新登之名始于此。

富春之地，春秋属吴越。战国时，楚国屡败越国，夺取浙江以西土地。周显王三十六年（前333），越亡，富阳归属楚国。秦汉以后，隶属多变。隋、唐直至宋、元、明、清，均归杭州府（临安府、杭州路）所辖。民国时期，初属钱塘道，民国16年（1927），废道直属于省。民国27年（1938）改属第一行政区，后又多次变更，至民国37年（1948），改隶第四行政区。中华人民共和国成立后，初属临安专署，1952年改为省直辖。1955年划归建德专署。1958年12月，改属杭州市至今。

富阳历史上曾两度撤并。隋开皇九年（589）并入钱唐（后改钱塘）县，大业三年（607）复置。新中国成立后，1960年8月并入桐庐县，1961年12月复置。新登历史上曾5次撤并。三国吴黄武五年（226）析富春部分县地置新城县，治所即今富阳市西南新登镇。黄武七年（228）并入桐庐县，西晋太康十年（289）复置；旋又废入富春县，东晋咸和九年（334）复置；隋开皇九年（589）并入钱塘县，大业十四年（618）复置；唐武德七年（624）并入富阳县，永淳元年（682）复置；五代梁开平元年（907）吴越改名新登县。北宋太平兴国四年（979）复为新城县。民国3年（1914），改名新登县。中华人民共和国成立后，1958年10月撤销，并入桐庐县；1961年12月又从桐庐县析出，划归富阳县。

1994年1月18日，经中华人民共和国国务院批准，撤销富阳县，设立富阳市，行政区域不变，隶属关系依旧。2月4日，浙江省人民政府发出《关于撤销富阳县设立富阳市的通知》。3月28日，富阳市举行撤县设市庆典活动。

2014年12月13日，国务院批复同意浙江省调整杭州市部分行政区划。具体为：同意撤销县级富阳市，设立杭州市富阳区，以原富阳市的行政区域为富阳区的行政区域，富阳区人民政府驻富春街道桂花路25号。

·行政区划·

【概况】 2018年，富阳区设乡、镇、街道24个，其中乡6个、镇13个、街道5个。年底，全区有行政村276个、村民小组4504个、居民区3个、社区50个（乡镇街道概况见表1）。

2018年富阳区乡镇街道概况

表1

乡镇（街道）	面积（平方千米）	行政村（个）	村民小组（个）	居民区（个）	社区（个）
富春街道	105.45	12	190	—	35
春江街道	41.47	9	141	—	—
东洲街道	69.70	15	216	—	4
鹿山街道	63.31	9	141	—	2
银湖街道	158.23	22	399	—	5
春建乡	45.19	6	107	—	—
新桐乡	49.82	7	83	—	—
新登镇	179.37	28	590	—	4
胥口镇	68.81	13	217	—	—
渌渚镇	79.24	13	181	—	—
永昌镇	49.59	5	115	—	—
万市镇	155.37	15	293	1	—
洞桥镇	143.29	11	251	—	—
大源镇	105.23	15	199	1	—
灵桥镇	54.85	13	151	—	—
常绿镇	49.08	8	128	—	—
里山镇	25.46	5	71	—	—
渔山乡	36.76	4	80	—	—
上官乡	27.06	5	72	—	—
场口镇	58.06	24	323	1	—
常安镇	63.84	16	264	—	—
环山乡	38.52	7	113	—	—
龙门镇	27.30	4	72	—	—
湖源乡	125.86	10	107	—	—
总　计	1821.03	276	4504	3	50

·人口变迁·

【概况】 2018年底，全区总户数217039户，总人口683454人，平均每户3.15人，总人口比上年增加6244人。在总人口中，男性342003人，占总人口50.04%；女性341451人，占49.96%。男女性别比为100。全区乡村人口343631人，占总人口的50.28%；城镇人口339823人，占总人口的49.72%。

全区全年出生7494人（含2018年前出生而在本年申报户口的），比上年少出生1010人；出生率 11.07‰，比上年下降 1.59‰；死亡 4052 人，比上年少死亡 666 人，死亡率 5.98‰，比上年下降 1.04‰；自然增长 3442 人，自然增长率 5.08‰。

全区全年迁入 3992 人，其中省内迁入 1261 人、省外迁入 2731 人；全年迁出 925 人，其中迁往省内 331 人、迁往省外 594 人。全区人口机械增长 3067 人。

（区史志办）

·国民经济和社会发展概况·

【综合】 经济总量　全年全区实现生产总值 764.6 亿元，增长 5.7%。其中：第一产业增加值 45.3 亿元，增长 2.5%；第二产业增加值 332.9 亿元，增长 3.9%；第三产业增加值 386.4 亿元，增长 8.0%。三次产业结构由上年的 6.0 ∶ 43.6 ∶ 50.4 调整为 5.9 ∶ 43.5 ∶ 50.6。按户籍人口计算人均生产总值 112388 元，按 2018 年平均汇率折算为 16983.7 美元。

数字（信息）经济　全区实现数字（信息）经济增加值 67.8 亿元，增长 10.1%。规上（限上）企业实现数字（信息）经济主营业务收入 584.2 亿元，增长 12.5%。其中，物联网实现主营业务收入 42.7 亿元，增长 32.7%；软件与信息服务业实现主营业务收入 159.9 亿元，增长 15.4%；电子信息产品制造业实现主营业务收入 249.0 亿元，增长 12.6%；电子商务业实现主营业务收入 168.4 亿元，增长 10.8%。

财政收支　全年实现财政总收入 123.2 亿元，增长 13.3%，其中一般公共预算收入 72.7 亿元，增长 12.5%。全年一般公共预算支出 73.0 亿元，增长 10.1%。

市场物价　全年居民消费价格总水平比上年上涨 2.0%，服务项目价格上涨 3.1%。从八大类商品和服务项目价格看，衣着类持平、食品烟酒类上涨 0.5%、生活用品及服务类上涨 0.6%、交通和通信类上涨 0.9%、居住类上涨 3.1%、其他用品和服务类上涨 3.4%、医疗保健类上涨 3.6%、教育文化和娱乐类上涨 6.1%。农业生产资料价格下降 0.9%。

【农业、新农村建设】 农业生产　全年实现农林牧渔业总产值 64.0 亿元，增长 3.7%；农业增加值 45.6 亿元，增长 2.6%。粮食播种面积 18333.3 公顷，粮食产量 12.5 万吨。猪牛羊禽等肉产量 37872 吨，禽蛋产量 15124 吨，蚕茧产量 548 吨。

农业产业化　打造农夫乐园 6 个。改造中低产田 233.3 公顷。年底全区农业龙头企业达 129 家，其中杭州市级以上 59 家，实现销售收入 80 亿元。实有各类农民专业合作社 612 家。各类名牌农产品 52 只，其中杭州市级以上 33 只。“安顶云雾茶”获国际茶业博览会金奖。

农业生产条件　全年投入水利建设资金 5.8 亿元。年底全区拥有农业机械总动力 30.7 万千瓦。年底耕地有效灌溉面积 22.7 千公顷。全区各类水库 151 座，除险加固病险水库 2 座、山塘 14 座。

新农村建设　顺利举办百花大会、江鲜大会。新建提升精品线路 12 条、特色村 20 个，获评省美丽乡村示范乡镇 3 个、特色精品村 5 个，创成省美丽乡村示范区。新增民宿示范村 3 个，现代民宿示范点达 36 个。全年投入“富春山居美丽乡村”建设资金 2.3 亿元，建成“富春山居美丽乡村”精品村 20 个。培训农民 3100 人。实施 10 个村的饮用水工程建设，各级投入资金 2000 万元，解决 1.5 万人的饮水问题。

【工业、建筑业】 工业经济　全年实现规模以上工业增加值 248.1 亿元，增长 4.5%。其中，高新技术产业增加值 112.9 亿元，增长 9.0%；战略性新兴产业增加值 61.3 亿元，增长 8.5%；装备制造业增加值 89.0 亿元，增长 7.9%。

亿元企业　年底全区工业产值超亿元企业 220 家（按独立法人计算），其中超 100 亿元企业 1 家，50 亿元以上 100 亿元以下 1 家，20 亿元以上 50 亿元以下 8 家，10 亿元以上 20 亿元以下 10 家 。

企业效益　全区 646 家规模以上工业企业全年实现主营业务收入 1432.7 亿元，增长 9.1%。实现利税 135.5 亿元，下降 2.8%；实现利润 62.7 亿元，下降 10.9%。

建筑业　全年实现建筑业增加值 22.9 亿元。全区有总承包和专业承包资格的建筑企业 121 家，实现建筑业产值 104.7 亿元。建筑企业房屋施工面积 841.8 万平方米，下降 1.3%；房屋建筑竣工面积

359.4万平方米，下降16.7%。

【固定资产投资、房地产业】 固定资产投资　全年固定资产投资完成258.6亿元，其中，工业投资36.6亿元；基础设施投资64.9亿元。从投资结构看，交通运输业23.1亿元，增长280.1%；民间投资171.8亿元，增长14.6%；生态环境和公共设施业37.4亿元，增长14.5%；高新技术产业投资25.7亿元，下降41.7%。

房地产业　全年完成房地产开发投资129.9亿元。房地产住宅施工面积360.4万平方米，增长8.7%。商品房销售面积129.7万平方米，增长17.1%。其中住宅销售110.9万平方米，增长32.5%；实现销售额225.0亿元，增长52.7%。

【商贸、旅游】 消费需求　全年实现社会消费品零售总额270.5亿元，增长10.1%。分行业看，商品零售249.6亿元，增长11.0%；餐饮收入20.9亿元，增长0.7%。分区域看，城镇零售额184.2亿元，增长9.8%；农村零售额86.3亿元，增长10.9%。全区实现网络零售额95.7亿元，增长33.8%。年底全区商品交易市场达39个，其中年成交额超亿元市场14个。城东、鹿苑2家农贸市场开业运营。

旅游业　成功创建黄公望隐居地AAAA级旅游景区，新增省休闲旅游示范村4个。年底全区有旅行社28家；星级饭店12家，其中五星级2家。A级景区7个，其中AAAA级景区4个。全年共接待国内游客1508.6万人，增长20.0%；实现国内旅游收入138.8亿元，增长18.9%。接待入境旅游者1.4万人，创旅游外汇收入396万美元。各主要旅游景点接待游客434万人次，增长2.9%；旅游景点门票收入15792万元，增长5.9%。全年实现乡村旅游收入66957万元，增长32.9%。

【对外经济】 内外资利用　大力实施“152”工程，成功招引落地西安寰星、百诚医药、图南电子等项目116个，签约北影（杭州）国家级电影产业基地等项目145个、总投资365亿元。全年新批外商投资项目17个，实到外资28903万美元，增长4.1%。全年内资项目108个，比上年增加12个；实到内资84.4亿元。引进浙商创业创新资金35.1亿元。

进出口　全年完成货物进出口总额281.2亿元，增长10.4%。其中自营出口128.6亿元，增长11.6%；自营进口152.6亿元，增长9.4%。全年完成跨境电商进出口总额30399.4万美元，其中出口额22358.6万美元，进口额8040.8万美元。全年完成服务贸易出口25.5亿元。全年完成境外投资项目15个，总投资21832.6万美元。

【交通、邮电通信】 交通建设　杭黄高铁开通运营。彩虹快速路、杭富城际铁路、春永快速路、绕城高速西复线工程加速推进。环金线改扩建一期、大桥南路延伸工程建成启用。全面实现城乡公交一体化，启用场口公交站。改造提升农村公路43.8公里，完成农村公路大中修69.2公里。年底全区公路通车里程1963.3公里，其中境内高速公路里程37.3公里。全年全社会货物运输量1341万吨，下降0.5%。其中公路运输867万吨，增长5.2%；水路运输474万吨，下降9.4%。全年货物周转量314149万吨公里，下降0.9%。其中公路货物周转量252473万吨公里，增长1.5%；水路货物周转量61676万吨公里，下降9.4%。全年完成公路旅客运输量300万人次；公路旅客周转量15000万人公里。

邮电通信　全年邮电业务收入111335万元，增长4.2%。邮政特快专递业务203.6万件。年底全区固定电话用户9.5万户，下降9.5%。年底全区移动电话用户101.5万户，增长5.8%。全区电话普及率162.4部/百人。全区（固定）互联网宽带接入用户33.9万户，增长7.3%；移动互联网用户85.6万户，增长5.4%。

【金融、保险】 金融　年底全区金融机构本外币存款余额1097.19亿元，增长11.1%；本外币贷款余额1282.99亿元，增长12.6%。人民币贷款中，短期贷款余额522.32亿元，下降7.9%；中长期贷款余额742.53亿元，增长33.4%，其中住户中长期贷款余额374.60亿元。

保险　全年保险费收入74360万元，各类保险赔款与给付支出29322万元。

【教育、科技】 教育 实施城区公办小学延迟上学和学后托管服务。成功与浙师大、杭师大等名校合作办学。年底全区有23个乡镇（街道）成为省和杭州市教育强乡镇，覆盖率达95.8 %。全区学龄儿童入学率100%，初中入学率100%，初中升高中段比例99.9%，高等教育毛入学率71.6%。全区共有幼儿园80所，在园幼儿24457人；小学43所，在校学生45061人；普通中学24所，在校学生33912人。中等职业学校（机构）2所，在校学生14562人。民办学校在校学生7054人。全年普通中小学新增校舍3.83万平方米。年底拥有专任教师5598人，中小学校每位教师负担学生14.11人。

科技创新 银湖创新中心成为全区首家省级科技企业孵化器，中财大政产学研实践基地、上海光机所杭州分所、杭州电子科技大学富阳研究院、大数据产业创新研究院等成功落户，与杭州科职院共建“乡村振兴学院”。新增省级研究院4家、国家级高新技术企业43家。年底全区杭州市级以上高新技术企业研发中心142家，其中省级以上49家。年底全区累计被认定高新技术企业310家，其中国家级194家。年底全区拥有众创空间3家，入驻创业团队65个；科技企业孵化器3家，入驻企业105家。规模以上高新技术产业实现销售产值513.8亿元，增长10.6%。全年组织实施各类科技计划项目1308项，其中省级1252项。全年专利申请4060项，其中发明专利1340项；专利授权2254项，其中发明专利376项。技术合同交易（吸纳）108项，总金额16300万元。年内新增浙江省名牌产品7个、杭州市名牌产品12个。出台人才新政升级版，落地国外引智项目和“5110”项目各27个；引进海内外高端人才111人、硕士及双一流本科毕业生708人。全年引进非富阳籍各类人才2255名。年底全区拥有“国千”人才17名、“省千”人才18名；拥有各类专业技术人员70045人，增长8.8%，其中具有中高级职称的17288人，增长7.0%。

【文化、卫生和体育】 文化、广播电视、新闻出版、档案 成功举办第五届郁达夫小说奖评选，开展徐玉兰纪念系列活动。区图书馆连续第四次被评为“国家一级馆”。新增文化礼堂50个，覆盖率全市第一。全年越剧团国内演出150场次，观众30万人次。区广播电台每日播音17小时，区电视台每日播出18小时。数字电视用户20.3万户。《富阳日报》全年出版251期，日发行3.2万份。区图书馆藏书521千册（件），书刊外借116.9万册次。全区县级以上文物保护单位80处（群），其中省级以上8处(群)。年底馆藏全宗档案196个，案卷档案132681卷。开放馆藏全宗档案84个，案卷档案25724卷。

医疗卫生 高标准通过国家卫生城市复评。省人民医院富阳院区签约落户。建成投用3家医院和3个社区卫生服务中心。推出“先看病后付费”2.0版，在全市率先上线“舒心就医”板块。年底全区有各类医疗卫生机构534个，医疗床位3578张；其中医院、社区卫生服务中心45个，医疗床位2835张。拥有各类专业技术人员5714人，其中执业医师2397人，执业助理医师476人，注册护士2462人，药师（士）217人，检验师（士）162人。全年完成无偿献血9199人次，其中流动献血3310人次，献血总量263万毫升。全区儿童“五苗”接种率98.95%，“四苗”接种率98.99%，婴儿死亡率1.59‰。

体育 举办区第九届老年人运动会。全年举办各类群众性体育比赛122场，参赛运动员6.4万人次。全区共有体育场馆20个，健身苑（点）623个。全年新建健身苑（点）20个、篮球场12个、乒乓球室27个。农村健身设施覆盖率达100.0%。体育设施达到省级标准行政村276个，体育强乡镇（街道）24个。全年全区共获得杭州市级以上各类奖牌68枚，其中金牌43枚、银牌14枚、铜牌11枚。

【人口、人民生活、社会保障、救济福利】 人口 年底全区户籍总人口68.3万人，增长9.2‰。出生人口7494人，出生率11.0‰；死亡人口4052人，死亡率5.9‰，自然增长率5.0‰。登记在册的流动人口数19.8万人，增长3.6%。

居民生活 全体居民人均可支配收入46596元，增长9.2%；城镇常住居民人均可支配收入55985元，增长8.9%；农村常住居民人均可支配收入32448元，增长9.3%。全区区内上牌的私人汽车拥有量115102辆，增长6.2%，全区每百户家庭拥有私人汽车62辆。

就业　年底全社会从业人员48.3万人，其中私营个体从业人员28.5万人。全年新增就业岗位15529个，就业安置人数4744人；帮扶4744名城镇失业人员实现再就业，其中就业困难人员2792名。年底全区城镇登记失业人数5173人，城镇登记失业率1.6%。

社会保障　年底全区养老保险参保人数达475716人，机关事业单位、企业职工、城乡居民养老保险参保人数分别达28560人、403557人、43599人。工伤保险262835人，减少25716人。生育保险198032人，净增12099人。基本医疗保险326162人，减少9230人。城乡居民基本医疗保险312387人，参保率99.99%。失业保险212701人，净增11962人。年底全区住房公积金缴存登记单位3029户，年底建缴职工74469人。2018年，公积金归集总额144659.8万元，发放公积金个人住房贷款1952户，贷款总额109172.4万元，支持职工购房面积21.5万平方米。

救济福利　全区最低生活保障人数12617人，其中城镇462人。2018年，城乡低保平均标准为955元。新（改）建4家养老机构，新增养老床位352张。年底全区拥有老年食堂270家，居家养老照料中心310家，养老床位5392张。年底全区敬老院12所，供养老人398人。福利院1所，床位186张，收养婴幼儿童17人，老人6人。共有“五保”对象394人，集中供养394人，集中供养率100.0%。全年区慈善总会共支出各项救助款2835.4万元。

【城市建设、资源灾害、环境保护和社会安全】　城市建设　打通文昌路、后周路等5条城区道路。年底主城区建成区面积达28.3平方公里，市区道路长度211.3公里。全年全社会用电量85.9亿千瓦时，增长1.7%，其中城乡居民生活用电8.9亿千瓦时，增长14.3%。全年城区供水总量4842万立方米，市区管道煤气用户达6.9万户。市区营运公交车辆1137辆，客运总量6500万人次；新增（优化）公交线路48条；出租车294辆。年底实有公园23个，公园面积659.4公顷。年底市区园林绿地面积1225.4公顷，市区公共绿地面积659.4公顷，人均公共绿地面积14.9平方米，建成区绿化覆盖率45.3%。

资源灾害　全区总供用水量14272万立方米。耕地面积2.81万公顷，其中基本农田2.25万公顷。完成造林面积133.3公顷，其中人工造林133.3公顷。全区森林覆盖率65.45%。

城乡环境　小城镇环境综合整治形成“富阳经验”，提前一年高标准完成23个小城镇整治任务，洞桥、湖源和春建成为全省第一、第二批样板，获评杭州市小城镇环境综合整治优秀区。完成“三改”115万平方米，拆违327万平方米。推进“厕所革命”和垃圾“三化四分”，新建、改造厕所580座，新增标准化回收站点56个、分类垃圾桶26万只。全年工业废水排放量8700万吨。城市污水集中处理率达到91.9%。全年空气优良天数329天，优良率达90.6%。主要水系监测断面三类以上比例100.0%。4条河道被评为市级“美丽河湖”，富春江出境断面水质自2015年1月以来持续保持优秀。生活垃圾收集、无害化处理率100%。建成国家级生态乡镇（街道）18个，省级生态乡镇（街道）2个、杭州市级生态乡镇（街道）4个。

节能减排　拆迁高污染高能耗企业415家，削减造纸产能270万吨，整治“低散乱”企业415家。整治制砂点21个，拆除工业烟囱6支，关停矿山2个、热电厂1家、工业污水处理厂2座。化学需氧量和二氧化硫排放分别降低4%和3.6%，氨氮、氮氧化物排放分别降低2.0%和5.6%。

安全生产　夺得省平安创建“十三连冠”。全区共发生各类安全生产事故33起，下降28.3%。死亡33人，其中交通运输事故死亡26人。直接经济损失863.4万元。

【主要指标解释】　地区生产总值(GDP)　地区生产总值（简称GDP）是一个国家或地区的所有常住单位在一定时期内生产的全部最终产品的价值总和，是反映经济总体状况最重要的指标。GDP是主要的宏观经济指标之一，可以反映一个国家或地区的经济发展规模，判断其经济总体实力和经济发展的快慢，是宏观经济决策不可或缺的依据，也是检验经济政策科学性和有效性的手段之一。

信息经济 信息经济是以现代信息技术等高科技为物质基础，信息产业起主导作用的，基于信息、知识、智力的一种新型经济，也是以大数据的采集、整理、存储、挖掘、共享、分析、反馈、应用为核心的跨界型、网络型、创新型经济。根据杭州市信息经济产业统计制度分为电子商务、云计算和大数据、物联网、互联网金融、智慧物流、数字内容（智慧文创）等六大中心和软件与信息服务产业、电子信息产品制造产业、移动互联网产业、集成电路产业、信息安全产业、机器人产业等6个重点产业。

居民消费价格指数（CPI） 居民消费价格指数（简称CPI），是度量一定时期内居民消费商品和服务价格水平变动的相对数，综合反映居民消费商品和服务价格水平的变动趋势和变动程度。该指数是中国价格统计指标体系的重要组成部分，是宏观经济分析和决策、价格总水平监测、计算货币购买力、宏观调控以及国民经济核算的重要指数。其按年度计算的变动率通常被用作反映通货膨胀（通货紧缩）的程度。

农业总产值 指以货币表现的农、林、牧、渔业全部产品的总量和农、林、牧、渔服务业的价值，它反映一定时期内农业生产总规模和总成果。

规模以上工业增加值 指年主营业务收入2000万元以上的工业企业在报告期内以货币形式表现的工业生产活动的最终成果。是企业全部生产活动的总成果扣除了在生产过程中消耗或转移的物质产品和劳务价值后的余额，是企业生产过程中新增加的价值。

固定资产投资额 固定资产投资是指建造和购置固定资产的经济活动，是社会增加固定资产、扩大生产规模、发展国民经济的重要手段，也是提高人民物质文化生活水平的条件。从事固定资产活动的主体包括各级政府和各有关部门、企事业单位、个人以及境外国家和地区的投资者等。固定资产投资额（又称固定资产投资完成额），是以货币形式表现的在一定时期内建造和购置固定资产的工作量以及与此有关的费用的总称。反映的是运用各种资金完成的用价值体现的实物工作量。

现行国家统计制度规定，固定资产投资统计的范围包括500万元及以上建设项目投资和房地产开发投资。

社会消费品零售总额 社会消费品零售总额是指企业（单位、个体户）通过交易直接售给个人、社会集团非生产、非经营用的实物商品金额，以及提供住宿餐饮服务所取得的收入金额。该指标所涉及的商品包括售给个人用于生活消费的商品，也包括售给社会集团用于非生产、非经营的商品。但纳入社会消费品零售总额统计的商品不包括企业和个人经营户用于生产经营和固定资产投资所使用的原材料、燃料和其他消耗品的价值量，也不包括居民用于购买商品房的支出和农民用于购买农业生产资料的支出费用。

社会消费品零售总额是反映宏观经济运行状况的重要经济统计指标，主要是用于反映全社会实物商品的非生产方面消费情况，是从商品流通的最终环节入手，观察进入城乡居民生活消费和社会集团公共消费的商品销售变化情况。

居民收入和支出 居民收支数据来源于国家统计调查抽中的调查户的收支日记账。从2012年四季度起，国家统计局实施了城乡一体化住户调查改革，统一了城乡居民收入指标名称、分类和统计标准。富阳区抽取了300户城乡居民家庭开展调查，在此基础上，计算了城乡可比的新口径居民人均可支配收入以及分城乡居民人均可支配收入，数据自2014年起正式发布。

居民人均可支配收入是指将家庭总收入扣除交纳的个人所得税和个人交纳的各项社会保障支出之后，按照居民家庭人口平均的收入水平。其中，家庭总收入是指该家庭中生活在一起的所有家庭人员从各种渠道得到的所有收入之和。居民人均可支配收入标志着居民的购买力，是衡量居民收入水平和生活水平的最重要和最常用的统计指标。

居民人均消费支出是指居民用于满足家庭日常生活消费需要的家庭人居支出，包括现金和食物消费支出，但不包括购房支出。根据用途不同，消费支出可划分为食品烟酒、衣着、居住、生活用品及

服务、交通通信、教育文化娱乐、医疗保健、其他用品及服务八大类。（区统计局）

·气象·

【概况】 2018年富阳总体气候特点是：平均气温明显偏高，降水量偏多，雨日明显偏多，日照时数略偏多；各月平均气温持续偏高，夏季高温天数偏多、但极端最高气温不高；年内灾害天气多发但总体影响较轻。四季气候特点为冬季（2017年12月至2018年2月）气温、降水、日照都正常；春季（2018年3—5月）气温特高，降水略偏多，日照偏多；夏季（2018年6—8月）气温偏高，降水、日照明显偏多；秋季（2018年9—11月）气温偏高，降水略偏少，日照略偏多。综合各种气象因素，2018年气候属中等偏差年景。（各月气象要素见表2）

【气温】 年平均气温17.90℃，比常年平均高1.20℃。全年有10个月平均气温在常年同期平均之上，偏高1℃或以上的月份有3月、4月、5月、8月、9月、11月和12月，其中3月和5月为富阳本站有记录以来第1高，4月为富阳本站有记录以来第2高；全年只有2月和10月平均气温在常年同期平均之下。

全年日最高气温≥35℃的高温天数为45天，比常年平均多16天，其中5月出现5天、6月出现5天、7月出现19天、8月出现11天、9月出现5天。全年日最高气温≥37℃的高温出现7天，其中5月出现1天、7月出现5天、8月出现1天。

连续三天日平均气温≤23℃的秋季低温出现在9月25日，比常年平均晚10天（常年为9月15日），连续三天日平均气温≤20℃的秋季低温出现在10月10日，比常年平均晚11天（常年为9月29日）。

年极端最低气温-4.70℃，出现在2月5日。

年极端最高气温38.70℃，出现在7月26日。

2018年富阳区气象要素与2017年、常年对照

表2

月份	平均气温（℃）			降水量（毫米）			降水日数（天）			日照时数（小时）		
	2018	2017	常年平均	2018	2017	常年平均	2018	2017	常年平均	2018	2017	常年平均
1	4.4	7.1	4.3	121.0	62.2	78.9	19	9	13	81.9	125.5	100.8
2	5.6	7.7	6.3	52.2	20.8	90.6	13	6	13	114.8	132.3	95.5
3	13.6	11.1	10.2	95.3	166.5	140.9	14	15	16	154.6	118.3	115.4
4	18.9	18.6	16.2	109.1	176.1	135.7	10	12	15	170.0	186.6	138.3
5	23.7	22.8	21.4	233.4	104.4	140.9	15	8	14	142.6	193.0	162.4
6	25.4	24.0	24.8	228.5	352.1	226.5	13	21	15	187.2	80.8	140.8
7	29.7	31.2	28.8	272.1	72.0	185.2	15	8	12	250.9	271.8	217.5
8	29.4	30.1	28.1	223.2	67.7	164.2	13	14	14	225.1	222.6	196.0
9	25.3	24.8	23.7	133.2	185.7	124.9	16	13	12	154.0	114.7	140.1
10	18.1	19.0	18.2	21.0	51.1	71.2	8	9	9	180.1	125.9	141.2
11	13.9	13.4	12.2	96.3	114.7	69.7	17	14	9	90.0	114.1	125.3
12	7.3	6.9	6.3	160.4	42.3	49.2	19	7	9	37.9	130.4	125.4
合计平均	17.9	18.1	16.7	1745.7	1415.6	1477.9	172	136	151	1789.1	1816.0	1698.7

注：数据记录地点位于城区镬子山的富阳区气象台

入春：日平均气温稳定通过＞10℃的初日出现在3月22日，比常年平均早3天（常年3月25日）。

入夏：日平均气温稳定通过＞22℃的初日出现在6月4日，比常年平均早7天（常年6月11日）。

入秋：日平均气温稳定通过≤22℃的初日出现在10月2日，比常年平均早1天（常年10月3日）。

入冬：日平均气温稳定通过≤10℃的初日出现在12月6日，比常年平均晚1天（常年12月5日）。

终霜日为3月10日，比常年平均晚2天（常年为3月8日）；初霜日为12月17日，比常年平均晚29天（常年为11月18日）；全年无霜期为281天。

【降水】 年降水量1745.70毫米，比常年平均多267.80毫米，多18.12%；降水量比常年平均偏多的月份有1月、5月、6月、7月、8月、9月、11月和12月，其中12月为富阳本站有记录以来第2多；降水量比常年平均偏少的月份有2月、3月、4月和10月。

6月20日入梅，7月9日出梅，梅雨天数19天，梅雨期比常年平均短2天，富阳本站梅雨量325.6毫米，比常年平均多74.6毫米，多29.72%。区平均梅雨量279.7毫米，其中万市镇彭家站最大，达627.4毫米，有14个站点梅雨量超过300毫米。2018年梅雨期天气特点：一是入梅明显偏迟，出梅正常，梅期短，梅雨量偏多；二是梅雨不典型；三是梅中有伏；四是梅雨分布不均。

整个梅汛期间，6月下旬雨量为112.5毫米，比常年平均多9.9毫米，多9.65%；7月上旬雨量156.5毫米，比常年平均多74.3毫米，多90.39%。

全年共出现8次暴雨，分别出现在4月23日、5月26日、6月20日、7月2日、7月3日、7月30日、8月13日和9月11日。

年降水日数172天，比常年平均多21天。

【光照】 年日照时数1789.10小时，比常年平均多90.40小时，多5.32%；全年日照比常年平均偏多的月份有2月、3月、4月、6月、7月、8月、9月和10月；全年日照比常年平均偏少的月份有1月、5月、11月和12月，其中12月为富阳本站有记录以来最少。

【灾害性天气】 全年灾害性天气主要为：3月4日罕见雷雨大风、3次降雪天气、1次强对流冰雹、8次暴雨、4次台风外围影响、2次寒潮、52天大雾、1天霾。

罕见雷雨大风 3月4日随着暖湿气流北抬，气温迅速回升，大部分乡镇最高气温升至30℃以上，富阳本站为30.6℃，超历史同期最高气温极值（2016年26.5℃）。19—20时受强对流云团影响，富阳普遍出现强雷电、雷雨大风和短时强降水天气，共有33个站出现8级以上大风，4个站出现11级风，最大在洞桥镇三溪口站达11级风（32.2米／秒），富阳本站也达11级风（31米／秒）。

降雪天气 1月25—31日：富阳本站最大积雪深度6厘米，平原地区5—10厘米，山区在10厘米以上，其中里山镇安顶村达25厘米。

12月8—9日：富阳本站最大积雪深度9厘米，平原地区6—10厘米，山区在10厘米以上，其中里山镇安顶村达22厘米。

12月30—31日：富阳本站最大积雪深度4厘米，平原地区3—5厘米，山区6—8厘米。

强对流冰雹 5月18日富阳出现雷阵雨天气，永安山、龙门、大田村气象站出现8—9级大风，新桐、场口、常安等局部地区出现冰雹。

暴雨 4月23日暴雨：受强降雨云团影响，全区普降大雨到暴雨，区面雨量60.1毫米，共有46个站出现50毫米以上降水，最大渌渚施家村站95毫米，富阳本站为50.60毫米。

5月26日暴雨：全区普降大雨到暴雨，区面雨量39.1毫米，共有6个站出现50毫米以上降水，最大万市彭家站65.8毫米，富阳本站为53.1毫米。

6月20日暴雨：全区普降暴雨，区面雨量56.5毫米，共有39个站出现50毫米以上降水，最大大源史家村站93毫米，富阳本站为58.8毫米。

6月29—30日局地暴雨：6月29日傍晚开始富阳区出现明显雷阵雨天气，降雨分布不均匀，部分气象测站达到了大暴雨，降水主要集中在西北部的万市、洞桥、胥口、永昌和新登一带，6月30日夜

2018年1月11日，开展无人机垂直大气环境观测
（区气象局　供稿）

里万市和洞桥又出现局地暴雨天气。降雨时段集中在6月29日17—23时和6月30日23时—7月1日时。6月29日14时—7月1日8时区累计面雨量68毫米，万市镇彭家站达271.1毫米，富阳本站为60.8毫米。

7月2日暴雨：全区普降小雨到中雨，个别站点出现暴雨，银湖街道泗洲出现大暴雨114.9毫米，富阳本站为67.2毫米。

7月3日暴雨：全区普降中雨到大雨，局部暴雨，区面雨量20.1毫米，共有3个站出现50毫米以上降水，最大银湖街道泗洲站64.2毫米，富阳本站为51.6毫米。

7月30日暴雨：全区普降小雨到中雨，个别站点出现暴雨，富阳本站为62.9毫米。

8月13日暴雨：全区普降暴雨，局部大暴雨，区面雨量73.6毫米，共有5个站出现100毫米以上降水，最大洞桥骆坞村站115毫米，富阳本站为56.5毫米。

9月7日暴雨：全区普降中雨到大雨，局部暴雨，区面雨量33.2毫米，共有8个站出现50毫米以上降水，最大新登仙源站64.5毫米，富阳本站为51毫米。

台风　2018年10号台风“安比”：7月21日8时至22日20时，全区出现小到中雨，区面雨量10.9毫米，有7个站点雨量超过20毫米，最大在东洲街道新沙岛站31.5毫米。

2018年12号台风“云雀”：8月2日8时至3日20时，全区出现小到中雨，区面雨量15.10毫米，有2个站点雨量超过30毫米，最大在银湖街道受降站47.7毫米。

2018年14号台风“摩羯”：8月12日8时至13日9时，全区出现暴雨和大暴雨天气，区面雨量98.6毫米，共有28个雨量超过100毫米，最大在大源站139.1毫米，富阳本站为73.2毫米；有19个站点出现7级以上阵风，4个站点出现8级以上阵风。

2018年18号台风“温比亚”：8月16日8时至17日20时，全区出现大雨到暴雨，区面雨量27.1毫米，共有2个站点雨量超过50毫米，最大在银湖街道受降站54.9毫米，富阳本站为33.5毫米。

寒潮　3月4日受强冷空气影响，气温逐渐下降，日平均气温由4日的19.1℃降到6日的8.3℃，48小时降温幅度达10.8℃，7日最低气温降至-0.3℃。

4月3日受强冷空气影响，气温逐渐下降，日平均气温由3日的23.3℃降到5日的12.5℃，48小时降温幅度达10.8℃，6日最低气温降至0.5℃。

大雾　全年共出现52天大雾，比常年平均（26.5天）多25天。

霾　全年出现1天霾，比常年平均（43.2天）少42天。　（张日佳）

·水文·

【概况】　2018年没有发生大的洪水和大面积水情灾害，或干旱恶劣天气，但台风影响较多；主要反映在以下几个方面：降水集中，时空分配不均；汛前雨量一般；局部性短历时强降雨天气较多；梅雨期短，雨量较集中、降水量较少。5月18日，全区召开国家基本水文站及小Ⅰ型水库管理人员会议，会议传达杭州市水文站会议精神，落实了任务并强调了防汛的重要性。2018年，富阳站发水情电报430件、收报486件。

【雨情】　汛前降水量为一般。据富阳站资料统计（人工），1—3月降水量为264毫米，为历年同期降水量较少年月（历年同期平均为306.2毫米）。

上半年4月至6月降水天数较多，雨量充沛；进入主汛期后，降水较集中、强度不大；梅雨期较短，但梅雨量不大。据富阳站资料统计，1—6月总降水量达853.5毫米（历年平均为780毫米），汛期降水量为1183毫米（近20年平均为927毫米）；入梅时间为6月20日，明显偏晚，出梅时间为7月9日。根据富阳历年资料统计，平均入梅时间为6月12日，梅雨期为19天，比历年梅雨期偏少（历年平均是25天）。梅雨量全区平均为272毫米，为上年梅雨量（2017年412毫米）少140毫米；雨量主要集中在6月22日、6月29日、7月2日、7月3日，例如6月29日受局部强降水影响龙王坑遥测站18—21时3小时降水129毫米、山溪暴涨、灾情不断及泥石流现象、当地群众较早转移兴好没有出现人员伤亡。其中单站资料站最大日雨量为富阳站，时间为7月2日，雨量为70毫米。2018年梅雨期呈典型梅雨特点，局部降水、时间短、雨量小。1—6月富阳站降水量为853毫米，梅雨量为280.5毫米，最大梅雨量古城站为292毫米。

富阳站6月降雨量达233毫米，6月连续发生四次强降雨过程，分别是6月9日至19日至22日29日富阳站9日降雨量为39毫米，全区平均42毫米，富阳站19日降雨量为44毫米、全区平均52毫米，富阳站22日降雨量为49.5毫米、全区平均58毫米；29日遥测雨量站全区日降水量最大站129毫米（龙王坑遥测站）；1—6月富阳站降水量达853毫米，与上年同期相比减少10毫米。虽然总体降雨比较均匀，但个别小流域地区还是出现了短时强降雨，其中资料站最大的一日降水量为永昌站，6月29日降雨量为87.5毫米。月降水量最大为永昌站降水达278毫米。

汛期4月15日—10月15日降水量达1183毫米与上年同期相比偏多305毫米。1—10月降水量达1505毫米，与上年同期相比偏多281毫米。7—10月本站降水量达651.5毫米，与上年同期相比偏多290.5毫米。2018年由于厄尔尼诺现象较严重，特别是7、8、9月台风的降水量强度大且集中降水。例如8月12日“摩羯”台风全区大暴雨，全区平均降水95毫米，直坞水库降水146毫米。

【年最大降水日】 大源142毫米，骆村131毫米，个别乡、镇出现泥石流。3个月中6次台风逛过富阳上空。

全年全区平均降水量1636.9毫米，比上年同期多175毫米，降水日165天（平均各月降水量，降水日见表3），年降水量最多的盛村站为1815.1毫米，最少小樟村站为1451.7毫米。年蒸发量窄溪站为879.4毫米。6月29日蒸发量7.2毫米，为年最大日蒸发量；1月19日蒸发量0毫米，为年最小日蒸发量。徐畈站年蒸发量772.1毫米，7月15日蒸发量5.6毫米，为年最大日蒸发量；1月24日蒸发量0毫米，为年最小日蒸发量。

富阳站1月降水量为112.4毫米，比上年同期多52.9毫米；2月降水量为52.5毫米，比上年同期多30.5毫米；3月为100毫米，比上年同期少62.5毫米；4月为110毫米，比上年同期少63毫米；5月为246.5毫米，比上年同期多148毫米；6月为233毫米，比上年同期少114毫米；7月为266毫米，比上年同期多180毫米；8月为233毫米，比上年同期多180毫米。9月为122.5毫米，比上年同期少47.5毫米；10月为27毫米，比上年同期少80毫米；11月为94毫米，比上年同期少16毫米；12月为160毫米，比上年同期多120毫米。全年降水达1756.9毫米，降水天数158天，与上年同期相比多382.4毫米。

【水情】 入梅以来、受强降雨影响全省面雨量278毫米、没有超过多年平均值；衢州、金华面雨量286毫米、杭州280毫米、开化、常山和衢州市区面雨量接近288毫米。钱塘江、浦阳江、其中兰溪、梅城、三河等三站未超保证水位及全省39座大、中型水库汛限下水位，之江站实测最大流量4800立方米/秒，钱塘江、富春江没发生流域性大洪水，为近10年来最少梅雨量。梅汛期梅雨呈典型特点。

8月13日受连续强降水影响富春江水位急剧上升，富春江电厂下泄最大流量3000立方米/秒；分水江电厂下泄最大流量为800立方米/秒、本富阳站洪峰水位达8.25米，为年最高水位（吴淞基面，下同）；年最低水位为4.74米，2月12日（吴淞基面，下同）全年各月平均水位总体高于上年，与历年各月平均基本接近，属水位变化正常年份，没有大的起伏。

富阳站年最大潮差1.49米，全年平均水位6.29米。窄溪水位站断面最高水位8.43米，出现时间为8月13日；最低水位4.68米，出现时间为2月12日；年最大潮差1.75米。

徐畈站2018年测流共60次，其中精测法0次，施测大断面3次。全年最高水位4.28米（5月2日）；相应流量60.0立方米/秒，最低水位3.09米（10月24日），相应流量0.45立方米/秒。汛前测大断面一次。大水后5月6日测大断面一次、10月16日汛后测大断面一次。维修水位沉沙池等及标准化站改造等。（邵　勇）

富阳区平均各月降水量及降水日

表3

月　份	降水量（毫米）	降水日（天）
1	119.2	17
2	56.6	10
3	108.0	15
4	149.5	11
5	217.3	17
6	201.0	14
7	166.0	14
8	200.0	14
9	116.0	11
10	25.0	8
11	113.0	16
12	165.3	18
合　计	1636.9	165

【编　辑　陈炜祥】

中国共产党杭州市富阳区委员会

·区委全委会·

【区委一届三次全体会议】 1月10日，中共杭州市富阳区委召开一届三次全体（扩大）会议。会议深入学习贯彻党的十九大和中央经济工作会议精神，贯彻省委十四届二次全会、省委经济工作会议和市委十二届三次全会精神，回顾总结2017年工作，研究部署2018年重点任务，动员全区各级党组织和广大干部群众，以中共十九大精神为指引，坚定转型目标，提振转型信心，凝聚转型力量，不忘初心、继续前进，全力加快建设富裕阳光的大都市新型城区。区委常委会主持会议。区委书记朱党其作报告。区委副书记、区长吴玉凤作会议小结并部署工作。会议还审议并举手表决通过区委第三次全会决议。区委委员、候补委员，区纪委委员，区人大、政府、政协班子领导，区法院院长、区检察院检察长，副区级领导，有关离退休老干部，区人武部部长，各乡镇（街道）党政正职，区级机关各单位正职、正处长级干部，区人大常委会机关各工委，区政协各专委主任，区委巡察办（组）正职，各正处长级派驻纪检组组长参加会议。部分外地驻富单位、区各民主党派基层组织负责人，区党代表、先进基层党组织负责人、异地富阳商会党组织负责人，重点企业负责人，一、二、三产新业态企业负责人列席。

【区委一届四次全体会议】 8月8日，中共杭州市富阳区委召开一届四次全体（扩大）会议。会议高举习近平新时代中国特色社会主义思想伟大旗帜，深入学习贯彻习近平总书记对浙江工作的重要指示和省市委全会精神，回顾总结2018年上半年工作，研究部署下半年任务，进一步动员全区广大党员干部群众，坚持“三看四态促转型”不动摇，解放思想、转变作风、增强本领、打好硬仗，为加快高质量转型、融入大都市增添强大动力。区委书记朱党其代表区委常委会作报告。区委副书记、区长吴玉凤作会议小结并部署工作。会议还审议并举手表决通过区委第四次全会决议。区委委员、候补委员出席会议，区纪委委员，区人大、政府、政协班子领导，区长助理，区法院院长、区检察院检察长，副区级领导，有关离退休老同志，区人武部部长，各乡镇（街道）党政正职，区级机关各单位正职、正处长级干部，区人大常委会机关各工委、区政协各专委主任，区委党建和乡村振兴指导组组长，区委巡察办（组）正职，各正处长级派驻纪检组组长列席会议。部分外地驻富单位负责人，区各民主党派基层组织负责人，区党代表、先进基层党组织负责人、异地富阳商会党组织负责人，重点企业负责人，一、二、三产新业态企业负责人列席。

·区委重要会议·

【区委常委会会议】 1月2日，一届区委常委会召开第37次会议，专题研究东洲街道工作和下一步工作举措。

1月4日，一届区委常委会召开第38次会议，讨论研究区委组织部关于干部人事工作方案，区委办关于区委全会筹备、全会报告和文件起草有关情况，区人大常委会关于区十六届人大二次会议、区政协关于区政协九届二次全体会议筹备工作情况，区纪委关于富阳区深化国家监察体制改革试点情况，传达学习市委十二届三次全体（扩大）会议精神。

1月11日，一届区委常委会召开第39次会议，讨论研究区委组织部关于干部人事工作方案、关于区人大十六届二次会议有关建议名单、选举办法（草案）、关于2017年度区委常委会民主生活会建议方案，区委统战部关于区政协九届二次会议选举办法（草案），区政府办关于2018年《政府工作报告》起草情况。

1月22日，一届区委常委会召开第40次会议，讨论研究区委组织部关于区人才工作领导小组调整方案，传达学习省、市组织部长会议精神。

1月24日，一届区委常委会召开第41次会议，以专题民主生活会的形式，紧紧围绕“认真学习领会习近平新时代中国特色社会主义思想，坚定维护以习近平同志为核心的党中央权威和集中统一领导，全面贯彻落实党的十九大各项决策部署”这个主题，按照“6个聚焦”要求，深入查摆6个方面问题，积极严肃开展批评和自我批评。

2月2日，一届区委常委会召开第42次会议，讨论研究区江管委关于永正控股核心资产处置建议，区委组织部关于富阳区2018年度干部教育培训计划，区委统战部关于区社会主义学校2018年度培训计划，区信访局关于2018年全区信访工作思路及有关建议并传达全国、全省信访局长会议精神，区考评办关于2017年度区级机关和乡镇（街道）综合考评结果有关情况，传达中央政法工作会议暨全国、省市扫黑除恶专项斗争视频会议精神。

2月13日，一届区委常委会召开第43次会议，传达学习中央、省、市纪委全会精神和市委《关于进一步落实全面从严治党主体责任的意见》文件精神，讨论研究区纪委一届三次全会筹备工作和关于《中共杭州市富阳区委巡察工作规划（2017—2021年）》《关于加强杭州市富阳区委巡察工作的实施意见》《被巡察党组织配合区委巡察工作规定》等有关文件起草情况，区政府办关于富阳区行政复议体制改革工作方案，传达学习全国宣传部长会议和省、市宣传思想工作会议精神。

2月27日，一届区委常委会召开第44次会议，讨论研究区委组织部关于干部人事工作方案，传达杭州市关于党的十九届三中全会和全国“两会”期间维稳安保工作会议精神。

3月1日，一届区委常委会召开第45次（扩大）会议，传达学习中共十九届三中全会精神，并就贯彻落实工作进行专题部署。

3月6日，一届区委常委会召开第46次会议，讨论研究区考评办关于2017年“转型发展攻坚硬仗”先进集体和个人表彰方案，区农办关于全区农村工作会议筹备和《杭州市富阳区乡村振兴行动计划（2018—2020年）》有关情况，传达学习全国、省、市统战部长会议精神。

3月15日，一届区委常委会召开第47次会议，讨论研究区委组织部关于干部人事工作方案，区人社局关于富阳区推荐“杭州市十佳公务员”初步人选有关事宜，区委统战部关于富阳区2018年度政党协商计划有关事宜。

3月26日，一届区委常委会召开第48次会议，讨论研究区委组织部关于干部人事工作方案，区纪委关于区管干部违纪违法处理情况，区外事办关于外事工作情况，区直机关工委关于机关党建工作有关情况，区经信局关于全区经济工作会议筹备情况，地铁沿线征迁和开发建设（银湖段）指挥部关于地铁沿线征迁和开发建设工作。

4月4日，一届区委常委会召开第49次会议，讨论研究区委组织部关于干部人事工作方案。

4月11日，一届区委常委会召开第50次会议，专题研究鹿山街道工作和下一步工作举措。

4月16日，一届区委常委会召开第51次会议，讨论研究区委组织部关于干部人事工作方案，区纪委关于落实杭州市纪委反馈富阳区委《履行党风廉政建设主体责任意见书》整改方案。

5月7日，一届区委常委会召开第52次会议，讨论研究区卫计局关于全区卫生计生工作情况，区发改局关于杭州市富阳区对口帮扶黔东南州锦屏县工作有关情况，区财政局关于区文旅集团成立有关事宜，新登镇关于新登镇市级群团体制改革试点实施方案。

5月23日，一届区委常委会召开第53次会议，专题研究龙门镇、常安镇、环山乡区域联动发展工作，讨论研究区财政局关于2017年度考核奖励方案。

6月6日，一届区委常委会召开第54次会议，讨论研究区委组织部关于区青联换届有关人事方案，区考评办关于2018年度区级机关单位和乡镇（街道）综合考评办法，区纪委关于《关于开展全面从严治党“主体责任深化年”活动实施方案》起草情况、关于《杭州市富阳区“清廉村社”建设实施意见》

起草情况，区民政局关于富阳区退役士兵社会化服务工作有关事项。

6月20日，一届区委常委会召开第55次会议，学习贯彻中央巡视工作有关文件和会议精神，全国生态环境保护大会和全省生态环境保护大会暨中央环保督察整改工作推进会精神，《地方党政领导干部安全生产责任制规定》和《中华人民共和国安全生产法》《浙江省食品安全党政同责实施办法》和《杭州市食品安全党政同责实施意见》有关精神；讨论研究区经信局关于“留心留根”有关情况，区人大常委会关于在富阳区试行街道人民议事会议制度有关情况，区委办关于《贯彻落实中央八项规定实施细则的办法》起草情况，区人才办《关于进一步加强高层次人才及团队引进培养若干意见》《富阳区行业领军人才建设五年行动计划》起草情况。

7月3日，一届区委常委会召开第56次会议，讨论研究区纪委关于富阳区监察委员会向乡镇（街道）派出监察办公室有关情况、关于区管干部违纪违法处理情况，并学习传达省市纪委有关文件精神和有关要求；讨论研究区委组织部关于干部人事工作方案，区委办关于富阳区大学习大调研大抓落实活动开展情况，区江管委关于打造江南新城杭州“智能新能”产业园有关情况，区经信局关于富阳区数字经济发展情况，通报2017年度杭州市对富阳区综合考评结果。

7月14日，一届区委常委会召开第57次会议，传达学习习近平总书记对浙江工作重要指示精神和省委“八八战略”与习近平新时代中国特色社会主义思想座谈会精神，传达周江勇书记在杭州市代表团赴苏州、上海、成都、重庆学习考察时的讲话精神；讨论研究区委宣传部关于落实杭州市委《关于做好意识形态工作责任制落实情况重点检查反馈意见整改提高工作的通知》精神的情况，关于成立区委退役军人工作领导小组有关事项；区委组织部关于全区新时代城市基层党建工作有关情况、关于干部人事工作方案，并传达学习全国组织工作会议精神。

7月20日，一届区委常委会召开第58次（扩大）会议，传达省委十四届三次全体（扩大）会议精神，并就贯彻落实工作进行专题部署。

7月29日，一届区委常委会召开第59次会议，传达市委十二届四次全体（扩大）会议精神、省市领导关于安全生产工作指示精神、杭州市互联网金融风险防控情况汇报会精神，讨论研究区经信局关于 2017年度富阳区工业企业亩产效益综合评价情况，区委统战部关于《富阳区基层统战工作规范化建设三年行动计划》起草情况。

8月3日，一届区委常委会召开第60次会议，讨论研究区纪委关于区管干部违纪违法处理情况，区委组织部关于干部人事工作方案，区委办关于区委全会筹备、全会报告和文件起草有关情况，区民政局关于成立区委退役军人工作领导小组有关情况、区信访局关于区信访联席会议制度和专项工作组调整情况，关于环境保护工作、安全生产工作有关事项。

8月13日，一届区委常委会召开第61次会议，讨论研究区委组织部关于干部人事工作方案，区纪委关于《区监察委员会向乡镇（街道）派出监察办公室的实施意见》起草情况，区总工会关于建议开展区级劳动模范和模范集体评选有关事宜，区发改局关于富阳区开展对口帮扶工作有关情况。

8月16日，一届区委常委会召开第62次会议，专题研究富阳经济技术开发区工作和下一步工作举措。

8月27日，一届区委常委会召开第63次会议，讨论研究区委组织部关于干部人事工作方案，区卫计局关于合作共建浙江省人民医院富阳院区有关情况，关于深化“最多跑一次”改革推进会暨作风建设大会筹备情况；传达杭州市生态环境保护大会精神，并讨论研究中央环保督察信访件整改落实（督办）工作有关情况。

9月5日，一届区委常委会召开第64次会议，讨论研究区委组织部关于干部人事工作方案的汇报，区纪委关于区管干部违纪处理情况、关于《中共杭州市富阳区委关于扎实推进清廉富阳建设的实施意见》起草情况，关于教育工作和教师节庆祝活动有关情况，传达贯彻全国宣传思想工作会议精神。

9月11日，一届区委常委会召开第65次会议，传达学习省市组织工作会议精神；讨论研究区委组织部关于全区乡镇（街道）社区卫生服务中心党组织隶属关系调整工作，区委老干部局《关于进一步加强和改进离退休干部工作的实施意见》起草情况，区委办关于杭州市组织开展推进“六大行动”比学赶超活动总体方案。

9月21日，一届区委常委会召开第66次会议，讨论研究区委组织部关于干部人事工作方案，区民宗局关于富阳区宗教工作以及《关于加强和改进新时代富阳区宗教工作的实施意见》起草情况，区旅游体育局关于亚运会激流回旋项目选址情况，区农办关于农村集体经济相对薄弱村工作情况。

9月29日，一届区委常委会召开第67次会议，专题研究大安顶区域联动发展工作；讨论研究北支江综合整治工程及水上运动中心项目推进情况，事业单位、国有企业公务用车制度改革实施意见等有关事宜。

10月23日，一届区委常委会召开第68次会议，讨论研究区委组织部关于干部人事工作方案，消防大队关于富阳区消防安全工作情况及消防大队转制过渡期间相关事项，区农林局关于阳陂湖田园综合体建设工作情况；学习贯彻全国、全省公安机关涉军维稳工作视频调度会议精神和上级有关领导批示精神；传达学习全省宣传思想工作会议和市委网信领导小组会议精神，并讨论研究区委宣传部关于区委开展意识形态工作责任制落实专项督查情况。

11月4日，一届区委常委会召开第69次会议，讨论研究区委办关于省委第五巡视组进驻富阳巡视筹备工作情况等有关事宜。

11月4日，一届区委常委会召开第70次（扩大）会议，传达全国、全省和杭州市宣传思想工作会议精神，并就贯彻落实工作进行专题部署。

11月7日，一届区委常委会召开第71次会议，讨论研究区委组织部关于干部人事工作方案，传达学习中宣部关于中美经贸摩擦系列材料主要精神、中央政治局分析研究当前经济形势和经济工作会议精神，习近平总书记在民营企业座谈会上的重要讲话精神。

11月14日，一届区委常委会召开第72次会议，讨论研究区纪委监委关于区管干部违纪违法处理情况，区委办关于区委向省委巡视组汇报材料起草情况，传达习近平总书记关于“千万工程”获“地球卫士奖”的重要指示精神。

11月26日，一届区委常委会召开第73次会议，讨论研究区委组织部关于干部人事工作方案，区纪委关于《中国共产党杭州市富阳区第一届委员会巡察工作五年规划》起草情况，区农办关于乡村振兴系列政策文件制定情况，区发改局关于“杭州市富阳区‘十三五’规划中期评估报告”有关情况，区委宣传部关于《富阳区党委（党组）理论学习中心组学习实施细则》起草情况、关于当前富阳区意识形态领域有关情况，区卫计局关于《富阳区医疗服务共同体建设实施方案》起草情况；学习贯彻中央、省市委党委（党组）理论学习中心组学习规则（学习实施办法、实施细则），传达学习《中共中央办公厅印发〈关于当前意识形态领域情况的通报〉的通知》《中共浙江省委办公厅印发〈关于当前我省意识形态领域情况的通报〉的通知》《中共杭州市委办公厅印发〈关于当前我市意识形态领域情况的通报〉的通知》精神。

11月27日，一届区委常委会召开第74次会议，专题研究葛溪流域联动发展相关工作。

12月4日，一届区委常委会召开第75次会议（议军会），讨论研究区人武部关于富阳区武装工作开展情况，传达学习《中国共产党支部工作条例（试行）》和习近平总书记关于向黄群、宋月才、姜开斌为代表的抗灾抢险英雄群体和王继才先进事迹学习的重要指示精神。

12月10日，一届区委常委会召开第76次会议，讨论研究区编委办关于富阳区机构改革方案有关情况，区交通局关于道路交通安全事故隐患点（段）整治工作情况，区委政法委关于扫黑除恶专项工作推进情况。

12月18日，一届区委常委会召开第77次会议，讨论研究区江管委关于“江南新城”更名有关情况，区科技局关于推进中科院上海光机所杭州分所建设有关情况，区科协关于区科协系统深化改革实施方案有关情况，专题讲解习近平总书记在民营经济座谈会上的重要讲话精神，传达学习2018年度杭州市综合考评动员大会会议精神。

12月25日，一届区委常委会召开第78次（扩大）会议，传达习近平总书记在中央经济工作会议上的重要讲话精神，并就贯彻落实工作进行专题部署。

12月27日，一届区委常委会召开第79次会议，传达学习省委经济工作会议精神、全省巡视巡察工作现场推进会精神；讨论研究区发改局关于2017年主要经济指标完成情况和2018年主要经济指标安排有关情况，区经信局关于《支持民营经济高质量发展的若干意见》起草情况、关于《富阳区加快数字经济发展全面推进“三化融合”行动计划（2018—2022）》起草情况，区委组织部关于干部人事工作方案。

【全区城乡环境再提升攻坚行动动员大会】 2月1日，富阳召开全区城乡环境再提升攻坚行动动员大会。区委书记朱党其强调，要坚定目标不动摇，坚持高标准、严管理，把群众发动起来，推动城乡环境再提升，整洁有序过新年，神清气爽战来年。区委副书记、区长吴玉凤主持会议。汤金华、陆洪勤、张霖、裘富水、赵志军、王洪光、何献忠参加会议。

【全区党建工作会议】 3月7日，富阳召开全区党建工作会议。区委书记朱党其强调，始终坚持党领导一切，牢固树立“党建强则发展强”的理念，以高标准党建促高水平发展，不断加快全区转型发展，为早日建成富裕阳光的大都市新型城区提供坚强的组织和人才保障。会议由区委副书记徐林亮主持，区领导仰中旻、夏芬、陈平参加。

【全区“三看四态促转型”战斗再动员大会】 3月9日，富阳召开全区“三看四态促转型”战斗再动员大会。区委书记朱党其强调，要坚定方向不回头、坚定目标不动摇、坚定信心不放松，坚持走转型发展之路，加快建设富裕阳光的大都市新型城区。区委副书记、区长吴玉凤主持会议。汤金华、陆洪勤、徐林亮等区四套班子领导参加。

【全区农村工作会议】 3月16日，富阳召开全区农村工作会议。区委书记朱党其强调，要全面贯彻落实中央、省、市关于乡村振兴的战略部署，加快推进“三美”建设工作，努力打造乡村振兴示范区，实现习近平总书记所描述的现代版富春山居图。区委副书记、区长吴玉凤主持会议。区领导汤金华、徐林亮、仰中旻、夏芬、张霖、何献忠、王小丁参加。

【全区政法（信访）工作会议】 3月21日，区委召开政法（信访）工作会议，总结工作，分析形势，部署任务。区委书记朱党其强调，要不断提高思想认识，用科学的方法解决各类复杂问题，进一步压实工作责任，保稳定、创平安，持续提升群众百姓的幸福指数。会议由区委副书记、区长吴玉凤主持。区委副书记徐林亮作工作报告。区领导张霖、陈鸿麟、赵志军、方仁臻、赵平、任平参加。

【全区领导干部会议】 3月23日，富阳召开全区领导干部会议，传达学习全国“两会”精神，研究部署富阳区贯彻落实工作。朱党其、吴玉凤、陆洪勤、徐林亮等区四套班子领导、法检两长，副区级领导；各乡镇（街道）党政正职，区级机关各单位负责人参加会议。

【基层巡察工作动员会】 3月28日，富阳区召开2018年基层巡察工作动员会。区委书记朱党其强调，要进一步提高政治站位，压实工作责任，推动基层管党治党从“宽松软”走向“严紧硬”，实现全面从严治党无盲区，为富阳加快高质量转型发展提供战斗力保障。会议由区委常委、组织部部长仰中旻主持。区委常委、纪委书记、监委主任胡志明作2017年工作回顾，部署2018年基层巡察工作。区领导祝一君、何献忠参加会议。

【全区经济工作会议】 4月2日，富阳召开全区经济工作会议。会议贯彻落实中央、省市经济工作会议精神，回顾总结2017年成绩，安排部署2018年工作。区委书记朱党其强调，要以习近平新时代中国特色社会主义经济思想为指导，坚持高质量发展，持续打好产业转型攻坚硬仗，为建设富裕阳光的大都市新型城区奠定坚实基础。区委副书记、区长吴玉凤主持会议。汤金华、徐林亮、丁永刚、裘富水、杨俊、喻乃群、王小丁等区四套班子领导参加会议。

【全区地铁沿线征迁动员大会】 4月9日，富阳区召开地铁沿线征迁战斗动员大会。区委书记朱党其强调，要秉承必胜信念，全力以赴打好地铁沿线征迁攻坚战，以一年脱掉一层皮的干劲，干出富阳一番新天地。区委副书记、区长吴玉凤主持会议。区领导丁永刚、张霖、王洪光参加。

【全区老干部、关心下一代工作会议】 4月24日，富阳区召开全区老干部、关心下一代工作会议，回顾总结去年工作，研究部署今年任务。区委书记朱党其强调，老干部是党和国家的宝贵财富，青少年是祖国的未来和民族的希望，全区各级各部门一定要以更高的政治站位、更宽的事业胸襟、更强的责任担当，扎实做好新形势下老干部和关心下一代工作，为推动富阳加快转型凝聚更大力量。区领导吴玉凤、汤金华、仰中旻参加会议。

【全区“三美”新农村建设现场会】 5月28日，富阳召开全区“三美”新农村建设现场会。区委书记朱党其强调，全区“三美”建设要围绕“六个有”和“二十四字”方针，进一步树立标杆争先进，比学赶超当先锋，动员广大干部群众以更大的热情投入到 “三美”建设，共同推进乡村振兴，打造现代版富春山居图最美示范区。区委副书记、区长吴玉凤主持会议。区领导陆洪勤、徐林亮、仰中旻、夏芬、裘富水参加。

【全区服务企业百日行动推进大会】 6月14日，富阳召开全区服务企业百日专项行动推进大会，就进一步贯彻落实区委一届三次全会、“三看四态促转型”战斗再动员大会精神和“高新工业强区”战略再动员、再部署。区委书记朱党其强调，要牢固树立“优质服务是发展的第一要务”这一理念，进一步解放思想、转变作风，提升服务效率、建优发展环境、强化干事保障，以优质服务加快转型发展节奏，推动全区经济又好又快发展，不断加快向都市经济转型步伐。会议由区委副书记、区长吴玉凤主持。区领导汤金华、陆洪勤、徐林亮、喻乃群参加。区委常委、区政府党组成员丁永刚部署服务企业百日行动有关工作。

【全区加强新时代城市基层党建工作推进会】 7月23日，富阳召开加强新时代城市基层党建工作推进会。区委书记朱党其强调，要紧盯打好社会治理攻坚硬仗这一目标，扎实推进社区规模调整工作，快速有力高效地推动城市党建工作，以城市党建促进城市管理、社会治理、社区服务、人民和谐，不断提升富阳城市化水平和城市人民的生活品质。区领导徐林亮、仰中旻、夏芬、张霖参加会议。

【区四套班子联席会议】 8月28日，富阳召开区四套班子联席会议，讨论研究秦望隧道及秦望广场地上、地下空间一体化设计方案和富阳分区规划方案。朱党其、吴玉凤等区四套班子领导及法检两长、副区级领导、有关老领导参加会议。

【全区深化“最多跑一次”改革推进会暨作风建设大会】 8月29日，富阳区召开全区深化“最多跑一次”改革推进会暨作风建设大会。区委书记朱党其强调，要始终坚持“优质服务是发展第一要务”的理念，积极推进“最多跑一次”改革工作，营造富阳良好的发展环境。区委副书记、区长吴玉凤主持会议。区四套班子领导、法检两长、副区级领导及区级机关单位、各乡镇（街道）及有关企业参加。

【全区组织工作会议】 9月29日，富阳召开全区组织工作会议，传达学习贯彻中央、省市组织工作会议精神，部署研究下一阶段组织工作任务。区委书记朱党其强调，要始终坚持党建引领，努力开创富阳党的建设和组织工作新局面，为建设富裕阳光的大都市新型城区提供坚强的组织保障。区领导胡志明、仰中旻，各区级机关单位和各乡镇（街道）有关负责人参加会议。

【区委区政府“找短板”分析会】 10月15日，富阳区委区政府召开“找短板”分析会。区委书记朱党其强调，要补齐短板，进一步深化思想、提升能力、提高效率，打好发展组合拳。区委副书记、区长吴玉凤主持会议。汤金华、陆洪勤、徐林亮等区四套班子领导，各乡镇（街道）党（工）委书记和区级机关主要负责人参加会议。

【省委第五巡视组巡视富阳区工作动员会】 11月

5日，根据省委统一部署，省委第五巡视组巡视富阳区工作动员会召开。会前，省委巡视工作领导小组办公室副主任邱志明向区委书记朱党其传达了省委书记车俊关于巡视工作的讲话和指示精神。会上，省委第五巡视组组长李杭就即将开展的巡视作了动员讲话，邱志明就配合做好巡视工作提出要求，朱党其作表态发言，区委副书记、区长吴玉凤主持会议。

【全区“三看四态促转型”第三次战斗动员大会】 11月6日，富阳召开全区“三看四态促转型”第三次战斗动员大会，回顾总结两年来转型发展的战斗成绩，研究部署转型发展新阶段的工作目标和主要任务。区委书记朱党其指出，新阶段全区“三看四态促转型”战斗的主要任务是：高举习近平新时代中国特色社会主义思想伟大旗帜，坚决落实习近平总书记对浙江工作的重要指示精神，坚决落实省委“‘八八战略’再深化、改革开放再出发”、市委“六大行动”的决策部署，进一步动员全区广大党员干部群众，坚定“拥抱富春江、拥抱大都市、拥抱新时代”不动摇，坚定“三看四态促转型”不动摇，全面推进高新产业发展、高品质城市建设、高水平社会治理，全力加快建设富裕阳光的大都市新型城区。区委副书记、区长吴玉凤主持会议，汤金华、陆洪勤、徐林亮等区四套班子领导参加会议。

【全区领导干部会议】 11月23日，富阳召开全区领导干部会议，部署作风建设相关工作。区委书记朱党其强调，要高度重视、全力配合省委巡视工作，仔细梳理富阳存在的问题，进一步以巡促改、即知即改，借势借力推动全面从严治党，推动转型发展提质提速，夯实富阳融合都市转型发展的政治基础。区委副书记、区长吴玉凤主持会议，陆洪勤等区四套班子领导参加会议。

【区四套班子务虚会】 12月19日，富阳召开区四套班子务虚会议，回顾总结过去一年工作，重点谋划新一年工作思路。区委书记朱党其强调，要坚定转型方向目标不动摇，拥抱富春江、拥抱大都市、拥抱新时代，坚定不移推动高新产业发展、高品质城市建设、高水平社会治理，发力加快转型，扎实追赶先进，力争用三年时间基本跟上都市发展，用五年时间基本实现无缝融合都市，早日跨入真正意义上的都市行列，展示出富阳全方位的都市风采。会议由区委副书记、区长吴玉凤主持，陆洪勤、徐林亮等区四套班子领导参加会议。务虚会上，围绕“高新产业发展、高品质城市建设、高水平社会治理”，区四套班子领导立足各自分管条线工作，谈体会、谈认识、谈思路、谈举措。

·重要活动·

【全区重大项目集中开工活动】 5月23日，富阳举行2018年首个重大项目集中开工活动。随着区委书记朱党其下达开工指令，浙江德宝通讯科技股份有限公司宏基站铁塔、智慧型微基站生产及技术研发中心建设项目现场汽笛轰鸣，响彻四方。区领导丁永刚、张霖、孙柏平、喻乃群、方仁臻参加开工活动。本次集中开工有13个项目，总投资60.4亿元，包括政府投资项目2个、服务业项目3个和工业项目8个。开工活动上，富阳经济技术开发区、浙江德宝通讯科技股份有限公司、浙江万科南都房地产有限公司负责人作表态发言。

【“看富阳、议发展、促转型”现场考察、交流恳谈活动】 10月20日，富阳举行“看富阳、议发展、促转型”现场考察、交流恳谈活动，向所邀请的在外乡贤、异地富商、在富企业负责人、“两代表一委员”、市民代表等300余人，展现富阳转型发展新气象新局面，为高质量转型发展汇聚更大智慧、凝聚更强合力。当天上午，朱党其、吴玉凤、汤金华、陆洪勤等区四套班子领导分两组带领各界代表，考察了秦望区块、杭黄高铁场站、灵桥羊家埭搬迁区块、场口东梓关、地铁和彩虹快速路、新登小城市建设及桐洲岛，实地踏看富阳转型发展“进行时”，了解家乡当前转型速度、未来发展蓝图。下午，区委常委、统战部部长陈平汇报富阳区乡贤工作开展情况，介绍富阳做好乡贤工作服务转型发展的下一步工作计划。乡贤代表、异地富商、在富企业负责人、代表委员25名作表态发言，畅叙乡情，为家乡转型发展建言献策。

·上级领导到富调研·

【浙江省委常委、纪委书记、组织部部长任振鹤到富阳调研】 5月18日，浙江省委常委、纪委书记、组织部部长任振鹤专题调研杭州党风廉政建设和反腐败工作情况。当天下午，任振鹤来富实地走访，了解富阳党风廉政建设和反腐败工作开展情况。省纪委常务副书记、省监委副主任王海超，杭州市委常委、市纪委书记、市监委主任陈擎苍，市纪委常务副书记、市监委副主任张振丰，市纪委常委、秘书长温洪亮等参加调研。富阳区领导朱党其、胡志明陪同。

【省政协课题组到富阳调研】 6月19日，浙江省政协副主席、民建省委会主委陈小平带领省政协课题组一行来富，就“新时代新城区”主题，深度调研富阳江南新城建设工作开展情况。区领导朱党其、陆洪勤、喻乃群、邵良陪同。课题组对富阳推动江南新城建设给予了高度肯定。课题组认为，富阳正在开展的江南新城建设符合“新时代建设新城区”的时代命题，是深入学习贯彻习近平新时代中国特色社会主义思想，全面落实党的十九大精神、践行五大发展理念的富阳实践，顺应了城市现代化进程中新城区建设的需要。

【副省长彭佳学到富阳调研】 8月22日，浙江省副省长彭佳学一行来富，实地考察北支江综合整治工程。杭州市副市长王宏，富阳区领导朱党其、吴玉凤、王小丁陪同。彭佳学对富阳加快项目推进，全力保障亚运场馆建设所付出的努力表示肯定。

【省委常委、市委书记周江勇到富阳调研】 12月20日，浙江省委常委、杭州市委书记周江勇赴富阳区调研。他强调，要深入贯彻落实习近平生态文明思想，坚定不移走生态优先、绿色发展之路，加快推进高新产业发展、高品质城市建设和高水平社会治理，用活山水资源，打造美丽城镇，努力描绘生态宜居、产城融合的新时代“富春山居图”。杭州市领导戚哮虎、许明、刘国洪、缪承潮参加。富阳区领导朱党其、吴玉凤、丁永刚、仰中旻、夏芬、王洪光、喻乃群陪同。

·区委政策研究、督查、考评、信息、法治、保密工作·

【政策研究】 全年组织起草重要讲话、汇报材料140余篇，其中区委全会报告2个，开展“大学习、大调研、大抓落实”活动、开展“严纪律，明规矩”专项整改活动的通知等重要文件5个，省市重要会议、省市领导调研汇报材料22篇，富阳通报24期，区委常委会会议纪要43期。做实做细深化改革工作，借助区委改革办新立的东风，重抓富阳区承担的改革任务发挥牵头抓总作用，统筹协调各改革项目牵头单位。完善改革工作推进机制、联络员制度、督查通报机制以及改革考核机制，创新激励加分机制和改革项目投票机制，全区改革工作成绩突出，2018年富阳区全面深化改革考核名列杭州13个地区第一位。做深做透调查研究工作，统筹协调各部门、乡镇（街道），围绕区委“三看四态促转型”战略部署精心安排课题，累计刊发《富阳政研》18期，其中调研课题18个得到区委主要领导批示，部分转化为区委决策意见；开展富阳区2018年党政优秀调研成果评选。全年编发出版《美丽富阳》6期，不断创新方式、优化内容，区委书记朱党其充分肯定《美丽富阳》杂志办刊思路。

【督查工作】 全年紧紧围绕全区重点工作，开展七大攻坚硬仗督查工作。全年组织开展垦造水田工作、收储土地工作、安全生产工作履职情况、农村土地承包经营权确权登记颁证工作推进情况、中央环保督察交办信访件落实整改情况、杭州市第一、二季度文明指数测评失分点位“回头看”情况等各类专项督查活动180次，向区委、区政府主要领导上报督查专报150余件，制发全区性文件、通报18件（期）。围绕全区重要活动扎实开展重点督查，为上级领导来富调研、杭州市“六大行动”比学赶超活动、“看富阳、议发展、促转型”现场考察、交流恳谈等重大活动的顺利开展提供坚实的保障。重点跟踪督办电视台《今日聚焦》和《今日关注》栏目曝光案件整改，组织力量抽查核验曝光问题整改情况，累计完成整改5期；集中精力开展主城区闲置土地环境美化整治工作，梳理并交办城区闲置土地70宗，面积200余公顷；牵头抓东洲发展环境卫生改造工作，每月对推进情况开展督查；牵头抓东梓关“十个一”工程，对各项工作推进情况实行周报制，保障江鲜大会顺利举行；牵头抓方家井村村庄发展各项工作，每月对各责任部门相关工作推进情况开展督查，确保各项任务按计划有序推进。做好市区两级领导批示交办办理，坚持“批必交、交必办、办必结”，全年共办理反馈上级党委领导批示交办件11件；转办区委主要领导批示件1254件，调研或会议督办385件。进一步做好电视台《聚焦一线》舆论监督栏目，督查被曝光单位限期落实整改，全年累计播放72期，向区委区政府主要领导报送督查整改专报72期。

【考评工作】 重点围绕“三看四态促转型”和区委区政府中心工作，根据乡镇（街道）实际发展需求和工作任务实施个性化考核，从“服务百姓、服务企业、服务基层”三方面优化区级机关综合考评体系，进一步优化捆绑考核机制，积极探索引入第三方机构开展绩效目标测评。梳理和归类2017年度征求到的社会评价意见1892条，其中杭州社会评价反馈689条、区本级社会评价1203条，形成整改目标718项，其中杭州市整改目标375项，并明确杭州市重点整改目标8项、区级机关重点整改目标108项，乡镇（街道）重点整改目标37项。运用“评价—整改—反馈—再评价”的工作机制，将整改目标交办各相关单位进行整改，整改结果在《富阳日报》和富阳新闻网等媒体公示，接受人民群众再评判，完成率100%。

【信息工作】 全年编发《富阳信息通报（专报）》19篇，区委书记朱党其批示19个；编发《富阳信息通报》53期，刊登各单位特色创新工作，全区范围内交流学习；编发专刊2期，及时汇总刊发区委重大会议后各单位的贯彻落实情况。全年上报舆情信息1025篇，其中中央办公厅单篇录用1篇，综合录用12篇；省委办公厅单条录用38篇，综合录用8篇；省委书记专报和省工作情况交流分别录用1篇，其中省委书记车俊批示1篇；杭州《今日要情》录用39条，杭州专报录用5篇，其中省委常委、市委书记周江勇批示2篇。

【法治工作】 建设领导小组建立普法工作季度通报制度，制定下发《富阳区普法宣传教育专项经费使用管理办法（试行）》，开展普法教育实体建设，出台《关于在全区开展普法教育实体建设的实施意见》，大力推进“七五”普法规划实施。开展区委常委会和区政府常务会议会前学法；召开全区普法骨干培训；完成市管干部和公务员网上学法考试，参考率和通过率均100%。落实政府法律顾问服务制度，大力支持担任区政府法律顾问以及区24个乡镇（街道）和28个主要执法部门法律顾问的执业律师认真履行职能，提供专业优质法律服务。进一步完善公共法律服务平台，以区法律援助中心为核心，全面建立三级法律援助工作网络，切实发挥职能作用。不断拓展公共法律服务供给范围，继续实施认罪认罚从宽试点工作，深入推进法治领域“最多跑一次”改革，缩减审批事项及流程，不断增强群众获得感。

【保密工作】 首次将保密工作列入常规考核，实行倒扣分制，利用考核指挥棒作用，推进全区保密工作上新台阶。召开全区办公室主任保密培训班，组织部分区直机关和所有乡镇（街道）保密员赴杭州市保密协会参加专题保密业务培训。继续发挥好重要涉密单位互联网出口监测平台和非涉密网络数据库保密检查系统的作用，加强信息研判能力，守住网络主阵地。注重统筹保密检查合力，会同区教育局组织开展“两考”试卷保管室保密专项检查。不断推进党政专用通信工作，受理完成保密电话的安装、迁移等申请35次。（冯　立）

·组织工作·

【党组织和党员基本情况】 2018年底，全区设党工委9个、党组23个、党委226个。有党总支部239个，基层党支部2526个。党员50487名，其中女党员14563名，少数民族党员91名。流动党员415名，其中外出流动党员208名，接收流动党员207名。

【开展“百千万”蹲点调研活动】 围绕市委“百千万”蹲点调研工作要求，持续推进组团“三服务”，落实五个“1+1”工作机制。全区各级党员干部累计走访农户34万余户、企业6179家，收集各类问题4300余个，收集基层意见1900余条，结对开展主题党日活动543次，结对研究集体经济薄弱村思路647次。通过信息化管理、精准化指导和常态化督查，问题办结率达到100%。

【树立鲜明选人用人导向】 强化考核结果运用力度，推进干部精神状态转型，全年共提拔重用46名勇于担当、善于破难、实绩明显的优秀干部到主要岗位、重要岗位；强化反向倒逼，严格执行调整不适宜担任现职领导干部制度，对11名工作表现较差的干部改任非领导职务，12名交流岗位。抓好中层及以下干部精神状态转型，做好19名乡镇街道不适宜干部跨单位整转交流工作，选派31名服务意识差、衙门习气重、推诿扯皮的区级机关窗口单位干部到基层一线锻炼转化，有效破解机关“中梗阻”。

【“最强支部”创建】 依托基层党建信息化平台，构建“1+4”堡垒指数信息化评价体系，在支部共性积分标准基础上，分类制定农村、社区、机关（事业）、两新组织等4类基层党组织个性积分标准，明确“最强支部”创建20条标准，组织全区2170个基层党支部开展“最强支部”创建。深入推进“一江两路”党建示范带建设，在农村、两新组织等各领域分别组织开展4期“互学互比”活动，不断推动全区基层党建工作全域提升、全面提质。

【优化年轻干部培养】 制定实施《关于扎实推进“五级梯队”建设大力发现培养选拔优秀年轻干部的实施意见》，进一步完善年轻干部阶梯式培养工作体系。建立优秀年轻干部日常联系走访机制，及时掌握了解年轻干部思想动态和综合表现情况。选派64名优秀年轻干部到城市有机更新、杭州富春湾新城建设、亚运场馆筹建、村社任（挂）职等一线“蹲苗”成长。探索优秀年轻干部赴一线岗位比武竞赛，分批次选派17名优秀年轻干部赴江南、银湖等参加克难攻坚一线岗位比武竞赛。

【深化村干部“领头雁”工程】 强化村干部培训，举办2018年度全区村主职干部培训班和年轻村社干部井冈山党性教育专题培训班，累计培训540余人次。健全完善“擂台比武”工作机制，组织全区村干部“征地拆迁攻坚擂台赛”和“美丽经济发展擂台赛”，有效提升村干部队伍干事创业的热情。组织全区行政村村级班子“回头看”工作，调整村干部40人、离岗30人、新任10人。将开展扫黑除恶工作纳入各级党组织书记抓党建工作责任清单，按季度完成村干部任职资格联审工作，发现83位村干部存在违反“底线”情况，其中15位被免职或责令辞职，包括2位涉黑涉恶干部。完成富春街道、新登镇12个撤村进社股份经济合作社换届工作。

【持续提升村级规范化运转水平】 组织开展“双百攻坚”创建“回头看”工作，对2016—2018年“双百攻坚”创建工作进行全面调研检查、分析评估，指导针对性地整改提升。编印下发《村级规范化管理重点制度简明操作手册》，出台基层党组织党建活动阵地“三有七上墙”（有党徽、党旗、入党誓词，党员发展流程图、党员权利义务、“三会一课”制度、党员固定主题党日制度、不合格党员处置制度、先锋指数考核办法、党员照片上墙）阵地建设标准规范，举办全区村（社）党务工作者培训班，明确村级组织运转的各项“规定动作”，助推村级运转规范化制度落到实处。

【探索“党建＋城市治理”模式】 建立新时代城市基层党建“1+3+X”文件体系，着力构建“服务、有为、和谐”大都市新型城区治理模式。稳妥有序推进社区行政区划调整工作，全区社区由28个调整为50个，调整现任社工编制241名和招录专职社工115名。加强业主委员会党建工作，制定《关于进一步加强业主委员会党建工作的实施意见》，加强人选资格条件把关，集中推进组建业主委员会党组织23个，引导机关党员干部37名进入新建业委会任职。推行社区党组织引领下的“一定四议”（社区党组织定方向，居民群众提议、多方会议商议、社区两委会审议、业主委员会决议）协商议事程序，协商解决了中光花园小区二次供水改造、紫云山庄环卫一体化、山水御园小区装修垃圾清运等50余个遗留问题。

【推进“党建＋乡村振兴”模式】 成立区委党建和乡村振兴指导组、消除集体经济薄弱村工作指导员和科技人才服务队，围绕村级规范化建设、消除集体经济相对薄弱村、美丽乡村建设开展指导，累计调研指导基层党组织210余个，收集意见建议163条，检查发现问题245个，提出改进工作的意见建议267条。大力推动“消薄”工作，“消薄”专职指导员落实农业观光、屋顶光伏、标准厂房等项目114个，争取各类“消薄”资金5000余万元。推荐报送19个村作为优秀村社典型，并按照不同特点进行分类宣传推广。

【推进人才政策体系建设】 持续优化核心政策，制定人才新政“升级版”，制定配套细则7项，形成“1+7”政策体系，重点围绕教育、卫计等六大行业实施领军人才建设五年行动计划。对标周边先进地区，针对“5110”政策“短板”，围绕人才补助标准、中介奖励形式、项目评审方式等方面进行调整完善，更好发挥重点政策招才引智作用。

【推进人才平台体系建设】 深化校地合作平台建设，顺利推进杭州市富阳区浙工大银湖创新研究院二期建设，首次通过“一事一议”方式做好中科院王广厚院士项目的引进落地工作。深化海外平台建设，在德国斯图加特与德国理工大学联盟（TU9）技术转移中心合作建立首个海外人才离岸孵化器，在法国等地新建2个海外人才工作站，与侨联首次合作举办第十届“相约富春·银湖论坛”，吸引海外侨胞和高层次人才落户富阳。推进人才评审选拔，组织开展一期“5110”计划项目评审，资助项目22个，资助金额3200万元。自主申报各类人才计划26名，入选省级1名、市级2名。（章　宇）

·宣传工作·

【理论武装工作】 围绕宣传贯彻中共十九大精神，开展丰富多彩的新闻宣传、理论宣传、文艺宣传、社会宣传、网络宣传。完善三级（区、镇、村）宣讲团、智囊团等队伍建设，强化基层理论培训，建成宣讲队伍35支，开展主题宣讲活动1300余场次。制定富阳区党委（党组）理论学习中心组学习实施细则，实施全区党委（党组）理论学习中心组学习情况通报制度，区委理论学习中心组举办“春江论坛”4期，编印《领导干部理论学习活页》2期，编发中心组学习简报9期。开展纪念改革开放40周年区管干部理论文章征集活动，收到理论成果60余项。成立区级社科普及讲师团，举办“富阳区2018年社科普及周”，开展“浙江省中医药文化与乡村振兴战略论坛”等一系列活动。评出第一批区级社科普及基地9个，创建省级3个和市级1个社科普及基地，开展文社科类课程“送课下乡”活动33人次。

【舆论宣传】 围绕中心工作，讲好富阳故事，推出“拥抱富春江、拥抱大都市、拥抱新时代”新闻大行动，开设“八八战略15周年”“三看四态促转型”“最多跑一次”“点赞美丽富阳”“改革开放四十年”“聚焦经济新动能 加快富阳新发展”“小城镇·大梦想”等多个新闻专栏，挖掘典型，点燃激情。《聚焦一线》推出“三改一拆”“五水共治”“环境整治”等典型问题报道157期，曝光问题98%得到有效解决。

【主题宣传】 围绕七大攻坚硬仗，重点做好产业转型、城市有机更新、江南转型、“三美”建设等外宣推介，全年上级主流媒体刊发正面报道1500余篇次，其中中央级媒体报道52篇。统筹做好特色农事活动和首届乡村百花大会、达夫路精品街开街活动、富春江江鲜大会、杭黄高铁开通等重大主题外宣活动10余场。精心编制《富春山居新画卷》等外宣品。

【网络舆情管理】 修订完善《外媒接待管理办法》《突发事件和热点问题舆论引导应急预案操作手册》，

编发《网络舆情周报》47 期，《舆情专报》19 期，积极做好 200 余起突发事件、社会热点问题的应对、监测、引导。处置网络有害政治信息 720 条，督促属地网站清除处置违规账号 17 个，开展等级保护测评 4 次，对辖区内 67 家网站开展远程监测和安全态势感知。提升“网络富军”队伍水平，“春江时评”刊播时评文章 200 余篇。“富阳发布”位列 2018 年全省政务新媒影响力第二，杭州 13 个区县市综合考核排名第一，粉丝数突破 35 万人。

【**精神文明建设**】 开展“我们的节日”“我们的节气”等主题活动 50 余场，24 节气民俗活动覆盖各乡镇（街道）。持续深化“最美行为大倡导”“文明@我”等文明素质提升工程，积极开展达夫路精品街区文明实践活动，每月吸引 1000 余人次参加。持续推进“扣好人生第一粒扣子”教育实践活动，深化“美丽校园”建设“六美工程”，深入开展区级天堂儿歌、新童谣（50 首）、美德少年（10 名）等活动，命名区级爱国主义教育基地 3 家，乡村学校少年宫、“春泥计划”、社区青少年俱乐部等课外阵地覆盖 85% 以上的行政村（社区）。开展富阳区第五届道德模范（平民英雄）、“富阳好人”评选，入选“中国好人榜”1 人、浙江好人榜 3 人，获评杭州市“道德模范”（最美杭州人）及提名奖 2 人。慰问走访区级以上道德模范 29 人。全年共推荐“最美家庭”90 户，获全国“最美家庭”1 户，省“最美家庭”1 户。常态化开展“清明祭英烈”“五星红旗升起来”等爱国主义教育活动，修订出台富阳区《新时代文明公约》和《富阳文明尺》。探索实施文明创建区领导分片包干制度、文明创建指导督查制度、文明提升竞赛制度，顺利通过全国、省、市三级城市文明指数测评 6 次。组织新一届区级文明创建申报和复评工作，全区共建成社区文化家园 10 家，获杭州市五星、四星、三星级社区文化家园各 1 家。开展乡镇（街道）文明指数测评，渌渚镇被评为全省小城镇文明行动示范点。

【**文化事业建设**】 修订和实施《富阳区“星级文化礼堂”评定办法》，全年新增村级文化礼堂 50 个，累计建成文化礼堂 236 个，其中五星级文化礼堂 8 个、四星级文化礼堂 10 个，覆盖行政村 85.51% 和农村人口 85.46%。全区文化礼堂全年组织开展各类活动 4660 余场次，受众 43.86 万人次，占全区农村人口 81.23%。启动民办非企业单位法人登记，印发《富阳区企业文化俱乐部建设实施办法》，6 家企业启动文化俱乐部建设。举办首届“中国农民丰收节”庆祝活动，持续打造“家在富春江上”文化品牌，开展徐玉兰系列纪念活动、读书节、文化下乡、首届音乐节、首届戏剧曲艺大赛、四态转型成果摄影展、历史建筑修缮九年成果展及古建筑摄影大赛等各项活动数百场。举办“大匠至心”竹纸传承发展研讨会、“风华达夫路、印象新富春”传统文化展示，组织话剧《红船追梦》观摩活动，推荐越剧《苍生》等 8 件作品参评杭州市 2018 文化精品工程，长篇儿童小说《魏薇薇》参评浙江省文化精品工程，大型民间舞蹈《鼓舞双狮》获第九届杭州市风雅颂民间艺术展示活动唯一金奖。

【**思想文化队伍建设**】 完善意识形态工作责任清单、督查清单、季晒清单“三张清单”，组织开展意识形态工作责任制情况落实专项抽查督查，区委书记率先带头，11 位常委分别带队，实地开展落实意识形态工作责任制情况专项督查。梳理出九大类 52 项季晒指标。固定主题党日坚持学习党的理论成果和最新会议精神，收看党员学习教育课件。开展“微讲堂”夜学，组织党员参加党员轮训和“春江论坛”学习。以听廉政党课、学新党章、参观廉政教育基地、开展廉政谈心谈话和严查工作纪律等形式，开展党风廉政建设宣传教育月活动。开展“百千万”蹲点调研和“村情民意大走访”活动，组织全体机关干部赴渔山开展蹲点调研，收集、梳理问题 105 条，与结对党组织联合上党课 2 次。组织开展意识形态工作专题培训 2 次，组织宣传系统“七大攻坚硬仗”专题学习 5 期。 （陆迪军）

·统一战线工作·

【**形成“大统战”工作格局**】 全年区委常委会研究统战工作 7 次，审议《区社会主义学校 2018 年度培训计划》《2018 年度政党专题协商计划》《杭州市富阳区基层统战工作规范化建设实施方案（试行）》和宗教领域规范化建设“1+6”制度体系以及《关于支持民营经济高质量发展的若干意见》等文件办法6个，区委理论中心组专题学习统一战线理论方针政策4次，区委领导班子成员参加统一战线重要活动30余次。召开区委统战工作领导小组会议2次，宗教工作、党外干部、新的社会阶层等各领域统战工作联席会议7次。

【组织统战成员开展活动】 紧紧围绕“五一口号”发布70周年、改革开放40周年等重大时间节点，支持民主党派、无党派人士开展“不忘合作初心、继续携手前进”主题教育活动，组织党外代表人士举办延安培训班、主题朗诵会、主题征文等纪念“五一口号”发布70周年系列活动6次。在非公有制经济人士中开展“不忘创业初心、接力改革伟业”为主题的理想信念教育实践活动2次，组织民营企业家参加各类培训讲座学习活动7次。举办纪念改革开放40周年中秋诗会等系列活动5次。组织统一战线成员开展各类教育实践和宣传庆祝活动13次，在区社会主义学校举办各领域统战成员专题培训班8个班次，各个党派团体自发组织宣传教育活动20余次。

【乡镇街道统战工作规范化建设】 协助区委出台《杭州市富阳区基层统战工作规范化建设实施方案（试行）》，明确基层统战工作“六个有”的总体目标，提出基层统战工作的组织建设、机制完善、载体平台、品牌打造、作用发挥、基础保障的规范意见。建立健全以乡镇街道统战工作领导小组为核心，统战办公室为主体，村（社区）、企事业单位统战联络员为触角的基层统战工作网络，进一步加强乡镇街道统战工作的领导和指导。完成东洲街道规范化建设试点工作，召开现场会全面部署推进。以民族宗教、基层协商民主、新乡贤统战、非公有制经济等重点工作的制度配套为支撑，结合“统战之家”建设、统战干部能力提升、“一镇一品”创建以及“同心E家”日常工作信息化管理等措施的协调推进规范化建设，完成“统战之家”建设乡镇街道16个，达到“五星级”示范乡镇2个、“四星级”标准乡镇5个。

【“凝心聚力共建新城”主题活动】 全区统一战线围绕中心大局广泛集智建言，全年向各级党委政府提交各类意见建议230余条，得到各级领导批示肯定或者部门单位采纳使用20余项。开展小城镇专项民主监督节点监督30余次、葛溪“同心河”民主监督27次，“同心社区”共建活动7次，“同心村”结对帮扶活动11次。开展各类社会服务活动100余次，受惠群众20000余人。统筹工商联、新联会、新企联等统战力量，向锦屏县、缙云县结对帮扶资金和物资120余万元，通过村企结对方式，参与衢州市5个薄弱村的“消薄”工作。

【服务民营经济】 学习贯彻习近平总书记关于民营经济的重要论述，第一时间召开民营企业家专题学习会。协助区委、区政府出台《关于支持民营经济高质量发展的若干意见》，积极开展“服务企业百日攻坚行动”。进一步构建“亲清”政商关系，贯彻落实《关于加强非公有制经济清廉建设的意见》，建立健全区委、区政府与非公有制企业、商会组织联系的“五大机制”，组织法院、检察院、司法局等部门为民营企业提供法律服务。完成新生代企业家联谊会换届，组织新生代企业家赴延安进行专题教育。指导各异地商会开展工作，落实异地商会负责人列席区人大、政协以及重要经济工作会议制度，在上海富阳商会、广东富阳商会建立党组织。富通集团、富冶集团、富春江集团3家企业分别上榜“2018中国民营企业500强”和“2018年中国民营制造业500强”。

【推进新时代乡贤工作】 协助区委区政府出台《关于加强新时代乡贤工作的实施意见》，明确乡贤工作的总体目标、主要任务和工作要求，为挖掘乡贤资源、搭建乡贤组织、开展乡贤工作、凝聚乡贤力量、发挥乡贤作用提供了路径指导，建立了2141人的乡贤数据库，指导14个乡镇街道、18个村（社区）建立乡贤联谊会组织，为进一步凝聚乡贤力量、发挥乡贤作用提供了支持保障。2018年，乡贤参与60多个项目招引的对接工作，涉及金额超过40亿元，通过结对帮扶慰问、成立基金会等方式参与社会公益事业，涉及总金额3000万元以上。

【多党合作工作】 修订完善《“富春·同心荟”示范组织评选办法》以及《党派团体成员履职积分考核办法》，对各个党派团体的组织发展、日常运转、活动组织以及成员管理等方面工作提出具体要求。把好党派团体“入口关”和“选人关”，建立党派团体成员发展入口的资格联审办法，淘汰不合格人选6名；推行班子选人“八步工作法”，完成农工党、民建、致公党三个基层组织的换届工作，推荐1名市管干部和2名区管干部至党派班子任职。持续抓好《党外干部培养选拔工作规定（试行）》的执行落实，提拔重用党外干部3名。落实《2018年度政党协商计划》、对口联系制度，举办各类通报会、座谈会、征求意见会等7次。

【港澳台侨统战工作】 深有序推进“侨之家”建设，指导做好功能设置和侨史资料的收集、整理工作。指导银湖科技城侨联健全完善工作机制，聚焦新侨做好“双创”引领工作。协助举办“创业中华·相约富春2018海外高层次人才银湖论坛”活动，举办“海外华文媒体富阳行”活动，宣传富阳区整体投资环境和建设情况。开展纪念“海峡两岸交流基地”创建5周年暨“公望·富春”文化交流系列活动，邀请台湾著名书画艺术家以及台湾南投市青年书画家代表团、教育协会师生代表团等150余位台湾同胞来富交流，圆满举办浙江·台湾合作周黄公望产业金融峰会。

【统战部门自身建设】 以“两学一做”学习教育常态化制度化为载体，切实抓好理论学习中心组、固定主题党日、党风廉政建设等党内生活的结合，组织机关干部深入学习中共十九大精神、习近平新时代中国特色社会主义思想以及相关的条例和准则，开展“忠诚、干净、担当、有为”为主题的大讨论活动，营造干事创业的浓厚氛围。加强“一网一刊一微信一电视专栏一报纸专刊”宣传阵地建设，全年报送信息200余篇次，统战信息工作获全省先进单位和杭州市二等奖，被中央统战部采纳使用信息13篇，在各类主流媒体发布统战宣传稿件60余篇，制播《同心同行》12期，“富阳统战”官方微信平台发布信息300余条。 （楼宗熠）

·巡察工作·

【概况】 2018年，区委巡察机构认真贯彻落实中央和省委、市委、区委巡视巡察工作规划精神，围绕高质量完成“巡察全覆盖、回访全覆盖”的目标，坚定不移深化政治巡察，各项工作扎实推进。全年，共开展3轮巡察，巡察单位24家，同时，开展了“最多跑一次”改革上下联动专项巡察，共发现问题1197个，其中，移交问题线索92件，已立案13件，涉及区管干部1人，采取留置措施1人，党纪政务处分10人，组织处理53人，提醒谈话1776人次，建立完善制度516个。

【深入推进政治巡察】 制定出台《中国共产党杭州市富阳区第一届委员会巡察工作规划》，谋划巡察全覆盖路径。制定政治巡察27项主要内容和398个问题表现，聚焦“六个围绕、一个加强”，明确政治巡察重点。制定《区委巡察工作领导小组工作规则》《区委巡察工作领导小组办公室工作规则》《区委巡察组工作规则》等相关制度，汇编《巡察工作手册》，推进巡察工作制度化、规范化建设。

【扎实推进全覆盖】 全年采取“巡察一托二、汇报二合一”的工作模式，对区直机关工委、区委党校、团区委、区教育局、区卫计局、区科技局、区审计局、区委政法委、区发改局、区统计局、区环保局、区旅游体育局等12个区级机关和春江街道、东洲街道、春建乡、胥口镇、永昌镇、大源镇、灵桥镇、常绿镇、场口镇、常安镇、湖源乡、洞桥镇等12个乡镇（街道）开展常规巡察，发现问题928个，移交问题线索81件。对区委第三轮至第七轮巡察的28家单位整改情况开展“回访巡察”，共检查问题1156个，整改完成1100个，整改完成率为95.2%。开展“最多跑一次”改革上下联动专项巡察，对全区“最多跑一次”改革工作进行专项巡察，巡察重点部门15家，其他相关单位20家，发现各类问题269个，移交问题线索11件，问责14人，下发《立巡立改通知书》23份，约谈部门责任人4人次。

【巡察工作方法创新】 建立“固定人数、固定场所、固定时间、固定内容、固定报告”的“五固定”财务检查模式，即每个巡察组配备2名财务人员，采取集中办公的形式，提前一个月，对被巡察单位五年来的财务情况进行检查并形成报告，进驻前，向各巡察组报告。建立“人才储备机制”，组建“专家库”，遇到专业性较强的疑难问题，请“专家库”的专家进行研判，核实问题的准确性。建立“线索研判机制”，对发现的问题梳理汇总后，邀请相关部门的业务专家，对问题线索逐一进行甄别，形成“初步问题线索清单”，为分类移交问题打好基础。建立“边巡边移机制”，发现重点人、重点事、重点问题后，第一时间将问题线索移交纪检监察机关等单位作进一步核查。

【巡察发现问题整改】 建立“六账”制度，对巡察整改进行统筹协调和督促了解。整改前“建账”“分账”，协调区纪委、区委组织部和其他相关职能部门的业务专家对问题进行分析研判，形成“问题移交建议”，根据区委书记专题会议审定的结果，分类移交反馈。整改中“对账”“核账”，建立《富阳区委巡察问题整改日常督查工作制度》、“一周一督一通报”制度，强化问题整改日常监督。整改后“查账”“销账”，开展问题整改情况“大起底、大督查”活动，以“大起底”的形式，通过查阅台账、个别谈话，对前一年巡察发现问题的整改情况进行“大督查”，对照问题清单，逐一核查。

【巡察成果运用】 区委以上率下，狠抓责任落实，多次召开区委常委会、书记专题会、巡察工作领导小组会，专题研究巡察工作。区委书记对整改工作亲自督办，在“书记专题会议”上点到的重点人、重点事、重点问题，以交办单的形式移交相关职能部门办理，要求相关职能部门限期办理并报告结果。区委书记亲自约谈，与区司法局等4个部门领导班子、东洲街道等8个乡镇（街道）党政正职进行集体约谈，点问题、提要求，既红脸、又出汗。推动干部“能上能下”，对巡察发现的不适宜担任现职的领导干部，经组织部门综合分析研判后，及时予以调整。

【巡察信息化建设】 设立“码上举报”信访举报平台，构建来访、电话、信箱、网络“四位一体”信访体系，反映人通过“扫一扫”二维码即可在平台上反映问题和举报。建立“巡察电子档案”明确巡察档案资料收集、整理、扫描、立卷、移交、归档、保管、调阅和销毁各个环节的工作职责，完善档案电子化管理流程。运用好巡视巡察发现问题线索管理系统，根据省委、市委巡视巡察办的工作部署要求，及时配备保密电脑、开展业务培训、制定操作规程，严格系统录入、修改、管理和使用等操作流程，对巡察发现问题进行系统化、规范化、智慧化管理。

【巡察工作公开】 推行“阳光巡察”，全面实行巡察过程公开、反馈问题公开、整改结果公开，拍摄巡察工作专题宣传片，在富阳电视台播出，介绍巡察工作的内容、巡察工作的方法、巡察工作取得的成效，自觉接受监督，扩大震慑效果。加强媒体宣传，总结提炼巡察工作的方法、措施，在浙江日报、杭州日报、富阳日报等媒体进行报道，多次在反腐败导刊、浙江巡视巡察、杭州巡察等内部刊物进行刊登。在《富阳日报》开辟“书记谈巡察”专栏，请被巡察单位党组织书记“谈认识、谈变化、谈打算”，提高被巡察党组织对巡察工作的认识，推动巡察发现问题的整改落实。（邵卓琦）

·机构编制工作·

【推进“最多跑一次”改革】 完成各类事项梳理工作。根据省“八统一”标准，动态更新梳理最多跑一次事项，确定全区最多跑一次事项623项，实现最多跑一次621项；做好一件事梳理工作，确定区级机关一件事10项、村（社）——乡镇（街道）——区级机关联办事项22项；梳理“简办化”事项，实现仅凭身份证办理事项281项，凭营业执照办理企业类事项20项。开展公民补助事项梳理，共完成89项涉及15个单位的个人补助事项梳理工作。推进“双随机”监管。在全省率先推进跨部门联合监管模式，组织开展业务培训工作，推进11个领域19家单位115个事项跨部门联合监管抽查42次。做好上情下达和下情上传工作。制定信息宣传指导意见和考核办法，各类报纸媒体全年累计刊发信息151篇，省市领导批示5次。

【机构改革基础工作】 结合富阳区实际，摸清家底，梳理机构编制底数，做好数据调整对比、人员分布、职能分析等各类机构改革相关资料，为机构改革奠定基础。加强对部门、乡镇（街道）调研，同上级业务部门对接沟通，组织参加“四区”改革联系组研究讨论，不断更新标准口径，多次模拟搭建富阳区机构改革框架，拟订富阳区机构改革方案初稿。建立机构改革协调小组，明确各部门职责，提前做好通盘考虑，提前谋划机构编制框架、人员转隶等事宜，为“三定”工作做好准备。

【规范机构编制管理】 优化编制资源配置。完成城市管理、土地整理、社区建设、招商引资、江南新城转型发展等方面的领导交办事项，为领导决策提供意见建议。2018年，完成“控编减编”和“规范编外人员管理”等专题汇报，得到区主要领导批示肯定。强化机构编制监督检查。完成区巡察办第二、三、四批整改任务9项，重点查办擅自超配中层干部、擅自撤并内设机构、擅自划分内设机构职能等问题。出台实名制维护管理手册，完成3915份机构编制历史文件的扫描录入。规范编外人员管理。开展编外用工规范管理专项行动和监督检查，及时发现日常管理中存在问题并提出整改意见，相关工作获区领导批示肯定。规范车贴发放工作。做好行政、参公和乡镇事业人员的车贴日常发放工作。重点解决应退未退、休请假、变动不及时等问题。加强事业单位登记管理。完成全区335家事业单位的年度报告书公示工作。优化事业单位法人设立、变更、注销及年度报告提交流程，所有事项做到“即办即走”，办事实现“最多跑一次”。（陈　平）

·信访工作·

【区领导重视信访】 区委、区政府将信访工作摆上重要议事日程，定期分析研究信访工作。2018年，区委常委会研究信访工作6次，专题部署部分退役军人、金融风险防控行等信访工作6次。区委区政府领导亲力亲为，带头落实信访值班，亲自阅批群众来信，跟踪督办解决问题。区委书记阅批群众来信145件、重要访情23件，区委副书记、区长阅批群众来信71件、重要访情20件，其他区委区政府领导共计阅批群众来信107件。34位区领导参加信访值守106人次，接待群众29批53人次。认真按照《杭州市富阳区信访工作责任制实施细则》，严格落实工作责任追究，对信访工作中责任不落实、不到位现象从严问责。全区责令检查5人，通报批评2人，批评教育2人。

【接访工作前移】 做到源头接访规范，提高源头信访接待服务质量；做到重点项目迎访，“访在工地，化在一线”，“上门走访听民情，开通热线解民忧，开门接访处民困”，为秦望区块城市有机更新（搬迁5939户）、春江大源区块江南新城建设（搬迁1680户）、银湖区块地铁沿线（搬迁1283户）、灵桥区块产业园建设（搬迁1037户）等全区重点项目推进提供良好环境，没有发生进京上访。做到社会力量广泛参与，聘请信访监督员8名，配备专职司法调解员2名，每天安排律师参与信访接待，实现信访举报关口前移，有效减少了非正常信访事件发生。

【完善联动机制】 建立牵头部门和乡镇（街道）“分线包片”工作机制，对每一个重点稳控对象，逐案分类分级落实稳控力量和责任人，掌握行踪动态，杜绝发生越级上行。加强完善信息中心运行机制，实行24小时信息共享动态研判。完善劝返处置工作预案，常态配强应急处置工作力量。

【依法维护信访秩序】 开展以“依法信访、理性维权”为主题的法治信访宣传工作，每年投入宣传经费20万余元，报纸有版面、电视有画面、电台有声音、手机有短（微）信。将非访整治工作列入信访和综治工作考核，对进京非访事项实行项目化管理，做到处置与化解并举、教育和引导并举。严格落实公检法“指导意见”，及时收集固定证据，坚决依法打击处理违法上访，营造良好的依法、文明、有序上访的社会氛围。2018年，以涉嫌敲诈勒索罪依法刑事拘留1人、取保候审1人，以涉嫌妨害公务罪取保候审1人、依法训诫7人。

【创建无信访积案区】 2018年，5件国家级积案全部办结（息访4件）；1件省级积案办结息访，51名信访重点人员中承诺息访16人；新增积案19件，新增积案率1.47%，同比下降61.4%。富阳区被省信访工作领导小组表彰为“无信访积案区”和“零非访”区；年度信访工作获杭州市考核优秀等次，信访生态工作目标考核列杭州市第三名；区信访局被区委、区政府表彰为满意单位。全年，共受理人民群众来信来访来电（不含咨询答复类）和网上信访共计48306批（件、人次），同比上升34.1%，没有发生到杭赴省20人以上集访；没有发生“进京扰序”事件。

【统一平台高效运转】 2018年整合热线50条，其中省、市整合18条，区本级整合32条。开通座席12门，其中综合座席6门，人社“12333”专席5门，法律咨询“12348”专席1门。综合座席实行7×24小时接听，人社“12333”专席、法律咨询“12348”专席实行工作时间接听。实行区级机关一把手接听电话制度，全年21位区级机关一把手接听群众116个来电。群众重复来电比上年同期下降2.05%，重复交办率为0.44%，跟踪未办结率为0.61%。

【推进访调对接】 与区司法局密切配合，合力推进“访调对接”工作。建成区级“信访对接”工作室1个，镇（街）级“访调对接”工作室24个，村（社）级“访调对接”工作室212个。开展信访纠纷积案大排查65次，梳理出适宜调解案件71件，成功调解信访案件52件，成功率达73%。启动区级机关单位信访轮驻工作，确定轮驻单位2个在编工作人员各1名到区信访局驻点2个月，具体负责接待涉及本单位群众来访和承办涉及本单位信、访、电、网等业务线的信访问题，全年共接待群众来访60批75人次，承办涉及本单位信访事项201件。

【百千万调研走访】 富阳区信访局与杭州市信访局一起赴大源镇进村入户开展“百千万”集中调研走访活动，共走访行政村14个，召开座谈会9次，走访农户550户、企业25家，收集群众意见87条，交办大源镇及相关职能单位6件。区信访局信息被国家信访局《人民信访》录用1篇、省信访局《信访与民情》录用1篇，在《都市快报》和《杭州新闻网》发表2篇。《工作情况》获杭州市委常委、秘书长许明批示1次。区信访局党员干部撰写调研手记20篇。 （徐国苗）

·党校教育·

【学习贯彻习近平新时代中国特色社会主义思想】 按照中央和省、市、区委统一部署，把学习贯彻习近平新时代中国特色社会主义思想和中共十九大精神作为重大政治任务，全校上下以学懂、弄通、做实为根本，精心打磨，力求实效，推出《中共十九大精神解读》《红船精神》等新课，为全区党员干部培训宣讲。先后举办富阳区管干部学习贯彻党的十九大精神集中轮训班、全区机关党员春训班，参加培训区管干部1017名、机关党员1200名。宣讲十九大精神120场次，受众8544人次。

【通过省党校系统办学质量创优评估验收】 2018年是全省党校系统开展办学质量创优评估工作第一年。4月中旬，区委党校（行政学校）全面启动筹备工作，第一时间成立筹备工作领导小组，制作资料清单目录，完成资料收集、梳理、审核检查，明确了一些制度安排、挖掘了一批优质资源、梳理了一套电子台账、启动了一部专题宣传片制作工作，完成自评报告、撰写和填报自评得分表。省委党校办学质量创优评估组从谨记责任履职认真、紧扣定位发挥作用、紧聚主业特色鲜明、紧贴中心积极作为、紧抓机制创新管理等5个方面充分肯定富阳区委党校（行政学校）办学质量创优整体情况，顺利通过办学质量创优评估验收。

【开展基层教学调研联系点工作】 区委党校针对基层党员需求，建立送课下村、定期调研、定期座谈机制，切实解决基层党员干部培训覆盖面窄、针对性不强、教师接地气不够等问题。把教学联系点建设工作纳入全区党建与党校教师工作量考核，建立双向考核机制。2018 年，区委党校领导和 15 位老师共赴点上调研 160 余次，在联系点授课和开展现场教学 79 场次，参训基层党员和党校培训班学员达 6500 余人。7 月 11 日和 16 日，《杭州日报》和《浙江日报》分别在头版和二版报道富阳区把党校搬到农村党员家门口。

【干部教育培训信息化】 区委党校所有培训实现电子签到、指标量化、全过程网上纪实、学分累计、考核管理的全程网络化，有效破解了培训主管单位在干部教育培训中学员出勤考核难、日常管理监督难的困扰，极大提升了干部教育培训的严肃性和有效性。在培训过程中，引进项目管理方式，对培训班次进行精细管理、流程化运作，确保每个班次都办出特色、办出效果、办出声誉。2018 年 7 月 2 日，杭州市委副书记张仲灿给予高度肯定，批示。

【开设“三个拥抱”专题培训班】 党校紧紧围绕区委区政府中心工作，围绕“拥抱大都市”“拥抱富春江”和“乡村振兴”主题举办 3 期专题研讨班，以“专题讲座 + 现场教学 + 主题研讨”为主要培训模式，邀请知名教授、专家前来授课。赴先进地区学习经验。参与培训的区管领导干部 122 人次，获得区委书记朱党其、区委常委组织部长仰中旻的肯定。

【干部培训】 根据区委《富阳区 2018 年度干部教育培训计划》，党校充分发挥主渠道作用，举办以区管领导正职为主的综合能力提升和党性锻炼研修班 3 期。全年举办党性教育培训班等各类主体班次 35 期，培训学员 5877 人；全区入党积极分子、发展对象和新发展党员培训班等各类社会班次 80 期，培训学员 10793 人。

【科研成果】 2018 年，区委党校全年开展咨询调研课题 9 项，其中获省委党校一等奖 2 项，三等奖 4 项。其中《地铁建设与地铁经济开发现状、问题与建议》课题先后获区委、区政府主要领导的批示和肯定。（徐梦怡）

·党史 地方志工作·

【党史三卷编纂】 完成富阳改革开放新时期党史专题集六集的编印，为党史三卷正本撰写提供了丰厚的基础资料。编印完成《富阳改革开放时期党政领导访谈录》；收集查阅历届常委会会议记录、重要单位和部门的历年总结材料、报刊杂志等有关富阳的报道等大量党史资料，为三卷撰写提供参考。先后 2 次召开老领导三卷纲目征求意见座谈会，并及时修改、提炼，至 12 月，三卷编写纲目确定，并完成部分初稿的编写。

【红色场馆建设】 开展“新四军两渡富春江纪念馆”史料征集工作，征集小组已赴杭州、湖州、宁波、绍兴及南京等地区 11 个县（市），查阅档案 500 余册、采访当事人后代 20 余人次，拍摄图片 100 余张、摄制视频 4 个小时。组织编写布展大纲，开展大纲专家论证会，并着手布展文案编写。支持相关乡镇和热心市民建设红色场馆。组织人员先后赴上海、宁波等地，深入挖掘寻访华林史料，取得了以前未掌握的华林部分自述材料和旁证材料，完成华林陈列馆布展提升方案，交富春街道实施。对富春街道宵井村和常安镇景山抗战纪念公园，加强指导检查，积极提供史料服务。积极指导和帮助新桐乡“金萧支队江北办事处陈列馆”和东洲街道陆人淼“田家英浙江调查史料陈列馆”，做好布展陈设等工作。

【党史宣传教育】 配合庆祝改革开放四十周年，编印《改革开放 40 年富阳纪事》，记录了改革开放 40 年来发生的大事、要事，梳理这段时期的历史变迁和重大成就；编印《改革开放 40 年纪念文集》，收录富阳改革开放新时期部分党史专题、历次党代会报告、老领导口述史（回忆录）等；配合区委办《美丽富阳》编辑部撰写《改革开放 40 年重大改革成果回顾》。联合区委组织部、富阳日报社等单位，通过开展寻访蒋忠烈士生前革命足迹、召开纪念蒋忠烈士牺牲 70 周年座谈会、媒体专版报道等形式，纪念蒋忠烈士牺牲 70 周年，弘扬烈士革命精神。

【获得“全省地方志系统十业十佳”】 区史志办认真贯彻落实国务院《地方志工作条例》《全国地方志事业发展规划纲要（2015—2020年）》，围绕“存史资政、厚植人文、彰显特色”的工作要求，切实做好地方史志征编、研究、宣传、教育工作，深入挖掘、整理地方历史文化资源，为建设富裕阳光的大都市新型城区提供历史经验和智力支持。杭州市委常委、宣传部长戚哮虎表扬富阳区传承保护历史文化工作做得好，工作做得深而细。富阳区委书记朱党其对史志工作作出重要批示“史志工作做得好。不仅记录一段地方奋斗的历史，更有益于推动地方发展”。2018年1月，富阳区史志办获得全省地方志工作“十业十佳”荣誉。

【《富阳年鉴（2018）》出版发行】 12月，《富阳年鉴（2018）》由上海文化出版社正式出版发行。全书80万字，采用分类编纂法，由卷首、百科、卷尾3个部分组成，以类目、分目、条目3个层次为框架结构。设类目34个，分目233个，条目1651个，全面系统记载2017年富阳区政治、经济、文化、社会发展新成就、新经验和新问题。是富阳历史上第23部综合年鉴。

【《富阳的文澜隧道》出版发行】 6月，《富阳的文澜隧道》由浙江古籍出版社正式出版发行。全书25万字，收录文章34篇，从全新视角审视富阳历史，从独特视野挖掘名人资源，展示富阳文化的独特魅力。《富阳的文澜隧道》发行后社会反响强烈，多家媒体予以报道，较好宣传了富阳的山水人文。

【《富阳诗词选粹》出版发行】 12月，《富阳诗词选粹》由浙江古籍出版社正式出版发行。全书25.80万字，在原《历代诗人咏富春》一书基础上，整理补充，完善注释。全书收录南朝宋至1990年历代诗人歌咏富阳的山水、胜迹、人物以及民风习俗的诗作360余首，为打造富春江诗词文化带提供助力。 （陈炜祥）

·档案工作·

【档案接收】 区档案馆修改制订《杭州市富阳区档案馆新一轮档案接收进馆工作试点实施方案》，2018年接收进馆区政府等单位文书档案1100件、婚姻档案9091件、作废图章10枚。收集2018“家在富春江上”越剧宗师徐玉兰纪念活动形成的文字、照片138张、视频49.15G等资料和富阳百花大会“乡镇长美丽乡村代言”微视频24个、“美食擂台赛”照片79张等。完成宗谱等特种载体档案13部94册、照片500余张的编目造册工作。开展新增期刊283册的编目编号工作。全年完成零散档案（资料）图书470册、市委办等43家单位光盘档案956卷、作废图章27枚、实物档案57件、宗谱档案105卷等整理上架工作。

【档案利用服务】 全年区档案馆接待档案利用者4880人次，利用档案267320卷次889件次，复制档案21591页；利用资料492册次，93人次，复制资料95页。

【档案库房管理】 严格执行《杭州市富阳区档案馆库房管理制度》，初步建成RFID技术的档案智能化库房，实现档案的无屏障阅读功能。完成馆藏156个全宗的档案以及期刊、报纸、图书等消毒任务。

【有序推进“最多跑一次”改革】 完成富阳区32家单位1600余项行政权力事项归档范围和保管期限表审定、回函等工作，助推全区电子化归档，其工作容量、完成时间均处于杭州市领先。做好浙江政务服务网归档模块部署工作，归档覆盖率从“最多跑一次”事项的基础上扩展到了所有事项，接收进度、数据接收量绝对值上都是杭州市名列前茅。

【稳步推进档案宣传工作】 开展“富阳发布《富阳记忆——档案见证改革开放40周年》”主题宣传活动，完成“富阳发布——出行篇”“富阳发布——支付篇”“富阳发布——城市道路篇”“富阳记忆——居住篇”等，分别在杭州科职院、区体育中心和区档案馆内临展；推出“我是富阳人，会说家乡话”大型系列活动，通过方言教学日常用语、生活用品、简单交流等，感受家乡话的魅力；开展“巧手制香囊，粽情过端午”，通过讲故事、划龙舟、包粽子、做香囊等活动，在体验中共享节日的快乐、感受档案的活力；以“6·9”国际档案日为契机，开展“看图猜桥名，轻松赢油卡”“档案见证改革开放，三行诗点亮中国梦”“小记者见证大变化”“‘9·5’档案法颁布日有奖知识竞猜”等活动。市民热情参与活动，累计5万余人参与，反响热烈。

【档案文化建设】 以《古今富春——富阳区档案史料展》为依托，以馆藏文献、资料、实物为载体，集中展示富阳历史进程、社会变化、人文风貌，凸显档案馆信息传播、社会教育、文化交流、服务公众等功能。2018年，共接待团队预约32批，身份证预约2900余人。完成《富阳古今地图集》初稿编写工作。9月13日，富阳区档案馆被命名为富阳区爱国主义教育基地。

【数字档案馆（室）一体化建设】 加快“存量档案数字化”和“增量档案电子化”步伐，完成17个全宗3347余卷41.8万页档案的扫描、压缩、抽检、挂接工作。新增富阳地区学籍档案专题库，涵盖富阳中学、富春一小、场口中学等学籍信息。正在建设电子文件统一管理平台和馆藏数字档案馆系统平台，进一步完善软件配置及电子档案接收功能。积极开展秦望区块拆迁档案数据库建设，完成秦望区块有机更新项目（片区一、片区二）拆迁档案3676卷、卷内目录数据33617条数据的导入与原文挂机工作，及时为城市有机更新相关部门提供查阅利用。完成富阳区17个村320GB的千村档案数据库架构，创建行政村实体建档和数字化档案室，已通过省级验收。

【馆藏档案数字化】 完成《富春谊桥陇董氏宗谱》等4部家谱电子书籍的制作任务，第一阶段电子家谱制作已全部完成并入库。全年完成馆藏档案数字化加工项目两批次数字化成果的验收汇总、核算结账工作，共计62个全宗、92个目录，案卷数10066卷、66件，电子条目21万多条、电子影像123万多页；完成对馆藏档案数字化加工项目J062-J139等全宗档案数字化的监督指导、日常管理，以及检查核对、数据修改、校验汇总，条目数据上传归档、原文数据压缩挂接等工作。

【档案登记备份工作】 开展辖区内重要民生领域电子业务数据的在线、离线，以及其他重要涉民单位的电子业务数据的在线登记备份工作。已完成富阳区委办、区政法委、区科协、常绿镇等单位重要传统档案数字化成果6万余页、38GB的登记备份工作。

【档案法制建设】 执法检查东洲街道、富春四幼等多家单位，采取自查自纠、实地检查、督促整改等多种方式，实现“双随机”抽查事项全覆盖、镇街实地检查全覆盖。

【数字档案室创建】 继续开展创建规范数字档案室工作，鹿山街道单位档案室被认定为2018年度“浙江省规范数字档案室”，场口镇和区城市管理局被评为2018年度“浙江省示范数字档案室”。

（陈　明）

·老干部工作·

【概况】 2018年底，全区离休干部99人，其中副县级以上2人，杭州市属代管3人，易地安置13人；退休干部6051人，其中机关单位2598人，事业单位3453人。内有副县级以上29人。

【教育引领】 2018年全区各单位开展学习中共十九大和中共富阳区委一届三次全会精神教育活动90余次。举办全区老干部党支部书记培训班，提升老干部支部书记政治素养和业务能力。在全区离退休干部党支部中全面开展“一次学习讨论、一次党性初心教育、一次专题党课、一次组织生活会”的“四个一”活动，推进离退休干部“两学一做”学习教育常态化、制度化。按“一支部一品牌”要求，在全区96个离退休干部党支部中创建“心系三农、服务三农”“心系学生、关爱明天”等党建工作品牌85个。2018年，按1200元+100元×离退休干部党员人数/年标准落实全区离退休干部党组织专项补助经费，党组织书记工作补贴由原来每月100元提高至300元，并在里山镇安顶山村建立全区首个老干部开放式组织生活基地。

【服务保障】 2018年9月，区委、区政府联合下发《关于进一步加强和改进离退休干部工作的实施意见》，明确和规范新时期富阳区老干部工作。是年始全面实施全区离退休干部一年一次健康体检制度。建立《机关干部联系走访基层制度》，走访慰问离退休干部1000余人次，动态掌握离退休干部的家庭、身体、思想和需求情况。离休干部集中疗养改为家属陪伴个性化疗养，参加疗养补助经费由每人1500元提高至3000元。建立全区困难离退休干部及遗属信息库，通过“老干部爱心帮扶基金”对重病、高龄、失能等困难老干部实行常态化帮扶。全年帮困离退休干部、离休干部遗孀配偶450人次，下发慰问金50万元。全面落实离休干部社区责任医生签约和延伸服务，引入公益组织服务离休干部，打造老干部工作者、社区工作者、社区志愿者、社区医生联系服务老干部的立体化服务模式，为离休干部打造“社区方圆一公里居家养老服务圈”。经调查，离休干部对社区责任医生签约服务满意率达100%。

【发挥独特优势】 围绕“不忘初心本色美、发挥余热奉献美、示范引领行为美、积极向上心态美”四个“最美老干部”核心内涵，开展“争做最美老干部，人人增添正能量”主题活动，引导老干部在传承红色基因、助推中心工作、促进社会和谐、传递健康心态等方面发挥作用。完善离退休干部“进社区、亮身份、献余热”、老干部工作室等载体，利用“银亮富春”品牌，引导老干部积极参与环境提升、社会治理等活动。全区有1800余名老干部参与到社区15个公益岗位服务中。“春江心语”工作室全年帮助调解各类矛盾纠纷60余起。9月在城西社区新建“解忧工作室”，10余名副局级以上退休干部轮流驻点，在陪聊同时协助社区处理各类矛盾纠纷10余起。围绕富阳区“四态转型”“七大攻坚硬仗”等中心工作，组织全区老干部开展实地调研400余次，提出意见建议120余条，特别是区级老领导为江南新城建设点赞助力、助力农村消薄工作、为小城镇环境综合整治献计献策等调研报告，得到区委区政府主要领导的肯定和批示。老干部活动中心9个协会全年开展活动90余次，参与老干部近5000人次。书画协会送“福”字、春联进村进社、进广场营造了欢乐、祥和的新年氛围；花卉协会开展创“最美庭院”花卉培训班，为“三美”新农村建设增色添彩，9月，摄影协会举办“见证四十年，老干部眼中的富阳变迁”摄影展，精选150余幅图片向市民展示改革开放四十年来富阳在各领域取得的巨大成就。（喻震洲）

·关心下一代工作·

【“三爱”和党史、国史教育】 组织撰写《拥抱新时代　不辱新使命》《新时代 新思想 新目标 新征程》《中华文化是中国梦之魂》《军队强则国家强　军队强则国家安》《敬业是公民最基本的职业道德》《展神州风采　赞富阳发展》《少儿期家庭教育的加法和减法》等13篇通俗易懂宣讲辅导材料、汇编成册，发放各中学、小学关工委及各乡镇街道关工委讲师团成员。组织“五老”讲师团成员53名到学校、社区、村、企业宣讲，为青少年健康成长提供正能量。开展“传承红色基因，争做时代新人”红色传承活动，每个乡镇街道推出红色基因展示，组织青少年走进革命纪念馆等爱国主义教育基地。各级关工委组织老同志在清明节青少年参加祭扫革命烈士陵园（墓）活动进行革命传统教育。全区发放宣讲资料2600多份，参加宣讲老干部172人，65多处烈士陵园（墓）前宣讲283场次，受教育青少年学生、干部群众7万多人。

【假日爱心学校】 2018年，新办“假日爱心学校”6所，班级20个，新招收学生357人，其中民工子女36人。全区每个乡镇（街道）都开办爱心学校。7月1日至8月26日，平均上课23天。全区共创办“假日爱心学校”127所，班级178个，学生4826人，其中民工子女2043人。其中20个乡镇街道创办4所及以上，23个乡镇街道招收学生百人以上，富春街道创办22所学生627人。参与教学与管理志愿者2691名，其中“五老”人员280名、在职教师志愿者1037名、回乡大学生302名，社会各界爱心人士志愿者1014名。包括党员1380名、班主任324名。其间，组织举办富阳区第四届假日好声音比赛、“假日爱心学校”主题征文、评选最美“假日爱心学校”志愿者、“假日爱心学校”传承红色基因知识竞赛、爱心游泳班、成立“大学生暑期实践团”等活动。

【创办爱心游泳基地】 2018年，区关工委联合富中青少年体育俱乐部创办公益免费“爱心游泳基地”，建立培训点7个，举办游泳基础班6个，参加学员263人。学习内容以基础知识为主，掌握游泳技能，具有一定水性能在静水中保全自身，以及溺水施救技能等。该项活动连续举办七届，免费培训学生近2500名，系全国关工委系统首创。人民网、央视新闻频道《新闻1+1》节目《关注暑期预防儿童溺亡》中，富阳被列为小城镇范本。

【宣传报道】 全年被各大报刊、杂志、网站、电视、广播录用稿件1357篇，微信公众平台发送信息526条，内容主要红色基因、工作品牌、生活资讯3个方面。人民网、中国爱国教育网、中国网、中国未成年人网、《中国火炬》杂志、关爱下一代网、《浙江老年报》、浙江教育新闻网、浙江在线新闻网、浙江关工委网站简报、《富阳日报》、富阳新闻网、富阳电视台、富阳广播电台等新闻媒体深入报道富阳区关工委创新工作。直播浙江、富阳论坛、富阳在线3个平台网络直播富阳区第五届“滴水未来”志愿者培育工程总结会、“假日爱心学校”启动仪式、第四届假日好声音比赛、开办爱心游泳班，关注人数达8.13万人。《最美“假日爱心学校”志愿者》评选活动，阅读浏览达528459人，累计投票数68759票。富阳区关工委在中国关工委、省关工委、杭州市关工委工作会议上交流发言5次。11月1日，中国关工委常务副主任张玉台对富阳《关心下一代，我们一直在路上》的报道作了批示：富阳区关工委从国家未来和民族的希望这一高度做了大量工作，为青少年健康做了许多特色工作，值得学习和推广。

【《中国火炬》通信员培训班在富阳举行】 10月30—31日《中国火炬》通联评刊暨通信员培训班在富阳开班。中国关工委常务副主任张玉台、闵振环，中国火炬杂志社社长总编李小千，浙江省十一届人大常委会副主任关工委主任徐宏俊，杭州市关工委常务副主任吴春莲，区领导朱党其、仰中旻以及全国各地关工委工作人员270余人参加开班仪式。

（骆金木）

【编　辑　沈绍坤】

杭州市富阳区人民代表大会

·重要会议·

【区十六届人大二次会议】 1月16日至1月19日举行，出席会议代表248名，列席会议人员300名。会议听取和审查了区人民政府工作报告、区人大常委会工作报告、区人民法院工作报告、区人民检察院工作报告，批准了上述报告。审查和批准了富阳区2017年国民经济和社会发展计划执行情况的报告及2018年国民经济和社会发展计划，审查和批准了富阳区2017年财政预算执行情况的报告和2018年财政预算。会议投票表决2018年政府民生实事项目，依法选举金慧军、袁小军为区十六届人大常委会委员。

1月16日下午，召开预备会议，选举产生由48名成员组成的大会主席团，并选举赵玉龙任大会秘书长，通过大会议程。会议期间，共举行4次全体会议，5次主席团会议。

本次大会共收到代表的议案和建议204件。这些议案和建议涉及民政、社保等民生保障方面的16件，涉及工业、外经、外贸等工业经济方面的15件，涉及农、林、水等农业经济方面的30件，涉及运动休闲、商贸、旅游等现代服务业方面的11件，涉及交通、水电等城乡基础设施方面的73件，涉及土地、环保、能源等资源管理方面的18件，涉及文、教、卫等社会事业发展方面的35件，其他方面的6件。其中《加快城乡供水能力建设，保障居民饮用水需求》被列为大会议案，将由区人大常委会主任会议集体督办，区人民政府区长牵头办理，其余代表议案、建议均作建议处理，交相关部门处理。本次大会的建议中，《深化"最多跑一次"改革，全面推行便民服务事项网上办、就近办、简化办》《加快推进江南新城整体转型发展》《实施"名医、名科、名院"工程，着力提升区域医疗服务水平》《大力扶持实体经济，加快产业转型步伐》等建议，事关富阳区的民生大事优先确定为重点建议进行重点督办。

【区十六届人大常委会第九至第十七次会议】 区十六届人大常委会年内举行会议9次，听取和审议专项工作报告19个，发出审议意见书9份，作出决议、决定20项。

区十六届人大常委会第九次会议于1月12日召开。主要议题：（1）初审富阳区2017年国民经济和社会发展计划执行情况与2018年国民经济和社会发展计划草案的报告。（2）初审富阳区2017年财政预算执行情况和2018年财政预算草案的报告以及部门预算草案的报告。（3）审议并通过富阳区2017年环境状况和环境保护目标完成情况的报告。（4）初审区人大常委会工作报告（草案）。（5）初审区人大常委会2018年工作要点（草案）。（6）征求对区人民政府工作报告（征求意见稿）、区人民法院工作报告（征求意见稿）、区人民检察院工作报告（征求意见稿）的意见。（7）审议并表决通过关于实施区政府民生实事项目人大代表票决制的决定（草案）。（8）初审2018年政府民生实事项目投票表决办法（草案）。（9）初审2018年政府民生实事候选项目。（10）听取区十六届人大二次会议筹备工作情况的报告。（11）审议并表决通过区十六届人大二次会议议程（草案）、日程（草案）、有关名单（草案）、选举办法（草案）以及区十六届人大二次会议关于代表提交议案截止时间的决定（草案）。（12）听取并审议区十六届人大代表资格审查委员会关于代表资格审查的报告。（13）审议并表决有关人事任免事项，决定接受裘富水辞去杭州市富阳区人民政府副区长职务，决定任命喻乃群为杭州市富阳区人民政府副区长。

第十次会议于2月10日召开。主要议题：审议并表决杭州市第十三届人大代表补选有关事项，通过关于接受顾雪飞辞去杭州市第十三届人大代表职务请求的报告和补选陈海鹰为杭州市第十三届人大代表的报告。

第十一次会议于3月7日召开。主要议题：（1）审议并表决有关人事任免事项，决定接受吕建明、俞兴军、桑晓霞辞去杭州市富阳区第十六届人民代表大会常务委员会委员职务并报杭州市富阳区人民代表大会备案，决定免去吕建明的杭州市富阳区人大常委会财经工作委员会主任、杭州市富阳区人大财政经济委员会副主任委员职务，俞兴军的杭州市富阳区人大常委会农业和农村工作委员会主任职务，任命倪洪水为杭州市富阳区人大财政经济委员会副主任委员，张生良为杭州市富阳区人大常委会财经工作委员会主任，方炳林为杭州市富阳区人大常委会农业和农村工作委员会主任。

第十二次会议于5月31日召开。主要议题：（1）听取和审议富阳生态文明建设示范区规划。（2）听取和审议区政府固体废物污染环境防治"一法一条例"贯彻实施情况的报告和区人大常委会执法检查情况的报告，表决通过《关于对固体废物污染环境防治"一法一条例"贯彻实施情况的审议意见》。（3）审议并表决通过杭州市富阳区人大常委会关于调整代表资格审查委员会组成人员的决定（草案）。（4）审议并表决通过杭州市富阳区人民代表大会代表议案和建议处理办法（修改稿）。（5）审议并表决有关人事、代表事项，通过关于接受吕建明等人辞去区第十六届人民代表大会代表职务的报告和关于补选区第十六届人民代表大会代表的报告，通过关于补选金志为杭州市第十三届人民代表大会代表的报告，决定任命侯明平为杭州市富阳区人民政府副区长。

第十三次会议于7月23日召开。主要议题：（1）听取和审议区政府关于贯彻实施《中华人民共和国中医药法》情况的报告和区人大常委会关于贯彻实施《中华人民共和国中医药法》执法检查情况的报告，表决通过关于对《中华人民共和国中医药法》贯彻实施情况的审议意见。（2）听取和审议区政府《关于富阳区2017年财政决算的报告》和《2018年上半年预算执行情况的报告》，表决通过《关于批准杭州市富阳区2017年财政决算的决议》。（3）书面审议区政府关于2016年度预算执行情况和其他财政收支情况审计意见落实情况报告。（4）听取和审议区政府《关于富阳区2017年度财政预算执行和其他财政收支情况审计工作报告》，表决通过《关于杭州市富阳区2017年财政决算执行和其他财政收支情况审计工作报告的审议意见》。（5）听取并审议《关于杭州市富阳区2018年上半年国民经济和社会发展计划执行情况的报告》。（6）听取并审议《关于2018年政府投资项目计划上半年执行情况以及调整部分政府投资项目计划的报告》，表决通过《关于杭州市富阳区2018年部分政府投资项目计划调整的审议意见》。（7）听取和审议区政府关于政府民生实事项目执行情况报告。

第十四次会议于9月29日召开。主要议题：（1）听取和审议区政府关于"七五"法治宣传教育实施情况中期工作报告和区人大常委会关于"七五"法治宣传教育实施情况的调查报告，表决通过《关于对区政府法治宣传教育工作情况报告的审议意见》。（2）听取和审议区政府关于集体经济相对薄弱村消除工作开展情况和区人大常委会关于消除集体经济相对薄弱村工作开展情况的调查报告，表决通过《关于对消除集体经济相对薄弱村工作开展情况的审议意见》。（3）审议并表决通过《杭州市富阳区人大常委会关于补选杭州市富阳区第十六届人民代表大会代表的决定》。（4）审议并表决通过《杭州市富阳区人大常委会关于政府民生实事项目人大代表专项监督办法（试行）》。（5）审议并表决有关人事任免事项，决定接受杨俊、潘璀玮等2人辞去杭州市富阳区人民政府副区长职务，任命张生良为区人大财政经济委员会副主任委员（兼）。

第十五次会议于10月19日召开。主要议题：（1）审议并表决区人民法院关于请求确定人民陪审员名额的报告，确定富阳人民陪审员名额为350名，由区司法局会同人民法院、公安富阳分局按法定程序选任。

第十六次会议于11月23日召开。主要议题：

（1）听取和审议区人民法院执行工作情况报告和区人大常委会关于对区人民法院执行工作情况的调查报告，书面审议两名执行法官个人履职情况报告、区人大常委会关于两名执行法官履职情况的调查报告和执行案卷评查报告，表决通过《关于对区人民法院执行工作情况报告的审议意见》。（2）听取和审议区政府《关于“十三五”规划实施情况的中期评估报告》和区人大常委会 《关于“十三五”规划实施情况的中期评估报告》的调查报告，表决通过《关于杭州市富阳区国民经济和社会发展第十三个五年规划中期评估报告的审议意见》。（3）听取和审议区政府2018年财政预算调整报告和区人大常委会关于2018年财政预算调整审查报告，并表决通过《杭州市富阳区人大常委会关于批准2018年财政收支预算调整的决议》。（4）听取和审议区政府关于区十六届人大二次会议代表议案建议办理情况的报告。（5）审议并表决有关人事任免事项，任命蒋寿南为区人大法制内务司法委员会副主任委员。

第十七次会议于12月26日召开。主要议题：（1）听取和审议区政府2018年政府民生实事项目完成情况报告（书面）和区人大常委会关于富阳区2018年政府民生实事完成情况的监督报告。（2）听取和审议区人大常委会各街道工作委员会工作报告。（3）听取部分杭州市人大代表述职报告。（4）听取和审议区十六届人大三次会议议程（草案）和日期。（5）听取和审议关于召开区十六届人大三次会议的决定（草案），表决通过《关于召开杭州市富阳区第十六届人民代表大会第三次会议的决定》，决定区第十六届人民代表大会第三次会议于2019年1月中旬在富春街道召开。（6）审议并表决有关人事任免、代表事项，决定任命魏东为杭州市富阳区人民政府副区长。

·常委会监督工作·

【法律监督】 5月，听取和审议关于固体废物污染环境防治“一法一条例”贯彻实施情况报告。针对贯彻法律法规不够彻底、危废处理不够规范、资源化综合利用能力差和监管力量薄弱等问题，建议深入开展宣传教育，形成全面参与的共治氛围；创新防治工作机制，全面提升固废污染防治能力；加强基础设施建设，提高固废综合处置利用水平；加大政策保障力度，提高固废污染执法监管能力。

5月，听取和审议关于《浙江省学前教育条例》贯彻实施情况报告。针对《浙江省学前教育条例》在富阳区贯彻实施情况，提出了进一步强化政府责任、加大对学前教育事业的投入力度等5个方面意见建议。

7月，听取和审议关于《中华人民共和国中医药法》贯彻实施情况报告。针对目前中医医疗资源（包括人财物）和空间资源配置总体实力偏弱、中医药综合服务能力不强、人才队伍建设满足不了发展的需求、政府保障力度不够等问题，建议加强中医药服务能力建设；加大中医药发展和保护力度；重视中医药人才队伍建设；加强中医药传承和文化传播；规范中医药工作管理；加大中医药事业扶持力度；加大中医药领域执法力度。

9月，听取和审议“七五”法治宣传教育实施情况中期工作报告和区人大常委会关于“七五”法治宣传教育实施情况的调查报告。针对富阳区法治宣传教育工作存在思想认识不到位、法治政府建设不扎实、工作开展不平衡、乡镇街道主体意识不强、法治实体建设不够重视等问题，建议进一步提高政治站位，强化法治理念；完善机制建设，落实普法责任；注重学法制度建设，抓住“关键少数”；加强工作结合，认真开展活动；以善治为目标，推进“三治融合”；注重法治文化，弘扬法治精神。

10月，听取和审议关于《宗教事务条例》贯彻实施情况报告。针对《宗教事务条例》学习宣传，依法管理宗教事务，加强宗教工作基层网络建设，抵御非法宗教渗透，各宗教团体、宗教活动场所加强自我管理、规范化建设等方面的情况，提出了进一步强化对宗教工作的认识、进一步扩大宣传、进一步做好对宗教事务的管理等意见建议。

11月，听取和审议法院执行工作情况报告和区人大常委会关于对法院执行工作情况的调查报告，书面审议两名执行法官个人履职情况报告、区人大常委会关于两名执行法官履职情况的调查报告和执行案卷评查报告。针对破解执行难工作任务艰巨，规范执行有待加强，网络查控系统有待进一步完善，群众的执行获得感有待提升等问题，建议进一步规范执行行为，强化案件督导与核查；进一步加大对失信被执行人联合惩戒力度，使失信被执行人“一处失信、处处受限”；进一步提高执行案件执行率，从源头上减少执行案件；进一步加强执行队伍建设，建立一支公正廉洁的执行铁军队伍。

区人大常委会主任汤全华带队视察

（区人大办　供稿）

【工作监督】　3—4月，开展小城镇环境综合整治工作专项监督。建议各镇街、各有关部门和单位提高认识，统一思想，主动作为；积极加强沟通协调，注重信息互通和资源共享；积极拓展思路、创新方法、统筹兼顾；发挥撬动作用，引发聚变效应，促进镇街管理水平、服务能力和居民文明素养的同步提升；充分利用报纸、广播、电视、网络等新闻媒体，层层动员，广造舆论，迅速形成强大的声势，提高社会认可度和群众满意度。

3—5月，专题调研“壶源溪流域综合整治”情况，完成《自然为本 文化为魂 全域统筹 五美联动 擦亮生态底色引领壶源溪流域绿色发展》课题调研报告。提出总体思路：站在全省“大湾区大花园大通道”建设和杭州“拥江发展”的战略高度，坚持生态优先、绿色发展的理念，以复兴人文历史、统筹区域联动、打造亮点品牌、融合产业发展为宗旨，紧扣最美公路、最美绿道、最美溪流、最美绿廊、最美人文五大建设内容，开展壶源溪全域综合保护提升，把壶源溪流域打造成为三美建设新样板、拥江发展新平台、乡村振兴新亮点。

4月，专题调研行政机关负责人出庭应诉工作情况。针对区政府负责人出庭应诉少、行政正职出庭少、负责人出庭不出声等问题，建议提升依法行政意识，各级行政机关应当充分认识其重要性；完善体制机制保障，建立出庭应诉工作规则，用机制来保障和推进负责人出庭应诉工作；加强各方机关联动，各方面要通力合作，共同努力；提高出庭应诉水平，配齐配强具有法律专业知识人才，组织专题培训、法律沙龙讨论、观看庭审视频、现场旁听观摩等活动提升负责人应诉能力和技巧。

4—5月，专题调研林道建设情况。建议进一步改善林区广大人民群众的出行条件；进一步促进森林资源的保护和可持续利用；进一步推进富阳区生态旅游产业的发展，最大限度地发挥林道对林业生产、森林防火、森林旅游的促进作用。

5月，专题调研突发气象灾害预警工作。建议政府各部门加强气象成果的应用；加大宣传，提升市民防灾意识，让市民主动利用气象预警信息去避灾减灾；创新工作，利用气候资源试验新产品引进，为现代化农业田园做好为农服务示范。

6月，专项监督公益林建设管理情况。针对公益林保护和利用的矛盾日益突出，管理压力进一步加大，管理队伍建设有待加强等问题，建议强化宣传、营造氛围，提高对公益林重要性的认识；科学规划、适度调整，切实做好公益林保护文章；加强指导、科学经营，切实做好公益林利用文章；完善机制、建管并举，切实做好公益林管理文章。

7月，听取和审议关于富阳区2017年财政决算和2018年上半年预算执行情况的报告。针对财政预算调整还需改进、财政资金管理不够有力、政府专项不够细化、国库集中支付还需推进、部门预算执行不够规范、部分民政政策执行还欠规范、公共资源管理不够到位、政府投资项目管理还需进一步加强规范、政府债务管理还需进一步重视等问题，建议加强收支预算管理，加强专项资金管理，加强国有资产监管，强化政府债务管理。

7月，听取和审议关于富阳区2017年度预算执行情况和其他财政收支情况审计工作报告。建议注重审计结果运用，建立历年审计工作发现问题数据库，加强对审计结果的分析；加大对审计查出问题的整改力度，切实增强审计整改的自觉性和主动性，严格执行审计意见和决定。

7月，听取关于政府民生实事项目执行情况报告。建议区政府及相关部门继续坚持民生导向，加大工作力度，高质量完成各项工程。

9月，听取和审议关于集体经济相对薄弱村消除工作开展情况的报告和区人大常委会关于消除集体经济相对薄弱村工作开展情况的调查报告。针对政策落实不够到位，工作开展不够平衡，三资管理不够规范等问题，建议明确目标，进一步增强消薄工作的紧迫感；因地制宜，统筹推进消薄工作；完善政策，加大对消薄工作的要素支持；巩固成果，保障村级集体经济持续增长。

10—11月，开展矿山治理调研。针对岩石裸露、水土流失、地质灾害隐患等问题，建议促进矿产资源保护和科学合理利用，推动资源利用方式根本转变，提高资源利用效率和效益，实现资源开采与生态环境保护协调发展。

11月，听取和审议《关于"十三五"规划实施情况的中期评估报告》和区人大常委会《关于"十三五"规划实施情况的中期评估报告》的调查报告。针对经济增长后劲不足，创新能力有待提升，城市发展需要加快，城镇化进程需要推进等问题，建议注重规划引领，推进规划高水平实施；加强结构调整，推动经济转型升级；激活创新引擎，推进高新产业发展；提升城市品质，促进大都市新型城区建设；推进城镇化进程，实现高水平社会治理。

11月，听取和审议区政府关于区十六届人大二次会议代表议案建议办理情况的报告。建议进一步强化议案建议办理的责任意识，增强工作的自觉性和主动性；进一步完善议案建议办理的工作机制，分类更准确，交办更精准，协调更给力；进一步增强办理实效，克服"重答复、轻实效"情况，建立与代表的互动机制，主动配合视察督查活动。

·重大事项决定·

【常委会决定】 5月31日，区第十六届人大常委会第十二次会议听取和审议富阳生态文明建设示范区规划。会议要求按照规划的总体目标，细化年度工作目标任务；加强领导，明确责任，强化措施，强力推进，确保国家级生态文明建设示范区如期创建成功。会议通过《关于富阳生态文明建设示范区规划的审议意见》。

7月23日，区第十六届人大常委会第十三次会议听取和审议关于2018年政府投资项目计划上半年执行情况以及调整部分政府投资项目计划的报告。建议进一步健全重大政府投资项目决策机制，完善项目库建设，健全项目管理和绩效评价机制。

11月23日，区第十六届人大常委会第十六次会议听取和审议2018年财政预算调整的报告和区人大常委会关于2018年财政预算调整的审查报告，决定批准区人民政府提出的《关于杭州市富阳区2018年财政收支预算调整的报告》和2018年财政收支预算调整方案，同意区人民政府债务限额调整为140.84亿元。会议通过了《杭州市富阳区人大常委会关于批准2018年财政收支预算调整的决议》。

·人事任免·

【任免干部】 区人大常委会坚持党管干部原则和人大依法任免干部相统一的原则，全年依法任免国家机关工作人员75人次，其中决定任命区人民政府副区长3人，接受辞职6人。

1月12日，区第十六届人大常委会第九次会议表决通过，任免7人，接受辞职1人；3月7日，区第十六届人大常委会第十一次会议表决通过，任免15人，接受辞职3人；5月31日，区第十六届人大常委会第十二次会议表决通过，任免29人；9月29日，区第十六届人大常委会第十四次会议表决通过，任免15人次，接受辞职2人；11月23日，区第十六届人大常委会第十六次会议表决通过，任免8人；12月26日，区十六届人大常委会第十七次会议表决通过，任免1人。

·代表工作·

【代表活动】 开展区政府民生实事项目监督。组织代表积极服务民生改善，开展区政府民生实事项目监督工作，切实发挥人大代表在监督政府工作中的重要作用。2018年，出台《政府民生实事项目人大代表专项监督办法》，对在区十六届人大二次会议上代表票决通过的关于打通城区5条断头路、改造3个区块背街小巷及2个老旧小区二次供水、对4个乡镇实施“四线供水”等10个政府民生实事项目实行分组专项监督制度，开展“一季一督查、半年一报告、一年一测评”的监督活动，实现代表“人人有任务”，项目“事事有监督”，切实发挥区人大代表在民生实事项目推进过程中的联系监督和帮助支持作用，形成全社会合力助推民生实事项目的良好氛围。

强化代表履职服务保障。完善人大代表履职管理制度，落实代表履职经费保障，开展履职积极分子评选，制定《杭州市富阳区人大常委会区人大代表优秀议案、建议评选办法》，评选出10件优秀议案建议。开发启用“富阳代表履职”手机APP，实时记录代表履职情况，运用信息化、智能化手段改进代表履职方式。

丰富代表履职活动载体。坚持常委会会议邀请代表列席制度，2018年累计45名代表列席参加常委会会议。组织代表围绕政府中心工作参与到常委会组织的各项活动中，167名代表参加“一府两院”工作报告会，发挥代表在“代表问政”中的主体作用。深入推进代表进联络站建设，领导干部以代表身份走进基层代表联络站，接待群众、听取民意，帮助解决群众诉求。

【指导乡镇（街道）人大工作】 试行街道人民议事会议制度。为贯彻落实中共十九大关于完善基层民主制度建设的精神，结合富阳区实际，在五个街道全面试行人民议事会议制度。按照“只议事不议人”原则，参照乡镇人代会的程序和要求，使议事代表对街道的社会事业发展等方面享有知情权、参与权、表决权和监督权。通过议事代表的积极履职，5个街道首次票选出街道民生实事项目。

开展乡镇（街道）人大网上考核工作。以网上考核为抓手，引导乡镇（街道）人大在召开人大工作会议、开展代表闭会期间活动、组织视察检查、进行专项监督等工作中注重实效和结果运用，助推乡镇（街道）人大工作在规范化的基础上，有特色、有亮点、更有实效。

·议案建议·

【议案建议办理】 修订完善《杭州市富阳区人民代表大会代表议案和建议处理办法》，进一步突破承办单位重答复、轻办理、缺乏与代表主动沟通的难题，切实提高承办单位重视程度，增强办理工作实效。组织常委会组成人员、乡镇街道人大负责人、议案建议领衔代表等，面对面对承办单位办理工作进行结果测评，并向社会公示。

十六届人大二次会议期间，共收到人大代表建议204件。其中《关于加大投入确保山区群众饮用水安全的建议》等13件人大代表建议合并为大会议案，《加快城乡供水能力建设，保障居民饮用水需求》《关于要求建立大社保便民窗口，解决群众办事最后一公里的建议》《关于在江南新城建设中教育优先布局的建议》等38件人大代表建议合并列为6件重点建议。除大会议案外，191件建议答复件中A类73件，B类103件，C类11件，D类4件，解决率为92.1%。

【大会议案】 《加快城乡供水能力建设，保障居民饮用水需求》：一是完成《杭州市富阳区农村饮用水规划（2018年—2025年）》的编制，出台《关于加快推进农村饮用水保障工作的实施意见》（富政办〔2018〕45号），明确富阳区农村饮用水工作的建设目标、职责分工、资金配套、管理机制、考核奖惩等；二是加快“四线供水”工程建设和农村自备供水工程建设；三是落实农村饮水安全工作行政“一把手”负责制，部门各司其职，密切配合，共同做好农村饮水安全工作；四是加大了对农村饮用水工程的财政保障力度。 （刘　哲）

【编　辑　沈绍坤】

杭州市富阳区人民政府

·重要会议·

【区政府全体会议】 3月2日上午，区政府召开第三次全体（扩大）会议，分解部署2018年《政府工作报告》目标任务、市区两级政府民生实事项目任务，动员全区政府系统进入再战斗、再攻坚状态。

8月16日上午，区政府召开第四次全体（扩大）会议，深入学习领会习近平总书记对浙江和杭州工作的重要指示，学习贯彻省委、省政府和市委、市政府全体会议精神，全面落实区委一届四次全体会议部署，对照《政府工作报告》目标要求，进一步发挥优势、补齐短板，强举措、抓落实、敢担当，动员全区上下持续攻坚、再打硬仗，确保全年经济社会发展任务圆满完成，以实际行动践行好“八八战略”，推进富阳更高质量发展。

【区政府常务会议】 全年召开区政府常务会议23次，讨论研究事关全区经济和社会事业发展的重大问题和重要事项。

1月5日下午，区政府召开第16次常务会议。会议讨论研究了《富阳区富春街道城中村改造试点工作指导意见》《杭州市富阳区学前教育第二轮三年行动计划（2018年—2020年）》《杭州市富阳区特殊教育三年提升计划（2018年—2020年）》等事宜，并聘任了8位区政府法律顾问。

1月6日，区政府召开第17次常务会议。会议讨论研究并原则通过《关于调整富阳区“5110”计划政策的建议》《2018年财政收支预算草案》《2018年政府投资项目计划（草案）》《杭州市富阳区2017年环境状况和环境保护目标完成情况》以及2018年《政府工作报告（征求意见稿）》等事宜。

2月9日上午，区政府召开第18次常务会议。会议传达学习了市两会精神，讨论研究了富阳社会保险费基数、费率和离退休人员待遇调整有关事宜以及部分干部人事工作。

3月9日，区政府召开第19次常务会议。会议讨论研究了《关于进一步促进农业产业发展的若干意见》《关于实施高新工业强区战略的若干意见》《关于加快现代服务业发展的若干意见》《关于促进开放型经济发展的若干意见》《关于促进金融行业发展和企业利用资本市场的若干意见》等事宜。

3月14日上午，区政府召开第20次常务会议。会议讨论研究了《富阳区生态文明示范区规划工作》《富阳区基准地价更新》《2018年度富阳区全面深化生活垃圾“三化四分”工作实施方案》《富阳区关于建设工程渣土消纳场地规范化运营的若干意见》等事宜。

3月27日上午，区政府召开第21次常务会议。会议讨论研究了地铁沿线征迁计划和开发建设、富阳区工业企业“留心留根”工程实施意见（试行）等事宜。

4月23日下午，区政府召开第22次常务会议。会议讨论研究了《富阳区居住出租房屋“旅馆式”管理工作办法》《富阳区消防工作三年行动计划（2018—2020）》《富阳区房屋征迁中介机构监督管理办法》《富阳区房屋征迁工作经费管理办法》及相关水利规划批复等事项。

5月11日，区政府召开第23次常务会议。会议讨论研究了杭州富阳文化旅游投资集团有限公司组建总体方案、富阳区行政服务中心场口分中心组建方案、春南安置小区等PPP项目实施方案等事项。

6月22日，区政府召开第24次常务会议。会议研究讨论了《关于进一步加强高层次人才及团队引进培养若干意见》《富阳区行业领军人才建设五年行动计划》《部分街道社区规模调整和设置方案》《关于进一步加快文化产业发展的若干意见》《关于加强耕地保护和改进占补平衡的实施意见》《关于加快农村饮用水保障工作的实施意见》等内容。

7月5日上午，区政府召开第25次常务会议。会议审议了2018年富阳区第一期高层次人才“5110”计划创业项目评审资助标准、富阳区农（林）自用船舶管理办法、富阳区残疾人机动轮椅车置换及合法上路工作实施方案、政府投资项目计划调整等事项。

7月18日晚，区政府召开第26次常务会议。会议研究讨论了干部人事工作《浙江南方水泥有限公司富阳项目投资协议》《中国金茂江南新城高铁片区综合开发项目合同》等事项。

8月10日上午，区政府召开第27次常务会议。区领导丁永刚、张霖、孙洁、王洪光、喻乃群、侯明平、丁伟民参加会议，区人大常委会副主任孙柏平列席。会议审议了《杭州市富阳区江南新城产业发展规划（送审稿）》《富阳区落实消防安全责任实施办法（送审稿）》《富阳区建设工程施工招标投标管理规定（送审稿）》等事项。

8月29日下午，区政府召开第28次常务会议。会议审议了《杭州市富阳区2018年依法行政工作要点》、杭州电子科技大学富阳研究院建设相关事项《杭州市富阳区高新技术企业培育三年行动计划》《杭州市富阳区2018年“清洁排放区”建设暨大气污染防治计划》《杭州市富阳区治污水暨水污染防治2018年实施计划》《杭州市富阳区净土、清废暨土壤污染防治2018年工作计划》等事项。

9月19日上午，区政府召开第29次常务会议。会议审议了《富阳区地质灾害和废弃矿山自然生态治理工作实施意见》、科技投资引导基金、金融研修院项目和《富阳区卫生健康事业发展三年行动计划（2018—2020）》等事项。

10月9日上午，区政府召开第30次常务会议。会议审议了《杭州市富阳区事业单位公务用车制度改革实施意见》《杭州市富阳区事业单位区域内公务交通费用管理办法》，天津飞旋科技有限公司磁悬浮“+”产业项目合作协议，以及《富阳区畜禽养殖废弃物高水平资源化利用工作方案》《富阳区有关深化“亩均论英雄”改革的实施意见》等事项，并听取了富阳区—缙云县山海协作工程有关工作和北影（杭州）国家级电影产业基地——影视产业园项目签约工作的汇报。

10月19日，区政府召开第31次常务会议。会议审议了《富阳区“标准地+承诺制”改革实施办法》《富阳区农村饮用水规划报告（2018—2025年）》《富阳区农村自备供水改造提升工程三年行动计划（2018—2020年）》《富阳区农村自备供水工程建设管理办法》《富阳区农业水价综合改革实施方案》，研究讨论了循环经济产业园、场口“微镇”项目以及区第二人民医院与杭州市第一医院、杭州市中医院合作办医等事项，并听取禁毒示范城市创建工作汇报。

11月1日下午，区政府召开第32次常务会议。会议审议了富阳区农村宅基地使用权及住房确权登记发证工作实施方案和富阳区既有多层住宅加装电梯试行细则。

11月8日晚，区政府召开第33次常务会议。会议审议了富阳区与长春市九台区对口合作框架协议、“十三五”规划纲要中期评估、《工程建设项目审批制度改革试点实施方案》以及《富阳区建设高品质“四好农村路”实施意见》等事项。

11月22日上午，区政府召开第34次常务会议。会议审议了《杭州市富阳区创建国家安全发展示范城市三年行动计划（2018—2020）》《富阳经济技术开发区财政体制管理办法》《富阳区江南新城财政体制管理办法》及2018年度财政收支预算调整、《杭州市富阳区特困人员救助供养实施办法》、G40/G31次列车富阳站增加停点等事项。

12月6日上午，区政府召开第35次常务会议。会议审议了《关于规范和促进艺术类培训产业健康发展的若干意见（试行）》《上官乡球拍行业整治工作实施方案》等事项。

12月16日下午，区政府召开第36次常务会议。会议审议了“江南新城”更名为“富春湾新城”有关事项。

12月21日，区政府召开第37次常务会议。会议审议了2018年富阳区第二期高层次人才“5110”

计划创业项目评审资助标准，《富阳大数据产业创新研究院共建协议书》与《浙江春江新材料研究院共建意向书》，中科院上海光机所杭州分所建设相关工作，《富阳区2018年国民经济和社会发展计划执行情况与2019年国民经济和社会发展计划（草案）》和《2019年政府投资项目计划》编制情况等事项。会议还研究讨论了相关人事工作。

12月25日上午，区政府召开了第38次常务会议。会议审议了杭州聚雷电子科技有限公司项目、威高集团有限公司浙江总部项目、杭黄高铁片区一平方公里项目、《富阳区公立医院薪酬制度改革实施意见》等事项。

【区长办公会议】 全年召开区长办公会议11次，会议内容一般为回顾总结上月政府工作，研究部署当月政府工作重点。

【区政府专题会议】 全年召开区政府专题会议100余次，主要研究和讨论事关全区经济和社会各项事业发展的专项问题。

【其他重要会议】 区政府全年主持召开的其他重要会议有：全区安全生产专题会议、全区国家卫生城市复评迎检动员会、全区法治政府建设暨普法领导小组（扩大）会议、2018年富阳区“一府两院”工作报告会、全区工程建设项目审批制度改革试点工作推进会议、区政府与区总工会第九次联席会议、中央环保督察信访件整改落实（督办）工作部署大会、全区生活垃圾“三化四分”及厕所革命工作现场会、区政府季度经济形势分析会、2018年区政府民生实事项目半年度督查暨大调研大落实专题会议、“燕南归”江南新城恳谈会、杭州市富阳区产业发展引导基金管理委员会会议、乡镇（街道）农村土地确权工作行政约谈、2018杭州（富阳）数字经济高峰论坛、2018 浙江·台湾合作周黄公望产业金融峰会等。

·重要政事·

【新设立非常设机构】 区政府根据工作需要新设一批非常设机构，主要有：富阳区万里美丽经济交通走廊创建和四好农村路建设工作领导小组、杭州市富阳区生活垃圾“三化四分”工作领导小组、杭州市富阳区重大交通项目建设综合指挥部、富阳区城市文化陈设协调领导小组、富阳区农村饮用水安全提升保障工作领导小组、富阳区既有住宅加装电梯工作领导小组、富阳区智慧电子政务建设工作领导小组、杭州市富阳区优先发展城市公共交通工作领导小组、富阳区农业信息进村入户工程领导小组、富阳区“大棚房”问题专项清理整治工作领导小组、富阳区“富阳工匠”认定工作委员会。

【调整非常设机构】 区政府根据工作需要调整一批非常设机构，主要有：场口镇小城市培育试点工作领导小组、富阳区小微企业三年成长计划推进领导小组、富阳区集中式饮用水源保护工作领导小组、杭州市富阳区盐业体制改革工作领导小组、钱塘江治理工程富春江（富阳段）工程推进领导小组、富阳区农村生活污水工程运行维护管理工作领导小组、富阳区防治动物疫病指挥部、富阳区公款存放管理领导小组、富阳区自然水资源微循环灌溉技术工作推进领导小组、杭州市富阳区安全生产委员会、富阳区第三次全国国土调查工作领导小组、富阳区殡葬改革领导小组、富阳区循环经济产业园项目推进工作领导小组、杭州市富阳区建设高品质“四好农村路”工作领导小组、富阳区公共资源交易管理委员会。

·政务工作·

【外事及港澳台工作】 全年共组织出国及赴港澳台团组7个，其中亚运专项团组1个。另外，赴台交流团组2个，赴港澳交流团组2个。全年出访47批113人次，其中包括教师医生出国培训19批22人次。全年共办理邀请外国人到富阳审批113批126人次。接待了友好交流城市韩国群山市代表团、发展中国家中国公共管理和公共政策高级研修班一行，顺利组织中韩文化学堂在富阳区青少年宫开班。

【督办工作】 重视督查督办落实，对《政府工作报告》涉及的目标任务、重要工作和实事工程细化分解，通过“一单位一任务书”的形式进行集中交办。通过办公室协同办公网，每月督查民生实事项目，重点工作的节点进度完成情况。每月办公室各线汇总梳理上月工作完成情况，在区长办公会议上交流本月工作计划，形成各线每月晒业绩的工作机制。办公室督查督办科每周汇总梳理一次区长重点关注的工作，实时掌握推进进度，对区政府全体会议、常务会议和专题会议作出的决策部署和决定的工作事项，逐项梳理，通过系统督办、催办、协调会议等方式，提高督查质量，做到“事事有回音、件件有落实”。围绕“三高”建设、“安置房建设”“重点项目建设”等年度中心工作，落实线上、线下督查、每月现场督查重点工作，形成督查专报7期。建立区领导批示闭环办理机制，实现区领导批示无纸化交办，落实领导批示每周反馈梳理，每月办理回头看，跟踪督办销号管理，按时办结率达100%。

【“两会”议案建议和提案办理】 全年共办理区级人大代表建议204件，政协委员提案166件；按时办结率100%，人大代表满意率100%，政协提案满意率100%。

【法制工作】 印发《杭州市富阳区2018年依法行政工作要点》，召开全区法治政府建设推进大会和府院联席会议，严格落实政府重大决策、行政规范性文件管理、行政合同管理、政府法律顾问等工作制度。组织各部门做好行政处罚结果信息网上公开工作，通过政务服务网公开行政处罚结果信息3154条。积极履行复议应诉职责，建立多渠道的大调解机制，有效降低败诉率、纠错率，切实提高行政机关负责人出庭应诉率，推动建立权责统一、权威高效的法治政府。

【应急工作】 协调各预案编制单位修订完善区级应急预案7个，区级专项应急预案达到48个。参与或组织开展市、区两级综合性应急演练48次。印发《关于进一步加强社会应急联动工作的通知》，将乡镇（街道）和部分区级部门列入一级应急联动单位，一级联动单位调整为39个。区政府应急办、区“110”社会联动指挥中心通过召集全区64家应急联动成员单位进行业务培训和工作布置，提高了各单位的应急联动处置意识。全年区应急联动平台共下达指令3760起，办结3709起，办结率达到98.6%。应急信息接受报送“零失误”，共收到、上报紧急信息16条。

【政务信息】 继续实行区府办公室全员办信息制度，分科室向每位干部下达信息考核任务，建立健全月度通报、信息约稿、末位谈话等制度，并组织乡镇（街道）及相关部门开展政务信息工作业务培训，切实加大信息报送力度，信息数量稳步增长，信息质量明显提高。全年共上报信息455条，被《杭州政务》录用信息114条，获杭州市领导批示26条；被省政府录用信息27条，获省领导批示11条，在省、市政务信息考核中分列第10名和第6名。

【电子政务】 按省、市要求积极推进“最多跑一次”改革数据管理领域方面工作，完成政务数据共享平台（二期）、“一窗受理”平台建设，开通浙江政务服务网富阳平台795个事项的网上办理功能，实现民生领域247个事项“浙里办”APP移动可办，实现仅凭一张身份证办理事项361项。完成数据安全管理体系搭建、全区视频会议系统保障、全区协同办公平台升级等工作。圆满完成世界互联网大会、世界游泳锦标赛期间的网络信息安全保障工作，推进全区政府部门加大“浙政钉”在工作中的应用。加强督促考核门户网站政务公开工作，确保所有政府部门网站政务公开信息定期动态更新和杜绝错字错链断链，2018年全区各单位通过区政府门户网站主动发布政府信息19418条，其中“信息公开”4681条，“富阳动态”6421条，“公告公示”8316条。

【公文处理】 继续大力推行无纸化办公和手机办公系统。严查办理关。明确经区政府常务会议、区长办公会议讨论通过的文件需在5个工作日内印发，区政府常务会议纪要需在5个工作日内印发，专题会议纪要需在3个工作日内印发；明确要求承办单位须在10个工作日内对政府办文单、政府阅办单、政府领导批示交办单等进行反馈。对于超时未反馈且无原因说明的，进行通报。严把审核关。高度重视公文政策性、规范性、准确性。对于重要的政策性文件和专业性文稿，要求相关单位主要领导进行会签。力求行文、核校、印制等每个环节严密有序、精益求精。严控数量关。全年共制发各类公文341个，同比下降13.5%；接收各类公文和资料4529件，实现接收零疏漏，办理零差错。

·人民防空·

【人防宣传演练】 结合“5·12”防空防灾警报试鸣活动，发放防空防灾宣传手册1.5万余册，组织在校学生、社区居民、企业员工、商场员工20场次计2.8万余人应急疏散演练，有效提升民众的防空防灾知识和技能。积极向各类媒体投送信息，国家人防杂志录用1篇，省人防网站录用信息8篇，杭州人防网站录用信息14篇，杭州民防报录用信息5篇，富阳日报刊登3篇，富阳电视台报道1件。警报试鸣日前后3天，通过便民信息服务平台向社会各界发送防空防灾宣传信息累计30余万条。

【人防警报试鸣管控工作】 区人防办召开警报试鸣部署及警报维护管理员培训工作会议，全面部署警报试鸣工作，再培训警报鸣放人员；逐一检查和测试防空警报，确保全区25台警报完好率100%、鸣响率100%。

【人防指挥通信工程建设及岗位联训】 全年区人防办与杭州市人防办电台联训40次，与浙江省人防办和杭州市人防办联通视频会议10次，应急指挥车与杭州市人防办以及浙江省联人防办训联通各3次，自行组织训练5次，并参与“浙江金盾—2018”演习训练。

【人防应急指挥保障】 在年初大雪、梅雨汛期、台风灾害天气等时期，积极做好应急准备，充分发挥设备优势，应急通信指挥车及时保障抢险一线指挥。

【人防行政审批】 区人防办严格按照人防相关法律法规和省、市人防办审批要求，做到依法规范审批，严格按程序操作，均在承诺时限内提前办结。

【人防工程管理】 区人防办组织工程使用单位进行人防工程管理员培训，取得工程管理证书31人；区人防办加大对人防工程和设施的巡查力度，落实日常维护管理责任。至12月底，随机巡查了61个单位，下发整改通知单9张。从检查情况看，全区结建防空地下室工程安全和设备使用情况基本良好，人防工程建设稳步推进。

【人防专业队整组】 为进一步优化人防专业队伍的结构、规范人防专业队伍的建设，整合人防专业队伍，真正构建一支“平时能应急、战时能应战”的人防专业队伍。7月27日，区人防办组织召开了全区人防专业队整组工作会议，研究和布置了2018年度人防专业队整组和训练计划，全面优化落实了7支共240名队员的人防专业队伍。（莫徐曼）

·行政服务·

【概况】 2018年，全区列入“最多跑一次”事项611项，除公安2项例外，“最多跑一次”实现率达100%，实现“简化办”事项361项，“就近办”事项263项，“网上办”事项1185个子项，“移动办”常用事项128项，自助办事项119项。区行政服务中心（含新登、场口分中心）共受理行政服务事项799714项，办结798870项，办结率为99.9%。

2018年，进驻区行政服务中心部门（单位）32个，部门派驻工作人员266人，设置服务窗口101个，集中审批服务事项628项。其中行政许可事项192项，行政确认事项51项，行政给付事项23项，裁决3项，征收6项，奖励1项，公共服务21项，其他事项256项，水电气等7家服务单位便民服务事项75项。

2018年，全区累计办理各类交易事项478项，交易总量为188.2亿元。其中建设工程交易项目309项，交易金额52.6亿元，节约资金5.78亿元，节约率10.99%；完成政府采购项目90次，采购金额3.94亿元，节约财政资金2541.12万元，节约率 6.45%；完成国有土地使用权出让 79 宗，面积 154.97 万平方米，交易额 131.66 亿元；完成农村集体资产处置 198 项，增加集体收入 3.18 亿；完成国有资产处置 87 项，增加国有资金 547.79 万元。累计完成小额交易 1499 项，交易金额 8.63 亿元，节约资金 1.11 亿元，节约率 12.88%。

【提升“最多跑一次”实现率】 突出党建引领，成立中共杭州市富阳区行政服务中心机关党委，下设 8 个支部，实施统一管理。完善跑改工作机构，健全“一办三组六专班”（“一办”：杭州市富阳区“最多跑一次”改革专题组办公室；“三组”：保障组、督查组、宣传组；“六专班”：基础保障工作专班、“移动办事之城”建设工作专班、数据管理工作专班、投资项目改革工作专班、商事登记改革工作专班、不动产登记改革工作专班），区跑改办实现实体化运作，负责牵头抓总、统筹协调、督查考核。创新跑改工作机制。落实窗口单位一把手定期门诊制，建立办事咨询和效能投诉机制，引入行风监督员暗访机制，建立自查自纠回访抽查机制，健全优秀干部带班制，推行窗口大比武竞赛制等。深化事项标准化建设，通过全面梳理，全区办事事项为 611 项主项、1358 项子项，“最多跑一次”事项 100% 全覆盖。推进数据归集共享使用，实现 19 项高频证明材料通过共享平台调用，累计调用 14 万余条次。

【推进三大领域审批改革】 投资项目审批改革有新突破，设立投资项目联审联批中心，推行工程建设项目审批“1+9”工作机制，加强批前协调，实行“三堂会审”，项目审批办结率 100%，办结时间压缩至 100 天内，平均 75 天。完成“标准地”出让土地 27 宗，面积计 49.57 公顷，杭州地区“标准地”出让宗数排名第一，面积排名第三。商事制度改革有新进展，实现常态化企业开办 2.5 个工作日完成，推行涉企证照由市场监管部门通办，实现商事登记 229 项事项综合受理。2018 年，全区新设企业 5019 户，同比增长 6.4%，有效激发了社会创业创新活力。不动产登记改革有新提升，率先在杭州地区推行不动产登记无差别全科受理，实现商品房一次性买卖等十大类登记“60 分钟领证”。推行个人类不动产抵押不见面审批。解决历史遗留问题 100 多项。

【实现群众便捷办事】 深化“简化办”改革，已实现 361 项民生事项“一证（身份证）通办”，老年人优待证办理、医保救济等事项实现“零上门”。试点“就近办”改革，全区投放 50 台 24 小时办事服务综合自助机。推进“网上办”改革，应用“一窗受理”平台建设，办件量前 100 事项与平台对接，实现网上办理事项 1185 项。推行“移动办”改革，推广应用杭州办事服务 APP，128 项事项实现移动可办。

2018年11月21日，杭州市政协主席潘家玮到富阳开展“深化‘最多跑一次’改革，打造移动办事之城”专项集体民主监督活动

（区行政服务中心　供稿）

【组建场口分中心并正式投入运行】 7 月 11 日，位于场口镇阳光家园安置小区东侧的场口分中心正式投入运行，共进驻 28 个行政审批窗口，可办理审批服务事项 197 项，包括场口镇本级和水务、电力、燃气、华数、移动、电信、联通等 7 个单位的 34 项公共服务事项，派驻工作人员 38 人。

【便民服务】 2018年，各窗口单位深挖潜力，推出便民服务举措49项，简化审批程序110项。民政局依托“一站式”社会救助服务平台，实现困难群众临时救助智慧化；低保、低边人员集中审核“一证通办”，公共租赁住房信息互通共享，整合多部门联合救助资源。交通运输局路政、运管、建设、小客车等实现一窗通办，全面实行领域内无差别综合受理。公积金提取、缴存便利度进一步提升，办事群众可通过支付宝、浙里办APP等途径，提高公积金业务办理渠道和便利度。教育、农业农村、城管等部门大力推行“一窗受理平台”应用，实现更多事项就近办、简化办。“联审联批”中心、区市场监管局、区不动产登记中心等35个单位共计收到办事群众锦旗53面，表扬信23封。

【公共资源交易“最多跑一次”改革】 简化保证金收退，完善网上自动收退系统，实现安全性和便捷性的统一，投标人一次不用跑，缩短了退还时限。再造业务流程，农村集体产权实现网上竞价，产权人递交申请、发起交易和竞买人缴纳保证金、报名、竞价等交易过程均在网上完成。多方互不谋面，完成整个竞价交易，为村集体资产增值创收提供保障。开展助企活动，通过政采云培训等活动，助推小微企业创业、创新，宣传招标采购政策，落实招标采购中扶持小微企业的政策，全力提升平台服务实体经济能力。

【营造公平竞争交易环境】 认真排查招投标领域存在的薄弱环节和监管堵点，提出措施建议，建立长效机制，强化招标投标活动的综合监管，促进形成公平竞争、开放有序招投标市场。推进诚信系统建设，会同区纪委修订完善《政府投资项目招投标活动实施“黑名单”管理的有关规定》，推进评价结果在全区范围内运用，促进形成诚实守信招投标市场氛围。加强招投标现场管理，强化招投标现场“一标一评”工作，记录评标专家、投标人、招标代理的不良行为，将相关信用信息录入富阳区公共资源交易诚信平台，不良行为明显得到遏制。

【服务保障区政府中心工作】 做好重点项目的服务保障。通过提前介入、容缺受理、绿色通道等举措，优先保障重点项目招投标工作，全力保障项目推进。加快实施“互联网+”战略，高标准完成公共资源交易平台的开发，推进全区交易“一个平台、一个CA、一张网”；深化“政采云”试点，实现线上线下有序转换、无缝对接；做好公共资源交易领域信息公开，接受社会公众监督。 （陈　颖）

·住房公积金管理·

【住房公积金归集】 2018年，富阳区机关事业单位和企业住房公积金缴存比例，单位和个人分别按工资总额12%缴存，缴存基数最低为2010元/月，最高为21980元/月。杭州住房公积金管理中心富阳分中心（简称富阳分中心）通过向区委、区政府、区考评办汇报、建议，住房公积金建制扩面工作已被列入对乡镇街道的考核目标。至年底，新增住房公积金建缴单位568家，净增正常缴存8354人。共有建制单位3029个，新增建缴人数25042人，其中正常缴存达74473人。全年归集住房公积金144659.83万元，其中一般公积金142550.09万元；公积金补贴2065.34万元；一次性住房补贴44.4万元。全年住房公积金归集率达100%。

【住房公积金支取】 2018年，富阳分中心驻行政中心窗口办理提取业务金额125409.64万元，提取额增长28.88%，提取办结率100%。

至年底，住房公积金余额为289579.66万元，其中一般公积金284752.80万元，公积金补贴3439.12万元，一次性住房补贴1387.74万元。

【住房公积金贷款】 2018年，富阳分中心支持职工住房消费，累计向杭州中心融资15亿元，促进了富阳区房地产业健康稳定发展。同时重塑贷审管理机制，梳理贷款审批流程，多部门联动，实现贷款审批过程全掌握、全透明，全面提升公积金贷款审批效率，公积金贷款从受理到贷款发放时长从30个工作日缩短至20个工作日以内。至年底，为1952户职工家庭发放贷款109177.4万元，完成全年发放贷款计划128.44%。

【住房公积金财务情况】 富阳分中心全年实现住房公积金业务收入13303.25万元，其中委贷利息收入12935.14万元，住房公积金利息收入1.16万元，增值收益利息收入366.82万元，其他收入0.13万元。全年业务支出7688.40万元，其中用于结付个人住房公积金利息支出4161.93万元，委贷手续费支出646.71万元，其他支出2879.76万元。全年收支相抵实现增值收益5614.85万元。提取风险准备金3552.56万元，风险准备金充足率5%。

【住房公积金“最多跑一次”】 2018年，公积金富阳分中心深入推进“最多跑一次”改革，有效利用全市公积金一体化资源优势，深入践行“简化办、网上办、就近办、掌上办”的更高要求，以公积金归集扩面为基石，“最多跑一次”精神为指导，“提速增效、服务群众”为主线，不断简化办事流程、材料，全面推动政务服务转型升级，提升办事群众满意度、获得感。至年底，30项公积金业务中已有12项实现一证通办，缴存职工只需带身份证就能办理。通过数据共享、精简流程等方式，15项办事事项实现材料精简。 （宋弘毅）

·人才人事工作·

【人才招聘活动】 组织开展春夏季人才交流大会及高校毕业生就业洽谈会、综合性招聘会、每月30号固定招聘日、专场招聘会、校园招聘会、赴外地外省等各类招聘活动34场，参会企业1787家次，累计提供岗位22805个，达成就业意向9017人次。引进非富阳籍各类人才2255人。

【引进优秀高校毕业生】 继续实施高校毕业生来富创业创新五年行动计划，组织教育、卫技系统单位及企业赴南京、武汉、西安等九地30所高校参加校园招聘活动，共引进“双一流”及省重点高校本科以上毕业生1120名，其中硕士以上研究生454名、“双一流”大学本科生254名。

【人才培养开发】 选拔浙江省“151”第二层次人才人选2名、杭州市政府特殊津贴人选2名、杭州市“钱江特聘专家”2名、“富春特支人才”16名，引进博士后8名。组织161名人才参加校地合作高级研修班，拨付51人项目资助资金41万元。全区取得初级专业技术资格2269人，取得中高级专业技术资格1158人。深化“912”金蓝领培训工程，培养高技能人才1902名（高级工1734名、技师131名、高级技师37名），新认定区级技能大师工作室7家，全年拨付高技能人才奖励资金202万元。吴玉泉工作室成功创建区内首家国家级技能大师工作室。

【海外引才引智】 发布人才新政升级版，制定《富阳区引进顶尖人才和领军型人才来富创新创业管理实施细则》、《富阳区“千人计划”创新创业实施细则》《富阳区发展人力资源服务业实施细则》等3个配套细则。新建海外人才工作站2家，全年征集“5110”项目199个，评审入选38个，落地27个，实施国外引智项目18个。全年引进海内外高端人才111名，申报入选和引进国家“千人计划”、省“千人计划”、杭州“521”人选8名。组团参加杭州市“一赛一会”活动暨创客天下大赛、浙江杭州国际人才交流与项目合作大会等活动，举办“创业中华·相约富春”海外人才与民营资本对接洽谈会，大会签约项目10个，签约资金8700万元。

【扶持大学生创业】 出台创业担保贷款实施细则，向创业大学生发放创业补贴83.2万元，发放创业担保贷款2097万元。扩建大学生创业园1000平方米，建立小微创业园2家，与浙工大等7所高校合作设立创业孵化基地。组织大学生创业大赛和青年创新创业大赛，选拔资助65个优秀创业项目共197.7万元，完成创业培训712人。富阳区1名创业大学生入选杭州市大学生杰出创业人才。

【人才服务保障】 组织第十七个“人才强区活动月”活动，通过宣传、引才、培训、服务等活动营造爱才氛围。全年共有64名高层次人才与区领导结对联系，65名人才参加健康体检，为154名高层次人才拨付购租房补助资金370万元，为232名应届硕士研究生发放人才生活补贴467万元。召开高层次人才座谈会，走访企业100余家、人才100余名，帮助解决难题169个。

【就业指导和档案管理】 简化工作流程，实现高校毕业生就业手续“网上办”，签订就业协议“一次都不用跑”，全年共办理普通高校毕业生就业协议2043人，其中网办件1314人。推进档案数字化建设工作，接收应届高校毕业生档案3572份，全年为企事业单位和个人办理档案管理1979人次，存放档案39470份。

【事业单位管理】 指导区教育局、卫计局公开招考教师314名、医卫人员147名。实行教育、医卫系统专业技术人员全区统筹调动，共交流调动109人。推进事业单位岗位设置和聘任管理工作，全年岗位设置调整单位270家，办理238家单位4550人次岗位聘任变动手续。

【完善机关事业收入分配制度】 完成2018年度机关事业单位工资正常晋升工作，涉及16000多人。实施公立医院薪酬制度改革，继续推进公检法系统的工资制度改革，落实公检法等单位公务员加班补贴和人民警察执勤岗位津贴。 （颜艺华）

·安全生产监督·

【安全生产责任体系建设】 2018年，区安全生产委员会明确职责边界，更新细化安监、住建、消防等31个安全生产委员会成员单位的职责清单，明确各类单位的共性职责和各单位的具体职责。调整安全生产委员会组织机构设置及工作规则，在工矿企业、商贸旅游、特种设备等8个专业委员会大框架下，增加了燃气专业委员会办公室，深化专委会制度，将安全生产委员会“1+X”机制覆盖至24个乡镇街道。

【隐患排查治理】 2018年，全区开展常态化安全生产大检查，检查生产经营单位69137家次，排查并整改一般事故隐患41600条，排查重大事故隐患4项，其中1家工矿商贸企业重点事故隐患被列为市级挂牌督办、3家列入区级挂牌督办。

【安全培训】 2018年，全区累计举办培训班93期，培训内容为生产经营单位主要负责人证书、安全管理人员证书、特种作业人员操作证书取证，培训生产经营单位主要负责人768人、安全管理人员1003人、特种作业人员3801人。

【安全生产执法】 2018年，区安全监督局确定1054个执法日的工作目标，将执法任务分解至各科室。通过全员执法、委托执法等手段，全年区安监局共立案非事故处罚案件103起，罚款159.5万元。

【安全生产月活动】 2018年6月，区安监局在全区范围内集中组织开展以“生命至上 安全发展”为主题的“安全生产月”活动，开展“安康杯”知识竞赛、安全生产事故警示教育等12项宣传活动，发放宣传资料13000余份，开设安全生产宣传专栏300余个。

【烟花爆竹零售点削减】 2018年，区安监局大规模削减烟花爆竹经营点，年初56家削减至年底19家。

【违法企业曝光】 4月起，区安全生产委员会办公室每月在《富阳日报》刊登非事故处罚案件信息，点名道姓公开企业名称、违法行为、处罚条款及罚金。2018年全区9期曝光企业违法行为，曝光企业108家。

【生产安全事故比2017年下降】 2018年，全区发生工矿商贸、道路交通、水上交通三类生产安全事故33起，死亡33人。其中发生工矿商贸企业生产安全事故6起，死亡6人；道路交通事故26起，死亡26人；水上交通事故1起，死亡1人。生产安全事故次数、死亡数均比上年下降。 （姜承凯）

·红十字会·

【第七次会员代表大会】 12月18日，富阳区红十字会第七次会员代表大会召开。区领导朱党其、吴玉凤、徐林亮、仰中旻、夏芬、华之江、孙洁、方仁臻出席。杭州市红十字会党组成员、副会长何校生受邀出席。会议审议通过了区红十字会第六届理事会工作报告和财务收支情况报告，选举产生了新一届理事会和第一届监事会，大会聘请区委书记朱党其、区长吴玉凤担任区红十字会名誉会长，副区长孙洁当选为区红十字会第七届理事会会长。红十字志愿者宣读红十字与红新月运动七项基本原则，区妇联代表群众团体致贺词，市红十字会党组成员、副会长何校生讲话。区委书记朱党其充分肯定富阳红十字工作所取得的成绩，并代表区四套班子，向长期以来一直关心、支持、参与富阳红十字事业的社会各界人士、红十字会员、志愿者、工作者表示衷心感谢。朱党其要求区红十字会要始终坚持为新时代服务不动摇，在不断改革创新中推动红十字与时俱进。坚持以人民为中心，把为人民服务作为最大的担当，把群众满意度作为最高的工作标准，立足自身优势，坚持真抓实干，面向社会基层，聚焦困难群体，接地气、通民意，以“政府推动、红会运作、社会参与、百姓受益”的方式找准工作切入点，始终把满足人民群众的人道需求作为谋划工作的出发点和落脚点，主动成为群众的贴心人、知心人和暖心人。

【队伍建设】 全面深入学习贯彻中共十九大及中共十九届二中、三中全会精神，富阳区党代会、人代会精神。持久开展“两学一做”学习教育常态化制度化，丰富党员固定主题党日活动。参观了党的一大纪念馆，重温入党宣誓，学习红船精神。全面落实“百千万”蹲点走访活动和组团捆绑考核工作要求，开展困难群众走访慰问和进敬老院送清凉活动。加强干部日常管理，激发干事热情，推行“干部年度百分考核”“周一干部例会”等制度，及时开展巡察工作巩固提升工作，进一步完善相关制度，筑牢干部廉政防线。加强各级红十字工作人员的管理，举办理事单位、乡镇（街道）红十字会工作人员培训会议。强化乡镇（街道）红十字工作的考核指导力度，大力推进红十字工作示范乡镇创建、博爱救助金、博爱超市等工作，积极发挥各级红十字组织的作用。杭州市富阳区红十字会被评为2018年度浙江省红十字工作先进县（市、区）。

【博爱帮困】 2018年，全区红十字会筹集各项救灾救助资金531.6万元，救灾救助支出合计528.19万元。农商之爱、博爱超市、博爱送光明、圆红十字梦行动、同在蓝天下、双千结对等救助项目普受欢迎。“农商之爱”博爱救助金项目对106位白血病和器官移植病人发放救助金102.5万元；“富春小天使”博爱救助金对2位白血病患者发放救助款1万元。乡镇（街道）、村级博爱救助金定向救助295人，发放救助款53.1万元；博爱超市对24个乡镇街道11860户困难持证家庭发放救助物资237.2万元；博爱送光明项目顺利推进，救助265人，发放救助款物45.34万元。突出救急救困，发放日常救助款物56户12.39万元。

【救护培训】 关爱生命健康，大力普及红十字应急救护知识。围绕应急救护培训质量提升工程，开展教师队伍、机关干部全员轮训三年行动，党员固定党日活动增设应急救护培训内容。完成应急救护普及培训16412人，救护员培训2335人。2018年10月，举办全区青少年红十字应急救护培训知识和技能竞赛。经过激烈角逐，场口镇中心小学和富春大青小学获得小学组团体一等奖，受降小学邹相兵、新桐中小俞鑫雨、场口镇小许洁瑜等同学分别获得止血、包扎、骨折固定单项第一名。富阳学院、新登中学获得中学组团体一等奖，职教中心喻元珍、富阳学院许依琳、技工学校张宇峰、职教中心雷馥翠分别获得包扎、骨折固定、止血、心肺复苏单项第一名。

【成立红十字会两新组织工作委员会】 为进一步强化区红十字会基层组织建设，规范红十字会员管理，促进会员作用发挥，9月，区红十字会成立“两新组织”工作委员会，为周边县市首创。区红十字会下发《关于成立区红十字会两新组织工作委员会的通知》，明确“两新组织”工作委员会工作职责。向“两新组织”工作委员会成员区红十字狼群应急救援队、红十字心理救援队和红十字造血干细胞志愿服务队等单位授牌。“两新组织”各成员单位将充分发挥各自职能，积极主动宣传红十字事业，为“三救三献”等红十字核心业务作出积极贡献，合力推进全区红十字工作的健康快速发展。

【关爱生命】 造血干细胞捐献、遗体器官捐献工作深入推进。以宣传造势、优化服务、政策激励等多举措并举，服务上做到“三统一、五到位”，取得很好效果。工作经验在全省推广。全年登记入库527人，全区累计登记入库达3299人。造血干细胞捐献者无反悔情况出现。新桐人黄智成、孙超凡成功捐献造血干细胞，成为富阳区第17、18例捐献者。加大人体器官捐献宣传动员工作，加强业务学习，在医疗部门建立协调员队伍；努力做好服务工作，加强捐献前的联系沟通和捐献后的随访工作，积极为捐献者提供优质放心的服务。全年完成遗体捐献1例、器官4例、眼组织4例。及时回访遗体、器官捐献者家属，及时慰问困难家属。

【志愿服务】 红十字狼群应急救援队和红十字心理救援队规范建立中共党支部。完善各项管理制度，不断拓展服务领域，建立红十字水上应急救援队及参与养老、关爱生命、救护培训等若干支红十字志愿者服务队。红十字狼群救援队完成各项救援70余次，参加北川全国民间救援组织技能比赛荣获第一名，参加全国志愿者队伍国家地震紧急救援技术技能竞赛荣获第一名。心理救援队接待咨询服务1863人，全国计生协会领导前来参观调研，对红十字心理救援志愿服务设施建设，及开展失独家庭心理疏导工作给予充分肯定。各级红会组织参与养老志愿服务积极发挥作用，如永昌镇唐昌村建立以党员为骨干的服务队，为居家养老食堂日常开展志愿服务。

【宣传传播】 5月，承办杭州市应急救援队演练现场会。更新拓展红十字微信服务平台，将公益捐赠、救护培训、工作动态、志愿服务等内容通过微信平台向社会宣传。通过富阳新闻媒体大力宣传红十字精神和“三救三献”业务知识、先进事迹、社会正能量等。在新闻媒体上发布红十字信息30余篇，其中浙江日报、杭州日报发布6篇；微信公众号发布红十字动态信息40条。与富阳发布联合策划红十字信息7条，建立10人以上信息联络员队伍。推选角膜、遗体捐献者方锦入选“浙江好人”。9月，央视新闻频道、浙江卫视、浙江之声、杭州电视台、富阳电视台等媒体报道新桐乡孙超凡造血干细胞捐献事迹。

【结对锦屏帮扶】 9月17日，区红十字会结对贵州省锦屏县红十字会救护师资培训班在富阳开班。培训对象来自锦屏县红十字团体会员单位学员42名。时间7天。采取集中授课、实际操作演练、体验拓展、到基地观摩交流学习相结合，包括红十字运动与应急救护的基本知识；强化心肺复苏、创伤救护等核心技术；常见急症、意外伤害、突发事件的处置要领；教授授课技艺、心理援助等内容，帮助锦屏县打造一批高素质、专业化的红十字应急救护培训二级师资队伍。通过师资力量在锦屏全县范围内广泛开展应急救护培训工作，不断强化群众参加现场救护意识和提高自救互救能力，将各类意外伤害造成的人员伤亡降至最低，为锦屏群众致富奔小康创造良好的健康环境。（屠丽敏）

【编　辑　沈绍坤】

政协杭州市富阳区委员会

·综述·

【概况】 政协杭州市富阳区第九届委员会主席陆洪勤，副主席方仁臻、邵良、王小丁、蒋建民、孙晓明5名，秘书长申屠裕仁，常务委员39名，政协委员245名，来自全区22个界别，划分18个界别小组。区政协下设办公室和提案委、经科委、城建委、社法委、文史委、委员工委等6个专委会，在职机关干部28人。

2018年，区政协充分发挥协商民主重要渠道和专门协商机构作用，紧抓“党政所需、各界所盼、政协所能”关键问题建言献策、议政监督。全年召开全体会议1次、常委会议5次、主席会议9次、各专委会与区级相关部门对口协商4次，指导24个乡镇（街道）选取土地流转、乡村旅游、环境治理等24个基层议题全面开展基层协商。全年提出大会建议案2件，评选出重点提案13件、优秀提案20件，编印《社情民意》6期18篇、《参政建言》19期，助推党委、政府科学民主决策。

·政治协商·

【政协九届二次会议】 区政协九届二次会议于2018年1月15日至18日在富春街道举行。全区22个界别政协委员245名和列席人员94名参加会议。会议听取并审议通过区政协主席陆洪勤代表区政协第九届常务委员会所作的工作报告、政协副主席孙晓明受区政协第九届常务委员会委托所作的提案工作报告，表彰2017年度先进界别小组和优秀提案。与会人员列席区第十六届人大第二次会议，听取并讨论政府工作报告和会议的其他报告。会议审议、通过政协富阳区第九届委员会第二次会议决议。会议期间，共收到全区各民主党派、工商联、无党派人士、有关人民团体和政协委员以提案形式提出的意见建议223件。

【政协常委会会议】 1月11日，区政协召开九届常委会第四次会议，协商讨论2018年政府工作报告（征求意见稿），区政协九届一次会议以来提案办理情况报告，计划、财政报告和法检两院工作报告等征求意见稿；协商通过区政协九届二次会议常委会工作报告和提案工作报告、大会建议案（草案）、2018年重点履职工作计划等有关会议筹备事项。

1月18日，区政协召开九届常委会第五次会议，听取区政协九届二次会议各学习讨论小组学习讨论情况的汇报，协商确定区政协九届委员会增补常委候选人名单、选举办法（草案）、总监票人、监票人建议名单，听取并审议区政协九届二次会议提案（建议案）收集和初审情况报告（草案）、区政协第九届委员会第二次会议决议（草案）。

6月15日，区政协召开九届常委会第六次会议，协商通过关于调整和增补部分区政协委员的决定，协商通过区政协九届一次会议提案审查报告。

8月2日，区政协召开九届常委会第七次会议，专题协商“以美丽经济为抓手，推进乡村振兴战略实施”工作，政协常委们提出坚持产业融合发展、破解资源要素难题、创新发展模式等建议；听取区委常委、常务副区长张霖关于区政协九届二次会议以来提案办理情况通报，协商区政府半年度政府工作报告、全区上半年计划、财政执行情况报告、环保工作报告和区法院、区检察院上半年工作情况，审议通过《区政协常委会议评议重点提案办理工作试行办法》和《区政协2018年上半年工作总结和下半年工作思路》。

11月27日，区政协召开九届常委会第八次会议，民主评议13件区政协九届二次会议重点提案办理情况，通过承办部门汇报，常委和提案人当场点评打分，当场公布评议结果，提升提案办理绩效。

【区级协商民主】 3月9日，区政协与区委、区政府召开专题协商会议，沟通交流区政协2017年度履职情况和2018年履职重点，联合制订《富阳区政协2018年度协商计划》《富阳区政协2018年度民主监督计划》，统筹全年政协工作。7月20日，开展“实施乡贤回归工作”主席会议协商，推动区委、区政府出台《关于进一步加强新时代乡贤工作的实施意见》和各乡镇（街道）建立乡贤联谊会。4月至10月，区政协各专委会围绕拓展融资渠道助推场口古镇复兴、推动旅游高质量发展、加强青年人才招引、促进青少年科技教育等课题与区级部门开展对口协商，提出意见建议。

【基层协商民主】 区政协选择土地流转、乡村旅游、环境治理等24个紧贴基层实际需求的议题，在全区24个乡镇（街道）开展基层协商民主，维护群众权益，促进经济发展，提升基层治理能力。其中，常安镇通过特色村整体设计、拆整方案协商会，以基层协商带动政策处理、矛盾化解、特色村创建等工作；洞桥镇融合营地、农户、行政村各方意见，协商达成青少年营地“项目+”农事体验点管理制度；上官乡召开“打造球拍名镇”基层民主议政会，推动球拍行业转型发展。

·民主监督·

【专项集体民主监督】 区政协与省、市政协三级联动，开展“城乡生活垃圾分类处理”专项集体民主监督活动，组建民主监督小组5个分别围绕统筹机制、源头分类、前端减量、末端处置和资源回收等5大环节开展视察调研、明察暗访，实地查看村（村区）46个、小区51个，提出意见建议27条，助推城乡生活垃圾分类工作启动。

【委派民主监督员】 区政协紧扣“三拥抱”，组织政协委员37名组建监督小组7个，开展助推打赢“七大攻坚硬仗”委派民主监督员活动。各监督小组通过上门走访、座谈交流、实地调查，对区交通局等7个职能部门攻坚硬仗情况，开展监督活动21次，参与人员100余人次，形成监督报告7份，提出意见建议24条，得到部门采纳。

【民主评议安监局】 区政协立足于帮助部门查找问题、解决困难、反映情况，民主评议区安全监督局围绕“三看四态促转型” 履行保障安全、保障生产、保障民生“三保障”工作。评议组通过听、看、访、谈以及媒体征集意见建议等形式开展调研，收集整理意见建议20条，以民主评议书形式反馈给区安监局，督促整改落实。根据评议情况，形成《关于全区安全生产工作需研究解决的问题与建议》，帮助区安监局呼吁解决困难和问题。

【社情民意信息】 区政协畅通民意反映渠道，完善社情民意信息反馈机制，将人民群众和社会各界人士的意见、呼声，及时反映至区委、区政府及相关部门，督促办理落实。全年共收到社情民意信息306篇，上报杭州市政协20篇，编发《富阳政协·普刊》4期、《富阳政协·参政建言》19期、《富阳政协·社情民意》6期18篇。其中，“尽快落实洛夫和傅申两块诗碑”“机关大院内带头执行垃圾分类处理”“扩大城区限时（潮汐）停车位实施面”等建议被采纳落实。

·参政议政·

【民主议政会】 9月7日，区政协召开助推“城乡生活垃圾分类处理”民主议政会，政协委员、部门负责人、垃圾处理行业人士和基层代表议政垃圾分类工作中源头分类、运输、处理、协调管理等痛点难点，与区政府和相关部门面对面协商，推动垃圾分类处理工作向纵深推进，助推各机关单位实施垃圾分类工作。

【专题调研】 区政协聚焦拥江发展、创新驱动、城市更新、美丽乡村、深化改革等中心工作，统筹各方资源力量，开展富阳与滨江投资环境对比分析、城北公园体系规划建设暨阳陂湖湿地保护和开发、鹿山新区土地统征遗留问题、建立分类精准普法机制、发展壮大村级集体经济等12项重点课题调研，完成调研报告16篇，为党委、政府科学决策提供参考。

【提案工作】 政协九届二次会议以来，区政协共收到以提案形式提出的意见建议223件，立案166件，立案率74.4%，交由51家单位承办。确定《因地制宜，多措并举，有效解决农村饮用水问题》《调整社区区域规模，理顺社区治理体系》为政协全体会议建议案，《关于引进高校院所创新资源的建议》等13件提案为重点提案。区政协坚持宽进严出方针，重抓提案办理质量。3月，召开提案交办集中协商会议。4月，落实重点提案领导分工督办等提案督办反馈全覆盖机制。5月至7月，走访承办提案重点单位10家，督办提案92件。6月，召开“助推产业转型升级”“精品线路打造”等提案办理专题协商会5次，助推解决热点难点问题。8月，对33件办理不到位、答复不规范的提案进行“二次交办”，对往年和当年B类提案进行督办和办理结果调级，落实“二次交办”提案11件，B类提案转为A类16件。至年底，政协九届二次会议以来立案166件提案（建议案）均已办复，其中采纳落实提案142件，占85.5%。被评为2018年度优秀提案20件。

【助推民生小事】 区政协按照“事关民生、群众期盼、政协能为”的原则，组织界别小组开展助解“民生小事”系列履职活动。6个活动小组围绕路标路牌规范、酒店泔水处理、母婴室配置、未成年人帮扶、公厕革命、人行道绿化带设置等6项民生小实事，深入调研，倾听民意。组织委员和部门在《富阳日报》“e动直播”现场议政，多媒体连续报道跟进，推动具体问题解决。如推动规划部门设置出让地块公厕配建条件；落实城区餐饮业泔水封闭运输、集中处理办法；助推商场车站等公共场所新建母婴室26个，改扩建19个；组织“富春江畔 爱心伴行”活动，邀请30位困难儿童聚会结对；查找出一批路标路牌、人行道绿化带设置问题，提交相关部门及时改进。

·经常性工作·

【理论研究】 区政协制定《富阳区政协2018年度理论研究工作计划》，明确全年理论研究任务。全年撰写理论研究文章4篇，其中《新时代基层政协提升联系群众能力的思考》获“浙江省人民政协理论研究会第十次理论研讨会征文”优秀奖。

【培训讲座】 5月，组织两批政协委员、基层政协工委负责人66人参加全国政协第120、122期地方政协干部（委员）培训班。举办政协读书会2期，6月15日，邀请区委书记朱党其作富阳转型发展报告和浙江省委党校巡视员郑仓元宣讲《中共十九大精神》，8月20日，邀请区委副书记、区长吴玉凤作全区半年度政情通报和中国人民政协理论研究会常务理事原冬平作《新时代政协履职工作新特点》专题讲座。举办政协讲坛2期，9月3日，邀请区政协副主席王小丁作《小隐书舍的故事》讲座，11月12日，邀请浙江省委党校教授孙雄作《宗教文化与社会和谐》讲座。

【文史工作】 区政协组建地方文史专家团队，实地走访各条水系和相关部门，征编《一江十溪润富阳》，展现富阳优美的水脉和深厚的文脉。召开纪念夏震武创办灵峰精舍100周年座谈会，邀请知名专家8位开展研讨，助力灵峰精舍复建。举办区政协纪念改革开放四十周年书画展、张堃先生乡贤文化专题展览、富春水墨戊戌冬会等文化活动。举办第三届“黄公望奖”中小学师生美术比赛，参赛人数创新高。组织3次书画惠民进村（社）活动。

【团结联谊】 区政协坚持定期交流、联合履职等机制，邀请各民主党派、工商联、有关团体负责人参加政协重要会议、监督视察活动，协同开展专题调研、民主议政、大会发言，让党派、团体在政协舞台精彩亮相。开展少数民族和宗教工作，参与双江村畲族“三月三”文化活动。参加公望文化周活动，发挥海峡两岸交流基地作用。

【走亲富商活动】 4月至10月，区政协开展“政协走亲”助推招商引资、招才引智活动，先后赴江苏、江西、天津、青海、内蒙古、山西等地，走访企业21家、乡贤25人，召开推介会、座谈会4次，收集意见建议11条。拜访北京大学、中科院上海光机所、南京林业大学、中国直升机设计研究所等高校院所，探讨交流合作。招引天津飞旋科技有限公司回乡创办“磁悬浮+”高端产业项目，促成中科院上海光机所与富阳合作共建杭州分所，推动杭州银湖激光科技有限公司落户开发区。

【服务基层群众】 区政协开展政协委员“走进基层、走进群众”活动。以界别小组为单位，开展一次进基层听民意活动、一次专题调研或视察活动、一次有意义的咨询服务活动、办好一件有意义实事、提出一批有价值建议的“五个一”活动，走访社区、村和企业60余次，向党政部门反映问题30余个。开展政协委员送文化、教育、科技、规划、卫生、体育、法律“七下乡”活动，组织参加各类公益活动12次，配合杭州市政协赴新桐、东洲、上官等地开展送公益服务下乡3次，为基层群众办实事、办好事。

·重点提案·

【全体会议建议案】 区政协九届二次会议提出2件全体会议建议案。

建议案《因地制宜，多措并举，有效解决农村饮用水问题》提出，富阳区部分农村饮用水工作还存在着标准低、管理弱、旱季停水、节水意识差等问题。建议一方面要加大财政投入，优化农村饮用水水源规划布局， 发展规模化集中供水工程；另一方面要健全机制，加强水质监测和管理，推进水费计量收费制度，提高农民节水意识。区政府针对建议，制定《关于加快推进农村饮用水保障工作的实施意见》，实施市政水厂、农村四线供水工程和农村自备供水工程，力求在2020年根本性解决54万农村人口的饮用水问题。

建议案《调整社区区域规模 理顺社区治理体系》。委员们调研发现，富阳区不少社区区划不合理、面积过大、人口过多，管理主体错位，承担过多行政工作，办公条件不足，待遇不高，造成社区服务水平不足，建议合理调整部分社区区域规模，理顺管理体制，清理部门进社区工作，加强保障关爱。承办单位区政府把全区28个社区调整为50个，新招聘一批社区干部，打造社区“10分钟服务圈”，提升社区治理水平。

【引进高校院所创新资源的建议】 区政协科技组认为，富阳在构建创新平台、集聚高端人才发展滞后，引进高校与产业结合度不紧，缺少重量级科研院所，校企合作模式单一，深度不足。建议：由区委、区政府主要领导担任高校院所创新资源引进工作总协调人，坚持企业主体，强化政策支持，创新引进模式，对标引进国内外“一流大学”和“一流学科”，推动地方发展。承办单位区人才办加大创新资助、人才奖励、强化保障等政策力度，开展创新平台招引和企业研究院建设工作。

【调整投融资机制防范政府债务风险的建议】 区政协特邀二组和农工民主党富阳区基层委员会调研发现，截至2017年9月，富阳区政府债务离杭州市政府同意的限额红线仅1.3亿元，债务规模偏大，短期债务占比65.74%，存在较大流动性风险。建议：整合升级全区投融资平台，探索“产业+资本+股本”多元化融资模式，适度降低债务规模；积极稳妥推进PPP模式，推动项目发展；鼓励民间资本参与基础设施和公用事业领域投资，减轻政府负担。承办单位区财政局通过国企改革整合、盘活国有资产、推进8个PPP项目、拉长融资期限等措施，降减政府债务。

【落实“产业转型向东看”发展富阳区人工智能特别是智能制造产业的建议】 区政协工业组提出，人工智能及智能制造产业是未来产业发展的重要基础，也是周边地区积极发展的重点产业。建议运用区位优势，创建“人工智能及智能制造研究中心”，加大产业政策扶持，鼓励区内企业进入人工智能及智能制造产业生态，加大交通基础建设，融入杭城“半小时交通圈”，加大民生投入，完善人才生活配套。承办单位区经济和信息化局通过招引国自机器人产业园、培育富生工业信息工程省级重点企业研究院、规划建设人工智能产业园、鼓励制造业智能转型、加快东洲新区建设等措施，推动人工智能和智能制造产业发展。

【以信息化建设为抓手进一步加强社会办医监管的建议】 区政协委员张利琴调研提出，鼓励社会办医推进医疗卫生行业供给侧结构性改革的重要内容。富阳区现有社会办医疗机构172家，以诊所和门诊部为主，机构扩充较快，规模质量不高，服务效率不高，质量良莠不齐，信息公开不够，监管难度较大。建议：建立统一“医疗服务监管平台”，加强对医疗机构的实时监管，完善社会办医信用体系，建立失信惩戒制度，加大服务监管力量，规范医疗服务。承办单位区卫生和计划生育局通过加强卫生监督综合执法、部门联动联管、医疗业务管理、医疗纠纷处置等传统措施，规范医疗机构运行，但信息化监管上仍处于探索阶段。

【大力推动企业上市促进产业转型升级的建议】 区政协财金组调研发现，富阳区主板上市企业4家、新三板挂牌企业13家，总体偏少，在产业结构、经营管理、专业人才等方面都存在短板。建议：夯实后备资源，重点培育后备资源库企业，培育优质行业冠军，强化招商引资；加大政策扶持，设立产业基金，化解企业上市难题，培养引进上市人才；完善服务体系，形成区级、部门对口联系制度，营造良好上市氛围。承办单位区金融办公室建立包括25家企业的上市培育资源库，出台推进企业上市和重组“凤凰行动”计划，完善服务帮助企业办理上市审批。

【规划布局全域景观绿化彩化的建议】 区政协环境资源组和政协委员金勤指出，富阳区在城乡景观绿化彩化建设中，存在管理分散、统筹协调不够、整体规划滞后、森林生态体系色彩单一、重要节点区域缺乏亮点特色等问题。建议围绕打造“百里富春山居图，五十里春江花月夜”盛景，坚持政府主导，系统谋划实施，坚持因地制宜，明确森林化、多彩化、多样化、本土化原则，坚持协调联动，统筹推进工作，明确重点项目，落实资金配套，坚持建管并重，落实长效机制。承办单位区农业和林业局积极开展“美丽林相”建设、村庄绿化、森林营造、重点节点景观等工作，全力推进全域景观绿化彩化工作。

【转变富春山水民居建设理念和操作模式的建议】 区政协农业农村组提出，富阳区新杭派民居建设中在规划、建设、管理、维护、财政压力等方面存在一定问题，建议从五个方面转变建设理念和操作模式：建设主体由政府主导向农村农民主导转变，建设方式由建新为主向建改结合转变，建设内容由单一住宅向整村环境打造转变，建设目标由村庄建设向产村融合发展转变，建设重点区域由山乡向富春江两岸及岛屿转移。承办单位杭州市规划局富阳分局在转变打造理念、政府职能、建设方式、管理模式、定位目标等方面与相关部门联合会商，达成共识。

【将江南区块搬迁企业主转化为江南新城建设主力军的建议】 中国民主建国会富阳区支部提出，江南区块整体转型拆迁企业多，资金投入多，产业孵化招商难，人才招引难，搬迁企业主也急需寻找新的投资渠道。建议将江南区块搬迁企业主转化为江南新城建设主力军，规划上留出部分空间，邀请区域内企业家协商确定产业布局，推动混合所有制、股权融资、组团合作开发等改革新举措，引导本土企业家投入江南新城建设。承办单位江南新城建设管理委员会围绕“留心留根”工程，召开“燕南归”江南新城恳谈会，开展留心留根项目申报，探索培育总部经济、楼宇经济等新业态。

【进一步深化社会救助平台建设的建议】 区政协社保法纪组指出，富阳区救助平台建设中存在便民性不足、评估客观性不足、救助方式和施救资源单一等问题。建议前移救助端口，让困难群众“免跑腿”，购买第三方服务，让专业队伍“代跑腿”，加强部门联动，实现多元救助。承办单位区民政局推进社会救助一站式服务平台（二期）项目建设，实现网上和移动端救助申报，乡镇（街道）、村（社区）或社会组织根据申请进行入户调查，社会联动精准帮扶，主动救助优抚对象。

【重修城市文化陈设规划的建议】 区政协城建组提出，富阳区城市文化陈设存在缺少特色城市文化品牌、布局不尽合理、质量参差不齐、缺少陈设精品亮点、建筑风格混乱等不足。建议：建立城市文化陈设协调小组，挖掘、提炼富阳区城市传统文化、山水文化、人文文化，重新编制城市文化陈设专项规划，结合城市有机更新，试点建设精品街区。区政府成立协调小组，统筹城市文化建设，杭州市规划局富阳分局结合在建拟建工程，专题研究、展示特色文化，并启动《杭州市富阳区城市文化陈设规划》修编研究工作，完善顶层设计。

【多管齐下确保富阳粮食安全的建议】 区政协商贸组调研发现，由于耕地面积逐年递减，农民种地积极性不高等原因，富阳区粮食生产自给率仅为32.8%，本地仓储能力不足，管理手段落后，省外代储安全性差，粮食重金属超标不可忽视，粮食市场功能欠缺，影响着富阳区粮食安全。建议：重视耕地保护，鼓励专业人才种植，加快启动第二粮库建设，力争本区域储备100%，加强耕地重金属检测，从源头杜绝重金属污染，完善本地粮食市场，加强粮食市场监管力度，引进优秀高学历人才，提升科学化管控能力。承办单位区商务局积极推进鼓励粮食生产、加强污染防治、扩大粮食储备、提升流通管理等措施。

【加大教育装备经费投入的建议】 区政协委员陈燕提出，富阳区教育装备经费还未达到全省平均水平，存在现有教育装备与教育需要、政策限制与实际需求、现行体制与教学需求的矛盾。建议：将所有学校收归教育局管理，加大教育硬软件投入，特别要配强教学仪器设备和学校信息化应用建设，课桌椅等辅助设备在教育装备预算中单列。2018年，富阳区教育装备经费达8000万元，与周边地区相当，区教育局加大教育信息化投入力度，设立职业教育专项经费，开发教育装备管理业务应用平台，不断提升富阳区“智慧教育”水平。

【规划建设江南造纸工业博物馆的建议】 区政协委员蒋良良、孙丙华、王中提出，在推动造纸工业关停并转时，适当保留部分造纸工业遗存，规划建设江南造纸工业博物馆具有铭记历史、传承发展造纸文化、提升城市魅力等意义。建议在江南适当保留一家有代表性造纸厂作为工业遗存展示，规划建设江南造纸工业博物馆，并以社会化模式运营。承办单位杭州富春湾新城管委会考察选定相关造纸厂房，规划造纸工业博物馆与江南城市展示馆相结合，公开征集征迁过程中有历史和文化传承价值物品。

（陆勤波）

【编　辑　沈绍坤】

纪律检查·监察

·综述·

【概况】 2018年，中共杭州市富阳区纪律检查委员会和杭州市富阳区监察委员会合署办公，实行一套工作机构、两个机关名称，履行党的纪律检查和国家监察两项职能。

【上级领导调研】 5月8日，中纪委办公厅副主任孙忠诚赴富春街道宵井村调研基层党风廉政建设工作，并在富春街道办事处召开座谈会。5月18日，省委常委、省纪委书记、省监委代主任任振鹤赴龙门镇、富春街道宵井村、富通集团调研基层党风廉政建设和非公企业党建工作。10月16日，杭州市委常委、纪委书记、监委主任陈擎苍调研富阳区自中共十九大以及杭州市纪委十二届二次全会召开以来，全面从严治党、党风廉政建设和反腐败工作总体态势和存在问题，以及2020年的工作思路。区委书记朱党其出席会议，区委常委、纪委书记、监委主任胡志明作工作汇报。

·重要会议·

【区纪委一届三次全会】 2月28日，召开区纪委一届三次全体（扩大）会议，回顾2017年党风廉政建设和反腐败工作，部署2018年任务，审议通过胡志明同志代表区纪委常委会所作的《全面贯彻落实党的十九大精神，奋力推进新时代富阳全面从严治党新征程》工作报告。富阳区委书记朱党其出席全会并讲话。

【杭州市非公有制企业清廉建设现场会】 10月29日，杭州市非公有制企业清廉建设现场会在富阳区富通集团召开，余杭区纪委监委、富阳区纪委监委、富通集团、传化集团、阿里巴巴集团相关负责人作交流发言。杭州市纪委副书记、监委副主任陈建华，杭州市纪委监委、杭州市委组织部、杭州市工商联相关负责人，各区县（市）纪委监委相关负责人及51家非公有制企业代表出席会议。

·监察体制改革·

【监察职能向基层延伸】 7月3日，富阳区正式下文设立监察委员会派出乡镇（街道）监察办公室，完成全区24个乡镇（街道）监察办公室84名专、兼职监察员的职务任命工作。7月9日，完成24个乡镇（街道）监察办公室的挂牌工作。组建完成后，按照统一场所设置、统一标识证件、统一办公设备、统一制度牌匾的标准，做好监察办公室硬件设施配备工作以及配套制度与工作机制建设工作。选聘基层监察联络员333名，建立村社干部廉政档案。

·执纪审查和监察调查·

【信访举报工作】 全年共受理纪检监察信访反映548件次，同比下降8.1%，涉农信访同比下降17.6%，建立信息归集机制、综合分析机制、检查通报机制等机制，开展初信初访“最多访一次”活动、重复越级信访“拔钉清零”专项行动、信访“体检”活动，落实信访工作属地责任，重复、越级信访实现双下降，人民群众对党风廉政建设和反腐败工作的满意度明显提升。

【审查调查工作】 全年处置问题线索1065件，同比上升15.01%；立案303件，同比增长17.44%；

处分党员干部302人，同比增长19.84%，其中区管干部17人、科级干部13人、村干部78人，移送司法机关14人，挽回经济损失2145.52万元。运用留置手段查处区发改局、区环境卫生管理处、区第二人民医院等单位少数党员干部重大职务犯罪案件。

【监督执纪“四种形态”】 全年对553名违纪情节轻微的党员进行提醒谈话、通报批评、诫勉等组织处理，同时为192名党员干部澄清问题。全区各单位党组织主要负责人开展谈话函询107人次。严肃查处区发改局价费科工作人员郎筱鲁索要房源号贩卖获利的新型受贿案件，查处区环境卫生管理处领导班子集体腐败案。

·作风建设·

【落实中央八项规定精神】 围绕元旦、春节、中秋、国庆等重要节点和商场、超市、土特产店、农家乐饭店、酒行、KTV、棋牌室等重点场所，利用大数据科技化手段，开展大排查、大整治活动，着力发现违规收送礼品礼金、违规公务接待或公款吃喝、违规发放津补贴或福利、违规配备使用公务用车、超标准配备办公用房等享乐主义和奢靡之风问题情况。全区共查处违反中央八项规定精神10起12人，全部予以党纪政务处分和点名道姓通报曝光。

【查处群众身边的不正之风和腐败问题】 聚焦微权腐败，严肃查处失地保险指标优亲厚友、村干部违规承揽工程等群众身边的不正之风和腐败问题25起40人，党纪政务处分32人，移送司法机关16人。重点查处常安镇横槎村、场口镇东梓关村等村书记腐败典型案件和胥口镇新峆村、常安镇小剡村等村班子集体贪腐案件。

【“三不”问题整治】 紧盯党员干部在中央环保督查整改、工程领域、“最多跑一次”改革、“三美”建设、城市有机更新等工作中存在的“不担当、不作为、不落实”问题，开展重点监督工作，共查处“三不”问题96起139人，其中区管干部25人，中层干部49人。党纪政务处分26人，通报4起10人。

【农村小额工程交易试点和监督检查】 在银湖街道、鹿山街道、大源镇、洞桥镇试点30万元以下小额项目，通过完善村级项目的立项、招标、施工、变更、验收、审计等环节，建立过程公开和过程监督机制，进一步规范优化农村小额工程项目的管理，提升小额工程项目管理实效。8月，联合区交管办、区住建局、区审计局组成两个检查组对新登镇、东洲街道、洞桥镇、万市镇、灵桥镇、银湖街道、场口镇、湖源乡招投标的244个村级小额工程项目进行抽查，发现问题167个。查处党员干部违规干预、插手工程建设领域违纪案件9起，党纪政务处分9人。

【违规房产监督检查】 根据中共浙江省纪委《关于开展领导干部违规房产交易专项治理工作的通知》（浙纪发〔2018〕6号）和杭州市违规房产专项治理专题会议精神，全区共有自查对象1322人，其中在职干部1127名，退休干部195名。共上交自查表1320人（2人因病不能承诺），其中在职干部1125人，退休干部195人。自查中作出“零违规”承诺1320人，报告有违规房产交易情况的0人，涉及房产0套。重点抽查核实21人，其中房产交易8次及以上的有13人，移交问题线索6条。

【违规借贷监督检查】 根据中共浙江省纪委《关于开展领导干部违规借贷专项治理工作的通知》（浙纪〔2018〕116号）和杭州市违规借贷专项治理有关文件精神，开展全区中层以上干部违规借贷清理工作，自查对象3697人，其中在职干部3500名，退休干部197名；除2人因病不能报告外，报告违规借贷人员1人。重点抽查7名核查对象及其配偶、子女共19人的银行账户，发现存在2013年以来单笔发生额在20万元以上或连续与同一非本人账户往来金额超过50万元资金流水的有11人，移交问题线索3条。

·党风廉政建设·

【主体责任深化年】 出台《关于开展全面从严治

党“主体责任深化年”活动实施方案》，区委区政府班子成员面对面听取40个单位主体责任报告，反馈问题183个。区委五人小组集体专题听取巡察工作情况4次，区委书记集体约谈5个部门9个乡镇（街道）主要领导和班子成员。健全完善抄告约谈制度，共向15位区领导抄告党风廉政建设问题67件次。在区市场监管局探索两个责任信息化管理系统，构建两个责任网上动态监管体系。全年通过“一案双查”追究主体责任5起7人，其中党纪政务处分3人，效能问责任4人，通报3起6人。

【严明党的纪律】 11月，召开全区领导干部会议，区委常委、区纪委书记、区监委主任胡志明通报全区学习贯彻十九大精神等八个方面存在问题，区委书记朱党其提出整改要求。部署开展“严纪律、明规矩”专项整治活动，发现和整改问题147个。因中央环保督察整改落实不力，问责党员干部4名；因“最多跑一次”改革推进不力，问责党员干部17人，其中区管干部5名。

【廉政文化建设】 开展“贤内助”区管领导干部家属培训班、“廉洁好家庭”评选活动、廉政文化微作品征集活动、“竹廉杯”富阳廉政书法大赛，共征集廉洁好家庭49户、廉政故事18篇、清廉好家风视频15个、廉洁好家风抖音视频33个、书法作品近300幅，4户家庭被评为杭州市“廉洁好家庭”。指导省级廉政教育基地龙门古镇提升改造，建设完成廉政长廊，提升廉政文化建设水平，营造以廉为荣、以贪为耻的社会氛围。

【警示教育】 出台《关于规范做好重要案件审查调查“后半篇文章”的实施办法》，赴发案部门及相关单位召开案情通报会8场，组织庭审旁听活动9场450人次，组织党员领导干部到省法纪教育基地接受警示教育225人次，拍摄完成孙建福、郎筱鲁违纪违法案警示片，编印村干部违纪违法案例读本，用身边人身边事开展警示教育。

【清廉富阳建设】 出台《关于扎实推进清廉富阳建设的实施意见》，围绕村居延伸巡察等15项清廉举措，规范村社失地农民保险指标分配、村级小额项目、资产处置、农村建房等22项“小微权力”运行机制，全面推进清廉村社建设。印发《杭州市富阳区非公有制企业清廉建设实施意见》《非公企业纪检组织建设工作指南》，非公企业成立规范化纪检组织达110家。挖掘本土清廉文化，打造龙门古镇、渌渚周雄纪念馆等清廉品牌，提升上官、永昌“竹廉”文化内涵，开建万市银杏廉政文化景观带。落实清廉建设责任，清廉机关、清廉学校、清廉医院建设有序推进。

·派驻（出）机构和队伍管理·

【派驻（出）机构重点监督检查工作】 深化派驻机构项目化监督模式，对财政专项扶持资金使用管理、“三美”建设等10个重点领域开展专项监督，发现问题138个，党纪政务处分13人，组织处理47人，移送司法机关1人，挽回经济损失400余万元，下发监察建议书44份，向区委区政府报送问题专报13期，推动出台制度28项。

【纪检监察队伍工作】 开展“讲忠诚、善担当、求实效”主题实践活动。建立“三个清风”学习机制，举办“清风讲坛”“微讲堂”“清风笔谈”，深入开展“大学习、大调研、大抓落实”活动，在全系统征集感悟心得、工作札记、案例分析60余篇。出台《关于加强全区纪检监察干部“八小时之外”活动监督管理的意见》，全体纪检监察干部签订净化“三圈”承诺书。 （吴俊杰）

【编　辑　沈绍坤】

民主党派·人民团体

·中国民主同盟杭州市富阳区基层委员会·

【概况】 民盟杭州市富阳区基层委员会有盟员58名，其中杭州市政协委员2名，富阳区政协委员10名，下辖文化、教育、综合3个支部。全年，共组织各类形式的活动29次，其中，学习讨论5次，组织调研协商活动6次，民主监督活动6次，各类社会服务活动12次。发展新盟员5人。基层委分别被民盟浙江省委会和民盟杭州市委会评为“人才建设先进集体”“先进基层组织”，民盟富阳区教育支部被民盟浙江省委会评为“坚持和发展中国特色社会主义学习实践活动先进集体”。

【自身建设】 5月，组织5名盟员参加区委统战部举办的富阳区党外代表人士延安专题培训班。组织全体盟员参加和参演区委统战部举办的“历史的选择”纪念“五一口号”发布70周年纪念活动。6月，邀请民盟余杭区基层委员会副主委沈国华作“责任与担当——我做社情民意信息工作的体会”专题讲座，提升全体盟员履职意识和能力。组队参加民盟市委会“见证·初心”经典诵读会，开展主题教育活动。7月，组织20位盟员赴嘉兴市和桐乡市两地开展“红船精神”学习培训活动，与民盟桐乡市基层委员会开展盟务工作交流活动。9月，组织骨干盟员参加杭州市委统战部举办的第30期各民主党派中青班。发展章俊杰、盛彩芳、陈常根、汤英、汤军华等5名新盟员，明确12名入盟积极分子。

【参政议政】 区政协九届二次会议期间，提交提案10篇，其中，基层委提交《关于小城镇综合整治的几点建议》《对接杭州文创产业走廊 推动富阳文创产业发展》两件集体提案。《优化复合类生活垃圾资源化处理，打造全国垃圾分类处理示范城市》课题被列入民盟杭州市委会2018年招标立项课题，《复兴富阳元书纸传统造纸产业、助推乡村振兴战略实施》《关于杭州市农村小规模学校教育振兴行动实施策略调研》《发挥农村文化礼堂教育作用，提升农村文化礼堂社会效益》等3项课题被列入民盟杭州市委会乡村振兴研讨会课题，调研报告被编入民盟杭州市委会乡村振兴研讨会论文集。5月，实地调研泗洲宋代造纸遗址，形成《打造中国传统造纸文化园》调研报告。10月，组织盟员赴缙云县开展美丽乡村课题调研，为富阳美丽乡村、美丽经济发展建言献策。

【监督协商】 组织各支部轮流赴万市镇开展“五水共治”葛溪河道巡查工作3次，反映发现问题10余个。会同区知联会、黄埔亲属联谊会赴鹿山、东洲、银湖、春建、新桐等5个乡镇（街道）开展小城镇环境综合整治监督工作3次，以图文形式反映问题20余个。5月和11月，分别与区文广新局就泗洲宋代造纸遗址建设、城市文化建设开展对口联系协商，助推富阳文化建设。11月，与区教育局开展教育人才培育和教育事业发展对口联系会议。

【社会服务】 依托盟员企业，探索开展农村可回收生活垃圾收集、分类、处理一体化处理模式，推动农村生活垃圾分类工作落实。协办“坞里探花，嬉骑春建”骑游大会，助力富春山居乡村“百花大会”，助推乡村振兴战略。组织盟员参加民盟杭州市委会举办的公羊会传统龙舟竞演、拥江发展毅行等活动。组织盟员到大源育才学校、灵桥镇中、万市中学等学校开展支教活动3次。组织盟员到东洲街道、胥口镇等乡镇假日爱心学校授课教学。组织盟员与春晖社区开展“社区共建迎新送福”活动，为社区居民现场书写春联300余幅。参加富春街道“文明同心·创建同行”系列大行动，参与春晖社区文明创建活动。医卫界盟员参加富阳区下乡进村抗癌宣传周活动。

【岗位建功】 1名盟员被杭州师范大学教育学院聘为硕士生导师，6名盟员获得杭州市级荣誉，3名盟员获得富阳区级荣誉。4名盟员被区教育局认定为“富春名师”，6名盟员被认定为“学科带头人”。2项工作成果获得省级荣誉，9篇论文成果获得杭州市级奖励，4篇论文获得富阳区级奖励，3篇论文在教学期刊上发表。（周国平）

·中国民主建国会富阳区支部·

【概况】 2018年，民建富阳区支部发展新会员3人，现有会员38人。支部在民建杭州市委会进行的支部考评中以总分第一名获“2018年度民建杭州市优秀支部”的称号。会员孙丙华、陆炜强获富阳区委统战部“富春·同心荟”优秀个人；会员单旭艇获得民建杭州市委会参政议政优秀会员；会员徐旭明获民建浙江省委会“纪念改革开放四十周年建功立业人物”称号。

【参政议政】 杭州市政协第九届二次会议上，民建富阳区支部提交集体提案3篇，个人提案9件。全年共提交提案29篇，其中12篇被杭州民建市委会录用，5篇被民建浙江省委会录用。

【组织建设】 2018年，共组织各类形式的活动33次，其中，调研活动2次，学习讨论8次，各类社会服务6次。6月19日，召开第二次会员大会，选举产生支部第二届委员会成员。

【学习生活】 3月18日，组织学习全国两会精神；7月8日，组织学习纪念中共中央“五一口号”发布七十周年；5月8—13日，孙丙华、单旭艇等4名会员赴陕西延安参加富阳区民主党派培训班。

【社会服务】 6月21日，联合杭州民建企业家协会赴富阳春江民工子弟学校，举行“同在蓝天下共筑成长梦”活动，并捐赠两万多元。9月23日，举行民建“思源送光明”活动总结会，“思源送光明”自开展以来，累计为1万多名老人做了免费视力筛查，并为109名贫困老人做了免费的白内障手术。

（单旭艇）

·中国农工民主党杭州市富阳区基层委员会·

【概况】 2018年，中国农工民主党杭州市富阳区基层委员会下辖5个支部，分别是人民医院支部、医卫综合支部、联合支部、教育支部、新登支部。共有党员102人，其中省政协委员、杭州市人大代表、富阳区人大代表各1人次，富阳区政协委员13人。基层委被农工党省委会评为2018年度社会服务先进集体。党员闻立平、蒋旭波、徐永群、柳元、商玲被评为农工党市委会2018年度先进个人；党员沈吕诚被评为杭州市社会主义学院第30期市各民主党派中青年骨干培训班优秀学员；党员柳元被农工党省委会评为宣传工作先进个人。

【自身建设】 全年举办各类专题学习会、读书会4次，组织参加市委会、区政协、区委统战部举办的各类学习座谈会12次。3月，组织15名基层委、支部班子成员参加农工党杭州市委会2018年基层组织工作会议暨学习贯彻中共十九大精神培训班。4月，组织全体农工党党员参加统一战线“五一口号”发布70周年朗诵会暨富阳区统一战线“同心共筑拥江梦”专项行动启动仪式。5月，组织5名基层委和支部班子成员参加富阳区党外代表人士延安专题培训班；组织10名骨干党员参加2018年第二期春江论坛。8月，组织8名中青年骨干党员参加农工党杭州市委会2018年暑期读书班。9月，组织25名党员参加农工党杭州市委会成立60周年暨地方基层组织活动71周年纪念大会。10月，组织6名党员参加农工党杭州市委会举办的纪念中共中央发布“五一口号”70周年暨庆祝改革开放40周年演讲访谈会，党员商玲作题为《回望峥嵘觅初衷 坚守信念勇担当》的演讲报告。11月，举办农工党富阳区基层委党员素质提升班，基层委、各支部班子及骨干党员共计22人参加。各支部70周岁以下党员撰写并提交学习心得体会58篇。2018年，基层委被农工党杭州市委会和富阳区委统战部录用各类宣传稿件共计25条；基层委在富阳日报发布农工党这五年专刊一期，在富阳电视台同心同行栏目录制并播放农工党富阳区基层委这五年专辑一期。

2018年，孙晓明、余怀英、曹廷生、喻晓明等4名发展对象成为正式党员。11月18日，基层委召开届末述职评议暨换届动员大会。12月8日，基层委召开第七次党员大会，选举产生了农工党富阳区基层委第七届委员会委员，孙晓明当选新一届主委，蒋旭波、邵锦晖当选副主委，吴加强、孙建强、汪春良和柳元当选委员。

【参政议政】 全年参加各类民主议政会、座谈会、情况通报会、提案协商会共37人次，报送调研报告3个。九届二次全会期间，共提交提案议案14件，其中《关于持续推进名医名科名院建设的建议》《关于打造富春江精品旅游线的建议》《关于加快富阳区儿科医疗事业发展的建议》等集体提案3件。闻立平撰写的《关于实施“名医、名科、名院”建设工程的建议》被评为区十六届人大二次会议代表优秀建议；张利琴提交的《关于以信息化建设为抓手进一步加强社会办医服务监管的建议》被评为区政协九届二次会议优秀提案。夏善泉执笔的特邀二组集体提案《关于调整投融资机制防范政府债务风险的建议》被评为区政协九届二次会议重点提案、优秀提案。何文明参与农工党杭州市委会招标课题《关于进一步创造良好外部条件，加强我市教师队伍建设的建议》的调研和撰写工作。2018年，基层委向上级部门及富阳政协报送社情民意共计35条，其中蒋旭波的《关于完善“四个平台”和全科网格机制，推进基层治理体系改革的建议》被区委统战部建言直通车录用并呈报区委区政府主要领导。

【民主监督】 与农工党杭州市委会两级联动，对富阳区第二批14个乡镇街道6个整治点开展小城镇环境综合整治专项民主监督。党员蒋旭波、柳元担任区政协委派的民主监督员，围绕城市有机更新（包括危旧房、棚户区改造，城中村改造，精品街区建设）等重点工作开展监督调研，提出意见建议2条。定期对统一战线“同心河”葛溪新登段的“五水共治”开展情况进行民主监督，并及时向当地政府反馈意见建议10余条。

【对口联系】 11月，基层委和区卫计局赴常安镇开展对口联系活动，就基层医疗人才培养、家庭医生签约服务、医共体建设、智慧医疗建设等方面，提出意见建议。12月，赴区环保局开展对口联系活动，双方就健全联系机制、建言献策机制、民主监督机制、情况互通机制、人才培养机制等达成共识。

【社会服务】 全年组织党员医疗专家、法律专家、资深教师前往春江、东洲、洞桥、万市等乡镇开展健康义诊、医疗技术帮扶、法律咨询、义务支教等社会服务活动。全年开展义诊服务共计2000余人次。1月，基层委全体班子成员、部分市、区政协委员、人大代表赴金秋社区召开民情恳谈会，就群众反映的封闭式小区管理矛盾凸显、农居点基础设施不完善、辖区内没有大型公园和公共厕所等问题进行了分析探讨，明确将群众关注度高的五个问题通过提案、调研报告、建言直通车、社情民意等形式向区政协和有关部门报送。基层委发起“圆梦微心愿”活动，为辖区内雨点儿聋儿语训中心的40名聋哑儿童送去了培训教材、图书等文具用品。（柳　元）

·致公党富阳支部·

【概况】 2018年，致公党富阳支部发展新党员1名，现有党员12名。

10月22日，支部召开二届换届大会，申屠晨光当选为支部主委，何元军、蒋向群当选为支部副主委。富阳支部获评浙江省委会“基层组织建设年活动先进集体”，杭州市委会“2018年组织工作先进集体”“纪念‘五一口号’发布70周年和庆祝改革开放40周年系列活动先进集体”。党员申屠晨光获评浙江省委会“基层组织建设年活动先进个人”，致公党富阳支部党员蒋向群获评杭州市委会“2018年参政议政先进个人”。

【参政议政】 全年共递交提案8份，社情民意2份。撰写并提交集体提案《城区餐厨泔水处理的建议》《关于龙门古镇实施区域性免费政策的建议》，其中《关于龙门古镇实施区域免费开放的建议》被评为区政协九届二次会议优秀提案。撰写并提交个人提案《富阳区与滨江区营商环境比较分析》《关于富阳区积极发展集成电路产业的思考和建议》《关于树立企业家创业信心、促进民营经济健康发展的建议》《关于解决电动自行车充电安全隐患的提案》《关于大数据背景下建立学生终身制心理健康档案的建议》《关于加强人工沙滩规范管理的建议》，社情民意《关于在场口镇举办特种行业操作证培训班的意见》《提高南大道部分路段限速的建议》。

【自身建设】 组织参加杭州市委会、富阳区委统战部组织的读书会、座谈会、学习会和交流会。3月11日，传达学习全区统一战线“凝心聚力共建新城”主题活动内容；5月，传达学习第二期“春江论坛”学习讲座暨“新时代统一战线工作”专题报告会；支部党员何元军、朱红霞等参加杭州市委会中青年骨干暨新党员培训班学习；支部党员倪敏子、倪斌赴青岛参加全国政协第122期地方干部培训班；11月28日—12月1日，支部党员申屠晨光等10名党员赴广州参加由富阳区委统战部主办的2018年致公党富阳支部“重走致公路”党性锻炼专题研修班。

【海外联谊】 赴银湖科技城侨联开展“两侨相会银湖，共话侨海报国”活动；与镬子山社区开展“同心共建”结对活动，走访看望社区老侨眷属。

【社会服务】 “富春江水上救援队”开展夏季巡逻活动，已累计巡逻200多天1600多人次，成功援救18名溺水者；致公党交通安全教育基地，开展安全培训24次；在富阳区实验小学、银湖实验小学等举办了“防溺水”安全宣讲，累计300人接受安全教育；实地走访灵桥镇灵桥村，了解村情民意；支部党员朱红霞在纪念“五一口号”发布70周年暨改革开放40周年诗歌朗诵比赛中参赛并获得三等奖；支部党员朱红霞参加纪念“海峡两岸交流基地”创建五周年暨两岸文化交流活动开幕式演出。（蒋向群）

·富阳区工商业联合会·

【概况】 2018年，富阳区工商联共有会员1200家，其中新增会员53家，关停退会、合并企业会员103家。指导东洲商会、新桐商会、大源商会3家乡镇商会换届工作，指导新疆乌鲁木齐富阳商会完成登记注册，指导上海富阳商会成立商会党支部，继续跟进福建泉州富阳商会筹建工作。至年底，全区有基层商会和行业商会26家。富阳异地商会1家（富阳莲都商会）。异地富阳商会5家（广东、深圳、北京、上海、新疆）。指导诚信担保公司继续完善规章制度，加强内部管理及风险防范。为51家企业担保5468万元，收回代偿款913万元。区工商联被浙江省工商联授予“2018年度省‘五优’县级工商联”荣誉称号。

【突出政治引领】 全年区工商联通过网站、杂志、微博微信等自媒体平台和执常会、基层商会负责人以及企业家换届大会等多种渠道宣传贯彻学习习近平总书记关于民营经济发展的重要讲话精神，参加人员500余人次。9月，举办以“不忘初心，牢记使命”为主题的红色教育培训班二期，组织近百名非公有制经济人士参加；组织7名非公人士参加杭州市工商联开展的福建古田、河南红旗渠等地传承红色基因教育活动。11月，广东富阳商会举办“感恩·奋进”座谈会，学习习近平总书记11月1日上午在民营企业家座谈会上重要讲话精神。对4名私营企业主开展入党政审工作。对4名非公企业人士的创业故事在《每日商报》上进行宣传。

【能力建设】 3月，杭州市工商联第四期基层商会秘书长培训班，组织全区乡镇（街道）的25位基层商会秘书长参加培训。5月，组织40名工商联执委赴余姚市健峰管理培训城参加“提升发展竞争力，推动产业转型升级”卓越总裁主题特训班。8月，组织40名非公经济人士赴哈工大参加“中国制造2025”军民融合、物联网主题短期培训班。10月，组织7家非公企业的负责人参加由杭州市工商联和北京大学联合举办的第六期“品质杭商”研修班。

【建言献策】 2018年富阳区“两会”，区工商联主席、浙江春江轻纺集团总经理孙伯勇向大会提交《关于加快推进市区潮汐停车位的建议》；区工商联副主席、杭州富阳山亚南方水泥有限公司总经理刘方权提交《关于加强环保政策培训指导的建议》；区工商联副主席、珍琦卫生俞飞英提交《保护公民财产权 加强法院执行过程透明度》议案；区工商联副主席、金火机床羊立民提交《关于打造高端智能装备制造业优质产业链的建议》；工商联集体提案《关于树立企业家创业信心、促进民营经济健康发展的建议的建议》等提案、议案。“两会”期间，共撰写提交提案、议案51件，团体提案3件，重点课题1件，社情民意16条。

【上规模民营企业】 8月，全国工商联公布2017年度全国上规模民营企业排序结果。富阳区3家民营企业列入排名：富通集团有限公司以345.386亿元位列第207位，浙江富冶集团有限公司以339.64亿元位列第212位，浙江富春江通信集团有限公司以159.43亿元位列第485位。2018中国民营制造业500强入围门槛为年营业收入74.65亿元，富通集团位列120位，富冶集团位列123位，富春江通信集团位列278位。富通集团、浙江富冶集团、浙江富春江通信集团同时入围“2018年中国民营制造业500强”。9月，中国企业家协会、中国企业联合会在西安举办2018中国企业500强峰会，发布“2018年中国企业500强”等榜单，富通集团有限公司、浙江富冶集团有限公司分别以第460名和468名首次跻身“2018中国企业500强”。

【走亲富商联商】 2月，召开以“凝心聚力、共谋发展”为主题的2018富商叙乡情迎新春座谈会。来自海内外富商共150余人欢聚一堂，共商富阳发展梦。继续积极走亲新疆、广东、深圳、上海等地富商，积极推介富阳、宣传富阳，引导富商回归创业。全年接待富商100多人次。联系走访异地富商200多家企业（人）。

【优化营商环境】 联合司法局建立“防范企业法律风险机制”。在全区范围内聘请12家律师事务所的律师组成服务民营企业法律顾问和由42名律师、各乡镇街道司法所人员组成的富阳区总商会人民调解委员，调解纠纷76件；联合法院召开法律服务民企座谈会4次，100余人次参加座谈。联合区人力资源和社会保障局、区总工会建立劳动三方协调机制，借助第三方对300家企业进行劳动用工诊断。

【编写《富商故事》】 以改革开放四十周年为契机，区工商联联合富阳作家协会，着手编写《富商故事》，记录了27位富阳企业家中的杰出代表在改革开放40周年中的创业故事。

【基层商会活动】 春江商会组织百场安全知识宣讲进企业活动；东洲商会举办2018年高新企业认定培训工作，向贵州锦屏彦洞乡捐赠价值60余万元的一批衣物；常安商会走访宣城市常安籍企业；鹿山商会开展“圆梦留守儿童微心愿”看望慰问“小候鸟”活动；胥口商会组织17家会员企业参观考察建德新叶村美丽新农村建设等。餐饮协会会同杭州市食品药品发展服务中心，为全区的社会餐饮服务单位组织10多期培训班和通过线上线下餐饮从业人员的培训，食品安全管理员达到2000余人。

【“万企帮万村”活动】 根据浙江省、杭州市工商联的统一部署， 5月，向全体执委企业发出《关于积极响应号召参与村企结对帮扶的倡议书》，春江集团、富春江通信、联通管业、金鑫集团、华丰等10家企业与衢江莲花镇大路口村等5个薄弱村签订村企结对协议。10家企业共结对5个村帮扶项目5个，帮扶资金35万元。10月，组织30多名民营企业家联合上海富阳商会党支部一行到锦屏县对口帮扶，共捐赠现金及物品200余万元。组织8名企业家到缙云开展深化山海协作交流考察活动，并为缙云福利院送去价值3万元的慰问品。

全年接待南京市建邺区工商联、天津市和平区工商联、长春市九台区工商联、鸡西市工商联、怀化市鹤城区工商联、长兴工商联、桐乡工商联等10多批次工商界和企业家朋友，缔结友好商会2个。

（朱欢英）

·富阳区总工会·

【概况】 2018年，区总工会以改革为动力，扎实推进新时代工会改革创新与发展；以争先创优为目标，坚持服务大局和服务职工这一主线，注重引领、加强服务、深化改革、夯实基础，工会工作整体水平得到大幅提升，各项工作取得显著成效。

【组织建设】 全区新建基层工会283家，发展工会会员3.1万余名，工会“两率”（组建率和职工入会率）动态保持在99%和98%以上。推进工会组织规范化建设，打造“5A”级企业工会示范点，引导基层工会发挥作用。对照工会规范化建设的标准，采用上级工会定点支持、适当补助的方式打造工会分类分级管理的模式。

11月23日，“杭州市推进基层工会改革、加强工会规范化建设经验交流会”在富通集团召开，杭州市人大常委会副主任、市总工会主席郑荣胜出席会议。

【“四提一争”教育活动】 以“百场免费培训进企业”为载体，开展“四提一争”教育活动，举办习近平新时代中国特色社会主义思想和中共十九大精神培训102场次，推动党的意志主张进企业、入班组、到岗位，参训职工2万余人次。7月，组织24个乡镇（街道）、部分局工委和部分5A级企业工会干部，赴福建闽西开展两期现场教育实践活动。

【“三看四态促转型、立足岗位当标兵”竞赛活动】 6月，开展“三看四态促转型、立足岗位当标兵”建功竞赛活动，在技术创新、职业技能、创建“美丽厂区”、安全生产、重点工程项目五大领域开展建功竞赛活动162项，发动1100余家企业、2万余名职工参赛，形成“百名标兵引领、千家企业参与、万名职工竞赛”的氛围。

【首届区劳模评选】 开展首届富阳区级劳模评选活动，经单位、社团、群众推荐和个人自荐，按照资格审查、专家评审、组织审定、社会公示等四个环节，董柏富、孙逢明、徐建儿、方琦、孙军等38名各行各业领军人物被评为首届“富阳劳模”。启动第二届“富阳工匠”认定工作，实施劳模工匠进校园活动。

【深化“五百项目”进企业】 开展“百场技能培训、百场技能比武、百位名师带高徒、百万合理化建议奖励、百名职工技能晋级”进企业活动，举办免费培训113场次，培训职工 5072 人；职业技能比武98 场次，参与企业235家、职工3万余人次，帮助132名职工晋升中高级技工，选聘各行各业名师105名、带徒弟 325 名，面向企业班组、职工征集合理化建议152项，投入18.5万元评选表彰优秀合理化建议45项。

【构建和谐劳动关系】 在全区工资集体协商“集中要约”行动中，发出要约书825份，工资协议新（续）签企业2159家；在羽毛球拍、餐饮、花卉、纺织、物管、五金配件6大行业续签行业集体合同，覆盖企业453家；续签111个区域集体合同，覆盖企业4438家。新建企业社会责任建设A级以上企业7家，创建国家、省和谐劳动关系先进企业各1家，市和谐劳动关系先进企业25家。

【职工服务】 全年接待职工电话咨询和现场咨询232起，发放各类宣传资料2000余份，参与安全生产事故调查9起，受理劳资纠纷26起，调处化解职工权益纠纷23起，追讨农民工工资150余万元。创新职工服务方式，重点关注农民工、环卫工的生产生活及其劳动条件。投资15万余元，在城区设立10个“爱心驿站”，为户外劳动者打造休息服务场所。区、乡镇（街道）、村（社区）服务中心、站、室全覆盖，企业服务点107家。全年，困难救助慰问826人次，发放慰问救助款136余万元；参加医疗互助职工13.1 万余名，补助3504人次，发放补助金445 万元。资助千名职工上大学、百场免费电影和文艺节目进企业、千名一线职工免费疗休养和免费健康体检、万名职工夏季高温慰问等实事项目常规化开展。

【职工活动】 5月，举办纪念改革开放40周年职工书画大赛，全区企（事）业单位50余名书画爱好者参加比赛。组织职工参加杭州市第八届职工运动会，1000余人次参加11个大类35个单项的比赛，在13个区（县、市）中总分位列前茅，同时获得最佳赛区奖和优秀组织单位奖。

【劳模管理】 加强劳模管理和服务工作，建立劳模管理制度。元旦、春节期间，筹集资金39.6万元，慰问困难、低收入劳模45名。组织全区76名劳模（五一劳动奖章获得者）免费健康体检和疗休养活动。

【结对扶贫】 响应区委区政府结对扶贫锦屏工作要求，推进扶贫项目落地落实。组织实施体制内职工定向赴贵州黔东南州和湖北恩施州疗休养，全区130余家党政机关事业单位8000余名职工赴两地疗休养；联合5A级企业工会出资建立“锦屏县返乡农民工创业贷款贴息”帮扶基金50万—150万元，资助锦屏县返乡农民工创业培育、培训和就业；安排300名企业“优秀员工”赴贵州省黔东南州、湖北省恩施州疗休养，经费由区、乡镇（街道）工会解决。

【自身建设】 加大工会经费收缴力度，财政预算工会经费与2017年相比增长18.61%。对24个乡镇（街道）工会拨付工作经费补助款912.5万元，完成上解杭州市工会经费438.8万元。强化活动场所（工人文化宫）建设，收回文化宫18户4884平方米的出租房，建设职工文体活动阵地，回归公益性服务。（盛泉君）

·共青团富阳区委·

【概况】 至2018年底，富阳区有各类团组织1308个，其中基层团组织83个，团工委8个，团总支43个，团支部1174个。全区14—35周岁青年20.5万人，其中团员2.65万人，团青比例12%。全年发展新团员2166人。

【新企联（青商会）二届五次理事（会员）大会暨迎新年会】 1月31日，富阳区新企联（青商会）二届五次理事（会员）大会暨迎新年会在大隐客厅召开，区委常委、统战部长陈平，副区长杨俊及新企联（青商会）特邀顾问出席会议。区新企联（青商会）全体理事、区农村青年致富带头人协会会员等100余人参加会议。

【“品质公益·志愿同行”公益项目对接会】 3月5日，由区志愿服务工作委员会主办，团区委、区志愿者协会承办的第四届“品质公益·志愿同行”公益项目对接会在区青少年宫举行。5个部门项目领办和6个公益项目对接工作全部完成，活动累计筹集爱心资助金超过20余万元。来自全区各有关部门、爱心企业、志愿服务组织的代表和区志工委成员单位联络员共计150余人参与本次活动。

【共青团杭州市富阳区委二十一届二次全体（扩大）会议】 3月23日，召开共青团杭州市富阳区委二十一届二次全体（扩大）会议，回顾总结2017年工作，安排部署2018年工作任务。

【“拥抱富春江·携手青创客”主题分享沙龙】 4月10日，组织区委农办、区文创办、区人社局、区商务局、区科技局、开发区、人民银行富阳支行等相关部门单位和资深创业导师与青年创客开展了“面对面”创业主题分享沙龙活动。

【“五四”青年节主题活动】 5月4日，在区青少年宫举行“一把手与青年面对面”五四青年节主题活动。区委书记朱党其与20余名青年代表面对面交流，寄语广大富阳青年。

【“怀抱青春梦想·与富阳共闪光”五四汇报演出】 5月4日，在区青少年宫举行“怀抱青春梦想·与富阳共闪光”五四汇报演出。活动以文艺会演的形式讲述青春故事，展现青年风采。区委书记朱党其和400余名青年代表一起在现场观看节目，全区广大团员青年通过直播进行收看。

【富阳区青年联合会第五届委员会第一次全体会议】 6月26日，召开富阳区青年联合会第五届委员会第一次全体会议，选举产生区青联新一届班子成员。共青团杭州市委副书记、杭州市青联副主席马利阳，区领导朱党其、徐林亮、仰中旻、华之江、孙洁、蒋建民出席会议。毛超彦当选为区青联主席，袁媛、孙锋峰、包莹莹、方海星为副主席。

【年度社区青少年俱乐部工作推进会】 7月11日，在区文化中心会议室召开全区2018年度社区青少年俱乐部工作推进会，相关乡镇街道团组织负责人和全区28个社区团组织负责人参加会议。

【“助力乡村振兴·千名大中学生进农村”主题活动】 7月13日，组织发起“助力乡村振兴·千名大中学生进农村”主题活动，与中国美院、浙江农林大学、杭州科技职业技术学院、中医药大学、区职教中心、黄公望高级中学等10余所省内大中学校及滴水公益等社会组织开展合作，共组建起17支大中学生助力乡村振兴服务队，与15个乡镇街道建立起联系。

【理想信念教育】 8月20日，在井冈山革命教育基地举办2018年“不忘初心跟党走”共青团系统理想信念教育培训班，共计70余名直属团干部参加。

【党团知识竞赛暨“青年大讲堂”】 9月22日，在场口中学举办全区“不忘初心跟党走”党团知识竞赛暨第一期“青年大讲堂”活动，各直属及重点联系企业团组织负责人及团员青年代表共计170余人参加。

【志愿者骨干高级实务培训】 10月30日，举办2018年杭州市富阳区志愿服务组织负责人及社工、志愿者骨干高级实务培训班，全区100余名志愿者参加培训。

【对口帮扶】 10月31日，组织区新企联（青商会）部分理事（会员）赴锦屏县开展走访交流和捐资慰问活动。两地团委共同签订帮扶协议。发动各部门单位、社会组织、企业等各方力量共为锦屏青少年筹集爱心物资和资金共计43万余元。

【中国少年先锋队杭州市富阳区第十次代表大会】 10月24日，在区青少年宫召开中国少年先锋队杭州市富阳区第十次代表大会。团杭州市委副书记、杭州市少工委主任沈威，区领导仰中旻、华之江、孙洁出席大会。郦建、袁媛当选为中国少年先锋队杭州市富阳区第十届工作委员会主任，凌柱、孙晓文、陈健平、章红英、郎凌依为副主任。

【成立“青创联盟”】 11月22日，举办富阳区“青创联盟”成立仪式，共有会员51名，并选举产生首届临时理事会。团区委书记毛超彦，区新企联（青商会）常务副会长俞飞英，以及区人社局、区市场监管局、人民银行富阳支行、富阳农商银行等单位特邀顾问代表参与本次活动。

【“12·5”国际志愿者日大型公益活动】 12月1日，“推进垃圾分类·共享品质生活”富阳区12·5国际志愿者日大型公益活动在秦望广场举行。区领导徐林亮、夏芬、陈平出席，来自全区各单位的党员志愿者、青年志愿者、红领巾志愿者、公益团队志愿者、雷锋角志愿者，以及统战人士、青联委员、社区工作者和市民群众代表等共千余人参加活动。

【直属团组织年终汇报会暨基层团建重点工作比武大会】 12月27日，召开2018年度直属团组织年终汇报会暨基层团建重点工作比武大会，全区各直属团组织负责人、部分基层团支部负责人等110余人参加会议，大会评选出十个优秀重点领办项目和十件优秀团支部实事。 （潘晓晨）

·富阳区妇女联合会·

【概况】 2018年，富阳全区有基层妇女组织2164个，其中，乡镇（街道）妇联24个、机关和事业单位妇女委员会（妇女工作委员会）35个；村（社）妇联304个，机关事业单位妇代会81个，“两新”（新经济组织和新社会组织）妇女组织1720个。妇女团体会员32个，其中，区女企业家知识分子联谊会1个、区工会女职委1个、乡镇（街道）农家女能手协会24个。区妇联下属事业单位区妇女活动中心。全区有专职妇女干部34名，其中，区妇联10名，乡镇（街道）妇联24名。

【“双争”活动】 以“拥抱富春江争做新女性，拥抱新时代争创新业绩”为主题，开展教育宣传实践活动。举办“新女性新业绩”主题宣讲分享会，开展中共十九大、中国妇女“十二大”精神等各类主题宣讲活动400余场次，覆盖妇女人群5万余人次。

【两规中期评估】 完成富阳区妇女儿童发展两个“十三五”规划中期评估工作，妇女发展规划123项主要指标中有57项提前达标；儿童发展规划117项主要指标中有63项提前达标；10件实事项目完成4件。

【关心关爱行动】 牵头开展区领导“六一”慰问活动，组织女性社会组织和巾帼志愿者开展暑期假日爱心班帮教服务。为19名“两癌”困难妇女申请杭州“春风行动”医疗救助，1名“两癌”困难妇女获全国“农村贫困母亲两癌救助专项基金”救助。走访慰问 50名困难妇女、30名村级离任困难妇女干部，慰问金额14.4万元。

【“最美庭院”大比武】 结合首届“乡村百花大会”，开展“小手拉大手”亲子种花晒花活动，举办“花开万家”培训46期，培训妇女骨干近3300人。全年共评出“两两竞赛”优胜村114个、示范村28个、示范乡镇8个。全区小城镇环境综合整治中，动员妇女群众发挥主力军作用，形成“热心妈妈帮帮团”“美丽庭院”指导队等特色妇女志愿团队28个，建立“庭长制”“擂台榜”“星级家庭”等新机制。

【双学双比·巾帼建功】 持续开通巾帼创业贷款绿色通道，成立伊创联盟富阳基地——伊·锦程，举办民宿女主人培训班，动员和支持广大农户参与“美丽经济”建设。共举办西式烹饪、生活美学、形象礼仪等各类培训142期，培训人数1万余人。助推低收入农户倍增计划，全年发放低收入农户来料加工费323余万元，补助低收入农户来料加工财政扶持资金61余万元。推进“巾帼文明岗”创建活动，获全国巾帼建功先进集体1个，创建浙江省“巾帼文明岗”3个、富阳区“巾帼文明岗”12个。

【家庭文明建设】 举办“富春山居百花芳菲·我和母亲相约花海”“弘扬传统文化—幸福花开向美而行”主题分享活动。推荐区级“最美家庭”90余户，其中荣获全国“最美家庭”1户，省市“最美家庭”5户，省市“绿色家庭”20户。联合区纪委举办区管领导干部“廉内助”培训班；开展寻找“廉洁好家庭”活动，4户家庭荣获杭州市“廉洁好家庭”。

【家庭教育】 举办家庭教育讲座、咨询和亲子阅读实践活动等846场次，参与家长96521人次。开展示范家长学校创建工作，13所学校（幼儿园）、2个社区创建区级示范家长学校，1所学校、1个社区创建省示范家长学校。

【妇女维权】 5月3日，举办全区婚姻家庭纠纷调解业务培训班，500余名妇联干部、镇村调解员参加培训。全年开展专题法律法规宣传84场次，受众妇女2.2万余人；拍摄《保护妈妈》微视频、制作普法宣传品20余个。推行1+4+X“最多跑一地”工作机制，将婚姻家庭矛盾排查纳入网格、调解平台，全年联合调处婚姻家庭矛盾纠纷138起。完善反家暴处置机制，全年共发出告诫书273份、人身保护令3份。推行乡镇（街道）妇联主席婚姻劝导轮值制，婚姻辅导志愿者全年出勤245次，接待预约婚姻劝导夫妇共1188对，成功劝导率达50%。规范来信来电来访工作制度，落实首问责任制，区妇联本级接待妇女来信来访来电77件，答复办结率100%。

【群团改革】 推进妇联系统区域化组织建设新登镇杭州试点工作，成立新家园俱乐部，整合辖区资源，联动各方力量，组建婚姻家庭辅导、家庭教育指导、女子旗袍队等队伍20余支，开展困难帮扶、来料加工技能培训、舞蹈教学等服务活动。坚持“党建带妇建”原则，把妇女组织向新领域、新阶层延伸，在新登镇富春港商场、东洲街道电商物联小镇、开发区硅谷小镇、上官球拍行业、民宿行业等“两新”组织和行业中组建妇联。

【自身建设】 6月21日，在区委党校举办全区妇联干部培训班，各乡镇（街道）及行政村（社）妇联主席等共计400余人参加培训。开展“大学习、大调研、大抓落实”“百千万蹲点调研”和“最强支部”创建活动，通过座谈会、恳谈会和庭院整治党员行、支部创建大家谈等方式，推进干部队伍作风转变。 （施一丹）

·富阳区科学技术协会·

【概况】 2018年，富阳区科协有区级学（协）会21个、民非企业1个，企业科协12个，院士工作站4个；乡镇（街道）科协24个；社区科协分会22个；下属事业单位1个。区科协被浙江省科协、杭州市科协评为2018年度省、市两级科协工作考核优秀单位。

【十届六次常委会和十届五次全委会】 5月7日，召开十届六次常委会，审议调整部分区科协班子成员，审议区科协十届五次全委（扩大）会议工作报告，讨论区科协十届五次全委（扩大）会议议程。5月9日，区科协十届五次全委（扩大）会议暨“科普中国”落地应用推进大会，传达省、杭州市科协全委会精神；审议并通过《工作报告》；胥口镇科协、区老科技工作者协会、浙江富春江通信集团科协以及秋月社区先进典型交流发言；并对“科普中国”落地应用工作作了动员布置。

【区科协系统深化改革实施方案】 11月30日，在区科协十届七次常委会讨论通过，一致同意将《杭州市富阳区科协系统深化改革实施方案（征求意见稿）》上报富阳区委审批，12月18日，经富阳区委第77次常委讨论研究同意该方案。

【建言献策】 区老科技工作者协会发挥自身特长，组织会员认真开展调查研究，先后撰写了多篇调研文章，其中《关于富阳区农村生活污水处理工程存在的问题与对策建议》和《关于规范和促进民营医疗机构健康发展的对策建议》2篇调研报告得到了区委书记、区长的肯定并批示。

【重大科普活动】 9月15日—21日，展开以“创新引领时代，智慧点亮生活”为主题的群众性科普活动。活动周期间共举办“关注消防，平安你我”安防科普体验”、全民科学素质知识微信有奖竞赛、科普电影进校园等各类科普重点活动306项，举办科技培训、讲座123场，制作挂图、展板、海报等10500块（张），编印发放各种科技科普宣传资料15万份，参与科技宣传人员380人次，受益人群达10万余人次。继续开展“富阳科普自由行”活动，组织市民、中小学生分期到富阳镬子山气象文化科普公园开展“观云识天”气象科普活动、杭富水电“弘扬工匠精神”活动、亚林所实验小学连线科普中国“走进自然科学”听院士报告活动、傲胜游泳馆暑期青少年防溺水活动、杭州野生动物世界、富阳安防体验馆新登基地、富春四小趣味科学实验活动，累计报名23700人次，现场接待2370人次；发放科普书册、展品、科学实验器材等物品累计超过2600余份，组织线上科普知识竞赛问答5期，参与人数累计超过16万人次。

【科普大讲堂活动】 围绕“节约能源资源、保护生态环境、保障安全健康、促进创新创造”主题，在农村文化礼堂、农函大教学点、社区科普学校等阵地组织开展节能环保、健康卫生、实用技术、安全常识等方面的科普知识讲座132场。9月18—20日，邀请中国科学院老科学家演讲团团长白武明、老科学家潘习哲走进12所中小学开展科普讲座12场，内容涵盖物理、化学和航母、空战等，共3600多位中小师生聆听了讲座。

【科普宣传进人员密集场所】 为40个农村文化礼堂、26个社区、3家医院及青少年宫、行政服务中心、文化中心等人员密集场所的94个折页取阅架，每月设计制作配送10种各70份科普宣传折页，2018年补充小折页11期，10万份。内容涵盖自然科学、社会科学、安全生产、防灾减灾、“五水共治”、“三改一拆”、疾病预防、养生保健、家庭教育以及政府中心工作、社会热点焦点问题。同时为40个文化礼堂制作一批科普图板，并每月流转对换，保持常新。

【开展“科技下乡、科普进文化礼堂”活动】 先后到新桐乡小桐洲村、春江街道新建村、胥口镇上练村、银湖街道唐家坞村、春建乡中心小学、万市镇槎源坞村、灵桥镇董家桥村、场口镇联群村、里山镇民强村等地开展了9次大型科技下乡、科普进文化礼堂活动，为农民群众带去了水果、竹笋、蔬菜、茶叶、畜牧等方面的种养技术和信息，提供健康保健知识和文明礼仪科普教育服务，据统计共组织科技人员765人次，发放科技资料35种31500份，接待市民3600人次。

【科普工作信息化】 “公众科普”微信平台新增科普中国栏目，无缝对接科普中国云数据，助推科普中国在富阳区落地应用。累计推送图文信息1038篇，组织开展微信知识竞赛3次，参与人数超过10万人次，微信关注人数最高峰值达到46380人，涉及297个城市，总阅读182196人次。

【科普电影大篷车巡回放映和科普电影进校园】 在场口镇体艺馆、新登镇中心小学惠来校区分别开展科普大篷车巡回展览和中国杭州低碳科技馆小型流动科技馆活动。利用科技演示设备、VR设备、科普图片，发放科普资料，进行科技秀节目表演，“VR技术及运用”讲座；空气知识科普专题讲座，共接待中小学生2500名。在“科普中国”平台下载科普电影，依托区文广新局农村电影下乡平台，全区开展科普电影大篷车巡回放映活动，为农村、社区、企业、工地、敬老院、外来务工人员集居地等各阶层各年龄段的群众，公益放映科普电影650场。联合教育局在全区30所中小学开展科普电影专场活动，共放映火海逃生、校园安全及事故应对办法、食品安全常识等科普影片52部次。

【“2018年富阳区第十一届青少年模型锦标赛”】 区教育局、区科技局、区科协、团区委、区运休闲办联合举办2018年杭州市富阳区第十一届青少年模型锦标赛。全区36所中小学组队参赛，共800余名学生参加，内容为“极光号”电动遥控双体快艇绕标航行竞赛、“未来之星S”遥控车绕标竞速比赛、“桥梁规划师”创意建筑设计（个人）制作比赛、“四旋翼飞行”竞赛四个项目。

【科普中国·百城千校万村行动】 制定下发《关于全面推广“科普中国”落地应用工作的通知》，截至12月31日“科普中国”宣传员注册15009人，转发科普信息451985篇，富阳区科普宣传员注册人数为全省第一、全国第四，转发科普信息量为全国第一，有3人被评为“全国20佳科普宣传员”。区科协被杭州市科协评为杭州市2018年度“科普中国”APP优秀组织单位。

【2018富阳区公民科学素质调查】 杭州市科学技术协会委托中国科普研究所于2018年8—10月开展富阳区公民科学素质抽样调查。本次调查覆盖富阳区的18—69岁公民，调查以富阳区为总体进行分层三阶段不等概率抽样，设计样本量1200份，回收有效样本1203份。结果表明，2018年富阳区具备科学素质的公民比例达到了12.2%，不同群体公民科学素质水平均有不同程度的发展。互联网已成为富阳区公民获取科技信息的主要渠道，富阳区公民利用科普设施和参与科普活动的机会较多。富阳区公民高度关注并积极支持科技事业的发展，对科技创新充满信心；科学技术职业在富阳区公民心目中的声望较高。富阳区的调查结果如下：（一）富阳区公民科学素质水平发展状况。2018年富阳区公民具备科学素质的比例达到了12.2%，城镇居民具备科学素质的比例达到了13.7%，农村居民为8.4%，已进入快速增长阶段，与富阳区经济社会发展水平相适应。（二）富阳区不同群体公民科学素质水平发展状况。杭州市2018年调查显示，与杭州市平均水平相比，富阳区公民科学素质水平在快速提升的同时，呈现出不同的群体特征。从城乡分类来看，城镇居民的科学素质水平高于农村居民。富阳区城镇居民具备科学素质的比例达到了13.7%，明显低于杭州市平均水平；农村居民具备科学素质的比例为8.4%，高于杭州市平均水平。从性别分类来看，男性公民的科学素质水平高于女性公民。富阳区男性公民具备科学素质的比例达到了14.4%，女性公民具备科学素质的比例为9.7%，均明显低于杭州市平均水平。从年龄分类来看，中青年群体的科学素质

水平较高，且随着年龄段升高科学素质水平明显下降。富阳区18—39岁年龄段公民具备科学素质的比例为20.3%，40—54岁年龄段公民具备科学素质的比例为7.9%，18—39岁和40—54岁年龄段公民的科学素质水平都明显低于杭州市平均水平；55—69岁年龄段公民具备科学素质的比例为2.9%，略低于杭州市平均水平。受教育程度是公民科学素质水平的决定性因素，高中及以上文化程度是具备科学素质公民产生的基础。随着受教育程度的提升，具备科学素质公民的比例明显提升。富阳区初中及以下文化程度公民具备科学素质的比例为5.6%，高于杭州市平均水平；高中（中专、技校）文化程度公民具备科学素质的比例为12.0%，大学专科及以上文化程度公民具备科学素质的比例达到了25.4%，高中（中专、技校）和大学专科及以上文化程度公民的科学素质水平都明显低于杭州市平均水平。

【申报重点学术活动项目】 继续开展重点学术活动申报工作，通过各单位申报，区科协审定，确定“2018年杭州市富阳区青少年科技辅导员多项指导方法培训活动”等11个项目予以立项，并经绩效评估后予以择优资助。

【院士专家工作站取得新进展】 杭州大华仪器制造有限公司院士工作站被确定为“浙江省第九批院士专家工作站”。

【疗（休）养工作】 与区委组织部、区人力社保局、区财政局、区科技局联合发文开展优秀科技人员疗休养活动。共组织4批次100多名科技人员赴湖北、贵州开展疗休养活动。

【组织建设】 所属的学（协）会根据民政部门的要求做好社会团体年检年审申报工作，各单位2018年社会团体检查均合格。区历史学会、土木建筑学会、农学会、心理卫生辅导协会、标准计量质检学会等学（协）会完成换届选举工作；指导区环境保护学会、畜牧兽医学会开展注销工作。配合区委组织部规范、清理领导干部社会团体兼职工作。

（李成钢）

·富阳区文学艺术界联合会·

【概况】 2018年，区文联有所属协（学）会13个，会员1403名，其中国家级会员64名，省级会员174名，地（市）级会员271名。会员在地（市）级以上发表、展出、入选、播映、演出的文艺作品和理论文章共80余件，有30多件（次）作品获地（市）级以上奖项。全年出刊《富春江》正刊4期。

【举办第五届郁达夫小说奖】 12月6日—7日，在富春山馆举办第五届郁达夫小说奖颁奖系列活动，中国作协副主席陈建功，浙江省委宣传部副部长葛学斌，省作协党组书记、副主席臧军，省作协主席艾伟，省作协副主席、杭州市文联主席应雪林等省市有关部门领导，富阳区朱党其、吴玉凤、徐林亮等领导出席颁奖典礼。此外，还举办郁达夫研究中青年学者论坛筹备会，浙江话剧团创作并列入国家艺术基金扶持的《天真之笔》在影剧院上演。

【举办“董邦达、董诰”全国学术研讨会】 11月9日，在富阳召开“董邦达、董诰”全国学术研讨会。来自中国人民大学清史研究所、故宫博物院等高校、博物院（馆），省、杭州市历史学会的20余位专家学者进行大会主旨发言，就“二董”清廉勤政、懿德嘉行、书画艺术、家乡情缘等方面探讨交流。搜集、整理“二董”故事传说，编辑《董邦达董诰传说故事》，协助做好董公祠陈设布展。

【文艺活动】 配合区委统战部开展“公望富春”海峡两岸文化交流系列活动，在公望美术馆展出“心香·飞梦——傅狷夫作品展”“筑梦富春——罗永贵作品展”。配合统战部“民间民俗·多彩浙江”周雄孝文化节活动，承办“365夜睡前孝善故事”征文活动，编撰出版《周雄孝善故事》。联合区纪委开展廉政故事征集和“竹廉杯”富阳廉政文化书法大赛；配合区机关党工委举办全区机关干部职工书法、摄影兴趣小组。联合工商联，指导区作家协会创作、出版《富商故事》专集。

配合“富春山居·百花芳菲”2018年区首届百花大会，举办书画展、摄影展，展出作品100件。

联合杭州市文联在新登半山举办“双百双千”“五进十送”潮涌钱塘——杭州市新春送欢乐文化进万家活动。联合杭州市书协、洞桥镇政府举办杭州富阳“施肩吾状元杯”书法大赛。与山海经杂志社、银湖街道办事处联合举办“梦幻银湖 三美乡村”全国故事征文大赛。联合区“三美”办，开展征文比赛，出版《富春江》专刊。指导乡镇街道文联开展“二十四节气”活动，用书画、摄影、音乐舞蹈、民间文艺等艺术形式和活动丰富洞桥“山乡节”、万市“银杏节”、渔山“稻香节”等乡村节庆活动。

【公望美术馆2018年展览】 2018年，先后举办第十八届浙江省女花鸟画家协会巡展暨第三届富阳区女美术家协会作品展、海峡两岸书画交流展、首届“蓝立方”国际艺术节—美术作品邀请展、“对话富春江”富阳区教师合唱团小型合唱音乐会等。

【举办“天堂与天府·艺术对话”系列活动】 11月6—8日，与杭州市文联、成都市文联联合举办“天堂与天府·艺术对话”系列活动。在公望美术馆展出书画、摄影作品120幅，举行两地艺术家同绘“浙水蜀山·大美中国”书画长卷和交流座谈会，赴龙门古镇和湖源新二村元书纸制作园区采风考察。

【举办“家在富春山”羊晓君隶书展】 5月8—23日，与中国书协隶书委员会、省书协、杭州市文联在浙江美术馆共同举办“家在富春山”羊晓君隶书展。展览以“家在富春山”为主题，展现了作者近年来创作的80件书法新作，之后在公望美术馆展出，羊晓君先生还将展出的78幅书法作品捐赠给区政府。

【开展第十七届郁达夫文艺奖评选】 共收到申报作品102件，经初评、终评，共有49件作品获奖，其中赵姝演唱的歌曲《富春乡愁三部曲》、周国华的陶瓷作品《金榜题名茶具青花五彩描金》、朱剑星的故事《关门大吉》获得一等奖。叶萍的儿童文学《湖神三部曲》等27件作品获得二等奖，凌晓祥的纪实文学《对话》等19件作品获得三等奖。

【实施文艺家进校园支教】 在54所中、小学共有55位文艺家开设美术、书法、器乐、舞蹈、摄影、剪纸、布艺、主持等课程。在艺术教学力量比较薄弱的万市、常绿、湖源等偏远乡镇，支教文艺家承担了主要的艺术课程教学任务。省委宣传部常务副部长来颖杰对支教活动作出批示：富阳区“艺术家进校园支教”的实践探索很有意义，既为文艺志愿服务提供了载体渠道，也为青少年培养文化素养基础提供了有效路径。

【开展文艺惠民活动】 联合杭州市文联举办“新春送欢乐奋进新时代”文艺轻骑兵走进灵桥光明村、江丰村、王家宕村等。在全区24个乡镇（街道）开展送福送春联、送书画、拍摄全家福等文艺惠民服务。“春风行动”期间，组织百名书法志愿者在秦望广场举行写“福”义卖送“春风”活动，两小时义卖近4万元全部捐赠。文艺惠民小分队在春节期间先后到大源、灵桥等地进行慰问演出，宣传党的十九大精神和区委区政府“拥江发展”战略。

【举办对外文艺交流活动】 与缙云县文联开展书画雅集、座谈交流推进山海协作。与安徽霍山县文联举办“千里大别山·秀水富春江——山水风光摄影作品联展”。与萧山区文联联合举办“湘湖水·富春山”萧山·富阳书法联展。赴上海开展浦东富阳泰兴书画艺术交流展。参加在嘉善举办的“还看今朝——祝贺改革开放四十周年”元季四家故里美术家走进姚庄采风笔会活动。

【重要创作成果】 扶持孙锋的《孙权故里东吴胜迹》、胡定均的《胡震先生行年考》、孙承安的《在龙门读中国》出版。书法家协会何宏、曹国海加入中国书法家协会，音乐舞蹈家协会胡来祥加入中国音乐家协会，民间文艺家协会孙学君、赵敏燕、金长令加入中国民间文艺家协会。

作家协会草木散文集《庭前月色》由浙江人民出版社出版；方格子长篇非虚构《一百年的暗与光》获浙江省2015—2017三年优秀作品奖；叶萍《魏微》入选杭州市文化精品工程，长篇儿童小说《亲亲马尚》《北纬30度王梓》由广东人民出版社出版，短篇小说《天衣无缝》获第四届“读友杯”全国短篇儿童文学创作大赛优秀奖；蒋金乐散文集《富阳的文澜隧道》由浙江古籍出版社出版；盛忠民散文《走向荒芜的故乡》获《海外文摘》《散文选刊》举办的“2018年度中国散文年会”二等奖。

美术家协会骆松涛国画《入蜀方知画意浓》获全国美术作品展（中国画）优秀奖，国画《筑》获“感恩海洋·潮起象山”全国中国画作品展优秀奖，《入山眺奇壑幽致探何穷》入展“翰墨神木”全国中国画作品展，国画《重器》入展金域流韵——21世纪新丝绸之路全国中国画作品展，国画《西泠遗韵》入展“中华情·中国梦”美术书法作品邀请展，国画《老街夜市》入展“伯年国艺”全国写意人物画展；邵玉峰国画《新的跨越》获“诗乡画城·潇洒桐庐”全国中国画作品展优秀奖；阳桂芳国画《故园新篁鸣丰年》入展2018“万年浦江”全国中国工笔作品展，国画《长白初雪》入展“神圣长白”全国中国画展；郭一莲国画《岁稔》获第十八届浙江省女花鸟画家作品展优秀奖；何勇雕塑《渔之歌》入选勇立潮头——浙江省第七届青年美术作品展；林玲国画《素心若雪》、郑谅油画《流水欢歌》分别获“盛世钱塘·美好家园”纪念改革开放四十周年作品展学术提名奖；郭一莲国画《独在静处惬幽娴》、宋艺国画《竹阴窗户荐微凉》、郑谅油画《竹语》分别入选“乡村振兴·田园松阳”浙江省美术作品展；宋艺国画《红蕉锁窗帘卷风》、陈文英国画《展尽芭蕉数尺心》、方杭美国画《立秸暮秋色》、许海燕国画《归来》、吴湘云国画《自由山水》、宋群英国画《美丽乡村》分别入选“盛世钱塘·美好家园”纪念改革开放四十周年作品展；林玲国画《却把侬来嗅》、叶晓洁国画《小厨清味》、宋艺国画《五月五日花期错》、方杭美国画《霜晨》、陈文英国画《丹彩灼春融》、鲁惠玲国画《竹静梅深春海阔》、郑玉平国画《流年》、谢芳国画《莫负西风歌一曲》、许海燕国画《古园蔬果》、郑敏国画《春至时合》、陈彦研国画《柿柿如意》、于晓燕国画《春深》、李观亚国画《再回首》、程玉兰国画《紫雾春山绿》、陈雪梅国画《秋塘清韵》、胡洪玉国画《幽兰》、包京仙国画《清竹》、郑苗娟国画《艳阳》分别入展“丹青英华·昌盛文运”浙江省第十八届女花鸟画家作品展；孙丙龙国画《茂林修竹》入展千载清风全国墨竹大展。

书法家协会周杏茗《刘昂游王宫谷诗》、赵阳《望海潮》、金如《侠客行》、李爱芳《道德经全篇》分别入展“卫夫人杯”全国妇女书法展，唐一峰《张岱《不二斋》、何宏《“苍藤野花”对联》、金如《笔阵图》、李爱芳《道德经上篇》、陈红亮《宋程俱诗四首》、何迪《精神学问七言联》、曹国海《苏东坡书论》分别入展“陆维钊奖”第八届浙江省中青年书法篆刻展。

摄影家协会陈正林作品《美丽乡村路》获省文联主办的省第17届摄影艺术展优秀奖，蒋万炯作品《谢师、感恩》、童定贤作品《精神食粮》《社戏》入选省委宣传部、省文化厅、省摄影家协会主办的“浙江省改革开放四十周年摄影作品展览”。

音乐舞蹈家协会徐宇婷演唱《青春舞曲》2018“中国声乐国际大赛”成人A组民族唱法独唱金奖。

戏剧曲艺家协会董婉珍越剧表演《真假驸马》获首届全国越剧（徐派）戏迷邀请赛十佳演员。

民间文艺家协会周国华根雕《紫微高照》获第八届中国（浙江）工艺美术精品博览会银奖；朱剑星民间故事《冒死救驾》获“梦幻银湖·三美乡村”全国故事征文大赛一等奖，纪实故事《飞行故事》《血泪与血性》分别获“梦幻银湖.三美乡村”全国故事征文大赛优秀奖，新故事《秘密》获浙江省第二届民间故事会浙江省优秀故事，新故事《闪婚》获浙江省第十二届新故事征文大赛三等奖；陈志荣故事《周公坞香榧传奇》获“梦幻银湖·三美乡村”全国故事征文大赛二等奖；孙学君新故事《女儿的作业》获浙江省第十二届新故事征文大赛二等奖。

富春印社杨明《走进新时代拥抱钱塘江印屏》、陶桂生《云树怀人》、劳韧《人生得意须尽欢》、兰银坤《肤寸升云印屏》、章镠炜《无问西东》、蔡晓霞《窗竹夜鸣秋》、华泳《云树怀人》7人作品分别入选纪念叶一苇先生100周年诞辰浙江省篆刻大展。

（沈小惠）

【编 辑 汪校良】

法　治

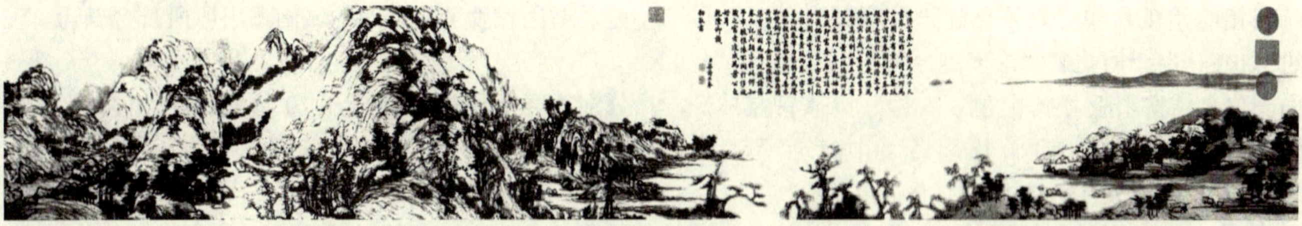

·“平安富阳”建设·

【概况】　2018年，区委政法委紧紧围绕打造新时代“枫桥经验”升级版工作目标，聚力补短板、强弱项，聚汇政法力量，深化全科网格和乡镇（街道）“四平台”，完善矛盾化解“最多跑一地”联动机制，探索大维稳平台建设，扎实推进基层治理“一体两翼”工作体系，全力打好平安创建“八大”攻坚战，确保“平安富阳”实现十四连冠，平安创建各项工作走在了省市前列。

【深化平安创建工作】　出台区级机关和乡镇(街道)平安创建考核办法和问责办法，建立平安预警通报制度，设置平安考核专项奖金，推行“平安建设行业标准”和“片区化”管理责任体系，常态开展平安督导检查。区委平安办开展部门联合检查15次，下发平安交办单7件，预警单63次，联合媒体督查曝光2次。打好“消防安全翻身仗、交通安全整治仗、食品药品安全仗”等攻坚硬仗，24个乡镇（街道）和16个区级牵头部门共检查企业（单位）78497家（次），发现隐患45209条，整改隐患44592条，立案查处718家，处理交通等各类违法行为397235起。推进“雪亮工程”建设，完成全区公共视频图像共享平台框架搭建，整合各类视频监控5734个和社会面监控1500余个，实现共享应用；开展“亮灯、亮声”工程建设，全区建成治安岗亭54个、安装警灯386处、购置平安巡防车56辆；健全机关党员进村（社区）参与平安巡防机制，组建了一支6万多人专（兼）结合的平安巡防队伍，共开展平安巡防29.14万人次，累计巡防总时长达115万多小时。救助人员270人，抓获犯罪嫌疑人333人。

【维护社会大局稳定】　扎实推进社会稳定风险评估、重大涉稳问题项目化监管活动，开展“一体两翼”试点，妥善化解矛盾纠纷，全区受理各类矛盾纠纷11603件、化解率99.4%、调解协议金额4.68亿元，25件重大涉稳问题项目化监管事项全部化解；对检察机关不起诉案件专项执法评查84件，对5起涉法涉诉信访案件进行司法救助，发放救助资金48万元；妥善化解历时10年的2起涉法信访积案，全区未发生重大涉稳事件。完成中共十九届三中全会、全国“两会”等重点时期安保维稳工作，实现全区“零进京”“零到杭赴省集访”目标；推进无邪教创建和反邪阵地建设，将排查非法宗教、邪教和精神传销活动纳入网格化管理；推进转业士官岗位安置帮扶工作，帮扶人员全部签约安置。坚持“四打并举”，确定“工程建设、渣土清运、高利贷、黑信访、金融传销、地下执法队、基层组织建设”等七个方面重点，侦破涉恶刑事案件179起，打处涉恶团伙19个。

【打造综治工作品牌】　推进区综合信息中心“四平台”信息系统与统一政务咨询投诉举报平台、维护社会稳定工作平台的数据对接与融合，建成共用共享社会信息数据汇集库，推进乡镇（街道）综合信息指挥室规范化建设，抓实“五部门”派驻人员属地管理，倾力打造社会治理“直通车”、民生政务“110”。区镇两级中心共受理各类事件194823件，交办流转事件129742件，事件及时反馈率达99.5%，有效办结率达98.5%，群众满意率达97.6%。按照网格“十统一”要求，全面梳理网格工作职责清单、加强网格队伍管理、提升网格工作能力，筑牢基层治理工作“底座”。全区专职网格员共检查场所单位36058家，发现上报平安隐患问题75136个，全部流转交办，落实整改。推广创新富阳“枫桥经验”十二大项目，创新行业平安建设提升项目和矛盾化解“最多跑一地”提升项目2个，创优全科网格建设提升项目1个，确定渌渚镇“三治”融合、场口镇综治工作中心规范化建设培育试点，深入推进“1+4+X”矛盾化解“最多跑一地”联动机制，全面固化总结富阳版“枫桥经验”。（钟益林）

·公安·

【概况】 2018年，杭州市公安局富阳区分局聚焦“锻造一流警队、干出一流业绩、打造一流品牌，争创优秀公安局”目标，完成大型活动安保任务168项，审批大型活动19项，完成警卫任务20余次。推广新时代“枫桥经验”“警律联调”机制，被市公安局评为改革创新项铜奖。

全年警情案件持续下降，刑事警情、治安警情同比分别下降7.77%、7.31%。刑事破案同比上升3.47%，刑拘、逮捕、移诉数同比分别上升9.83%、40.57%、10.21%。交通事故死亡人数同比下降13.33%，其中电动车事故死亡数同比下降18.46%；火灾事故数同比下降5.52%。成功攻克“3·20”“7·31”富阳史上首次侦办黑社会性质组织犯罪案件。扫黑除恶实绩名列全市第三，侦破“8·21”网络赌博、“8·30”吸贩毒、国内首起利用网络平台推广虚拟货币“能量铜”非法集资、省公安厅督办富春电镀厂违规排放、杭州七彩锻造有限公司污染环境等重大案件。

看守所、交警大队车辆管理所被公安部分别授予“全国一级看守所”“全国一级车辆管理所”称号，分局获评2018年度“全省公安队伍正规化建设优秀单位”“全省公安机关执法质量优秀单位”；城南派出所所长金健勇获评杭州市第六届“最美杭州人”、第十四届杭州市道德模范（平民英雄）；39个集体、298人次受到上级党委政府和公安机关表彰奖励。

【金志到分局调研】 7月4日，省公安厅副厅长、杭州市委常委、公安局局长金志，到公安富阳分局调研工作，肯定分局思路目标清晰、方法措施管用、实绩实效明显，在重点群体稳控、为民服务精神等方面的工作。

【金志看望慰问民警】 9月22日，省公安厅副厅长、杭州市委常委、公安局局长金志到富阳第一人民医院看望因过度劳累昏迷的城南派出所所长金健勇。

【徐林亮到分局调研】 10月11日，富阳区委副书记、政法委书记徐林亮带领区委办、维稳办、信访局、民政局等部门负责人到分局调研情报和维稳工作。

【保障重大项目建设】 围绕“秦望区块、江南新城、地铁沿线、循环经济产业园”项目，建立工作专班，全程支撑项目推进。全年，出动警力4000余人次，阻止“三抢”70余起，化解群体聚集苗头10余起，配合指挥部和乡镇街道谈话告诫120余人次、传唤审查40余人次，查处劳动路富风电器抢装设备、大源镇董某夫妇阻挠绕城西复线施工、银湖街道野亩垄村民阻挠地铁施工等案件。

【重点人稳控】 坚持管牢重点人、抓牢重点事、控牢重点群体，以点带面立体式管控，实现“富阳人不去活动举办地闹事，大事不出，小事也不出”的工作目标。管住个人极端和非公安类信访人员，在分局实战平台管控一级重点人员6人，二级重点人员22人，三级重点人员175人，严格按照《进京赴省去杭非访群体性事件应急处置工作机制》要求，逐一风险评估、逐一落实管控，第一时间掌握情报、动向。主动联动区维稳办、信访局及相关职能部门与乡镇（街道），将有异动人员吸附在当地，及时发现、拦截、处置入杭、赴省、进京异动人员85批140人次，成为杭州市少数几个实现重点人员“零非访”“零滋事”区县市之一，重大群体性事件“零发生”。

【社会面管控】 完善24小时屯警街面、无缝对接机制，修订应急处置预案方案，配齐配足应急处突装备，加强实战演练，实地、实兵、实景训练演练，优化机动队功能和快速反应能力。根据城区警情研判，加强重点时段和地段盘查力度，全年，盘查可疑人员16113人次，可疑车辆1242辆次，抓获各类违法犯罪嫌疑人、入所诊察人员300余人。5月11日，巡特警机动队设卡抓获醉驾和吸毒嫌疑人各1人；6月2日，巡逻抓获入户盗窃嫌疑人1人；8月24日，巡逻抓获网上逃犯1人；8月29日，快速处置精神病人持刀警情；11月8日2时，及时救助醉酒自杀落水男子1人，使其脱离生命危险；11月11日，在宝龙广场发现精神恍惚少年1人，帮其找到父母。

【矛盾纠纷多元化解机制】 5月31日，分局召开“警律联调”工作机制推进会，举办聘请仪式，发放聘书，提升矛盾纠纷化解成功率；7月16日，制定《关于推进调解协议司法确认工作的若干规定（试行）》，为机制推进提供保障。13个户籍地派出所建成驻所人民调解工作室，配备专职调解员14人、兼职调解员42人。是年，经多元化矛盾纠纷化解工作机制，调处各类疑难复杂矛盾纠纷185起、调解成功166起，同比分别增加54.16%、53.70%，成功率89.72%，占总调解案件数的32.56%，调解协议经法院司法确认48起，同比增加37.14%，占总调解成功案件数的25.94%，无一出现调解反悔情形。“警诉调联动矛盾化解”机制做法作为新时代“枫桥经验”在全省推广，《平安时报》头版头条专题刊登介绍；得到副省长王双全批示肯定并被省委政法委刊发简报；“最多跑一地”矛盾纠纷多元化解做法被《公安内参》刊发。被杭州市公安局授予改革创新项铜奖。

【保卫大型活动安全】 完成秦望区块、江南新城、地铁沿线、循环经济产业园等项目集中签约仪式、铁人三项邀请赛、中美篮球对抗赛、江鲜大会等系列大型活动安保168项。根据杭州市公安局统一部署，协助完成王力宏黄龙演唱会、杭州马拉松赛等活动安保工作。

【“智慧警务”构建社会治安动态监控网络】 依托“雪亮工程”，统一全区治安监控、治安卡口、电子警察、高空监控、电子围栏、人脸识别、WIFE信号采集器等，科学布局和设计全区“多维感知”系统，实现“车过留牌、人过留像、机过留号”，严密“核心圈、外围圈、城际圈”要求，构建立体化社会治安动态监控网络。新建和改造治安高清监控1750路，升级卡口电警120套；新建人像抓拍470套、MAC采集1050套、微型卡口420套；完成江滨社区安防前端点位“智慧小区”5个；建设智能交通道路59条。研发区大维稳平台并推广应用到全区乡镇街道24个；配发警务通587台、4G执法取证仪203台；高清改造业务部门视频会议系统11个，保障业务单位搬迁7个；13个单位建成一体化综合自助查询机、IP座席电话。

【情报指挥联勤中心成立】 5月2日，合并指挥科、情报科，组建情指联勤中心。融合110接处警、研判支撑、维稳管控、警务管理等岗位，重新梳理明晰各岗位职责，打造“警情管理、预警预测、督导管控”一体的作战、指挥、参谋部，提升分局情指行一体化作战能力。按照“边建、边试、边完善”要求，出台《每日勤务督导通报》《每日情报会商》《每日勤务点评》等系列机制，健全中心运行体系。改进机关值班模式，推行常态化团队值守制度，建立由值班局领导带队的机关值班团队，进驻情指中心，全程协助指挥长工作。至年底，中心发布各类警情分析28期、实战警情核查研判指令单32期、经典案例47篇；实时支撑破获、止损各类案件28起。跟踪管控涉黑警情98起，传递有效涉黑线索5起，明确涉黑人员1起。每日情报会商常态化，经营各类涉稳案事件或群体15件（个），拦截入杭、赴省、进京异动人员85批次140人次。全年，中心牵头启动社会治安防控等级响应19次114天，其中二级响应4次27天。

【完善“平战结合”合成作战机制】 以情指联勤中心为基础，探索“平战结合”运行模式，统一信息归口、指令出口，统一数据支撑、指挥调度，统一分析研判、勤务督导，引领全局警务工作。以情指联勤中心、刑事犯罪研判中心、舆情管控中心为依托，完善分局合成作战机制；情指联勤中心与各派出所综合指挥室、交警大队指挥室实行二级指挥架构，提升指挥调度反应速度、落地效率，强化社会面管控效能。

【划定快速反应作战圈】 谋划区政府、富阳客运站、客运南站、东方茂、银泰商业圈等部位为重点的“135”快速反应作战圈，在各单位落实驻点守护的基础上，强化动态管控能力。推行人员密集场所巡逻制，在每天重点时段组织警力巡逻防控东吴公园、秦望广场、体育中心等开放半开放人员密集场所。组织紧急集合演练，加强警力紧急收缩机制、处突车辆编队运输机制，最优规划处置路线，熟悉掌握城区大型商场等复杂区域结构示意图，遇到情况直抵目的地。

【重点治安管控区域集中整治】 投入经费103万元，配备专职巡防力量23人，安装视频监控47个、增设物防设施354件。完成区级重点区域验收6个。开展“两小区”建设，加强封闭小区人防、物防、技防，提高小区自身防控能力。至年底，全区85个参赛小区，71个实现“零发案”，占总数83.5%，实现“降发案”9个，占总数的10.5%。

【专业能力培训】 举办专业“盘查和诊察”技能业务培训，加强派出所专业诊察队伍骨干力量能力建设。指导派出所巡逻盘查、实弹射击、卡口检查等工作力度，提升基层民警、辅警的接处警能力和水平。8月10日和8月17日，举办第一期110接处警业务骨干培训班，详细讲解《110处警规范》《110接处警民警与辅警协同处警配合战术与技巧》《个人极端暴力犯罪现场处置》，开展模拟实战演练和考核。

【安防体验馆新登基地启用】 6月14日，富阳区安防体验馆新登基地正式启用，该体验馆构筑“物防、技防、人防”三结合全防体系，功能全、覆盖广，是一个安全防范综合性展示窗口，为杭州地区场地面积最大、功能设施最全的安防体验馆。开馆后接待参观55批次、受教育覆盖人数2000余人，吸引省内大江东产业集聚区、临安分局等20余家同行前来取经。

【反诈中心成立】 6月，根据通信网络诈骗犯罪发案形势和富阳实际，在原重案三中队的基础上整合网警力量成立分局反诈中心，负责预警防范、实时劝阻、紧急止损电信（网络）诈骗、网络盗窃案件工作和线索研判及侦查打击工作。反诈中心围绕“六精”（精耕细作、精细研判、精确打击、精准防控、精心服务、精诚合作）工作措施，打防通信网络诈骗案件，成功阻断通信网络诈骗70余起，拦截资金200余万元，向受害人返还资金100余万元。

【扫黑除恶专项斗争】 全年，采取刑事强制措施的涉恶犯罪嫌疑人579人、逮捕323人、移送起诉415人，侦破涉恶刑事案件259起。打处涉恶团伙18个，其中“3·20”“7·31”黑社会性质组织犯罪团伙2个，恶势力犯罪集团14个，扣押冻结涉恶案件资产2183万元。年内，寻衅滋事、敲诈勒索等涉恶类警情同比大幅下降。涉黑类警情中，债务警情520起，同比下降5.11%，阻碍施工54起，同比下降37.93%，聚众殴打他人29起，同比下降17.14%。

【侦破命案及五类案件】 全年及时侦破现发命案2起，五类案件中重伤案件发3起、破3起，强奸案件发17起、破18起（其中积案1起）；两抢案件发6起，破6起；命案实现连续13年全破。

【打击侵财犯罪】 全年侵财案件立案2075起、破案543起，移诉544人。其中起诉四类侵财犯罪嫌疑人448人，完成目标数123.75%。入室盗窃破案183起，完成目标数181.18%；经情报破案58起，完成目标数193.33%，列杭州地区第一。判处四类侵财犯罪重刑人数27人，完成任务目标142.1%。

【打击通信网络新型违法犯罪】 全年通信（网络）新型犯罪案立案832起，同比下降10.7%；破获1032起（其中破外地案件997起），上升29.62%；刑事拘留通信（网络）新型犯罪嫌疑人139人，下降32.38%；移诉95人，上升41.77%，有效遏制通信（网络）新型犯罪高发势头。

【打击黄赌犯罪】 连续侦破姜家焕等人微信招嫖案、“8·21”网络赌博案等网络涉黄、涉赌案件。全年刑事强制黄赌犯罪嫌疑人221人，移送起诉168人，行政处罚黄赌违法人员1548人（其中拘留

1046人、罚款502人）。侦办网络赌博案件4起，其中“8·21”网络赌博专案采取刑事强制措施嫌疑人40人，冻结、扣押资金219.23万元。

【打击民生领域犯罪】 围绕区委、区政府“绿水青山就是金山银山”绿色生态发展理念，发挥职能优势，保持以打开路，从严打击涉及环境、食品、药品等民生类违法犯罪活动，捍卫“美丽富阳”建设。全年涉环食药犯罪嫌疑人采取刑事强制措施63人，移送起诉43人，在杭州市分（县、市）局打处综合排名靠前。其中姜某某等人污染环境案、袁某辉等6人非法捕捞水产品案、张某星等3人非法采矿案、李某根等6人非法采矿案件均被省公安厅列为督办案件。

【打击经侦领域犯罪】 4月，摧毁“能量铜”非法集资犯罪团伙，采取强制措施36人、起诉23人，涉案金额4.3亿余元，经电子勘验、数据分析，梳理出全国大小团队200余个，投资人2.6万余人，层报公安部发起集群战役和全国协查；挖出杭州地区首起施某君等人洗钱、掩饰隐瞒犯罪所得案件，涉案金额1.1亿余万元。8月，主动打掉“和仙谷”特大非法集资犯罪团伙，涉案人员5000余人，涉及资金2.0亿元左右，采取强制措施21人，查证受害人2700余人，查证资金1.2亿余万元。打掉“个海冕”传销专案，涉及投资人320余人、资金2320万元，移送起诉4人。立涉众型案件14起、破16起，移送起诉19起63人；办理涉税虚开案件10起、破案11起，采取强制措施11人，移送起诉16起22人；办理涉假等侵犯知识产权案件19起、破案17起，采取强制措施21人，起诉11起13人；完成取证外地协查案件58起1880人。

【“云端2018”行动】 成立“云端2018”专项行动领导小组，突出排查7类案件线索，走访联席成员单位、重点企业，滚动摸排市场监管局在册理财类企业2105家，排出重点风险企业55家，中级风险企业25家，低级风险企业30家，内控风险企业负责人220余人。采集情报114条，被上级录用26条，录用得分201分，列杭州市经侦线第4名。落地核查云端行动各类部署应用情报线索99条，落实人员逐条反馈，按照“谁办案，谁录入”原则，“随案入库、应录尽录、不遗不漏”，上传公安部“云盘”系统。

【打击涉毒犯罪】 开展“两打两控”（即打击制毒犯罪、打击贩毒犯罪和管控制毒物品、管控高危吸毒人员）专项行动。采取刑事强制措施95人、查处吸毒违法嫌疑人328人、批准强制隔离戒毒110人。破获省级目标案件2起，侦办6人团伙2个、3人团伙3个。查处社区戒毒社区康复脱失人员12人。开展制毒化学品和制毒设备排查、“4·14”打击制毒犯罪专项行动、“5·14”堵源截流毒品查缉等工作，严控制毒案件和制毒物品。牵头侦办编号为“2017—148”和“2018-63”省级目标案件，抓获涉毒人员30余人，采取刑事强制措施20余人。

【区易制毒化学品管理协会成立】 配合杭州市创建全国禁毒示范城市要求，5月25日，向分局党委提交申请成立富阳区易制毒化学品管理协会请示，并按批复，组建筹备小组，起草协会章程（草案）、会费缴纳和使用制度、财务管理制度和大会选举办法等系列协会章程，商议办公地点、启动资金、理事候选等工作，正式向民政、工商申请注册。9月11日，在区职教中心召开区易制毒化学品管理协会成立大会，全区企事业单位337家参加。

【禁毒工作机制】 根据省平安考核禁毒部分赋分细则，分解创建工作目标和责任单位。区禁毒办会同区农林局开展禁种铲毒工作，实地检查和指导万市、洞桥、渌渚、新登、胥口和永昌等6个重点乡镇。会同文广新局执法大队对全区娱乐场所开展检查并落实禁毒防火墙计划，交叉检查辖区娱乐场所并张贴警示挂图、滚动播放创建提示、建立巡查记录和签订责任书等。组织相关单位人员成立督导组，分别开展督导检查，以禁毒办名义通报存在的问题，对整改不到位的抄告区平安办。

【禁毒应用培训】 结合平安建设“三合一”考核，抽查乡镇街道禁毒工作。采取交叉检查、闭卷考试和当场讲解等形式培训全区乡镇禁毒社工，从中发现和推荐“社区戒毒优秀案例”，在全市评选中取得第三名，并参加全省评选。落实禁毒打防管控一体化建设目标，举办各派出所分管副所长和骨干民警参加的信息应用培训，提高缉毒分析研判能力。

【民用爆炸物品管理】 2018年，杭黄铁路、千岛湖配水工程、杭州绕城西复线等省、市、区重点工程在全区范围内全面推进，民爆物品使用量剧增，安全监管压力增大。分局以新时代“枫桥经验”为引领，提升服务发展、服务民生、保障安全能力，竭力打造民爆物品管理升级版，既保障重点工程进展顺利，又确保爆炸物品“不流失、不炸响、不被盗抢”。全年检查各类民爆作业项目800余家次；易制爆危化物品使用单位2000余家；全区危爆单位登记备案和列管率100%，全部签订安全责任书。清查收缴、接收上交收缴非法烟花爆竹1019箱，炸药212公斤，雷管11120发，导爆索20010米。

【“金点子”管理民用枪支】 全区民用在管枪支573支，各类子弹7668发。主动协调农林、财政等部门做好民用枪支减压工作，至年底，全区民用猎枪压减为“零”。开创性提出“民用枪支数字化管理平台GPS+3G标签管理”工作点子，在杭州市公安机关解放思想“金点子”初选评审会以最高得分获评治安反恐系统五星级。

【行业场所管控】 推行“人”“制度”“信息”为核心的场所要素化管理模式，提升行业场所管控实效。实行“定人员、定岗位、定职责”管理责任制，明确行业主体责任，以隐患“零容忍”、整改“零懈怠”、处罚“零意外”刚性要求，整治行业违法行为，压实业主责任。落实人防、物防、技防措施，高效运用举报电话、官方微博、公众微信平台等载体，收集意见建议和举报线索，严查违法行为。以“派出所日常检查、治安部门随机抽查、分局专项督查、全区集中清查”四级联查制，定时定期开展检查。依法查处不如实登记或场所内发生违法犯罪行为的宾馆、民宿。至年底，行政处罚旅馆206家，开出反恐罚单18张；行政处罚寄递企业13家。

【校园安防】 开展“护校安园”专项行动、加强校园安全稳定长效机制建设、春秋季开学与高（中）考安保、校园安全大检查与周边隐患大排查等工作，通报校园安保工作现状和存在问题，提出建议。组织协调警种部门10余个到辖区高校开展高校安全“宣传服务周”及消防演练技能比武，开展现场宣传、报告宣讲、消防演练等活动6场次，接受师生咨询服务800余人次，发放宣传资料3000余份，参加反邪教、防诈骗讲座学生1300余人。

【“一标三实”信息采集】 按“公安为主，社会参与、共同治理”思路，创新实施以房管人、以业管人、以证管人为主，做好信息采集、户籍业务、居住证办理、出租房屋登记、重点人员管控等工作。采集地址信息17.1万余个、58.8万余套，人员信息105.3万余人、入户分离20.2万余人，单位信息1.69万余家。经“一标三实”（标准地址、实有房屋、人口、单位）信息采集，整治消防安全隐患2776处，查处消防违法案件355起，新增登记流动人口106355人，新增登记出租房屋2549家，变更注销信息118905条，抓获在互联网上通缉的逃犯6人，刑事拘留犯罪嫌疑人41人，行政拘留违法人55人。

【重点单位管理】 结合“一标三实”信息采集、社区民警“五进”送平安宣传、重点单位日常检查，推进单位“三防落实率100%”及制度机制建设。排查核对在富涉美企业、机构及人员情况，避免出现中美贸易战可能引发的打砸抢事件。优化金融行政许可服务，规范日常安全管理。全年，受理安防设施建设方案审批10件，竣工验收申请11件，提出合理化建议30余条。结合互联网金融平台频发“爆雷”事件实际，评估各银行关联情况，了解投资人群体动向，制定维稳工作预案。加强银行防范通信网络诈骗业务培训和案件倒查、劝阻工作，培训案件多发银行提升识骗防骗能力7场次，参加员工、保安800余人，劝阻诈骗案件11起，止损金额155万余元。以排查处置医患纠纷为重点，指导并完善医院警务室建设，全区二级以上医院6家均建立警务室。

【流动人口管理服务】　全年登记在册流动人口19.84万人，同比上升1.5%，新增294772人；登记在册居住出租房屋26752户，同比上升6.6%，新增登记出租房屋5877户；处罚违规房东1158家，同比上升8.6%；流动人口登记率、登记信息准确率、出租房屋登记率、同住人员关系采集率，始终保持90%、90%、95%、100%以上的考核目标任务。根据杭州市流动人口服务管理提升工程排名赋分办法，制作居住证总量43971张，占居住半年以上流动人口总数33.1%，“居住证网上办”占67.4%，流动人口服务管理工作列杭州地区第四。

【出租房“旅馆式”管理】　推进“互联网+”出租房旅馆式管理。至年底，建成总台53个，落实专（兼）职力量126人，覆盖出租房屋2.2万余间，覆盖流动人口15.6万人，排查发现治安和消防隐患3500余处，查处相关案件895起，发放责令整改通知书1500余份。

【“微信+社区警务”新模式】　以“矛盾不上交、平安不出事、服务不缺位”目标，创新“微信+”社区警务载体，打造“线上”新时代枫桥经验新模式。7月20日，印发《杭州市公安局富阳区分局“微信+”社区警务工作规范》。做法被杭州市公安局纳入教学片拍摄初选名单。全局社区民警74人按照“管理对象、服务对象、依靠力量”原则，建立涵盖5大类54小项基础工作微信群989个，成员达4.25万人，实现重点行业场所、敏感物资单位、公安列管单位、各类依靠力量全覆盖，形成信息收集、防范宣传、基础管理、服务群众的线上综合平台。

【“全国一级看守所”创建】　与区第三人民医院签订合作协议，在做好药物控制的基础上，邀请精神科医生配合管教民警教育、疏导精神异常和吸毒成瘾的在押人员，开展心理健康知识和精神卫生知识讲座。推进医疗专业化建设，配备X光机、血常规检测、B超机、心电图等设备，与区人民医院实时传输、检测，负责入所人员五项健康检查，复查在押人员重、急、疑病、慢性病，处理投牢、出所就医等；全年，开展所内就医52631人次；发出病情告知书9人、变更强制措施建议书20份。5月3日，处置在押人员李某突发性脑溢血非正常死亡事故1起。9月16日，在押人员俞某癫痫突发脸色发紫，即启动疾病救治预案送往区第一人民医院，确诊为癫痫大发作导致脑补缺氧入住重症监护室，消除安全隐患，阻止安全事故1起。推行在押人员认罪认罚从宽处理制度。年内，确定不同等级、不同从宽幅度200余人。7月10日，公安部监管局四处处长赵亚许到区看守所检查指导，指出富阳监管工作走在全国前列，为全国公安监管工作提供富阳元素。

【看守所“一键式”预约会见】　结合看守所所务公开和廉政建设，以在线服务为突破口，一次性告知在押人员家属送物、会见条件、注意事项和程序等，最大限度运用信息化工具让群众“少跑腿”直至“零跑腿”。完善“网上视频会见系统”，践行看守所“最多跑一次”工作，在押人员家属经网上或者电话预约；民警经审批、身份审核等程序，键盘一点给符合条件的服刑人员定期安排会见日，实现外省市籍在押人员家属远程“视频会见”。整合现有提讯室、会见室、远程审判室，利用八小时外和周六开通会见“绿色通道”；在“最多跑一次”系统中增加“律师会见网上预约”，律师可通过网上预约的时间、窗口做到“精准”会见。

【交通安全管理】　完善平安考核细则，落实安全管理主体责任。年内下发整改函或指令单80余件，处罚单位21家次，罚款30.59万元。首次涉嫌重大责任事故罪刑事强制公路运输企业负责人2人。滚动排查发现道路交通安全隐患点（段）1973处，整改1838处，整改率93.16%；督促相关单位落实隐患整改。

【交通秩序治理】　开展“创安”“逢十”等交通违法集中整治行动，加强工程车、周末禁酒驾、不礼让斑马线、多违未处理车辆追处及电动车专项整治等系列行动，严查严处群众反映强烈和严重影响交通秩序的违法行为。全年牵头组织全局性电动车专项集中整治16次，文明劝导活动20次，查处电动车交通违法行为6.4万余起，同比上升21.85%，其中行政拘留364人。

【道路交通治堵】 排查城区停车资源、公交站点、动态交通流量等信息，拟定针对性交通优化方案，从源头上改善城区交通通行环境。争取政府资金保障，完善视频监控探头、智能信号灯、微波检测、卡口系统等交通科技设施，提升智能交通建设。加强警企协作，利用高德等科技公司大数据分析成果，预测预知预警重要节假日、大型活动交通运行情况，灵活机动调警、科学布警，确保拥堵路段及时见警。

【电动车防盗备案和第三者责任保险】 7月1日始，联合人民财险富阳分公司，动员全区24个乡镇街道开展排查摸底工作，分批次“上牌”及投保，开展电动车防盗备案和第三者责任保险专项行动。完成登记备案和投保车辆21万余辆。11月28日，杭州市公安局副局长翁金儿，到分局调研时，肯定电动车防盗备案和第三者责任保险工作并提出具体意见。

【交管“放管服”新举措】 结合分局“最多跑一次”改革及9月1日施行公安部公布20项交管“放管服（减政放权、放管结合、优化服务）改革新举措要求，先后在2个派出所建设“四合一”综合办事窗口，派员进驻行政服务中心新登、场口分中心，在无所无队6个乡镇开设受理代办点，新增万市、洞桥、环山、受降、新登5个“警邮”合作点等多项便民服务措施，延伸交管服务触角，方便群众办事。研发“富阳货车电子通行证申办与管控系统”，试运行货车通行证网上申办APP，实现通行证办理零次跑目标。

【交通安全宣传】 利用微信公众号、两台一报等主流媒体宣传交通安全，制作典型案例和现场视频4期，制作交通违法曝光48期。9月底，联系区教育局、人保富阳分公司及“小交警”，在城区富春第四小学、新登镇贤明小学、春江街道中心小学开展“共享头盔”发放活动。

【消防安全管理】 全年检查单位26193次，督促整改火灾隐患12503处，拘留259人。升级重点社区微型消防站10个，新建东洲、大源、常安专职队3支，新增电动车集中充电点1196处、智能充电口12279个；建成智慧消防监管平台（一期），安装独立式火灾探测器3937个，智慧用电998套。逐一排摸全区高层建筑，发现并整改45家195幢高层建筑火灾隐患，安装高层建筑远程监控系统49家。第一时间出警救援，出警945起，抢救被困人员140人、财产560.1万元。

【网络安全管理】 联合区府办、网信办、保密局开展全区网络安全意识、应急演练、信息安全风险评估等培训，提高主（业）体单位网络安全意识，明确网络信息安全责任。检查网吧1100家次，查处案件38起，责令停业整改7家次，建议管理不善业主停业、歇业或改变经营方式，网吧数量从122家压缩至60家。检查宾馆55家次，三星级以上宾馆安装和在线安全审计系统100%。落实等级保护系统信息系统144个。每月检测扫描党政机关、事业单位和国有企业重点网站漏洞67家，年内，远程检查系统或网站686家次，实地检查61家次，发现高危漏洞12个、中危漏洞27个，发放整改通知书52家次。完成备案网站910家，处罚未落实备案和安全制度网站30家。

【跨部门集中保管涉案财物】 投资600余万元，建成位置独立、硬件到位、功能齐全、机制完善，对接流畅的公检法一体化涉案财物管理中心，实现所有涉案财物集中保管、信息共享、网上流转和规范处置，促进规范执法，提升办案效率，解决执法办案单位涉案财物管理难、移交难、处置难的问题。3月30日，制定分局《涉案财物管理实施细则（试行）》，细化规范涉案财物收物、保管、发还、移交、销毁、拍卖等各环节。9月4日，分局涉案财物跨部门集中管理做法在全市政法委推进会上作经验介绍并推广。

【执法大数据创新应用】 开展应用执法基础数据、封闭管理执法环节、智慧执法等创新应用，将小组核心成员9人分成3组，明确具体负责人和小组成员。其中“基础数据夯实小队”从警、案、人、物不同模块整理各办案单位及办案民警经常需要最基础、应用最多、查询最多等执法数据，实现执法数据最大化应用；“执法封闭研析小队”封闭式管理执法全流程，从接处警到案件法院判决回流，在不同环节分析、统计案件、人员、物品，提供数据分析、统计表格服务，确保执法环节无死角，在城东派出所试运行；“智慧创新先锋小队”从便捷一线办案民警、体现智慧办案入手，将新科技、新元素结合执法实际，突出智慧办案，便捷办案。

【“扫黑除恶”专项斗争服务】 排摸伤害类调解案件2347起、调解案件60起；寻衅滋事、故意伤害等案件100起；发涉黑涉恶嫌疑线索60条，收集法院涉嫌套路贷线索案件200起。组织各类扫黑除恶专题培训5次，组织集中案件会商40余次，会商案件100余起，全程介入专案或疑难复杂案件20余起；加强沟通，邀请检法会商案件及召开联席会议15次，畅通刑事诉讼渠道。

【一体化办案】 4月，组建分局一体化办案系统应用推广工作专班，负责统筹安排、协调落实相关工作。4月23日，制定《关于全面加强案件证据上传和组卷工作的通知》，确保一体化办案系统推广应用落实到位。4月25日，印发《一体化办案系统应用推广工作方案》，启动一体化办案。主动对接区委政法委，会同检、法、司等部门，研究制定系统应用推广的职责边界，细化任务，定期会商、互通信息，做到相互配合、互相支持、共同应用、全面提升；争取区委政法委支持，优先安排一体化办案系统应用推广所需经费，高效能扫描仪配备到位。年内，一体协同考核取得杭州市第一名。

【执法制度保障】 2月6日，制定下发《中层领导执法履职十项规定》；5月29日，制定下发《重大疑难刑事案件集体议案实施办法》；7月4日，制定下发《阻碍民警执行职务案件评析制度》；9月7日，制定下发《关于进一步规范执法办案系统信息化应用工作的通知》；9月29日，制定下发《行政罚没款执行操作工作规范》《经济犯罪案件接警受案工作规范》《关于推进调解协议司法确认工作的若干规定》《涉案财物管理实施细则》等多项执法制度，从制度上保障执法规范化建设推进，行政罚没款执行、经济犯罪案件接警受案、调解协议司法确认、涉案财物集中管理等多项执法工作得到规范推进。

【执法状况梳理分析】 梳理分析各执法办案单位执法质量考评、中层领导主办案件、行政罚没款缴纳、刑事办案效率、执法办案积分、行政案件快速办理、案件追赃、阻碍民警执行职务案件、复议诉讼案件、案件优质率、人均刑事打处、人均行政处罚、警情初审等执法状况，专题形成并下发《关于全区公安机关执法状况分析的情况通报》，逐项指出存在问题，逐个分析原因，逐条提出改进意见。

【执法突出问题整改】 落实法制工作会议精神，提出解决措施，集中整改执法突出问题，规范民警、辅警执法行为。对受立案不及时、法律文书未在执法办案系统内开具、证据材料未及时上传至执法办案系统、违反办案区管理规定、案件拖延办理、涉案物品管理不规范、辨认不规范、笔录制作不规范、归案经过表述不规范、行政处罚告知不规范等10类执法突出问题进行挂牌整改，加倍纳入执法质量考评扣分。

【执法监督考评】 加大执法源头管理比重，修订执法质量考评办法，健全完善交叉考评、日常考评、随机考评、专项考评等考评方式，加大网上执法考评力度，实行信访投诉、复议诉讼每案必考，提升考评实效，通过网上巡查、案件抽查、视频检查等方式对各执法办案单位进行执法质量考评。全年，抽查各类案件600余起，开展执法监督考评15次，发现问题250余处，发布行政案件、刑事案件、刑事下走案件、涉案财物网上巡查、办案区网上巡查等评判及通报50次。

【行政诉讼应诉规范】 2月7日，分局制定下发《行政诉讼应诉工作实施细则（试行）》，按照“谁具体承办、谁为主应诉”“谁审批、谁应诉”“谁参与办案、谁参加庭审旁听”的要求，明确和规范分局行政诉讼应诉工作职责。将“以审判为中心”理念融入执法办案全过程，提升基层民警执法办案水平和庭审应诉能力。9月21日，分局在区人民法院开展模拟庭审实战训练示演。分局领导及区委政法委、区政府法制办、区法院领导及部分律师代表观摩并点评活动。年内，发生行政复议21件、行政诉讼21件，无败诉和被撤销行政处罚等情形。

【业务装备保障】 组建巡特警女子摩托车巡逻队，投入70余万元新购摩托车12辆并配备骑行装备。投入500多万元为各警种采购4G执法取证仪、法制采集设备、审讯指挥系统设备、搜痕采集仪、电脑、服务器、服务窗口自助发证机、受理机等业务装备。投入50多万元为基层各单位更新防弹衣、防刺服等各类装备640余件。继续投入120多万元租赁民用车23辆解决基层和业务部门用车需求。投入150多万元资金更新公务用车9辆。

【应急保障】 加强装备、车辆、餐饮等应急服务保障工作，做好维稳安保、打黑除恶、国保、禁毒、经侦等多个专案车辆保障任务。贴近实战，加强社会化应急物资动态储备联勤保障工作机制，以分局应急物资为主体、社会化管理模式为辅助，与东南汽运公司、社会优质用餐企业建立优先保障合作关系，制定警务保障组方案及任务清单，落实应急装备物资储备数量和标准，完成专案保障、雷霆行动等专项保障工作20余次，达夫路精品街开街、拆迁户集中签约、杭马、铁人三项赛等安保保障10余次。

【内控体系建设】 4月，系统编制《警务保障内控制度汇编》，规范财务管理、固定资产管理、日常经费报销制度等7项规章制度。强化政府采购意识，形成政府采购项目研究决策机制。采购领导小组办公室定期研究采购项目，对重大项目提交党委会研究同意后按规定程序实施。年内，安排基层派出所及实战部门预算经费1895万元，严格“三公经费”支出，同比减少22.78%。加强物资采购、车辆维修、燃油使用管理，最大限度提高资金的使用效益。

【出入境及往来港澳台便民服务】 以“亮窗工程”创建为契机，按“最多跑一次”要求措施落地，纳入“最多跑一次”事项24个。6月，在新登派出所增设往来港澳通行证自助签注机1台，打造15分钟就近办事圈。8月，启用电子护照、往来港澳台通行证自助取证机，将省内户籍办理出入境及往来港澳台证件由原10个工作日缩短至7个、往来港澳商务单位登记备案办理时限由原3个工作日缩短至当场办结。内地居民可在全国范围内异地申请换（补）发出入境证件、异地办理往来港澳台团队旅游签注。增加双休日值班警力，开放两个受理窗口，安排导服应对周末办证高峰，方便学生、上班族等群体办证。试水智慧警务人脸识别系统，全年出入境窗口受理内地居民出国（境）及往来港澳台业务57543人次，其中护照27125人次，往来港澳通行证业务21918人次，往来台湾通行证业务8500人次。

【行政许可便民服务】 先后10次召开党委会专题研究“最多跑一次”改革，制定方案、计划和任务清单等各类规范性文件，梳理16大项66小项，完善服务流程。根据“一窗受理、综合服务”要求，打开网上办理事项83个，公民个人网上缴款全覆盖，67个大项192个小项实现“最多跑一次”，甚至“跑零次”。9月12日始，取消学籍证明等八类13项证明。在城西、新登派出所建成“四合一”综合办事窗口，可办理车管、户籍、流动人口、出入境等业务14大项77小项；在常绿镇、湖源乡、新桐乡、永昌镇、洞桥镇、绿渚镇等无派出所无交警中队的6个乡镇开设公安业务受理代办点，延伸办理户籍、流动人口11类27项。5月始，居民身份证直寄派出所户籍室，实现分局内部“最多跑一次”。推出“急件绿色通道”“上门办”“代你跑”等举措。年内，户籍窗口为特殊群众350多人提供上门办理身份证服务，主动为孤寡老人送证上门1000多人次，让特殊群众零次跑。推行“二维码”清单查询工作，扫描二维码，一目了然事情怎么办、到什么地方办等内容。12月5日，完成191个办事事项“二维码”张贴宣传，方便群众在办事前了解相关情况。

【“跑一次”办不成投诉（代办）受理】 各窗口单位设立由值班领导接待的投诉（代办）机制，让一次没办成的群众在基层有个诉说理由、反映情况的地方，受理需与其他部门协作后能办成的事项，代为其沟通办理，减少群众多次跑造成信访投诉。

【容错免责】 7月2日，在杭州地区率先推出《“最多跑一次”改革 错免责实施细则》，适用于行政审批、户籍、出入境、交管、消防等窗口业务办理环节中涉及的部门领导、民警和辅警，在“最多跑一次”改革过程中创新担当、依法依纪开展工作未出现重大过错，但因缺乏经验等出现的失误或未能实现预期目标，可根据其过错的具体情况，给予从轻、减轻或免于问责的行为。在公安行政审批和服务事项办理中，对因首问责任不到位或工作责任心不强等主观原因造成的群众投诉或差错，不属于容错免责范围。

【容缺受理机制】 该机制是分局深化“最多跑一次”改革的一项新举措即对主要材料有缺失的，让群众承诺提交期限，先行受理；对主要材料齐全的，其他材料通过承诺在规定期限内提交，先行办理，先办后补。9月上旬，大源镇小喻通过微信视频递交承诺书和迁移户口手续，经家人代办，将内蒙古籍妻子户口迁到富阳，当日办结准迁证。

【户籍迁移破解“历史难题”】 户籍服务“最多跑一次”改革实施后，分局摸排各类无户籍人员，经走访调查、DNA比对，网上核查等工作，建立解决疑难户口问题会商机制，各类落户难题37人次全部得以有效解决。其中聋哑女户口登记、意大利华侨归国定居等多个无户人员落户问题，远程办理户口迁移等难题，分别得到省委常委、杭州市委书记周江勇、富阳区委书记朱党其等领导批示肯定和群众点赞。

【“最多跑一次”内改工作】 整合机关部门资源7个，消除部门界线，简化办事环节流程47个，自行研发内部“最多跑一次”系统平台，提升机关作风效能 。2017年9月30日至2018年3月，先后办结慰问申报148件、公务用枪审批46件、民警出国境审批26件、请休假审批16件。21个内改事项中16项实现“不用跑”、5项只需“跑一次”，改变“多头跑、来回跑、重复跑”等突出现象。6月8日，杭州市公安局“最多跑一次”内部改革工作现场会在富阳召开， 省公安厅政治部改革办副主任蔡鸿鸣对富阳分局内改网络化、数据化走在前列作了肯定。

【政治建警】 制定年度《思想政治工作要点》《党委理论学习中心组2018年学习计划》，举办“富春警坛”“红船精神”专题讲座，分批组织党员赴嘉兴南湖领悟“红船精神”实质。以“最强党支部”创建为载体，制定实施方案，规范党组织设置，更名支部14个，新成立支部5个和离退休干部党总支及下属支部。城西、城南派出所、治安大队等基层支部成为示范样板。

【战时党建】 结合扫黑除恶斗争和“能量钢”“3·20”等专案工作，成立扫黑除恶党支部和专案临时党支部4个，涌现出巡特警“刀锋战队”、城南所“党员突击队”、场口所“克难先锋队”、万市所“先锋工作站”等最强“战斗党小组”。

【教育实践】 开展“百千万”活动集中蹲点调研，机关党员干部79人深入渌渚镇结对村5个，通过党课宣讲、民情恳谈、警民座谈等“村情民意”大走访，走访农户1009户，走访村民2200余人次，征求基层群众意见建议79条。助推治理农村道路扬尘、安装治安防控视频监控，扶贫帮困226人，解决实际困难11个，解决农村青少年教育和村民饮水等问题，密切党群关系和警民深情。

【从严治警】 制定《2018年党风廉政建设和反腐败工作意见》，落实“一岗双责”职责。春节期间，从党性教育、安全排查、纪律承诺、谈心谈话、家访慰问和正面宣传等“六个一”措施管理队伍，加强重点敏感时期党风廉政和队伍建设重点管控。开展为期一个月的“防侵犯公民个人信息、防失密泄密、防违规查询”专项教育整治，集中突击督查涉酒行为，强化队伍自律意识。围绕6个大项74个小项“查诊”、梳理隐患，消除队伍风险。制定《杭州市公安局富阳区分局规范运用监督执纪“第一种形态”

实施办法》，开展基层党建工作专项交叉互查3次，结合清明、“五一”、国庆等特殊节点开展全科式队伍管理督导4次，开展第一种形态谈话170人次。筑牢队伍管理“防火墙”，年内，党政纪处分4人、免职中层干部2人、限期调离1人、效能问责7人、“第一种形态”处置12人。

【素质强警】 制定年度教育训练实施意见和计划，与杭州市警校签订校局合作协议，搭建涵盖警务人才培养、在职民警培训、教学实践科研等内容的互惠互赢合作平台。适训民警警衔晋升培训10期74人。组织全局小教员50人参加规范现场执法行为专项培训，开展警用装备使用训练20次，受训人员400余人。多名兼职教官分别受邀赴公安部刑侦局、浙江省森林警察总队等国家、省、市相关单位授课指导。

【爱警惠警】 加强警医合作机制，畅通民警救治诊疗“绿色通道”，为民（协）警解决实际难题。组织民警、辅警健康体检，联合回春堂中医馆健康巡诊7场次，分批组织民警参加工会疗休养活动，连续第4年举办暑期子女托管班；帮扶慰问困难及伤病民警、辅警500余人，落实帮扶慰问金90余万元。

【文化励警】 开展“美丽讲堂”女警讲座、“争创一流”主题征文等系列主题活动，丰富警营文化生活；推进《指令闭环管理》《智安小区》《基于图片结构化的重点交通违法打击》等课题研究。举办“局长与青年民警面对面”座谈会，开展青年民警“头脑风暴”和“建功新时代青年我为先”等活动，激发青年队伍思维创新活力和奋发拼搏干劲。结合巡特警训练基地、灵桥派出所等单位办公用房改建，完善党建、廉政、警营等墙体文化、走廊文化“软环境”建设，营造奋斗实干、积极向上的警营文化氛围，促进公安队伍凝聚力和战斗力。

【执法维权】 年内发生妨害公务、阻碍执行职务案件61起，同步跟进执法维权，依法刑事、行政处罚违法犯罪人员99人，关爱慰问执法执勤中受伤的警力61人，发放慰问金6万余元。

【执纪执法】 开展以“防侵犯公民个人信息、防失密泄密、防违规查询”为主题的三防教育。以杭州市公安局新修订《杭州市公安机关民警日常违规行为记分办法》为契机，组织民警190人和协辅警145人分8个考场参加新“局规”理论考试，提升民警、辅警学习和理解2018版新“局规”。旬公示、月点评、季通报局规记分情况，推进整改问题和追责问责。全年开展各类现场督察60余次，出动督导警力200余人次，发布专项督察通报35期，发现整改各类问题500余个，提出各种建议120余条。依照“局规”记分905人次1044分，其中督察大队开展非自主记分107.5分，记分绝对值和平均值均列杭州市前列。

【选树典型树标杆】 开展争先进、大比拼活动，评选扫黑先锋、实干亲民型民警、优秀军转民警、先锋党员等183人次，立功、嘉奖105人次。在开展“比谁的笑容最美、比谁的服务最优、比谁的窗口最靓”三比活动中，提升服务质量，有效解决历时9年的聋哑女户口登记及意大利华侨回国定居落户等难题，得到省委常委、杭州市委书记周江勇二次批示肯定。

【公安宣传】 “富阳公安”公安微信订阅用户突破21万人次，阅读量339万人次。打通今日头条、网易等融媒体平台，阅读量达100万，全年通过平台推送各类宣传报道信息4000余条。拓展外宣平台，局长赵志军带头走进电台，录播5期《超警侠》系列故事，宣传交通安全知识。结合“创安”“雷霆”“飓风”系列集中行动及各类重大安保活动，宣传组随警作战深入挖掘一线好人好事和典型素材，第一时间通过报刊、电视、网络及“富阳公安”微信公众号推送宣传。全年宣传各类报道866篇，其中国家级29篇、省级167篇，经平安时报、人民网、钱江晚报、浙江在线等110余家国家级、省级主流媒体进行深度报道，城南派出所所长金健勇事迹引起各级领导、社会各界关注，省委常委、政法委书记王昌荣，副省长、公安厅长王双全，市委副书记、政法委书记张仲灿，省公安厅副厅长、市委常委、公安局局长金志等省市领导相继批示肯定。

【考察交流】　全年接待外地同行到分局考察交流大型活动安保、智慧公安、科技强警、合成作战、情指一体化、社区警务、派出所勤务指挥室建设、执法场所改造和管理、绩效考核及网格化社会治理等工作20余批次。6月26日，湖南省会同县禁毒委副主任、公安局常务副局长粟泽成一行3人，到分局交流缉毒警务，双方磋商加强协作，共同打击跨区域涉毒犯罪，并签署打击涉毒犯罪警务协作协议。7月12日，分局与杭州市人民警察学校“校局合作”仪式在市警校举行，市警校党委书记郁康与分局党委书记、局长赵志军分别代表校局双方签订合作协议。分局领导柳士明、董军、徐学平、邵智勇也先后带队赴外地考察执法信息化、“大数据+”警务创新、“智慧公安 智慧小区”建设及交通安全管理工作。　（徐晓红）

·检察·

【概况】　2018年，富阳区人民检察院荣获全国检察机关派驻监管场所二级规范化检察室、全国检察宣传先进单位等4项集体荣誉，19名个人获浙江省未检业务竞赛能手、杭州市优秀公诉人、杭州市侦监案件审查十佳、杭州市第一届“最美检察人”等荣誉称号。

【服务中心大局】　全年受理提请批准逮捕案件778件1173人，审查后批准逮捕664件988人，受理审查起诉案件1201件1781人，审查后提起公诉1096件1589人。批捕涉黑涉恶案件167件336人，起诉162件327人，其中2件33人认定为黑社会性质组织犯罪，12件57人认定为恶势力犯罪集团。对接区监委办案工作，制定协作配合机制，受理移送职务犯罪案件9件14人，经审查决定逮捕10人，决定取保候审4人，提起公诉9件14人。

【刑事诉讼监督】　监督侦查机关立案14件18人、撤案2件2人，发出纠正违法通知书13份。提起抗诉并获改判1件。追诉漏犯17人，追诉遗漏罪名及遗漏犯罪事实66项，已获法院判决40项。开展破坏环境资源犯罪和危害食品药品安全犯罪“两个专项”立案监督活动，建议行政机关移送公安机关立案5件6人。在区公安分局法制大队设立检察官办公室，联系走访公安派出所60余次，讨论分析案件150余件，提前介入、引导侦查250余件。

【公益诉讼监督】　结合“扬尘污染”“保障千家万户舌尖上的安全”等检察公益诉讼专项行动，向行政机关发出诉前检察建议12份均整改回复，向法院提起刑事附带民事公益诉讼3件获判决支持，依法督促修复林地3.33公顷、清运垃圾800余吨、覆盖裸土2500余平方米、追缴矿山生态环境治理恢复费用420余万元、规范网络餐饮服务商户20家。

【民事行政诉讼监督】　审查生效裁判监督案件28件，向公安机关移送虚假诉讼线索6件，发出再审检察建议1份经法院再审改判；审查审判程序和执行监督案件8件，发出检察建议7份均被采纳。1件民事行政监督案件获评全省检察监督精品案件，1件公益诉讼案件获评全市检察机关优秀案件。

【刑事执行监督】　全年对在押人员进行出入所检察3355人次，参与监管场所安全大检查24次，提出纠正意见8次，落实检察官谈话制度，与在押人员谈话300余人次。监督检查社区矫正人员120余人次，对12名违反治安管理处罚法的矫正人员督促收监。审查法律文书5000余份，办理羁押必要性审查案件117件。对一名暂予监外执行罪犯未执行刑罚情况，督促落实网上追逃措施。办理财产刑判决执行监督案件220余件。

【未成年人保护】　成立杭州地区首个共享校园未检工作室；开展法治进校园主题宣讲10次，受众师生达3800余人，检察长以法治副校长身份为师生上“开学第一课”；对25名涉罪未成年人开展心理测评与心理疏导，对17名涉罪未成年人开展帮教活动，共对2人作出相对不起诉决定，14人作出附条件不起诉决定；与区公安分局建立性侵未成年人犯罪案件专项提前介入工作机制，开展性侵未成年人案件“一站式”询问12起。

【控申维稳工作】 受理各类来信来访线索179件，制定两会、互联网大会等重点时期的维稳工作方案，认真排查存在的涉检不稳定因素，做好群体访化解预案。挂牌成立公益损害与诉讼违法举报中心，群众可以通过拨打“12309”举报受理热线电话、来信等方式提供举报线索。运用司法救助等方式，关爱未成年人、残疾人、困难户等社会弱势群体，对7名刑事案件被害人进行司法救助。

【深化阳光检务】 主动向区委区政府报告公益诉讼、扫黑除恶等重点工作推进情况；对办案中发现的薄弱环节和社会治理风险，及时提出检察环节意见建议，报送情况反映36份，获领导批示18次。寄送代表委员《检察日报》《富阳检察》刊物，邀请参加检察开放日、旁听评议庭审。依托“富阳检察”官微等平台公开检察工作动态和重要案件信息180余条，在各类媒体宣传检察工作80余次。

【释放队伍活力】 抓好习近平新时代中国特色社会主义思想、十九大精神学习贯彻，开展为期一个月的“以案明纪”廉政专题教育，抓好日常谈心谈话和队伍思想动态分析，切实履行党建工作主体责任。完成首批21名司法雇员的招录，出台《杭州市富阳区人民检察院司法雇员管理办法》。采取独任检察官、检察官办案组等办案形式，院领导直接办理案件426件。进行远程庭审131件146人，远程提审376件421人。组织干警参训63项226人次，有6名干警在省市院岗位技能竞赛中获奖，多个案例获评全省精品案例。（傅杨丽）

·法院·

【概况】 2018年，富阳区人民法院全年新收各类案件23522件（不含旧存），办结26577件，同比分别上升2.19%和26.76%。

【服务经济发展】 全年审结各类合同案件14399件，解决争议标的74.73亿元。审理永正集团破产清算等案件74件，盘活资产（含重整投资款）约67.15亿余元，释放闲置土地190.3公顷。出台优化营商法治环境十条指导意见并制定细化行动计划，开展“走亲连心”走访服务企业工作，联合区工商联与24个乡镇70余名企业家代表开展座谈。妥善处理各类涉民营企业案件纠纷，为2000余家企业执行到位案款4.72亿元。

【防范化解风险】 严厉打击“套路贷”等破坏经济秩序犯罪，审结非法吸收公众存款、集资诈骗、非法传销等涉众型经济犯罪案件18件32人，挽回直接经济损失5735万余元。重点审结金融借款、票据等融资纠纷1014件涉案18.01亿元。指派专业法官进驻江南新城建设指挥部，化解处置拆迁企业“两链”风险，建立企业破产案件联动机制，防范次生风险。依法介入秦望区块、新登镇及杭州绕城高速西复线征地涉及区域联建房搬迁引发的涉稳涉众矛盾纠纷，分析所涉法律问题，提供解决思路。

【推动重点工作】 参与重点项目法律指导，审理涉江南区块、银湖区块、新登区块等拆迁类行政案件。开展扫黑除恶专项斗争，立案受理富阳区首起颜某某等21人黑社会性质组织犯罪案件。

【保障社会安定】 依法严惩故意伤害、“两抢一盗”等暴力犯罪和侵财类犯罪288件323人。打击涉毒犯罪，审结各类毒品犯罪案件51件，对56人依法判处八个月至三年十个月不等的有期徒刑。惩治贪贿、渎职犯罪7件12人，依法审理区监察委移送的骆某平、朱某富、徐某水等案件。审结寻衅滋事、聚众斗殴等扰乱公共秩序案件164件，公开审理王某某等42人利用邪教组织破坏法律实施犯罪案件。贯彻未成年人司法保护原则，依法惩治校园欺凌行为，判处未成年犯4件5人。

【维护民生权益】 审结婚姻、赡养、扶养、抚养等纠纷922件。落实反家暴法，签发人身安全保护令3份。化解劳务、医疗、交通、劳动争议等矛盾纠纷1998件。开展岁末年初为民工讨薪维权专项行动，为388名职工执行到工资1644.28万元，为4500余名破产企业职工发放工资1.5亿余元，依法判决拒不支付劳动报酬案件5件5人。注重涉案民生保障，共缓减免诉讼费430.67万元，为困难当事人发放司法救助金60.9万元。

【推进依法行政】 建立行政争议调解中心，促成和解撤诉行政案件34件，协调撤诉率40.48%。推进“裁执分离”，非诉行政案件“裁执分离”适用率64.89%。依法发送婚姻登记及工商行政处罚相关司法建议2份。联合区法制办组织行政机关工作人员观摩庭审100余人次，前往区市场监管局、区交通局、区文广新局等5个部门开展法治宣讲。

【提升司法效能】 推进在线矛盾纠纷多元化解平台（ODR）建设，开展“星级人民法庭”创建活动，实施“一庭一品”司法品牌建设，以“和”为本推进家事审判改革，联合永昌镇设立竹韵家事纠纷调解室。深化认罪认罚从宽举措，审结858件，占同期结案数的83.79%。推进轻微刑事案件快速办理机制，运用刑事一体化办案系统，实现644件刑事案件网上办理。

【打造智慧法院】 推进网上立案、跨域立案、延伸立案等多种便民立案方式，网上立案率51%。与阿里巴巴合作研发破产清算管理平台，开通淘宝网破产财产网络拍卖接口，全年在淘宝网上推出拍品747件，总成交金额19.23亿元，平均溢价率186.85%。

【深化执行破难】 全年受理执行案件9890件（不含旧存），执结案件12387件，执行到位标的42.73亿元。依托执行指挥中心，1529件执行事项通过远程委托其他法院办理。运用“点对点”“总对总”网络查控系统快速查询、冻结涉案欠款，提起财产查询8761次，冻结资金1.39亿元。开展执行案件集中清理月活动和集中执行、错时执行、强制腾房等专项活动，累计纳入失信黑名单11020人次，头像曝光749人，罚款518人次，拘留314人次，移送追究刑事责任23人。

【自觉接受监督】 邀请代表参与专项执行、研判执行和新闻发布会24人次，书面答复政协委员对区法院半年度工作报告审议意见2人次，审结抗诉案件2件。依法公开裁判文书8786份，直播庭审449场次，举办公众开放日8场，累计接待300余人次。刊发司法新闻、信息600余篇。新增人民陪审员172名，一审普通程序案件陪审率99.92%。

【队伍建设】 开展“不忘初心、牢记使命”主题教育。落实每月夜学、民主评议、“三会一课”、党员固定活动日等制度，开展红色教育、微型党课、结对帮扶等活动，严明政治纪律和政治规矩。举办专题讲座、观看廉政教育专题片、参观红色教育基地、干部任前廉政谈话等形式，提高干警廉洁意识。

（王泽烽）

·司法行政·

【围绕中心工作】 服务全区“七大攻坚硬仗”，建立“1+2+2”服务模式，组成 “纠纷调解（法律服务）组”。2018年，化解与“七大攻坚硬仗”矛盾纠纷870件，其中涉及征地拆迁和城市有机更新的矛盾纠纷634件，司法所直接调解282件。开展扫黑除恶专项行动。部署24个乡镇（街道）、各区级机关承担扫黑除恶专项斗争的法治宣传工作责任。深入排查社区服刑人员中涉黑涉恶、涉枪涉爆人员，严格落实信息化核查、“定人包案”、矫正小组等措施，严控外出，严防脱管失控。组织全区各级调委会进行黑恶势力摸排。加强律师代理涉黑涉恶案件的监督指导，组织律师开展业务培训2次，建立健全律师接案审查、内部讨论、备案报告等各项制度，及时派员旁听法院涉黑涉恶案件的庭审。助力打造最佳营商法治环境。联动区工商联开展法律服务最佳营商环境“八个一”活动，通过组建一个人民调解委员会、一个法律顾问团，搭建一个服务平台，召开一次座谈会等活动，加大法律服务供给力度。定期发布金融风险事件和企业典型案例法律解读。指导各级调解组织排查涉企矛盾纠纷。

【社区矫正和安置帮教】 至2018年12月底，富阳区在册社区服刑人员487人，累计接收430人，减少391人。推行“一所一课一案例”技能比武活动，课程16次，授课570人次。围绕法治、道德、心理、爱国主义、文化、技能六大主题，由浙江东吴文化研究院授课20批次，参与数1313人次。组成“育新志愿服务队”，通过“志愿汇”APP，联系确定敬老院、社区卫生服务中心、风景点、农贸市场等78个服务站点，开展环境大提升、社会化优抚、全民健身运动、治安巡逻等个性化社区服务73场，总时长4208.34小时。通过季度例会典型交流和案卷质量评查的方式对司法所进行抽查、互查，提高执法质量。与富春戒毒所共建警示教育基地，开展军训、禁毒为主题的集中警示教育2批次。做好刑释人员衔接核对、必接必送和延伸帮教工作，全年累计衔接刑满释放人员315人，必接必送7人，延伸帮教监狱8所、服刑人员420人。完成社区矫正中心“三区十室”基础建设，社区矫正指挥中心、社区矫正远程视频督查系统、监所远程视频会见帮教系统运行良好。

【人民调解】 2018年，全区各级调解组织共开展排查2168次，调处矛盾纠纷11603起，成功率99.4%，协议涉及金额4.678亿元。其中调处成功疑难复杂矛盾纠纷243起，司法确认565件。2018年，全区用“最多跑一地”联动机制调解矛盾纠纷178件，调解成功166件，调解成功率93.26%，荣获“2018年度中国十大社会治理创新”奖。与区信访局联合建立完善预警排查、协商例会、法律服务专家团等制度，24个镇（街）级“访调对接”工作室实现全覆盖。成立富阳区人民调解协会，吸纳102名优秀人民调解员，满足跨部门、跨行业矛盾纠纷化解社会需求。建成品牌调解室3家，指导乡镇（街道）综治品牌工作室规范开展调解工作。在经济技术开发区和富春湾新城分别建立人民调解组织和公共法律服务站，配备兼职调解员和法律顾问。新建富阳总商会人民调解委员会。完成人民陪审员选任工作，通过两轮随机抽选产生172名拟任命人选，提请区人大常委会任命。做好业务台账和档案规范化建设。富春、新登、春江、场口、渌渚、大源、万市7家司法所成功创建杭州市级“文明规范公正”司法所。灵桥镇调委会获全国“坚持发展枫桥经验，实现矛盾不上交试点表现”先进集体。春江司法所所长王瑶荣获司法部授予的“全国人民调解先进工作个人”“全国模范司法所所长”称号。

【法治宣传】 开展“七五”普法中期检查。成立“七五”普法中期检查督导组，对全区82家单位进行普法台帐抽查，接受杭州市与区人大、区政协“七五”普法中期督查。落实“谁执法谁普法”责任制。发布2018年度区级机关普法责任清单，将普法责任单位从32家扩大到45家。建立普法工作季度通报制度，完善普法经费保障机制，出台《杭州市富阳区普法宣传教育专项经费使用管理办法（试行）》，新增“实体建设‘以奖代补’”内容，确定16个重点培育项目。抓好“两个关键”学法用法。4月，区政府第22次常务会议召开并组织会前学法；5月，召开全区普法骨干培训，举行宪法专题讲座；组织全区市管干部和公务员参加网上学法考试，参考率和通过率均达100%；完成全区公务员三年学法轮训工作。开展“我当普法朗读者（第二季）”活动，部分优秀作品在杭州地铁、公交滚动播放。开展走读杭州“五四”宪法历史资料陈列馆、“宪法进校园”和假日爱心学校法治课等活动。开展宪法宣传活动。制订和发布宪法系列讲座名录，累计开展讲座50余场。开通10辆宪法公交，制作3条原创宪法公益广告，定制、购买宪法单行本3000册、宪法宣传书签5000份发放至各部门。指导新登镇上山村、银湖街道梓树村成功创建省级“民主法治村（社区）”。

【公共法律服务】 成立区级公共法律服务中心。2018年，“12348”法律咨询专线及法律服务中心共受理来电来访法律咨询4553人次。建成三级公共法律服务工作网络。以区公共法律服务中心为核心，在区人社局、公安局、法院、残联等10多个部门及24个乡镇（街道）建立公共法律服务工作站，全区326个村（社）建立公共法律服务点。法律援助初审权下放至各镇街及村（社区），多点受理法律援助事项。依托浙江政务服务网、“12348”浙江法网等平台，统一规范“最多跑一次”办理事项申报材料、审批流程、承诺时限等信息，推动司法鉴定入驻法律服务中心。推进认罪认罚从宽试点和刑事辩护法律援助全覆盖。组建法律援助、帮助律师志愿团，2018年，全区受理承办法律援助案件1651件，提供法律帮助1027件，较2017年均增长一倍。开展“一案一评”案卷质量评审活动。全年开展法律援助电话回访40件，群众满意率95%以上，组织法院旁听20件，案卷审查200余份。开展“农民工讨薪”专项行动。2018年，农民工来访26批次，涉及职工664人，挽回经济损失332万余元。规范公共法律服务。制定《富阳区公共法律服务产品指导目录（一）》。法律服务产品纳入政府购买目录范围，制定公共法律服务产品绩效评估细则。

【法律服务行业管理】　2018年，全区各律师事务所、基层法律服务所开展法律服务咨询宣传服务30余场次，担任机关、企事业单位法律顾问442家，担任村（社区）法律顾问326家，办结民事案件4583件、刑事案件438件、行政（行复）案件72件。组织律师和法律服务工作者参与区领导集中接访84人次，参加区信访局、区法律服务中心、区法院、区看守所值班累计1590人次，解答群众各类法律咨询2750条。落实政府法律顾问服务制度。法律顾问进村（社区）服务1176人次，解答各项类法律咨询2838个，代办各类民事法律事务332件，协调处理各类矛盾纠纷178件，上门服务率98%以上。开展公证规范化管理年、公证质量建设年活动。1—10月，公证处办结国内民事经济类公证3638件，涉外公证704件，实现公证法律服务收入350万元。（来　肖）

·案例·

【首次摧毁黑社会性质组织犯罪集团——破获“3·20”车贷“套路贷”案件】　2018年1月，公安部发布在全国开展扫黑除恶专项斗争通报，1月30日，分局成立扫黑除恶专项斗争领导小组并公布专班成员。分局扫黑办敏锐发现“民间贷”行业已成为富阳黑恶犯罪易发领域，即部署在“民间贷”行业开展基础摸排和相关警情案件“回头看”工作。3月10日，城西派出所通过梳理分析警情发现涉及耀龙投资公司的涉恶线索3条。分局扫黑办即在全区部署串并排查，发现城区有多家车辆抵押借贷业务的公司涉嫌以“套路贷”方式实施犯罪。3月20日，分局成立专案组全力侦查。经一个多月经营、循线深挖，初步查明自2016年11月始，该犯罪组织领导者颜某龙先后纠集钟某荣、钟某超等多名骨干成员及吴某宇、金某强等积极参加者10余人，成立、兼并多家车贷公司，经人员调整、资金共用、信息共享扩大组织规模，以“合法”公司为外衣，实为潜在暴力和现实暴力为后盾欺行霸市、欺压群众、组织严密、层次分明的黑社会性质犯罪组织。嫌疑人颜某龙等人为非法控制车贷行业，攫取巨额非法利益，以车辆抵押贷款为名，招揽大量借款人进行车辆抵押借款，并肆意认定违约实施敲诈勒索、诈骗等违法犯罪行为。2017年1月至是年2月，耀龙投资、招财猫、富诚信贷、万隆投资、富春信贷、合信投资、鸿鑫投资、鼎龙车贷、启航金服、南浔投资等10家车贷公司相互勾结或单独作案，采用“套路贷”方式实施敲诈勒索、非法拘禁、诈骗等犯罪行为；通过虚假诉讼、谎报警情等手段严重扰乱司法秩序；通过降息、返金等手段恶意竞争，形成行业垄断，称霸一方；合计放款1900余万元，非法获利近600万元，用于购置房屋及名贵车辆等资产。造成被害人自杀2人、自杀未遂1人及众多家庭破裂等严重后果。是年4月9日清晨，分局发起集中收网行动，组织警力130余人，抓获涉案人员27人，其中目标人员20人和营业车贷公司3家，查获现金、账本、空白合同、GPS定位装置、抵押车辆钥匙等涉案财物。10月18日，区扫黑除恶专项斗争推进会暨“大三长”联席会议，对“3·20”专案涉嫌刑法294条罪名开展侦办达成一致共识，区检察院、法院委派检察官、法官分阶段入驻专案组联合办公，会商、指导案件侦办，保证案件平稳高效推进。10月30日，专案组向区检察院提请对施林峰等涉案嫌疑人批准逮捕，至此，以颜某龙为首的车贷“套路贷”黑恶势力犯罪集团案件成功告破（2019年5月21，嫌疑人颜某龙被判处有期徒刑18年），此案亦是分局首次摧毁黑社会性质组织犯罪集团。抓获犯罪嫌疑人34人，其中按刑法294条逮捕14人，查明涉敲诈勒索、寻衅滋事、虚假诉讼、非法拘禁、诈骗、非法侵入住宅等案件40余起；查证被害人103人。扣押冻结涉案资产1000余万元。以此案为契机，同步对全区实施类似犯罪行为的车贷公司发起集群打击，累计打处团伙犯罪嫌疑人5个75人，肃清全区车贷领域的黑恶犯罪势力。

【摧毁“7·31”黑恶团伙组织犯罪案】 2018年7月，分局从一起赔偿16万元额度的调解案件线索入手，深追细查，扩人扩线，发现该案中以林某君为首的多名湖南会同籍人员，涉嫌在银湖街道强占工程、寻衅滋事、高利放贷、暴力逼债、聚众赌博等涉恶违法犯罪。细致研判后，发现该团伙具有黑社会性质组织犯罪嫌疑。7月31日，分局抽调精干侦查员20人，成立专案组，单独设置办案场所集中办公，深查此案。经一个多月的研判分析、外围调查，发现该团伙自2013年8月始，通过开设赌场、在赌场放高利贷等方式赚取第一桶金；注册成立富阳砻鑫土石方工程有限公司后，非法插手银湖街道土方工程，形成以商养黑、以黑护商的格局。长期、多次实施寻衅滋事、非法拘禁、故意伤害、故意毁坏财物、聚众斗殴、敲诈勒索、聚众赌博等违法犯罪活动20余起。暴力、威胁特征明显。多名借款人四处避债，有家不敢回，其中一女性受害人还被迫“肉偿”并因此自杀未遂。肆意强占工程领域宕渣运输，严重破坏当地工程建设领域的正常发展。

其间，不断有会湖南同籍前科劣迹人员到富阳投靠林某君，致使该犯罪组织不断扩展，已成为银湖区块的一颗“毒瘤”。9月18日凌晨，分局决定集中收网“7·31”专案涉案人员。抽调警力80余人分赴广东东莞、湖南会同和富阳银湖街道等地，抓获主犯林某君、林某宏等目标人员14人。后专案组又陆续赴广东深圳、湖南怀化、温州瑞安等地悉数抓获涉案嫌疑人17人，查明寻衅滋事、聚众斗殴、非法拘禁、敲诈勒索等案件20余起；收缴电击枪、棒球棍、手铐、砍刀等作案工具；查封房产3处，车辆2辆；该案总扣押、冻结涉案资产600余万元。12月24日，分局以组织、领导、参加黑社会性质组织罪、寻衅滋事罪、聚众斗殴罪、赌博罪对林某君犯罪团伙中嫌疑人12人向区检察院提请诉讼；其余19人另案处理。

【破获“8·21”网络赌博案】 2018年7月，分局接到群众举报，一款名为“东来游戏”手机APP涉嫌赌博。8月21日，分局组织治安、网警立案侦查。经查，2017年7月，嫌疑人孙某从张某、郐某彪处购买“东来游戏”手机APP，在杭州滨江区华城·和瑞科技广场s2幢1305室注册成立香港擂区网络科技有限公司，招募高中同学章某洪，在章某洪的带领下，将仅有“富阳麻将”的“东来游戏”先后开发出杭州麻将、八张头、十三张、双扣、自摸麻将等游戏，并陆续上线运营。孙某和妻子潘某负责游戏推广。通过举办线下麻将大赛、召开年会等方式，发展代理，由代理拉游戏玩家、组建微信群进行赌博。东来游戏为房卡类游戏，玩家在创建房间时要消耗金币（东来币），金币要向游戏平台充值购买，平台以此获利。2017年7月至8月，平台充值金额达400余万元。代理根据业绩高低有不同的提成，业绩在1万元以上的可提成40%。代理给玩家免费领取金币赠送码实现与玩家绑定，之后玩家充值记录就绑定在此代理下面，代理负责拉人建微信群进行赌博，赌资在群内以红包、扫码支付等方式结算。代理负责管理微信群，处理逃单（输钱后不付）、作弊、平台技术等问题。平台玩家已达到3.9万余人。8月23日上午，分局组织集中收网行动，抓获网站负责人、推广员及公司员工等33人。8月25日，分局以涉嫌开设赌场罪采取刑事强制措施40人，冻结、扣押资金219.23万元，关停该赌博网站。9月28日，主犯孙某和潘某批准逮捕。

【破获“8·30”吸贩毒专案】 8月31日，分局在前期研判经营的基础上，组织9个大组21个抓捕小组计100警力余人，于中午11时前到达指定位置，根据指挥部指令开展集中收网行动，抓获涉毒嫌疑人30余人，其中尿检呈阳性13人，刑拘9人，治安拘留16人，强制隔离戒毒10人。

【破获“能量钢”集资诈骗、非法吸收公众存款案】 “能量钢”平台网址www.cfquantum.org，服务器在美国，对外宣称该平台由以色列公司开发，融合人工智能、量子算法、区块链技术等高端科技，“钢币”投资只涨不跌、稳赚不赔，但事实上该平台并无实体经营项目、无盈利来源，仅依靠不断发展投资人、吸收资金的方式维持运营。2017年9月

4日，国家出台ICO管控政策，新投资人不再投资，原投资人大量挤兑套现，该平台发生崩盘。随即，全国各地投资人陆续来富阳浙江冠信生物科技有限公司所在地、夏某明住所要求维权。2017年10月20日，分局立案侦查。经查，自2016年6月上旬起，犯罪嫌疑人夏某明等人通过设立“能量锎”网络投资平台以投资虚拟货币为名，使用浙江冠信生物科技有限公司、杭州富阳福缘文化创意有限公司等多家空壳公司，大肆在全国范围以组织召开推广会等形式公开宣传，骗取投资人上万人、资金数十亿元。案情复杂，分局专班侦查长达6个月，在摸清作案模式及团伙组织架构后，2018年4月17日，决定集中收网，一网打尽该案犯罪团伙骨干成员，抓获犯罪嫌疑人32人（含境外逃犯1人）。

【破获“能量锎”案中案——洗钱、掩饰、隐瞒犯罪所得案】 4月17日集中收网，抓获“能量锎”集资诈骗、非法吸收公众存款犯罪团伙骨干成员后，专案组深查资金、资产去向，发现主要嫌疑人夏某明为逃避银行反洗钱监控，大量动用公司员工、亲属朋友等关系人的银行卡用于存储、流转犯罪所得，其中施某君（夏某明妻子）、夏某凯（夏某明大儿子）等人明知犯罪所得，仍协助夏某明将犯罪所得资金用于购置大量房产、车辆、保险，甚至在明知夏某明因涉嫌集资诈骗罪被刑事拘留后，仍在帮助转移、套现、隐匿涉案资产，其行为构成洗钱、掩饰、隐瞒犯罪所得罪。其中施某君名下房产2处购置价计2000余万元、保险10份共计1900余万元、轿车1部；夏某凯名下房产6处购置价计8400万元、保险2份计50余万元、车辆1部。2017年3月1日至3日，夏某明授意施某君、夏某凯到台湾台北市富邦银行、世华银行开设银行账户，协助其向境外转移资金999万元。2018年4月19日至23日，施某君、夏某凯、施某某（施某君胞弟）、李某明等人在知晓夏某明被刑事拘留后，为逃避公安机关查扣涉案资产，将夏某凯（实际车主为夏某明）名下的保时捷卡雷拉跑车和奔驰迈巴赫轿车转移、变卖、套现，变卖计209万元（其中保时捷卡雷拉跑车已被追回扣押、奔驰迈巴赫轿车变卖款100万元已被扣押）。同年4月20日，施某君将其本人浦发银行卡105万余元资金取现，将其中94万元现金藏匿至其弟弟施某某的空置房屋中。

【打处全市首个网络恶势力犯罪集团】 5月12日，分局接到叶某报案称自己在网上被人敲诈。经查，叶某在网上通过漂流瓶方式添加一“女”网友，并接受更私密邀请。叶某深信不疑将隐私经手机社交软件展示给对方。“女”网友通过病毒链接窃取沈某手机通信录等信息，并以隐私视频为威胁向叶某索要3000元。虽案值不高，但民警认为该案犯罪嫌疑人交流方式老练、计划周密甚至利用网络技术手段，其背后疑存在黑恶势力，以此种手段谋取不正当利益。分局即抽调多名精干警力成立专案组，挖掘此案。经数据分析，最终发现一伙以丁某为首的网络犯罪团伙，长期通过网络，冒充女性引诱、骗取被害人隐私敲诈勒索。该团伙注册多个网络社交账号，在敲诈金额得手后利用多个账号数次转账、分流资金。专案组提炼数据信息，判断该团伙犯罪嫌疑人主要集中在黑龙江佳木斯一带，等级分明，分工明确，是一个有组织有纪律的恶势力集团。分局决定采用先落地侦查后集中收网的抓捕方式。10月8日，侦查小组5人直奔黑龙江佳木斯市，经数据分析、实地排摸，确定犯罪嫌疑人藏匿地点，抓捕时机成熟后，分局再次组织精干力量赶赴支援。10月21日，分局与当地警方联合作战，先后抓获丁某、霍某、艾某、孔某等嫌疑人。分局从一起案值3000元的民生小案着手，经扩线索、查幕后、固证据，成功摧毁一个网络领域涉恶犯罪集团，抓获犯罪嫌疑人15人，涉及案件250余起，被害人处所分散在全国各个省份，涉案金额46万余元。次年1月26日，该案作为涉网敲诈勒索典型案例，在央视一套《今日说法》节目播出。

【破获重大破坏电力设备案】 12月27日上午，分局接电力工作人员报警：鹿山大道主干道附近20个电力维修井下备用回流电缆被盗，案值120万元。经查，作案现场在鹿山大道主干道附近，车流量和人流量较大，每季度开展一次电力巡查，具体作案时间无法确定。民警判断：电缆线重量较重，犯罪嫌疑人有交通工具，该路段白天有人施工，作案时间可以确定在凌晨及后半夜。嫌疑人系具备一定电力知识的专业团伙。经实地走访、视频侦查、车辆筛查及废品回收站排查，一辆福特全顺汽车进入民警视线：车上有固定乘坐人员3人，近期该车辆出现在被盗电缆附近的村庄内，视频发现嫌疑车辆曾在深夜到鹿山大道附近搬东西。12月28日，民警锁定嫌疑人落脚点，连夜蹲守，21时，在富阳高速出口、鹿山街道某租房先后抓获嫌疑人刘某卡，刘某桥、赵某，并在租房附近福特全顺汽车车厢内找到未处理的电缆线2捆。经审查，嫌疑人交代：年初到杭州，一直在余杭、萧山及周边其他地区踩点，均未找到适合作案地点，平时靠打零工维持生活。12月中旬，3人到富阳，看到鹿山大道附近路面维修，主干道与维修路段隔离，下手机会到了。12月17—25日，3人分6次盗窃备用电缆4000米、重达5吨。

嫌疑人刘某卡，刘某桥、赵某已被依法刑事拘留。

【破获张某星等人非法采矿案】 7月4日，分局经前期线索排摸、专案经营，查明2014年至2018年4月间，嫌疑人张某星、王某、陆某林等人利用审批富阳区亚热带研究所植被土壤改良项目和山体改造项目为契机，获取该项目实际施工权后，大肆开挖山体，专门从事非法采矿，将开挖的石头34218吨、宕渣28611吨外卖，获利120余万元。8月9日，嫌疑人张某星、王某、陆某林被检察院批准逮捕。

【破获袁某辉等人非法捕捞水产品案】 6月4日，龙门派出所在诸暨市店口派出所配合下，抓获嫌疑人袁某辉、贵某远、田某茂3人，破获5月30日、6月4日，嫌疑人袁某辉等人用甲氰菊酯类农药（对鱼类有杀伤力）倒入常绿溪流神坞段，致使集体投放在常绿溪里的石斑鱼大面积迅速死亡，附近村民养在鱼塘里的鱼、下游区域溪鱼亦基本亡尽，造成水源大面积污染。嫌疑人袁某辉等人采用打捞等方式，非法捕捞溪鱼若干斤带回诸暨市店口镇牛皋社区住处食用。

【破获李某根等人敲诈勒索、非法采矿、寻衅滋事案】 7月11日，分局通过前期线索排摸、专案经营，查获以嫌疑人李某根、倪某根、华某金等人为首的涉恶犯罪团伙。富阳拓赢建材有限公司2011年注册成立，位于富春街道方家井村，经营建筑石料，即石子生产外销，石矿地址在方家井村柳溪欢坞里。该公司建筑石料外运道路必经方家井村柳溪村欢坞自然村。部分村民以货运车辆进出产生扬尘、安全等为由，多次发生拦路警情，该公司迫于无奈，向嫌疑人倪某根、丁某民、丁某火、陆某龙等人每人每年支付3万元好处费，计被敲诈勒索50余万元。期间，因村民要求道路改建诉求，嫌疑人李某根伙同盛某华、唐某海、孙某文、吴某民、华某金等人在2014年3月与矿山签订承建该道路改建承诺书，在政策处理未能完善，项目未经批准前提下，嫌疑人李某根等人仍不顾上级有关部门制止，大量非法开采富春街道方家井村粽子坞水库边山林，造成山林破坏，测量外运开采方22.71吨，按照每吨平均价值15元，嫌疑人李某根等人涉及非法获利330余万元。2015年5月21日至22日，嫌疑人李某根、倪某根等人密谋策划；24日，李某根、倪某根、李某国等人联系挖掘机，试图给矿山施加压力，在未经村民同意，随意毁坏该公司货运车辆必经之路164米，导致车辆无法通行，将过往车辆玻璃砸破。经区物价局评估价值4万元。2015年7月，富阳拓赢建材有限公司迫于无奈，支付修路费用21万元，支付陆某龙等人用于毁坏道路钻头挖机费用6000余元。2018年7月11日和9月11日，分局组织两次统一收网抓捕行动，抓获嫌疑人10人。2018年11月1日，浙江省公安厅将此案列为第一批深化打击食品药品农资环境违法犯罪行动督办案件(环境类)。

（徐晓红）

【杭州地区首例被告人从业禁止案】 2017年12月至2018年1月期间，胡某某在杭州市富阳区富春街道戴家弄家中房间内，利用教二胡的机会，对被害人余某某（女，2006年12月12日出生）进行猥亵。富阳区检察院在办理该案过程中，了解到胡某某案发前担任区某小学民乐团业余授课老师，为消除胡某某再次利用教学便利实施犯罪的可能性，承办检察官在量刑建议中向区法院建议对胡某某判处从业禁止，建议胡某某禁止从业的范围覆盖到与教育相关的职业。2018年6月胡某某因犯猥亵儿童罪被区法院判处有期徒刑一年六个月，并禁止在刑罚执行完毕之日起三年内从事教育类职业，这是杭州检察机关首例成功建议性侵案件被告人从业禁止案例，并被最高人民检察院、检察日报等媒体转发。

【公益诉讼精品案例】 2019年9月以来，富阳区检察院通过网上摸排、实地走访，发现20余家在“美团”外卖平台上的餐饮服务提供者存在营业执照注销仍继续经营、未取得食品经营许可证件、未按规定申请食品经营许可证件延续或超越经营范围经营等问题，易引发食品安全隐患。对此，区检察院依法向区市场监管局发出行政公益诉讼诉前检察建议，建议其履行法定职责，及时对辖区内网络餐饮服务提供者的违法经营行为作出处理，并加强日常督查和监管，建立健全长效机制。

区市监局收到检察建议后，高度重视，迅速展开部署。一是对照问题落实整改，针对发现的问题，通知“美团”外卖平台对问题商家进行下线处理，并组织线下现场核查，同时采取要求问题商家及时更新公示信息、责令改正等措施。二是约谈平台及经营者，集中约谈了“美团”“饿了么”两家网络餐饮服务平台富阳区负责人，通报富阳网络餐饮服务存在的突出问题，要求严把入网审核、履行食品安全制度、建立协作机制等，下一步将分批对富阳网络餐饮服务提供者进行集中约谈，增强食品安全主体责任意识。三是开展监督抽检，针对网络经营的糕点、蛋糕等深受大众喜爱的网络食品开展监督抽检，从10月底至11月初，共计抽检99批次，对检测不合格的产品依法进行立案查处，净化网络餐饮食品市场。四是完善长效机制，通过完善日常网上巡查制度、违法通报制度、监督抽检制度，及时发现违法行为并落实查处，构建网络餐饮服务市场长效监管机制。

【羁押必要性审查精品案例】 区检察院成功办理一起犯罪嫌疑人方某某羁押必要性审查案件。方某某系杭州远华环境建设有限公司法人，因涉嫌串通投标罪于2018年5月6日被羁押在富阳区看守所，在审查起诉期间，公诉部门采纳执检部门意见，于7月16日对犯罪嫌疑人方某某变更强制措施进行取保候审，后区法院于 8月15日对方某某作出有期徒刑七个月，缓刑一年的判决。

区检察院在开展羁押必要性审查工作中，梳理出了可能被判处三年以下有期徒刑的案件，通过询问在押人员、听取侦查监督部门和公诉部门意见、向监管民警了解羁押期间表现等方式，筛选出本案。犯罪嫌疑人方某某与他人以相互陪标的方式进行投标报价，损害招标人及其他投标人利益，但基于本案案情基本查清，证据基本固定，犯罪嫌疑人方某某等人的中标价格没有超过招标单位限价，其公司资质、人员均符合要求，中标后保洁项目实施良好，没有出现道路清洁不达标、拖欠员工工资等情形。区检察院贯彻落实谦抑、审慎、善意的司法理念，从保障和服务非公经济大局的角度出发，决定对方某某变更强制措施，取得良好的政治效果、法律效果、社会效果：方某某作为企业实际负责人，对于公司的业务和发展方向起着绝对作用，其被羁押后公司业务受到冲击，管理陷入混乱，发展面临困境，该案成功办理符合中央保障和促进非公有制经济健康发展的政策精神，同时也为办理类似非公企业案件起到了示范作用；方某某在被羁押期间，充分认识到自己行为的错误，自愿表示认罪认罚，有悔罪表现，最终被法院判处缓刑；方某某回到企业后，该企业的营业收入达到3000余万元，员工300多人，纳税额300余万元，有利于促进企业的生产经营、员工就业，维护企业稳定发展。 （傅杨丽）

【编 辑 汪校良】

人民武装

·综述·

【概况】 2018 年，富阳区人武部党委认真贯彻落实省军区、警备区、富阳区委区政府决策部署，完成年度各项工作任务，全年实现安全无事故目标。在军委国防动员部民兵调整改革检查考评取得全国第一名。

【富阳区常委议军会议】 12 月 4 日，富阳区委专题召开区委常委议军会，传达学习《中国共产党支部工作条例（试行）》和习近平总书记关于向黄群、宋月才、姜开斌为代表的抗灾抢险英雄群体和王继才先进事迹学习的重要指示精神。会议指出要切实强化党管武装责任，认真落实习近平总书记重要指示和要求，切实深化思想认识，严格落实根本制度，强化履行政治责任，毫不动摇地坚持党对军队的绝对领导，确保党管武装工作有效落实。

【组织富阳区“四套”班子领导过军事日】 12 月 4 日，富阳区人武部组织区“四套班子”42 名领导干部到森川射击场过“军事日”活动，听取工作人员对枪械装备战技术性能介绍，开展射击体验。

【开展“两学一做”常态教育活动】 成立“两学一做”教育常态化领导小组，把思想教育作为首要任务，把作风建设作为重要内容，落实“三会一课”、每月“党员活动日”、专题讨论、领导干部讲党课、机关党支部召开“两学一做”学习教育专题组织生活会、每半年召开一次支部党员大会开展民主评议等制度，学做结合，持续深入推进教育活动。

【开展“民兵训练月”活动】 组织专武干部、民兵连长、民兵骨干比武竞赛，规范训练方法，提高训练质量效益。4 月中旬至 6 月中旬，按照年度民兵军事训练计划，在省人武学院和萧山基地完成全区民兵训练任务，训练成绩全部优良以上。其中，医疗救护分队在全省民兵岗位大比武中取得了团体第三名和个人第四名。

【开展“和平积弊大起底大扫除”“传承红色基因”主题教育活动】 根据省军区警备区统一部署，开展“和平积弊大起底大扫除”“传承红色基因”两个专题学习教育，严格落实教育考勤、规定动作、阅读规定书籍。召开党委会剖析查找人武部“和平积弊”存在的主要问题及下步措施办法，组织开展“学习王继才、学习徐遂先进事迹，争做新时代奋斗者”“党员遵守纪律规矩自查剖析”。人人撰写心得体会，人人查纠问题隐患，制定整改措施办法。

【组织区属应急连训练】 11 月 11—25 日，组织区属民兵应急连在银湖街道国防培训中心高标准完成民兵应急连训练备勤任务。梳理总结出试点成果《集中训练备勤民兵分队管理规定》和集中训练备勤教育管理重难点攻关课题一个。

【完成民兵调整改革检查】 3 月 13 日，按照“三个过一遍”的要求，采取“三分四到”的办法，即分区划片、分向负责、分头展开、资料看到、人头点到、物资查到、问题讲到，对全区 24 个乡镇（街道）民兵营（连）进行成建制地集中卡东点验，到点率达到 96%。其中退伍军人 2113 人，占 70%，专业对口2566人，占85%，党团员2717人，占90%，高中以上学历2143人，占71%，经训2626人，占87%，出去队241人，占8%。11月15日，代表省军区接受军委国防动员部民兵调整改革检查，取得总分376.5分，全国第一名的好成绩。

【开展首长机关训练】 积极参加杭州警备区组织的首长机关训练，建立“月训三天、季考一次”训练制度，掀起大抓军事训练高潮，形成比学赶帮超、勇争第一的浓厚氛围，全年共完成首长机关训练480小时。

【开展国防动员潜力调查】 1月，区分筹划准备、任务部署、业务培训、调查展开、核实汇总、分析评估六个阶段。采取条块结合，以条为主、自下而上、逐级汇总的方法组织实施。确保国防动员潜力数据“全”“准”“实”为战时动员提供可靠的数据支撑。

【完成征兵任务】 2018年，富阳区征兵工作认真贯彻落实中央、省区征兵工作会议精神，坚决执行杭州区政府、杭州警备区征兵命令，紧紧围绕提高新兵质量这一核心，在公安、卫生、宣传、民政、教育、交通等部门和领兵部队共同努力下，通过深入调查摸底，广泛宣传发动，严格体检、政审和征接双方密切配合，完成征兵任务。

【开展扶贫活动】 成立扶贫工作领导小组，帮助区重点帮扶对象常绿镇五联村引进山羊养殖、黄牛养殖、毛竹特色加工等农村增收项目，并给予该村2万元扶贫款。部领导每半年到村支两委走访调研，指导村支两委发挥党组织作用，作好“走出去、引进来”文章，不断夯实村级集体经济。结合区政府开展“春风行动”活动，给予富春街道东山社区、城东社区、镌子山社区各1万元资金扶贫，用于帮助困难群众、党员解决生产生活中的实际困难。

【退伍老兵欢迎仪式暨就业推进会】 10月23日，在富阳区委党校联合富阳区委、区政府、区人社局组织开展富阳区退伍老兵欢迎仪式，全区2017年度退伍老兵，全区专武干部，区国教委相关单位领导、30多家用人企业主出席活动。区人武部政委丁一作欢送辞，老兵代表和用人企业代表分别发言，并给每一名退伍老兵制作了《退伍老兵手册》等就业宣传品。活动期间有多名退伍老兵与用人企业达成用工协议。

2018年富阳区欢迎退伍老兵返乡暨欢送新兵入伍大会

（区人武部　供稿）

【提升应急能力】 修订完善区镇两级森林灭火、抗洪抢险等非战争军事行动应急预案，按照预案要求大力加强专业训练，定期组织演练任务，确保关键时刻拉的出，用得上。全年共出动民兵280人次，参加地方防汛防台抢险救灾任务。

【开展国防教育】 落实国防建设理论学习列入地方党委中心组学习计划，邀请军事专家罗援开展国防理论授课讲座。落实国防教育讲师团，开展多种形式的国防教育，政委丁一到区委党校给中青班开展国防讲座，政工科长刘毅多次到社区、中小学上国防教育课。抓好“家乡以你荣耀”宣传片制作，深化“八一”光荣榜、军人荣誉墙、军属大走访，退役士兵欢迎仪式暨招聘会活动。全年妥善处理涉军维权事件11起，全年制作各类电视新闻7条，报刊新闻5条，网络新闻29条。（许正浩）

【编　辑　汪校良】

经济管理

·综合经济管理·

【概况】 2018年，区发改局深入贯彻落实区委一届三次全会、“三看四态促转型”再动员大会精神，牢固树立“三个拥抱”意识，根据区委“七大攻坚硬仗”部署，认真组织开展“十大专项行动”，聚焦“最多跑一次”改革、对口帮扶合作、重大交通项目攻坚、重大谋划和课题研究、优化投资结构和推动重大项目建设、加快推动培育新动能等十个重点方面，为全区经济社会发展做出积极贡献，取得明显成效。

【聚焦研究谋划】 深化《“十三五”规划中期评估实施方案》，组织协调各相关部门，及时开展中期评估工作，经区委、区政府审定，区人代会审议批准后发布。高质量完成《以产业创新服务综合体重构富阳经济转型发展新动能》《以“大花园”建设为统领 共建全域旅游先行区—龙门、常安、环山联动发展课题》等课题，完成经济形势分析报告，做好全区工业企业经济监测。建立每月一期的《决策参考》制度，完成高质量的参考建议7篇，为区委区政府决策提供参考。

【计划管理】 统筹全区经济社会发展各项目标任务，完成国民经济和社会发展计划报告，科学编制2018年度大计划，下达投资项目计划及政府专项工作计划。起草修订《政府投资项目管理办法》《政府投资项目变更管理办法》。

【深入推进改革】 严格执行权力事项“八统一”工作，形成《“最多跑一次”事项标准汇编》《投资项目行政审批等事项标准汇编》。强化在线审批平台应用，实现企业投资项目申报100%应用平台、100%网上申报、100%批文回传“三个百分百”的目标。以在线平台为支撑，大力推行代办制、承诺制等改革措施。围绕一般企业投资项目开工前审批“最多100天”的目标，组建区“联审联批中心”，修订完善企业投资核准类、备案类项目操作规程，压缩审批时间。企业投资项目审批时间压缩至75天以内，杭州考核第二名。按照省、市标准地政策，制定《杭州市富阳区企业投资工业项目“标准地”工作指引》，并按照试点先行原则加快开展“标准地”改革。全区完成30宗标准地出让，面积51.08公顷，宗数杭州排名第一、面积排名第二。“标准地”出让的推行促进了原先工业用地以地价竞争到指标竞争的转变。四是加快推进小城市培育试点。积极组建区行政服务中心场口分中心，将27个区级部门（单位）135项审批事项，场口镇本级和水务、电力、燃气、华数、移动、电信、联通等7个公共服务单位的34项公共服务事项统一进驻分中心，实行一站式办理；市场监管、综治工作、综合执法、便民服务四大平台实现统一办公。深入推进公务用车制度改革。制定出台事业单位和国有企业公务用车改革实施方案，加强部门培训，指导部门做好车改方案制定、车辆信息化管理，完成全区单位、事业人员的车改审批和备案管理等系列工作。

【扩大有效投资】 根据上级对固定资产投资四大结构考核新模式，按照“总量增长、优化结构”的原则，及时分解任务并指导督促各平台、有关部门及乡镇街道开展全社会固定资产投资工作。全年完成固定资产投资258.6亿元，交通、生态环境和公共设施、民间投资超10%完成增长目标。实施新一轮项目攻坚竞赛活动。制定下发2018年项目攻坚方案，5月、9月成功组织开展集中开工仪式，正式启

杭州市富阳区重大项目集中开工活动
（区发改局　供稿）

用“项目管理信息系统”，加大协调力度、强化宣传引导、营造攻坚氛围。10个省重点项目已完成投资21.8亿元，完成年度计划的128.6%；31个杭州市重点项目已完成投资50.88亿元，完成年度计划的106.49%。各乡镇（街道）完成征地145.60公顷，拆迁农户12461户、企业253家。

【重大项目申报】　杭富城际铁路、235国道富阳灵桥至渔山段工程、中医骨髓炎医院项目、惠迪森药业等10个项目被列入省重点项目。中民筑友等8个项目列入省循环经济“991”计划，中南绿建、永特信息2个项目列入省重点工业项目。

【推进工业平台提升】　完成开发区直属工业平台及托管区工业平台的调查摸底工作，为杭州市下一步工业平台的优化提升提供决策依据。编制完成富春湾新城产业准入导向目录，制定“留心留根”项目申报办法。开展上官、环山等7个乡镇工业功能区的整合优化前期工作，按照整合托管型、转为创新型、保留提升型、逐步退出型的整合优化原则，提出乡镇工业平台优化提升的思路。落实园区循环化改造计划实施方案，完成3个循环化项目的资金申报，稳步推进园区循环化改造示范试点建设。

【推动现代服务业发展】　制定出台《关于加快现代服务业发展的若干意见》，启动重点服务业企业名录库建设，助推服务业提质增效，培育产业发展新动能。全年完成服务业增加值386.4亿元，增长8%。

【推动特色小镇建设】　硅谷小镇累计注册企业1055家，四上企业30家，国家级高新企业19家，省级孵化器1家，杭州市级孵化器1家，省级研发中心1个，院士工作站1个，实现税收4.2万元，顺利通过省第一批特色小镇年度考核，获评良好小镇。药谷小镇完成固定资产投资5.86亿元，其中特色产业投资占比88.7%；实现工业总产值24亿元，实现税收2.8亿元，顺利通过省第二批特色小镇年度考核，获评良好小镇。金融小镇2018年新增基金及基金管理公司291家，新增注册规模620亿元，完成税收2.3亿元；累计已注册基金和基金管理公司1081家，管理规模4856亿元。

【加快“信用富阳”建设】　充分依托上级平台，将“信用富阳”网站迁移至省政府网站集约化平台。开展联合奖惩名单核实，完成国家分批次下发737家黑名单企业的法院执行情况、联合奖惩等信息。推动“富阳无欠薪”工作，将欠薪黑名单纳入《富阳区公共信用信息分类等级管理目录》。开展涉金融领域失信问题专项治理工作，组织相关部门对4家失信关联黑名单和55家经营异常名录企业开展核查，对未完成整改要求的失信企业，列入涉金黑名单。

（宋心璐）

·国有资产监督管理·

【国有资产概况】　杭州市富阳区国有资产监督管理委员会直接监管区属国有企业8个，分别为：城建集团、交通集团、工贸集团、江投集团、新投集团、山居集团、文旅集团和杭州富阳投资发展有限公司。2018年，富阳区区属企业实现营业收入67.23亿元，比上年下降6.42%；利润总额11.07亿元，下降30.51%；国有净利润10.92亿元，下降34.16%；上缴税费0.87亿元（实缴0.88亿元）。至2018年底，区属企业资产总额1479.61亿元，增长30.21%；所有者权益518.23亿元，增长24.67%。富阳区政府资产572.93亿元。其中：行政事业单位54.7亿元，国有及国有控股企业518.23亿元。

【提升国企管理绩效】　改进企业管理方式。加强国企工资管理，制定《区属国有企业工资总额管理办法》及《指导意见》。将国有企业划分为功能类企业和市场类企业，实行分类管理。提高企业运营绩效。开展国企公务用车改革，取消企业负责人公务配车，取消企业公务车辆116辆，节支率达65%以上。开展国企财务专项检查，规范管理费用支出。修改国企银行账户招标评分细则，加强国企融资工作。实施国有企业人员招聘。制定《区属国有企业中高级人才管理办法》，招用中高级人才18名，首次完成职业经理市场化选聘工作。

【继续深化国企改革】 完成政企分离。全区涉及9个部门、5个乡镇街道的23户企业全部与部门脱钩，按照“产业相近、行业相关、主业相同”原则划转各集团公司，涉及资产总额62.62亿元、净资产15.42亿元，企业职工583人。清理整合达标。国有集团公司下属二、三级企业由91家变为48家，压缩率达到47.25%。其中区国资办出资的集团公司下属二、三级企业从68家压缩至34家，压缩率50%。国企市场化运营。印发《2018年度区属国有企业经营业绩考评办法》，修订2018年度区属国有集团公司经营业绩考评实施细则。根据企业主营业务和收入来源，完成企业类别划分。区国资办出资企业6家为功能类企业，下属34家企业中功能类企业9家，竞争类企业25家。

【国有资本运营】 规范投融资业务。完成国企与政府平台脱钩，剥离政府平台功能，各集团公司发布不再承担地方政府融资职能的公告。制定《区属国有企业银行理财方案》，规范开展短期闲置资金的投资理财业务。全年实现理财收益7235.50万元。建立国企互助协调机制。签订《区属国有企业投融资协调互助协议》，制定《区属国有企业资金集中（资金池）管理办法》，实行每周例会制度，形成资金使用、融资业务对接、融资担保等互助协调机制。积极化解隐性债务。首创“一化责任、二消债务”化债方法，得到省市领导的批示肯定。“一化责任”：通过国企改革和财政扶持政策，政府平台实现性质和职能的转变，通过资金、资产、资源注入国企，实现政府隐性债务向企业经营性债务的转化。“二消债务”：以国企市场化运营为主，逐年消化企业经营性债务，降低资产负债率。全年完成隐性债务消化173亿元。

【国有企业党建】 完善党建制度。制定《区属国有企业2018年党建工作要点》《区属国有企业党建工作考核评办法》《在国有企业改革中党建工作若干意见的通知》，明确党建目标、细化考核指标，要求党建与国企改革同步开展。抓实基层党组织运行。2018年，富阳区国有企业共有党支部51个，党员785人。举办党务培训2期，备案入党积极分子23人，吸收预备6人，预备党员转正3人。全年共组织督查4次，对督查结果进行通报，督查问题要求反馈整改结果。开展党建主题活动。积极参与创建“最强支部”活动，开展“党建进工地”竞赛活动。以“党建+”为载体，通过“三亮三比三看”实现项目建设与党建工作互动发展。推进“一企一品”党建品牌创建工作，开展经验交流、季度督查等形式，继续强化第一批7个党建品牌的创建工作。（成　洁）

·财政·

【概况】 2018年，杭州市富阳区实现地区生产总

富阳区2018年财政收入执行情况表

表4

项　目	年度预算（万元）	累计收入情况			
		累计收入（万元）	上年同期（万元）	为上年（%）	为预算（%）
财政总收入	1225000	1231750	1086886	113.3	100.6
一、一般公共预算收入	727000	727000	645992	112.5	100.0
（一）税收收入	652200	660127	581552	113.5	101.2
1. 增值税（50%）	204700	213854	205050	104.3	104.5
2. 改征增值税（50%）	106800	107629	87212	123.4	100.8

续表4

项　目	年度预算（万元）	累计收入情况			
		累计收入（万元）	上年同期（万元）	为上年（%）	为预算（%）
3. 企业所得税（40%）	87600	85416	65375	130.7	97.5
4. 个人所得税（40%）	36200	36199	32796	110.4	100.0
5. 城市维护建设税	54000	55909	45177	123.8	103.5
6. 契税和耕地占用税	56200	52988	43038	123.1	94.3
7. 其他地方各税	106700	108132	102904	105.1	101.3
（二）非税收入	74800	66873	64440	103.8	89.4
1. 教附、地方教附	40500	39903	32161	124.1	98.5
2. 残保金	5000	4641	4380	106.0	92.8
3. 其他专项收入	6300	3572	1406	254.1	56.7
4. 行政性收费收入	4000	7169	3832	187.1	179.2
5. 罚没收入	14000	11855	15502	76.5	84.7
6. 其他收入	8000	2733	10159	26.9	34.2
7. 国有企业计划亏损补贴	-3000	-3000	-3000	100.0	100.0
二、上划中央收入	498000	504750	440894	114.5	101.4
1. 增值税（50%）	204700	213854	205050	104.3	104.5
2. 改征增值税（50%）	106800	107629	87212	123.4	100.8
3. 消费税（100%）	800	844	1375	61.4	105.5
4. 企业所得税（60%）	131400	128124	98063	130.7	97.5
5. 个人所得税（60%）	54300	54299	49194	110.4	100.0

富阳区2018年财政支出执行情况表

表5

项　目	年度预算（万元）	累计支出（万元）	上年同期（万元）	为上年（%）	为预算（%）
一般公共预算支出	730000	729998	662997	110.1	100.0
一、一般公共服务	85000	85310	76487	111.5	100.4
二、公共安全	45000	48721	39714	122.7	108.3
三、教育	210000	200409	186091	107.7	95.4
四、科学技术	35000	38710	34822	111.2	110.6
五、文化体育与传媒	16000	16979	15712	108.1	106.1
六、社会保障和就业	37000	36028	36026	100.0	97.4
七、医疗卫生与计划生育	57000	56702	55462	102.2	99.5
八、节能环保	40000	35227	27622	127.5	88.1
九、城乡社区	49400	45292	37865	119.6	91.7
十、农林水	75000	83068	75457	110.1	110.8
十一、交通运输	19000	16410	16767	97.9	86.4
十二、资源勘探信息等	8200	9500	5974	159.0	115.9
十三、商业服务业等	2000	2226	2813	79.1	111.3
十四、援助其他地区	3000	5775	2721	212.2	192.5
十五、国土海洋气象等	5700	7230	5667	127.6	126.8
十六、住房保障支出	13000	12916	13638	94.7	99.4
十七、粮油物资储备	300	—	281	—	—
十八、预备费	—	—	—	—	—
十九、其他支出	100	67	95	70.5	67.0
二十、债务付息支出	29300	29428	29783	98.8	100.4

值 764.60 亿元，增长 5.7%。其中：第一产业增加值 45.30 亿元，增长 2.5%；第二产业增加值 332.9 亿元，增长 3.9%；第三产业增加值 386.40 亿元，增长 8.0%。三次产业结构由上年的 6.0 ∶ 43.6 ∶ 50.4 调整为 5.9 ∶ 43.5 ∶ 50.6。按户籍人口计算，人均生产总值 112388 元。全区实现财政总收入 123.18 亿元，增长 13.3%，一般公共预算收入 72.70 亿元，增长 12.5%。一般公共预算支出 73.00 亿元，同比增长 10.1%。全年预算收支情况良好，财政收支平衡。（富阳区 2018 年财政收入执行、财政支出执行情况见表 4 和表 5）

【组织财政收入】 优化收入结构。一般公共预算收入 72.70 亿元，占财政总收入比重为 59.0%，占 GDP 的比重为 9.5%。其中，税收收入 66.01 亿元，占一般公共预算收入比重为 90.8%，高于上年同比 1 个百分点；纳入一般公共预算收入管理的非税收入 6.69 亿元，增长 3.8%。强化收入分析。制定组织收入预案，实施动态调整，深入开展经济税源调研分析，把握组织收入主动权。研究经济走势、征管体制改革对财政收入的影响，提升收入分析质量。完善非税收入管理。出台《杭州市富阳区国有土地使用权出让收支管理办法的通知》，规范国有土地使用权出让收支管理，健全收缴核算体系。征缴政府非税收入 193.65 亿元，增长 97.8%，其中，土地出让收入 179.44 亿元，增长 116.7%。

【支持经济转型升级】 落实税费减免优惠政策。落实各级减负惠企政策，全区累计减免企业各类税费 48.80 亿元，增加 14.71 亿元，增长 43.2%。深化“最多跑一次”改革。完成统一公共支付平台缴费项目扩面，全年通过统一公共支付平台实现电子缴费 60.53 万笔，收费金额 4.14 亿元，38 个项目实现了“移动缴费”，移动支付率 94.8%，网络支付率 95.5%。四类会计服务事项实现“网上办”，涉及全区 1.7 万会计人员。通过建立和完善网上支付审核功能，预算单位办理国库集中支付实现“零跑路”。实施精准扶持。搭建政府采购电商平台，入围本地供应商 51 家。在政府采购领域支持中小企业信用融资，累计发放“政采贷”5 笔，涉及金额约 1400 万元。以消除薄弱村为重点，实施帮扶村级集体经济发展项目 35 个，奖补资金 5250 万元，增加村集体收入，全区 288 个村（社）完成“消薄”任务。产业基金实质性运作。出台高新工业强区、现代服务业、开放型经济、人才新政等九大类产业政策，投入财政资金 10.5 亿元。通过盘活存量、统筹专项、压减支出等方法，累计筹集资金 8 亿元，设立产业基金。招引社会资本和金融资本进驻本区，设立总规模 4 亿元的科技投资引导基金。

【保障重点民生支出】 坚持公共财政导向，确保新增财力三分之二以上用于民生支出，全区一般公共预算支出中 57.40 亿元用于民生支出。落实各项民生工程，办好十件民生实事、社保提标等工作。支持教育事业发展。推进“名校、名师、名校长”三名工程，成功与浙师大、杭师大等名校合作办学，实施小学学后托管服务，全年教育支出 20.04 亿元，增长 7.7%。支持科学技术事业发展。加大科技创新投入，对科技孵化、研发费用投入、产学研项目、创新券、贷款贴息等投入扶持资金，惠及企业 500 余家。全年科学技术支出 3.87 亿元，增长 11.2%。支持医疗卫生事业发展。投入资金 5.67 亿元，增长 2.2%。健全“15 公里急救半径”网络，提升和新建医疗急救点 10 个，区 3 家医院与省市级医院托管合作或共建医联体。支持社会保障事业发展。全年社会保障和就业支出 3.6 亿元，与上年持平。城乡居民养老、医保综合参保率达 95%、99% 以上，低保标准上调至每人每月 955 元。

【深化财政改革】 破题投融资改革。作为浙江省四个化债试点单位之一，首创“一化责任、二消债务”两步走的化债方法。全年共化解隐性债务 236.90 亿元，完成年度化债计划的 110.6%，平均融资成本控制在 6.8%。推行部门整体绩效预算改革。部门整体绩效预算纳入全省试点。出台《杭州市富阳区区级部门（单位）财政管理绩效考核办法》，对部门预算管理涉及的基础工作、预算管理、预算执行、财政监督和创新创优五大方面 17 项工作进行考核，将考核结果运用于部门整体绩效预算改革，与部门预算安排及考核奖励挂钩。财税体制改革平稳过渡。

在机构改革工作中，与税务系统对接沟通，完成资产、资金的盘查、移交，完成转隶在职干部145人，其中公务员118人，事业人员3人，工勤人员11人，编外人员13名。此外3名退休干部也一并转隶。

【强化财政管理】 加强预算管理绩效。出台《杭州市富阳区财政局关于开展部门预算包干总额核定工作的通知》，对预算包干总额核定的范围、内容、要求、分工及实施等进行明确。重新梳理政府投资项目管理职责，在18个区级部门的政府投资项目中全面推行国库集中支付。注重资金管理绩效。出台《富阳区国库集中支付电子化管理实施方案》，在区级预算单位中全面实现国库集中支付电子化管理；完善公款存放管理，开展社保资金竞争性存放1期，涉及资金8亿元。出台《富阳区政府性投资项目财政审核管理办法》，从审核范围、审核流程、资料清单、审核时限到专业备案、考核考评、费用结算、档案管理等环节进行规范，全年政府性投资项目（不含PPP项目）概预算财政审核累计送审项目1420个，送审造价124.2亿元，净核减6.7亿元，核减率5.4%。强化财政监督检查。以39个政府专项及政府投资项目为重点，对24个乡镇（街道）开展本级财政支出项目绩效自评。探索"巡察监督与财政监督联动"机制。通过"巡财联动"发现的问题数约占总问题数的60%，移交45件问题线索中，占总问题线索数的56%。

省财政厅副厅长王广兵由区政府常务副区长张霖陪同调研东洲"农创客"项目 （区财政局 供稿）

【加强队伍建设】 加强廉政建设。落实主体责任，推行党风廉政建设目标责任制度，落实"两个责任"，专题开展廉政警示教育，定制《关于机构改革期间严禁出现的十五种突出情形》提示卡，发送个性化短信提醒。提升干部能力。学习贯彻十九大精神和习近平新时代中国特色社会主义思想，"两学一做"学习教育常态化制度化。开展"师带徒结对"活动，做好职业道德、财政价值观、专业技能的"传帮带"。在市财政岗位业务技能比武中，连续第四年获得"年度岗位业务技能比武优胜单位"。发挥先锋模范作用。开展社区文明共建、交通文明劝导、巾帼文明岗建设，参与平安建设等活动，机关第一支部获区级"最强支部"，第一支部书记张联获新时代"浙江省万名好党员"荣誉称号。加强作风效能检查。对劳动纪律、行为规范、服务态度、作风行风和"庸、懒、散、奢"等方面开展各类督查17次，重点针对"四风"等问题进行提醒约谈。强化干部重大事项报告制度，对干部动态廉政情况实施有效监督。 （成 洁）

·税务·

【概况】 2018年，正确把握"改革与发展"关系，严守政治责任和政治担当，把思想和行动统一到税务机构改革有关精神上来，有条不紊地推进机构改革各项任务，营造良好改革氛围；围绕年初重点工作安排，毫不松懈地抓好组织收入、纳税服务、税收征管以及税收政策落实等税收中心工作，实现了机构改革和税收工作互促共进。在杭州市税务系统组织绩效考核中连续五年获评优秀单位，在区委区政府工作目标考核中被评为满意单位。

【税务机构改革】 按照省市局党委部署，把思想和行动统一到税务机构改革有关精神上来，落实落细各项改革要求，扎实稳妥地推进机构改革。区税务局党委全面履行主体责任，对标对表、按时按期做好税收征管衔接、纳税服务、规范执法等工作，制定《征管业务工作实施方案》，积极开展社保费和非税收入征管职责划转工作，机构改革各阶段性任务如期完成。7月20日，国家税务总局杭州市富阳区税务局挂牌成立，原国税局、地税局正式合并，新机构对外正常履职办公；10月25日，宣布“三定”方案；10月30日，各派出机构挂牌。

【税费收入】 2018年累计组织税收收入117.63亿元，同比增长13.20%；组织非税收入52.32亿元，同比减少30.77%。按财政口径计算，税务部门组织税费115.94亿元，占同期区财政总收入的94.13%，税收保障作用充分体现。

【落实政策】 加大税收政策执行力度，不断降低纳税人负担。落实国务院新出台的增值税改革“三项措施”、七项减税措施等税收政策，重点在宣传解读、培训辅导、申报兑现上下功夫，确保政策红利惠及到所有纳税人。认真做好个人所得税改革工作，积极宣传专项附加扣除政策，完成个人所得税自然人管理系统模拟运行测试，推动改革有序实施。不折不扣落实好固定资产进项税额抵扣、小微企业税收优惠、福利企业先征后退税、高新技术企业减免等税收优惠政策，优化外贸出口企业服务，加快出口退税办理进度。2018年以来，落实各类征前减

2018年富阳税务税收情况

表6

序号	项　目	2018年（万元）	2017年（万元）	同比增减（万元）	增长(%)
1	一、税收收入合计	1176276	1039087	137189	13.20
2	1. 增值税收入	653076	593894	59182	9.97
3	2. 消费税收入	844	1375	-531	-38.64
4	3. 营业税	672	155	517	333.66
5	4. 企业所得税	194953	149349	45604	30.54
6	5. 个人所得税	90498	81994	8504	10.37
7	6. 资源税	6216	4877	1339	27.46
8	7. 城市维护建设税	55909	45178	10731	23.75
9	8. 房产税	30044	25662	4382	17.08
10	9. 印花税	12178	13445	-1267	-9.43
11	10. 城镇土地使用税	25353	23938	1415	5.91
12	11. 土地增值税	27844	29289	-1445	-4.93
13	12. 车船税	6017	5693	324	5.69
14	13. 车辆购置税	18959	21200	-2241	-10.57
15	14. 耕地占用税	2465	2169	296	13.63
16	15. 契税	50523	40869	9654	23.62
17	16. 环境保护税	725	—	725	—
18	二、非税收入合计	523181	758768	-235587	-31.05
19	1. 教育费附加收入	26582	21442	5140	23.97
20	2. 地方教育附加	17754	14293	3461	24.22
21	3. 文化事业建设费收入	766	421	345	81.86
22	4. 税务部门罚没收入	45	43	2	5.40
23	5. 残疾人就业保障基金	5460	4661	799	17.15
24	6. 社会保险基金收入	469087	712173	-243086	-34.13
25	企业职工基本养老保险基金收入	240036	403584	-163548	-40.52
26	失业保险基金收入	8883	6004	2879	47.95
27	职工基本医疗保险基金收入	127541	225932	-98391	-43.55
28	工伤保险基金收入	7948	8729	-781	-8.95
29	生育保险基金收入	9870	4050	5820	143.70
30	机关事业单位基本养老保险基金收入	51545	63873	-12327	-19.30
31	其他社会保险基金收入	23265	—	23265	—
32	7. 政府性基金收入	297	213	84	39.17
33	废弃电器电子产品处理基金收入	297	213	84	39.17
34	8. 工会经费收入	3105	2704	401	14.85
35	9. 其他非税收入	84	-183	266	-145.84

2018年7月20日，国家税务总局杭州市富阳区税务局挂牌成立
（区税务局　供稿）

免税收优惠25.56亿元，办理出口退（免）税13.88亿元，其他政策性退税13.59亿元。

【税收征管】 扎实推进金税三期系统并库整合上线、自然人税收管理系统（ITS）上线、金税三期社保和非税模块上线以及数字人事全面上线等“四大系统”上线工作，为整合优化税收业务、加强干部队伍管理提供了基础保障和技术支撑。全面深化税收风险管理，制定《自主风险管理计划》，创新业务科室与管理单位两级承办、互相协作的风险分析模式，全年实现各类风险应对入库税款2.2亿元。全面强化各税种管理，夯实房地产行业营改增后续管理，推行农产品核定扣除试点。有序开展企业所得税汇算清缴及后续审核工作，加大非居民税收管理，做好“走出去”企业服务工作。建立环境保护税纳税人基础信息库，推动环保税顺利落地。完善土地增值税管理，对147个房地产开发项目建立台账，按进度推进土地增值税清算工作。加强房产税、城镇土地使用税管理，做好减免政策扩面工作。

【依法治税】 落实《法治政府建设实施纲要（2015—2020年）》和《“十三五”时期税务系统全面推进依法治税工作规划》，运用法治思维和法治方式做好各项税收工作。认真落实“扫黑除恶专项斗争三年计划”要求，积极开展线索排查和报送工作。继续推进法治税务工程建设，强化法治文化建设工作，文化展厅被授予富阳区普法教育示范基地。加强税收规范性文件管理，组织开展机构改革涉及的规范性文件“大体检”“大清理”。完善信访工作机制，积极应对首个行政复议案件，并成功维持原行政行为。围绕内控工作关键领域和重点环节，落实总局内部控制基本制度、专项制度、操作指引和管理制度，全面上线内控监督平台。深化增值税发票风险管理，完成上级推送发票风险任务9批48户次。完善税务法院税费征缴机制，全年协作征缴入库税费82户（次）合计1.49亿元。

【税收服务】 围绕“全国满意度调查、营商环境评价、‘最多跑一次’第三方测评”等工作，梳理“放管服”改革重点任务，细化41个大项117个小项“放管服”具体工作措施，提出20项改革特色任务，逐项明确具体目标、完成时限，形成任务清单。推进“最多跑一次”改革，推出“一窗通办”“一键咨询”“一网办理”等一系列便民举措，重点推行“容缺受理”“网上申请+邮寄配送”等服务，让纳税人少跑路、不跑路；以电子税务局为主平台，提供“一站式”网上办税服务，实现“最多跑一次”事项100%全覆盖，90%以上事项“零上门”。“涉税事项网上办”服务举措在区“最多跑一次”改革十大亮点评选中位列第1名，并入选省市全面深化改革最佳实践案例评选项目。推进企业纳税信用的社会化应用，扩大“银税互动”合作范围，帮助394户纳税信用良好的中小企业获得信用贷款1.46亿元。

【干部队伍管理】 严格执行干部人事纪律，按照程序完成6名副科级干部试用期满转正工作。进一步规范干部职工出国境管理相关工作，按规定做好干部职工因私出国（境）27人次。完善人事档案管理工作，按要求完成干部人事档案整理和制作。深化干部教育培训，组织全员业务培训，推荐复合型人才培养对象，聚焦原国税地税业务融合互补，组织参加总局改革视频培训、省局配套工作视频培训及“每月一讲”视频培训等，全年共组织集中培训49场次。深化绩效管理和数字人事，树立“抓绩效管理就是抓工作落实”的理念，全面承接上级考评任务，衔接区局考评重点，推动工作落实。全面实施数字人事系统，实现任务上传下达、每周工作纪实、季度工作自评等痕迹化管理。（王　新）

·土地资源管理·

【概况】 2018年，富阳区国土资源管理工作以“三看四态促转型”战斗行动和“改革推进年”“质量提升年”活动为抓手，强势推进“六大重点、六大创新、三大管理”工作。着力抓好用地报批、盘活存量、地块出让、土地整治、执法监察、矿政管理、不动产统一登记等重点工作。采取“6+1”做地主体模式，推出空闲地“地长制”管理模式，推动土地出让金额创新高；推进绿色矿业示范发展区建设，进一步优化全区矿山布局结构，促进矿山企业转型升级；土地利用管理提高效率，破解产业转型升级土地要素制约问题；深化“最多跑一次”改革，开展不动产登记无差别受理，解决90 类历史遗留问题通过“定量不定位”方式，积极探索农民建房管理、保障建房指标新模式。

2018年，富阳地质灾害防治连续18年实现“零伤亡”；推进全域土地综合整治试点工作，被评为2018年度杭州市耕地保护责任目标工作考核优秀单位；生态海绵水田、土地利用管理“三创新”、不动产登记遗留问题处置等工作先后获得省、市、区党委政府领导的批示肯定，并在全市做经验交流；在区考评办组织实施的2018年度特色创新项目现场绩效评估中，国土富阳分局参评特色创新项目《生态海绵水田在富阳的生动实践与探索》获机关第一名；被富阳区委、区政府评为2018年融合发展攻坚硬仗先进集体和2018年度区级机关单位综合考评满意单位。

【率先成为杭州地区实行“无差别受理”的县（市、区）】 2018年，国土富阳分局进一步推进“最多跑一次”，落实统一受理、统一系统、统一人员、统一存档“四统一”，达到“一套资料、统一存档”；推进简化办、延伸办、网上办、移动办“四个办”，全年完成办件量159364件（次），并成为杭州地区率先实行“无差别受理”的县（市、区）。通过召开跨部门联席会议、不动产登记小组会议等途径处置解决90类历史遗留问题，启动集体会审30余次，讨论116类事项。该项工作得到省自然资源厅、杭州市政府以及区委领导的批示肯定，并在全市做经验交流。

【土地资源法律法规宣教】 制定《2018年富阳区国土资源宣传思想教育工作要点》《2018年法治国土建设和普法教育工作要点》，深入落实法治宣传教育实践活动。全年，组织开展“4·22”世界地球日、“6·25”全国土地日等主题宣传活动4次；采取年轻干部小班化知识沙龙、科长轮讲、专家辅导等强化队伍培训教育，组织开展“亮灯之夜”学习活动，全年共开展9堂课、450余人（次）参加；全年推送微信342条、微博348条；被各级各类刊物录用信息180篇；开展“大学习、大调研、大抓落实”活动，撰写调研文章10篇，体会文章73篇；编发局内部刊物《富阳国土资源动态》24期；编印国土资源宣传册3.5万册；编印《2017年度国土资源管理文件汇编》300套。2018年，被杭州市规划和自然资源局评为《杭州国土资讯》信息报道先进单位一等奖。

【打造党建新格局】 2018年，国土富阳分局以“行走国土”主题活动为行业党建主抓手，运用大党建理念、党建+思维，开展最强支部创建。开展“每月之星”“国土之声”“向组织说说心里话”等，建立“党员固定主题党日轮值”等机制，在“实、新、严、活”四字上下功夫。全年，以大党建促工作，党建元素与国土资源业务服务有机融合，群众满意度明显提升。局机关第一党支部被评为全区“最强支部”；全局党员干部累计参加各类涉土服务活动1000余人次，收到锦旗和各类表扬信38件（次），涉土涉矿信访量较同期下降45.3%。杭州市国土资源局组织全局党务干部前来取经学习；《中国自然资源报》《杭州国土资讯》等对国土富阳分局大党建工作进行大篇幅报道。

【队伍建设】 2018年，国土富阳分局坚持问题导向，通过内强素质、外树形象，全面提升干部队伍综合素质和办事能力。实行中层干部社会应急联动值班、汛期值班、信访值班制度。制定《杭州市国土资源局富阳分局工作人员行为规范》，开展“治顽疾、转作风、优服务”作风纪律专项整治年行动，下发督查通报8期，查处17人（次）效能问题；设立公开举报电话，接受群众监督；聘请9名行风监督员，不定期开展行风效能监督检查。全面落实各科室领导批示件、信访件办理工作责任，实行承办责任人负责制，全年共受理领导批示件189件；上报纪检监察组织线索4件，办理效能投诉件7件，纪检信访件5件，全部在规定时间办理答复。认真落实“人才强区”工作要求，2018年通过公开招考，录用参公人员4人，引进博士、硕士高专人才各1人；培养在职硕士研究生毕业1人；选送12名人才（后备干部）到富阳区和市局各平台进行挂职锻炼。

【保障发展用地】 2018年，国土富阳分局完成新增用地报批总量324.64公顷（水田91.88公顷），其中使用省统筹指标（杭州至富阳城际铁路工程（富阳段）、亚运射击射箭现代五项馆建设项目、皮划艇激流回旋项目）报省报批92.58公顷，本级报批232.0617公顷（水田70.96公顷）。除杭州至富阳城际铁路工程（富阳段）、亚运射击射箭现代五项馆建设项目、皮划艇激流回旋项目外，全年报批新增建设用地批次19个，用地项目247个，地块438宗。其中城市建设基础设施类项目63.00公顷；其它政府投资类项目76.66公顷；民生建房类（安置区和农民建房）项目63.31公顷；产业类项目121.68公顷；全面保障富春湾新城、亚运会场馆建设、春永线、城际铁路、二绕西复线、金融小镇区块、城区断头路等各类民生基础工程和重大产业项目的用地需求。

【创新举措提高土地利用率】 2018年，国土富阳分局从模式创新、政策创新、服务创新入手，破解产业转型升级土地要素制约问题，提高土地利用效率；探索中小企业组团供地模式，以场口新区作为试点先行展开。全年，完成消化和处置批而未供、供而未用土地573.00公顷，城镇低效用地再开发176.87公顷，盘活存量建设用地199.27公顷，均超额完成区、市下达任务。《中国自然资源报》对富阳区土地利用管理“三创新”工作进行报道，并得到杭州市副市长刘国洪的批示肯定，在全市做经验交流。

【土地供应出让】 2018年，采取“6+1”做地主体模式，做地主体由乡镇（街道）调整至平台，各做地平台受区土地储备中心委托、指导、督促、统筹、协调、考核，明确职责分工及流程；实行一定比例的净收益返还，极大调动平台做地积极性，有效提高做地速度；创新推出空闲地“地长制”管理模式，进一步加强空闲土地管理。全年共完成土地收储17宗，收储面积77.67公顷；土地出让29宗，面积约71.73公顷，出让金额约128亿元，创历史新高。

【开展全域土地综合整治试点工作】 按照省自然资源厅报批规范，结合富阳区“美丽乡村、美丽城镇、美丽经济”建设，现代版富春山居图区域特点，富阳区共申报5个全域土地综合整治试点项目，涉及5个乡镇（街道）23个行政村，涉及土地整治面积4470.40公顷。加大土地整治力度，完成垦造水田验收107.80公顷，农整项目验收121.53公顷。完成高标准农田建设项目验收1693.33公顷。

【强化执法监察】 通过落实整改、约谈问责、强化巡查等措施，成立亮剑行动领导小组、历史遗留问题整改工作领导小组、扫黑除恶专项斗争领导小组，进一步强化守土职责。出台《关于建立国土资源执法协作长效机制的实施意见》，畅通行政执法与司法间渠道，发挥“一张网”作用，重拳出击，坚决打击违法用地。部级卫片执法违法用地总面积6.24公顷，同比下降183%；其中耕地3.23公顷，同比下降157%。坚决打击矿产资源盗采盗挖行为，累计已移送公安部门涉刑案件14起，已判决5起。

【探索建房管理、保障建房指标新模式】 2018年，国土富阳分局通过“定量不定位”方式，积极探索建房管理、保障建房指标新模式。在用地指标和规划空间上，采取计划指标拨一点、复垦指标调剂一点、村存量土地盘活一点、违法用地腾退一点等多种途径解决。24个乡镇（街道）共审批农村宅基地1822户，下达农村居民建房新增建设用地指标15.53公顷，基本做到应批尽批。全年用于农民建房指标13.20公顷，占指标总量的15.7%，做到应保尽保。

·地矿管理·

【矿产资源整治】 2018年，根据富阳区矿山专项整治方案，按照“到期关停治理一批、提前关停治理一批、提升优化保留一批”的“三个一批”原则，分类整治现有矿业权，坚决淘汰落后矿山。全年关停矿山1家，注销过期采矿权3宗，全区有效期内的持证开采矿山16家，包括9个露天矿山、5个地下矿山和2个停产矿山。基本形成以大中型矿山为主体的矿产开发布局，矿山生态环境明显改善，矿产资源向骨干优势企业集聚，矿山开发规模化、集约化水平不断提高。

【绿色矿山创建】 全区符合绿色矿山创建条件的11家矿山已全部完成绿色矿山创建工作。11家矿山分别为：富春街道方家井欢坞里矿区普通建筑石料矿、富阳市坞口东夹岭石矿、杭州鑫磊矿业有限公司东坞山银铅锌矿、富阳市新桐乡程浦村砂岩矿、富阳板壁山脱硫用石灰岩矿、杭州富阳宏升建材有限公司江洲村砂岩矿、杭州富阳金鑫矿业有限公司铜山铅锌矿、富阳市渌渚镇新浦村山子矿区普通建筑用石料（砂岩）矿、杭州山亚南方水泥有限公司大同石灰岩矿、杭州胥口南方水泥有限公司里坞水泥用石灰岩矿、富阳市湖源乡塔坞村萤石矿。

【矿山生态环境治理】 以“三沿”“三江两岸”“两路两侧”“四边三化”等专项整治为契机，大力开展矿山生态环境治理工作。2018年，全区已完成废弃矿山治理工程2个，自然复绿及封堵项目验收41个；17个两路两侧整治项目已完成16个，基本消除主要交通干线可视范围内的废弃矿山；全区制砂场点从39个降为19个。

【开展“立体式”矿政管理】 国土、环保、安监、公安、水利、农林六部门联合开展矿山专项整治检查活动，在此基础上，采取由基层国土所定期巡查、矿管所不定期检查、聘请矿政管理技术支撑单位协助参与矿产资源开发利用的监督管理、矿山储量动态月度监测、监察大队及时查处等手段，形成全面打击非法开采的氛围，盗采盗挖势头得到有效控制。

【地质灾害防治】 2018年，国土富阳分局编制《富阳区2018年度地质灾害防治方案》，明确全区地质灾害的重点防范期、防范区域、防治措施，提高地质灾害预防和应急处置能力。通过筑牢政策管理、做好资金保障、搭建技术网络等措施打赢“除险安居”攻坚战，实现一年完成两年核销的目标。全年组织开展全区地质灾害演练活动1次，指导乡镇（街道）开展演练活动12次；组织开展宣传培训活动20余次。全年共出动地质灾害应急处置160余起，对其中的72起处置点进行立项整治，使470余人脱离地质灾害的威胁，没有发生一起地质灾害人员事故。49个地质灾害隐患点完成核销“清零”工作；治理进度在杭州市7个重点地质灾害防治区、县（市）中位居首位。（郑冰昕）

·市场监督管理·

【概况】 至2018年底，全区实有各类市场主体78024户，同比增长10.79%，其中内资各类市场主体77737户，同比增长10.84%，外资企业287家，同比增长0.35%。全区一年内新设各类市场主体13584户，同比增长12.78%，其中内资各类市场主体户13557户，同比增长12.82%，（其中内资企业5018家，农民专业合作社14家，个体工商户8525户），外资企业27家，同比减少6.90%。全区共有内资各类市场主体77737户，同比增长10.84%，注册资本68030110.42万元，同比增长20.55%。截至2018年12月31日，富阳区新设外资企业27家，其中中外合资企业11家，外商独资企业6家，新设分支机构10家。投资总额23254.08万美元，注册资本22991.32万美元，外方认缴注册资本19316.88万美元。

年底，全区从事食品行业的市场主体16242家，其中农林水产品种养殖基地2696家、食品生产企业148家、流通企业7627家、小作坊296家、相关产品生产企业28家、餐饮服务单位5447家（其中核发食品经营许可证3527家，小餐饮登记证1879家、小摊贩登记证41家）。

年底，富阳区有药品生产企业16家，其中，原料药生产企业1家，制剂生产企业4家（其中3家有注射剂类产品），中药饮片生产企业3家，医用氧生产企业2家，药包材生产企业3家，医疗机构制剂室2家，另有厂外车间1家（含注射剂类产品）；医疗器械生产企业23家；药品批发企业11家，其中4家为中药饮片专营批发企业；零售连锁企业4家，药品零售企业303家；医疗器械经营企业551家，其中三类医疗器械经营企业97家，二类备案企业453家；医疗机构570家，其中，市级医疗机构6家，乡镇（街道）社区卫生服务中心25家。

年底，全区注册登记在用的特种设备总数18878台[其中锅炉424台、压力容器6124台、电梯4910台、起重机械5198台、游乐设施25台、厂（场）内机动车辆2197台]。另外，登记在用各类车用气瓶823只、工业气瓶11万只、民用液化石油气气瓶23万只，压力管道660公里。

【审批服务事项全部实现“最多跑一次”】 按照“八统一”标准，梳理公布“最多跑一次清单”，并不断进行动态调整，在此基础上将高频事项按照最小颗粒化标准整理，为后期全科无差别受理打下基础。至2018年底，市场监管局涉及企业和群众到政府办事事项共44个大类151个小项已全部实现“最多跑一次”，实现当场办结事项76项，可实现“跑零次”事项56项。2018年，新进驻中心事项17项，包括档案查询、重要工业产品生产许可证（3小项）、特种设备作业人员考核（2小项）、特种设备使用登记（11小项）。目前151个事项中除强检计量器具登记造册备案（浙跑改办字〔2018〕34号文件明确不宜进驻）外全部事项均进驻中心。

【“证照分离”试点】 根据《国务院关于在更大范围推进“证照分离”改革试点工作的意见》，2018年4月开始试点，98个事项在试点开发区已全面铺开；11月起，在全区推行106项证照分离事项，累计办理业务1558宗，为企业节约办理时间4262个工作日，减少申请材料2634份。

【压缩企业开办时间】 将名称核准和工商登记整合为一个环节，并将业务环节压缩为3个，时间压缩为2.5日，材料精简为5份7件。实现新设企业网上快速办照率90%以上，企业变更网上办事率25%、移动办事实现零突破。网报新设率、证照联办率、快速办照率达到三个100%。全面遵循“一套材料、一表登记、一窗受理”的工作模式，核发“多证合一”营业执照6178份。通过一网通平台共办结“证照联办”事项2257件，新设证照联办率已达92.84%。

【开展食品安全监督执法】 2018年，全区通过集中治理整顿和严格日常监管相结合，共行政立案255起，刑事立案3起，罚没款307.499万元。开展大型活动餐饮食品安全保障。成功保障区人大政协“两会”、省考试院高考出卷点、龙门百花大会、全国跳绳联赛杭州富阳站比赛暨2018富阳富春江运动节、江鲜大会、龙门民俗节等大型活动10余次。

【完善食品安全责任险机制和金融征信机制】 建立食品安全责任保险制度，投保单位224家，投入保费110万余元，保险金额2100万元，共理赔2起，理赔金额12100元。建立并完善食品安全诚信管理制度，将食品生产经营相关法人和非法人组织、个人的食品安全信用状况全面纳入社会诚信体系范围，下发食品安全失信联合惩戒工作意见和操作规范两个文件。建立信用信息管理制度、食品生产经营者信用档案及食品安全信用信息数据库，将各类食品生产经营企业的行政许可、行政处罚、抽查检查结果等信息予以公示。至2018年底，已采集食安生产经营主体11500家，录入不良信息数269家，信用评价1500家，警示约谈269家。共向人行和发改部门推送不良信息函4件，推送不良信息269条。

【场口土烧酒作坊整治成为“富阳经验”】 场口土烧酒完成整改提升后，2018年6—7月，浙江省、杭州市食品小作坊整治现场会相继在富阳召开，“富阳经验”在全市乃至全省推广。浙江省副省长王文序、时任杭州市委书记赵一德、杭州市副市长陈新华等领导4次对富阳经验予以批示肯定，区委区政府主要领导均作现场调研并批示肯定。2018年8月6日，时任浙江省食品药品监督管理局局长陈时飞到富阳调研小作坊整治情况，认为值得推广。2018年9月3日，浙江省副省长王文序专程到富阳调研小作坊整治情况并给予高度肯定。省市现场会召开后，省内宁波、绍兴、金华等以及市内临安、桐庐等多地市场监管部门到富阳参观学习小作坊整治提升经验。

【名特优小作坊创建】 根据《2018年杭州市打造名特优作坊工作方案》的要求，明确2018富阳名特优食品作坊的创建目标15家。根据上述目标，共选取了20家小作坊作为培育库指导创建，创建量为杭州市最高。全区20家培育点中，有6家小作坊正在进行硬件改造提升过程中，4家小作坊处于软件完善过程中，10家已通过现场验收。名特优作坊培育库的选择，充分考虑了“知名、特色、优秀”这三个要求，覆盖了场口、常安、龙门等9个乡镇街道，创建了行业也覆盖了酒类、豆制等7个行业。

【深入推进“阳光厨房”建设】 5月，召开“阳光厨房推进会”，全区大中型餐饮单位负责人，以及东方茂、玉长城、宝龙城市广场、富春港、达夫路精品街等商场综合体餐饮单位负责人近500人参加培训会，对阳光厨房的建设背景、建设标准、创建要求等方面作了具体培训讲解，统一建设标准要求，布置任务时间节点。同时，对已建成的阳光厨房，进行回头看，确保正常运转使用。完成考核验收193家，至2018年底，全区建成阳光厨房549家，大型以上餐饮单位建设率达100%，中型以上建设率达35%，三类重点食堂（幼儿园、养老机构、县级及以上医院）阳光厨房建设率达100%，达到年度工作任务目标要求。

【推进阳光餐饮智慧监管】 6月28日，组织召开“餐饮食品安全智慧监管平台”企业端应用培训会，全区大型餐饮单位、学校（含幼儿园）食堂、养老机构食堂、区级以上医院食堂的负责人近300人到会。杭州祐全科技发展有限公司的项目建设专家对餐饮智慧监管平台企业端的使用操作进行讲解和现场手把手指导操作演练，对登录、数据录入等具体流程、常见问题进行了细致讲解。要求有关餐饮单位自觉做好食品安全管理基础数据录入、台账登记。有254家餐饮服务单位登录完善基本信息，运用企业端录入食品安全日常管理台账信息，包括证照信息、从业人员健康证管理、加工场所环境和人员晨检、农残检测、餐具消毒、食品留样、食品采购等台账资料，特别是学校幼儿园食堂和大型餐饮单位,使用率较高。在秋季学校食品安全专项检查中，监管人员利用餐饮智慧监管平台，通过手机监管端，进行线上巡查，对存在的问题可以在线快速示警提醒，督促相关负责人及时进行整改，提升监管工作效率。

【农村家宴放心厨房试点建设】 农村家宴放心厨房建设是民生实事项目，2月底组织开展富阳区农村集体聚餐有关情况摸底调查。根据摸底调查情况，多次到东洲、春江、鹿山、大源、新登等乡镇（街道）进行调研协调相关工作，整合现有资源，改造建设农村放心家宴，并到现场实地察看，督查施工进度。按照《浙江省农村家宴放心厨房建设标准》要求，从选址及用水、标识及制度、基本设施等方面，并按高标准严要求对试点建设提出具体要求，做到合理布局流程，合理划分功能区。2018年，5家建设试点全部完成建设，对建设试点从软件管理上建立健全统一规范的各项食品安全管理制度，从设施设备上进一步配置齐全。颁发杭州地区首张农村家宴服务部营业执照，并通过探索“政府出资+个人投保”方式，在杭州地区率先开展食安险试点工作，6位土厨师投保食品安全责任险，最高可赔付20万元。副省长王文序、杭州市副市长陈卫强对相关做法作出批示肯定。

【创建放心市场】 采用政府支持+监管指导+市场投入的管理模式，推动农贸市场的软硬件升级、常态管理和业态创新，促进农贸市场管理由粗放型向精细型转变。至2018年底，全区共有7家市场成功创建“省放心农贸市场”，10家被评为“省星级文明规范市场”，完成2家农贸市场（新登、万市）快检室规范化建设。相关做法得到杭州市副市长陈新华的批示肯定。

【合同行政指导】 在开展房屋买卖、房产中介、汽车销售、物业管理等合同格式条款备案的基础上，摸清房屋租赁、住宅装修、旅游、供用电水热气、有线电视、邮政、电信合同、消费贷款、人财保险、客运、汽车保养维修等涉及民生消费的企业底数，将其合同格式条款列入备案范围，受理报备企业214家，备案合同555份。开展霸王条款专项整治工作，运用法规宣传、行政指导、行政处罚等手段，维护消费者合法权益。提升“守合同重信用”公示活动影响力。2月1日，召开2018年“守合同重信用”企业公示申报工作培训会议，对守重申报工作进行布置，完成AAA级守重公示推荐新申报21家、继续公示40家，AA和A级守重公示正在开展中。

【“浙江制造”品牌培育试点】 至2018年底，已发布“浙江制造”标准7项，累计14项（全年预计11项，累计17项）；参与制定“浙江制造”标准1项；正在制定的“浙江制造”标准11项；新增“品字标”企业4家，累计6家，自我声明授权3家；培育“浙江制造”认证企业10家。

【富阳产商品质量安全监管】 抽查富阳区纺织、轻工、化工、建材、冶金、机械六大行业108种487批次产品，合格472批次，批次合格率96.92%，比去年高1.61%。探索富阳产商品质量一体化监管机制，在开展流通领域卫生纸、纸巾纸商品监督抽查过程中，重点关注本地产品，在对不合格商品销售商进行处罚的同时，立即对本地生产企业开展执法检查，确保问题产品不流向市场。规范后处理工作，特别是市场反溯的落地查处，做到100%闭环。2018年，监督抽查不合格共立案10件，全局共办结质量案件28件，罚没款44.61万元。市场反溯立案1件，罚没款3万元。

【认证认可产品专项检查】 开展CCC产品专项检查，完成对28家3C企业生产、主要原材料管理、产品检测、标签标志使用和管理等进行了检查。开展生产流通环节儿童玩具专项检查，辖区5家CCC玩具生产企业检查覆盖率100%，抽查辖区大润发、沃尔玛、物美、联华等16家商场超市和2家其他销售企业，在售玩具企业3C标志基本齐全。针对5月6日央视《焦点访谈》曝光的“有机蔬菜有玄机”情况，组织开展有机产品专项检查，未发现获证企业在未获得有机产品认证的产品上违法标注“有机”“ORGANIC”等字样。

【标准化建设】 择优确定《无公害瓠瓜标准化栽培示范》等9个示范项目列入2018年富阳区级农业标准化建设项目计划，发挥其示范、辐射和带动作用。加大“浙江制造”标准制定和实施力度。以采取集中培训、集中申报、集中立项的方式，推进标准制定工作，以标准引领转型升级。推动企业以自我声明方式实施“浙江制造”标准。完成“浙江制造”标准立项13个，已发布标准5项，已报批2项，通过评审标准2项，待评审3项。完成市级研制与采用先进技术标准项目征集工作。征集杭州市技术标准资助项目19个、杭州市技术标准重点培育项目11个。启动基层站所党建标准化工作，制定《杭州市富阳区市场监督管理局“最强党支部”创建规范》。鼓励企业积极参与各级标准制修订活动。指导和帮助企业参与制定国家、行业标准等共41项。加强自我声明公开企业产品标准督查抽查工作富阳总计283家企业在网上开展自我声明，累计上报1477项标准，涵盖1653种产品，其中国家标准79个，行业标准145个，企业标准1253个。2017年、2018连续两年，自行组织，委托第三方技术机构抽取企业标准共60项，发现58项标准存在问题258个。开展标准公开过程中的事中事后管理，约谈相关企业、落实整改措施、强化主体责任，为确保产品质量提供重要依据。

【商标品牌培育】 建立驰著名商标品牌培育库及跨境电商品牌培育库，将45家企业纳入品牌培育重点组织知识产权优势企业、进出口企业相关负责人和商标管理人员以及市场监管系统的商标监管人员参加市局组织的商标品牌国际保护集中培训，赴相关乡镇宣传商标品牌作用，宣传集体商标、地理标志证明商标注册的流程及地理标志证明商标助推农民增收的积极作用，鼓励相关乡镇积极培育、注册地理标志证明商标；指导各品牌指导站建立年度品牌培育库。全区商标注册数15241件，有效注册商标新增1973件，超额完成全年任务。“富阳葡萄”地理标志证明商标已注册成功，培育申报杭州联通管业有限公司的“联营+图形+拼音”商标驰名商标，5家企业申报马德里商标。

【开展打击侵犯知识产权和制售假冒伪劣活动】 相继查获侵犯省内驰名商标“香飘飘”原味奶茶商标专用权案，“长城”牌润滑油和润滑脂案，以及标注“HRB”商标的轴承侵权大要案。办结商标案件41件，罚没款49.5万元。其中万元案件19件，涉外商标案件5件，涉本省驰名商标案件5件。加大知识产权保护力度，开展以驰名商标、地理标志、涉外商标和老字号商标为重点的商标逆源行动，打击知识产权侵权行为，打击假冒商标侵权行为，查处5件，罚没款12万元，其中涉外商标1件，驰名商标案件2件；其他商标侵权案件2件。

【推进市场主体转型升级】 落实扶持小微企业发展的各项政策，滚动实施推进“小微企业三年成长计划”，严格开展事中事后监管，全力推进企业信用信息公示，全面铺开“双随机一公开”抽查监管，全方位服务企业百日行动。2018年，新增小微企业3854家，完成率 143.75%，1063家进入小微企业培育库。办理“个转企”323家，完成全年任务数（年度任务227家）的142.30%。2249家企业（个体户）被列入异常经营名录工作。至6月30日，2017年度企业、农专社、个体户年报率分别达91.99%、78.47%、92.69%。利用各种形式走访企业372户，参加走访832人次，收集各类问题72个，已解决问题60个。

【民生实事项目超额完成】 开展“放心消费在富阳、服务都市新城区”行动。建成放心农贸市场2家，培育放心消费示范单位139家，推出无理由退货承诺170家。放心消费示范区1家，放心网点15家，放心景区1家。建成放心农村家宴放心厨房5家，打造25家名特优食品作坊（任务15家）。完成安装电梯智慧监管装置547台（任务500台）。提高计量监管效能，助力企业众创，有效发挥标准计量惠民作用。

【聚焦重点领域执法】 开展医药领域、教育领域、公用企业、汽车销售、房地产行业等多项专项检查，大力打击网络违法、商业贿赂、混淆仿冒、虚假宣传、侵犯商业秘密、违规有奖销售、商业诋毁等违法行为，查处适用反法、消法案件45起，有效保护消费者合法权益。重拳打击网络违法、商标侵权、广告违法行为，查处相关案件118起；围绕消费热点，开展珠宝行业、房产建材专项检查，开展电动自行车专项整治；严打传销，有效防控区域传销态势。全年共办结各类案件892件，罚没款累计1257.61万元。

【双随机抽查】 根据省市局年度抽查计划，结合实际，制定下发本局2018年度双随机抽查工作计划。计划包括11项具体任务，其中4项为跨部门任务，7项为本局内部任务，涵盖企管、商广、药械、食品、餐饮等5条业务线。5月31日，和区编办联合召开区级机关省双随机系统使用培训会。本次培训邀请省工商局企管处副处长钮建平到会授课，全区30余家区级机关单位和市场监管局相关科所的双随机系统操作员等共计80多人参加培训。组织开展食品生产企业、食品添加剂企业、食品流通企业、餐饮企业、药品经营企业、医疗机构、医疗器械经营企业、医疗器械生产企业、广告经营单位、商标代理机构、商标印制单位等双随机抽查11项次，抽查企业41家。开展跨部门双随机抽查。2018年5月，联合区旅游体育局开展旅游市场双随机抽查；联同区商务局开展外商投资企业“双随机”抽查；6月，联合区教育局开展教育培训机构随机检查；7月，联合区文广新局、卫计局开展网吧经营单位双随机检查；2018年9月，联合区教育局开展民办幼儿园双随机检查，配合区住建局开展燃气企业双随机检查。

【清理异常经营企业】 开展长期未经营企业吊销工作。对548家长期未经营市场主体开展全面调查摸底，逐一核实每一家企业的实际情况，新增131家通过登记的住所或经营场所无法取得联系的企业列入经营异常名录，同时依据《中华人民共和国公司法》等相关规定，对181家查无下落企业（公司）作出吊销处理。开展依职权注销个体工商户工作。对连续两年未年报的1242家个体工商户催告名单，逐一进行实地核实，并结合国税、地税取证，依职权注销个体工商户681户，净化市场环境。对2045家企业、139家农民专业合作社、3203家个体工商户未按规定报送年度报告的经营户列入经营异常名录。

【特种设备安全大检查】 2018年累计检查特种设备生产使用单位864家，发现隐患439处，发出《特种设备安全监察指令书》212份，立案查处特种设备违法案件17件，罚没款69万元。已完成隐患整改409处，隐患整治率93%。全年累计督促检验各类特种设备8200台次，安全阀3800台次，从源头上控制特种设备安全事故的发生，通过检验，发现并排除了特种设备的重大隐患202件。开展关停拆迁企业专项核查行动。服务江南新城建设及产业转型发展，抓好江南区块造纸及化工行业企业拆迁过程中的特种设备管理工作，重点关注相关企业在关停期间超期未检设备的安全监管，全年累计办理停用注销特种设备超过2500台。

【民生电梯安全】 重点在学校、医院、政府办公场所、经济适用房及安置房等四大领域优先安装500台电梯智慧监管装置，完成安装547台。老旧电梯安全评估及隐患整治工作实现长效化。从2017年开始，富阳区开始老旧电梯安全评估及隐患整治工作的实施，2018年，根据政协提案，会同区财政局，协调确定了该项工作实行常态化，每年由区财政落实预算经费。2018年共组织全区15年以上48台住宅小区、公共场所用老旧电梯的安全评估，并根据评估结论，督促使用单位和电梯维保单位进行了电梯安全隐患的整改。通过两年工作的实施，初步构建了富阳区老旧电梯隐患处置的长效机制，推进电梯安全管理的科学化、规范化。

【药械安全检查】 完成药品生产、批发、连锁总部、器械生产和医院类医疗机构共70余家重点监管对象的飞行检查，排查270余家药品零售企业和200余家医疗机构，飞行检查率100%，检查发现问题全部整理上报杭州市市场监督管理局并公示，对较严重问题严肃处理，约谈企业负责人2次加强整改。加大监督抽检力度，提高抽检的靶向性。重点抽查基本药物、高风险药品、中药饮片、近年来假劣频率高的药品，陆续开展保春节安全药品、关注妇女健康药品、民营医疗机构、中药饮片等抽样专项，已抽取药品172批次，完成年度目标101%；医疗器械抽样29批次；收到药品不合格检验报告4批次，已按要求立案查处；其他省移交医疗器械不合格报告4批次，正在复检中。

【开展药械“热点”专项整治】 回应社会关切，开展义齿、红草止鼾胶囊、流通“回头看”、HPV疫苗、民营医院、互联网净网等专项整治，对风险较高的定制式义齿生产企业要求建立产品追溯系统，对管理相对薄弱的民营医院进行突击检查并抽样，对鱼龙混杂的中药饮片进行了重点专项抽样，共出动执法人员1000余人次，检查相关企业500余家次，专项整治抓实有效，至10月底，共立案30起，罚没款46.4万元，移动公安2起，有效遏制了药械行业违法违规行为。紧盯社会“热点”和行业风险点，重点核实器械生产企业停产申报后有无再生产、标签说明书的合法性，有无超范围生产、义齿原料购进及追溯体系建设等情况，2018年全区共报停的器械生产企业5家，飞检核实停产情况，核实1家未经规范认证后违规生产，1家未取得二类医疗器械产品注册证超范围生产、均立案查处，罚没款超30万元；核查一家正崎托槽生产企业，发现标签说明书未按照法规要求，已责令整改。

【“降总量、提质量”遏制信访总量】 修改《投诉举报处置工作规程（试行）》，提高办案单位的办理质量。现信访上升势头得到有效遏制，信访总量同期增长1252件，比上年同期增28.4%。办理质量有所改观，未按时反馈1件，反馈率99.97%；重复交办7件，办结率99.84%；不满意4件，满意率99.90%。

【大平安工作】 2018年，根据《重点部位平安标准》，落实行业监管责任，全年未发生重特大安全事件，平安建设态势良好。根据区委平安办的工作要求，制订对各乡镇（街道）平安创建工作考核的实施细则，细化指标、明确标准。根据区委“平安富阳”领导小组《关于开展消防安全网格化大整治专项活动的通知》（富平安〔2018〕2号）文件精神，结合党建工作，5月，开展以“强党建、促发展、保安全”为主题的平安大巡防活动，共出动党员干部 2400 余人次，巡防市场主体 6700 余户，行业涉及超市、食品、药品、小杂货店等，发现食品安全和消防隐患 4744 个，发出书面责令整改通知书 859 份，教育整改 3871 个，立案 14 起。活动改善了餐饮、药店、市场、小食杂店等单位消防安全隐患多、监管难的问题，为暗访扫清了道路。

省、市“两会”期间，为确保社会面安全稳定，防止非法上访等重特大突发性、群体性事件，以及社会安全事件的发生，紧扣“五大安全”，结合春节前的各类专项检查，牵头做好社会面防控工作。据统计，全局共检查食品经营户 777 家、特种设备单位 116 家、加油点 10 个、农贸市场 8 家、药械经营单位 26 家，排除各类安全隐患 345 个，发放平安创建、食品安全宣传图册 300 余份，下发责令整改通知书、监察指令书 28 份，查办各类违法案件 45 起，罚没款 53.6 万余元。高度重视应急值守工作，省市两会期间共接到投诉举报 171 起，处置 171 起，未发生非法上访事件。中共十九届三中全会和全国“两会”期间，全局共检查全区农贸市场 18 家，出动检查人员 52 人次，发现问题 15 个（现场整改 7 个），消除隐患 3 处（灭火器等），调解纠纷 3 起，跟踪处理 2 起；开展打击传销的集中宣传活动，在车站、广场、大型超市、社区（村）共设立现场咨询点 18 处，发放宣传资料 8000 余份，摆放展板 23 块，发布户外、网络警示提示 2 条，电视广播 1 条，接受群众咨询 40 余人次；检查危险化学品生产许可获证企业企业 3 家次，发现存在隐患问题 5 个，约谈黄色预警企业 1 家，发放告知书，要求企业落实质量责任和整改要求；共检查民办教育培训机构 139 家，养老服务机构 38 家，全区各类学校食堂（含幼托机构）、学生集体用餐配送单位、校园周边餐饮店 261 家，食品店 320 家，食品生产企业 31 家；开展全区公共场所、高温高压设备、危险化学品介质设备等 31 家特种设备重点监控单位的安全检查，开展 410 家特种设备使用单位的日常监督检查，共发现隐患 61 条，已整改 22 条，下发《特种设备安全监察指令书》41 份，立案查处 2 家；加强药械安全监管，共检查医疗器械生产企业 2 家，医疗机构 12 家、药店 79 家；加强应急值守，共接到投诉举报 318 起，处置 318 起，未发生非法上访事件。

印发《富阳区市场监督管理局扫黑除恶专项斗争实施方案》和《富阳区市场监督管理局扫黑除恶专项斗争线索排摸工作方案》，明确扫黑除恶工作的目标、重点、实施步骤和工作要求。同时，在公共区域设立了“扫黑除恶”举报箱，公开举报电话，确保群众举报、投诉畅通无阻。共排摸走访单位 746 家，收集涉黑涉恶线索 6 条。

【队伍建设】 开展“百千万”大走访活动，走访 1260 余户群众，收集意见建议 300 余条。开展“强党建 促发展 保安全”大巡防活动，巡防市场主体 6700 余户，发现食品安全和消防隐患 4744 个，教育整改 3871 个。修订完善《“三重一大”事项决策制度》、《干部职工学习制度》等一系列内部管理制度，严肃工作纪律，规范干部行为。（蒋 蓉）

·统计·

【概况】 2018 年，区统计局以“统计服务提升年”为抓手，为全区经济社会发展提供更加精准的统计服务。紧扣全区经济发展工作，加强经济形势预警预判，为党政领导把脉经济和科学决策提供依据。针对经济社会发展中的重点、热点和难点问题，围绕产业转型、三美建设、城市治理等方面开展专题调查研究。1 人获得杭州市统计系统“最美统计人”称号。

【统计服务】 加强数据质量管控，完成农业、工业、服务业、投资、数字（信息）经济、特色小镇等 20 余项统计调查业务。全年累计撰写各类统计分析调研报告 30 余篇，区委区政府主要领导批示 9 篇。编印《统计月报》《富阳经济增长新动能动态专报》、《统计公报》《统计年鉴》《富阳概览 2018》等产品。规范统计政务网、微信公众号的信息发布和管理，发布全区主要经济指标运行情况，加强数据解读，提供统计咨询服务。结合“统计服务提升年”、“服务企业百日专项行动”等工作，深化领导班子成员分片联系乡镇（街道）机制，打造“局领导 + 科室负责人 + 业务骨干”组团服务模式，加强走访联系。

全年走访乡镇（街道）100余次，企业263家，住户222户，参加走访人次达400余人次。有效帮助各乡镇（街道）把脉统计工作和经济运行情况，提出针对性对策建议。

【大型国情国力调查】 做好第四次经济普查机构组建、建章立制、综合试点、划区绘图、业务培训、清查摸底、宣传发动等环节内容。加强部门联动，结合税务、市场监管等部门，对清查数据进行多轮核查比对，确保不重不漏，真实可靠。建立班子领导督查乡镇（街道）制度，定期对联系乡镇进行普查数据质量抽查。通过电视广播、微信公众号、户外广告牌、大型电子屏等开展广泛的经济普查宣传活动。

【社情民意调查】 先后开展了平安富阳等12项民情民意调查，撰写的《富阳区城市有机更新跟踪调查报告》，区委书记专门作出批示。同时做好低收入户调查、月度劳动力调查、CPI指数（消费价格指数）等各项社情民意的监测和评价，为富阳区民生建设提供统计支撑。

【统计基础建设】 推进乡镇（街道）、村（社区）统计规范化建设，做好规范化验收考核。落实社区每年3万元统计工作经费和村每年4000元统计工作补助经费。继续推进统计诚信单位创建活动，3家单位推荐为杭州市统计诚信单位。加强基层统计员业务培训，全年共培训1000余人次。重点做好对规上企业统计员的直接培训，为提升源头统计数据质量打好基础。加强统计从业人员网上继续教育，全区共2080人完成网上注册，1667人通过学习完成考试取得合格证。做好基本单位名录库内法人单位和产业活动单位的新增、变更、注销等维护工作，进行动态更新。

【统计法治建设】 全年共对61家单位进行稽查（其中实施6次“双随机”抽取稽查单位17家），立案查处9家。其中，4家单位予以书面警告，5家单位予以警告并经济罚款。9月，完成对里山镇、春建乡、鹿山街道等3个乡镇的统计工作进行巡查，通过巡查把脉乡镇（街道）统计工作，夯实基层基础。

（王安娜）

·审计·

【概况】 2018年，区审计局在杭州市13个县（市、区）审计机关工作考核中连续第五年荣获第一名，并被省审计厅评为综合考评优秀单位。全年完成审计项目（不含竣工结决算审计项目）26个，查出主要问题金额10.92亿元，向区纪委等有关部门移送案件线索25起，编发审计信息（专报）79期。审计报告、审计信息（专报）被区委区政府领导批示50篇（次），被上级审计机关采用53篇（次），在《中国审计报》等报刊杂志上刊登30篇。此外，获评市级优秀审计项目3个。

【预算执行审计】 开展富阳区2017年度财政预算执行情况审计，促使财政部门建立整体绩效挂钩的部门预算总额包干管理模式，强化部门整体绩效预算管理，收回统筹财政沉淀资金9134万元，退回误缴的排污权出让收入629万元。

【公共投资审计】 全年组织实施公共投资竣工结算审计项目3047个（送审金额96.26亿元），完成1936个（送审金额50.73亿元），核减7.12亿元，净核减率14.04%。组织实施竣工财务决算审计项目101个（送审金额20.99亿元），完成30个（送审金额6.31亿元）。

【经济责任审计】 对区市场监管局等10家单位25名领导干部开展经济责任审计，在常安镇试点领导干部自然资源资产离任审计，积极完善富阳区领导干部经济责任量化评价体系，加大整改督查力度，为组织部门管理、使用和监督干部提供服务。

【专项审计调查】 对企业拆迁政策执行、“三美”建设资金使用绩效、民营医疗机构政策执行、区属国有企业财务收支、城市公共资源管理绩效等进行了专项审计调查或跟踪审计。其中：通过企业拆迁政策执行情况跟踪审计，完成江南区块等38家企业的拆迁资产评估复核工作，促成区江管委出台相关制度，核减拆迁补偿资金逾1亿元，将存在重大合同造假、涉嫌诈骗的一家企业及时移送公安机关；通过“三美”建设资金使用绩效情况专项审计调查，督促相关单位收回不规范资金35万元，扣减平台建设支出94万元，并出台多项管理制度；通过民营医疗机构政策执行和运行情况专项审计调查，促使区卫计局、区人社局约谈医院负责人，追回医保基金，对违规的医院及医师给予行政处罚，并加强对医师多点执业的管理；通过区属国有企业财务收支情况专项审计调查，向问题涉及单位发放整改通知书17份，收回违规资金33万元，将违规问题移送纪委处理，促进了区国资委对国有企业的规范化管理；通过城市公共资源管理绩效情况专项审计调查，促使相关单位专题研究，完善制度，收回欠缴租金，加强日常监管。

【内部审计指导】 全年组织内审人员参加省、市举办的培训班14期163人次。积极推荐上报优秀内审成果，其中：内审项目获市优秀（省表彰）项目1个、市表彰项目2个；内审论文获全国三等奖1篇、省三等奖1篇、市三等奖3篇；内审案例获市二等奖1篇、三等奖1篇。2018年，区审计局在杭州市13个县（市、区）内部审计业务指导和监督工作考核中荣获第一名，连续第三年被杭州市审计局评为特等奖，并被省审计厅评为县级内部审计业务指导和监督工作优胜单位。（王　凯）

·物价管理·

【概况】 2018年区物价局持续推进价格改革，深化涉企清费减负工作，加强市场价格监管，落实公平竞争审查制度。居民消费价格总水平（CPI）同比涨幅2.0%，仅高于淳安，居民消费价格总水平持续处于温和可控区间。

【开展清费减负】 2018年4次合计降低一般工商业用户电价0.84分，减少收费3334万元，涉及用户约4.36万户。取消临时接电费，减少临时接电费收费2442.45万元，涉及用户1474户。取消电力负荷管理终端费、居民峰谷表新装改装费等八项收费，减少收费61.57万元，涉及用户3300余户。

【强化政府定价管理】 根据公交一体化工作要求，开展公交票价调整相关工作，城乡公交整体票价下降40%。落实商品住房销售价格备案，受理备案100个批次，全区商品住房销售价格均价维持在市委市政府要求标准内。

【维护市场公平竞争】 加强房地产价格监管，对5家房产公司违反价格法律法规的情况进行了行政处罚，共计罚款19.55万。积极开展“3·15”消费者权益日和“五一”价格法宣传日等活动。妥善处理价格投诉举报，共受理各类投诉举报372件，办结率100%。（宋心璐）

【编　辑　何开城】

农业·新农村

·综述·

【概况】 全年实现农林牧渔业总产值64亿元，增长3.70%；完成第一产业增加值45.60亿元，增长2.60%。

【农业产业化】 至2018年底，全区有农业龙头企业129家，其中省级农业龙头企业6家，杭州市级农业龙头企业59家。2018年，全年农业龙头企业产值81.50亿元，销售78.50亿元，实现税收2.30亿元，利润23.30亿元。创各类名牌农产品52只，其中杭州市级以上33只。“安顶云雾茶”获国际茶业博览会金奖。至2018年底，全区经工商注册登记的农业经营主体1271家（农民专业合作社612家，家庭农场659家）。其中国家级3家、省级20家、杭州市级（规范化）38家、富阳区级规范化95家；省级示范性家庭农场25家、杭州市示范性家庭农场31家、富阳区示范性家庭农场65家。

【民宿经济】 2015年始，富阳按照“规范有序、特色发展”的要求，通过合理布局，政策引导，拓宽绿水青山转向金山银山的通道，大力发展民宿产业经济。累计成功培育打造龙门驿事、尚古小筑、常绿山居、荷月居等36个农村现代民宿示范点，东洲街道黄公望村、新桐乡江洲村、龙门镇龙门一村3个民宿示范村。其中，龙门驿事、水源雅居、尚古小筑民宿分别被评为杭州市首批精品民宿、特色民宿和标准民宿，溪湘记·宿被评为杭州市级银宿称号。至2018年底，全区有一般民宿经营户和民宿示范点（户）380家，床位8000张。

【富阳农夫乐园】 2016年起，按照“农业产业化、产业园区化、园区景区化、景区旅游化”要求，富阳依托已有的现代农业高科技园区、农业休闲观光园、特色农产品基地等新型农业经营主体，进一步优化产业结构，盘活农业产业综合园区资源，设计统一品牌，营销推广和扶持培育农业产业综合园区，提升农业产业综合休闲园区整体形象，打造一批有规模、有特色、有文化的“富春山居农夫乐园”农业产业综合休闲园区。累计全区共有各类农业产业园200家以上，建有“富春山居农夫乐园”农业产业综合休闲园区18家。

【开展精准扶贫】 启动新一轮联乡结村活动，确定湖源乡为新一轮杭州市级联乡结村帮扶乡镇，财政帮扶资金到位300万元。农村清洁能源（光伏发电）投资300万元，6月底完成3个集体经济薄弱村项目组建安装工作，并网发电；完成新一轮低收入农户（低保和低保边缘）认定工作，按照低收入农户人均收入标准线每人16506 元，共认定2018年度低收入农户11896户，20593人。确定洞桥镇石羊村等89户286人（包括小区）为2018年下山移民异地搬迁杭州资金下达项目。

【农民素质提升工程】 全区全年完成培训任务3100人。共向杭州市申报农培项目25个，其中农村经济发展新业态培训项目15个、农村致富带头人培训项目10个。加强农村实用人才示范实训基地建设，新培育示范实训基地7个。

·农村经济管理·

【土地确权登记颁证】 农村土地承包经营权确权登记颁证工作自2016年7月全面开展以来已历时

两年多。8月9日，富阳区以45分的优异成绩通过省级数据库质量检测，8月20日成为杭州地区除试点外第一个通过省级综合成果验收的区县市，9月18日通过农业农村部规划设计研究院资源监测站数据汇交。全区21个乡镇（街道）196个行政村确定开展确权登记颁证工作，涉及家庭承包经营农户数85237户，家庭承包经营耕地面积11016.7公顷。至年底，完成承包地测绘85237户；实测承包地面积11927公顷；签订承包合同82769户，合同签订率97.10%；下发承包权证80976本，权证下发率95%；档案移交村数196个，档案移交整理比例100%；接待调处解决土地矛盾纠纷160件，有效化解沉积多年的矛盾纠纷。

【土地确权颁证成果应用】 2018年区出台《富阳区扶持集体经济相对薄弱村专项资金管理办法》和《杭州市富阳区人民政府关于进一步促进农业产业发展的若干意见（试行）》，在原有土地流转扶持政策不变的前提下，进一步加大整村流转奖补和经济薄弱村扶持力度，鼓励村开展土地集中连片流转，整村流转率达70%以上村、镇可分别获得15万—50万元不等奖补资金；薄弱村集体流转增收最高可获得10万元奖励资金。2018年全区1.63万公顷耕地流转1万公顷，流转率为61.5%，24个镇街土地流转率全部达到60%以上。

【优化“三资”监管体系】 修订出台《杭州市富阳区农村集体“三资”规范化管理办法》（富委办[2018]4号），明确农村集体“三资”十大管理制度；优化“一年一审计”制度，启用中介单位审计质量评定结果进行了通报和末尾淘汰制，调整富阳区农村集体经济审计中介名录库，编制《农村集体经济审计报告》模版，建立富阳区农村集体经济审计中介单位审计质量评定办法；优化村级财务公开制度，完成“三资”管理公开制度修订工作，对群众关心的在建工程、村级人员报酬、土地征用支出等重点领域进行了强化，并要求务工工资月结月清；全面修订调整“三资”网络监管系统科目调整。全面开展村级债权债务调查和洞桥镇村级债务专项调查，260个村负债8.18亿元，109村现已完成化债8119万元。

开展农村集体“三资”大比武活动，对188个农村集体经济组织开展“三资”专项检查（一期季度检查、一期负债专项检查、四期大比武检查），发放通报5期，下发整改通知书108份，累计通报不规范农村产权交易22起；要求56个村对不规范经济合同进行整改；通报举债搞建设5起、涉及金额1850万元，违规发放村民福利待遇28起、涉及金额967万元，民间借款9起、涉及金额6853万元；通报新增债务审批程序不到位4起，涉及金额770万元；通报账户管理不规范1起、捐款捐助1起；通报违规发放留用地货币安置款1起，涉及金额5147万元。基本完成年度三资示范村资料审核工作。完成年度重点审计和常规审计工作，审计金额达29.6亿元，发现问题线索5起。

开展村级财务人员业务培训10余期，组织闭卷业务测试5期151人，基层财务管理人员业务水平有了显著提升，合格率从70.83%提高到100%，优秀率从12.5%提高62.5%。实施村级财会人员公开招聘3期，新聘代理会计4人、新聘村报账员27人。接待调处解决富春街道东山社区农嫁女股权享受等信访问题17起。 （徐发国）

·种植养殖业·

【粮油生产概况】 2018年，全区种植早稻6.93公顷，产量41吨；单季晚稻10622.33公顷，产量79170吨；小麦1586公顷，产量5977吨；玉米1121.67公顷，产量5238吨；马铃薯1039.27公顷，产量3727吨；甘薯321.8公顷，产量7949吨；花生319公顷，产量1155吨；油菜2252公顷，产量6496吨；大豆696.47公顷，产量2482吨。

【救灾种子储备】 救灾种子储备88.6吨，其中杂交稻种子2吨、晚稻种子78吨、早稻种子5吨、玉米种子1.5吨、大豆种子2吨、蔬菜种子0.1吨；6—7月，发放救灾种子0.53吨；10月，完成91.895吨到期储备种子的转商工作。

【茶叶生产】 茶叶种植面积4340公顷，其中采摘面积3766.67公顷，总产量为2274.77吨，比去年增产13.87%，实现生产总值为54930万元，增值10.48%。其中名优茶产量为1670.9吨，比去年增产6.12%，产值为53094.32万元，增值9.45%。

【蚕桑生产】 桑园种植面积128.67公顷，其中采摘面积73公顷，分别比上年减少8.1%、17.1%，饲养春、秋蚕种1610张，比上年减少7.3%；生产蚕茧72.5吨，比上年减少14.9%；茧款收入276.5万元，比上年减少18.6%。

【水果生产】 水果种植面积4440.47公顷，其中园林木本水果3326.47公顷，草莓、西甜瓜1114公顷，总面积增43.33公顷，比上年增长0.92%；水果总产量65852.52吨，总产值40266.08万元，分别比上年增长10.81%和10.46%。

【中药材】 中药材种植面积178.27公顷，产出面积98.27公顷，产量149.55吨，产值4861万元，同比上年分别增7.69%、24.5%、49.76%、17.35%。

【蔬菜生产】 2018年，全区蔬菜面积10600公顷次，产量39.0万吨，产值88055万元，其中，食用菌205万棒、36.5万平方尺，产量1620吨，产值1334.9万元。

【畜牧生产】 生猪存栏继续呈下降趋势，生猪存栏9.012万头，同比下降4.39%；生猪出栏21.63万头，同比下降0.72%。家禽存栏有所减少，家禽存栏136.74万羽，同比减少3.82%，家禽出栏210.06万羽，同比减少9.98%；禽肉产量2813吨，同比增长14.5%，禽蛋产量9267吨，同比增4.33%。草食牲畜方面，羊存栏2.30万只，出栏3.05万只；兔存栏4.05万只，出栏7.49万只。

【渔业生产】 2018年富阳区淡水养殖面积为2497公顷（其中稻田养鱼面积为994公顷），与上年保持不变。全区水产品总产量15748吨，增幅11.07%；淡水养殖产量14927吨，增幅11.04%；淡水捕捞产量821吨，增幅11.55%。渔业总产值42455万元（其中渔业产值36176万元、涉渔工业和建筑业1603万元、涉渔流通和服务业4676万元），增幅10.56%。全区渔业养殖结构渐趋合理，科学养鱼水平进一步提高，渔业生产产量稳中有升，渔民收入明显增加。

【竹产业】 2018年，竹材产量达1087万株，年产值0.87万元左右，与去年同期略增；鲜笋产量12.56万吨，产值5.4亿元；竹产业综合产值14.5亿元，较上年增20%以上。

【木本油料】 2018年新增香榧面积100公顷，全区香榧总面积2566.67公顷，投产面积达533.33公顷，干籽产量300吨，产值5000万元，同比增长11%；山核桃投产面积500公顷，干籽产量180吨，产值1800万元，同比增长12%；油茶总面积333.33公顷，主要集中在常安、新登等乡镇，干籽产量50吨，同比增长300%；建成“太秋”新品种甜柿20公顷，改造33.33公顷，预计亩产效益可达2万元以上。

【花卉苗木】 2018年，全区花卉苗木实有面积2666.67公顷，由于把握花卉苗木市场需求形势，积极指导苗农调结构、做精品、强规模，苗木价格日趋合理稳定，苗木销售稳中有升，花卉苗木销售和工程值达4.09亿元；全区特色林业发展迈上一个新台阶。

【洞桥大米】 洞桥大米为杭州市富阳区洞桥镇特产大米，因富硒而闻名，是富阳区传统特色农作物之一。“洞桥大米”种植历史悠久，洞桥镇自古代形成聚落以来，就开始种植水稻，距今已有1000多年历史。洞桥镇属亚热带季风性湿润气候，四季分明、气候湿润、雨水充沛，水源丰富，拥有全区最大的水库—岩岭湖，库容达1800万立方米，水域面积达213.33公顷。镇地域面积143.29平方千米，全区第四，有“八山半水分半田”之称，是典型的农业生态型乡镇，为“洞桥大米”种植提供了优质的生态环境，洞桥大米其外观晶莹剔透，粒形齐整；米香浓郁，清新气爽；味道香甜满口，回味悠长；

农林业产业化项目建设

表7

项目名称	建设单位	投资规模
杭州市富阳区渌渚镇建群养殖场污染治理项目	富阳市渌渚镇建群养殖场	100万
杭州市富阳区永昌镇康润生猪养殖污染治理项目	杭州富阳康润生猪养殖有限公司	70万
杭州市富阳区新登镇蓝方生猪养殖污染治理项目	富阳市蓝方家庭农场	30万
杭州市富阳区东洲街道省级支氏水产产业发展项目	浙江支氏生态农业开发有限公司	180万
杭州市富阳区申浙家禽有限公司省级改造提升项目	杭州申浙家禽有限公司	160万
杭州市富阳区富春金土地省级种子加工储藏设施建设项目	杭州富阳金土地种业有限公司	110万
杭州市富阳区洞桥镇森隆省级旱粮新品种示范展示项目	杭州富阳森隆生态农业开发有限公司	10.5万
杭州市富阳区渔山乡互利省级水稻新品种示范展示项目	杭州富阳互利粮油专业合作社	45万
杭州市富阳区富春街道逸丰省级瓜菜新品种示范展示项目	杭州富阳逸丰果园	10.5万
杭州市富阳区富春街道大青果园省级水果产业创业创新发展项目	杭州富阳大青果园	150万
杭州市富阳区富春街道季风省级花卉产业创业创新发展项目	杭州季风农业科技有限公司	130万
2018年省级木本油料产业提升香榧良种造林项目	杭州富阳孙春豪家庭农场	8.4公顷
2018年省级木本油料产业提升香榧良种造林项目	余国明	5公顷
2018年省级木本油料产业提升香榧良种造林项目	虞水华	8.67公顷
2018年省级木本油料产业提升香榧良种造林项目	杭州富阳邱敏家庭农场	7.33公顷
2018年省级木本油料产业提升香榧良种造林项目	杭州富阳绿顺家庭农场	6公顷
2018年省级木本油料产业提升香榧良种造林项目	杭州富阳宏康生态农业开发有限公司	6.33公顷
2018年省级木本油料产业提升香榧良种造林项目	富阳尚特生态农业开发有限公司	6.67公顷
2018年省级木本油料产业提升香榧良种造林项目	俞火明	7公顷
2018年省级木本油料产业提升香榧良种造林项目	朱建英	6.67公顷
2018年省级木本油料产业提升香榧良种造林项目	周荣娣	4.67公顷
2018年省级木本油料产业提升香榧良种造林项目	杭州富阳火路川生态农业开发有限公司	6.13公顷
2018年省级木本油料产业提升香榧良种造林项目	杭州富阳常安镇雾厘农庄	7.67公顷
2018年省级木本油料产业提升香榧良种造林项目	杭州富阳常安清水塘林场	5.33公顷
2018年省级木本油料产业提升香榧良种造林项目	杭州富阳赛飞生态农业开发有限公司	6.67公顷
2018年省级木本油料产业提升香榧良种造林项目	杭州富阳区萧天家庭农场	6.67公顷

“菜篮子”工程建设

表8

项目名称	建设单位	投资规模(万元)
杭州市富阳区东洲街道金祥水产基地建设项目	杭州富阳金祥水产养殖场	60
杭州市富阳区东洲街道法明水产基地建设项目	杭州富阳法明生态农业开发有限公司	55
杭州市富阳区鹿山街道益敏水产基地建设项目	杭州市富阳区益敏水产养殖场	55
杭州市富阳区场口镇仁武水产基地建设项目	杭州富阳区场口镇仁武水产养殖场	70
杭州市富阳区渌渚镇圣杰水产基地建设项目	杭州富阳圣杰生态农业开发有限公司	60
杭州市富阳区渌渚镇邵银儿水产基地建设项目	杭州富阳邵银儿家庭农场	60

续表8

项目名称	建设单位	投资规模(万元)
杭州市富阳区东洲街道田翁菜篮子基地建设项目	杭州富阳田翁家庭农场	64
杭州市富阳区新登镇仙源菜篮子基地建设项目	杭州富阳仙源生态农业开发有限公司	60
杭州市富阳区胥口镇云开菜篮子基地建设项目	杭州云开生态农业开发有限公司	70

口感内软外韧，粘性适中，筷夹成团，入口即散。据统计，1996年“洞桥大米”种植面积26.67余公顷，产量7.50万千克，总产值300余万元。2005年种植面积66.67余公顷，产量15万千克，总产值700余万元。由于“洞桥大米”产量要高于常规稻10%—15%，米质比常规稻高一个等级，达国家优质米指标，深受种植户和消费者欢迎，使其近年来种植面积迅速扩大。至2018年，“洞桥大米”种植面积达到333.33余公顷，可产350余万千克大米，并销往杭州、上海、江苏等各个市场。同年，“洞桥大米”中的“石羊春大米”品牌基地严格按照《富硒水稻标准栽培示范》标准实行生产管理，经区农业农村局权威推介，被列为“省级水稻高产千亩示范方”。

【永昌臭豆腐】 “臭豆腐”是一种极具文化底蕴的特色小吃，“臭豆腐”其名俗气、外陋内秀、平中见奇、风味迷人。“闻着臭、吃着香”的经典口号更是耳熟能详。永昌臭豆腐至今已有一百余年的历史，早在清朝末年，黄峌喜携带家人一起从江西迁至现在的浙江省富阳区永昌镇，从那时起就一直定居永昌并以制豆腐为生，制作的臭豆腐其味道可谓出奇鲜美，并受到当地的欢迎，时间长了，永昌臭豆腐在周边地区也有了一定的名气。永昌镇属亚热带季风气候，四季分明；降水充沛，日照丰富；春夏雨热同步，秋冬光温互补；气候垂直变化明显，辖区内低山、丘陵、平原地貌多样，有“八山一水分半田”之称，优良的自然环境造就了卓越品质的黄豆，永昌臭豆腐以优质黄豆为原料，黄豆经过筛选、脱壳、浸泡、磨浆、过滤、煮浆、点浆、成型、划块、发酵等十道工序。呈贡臭豆腐质地软滑，散发异香。“永昌臭豆腐”一直保持着传统的手工做法，历经上百个年头，从当年小小的臭豆腐作坊成为一家企业，声名早已远扬，杭州、上海等地一些大宾馆、饭店也慕名前来订购。2003年生产臭豆腐420万千克，产值1764万元。2005年全镇臭豆腐生产企业11家，生产臭豆腐853万千克，以每千克6元计算，共5118万元。永昌镇内销售臭豆腐的门店将近400家，永昌臭豆腐现已成为永昌镇农业主导产业之一。永昌镇投资1000余万元建造集生产、参观、学习、旅游、体验为一体的传统非遗工艺的展示点。“永昌臭豆腐”在2009年制作技艺被评为第三批富阳市级非物质文化遗产名录、杭州市第三批非物质文化遗产扩展名录。同年，“永昌臭豆腐”又被评入首批“杭州老字号”品牌，2010年又被评为“浙江老字号”。

【洞桥香榧】 香榧是洞桥镇著名的特产干果，也是闻名中外的特产果品。此果“三代同堂、一年开花、两年结果、三年成熟”，吸收天地日月之精华，营养价值和药用价值极高，宋代诗人苏东坡有诗赞曰：“彼美玉山果，餐为金盘实”。洞桥香榧种植距今已有2000年历史，目前自然生长的榧树有1万余株，其中珍品榧树有500余株，香榧资源列全国第三。洞桥镇十分重视香榧的科研和推广工作，在富阳区林业局等部门的大力支持下，加大了香榧良种选育和速生丰产栽培技术的研究，开始大面积种植，主要分布在洞桥镇的小坞、杜坞、玉印、东山、上林、石羊等几个重点村。据统计，1970年至1999年，“洞桥香榧”种植面积仅为213.33余公顷，年总产量75吨，2000年至2013年种植面积达到了446.67余公顷，年总产量150吨，近年来，洞桥镇为推动香榧产业的发展，兴建起了600公顷香榧林，年总产量300吨，增长了1.5倍。洞桥镇属亚热带季风气候，四季分明；降水充沛，日照丰富；春夏雨热同步，秋冬光温互补；气候垂直变化明显，辖区内低山、丘陵、平原地貌多样，有“八山一水分半田”之称，独特的自然环境造就了洞桥香榧独特品质，使洞桥香榧具有壳薄光亮、仁满松脆、香酥味美的特点。洞桥镇提出和实施了“万亩香榧、万担蚕茧、百万羽家禽、千万元花卉苗木产值”的农业开发“四万”工程，已发展香榧666.67余公顷，使洞桥香榧主产地的香榧收入占农业总收入的60%，成为群众的“摇钱树”，实现了万亩香榧的目标。

·农林业产业化·

【中央及省级项目建设】 2018年，完成中央及省级项目26个，其中中央生猪调出大县项目3个，省海洋与渔业综合管理和产业发展项目1个，省级定点屠宰企业改造提升项目1个，省级现代种业发展项目4个，省级创业创新发展项目2个，省级木本油料产业提升香榧良种造林项目15个。

【市级“菜篮子”工程建设】 完成杭州市“菜篮子”工程建设项目9个，其中水产6个，蔬菜3个。（见表8）

【市级畜禽屠宰行业发展项目】 完成杭州市级畜禽屠宰行业发展项目4个。（见表9）

市级畜禽屠宰行业发展项目

表9

项目名称	建设单位	投资规模(万元)
杭州市富阳区申浙家禽有限公司畜禽冷链配送项目	杭州申浙家禽有限公司	43
杭州市富阳区新登食品有限公司屠宰场环境提升改造项目	杭州富阳新登食品有限公司	50
杭州申浙家禽有限公司屠宰标准化建设项目	杭州申浙家禽有限公司	400
杭州富阳九鲜肉牛定点屠宰场冷链配送项目	杭州富阳九鲜肉牛定点屠宰场	50

市级美丽农业项目建设

表10

项目名称	建设单位	投资规模(万元)
杭州市富阳区春建乡悦翔美丽牧场创建项目	杭州悦翔生态农业开发有限公司	80
杭州市富阳区银湖街道鑫宏美丽农场创建项目	杭州鑫宏生态农业开发有限公司	80
杭州市富阳区万市镇垄盛美丽农场创建项目	杭州垄盛生态农业开发有限公司	80
杭州市富阳区东洲街道忠杭美丽渔场建设项目	杭州富阳忠杭生态农业开发有限公司	120
杭州市富阳区新登镇黑山顶美丽农业体验区创建项目	胡村灵	80
杭州市富阳区新登镇学成美丽农业体验区创建项目	杭州富阳学成生态农业开发有限公司	80

市级畜禽资源化利用项目

表11

项目名称	建设单位	投资规模(万元)
杭州市富阳区新登镇黄永祥畜禽废弃物资源化利用项目	杭州富阳区新登镇黄永祥养殖场	40
杭州市富阳区洞桥镇袁家水华畜禽废弃物资源化利用项目	杭州富阳区洞桥镇袁家水华生猪养殖场	16
杭州市富阳区渔山乡梅园畜禽废弃物资源化利用项目	富阳市梅园生猪专业合作社	40
杭州市富阳区胥口镇有喜畜禽废弃物资源化利用项目	杭州富阳有喜家庭农场	38

【市级美丽农业项目建设】 完成杭州市级美丽农业示范工程建设项目6个，其中美丽农牧渔场建设项目4个(美丽牧场1个,美丽农场2个,美丽渔场1个)，美丽农业体验区建设项目2个。(见表10)

【市级畜禽资源化利用项目】 完成杭州市级畜禽资源化利用项目4个。（见表11）

【区本级农林项目建设】 2018年，完成区级农林项目174个，其中农林产业发展项目103个，农林基础设施建设项目14个，农林生态项目57个。

【农林项目网上申报工作建设】 为加强农林项目信息化管理，通过“富阳区支农项目库”录入项目385个，其中农林产业发展项目289个，农林基础设施建设项目31个，农林生态项目65个。

【出台《杭州市富阳区农林业发展项目和资金管理办法》】 2018年，区农林局会同区财政局联合出台了《杭州市富阳区农林业发展项目和资金管理办法》，该办法对区财政预算统筹安排的，专项用于现代农业、林业、渔业等方面支持政策的各级财政资金的分配、使用管理、监督检查和绩效评价等管理活动，以及包括申报、立项、实施、检查、验收等环节在内的农林业发展项目管理活动进行了规范。同时明确了各类农林业发展专项资金项目的补助标准。

【粮食生产功能区建设情况】 开展杭州市级粮食生产功能区项目建设2个，浙江省级旱粮功能区项目建设1个，区本级粮食生产功能区项目11个，共计建设项目14个，已拨付补助资金324.42万元。完成533.33公顷粮食生产功能区提标改造任务指标。

【中央农业支持保护补贴（耕地地力保护）】 2018年，对全区16991.74公顷耕地进行每亩73.55元的补助，共惠及11.51万户农户，补助资金1874.61万元。

【规模种粮（油）大户】 2018年，全区规模种粮（油）大户为141个，大小麦种植面积308.54公顷，单季稻种植面积为1669.66公顷，连作晚稻种植面积为10公顷，油菜种植面积为292.83公顷，“三园套种”面积为55.678公顷，旱粮种植面积为7.6公顷，共计拨付补助资金为725.07万元。

【创建粮食高产示范】 2018年，全区建设省级水稻高产千亩示范方5个，亩产均在650千克以上；省级旱粮高产百亩示范方1个，小香薯亩产940公斤；建设杭州市级水稻高产百亩方2个，亩产分别为906.9千克、896.0千克；建设区本级水稻高产示范方3个，亩产均在750千克以上；建设25个水稻高产攻关田，其中有15个亩产在800千克以上，最高产量为946.5千克/亩，共计拨付补助资金89万元。

【银行信贷支农】 2018年，继续开展规模种粮大户粮食生产贷款贴息补助工作，对规模种粮大户给予贷款贴息，贷款额度为每亩1000元，按3%的贴息率给予贷款贴息，共计拨付补助资金23.44万元。

【蔬菜之王】 2018年8月17日，杭州市富阳区场口镇场口村的滕雁鸣所种植的白皮冬瓜，长148厘米、宽66厘米、厚32厘米、周长180.5厘米，净重为195.4千克，成功申报为“浙江农业之最”。

【省级标准农田地力提升】 2018年，继续实施2015年浙江省标准农田地力培育项目，面积346.91公顷，项目涉及富春街道、新登镇和新桐乡的9个示范点，完成冬绿肥种植92.87公顷；秸秆还田325.93公顷次；推广商品有机肥1024吨，应用面积469.67公顷次；推广测土配方施肥技术，应用配方肥283吨，应用面积378公顷次。

【农业部耕地保护和质量提升】 2018年，实施农业部耕地保护和质量提升项目，争取中央资金200万元，冬绿肥采购80万元，采购冬绿肥种子50573.5千克，其中紫云英（宁波大桥种）31042.5千克、蚕豆（白花大粒）13900公斤和黑麦草5631千克，共建设今冬明春绿肥种植区1815.27公顷，其中种植（套种）紫云英面积1379.67公顷，蚕豌豆185.33公顷，黑麦草250.27公顷，建设冬绿肥核心示范面积200公顷。

【杭州市农田质量提升工程】 2018年，开展中低产田改造，实施农田提升项目工程。完成万市镇东叙村等8个村的农田提升工程项目，工程改造面积233.87公顷，新建排渠道3053米，新建砼浇三面光灌溉渠15789米，新建机耕路毛石路面、砼路面4351米，新建毛石（或砼）硬化护坎4182米，砼化溪堤兼机耕路2141米，新建防洪溪堤212米，新建堰坝6座，整治水塘护坎1座，人行便桥53个，农机械通行机耕桥5座，过水涵洞75个等。项目总投资727.81万元，项目补助692.08万元，其中杭州市级350万，区级补助342.08万元。

【垦造耕地后续管护】 2018年，进一步提高补充耕地后续管护奖励财政扶持力度，全年完成新垦耕地商品有机肥配送项目82个，实施面积305.984公顷，共增施商品有机肥2070吨，补助财政资金340.3960万元；继续实施“永昌长盘桥雅生态新垦耕地后续管护示范项目”等9个杭州市级垦造耕地后续管护示范项目，面积66.67公顷，示范主体共计投资225.386万元，其中地力培育技术措施投入140.98万元，基础设施建设（维护）投入63.68万元，节水农业设施投入15.69万元，检测评价5.036万元，财政补助资金141.036万元。

【打造精品渔业基地】 通过省、市、区级现代渔业项目建设，进一步夯实富阳区渔业基础设施。验收通过富阳区渔技推广体系改革与建设补助项目1个（中央财政资金30万元）、农业农村部健康养殖示范场创建项目2个、省级现代渔业发展项目1个（省级财政资金90万元）、省级休闲渔业基地创建项目1个、杭州市级水产“菜篮子”基地建设项目6个（市级财政资金250万元）、本级渔业基础项目（第一批）15个、本级渔业基础项目（第二批）2个、本级美丽渔场创建项目3个、本级农林科技项目1个；建成并运行的池塘循环流水养殖槽共81条（单条槽长22米×宽5米×高2.2米），累计8910平方米，水域面积118.33公顷，覆盖东洲街道、鹿山街道、渌渚镇、银湖街道、场口镇等5个乡镇街道、渔业企业19家。

·林业·

【造林抚育工作】 全年完成彩色健康森林66.67公顷、珍贵树种基地66.67公顷、森林抚育任务1355.67公顷，坚持森林资源扩面提质同步，森林正由“数量持续增加”向“数量增加、质量提高与结构改善并进”的方向发展，森林资源蓄积量、质量指标均有一定幅度的增长，龄组结构、树种结构逐步趋向合理，森林生态状况进一步得到改善，森林生态服务功能得到进一步发挥。

【林区基础设施提升】 积极开展全区林道通行安全隐患排查整治工作，按照“宜留则留、宜修则修、宜改则改、宜封则封”的原则，全年排查完成林区道路887条，总长度1630.46千米。其中路面硬化137条，修复整改后可以通车50条，已经改变道路性质5条（包括林道提升为村道或造地征用等），可以通车但坡陡岸深或沿线有库区存在较大安全隐患，需加强整治的有112条。全年完成林区道路硬化提升10万平方米；完成登山道路挖掘提升工程7条，森林古道提升工程的实施，打通了人与自然的连结线，充分发挥森林的多种功能，弘扬生态文明，满足城乡居民回归自然、走进森林、健身养生的需求，对推进由森林古道衍生的健康休闲产业，盘活森林资源，促进林农致富增收，振兴乡村经济起到积极的推动作用。

【“一村万树”助力美丽乡村建设】 全省“一村万树”行动自2018年开始实施，富阳区以“一村万树”三年行动为抓手，全域提升乡村绿化美化水平，为推进美丽乡村和“大花园”建设提供有力的生态支撑。2018年，共创建“一村万树”示范村5个、推进村47个。

【一亩山万元钱新模式】 林业站2018年度共计承担中央、省及区本级林业科技推广项目10个，并大力推广实施“一亩山万元钱”高效林业新模式，重点发展林下种养植循环发展立体林业、新品种引种和高效栽培新技术应用等，努力建设一批亩产超万元的林下经济示范基地，不断提高林地综合利用率和产出率。全区完成“一亩山万元钱”创新示范任务共计1800公顷，其中新建培育376.67公顷，辐射推广593.33公顷，巩固提升830公顷。实现产值1.95亿元，其中增加值0.79亿元。

【乡村绿化一体化快速推进】 持续推进村庄绿化景观工程项目实施，完成村庄绿化景观示范工程30个，涉及18个乡镇街道，新增村庄绿化15万平方米，极大地改善了乡村环境，更为乡村振兴增添了强劲活力。

【“美丽林相”建设稳步推进】 2017年编制通过《杭州市富阳区珍贵彩色森林建设总体规划》，拟在2年时间内安排3000万资金，在主城区周边、富春江两岸区域、杭千高速、320国道、江滨东大道、23省道两侧、精品线路两侧及重要景区或景观培育区，确定“美丽林相”改造点，选择适合富阳发展的珍贵彩色树种，将部分代表性林相打造成“结构优、健康好、景观美、功能强、价值高”的珍贵彩色森林，为建设美丽富阳服务。2018年，度共建设项目10个。

【弘扬森林生态文化】 积极弘扬森林生态文化，通过珍贵树种进社区、进乡镇、3.12广场公益宣传活动，区四套班子领导义务植树活动和各乡镇义务植树示范点建设活动等一系列平台和载体，不断丰富义务植树尽责形式。全区参加植树人数达26.4万人次，种植珍贵树种38万株。大源镇获浙江森林城镇、常绿镇黄弹村获省级森林人家称号。

【启动“战略合作”工程】 2018年1月，富阳区政府和亚林所正式签订战略合作三年行动计划，区财政专门安排500万元/年经费用于保障合作项目推进，亚林所成立干果、花卉苗木、竹产业、森林病虫害和森林生态环境提升等5支专家服务团队。合作双方专家团队率先垂范，多次深入一线实地指导林农基地建设，启动林木特色村建设项目4个，特色基地1个，林木种苗繁育工程1个；合作建立各类科技示范基地20余个，协调培养林业一线实用人才150人次，培养县乡级林业管理人员50人次，全面深化双方科技交流和科技服务活动，为增强富阳区绿色产业发展的活力和动力，厚值富阳山地绿色经济贡献科技力量。

【义乌森博会再创佳绩】 第十一届义乌国际森林产品博览会于2018年11月1日—4日在义乌国际博览中心举行，富阳区农林局组织了10家本地企业参加，富阳企业参展展位多，展示产品包含家具、盆景、纸业、炒货、木雕等众多种类，产品质量优良，深受消费者欢迎。其中杭州木栖坊家居有限公司、杭州望月竹制品有限公司、富阳龙羊盆景专业合作社等3家企业获得森博会金奖。

【国际竹产业博览会获殊荣】 组织5家企业和永昌镇参加在上海举办的2018第二届中国（上海）国际竹产业博览会，其中杭富罐头食品有限公司在获得国家林业龙头企业的基础上，其调味笋系列产品在博览会上获得金奖，杭州千禧笋厂的水煮笋产品、杭州富阳望月竹制品有限公司庭园竹篱笆产品获得银奖，浙江金光新能源设备科技有限公司的空气源热泵烘干机和杭州富阳望月竹制品有限公司竹纤维床垫等产品获得优质奖，永昌镇被授予全国首批“中国竹业特色之乡”称号。

·农业机械·

【农业机械监督管理】 公告注销报废拖拉机159台；申请和受理补助高耗能农业机械127台，报废更新补助38.35万元，补助农机报废回收网点20万元，解体农机144台套。免费实地检验农业机械586台，检验上道路拖拉机1814台；开展农机安全生产检查50余次，出动执法人员160人次，检查农机企业100余家，排查安全隐患6起；创建省级示范乡镇1个，省级示范合作社1家；发放农田新牌证17副，拖拉机驾驶员换证377本，注销驾驶证457本；开展拖拉机驾驶人理科考试3期77名，通过考核67名；举办各类农机操作安全教育培训班8

期，培训424人次。

【农机具推广】 进一步优化农机装备结构，加快推进富阳区农业领域"机器换人"进程。2018年，完成中央、省级、杭州市级、地方农机购置补贴总资金778.6104万元（其中中央补贴589.5404万元、省级补贴35.292万元、杭州市补贴100.84万元、富阳区配套52.938万元）。通过购机补贴政策购买各类农机具2609台套，受益农户（合作社）1633户。

【实施农业"机器换人"示范工程】 2018年，完成创建省级农业"机器换人"示范乡镇1个、示范基地1个、农机合作社示范社1个。

【《富阳区农业机械购置补贴贷款管理办法》出台】 2018年，富阳区出台《富阳区农业机械购置补贴贷款管理办法》，在全区开展购置补贴农机具贷款业务，有效破解了农户购置大型农机融资难题。

·农业生态环境与安全·

【动物尸体无害化处理】 建立覆盖饲养、屠宰等各环节的病死畜禽无害化处理收集体系，并实现冷链系统全连接，死亡动物统一收集并委托无害化处理中心处理。完成新登镇、胥口镇2个公共收集点、24个生猪保留场和屠宰企业病死畜禽无害化暂存库、17个畜禽无害化收集冷柜暂存点共计43个病死动物收集、暂存设施建设。养殖环节共无害化处理病死猪5741头，屠宰环节无害化处理病死动物及病害、不合格产品病死猪188头，病害猪肉和不合格猪肉57.262吨。

【粮油病虫害总体发生情况及防治】 2018年，农作物病虫总体发生较轻，其中虫害重于病害，草害继续成为粮油作物稳产高产的主要障碍。全区粮油作物病虫草鼠害发生面积97286.67公顷次，其中虫害54773.33公顷次、病害14980公顷次、草害10866.67公顷次、鼠害10000公顷次。综合防治面积127046.67公顷次，其中虫害66480公顷次、病害28700公顷次、草害21866.67公顷次、鼠害10000公顷次，挽回粮食1.8万吨、油料0.23万吨，损失粮食0.21万吨、油料0.04万吨。

【省农作物病虫监测网富阳区域站建设】 2018年，发布粮油《病虫情报》12期，经验证，情报准确率达到92%以上，防治信息通过"农民信箱"实时传送，确保其时效性和辐射普及面均达到100%，全年未出现技术性责任事故。

【化肥零增长】 2018年，推广测土配方施肥技术，面积46533.33公顷次，推广配方肥3365吨；推广水稻缓控（释）肥514.02吨，示范面积1120.4公顷，建设省级水稻化肥减肥增效示范区2个60公顷；建设水肥一体化集成技术示范区8个30公顷，推广新型水溶性肥30吨；推广使用商品有机肥3.5万吨；累计减少不合理化肥投入量525吨。开展相关试验24个，其中农业部委托试验2个，省委托试验2个，其他相关试验20个。

【农药零增长】 推进农作物病虫害专业化统防统治工作，完成农作物病虫害统防统治面积7000公顷，建立水稻统防统治示范区105个，示范面积333.33公顷，参与统防统治的农民专业合作社40家，3.33公顷以上大户140户，村级植保服务队58个，担架式喷雾器185台，背负式迷雾喷雾器210台，机手人数832人，服务农户0.75万户；建立绿色防控示范面积100公顷。开展茶叶茶尺蠖绿色防控试验示范，在重点茶区挂置茶尺蠖性诱剂诱捕器1600只，示范面积26.67公顷。开展线虫制剂防治黄条跳甲试验示范。实施杭州市蔬菜高效双低新农药补贴工作，推广双低新农药986.5千克，补贴面积210.8公顷，示范推广面积1400公顷，补贴29.89万元。

【农村统一灭鼠】 2018年，开展春季全区农村统一灭鼠工作，3月22日开始至4月5日结束，购置毒饵母液209.5千克，配置饵料20950千克，累计投放面积19793.33公顷。

【富阳区土壤肥料检测中心】 2018年，检测中心采集土壤样本811个、植株样本430个，完成土壤及植物样本化验5332项次，其中土壤容重46项次、土壤速效钾316项次、土壤阳离子328项次、土壤水溶性盐1292项次、土壤有机质399项次、土壤有效磷579项次、土壤有效硼90项次、土壤全氮505项次、植物全氮553项次、植物全磷456项次、植物全钾450项次、土壤pH值 318项次。完成实验室能力验证。

【耕地质量监测】 2018年，继续开展耕地质量监测，完成1个国家级地力监测点，8个省标准农田长期地力监测点的土壤剖面的取样和评价工作；继续开展8个农业面源污染监测点工作；完成101个省级动态监测点的取样和分析工作；继续开展全区10个农田土壤污染常规监测点和9个农田土壤污染综合监测点监测工作。开展耕地土壤质量评价，形成《2018年富阳区耕地质量报告》。

【农田土壤污染评估】 2018年，与浙江省农科院联合开展富阳区土壤污染评价工作，形成《杭州市富阳区耕地土壤污染评估报告》《杭州市富阳区粮食功能区耕地土壤污染评估报告》和《杭州市富阳区现代农业综合园区耕地土壤污染评估报告》3份专题报告。

【中轻度污染农田安全利用示范】 2018年，开展中轻度污染农田安全利用示范县项目，会同杭州市植保土肥总站、浙江大学在富阳区新桐乡建立镉污染农田安全利用试验示范区，实施面积6.67公顷，示范面积13.33公顷，完成试验区土壤污染背景和镉溯源调查工作，开展清洁有机肥替代秸秆还田、重金属镉低积累水稻（油菜）品质筛选与应用、碱性物质配比（石灰与生物质炭配合施用）示范、粮食作物种类替代示范、品种—灌溉—酸度/钝化调节（VIP综合农艺措施）模式示范。

【渔业生态保护】 积极落实省政府“五水共治”和区委“三看四态”促转型决策部署，积极开展池塘生态化改造、美丽渔场建设、养殖尾水治理示范点创建、污染防控技术示范推广、养殖水域滩涂规划和养殖尾水处理方案编制等工作。先后在东洲街道、鹿山街道、银湖街道、渌渚镇、场口镇等地区创建水产养殖尾水治理示范点13个，编制发布《富阳区养殖尾水处理方案》，完成省市局渔业部门考核目标100%；在杭州地区率先以富阳区政府名义出台颁布《杭州市富阳区养殖水域滩涂规划（2017—2030）》，科学合理划定禁养区、限养区和养殖区，并依法落实管控措施。建设完成美丽渔场3个，其中东洲街道2个、银湖街道1个，改善了渔业水域和基地生态环境，有效起到了示范带头作用；创建低碳高效池塘循环流水养殖示范点13个和稻田养鱼示范点4个，接待参观考察250余人次；示范推广水产污染防控和新型节约化养殖技术与模式，有效地减少了渔药、饲料、化肥的使用量，实现COD、总磷、总氮的排放达标，对周围水域环境零污染。

【农产品质量安全检测】 全年共完成定量检测1237批次（其中农业部20批次、省级270批次、杭州市462批次、富阳区本级485批次），合格率99.68%，完成定性检测29866批次，合格率99.92%。

【“三品”基地建设】 全区新申报杭州富阳东楼家庭农场、杭州富阳大荣竹笋专业合作社、杭州碧沼生态农业开发有限公司绿色食品基地3家，至12月底全区拥有有效期内的无公害农产品136个、绿色食品14个、有机农产品17个。

【古树名木保护】 根据《关于进一步加强古树名木保护管理的通知》（浙绿委〔2003〕6号），做好富阳区省级和本区级古树名木的保护立项工作，2018年对全区申请保护的100多株古树进行了踏勘，对每株古树的保护措施进行了具体指导，完成全区43个行政村的96棵古树立项要求实施保护工程。根据省林业厅《关于印发浙江省古树名木资源普查工作实施方案的通知》（浙林造〔2016〕40号）要求，开展了全区古树名木资源普查补充调查工作，并完成全区古树名木资源普查调查工作。

【湿地公园建设】 根据《全区湿地保护规划》，

继续做好湿地保护管理工作，确保湿地面积不下降，湿地功能不减退，湿地生物多样性不减少。在时代广场开展了以“湿地——城镇可持续发展的未来”为主题的世界湿地日宣传活动，通过图版、资料、标语、横幅等形式向市民宣传湿地的功能、湿地资源的现状、保护湿地的意义等。加强对湿地资源特别是咕噜咕噜岛湿地公园的监管力度，多次进行现场监督检查，对发现的问题要求及时整改。并协助区政府完成了富春江自然资源保护规划的前期工作。

【野生动植物保护管理】 2018 年 4 月 14 日与杭州市林水局在杭州野生动物世界举办以“保护鸟类资源，守护青山绿水”为主题的野生动植物保护宣传月、“爱鸟周”活动暨“杭州——中华大熊猫苑”签约仪式。国家林业局保护司副司长张志忠、中国保护大熊猫研究中心副主任李德生、浙江省林业厅副厅长王章明、杭州市林水局局长华德法、富阳区副区长何献忠等参加野生动植物保护宣传月、“爱鸟周”活动暨“杭州—中华大熊猫苑”项目签约仪式。通过趣味生动的科普展板、新《中华人民共和国野生动植物保护法》漫画宣传册、图册、野生动物知识讲解、科普宣传等方式，让市民了解到生态环境保护、野生动物保护的重要性和常识，共发放野生动植物保护等科普书籍 300 本。

【野生动物救护】 2018 年，做好野生动物的救护工作，共救护野生动物 24 只，其中国家级保护野生动物 10 只，全部送往杭州野生动物世界救护中心进行救护。

【森林消防安全】 进一步完善落实长效管理措施和机制，森林火灾综合防控能力进一步得到加强，有效地遏制了森林火灾发生态势。2018 年，富阳区发生森林火灾 1 起，立刑事案件 1 起，查处森林消防类行政案件 8 起，森林火灾防控工作成效显著。圆满承办杭州市森林消防地空联合实战演练，富阳区森林消防代表队多年蝉联浙江省、杭州市森林消防实战演练比赛第一名；以推进“林区警长制”为抓手，努力构建林区治安防范新机制。2018 年，受理各类报警案事件 155 起，办结林业行政案件 58 起，侦办刑事案件 15 起，采取刑事强制措施 20 人，发现并移交涉黑案件线索 1 条，办结信访事项 8 件。

【渔业生产生态管理】 全年检查水产养殖和苗种单位 120 余家次，抽检 95 批次，分二期开展全区规模以上养殖户的培训工作，培训 178 人次。累计登临检查渔船 245 艘次，查处各类违规案件 18 件，罚款 13600 元。没收“三无”电鱼船 13 只，电鱼工具 15 件（套），拆解电鱼船 19 只。放流三角鲂、鲢鱼、鳙鱼、黄尾密鲴、花鱼骨、长吻鮠、光唇鱼等鱼苗 760 余万尾。根据《杭州市渔业资源保护管理规定》，退捕渔船 9 艘，其中 4 艘为自愿退捕。依据富政函〔2015〕50 号成立的 25 支群众性护渔组织，分二次集中上交收缴的电捕工具 323 套，发放奖励资金 11.27 万元，经考核确定等次后发放补助资金 91 万元。根据省人大常委会关于海洋幼鱼资源保护的决定，开展宣传发动工作，接受省局督查获好评。完成杭州市级“平安渔业示范县”创建，2 月成功创建浙江省级“平安渔业示范县”。9 月，杭州市“一打三整治”现场会富阳分会场处置收缴废旧电池 351 只（2.4 吨），19 只涉渔三无船舶现场解体。

【重大动物疫病防控】 免疫生猪猪瘟、猪口蹄疫、禽流感疫苗 470.17 万头（羽）次，发放猪口蹄疫、蓝耳病、禽流感疫苗 279.37 万毫升；实施产地检疫生猪、家禽、羊等 94.28 万头（羽）；屠宰检疫生猪、家禽、牛等 256.99 万头（羽），采集各类监测样本 9595 份（套）。2018 年，开展非洲猪瘟防控工作，共摸底调查泔水养殖场（户）52 个，开展生猪疫情排查 333.8685 万头（次）；严格调运监管，劝退生猪及产品 18 批次，共 2367 头，5000 千克。

【重大农业植物疫情防控】 2018 年，全区实现防控加拿大一枝黄花面积 3.73 公顷，疫情发生乡镇基本没有变化，但疫情分布更加分散。加拿大一枝黄花疫情防控工作实行“春季药剂防治为主，秋季人工铲除为辅”的方针，全面实施专业化防治，防除面积达 100%，复垦 0.13 公顷。建立梨树病害监测点 3 个，健全专人定期检查制度，加大富春街道顶顶水果合作社梨园巡查力度，4—5 月，每间隔 5—7 天就踏巡一次，共巡检10次。4月25号检查常安镇永安山杭州芝延农业科技有限公司的梨园时发现480棵、1.33公顷翠冠品种有梨树病害（后经浙大确诊）发生，立即对有病害的梨树进行了修枝，喷洒农药等保护措施，病害得到有效控制。突出重点，加强综合防治，重点对富春街道发生点附近的所有梨园及银湖街道、新登镇梨园专业合作社进行药剂防治，每间隔7天喷施塞唑辛药剂防治1次，全年总喷药面积达262公顷，投入药剂防控资金5万余元。全年完成666.67公顷水稻的稻水象甲和水稻细菌性条斑病、533.33公顷瓜类的黄瓜绿斑驳花叶病毒病和果斑病、206.67公顷柑橘溃疡病与黄龙病、66.67公顷番茄潜麦蛾、153.33公顷苗木红火蚁的调查和监测普查任务，没有发现此类疫情。

【森林病虫害防治】 2017—2018年度，全区完成松材线虫病除治面积366.13公顷，不明原因致死的面积631.87公顷，到4月底已全部按除治方案要求实施了除治作业，并通过省、市主管部门验收。共计采伐疫木约12800余吨，投入财政资金600余万元。2月下旬，对富春街道金家山烈士纪念碑周围的重点松林进行打孔注射，共注射药剂3000瓶。4月开始，对万市、洞桥、新登等重点地区设置天牛引诱点，挂置诱捕器，努力降低虫口密度。开展森林医生活动，义诊经济林266.67余公顷，古树名木12棵，发布虫情通报3期。

【产地检疫与调运检疫】 实施农业产地检疫12家面积122.87公顷，其中：紫云英12500千克、水稻124000千克、油菜种子5000千克、茶苗1200万株、草莓55万株、黄瓜苗5万株、南瓜苗1万株、花椰菜苗5万株、甜瓜苗3万株、番茄苗3万株、葫芦苗3万株、辣椒苗7万株、丝瓜苗2万株、西瓜苗2万株、茄苗15万株。全年共签发农业植物检疫调运许可48份，其中水稻种子34项次9909.9千克，青菜种子1项次20千克，油菜种子1项次5000千克，茶苗12项次336.97万株。签发森林植物检疫证书4110份，其中省内488份（苗木215份，木材类89份，电缆盘等其他类184份），省外3622份（苗木349份，木材类359份，电缆盘等其他类2914份）。

【强化检疫监管】 组织开展春季种苗检疫执法专项行动，累计出动68余人（次），出动车辆20台次，检查富阳区主城区、新登农贸市场等种子市场2个，大小种子企业、个人门店、种植基地和疫情监测点45家，检查种子28365千克，种苗10万株。开展中药材市场执法检查，共检查医院、药店、企业15家。通过检查，进一步要求各涉农单位、经营户建立和完善报检档案，建立检疫监管长效机制，做到调入种子源头可溯，销售流向清楚，防止植物及其制品的调运传播疫情造成危害。开展绿剑行动，检查行政相对人127家次，查办案件5起，罚款6200元，没收疫木60余吨。

·科技宣传·

【农业科技下乡】 开展“五联、五送”服务活动，发放科普书籍资料9765余册，赠送农业技术电教片5部，展出宣传图版217块，新型农机装备展示农机具20余台套。

【农林科技】 推荐禽养殖污染在线监管技术项目并获省农业丰收奖三等奖，推荐14篇农业科技论文并获富阳区优秀科技论文一、二、三等奖，汇编科技推广项目成果论文31例，推荐钱海平同志获省农业技术推广员贡献奖。完成试验研究、示范推广和成果转化三大类的农林科技推广项目41个。

【农作制度创新】 常安镇（2017年—2019年）创新农作制度示范乡镇创建。2018年，建成创新农作制度示范模式6种，香榧园间作鼠茅草、香榧套种蓝莓、蔬菜、混种樱桃、油茶套种黄金蜜、水稻套养青虾、油茶套种黄金茶、香榧套种白芨，实施面积13.67公顷。

【农技推广体系建设】 2018年富阳区被列入农业部和省农业厅基层农技推广体系改革创新试点县区之一。出台了首席农技推广专家制度，建立了全产业链的首席农技推广专家团队13个，建立了新品种、新成果、新模式的集成农林产业示范点、示范基地138家，创建省级农业科技示范基地10个，建立农民学习示范的田间学校 15 家，完成科技攻关项目 38 项，取得农业科技成果 48 项，引进农技推广高端人才 10 个，培育农创客 22 家，新型职业农民 386 人，工作成绩显著，完善了农技推广服务机制，加快了农业技术推广应用，为全区农业增效、农民增收提供了良好的技术支撑。

【农业新品种、新技术推广】 发布 2018 年种植业主导品种 106 个、主推技术 61 项；养殖业主导品种 27 个、主推技术 15 项； 农业机械主推技术 18 项。建设粮油、水果、蔬菜、茶叶 320 户农业科技示范户，5 个省级现代农业科技示范基地。

·农业人才培训·

【农广校学历教育】 2018 年，全年在读中专生有 9 个班 375 名。其中 2016 级 3 个班 113 人［种植专业（水果）2 个班 80 人、种植专业（蔬菜）1 个班 33 人］；2017 级 4 个班 159 名［种植专业（水果）2 个班 89 人、畜牧兽医专业 1 个班 35 人，花卉生产专业 1 个班 35 人］；2018 级 2 个班 103 人（种植专业（果树）1 个班 51 人、种植专业（花卉）1 个班 52 人），上半年 2016 级学员修完教学计划规定全部课程，经考核鉴定成绩合格，92 人顺利毕业。

【新型职业农民培育】 2018 年，富阳区承担新型职业农民培训任务 100 人，开设培训班 3 期，实际完成培训人数 168 人，其中生产经营型 53 人，专业服务型 115 人；云尚智农 APP 农民评价参与率在 98.12%；输送到省市参加青年农场主、合作社负责人等高层次培训 32 名；开展新型职业农民继续教育培训 756 人；开展新型职业农民认定 2 次，参加认定人员 139 人，合格 134 人。其中，认定为初级新型职业农民 66 人，认定为中级新型职业农民 68 人。

【农技人员继续教育培训】 2018 年，分 2 期对 125 名具有初级以上专业技术职称的农林专业技术人员，进行了为期 3 天的继续教育培训；开展校地合作，在浙江农林大学暨阳学院举办为期 5 天的高级人才知识更新研修班一期，农林局高级职称专业技术人员及部分行政科室负责人 40 人参加培训。

【职业技能鉴定】 2018 年，共开展农业职业技能鉴定 7 期，参加鉴定人员 338 人，321 人考取了国家职业资格证书。其中社会生 3 期 180 人，合格 171 人；在校生 4 期 158 人，合格 150 人。

【农业实用技术培训】 全年共举办农业实用技术培训班 6 期，培训各类学员 300 多人。

【实训基地、田间学校】 申报创建了 2 家省级农民田间学校（杭州富阳锦冠生态农业开发有限公司、杭州富阳龙腾生态农业开发有限公司）；1 家杭州市级农业推广应用基地（杭州富阳桥雅生态农业开发有限公司）；1 家杭州市级农业培训实训基地（杭州富阳水映生态农业开发有限公司）。 （邵中庆）

·防汛防台抗旱·

【主要灾害】 （1）第一轮降雨：6 月 17 日至 6 月 21 日，全区平均面雨量为 163.2 毫米，最大湖源乡湖源站 243.2 毫米。第一轮强降雨富阳区 19 日 14：30 启动了四级应急响应，22 日 10 时取消四级应急响应，（2）第二轮降雨：7 月 4 日至 5 日，全区平均面雨量为 10.3 毫米。但受上游强降雨雨影响，上游下泄流量最大达 11800 立方米／秒，富春江水位 5 日晚 21 时 40 分达到警戒水位 8.0 米。富阳区于 5 日 13 时启动防汛四级应急响应，6 日上午 8 时取消四级应急响应。（3）第三轮降雨：7 月 8 日至 10 日，全区平均区面雨量 48.4 毫米，最大渔山乡五岭站 77.8 毫米。富春江水库下泄流量也达到了 11500 立方米／秒。（4）第四轮降雨：7 月 12 日 8 时至 13 日 19 时，全区平均区面雨量 142.0 毫米，最大新登镇上山站 194.8 毫米，7 月 13 日雨量 135.9 毫米（20 时到 20 时），日雨量为有气象记录以来第 13 位，达到五年一遇强降雨标准。受强降雨影响，岩石岭水库最大溢流 1.92 米，达到 54.06 米（汛限水位 52.14 米），富春江富阳站最高水位达到 8.68 米，超过警戒水位 0.68 米，富春江水库下泄流量最大 10500 立方米／秒，分水江下泄最大4900立方米/秒(13日16时,超5年一遇);城区内河水位最高6.54米(城区警戒水位6.45米),皇天畈排涝站开启四台机组排涝,皇天畈南渠青云桥闸达到11.75米的高水位(保证水位11.85米)。富阳区于13日7时30分启动四级应急响应,13日13时15分启动三级应急响应。14日16时取消三级应急响应。溪堤受损1770米。水利工程主要出险情况为:新桐乡新店溪100米堤防堤脚被冲空;新登镇一处塘坝大坝右侧山体出险塌方;大源溪灵桥镇董家桥段一处防洪堤出险漏水险情。无人员因灾伤亡。

【防汛检查】 2月底至3月中旬,开展防汛大检查,共出动1658人次,检查各类水利工程3569处。其中:中型水库1座、小(一)型水库7座、小(二)型水库143座、万方以上塘坝工程642座(其中重点临村塘坝135座),防洪堤292.3公里,渠道360余公里,溪堤500余公里,灌溉机埠325座,排涝泵站92座,涵闸167座,水电站25座,堰坝645条,水文测站58处等,发现安全隐患135处,要求限期整改并落实度汛方案。

【保障措施】 编制完成富春江洪水预案,对皇天畈泵站双回路电源安装。完成全区304个行政村、社区的防汛防台形势图的编制,为指引避险、逃生提供保障。

【基层防汛防台体系建设】 开展全区防汛信息化建设,完成区、乡镇、村三级4836人的防汛管理APP安装。组织343名山塘水库管理员进行培训,切实提高了管理员的业务水平。进一步巩固了基层防汛防台体系。完成36座小(二)型水库监控和水雨情遥测设备的安装。新建里山、湖源、万市三座水位站;完善了山洪灾害群测群防体系及富春江洪水风险图编制,有力推进体系的长效运行。将基层防汛防台网格化体系纳入区委、区政府"网格化管理、组团式服务"中,将危险区人员转移责任人、预警责任人等细化到组、到户,做到"横向全覆盖、纵向全到户"的防汛救灾服务保障。

【防台抗旱工作】 做好台风"利奇马"的防御准备工作,及时上传下达台风预警信息,共下发明传电报7份,下发《防汛防台抗旱信息报送单》18份,7月17日出梅,入出梅时间较常年偏迟,梅雨期30天,较常年(21.2天)偏长。梅雨期面雨量408.6毫米,较常年平均(251毫米)偏多60%。要求各乡镇街道和相关部门加强蓄水工程和农村饮用水工程管理,确保居民生活用水正常,加强水质消毒工作,严禁放空库容用于除险加固等工程建设。对旱情严重的地区,调用消防、园管等部门供水车辆进行供水,保障了人民群众的基本生活用水。

·水利建设和管理·

【概况】 根据"五水共治"省、杭州市水利投资考核任务,完成年度任务6.41亿元,投资完成率107%。全年实施常规水利项目494处(其中,新建项目139处),全年围绕提升城镇重点区域排涝能力、山塘水库综合防洪能力、城乡水环境面貌、农村饮水安全、农业综合生产能力等五大方面,总投资2.47亿元,财政补助2.23亿元。完成4座水库和9座塘坝的除险加固、完成12千米农村河道整治、新增76公顷高效节水灌溉面积、完成1.5万人口饮用水提升改造。

【富春江治理工程】 富春江治理工程是省"百项千亿"重点水利项目,2018年完成堤防加固5.1千米,年度投资3.1亿元。自2014年开工以来,截至2018年底已累计完成场口堤、中柏堤、港东堤、程坟堤、浦西堤、赵家堤、黄金畈堤、包家琪堤、东洲堤、春江堤、三山堤、灵桥堤12段堤防(37.9千米)加固32.5千米。

【北支江综合整治工程】 为有效解决北支江水生态功能,进一步提升富春江防洪能力,助推杭州亚运会水上运动赛事,启动北支江综合整治工程,打造世界级水上运动中心。2018年,北支江综合整治工程列入省"百项千亿,防洪排涝"工程。截至2018年底,完成北支江配水泵站、上游水闸船闸围堰工程。

【河湖清淤工程】 以“绝不把污泥、浊水带入全面小康社会”为工作目标，扎实做好河湖清淤各项工作，力争全面剿灭劣Ⅴ类水体。全年安排财政资金3000万元，实施清淤项目82个。至2018年底，完成清淤92万方，完成率102%。

【水利工程管理】 严格按照《富阳区水利工程建设管理办法》《富阳区小型水利工程建设管理办法》《杭州市富阳区水利建设项目资金管理办法（试行）》等规范性制度进行管理。开展在建重点水利工程标后管理和文明工地专项整治行动，通报检查情况、下发整改通知单。加强施工现场考核，督促业主单位履行建设管理职责。建立企业和项目班子不良信用行为动态管理制度，与招投标市场管理进行联动，对不合格企业作出取消在富登记、暂停市场行为的处理。

【水资源管理】 强化最严格水资源管理制度，推进节水型社会建设。加强取水计量监控系统建设，完成取水实时监控系统安全等级评估工作。抓好水资源费计量征收工作，全年征收水资源费2100万元。规范取用水行政许可管理，2018年审批取水户6家，办理换证企业3家，许可总水量2.12亿立方米。

【水土保持】 2018年，共安排水土保持综合治理专项资金200万元，实施小型治理项目10处，小流域结合茶园、山核林等其他经果林通过封禁封育治理、基本农田改造、种植林草、坡面径流调控等水保措施进行治理。对每一个生产建设项目的水保落实情况进行监督检查，在建生产建设项目累计开展水保监督检查200余次。

【水域保护与管理】 2018年度共发生33处水域变化，其中水域增加9处，增加面积为13500平方米，水域占用23处，减少面积为45130平方米。

【生态调水】 鹿山翻水站加大了生态调水量，全年累计运行7367小时，调水1.6亿立方米，基本满足农业灌溉、城市景观用水的需要。太平浦泵站调水350万立方米，新桥泵站根据水质情况适时进行调水。通过科学调度，城区河道水体更换频率明显加快，特别是太平浦，通过加大调水量，水质改善明显。

【河道保洁】 2018年，实施富春江富阳城区段河道保洁，从富春江中埠大桥至新沙岛下嘴口，长15.80千米，保洁面积15.30平方千米，委托浙江省钱塘江海塘物业管理有限公司负责保洁。全年共出动保洁人员11000余人次，打捞塑料泡沫、杂树、杂草等浮游垃圾约800吨，打捞动物尸体10具。

【工程管理】 按照《富阳区水利工程管理标准化实施方案（2016—2020）》，共安排年度经费900万元，完成皇天畈排涝站等113处水利工程的标准化管理创建工作。

【农村小水电管理】 落实农村小水电站主体责任，逐级签订责任状，将安全生产责任层层落实。于5月初开展农村水电站安全生产和安全度汛大检查，检查已建小水电站21座，发现安全隐患9处，已全部完成整改。8月完成岩石岭二级电站标准化创建复评，9月完成岩石岭一级电站标准化创建复评。根据中央环保督察的意见，完成壶源溪干流9座水电站的关停工作。

【岩石岭水库运行管理】 2018年，岩石岭水库一、二级电站实现安全经济运行，全年共计发电909万千瓦时，实现产值491万元。其中一级电站三机累计运行12019小时，二级电站三机累计运行7051小时。葛溪生态补水180天约4200万立方米。

【皇天畈排涝站运行管理】 2018年无洪涝灾害，皇天畈排涝站累计试运行2次共计运行10台次100分钟，运行正常，确保洪涝期能发挥效益。

【3·22世界水日】 2018年3月22日是第二十六届“世界水日”，3月22—28日是第三十一届“中国水周”。联合国确定2018年“世界水日”的宣传主题是“借自然之力，护绿水青山”。中国纪念2018年“世界水日”和“中国水周”活动的宣传主

题为“实施国家节水行动，建设节水型社会”。开展了广场主题宣传活动、有奖知识互动问答、节水宣传进校园活动、制作节水公益广告等一系列宣传活动。（于　璐）

·依法行政·

【强化法治监督】　依照《浙江省行政程序办法》，启动农林执法机构执法类工作证件管理制度，依法核发执法类工作证件31份。组织开展行政执法案卷和行政执法检查评查活动三次，实施行政执法案卷、局合同文本法制审查18件49次；高质量完成《浙江省行政程序办法》实施情况自查；对区农业行政执法大队、区渔政管理所承办的17件行政处罚案卷实施法制审查48次，并规范制作《行政处罚案卷法制审查意见书》16份。组织特邀农林执法监督员对各农林执法机构及其执法人员遵守省农业、林业、渔业行政执法行为规范、风纪规范、礼仪规范情况进行首次专项督查。建立“双随机”执法检查人员名录库动态调整，举办首次“双随机”执法抽查专题培训，对各执法机构规范运作首次网上“双随机”执法抽查给予业务指导。从2018年7月起，实行重点法治建设任务进展通报制。2018年，全局各农林行政执法机构立案查处违法案件118件，完成率为102%，处以罚没款为61.16万元，移送农林违法证据财物30件。

【强化行政执法能力建设】　组织召开全区农资监管工作会议暨农资从业人员业务培训班，参加人员144人，发放宣传资料1675份，签订农资质量安全责任书144份，签订限用农药退市承诺书144份；举办两期富阳区农药经营人员培训班，培训学员120人；规范执法程序，倡导文明执法，全年受理查处各类案事件15起，罚没款8.53万余元；协调解决大小农资纠纷投诉5起。

【农资市场监管】　2018年，区农业行政执法大队共出动执法人员670人次，检查各类农资生产、经营单位360家次。对47家主要农资生产、经营单位进行了抽样检查，抽取农业投入品样品121个，抽样数比上年增加了一倍。检测不合格6个，比去年下降一半，抽样合格率达到95%，比去年的75%提高了20个百分点；区农业行政执法大队对农资经营市场开展了“双随机”执法检查和行政许可事中事后监管，8名执法人员分成4个检查组按“双随机”检查表的要求，上门对随机抽到的28家农资生产经营户的农药、兽药生产经营许可证、肥料登记证、营业执照、农资经营台账、包装标签等进行了执法检查。（邵中庆）

【水政执法】　开展日常水政巡查，受理和调处群众举报，做好日常采砂管理，严厉打击非法采砂等水事违法行为。全年组织水政执法巡查1520余次，出动巡查人员6400人次，现场纠违15次，立案查处违法水事案件5件。

【水利行政审批】　围绕“最多跑一次”改革这个中心，在日常水行政审批、改革等工作中加大依法行政力度，提升行政服务效能，顺利完成各项行政许可及改革任务，着力推进涉水审批工程事前服务制度，群众、企业办事“跑一次实现率”“办事满意度”大幅提升。截至2018年底，完成水土保持方案、涉河涉堤方案、水利工程初步设计等水行政审批和备案登记事项400余项，征收水土保持补偿费212万元、占用水域补偿费196万元。（于　璐）

【编　辑　何开城】

工　业

·综述·

【概况】　2018年，是实现“三看四态促转型”，推进“拥抱富春江、拥抱大都市、拥抱新时代”战略目标的起步之年，区工业和信息化工作贯彻区委区政府“快蹲快跳、快破快立”工作要求，围绕“产业转型”主线，以高新产业培育壮大为主攻方向，以传统产业改造提升为突破口，全力打好产业业态大转型“组合拳”，全力建设高新工业强区。

【工业经济】　全区完成规上工业销售产值1352亿元，同比增长6.9%；完成规上工业增加值248.1亿元，同比增长4.5%。其中，战略性新兴产业增加值61.3亿元，增长8.5%；高新技术产业增加值112.9亿元，增长9.0%；装备制造业增加值89.0亿元，增长7.9%。

【信息经济】　全区实现信息经济增加值67.8亿元，增长10.1%规上（限上）企业实现信息经济主营业务收入584.2亿元，增长12.5%。其中，电子信息产品制造业实现主营业务收入249亿元，增长12.6%；电子商务业实现主营业务收入168.4亿元，增长10.8%；软件与信息服务业实现主营业务收入159.9亿元，增长15.4%，物联网业实现主营业务收入42.7亿元，增长32.7%；数字内容业实现主营业务收入7.7亿元，增长31.9%。

【工业效益】　全区共有规模工业企业646家，全年实现主营业务收入1432.7亿元，同比上升9.1%。实现利税135.5亿元，实现利润62.7亿元。

【首次发布工业企业百强榜】　2018年5月4日，区经信局首次发布富阳工业企业百强榜，涵盖装备制造、信息经济、生物医药等领域。凡是工商注册、纳税关系在富阳的工业企业均纳入工业企业百强榜评选范围。此次评选工作无需企业申报，不牵涉企业精力，以区统计局提供的企业主营收入为标准，从高到低进行排列，并将集团企业进行合并统计。榜单显示，工业百强企业2017年主营业务收入合计达到851.03亿元，平均值8.51亿元，其中超百亿元企业有两家。

【开展服务企业百日专项行动】　2018年5月20日至8月28日，富阳用100天的时间，通过区领导、区级机关和乡镇（街道）三级重点服务企业制度，大力营造优质营商环境，以优质的服务推动发展；从体制机制层面解决企业反映的共性问题，确保企业个性问题“事事有回应、件件有答复”，实现答复率100%，力争满意率80%以上。2018年6月14日，富阳召开全区服务企业百日专项行动推进大会，要求牢固树立“优质服务是发展的第一要务”理念，进一步解放思想、转变作风，提升服务效率、建优发展环境、强化干事保障，以优质服务加快转型发展节奏，推动全区经济又好又快发展，不断加快向都市经济转型步伐。2018年7月，为进一步优化发展环境，着力打通优化营商环境“最后一公里”，实现精准服务、定点服务、上门服务，切实提高企业满意度，富阳推出重点企业服务专员制度，为全区规上工业企业和高新潜力企业提供专属的全方位、全过程、全天候“保姆式”服务。截至2018年9底，共走访企业4326家次，收到问题1803个，答复1803个，答复率100%；解决问题1299个，解决率72%。

【江南区块转型发展】　2018 年 11 月 28 日，春江街道永泰热电厂烟囱开拆。这标志着富春湾新城转型升级、企业腾退工作进入了一个全新阶段。至 2018 年底，新城内已拆除造纸企业 30 家，削减落后产能 270 万吨，目前正在开展 37 家造纸企业征迁工作，计划削减产能 220 万吨；同步开展造纸配套企业腾退，已收储热电企业 1 家，计划 2019 年再启动 1 家热电企业收储工作；已收储灵桥、春江两家污水厂，计划 2019 年再启动 1 家污水厂收储工作。

·生物医药制造业·

【概况】　2018 年，富阳区生物医药行业主营业务收入 44.2 亿元，同比上升 32.9%，共 14 家规上工业企业。位于胥口镇的富春药谷小镇于 2015 年 12 月入选杭州市级首批特色小镇创建名单，2016 年 1 月入围省第二批特色小镇创建名单。目前已集聚海正药业、海正辉瑞制药、瑞海医药等多家生物医药研发制造企业，形成了包括高端生物技术药物、注射和口服制剂及出口原料药等三大主要业务的生物医药产业，着力构建生物医药研发孵化、生产制造、会议展览、健康服务于一体的健康全产业链，打造国际影响、国内示范的“五医”绿色小镇。

【惠迪森药业扩建项目投入使用】　2018 年 8 月，位于富春街道的浙江惠迪森药业有限公司迁扩建项目主体完成，进入生产线调试阶段。该项目总投资 3.05 亿元，一期占地面积 3.33 公顷，预计 2019 年初投入使用，预期可实现销售产值超 20 亿元。该企业从事抗生素制剂研发、生产与销售，2017 年亩均税收高达 265.86 万元，是近年到富阳深化“亩均论英雄”引导高质量发展的范例之一。

【海正药业盐酸莫西沙星片通过世界卫生组织认证】　2018 年，海正药业收到世界卫生组织（WHO）出具的 PQ（预认证）确认函。WHO 根据公司报送的 PQ 申请文件以及现场检查确认，公司的盐酸莫西沙星片符合 WHO 推荐的标准。根据该确认函，公司生产的盐酸莫西沙星片通过了 WHO 的 PQ 认证，已被列入 WHO 推荐采购清单。盐酸莫西沙星片适用于治疗上呼吸道和下呼吸道感染，也属于抗结核的二线药品。截至目前，公司在该药品研发项目上已投入约 720 万元。

【海正药业新药申请获受理】　2018 年 9 月，海泽麦布（HS-25）单药完成 III 期临床试验，根据临床研究总结报告，两项临床 III 期试验均达到预设标准，海泽麦布治疗原发性高胆固醇血症疗效确切，可降低 LDL-C、TCH、non-HDL-C、ApoB 水平，2 周起效，起效快且效果平稳，长期使用本品不良反应发生率低、安全性高、耐受性好。对合并动脉粥样硬化性心血管疾病及等危症，经常规他汀药物治疗仍未达到目标值的高胆固醇血症患者，加用海泽麦布降脂疗效优于他汀剂量增倍，且不良事件、不良反应发生频率更低。

【海正药业驱虫产品为大熊猫健康护航】　1 月 22 日，海正动保销售经理李海波专程将药品送达成都大熊猫繁育研究基地。据介绍，国宝大熊猫需要定期驱虫，以往，中国在驱虫产品的使用上都依赖于进口，不但价格高，且极为不便。“海乐宠”在国内上市，改变了这一局面。未来三年，海正药业公司将会陆续上市一系列宠物产品，为中国更多宠物家庭提供高性价比的产品和服务。

【海正药业入选“2018 年（第 25 批）浙江省企业技术中心企业”】　根据《浙江省企业技术中心管理办法》（浙经信技术〔2010〕142 号）、《浙江省建设行业企业技术中心管理办法》（浙经信技术〔2010〕143 号）和《浙江省高技术服务企业技术中心实施方案（试行）》（浙经信技术〔2013〕189 号）要求，经企业申报、各地推荐、第三方初评、专家答辩和综合评分，按得分排序，海正药业（杭州）有限公司被确定为 2018 年（第 25 批）浙江省企业技术中心之一。

·造纸及纸制品业·

【概况】　造纸行业是全区的传统产业，也曾是重要支柱产业之一。2018 年，造纸和纸制品行业规上工业共125家，实现主营业务收入216.7亿元，占规模以上工业比重的15.1%，增幅-4.9%。但落后的产能和粗犷的管理方式，已经不能适应富阳高质量发展的要求。从撤市设区起，富阳就进入了产业转型升级的“快车道”。对于造纸业等GDP占比大，富阳一手关停，一手入园，整治了大批低能效企业。做好产业转型文章，加快造纸产业腾退，为高新产业发展提供土地空间和能源保障，进一步加快动能转换。

【大同村创建传统造纸文化名村】 乡村振兴，文化为魂。大源镇大同村位于富阳西南部，是富阳传统造纸文化村、富阳传统纸主产区和全国三大手工纸集散地之一。2018年，大同村正式申请特色村创建项目，迈出了创建“富阳传统造纸文化名村”的第一步。现已编制了《大同村手工造纸历史文化村保护和开发规划》，推动了精品民宿和古法造纸旅游项目建设，为加快发展美丽产业，提高村集体“造血”能力明确了方向与路径。

【杭州市督查组到富阳督查传统制造业改造提升】 2018年5月17日，杭州市传统制造业改造提升工作督查组及市政府新“六场硬仗”专项督查组来到富阳，调研督查富阳区相关工作开展情况。2018年以来，富阳围绕产业转型主线，深入实施以造纸行业为重点的传统制造业改造提升，坚持转型升级并举，打造高端专业平台，狠抓招商引资引才，各项工作均取得明显成效。按照省级试点要求，富阳已完成造纸制造业改造提升实施方案，已减少造纸企业18家、腾退造纸产能120万吨；申能固废迁扩建项目预计2018年10月投产，南方水泥“三合一”整治提升项目已通过省级审批。与此同时，富阳全面提速开发区“一园多区”平台建设和江南新城“腾园换凤”，加快培育新一代信息技术、高端装备制造、光通信、生物医药、新能源、新材料等产业，为实施“高新工业强区”战略不断注入新活力。

【富阳造纸产业集群公共服务平台获省级优秀平台】 根据省经信委、省财政厅《浙江省中小企业公共服务平台网络运行考核办法》，结合2018年度重点工作及考核标准，经各平台运营机构自评、省企业发展服务中心初审、专家综合评审、省经信委确认等程序，富阳区造纸产业集群公共服务平台被评为优秀考核等级。

·有色金属冶炼及延压加工业·

【概况】 有色金属冶炼及延压加工业（主要铜业）是富阳区特色产业，已有50年历史。2018年实现主营业务收入342.7亿元，同比上年上升15.0%，占比23.9%，实现利税总额21.7亿元。2018年，富阳共有铜冶炼及压延加工业规上企业20家，以和鼎铜业、新兴铸管、申能固废等龙头企业为带动引领，和鼎铜业和新兴铸管均为产值百亿级工业企业，申能固废为全国少数拥有固废处置企业之一。浙江富冶集团有限公司、杭州富阳申能固废环保再生有限公司荣获富阳区2018年度“十大功勋工业企业”。

【浙江富冶集团跻身全国铜有色冶炼行业前列】 2018年8月，富阳区重点工业企业浙江富冶集团有限公司迎来建厂60周年。从电解铜产量不足1万吨的地方冶炼小厂，发展到工业销售产值突破350亿元规模，富冶集团已跻身全国大型铜有色冶炼行业第一方阵。作为浙江省最早成立的铜冶金企业，富冶经过60年来的艰苦创业、改制发展、转型升级，已成为拥有省内外多家控股子公司、多个矿产铜和再生铜生产基地的大集团。2018年上半年，富冶集团电解铜产量超过22万吨，销售收入达209亿元，上缴税收逾13亿元，继续保持稳步增长。富冶集团在注重高质量可持续发展的同时，十分重视企业的社会责任，在60周年之际成立富冶慈善基金，回馈社会。

【浙江富冶集团首次跻身“中国企业500强”】 2018年9月，“2018年中国企业500强”榜单发布，500强企业营业总收入首次迈入70万亿元大关，达71.17万亿元，与上年相比增长11.2%。2018年，榜单首次出现富阳企业身影，浙江富冶集团有限公司468名跻身榜单。此外，浙江富冶集团有限公司还入围“2018年中国制造企业500强”榜单。

【浙江江铜富冶和鼎铜业有限公司实现白银出口“零突破”】 2018年，浙江江铜富冶和鼎铜业有限公司成功开展铜精矿加工贸易实现白银出口“零突破”，预计全年拉动出口1000万美元。根据和鼎进口铜精矿品位及火法冶炼技术工艺特点，和鼎铜业共办理铜精矿进料加工手册四本，备案金额57.27亿美元，出口白银15吨，货值815万美元，实现白银加工贸易方式出口浙江省的“第一单”。在海关加工贸易政策的引导下，企业也顺利在LBMA伦敦金银市场贸易协会办理完成自主品牌铜产品注册登记。

·金属制品业·

【概况】 富阳金属制品业主要包含金属结构制造、金属门窗制造、金属表面处理及热处理加工等。2018年，富阳区金属制品业实现规模以上主营业务收入130.5亿元，同比增长8.8%。规上工业企业共42家，代表企业有银图新型建材、通兴铁塔、张小泉股份、永丰钢业、富源华彩钢、宝旭彩钢。

【彩钢行业集聚效应明显】 以银图新型建材为代表的彩钢行业，是富阳区出口东南亚的强势行业，政策利好加上“一带一路”春风，2018年出口销售额逾113.31亿元，免抵退税额逾14.11亿元，同比增长达32.63%和34%。

【浙江永丰钢业有限公司坚定转型升级】 浙江永丰钢业有限公司位于大源镇工业功能区，主营热镀（铝）锌钢板生产销售，拥有两条世界先进的美钢联法工艺连续热镀（铝）锌钢板生产线，年生产能力45万吨。2018年一季度实现销售收入3.2亿元，产品除国内销售外，还出口到欧洲、中东、东南亚等国家和地区，同时开展搬迁选址及新建。

·非金属矿物制品业·

【概况】 非金属矿物制品业是富阳区的传统行业，主要包含水泥制造、石灰和石膏制造、水泥制品制造、轻质建筑材料制造、玻璃制品制造及其他建筑材料制造等。2018年1—12月，富阳区非金属矿物制造业累计实现规模以上工业销售产值57.2亿元，同比增长41.5%。水泥行业通过“三合一”整治实现了产业升级，2018年，编制《富阳区非金属矿物制品业（水泥）改造提升实施方案》，搬迁杭州富阳南方水泥和杭州胥口南方水泥，统一整合至富阳山亚南方水泥，力争建设一个国内一流、技术领先的水泥环保产业园。新型建筑行业快速发展，复合材料迅速崛起，成为行业新的经济增长点。

【山亚南方年产水泥石灰石210万t/a技术改造项目建设完成】 杭州山亚南方水泥有限公司拟淘汰升级原有部分旧设备，引进阿特拉斯ROC368型三臂孔钻机设备，购置液压挖掘机、载重汽车等国产设备，新增除尘设备，年产水泥用石灰石210万t/a。该技改项目于2018年3月动工建设，2018年8月建设完成。同年入选中国建材集团六星企业。

【墙材革新】 至2018年，富阳区新墙材产量总计124亿吨标砖，累计节约土地1373公顷，节约77.50万吨标煤，减少二氧化硫排放0.66万吨，减少二氧化碳排放193.70万吨，综合利用废渣1423.25万吨，72家78座552门粘土砖窑至2010年底前全部关停。

【富阳又有新墙材获《浙江省新墙材产品认定证书》】 坐落在杭州富阳经济开发区场口新区的浙江中民筑友科技有限公司研发的装配式钢结构建筑体系中的装配式预制复合墙板（体）产品，通过专家审定，获得《新型墙体材料产品认定证书》。该产品将在工程建设中得到广泛应用，产品的研发立足于推进生态文明建设、促进循环经济发展。产品投入应用标志着富阳新墙材产业转型升级、行业绿色发展又迈上了新台阶。

·轻纺工业·

【概况】 2018年，富阳区纺织业规上工业企业12家，1—12月销售总产值10.3亿元，同比增长-5.0%。此行业主要企业有浙江春江轻纺集团有限责任公司、金富春集团有限公司、杭州云森纺织染整有限公司等。

【江南新城、金富春集团牵手浙江理工大学】 2018年4月4日，江南新城、金富春集团分别与浙江理工大学举行战略合作签约仪式，实现政校企合作共赢为目标，创新合作模式，进一步密切政校企联系，助推江南新城转型发展。政校企合作共赢对接会上，中国丝绸协会授予金富春集团国家桑蚕丝/氨纶弹力丝织物新材料研发创新生产示范基地，桑蚕丝/氨纶弹力丝织物新材料同类产品全国市场占有率第一两项荣誉。浙江理工大学—金富春集团新材料研究院揭牌。

【浙江春江轻纺集团有限公司成功入选“中国棉纺织行业竞争力百强企业”】 2018年7月18日，中国棉纺织行业协会正式发布“2017年中国棉纺织行业主营业务收入排名结果”，浙江春江轻纺集团有限公司位列第80位。本次排名主要依据棉纺织企业生产性销售收入，适当考虑纱布贸易等收入。棉纺织企业经济指标排名活动已开展多年，在引导棉纺织行业健康发展、促进棉纺织企业的公平有序竞争方面起到了积极作用，为棉纺织企业申评驰名商标、行业评估、融资贷款、单项产品冠军证明等方面提供了权威的依据。

【浙江春江轻纺集团有限公司棉纺设备技术升级步伐加快】 2018年6月7日，“2018棉纺设备技术升级研讨会”在山东泰安举办。会上，浙江春江轻纺集团有限公司高级工程师陈乃英介绍了纱线产品开发新思路和关键要素。他认为，产品创新重点在两头：前端原料和终端服装等产品的创新。纱线产品的开发，立足点应建立在最终产品上，因此成功的开发要与终端企业进行深度合作。在纱线产品开发过程中的关键要素包括：领导的重视，人才的培养和经验的积累，营销能力和新品的推广，成本和治理的控制，设备的配套和技术改造，信息化在新品开发中的应用，互联网和物联网技术在纺织企业的应用。

【金富春创新产业园项目落户江南新城】 金富春创新产业园项目详情：占地约33.33公顷，总投资2.46亿元，将打造浙江理工大学新材料研究院、金富春新产品产业化中心、金富春纺织品检测中心和金富春时尚创意中心。预计可实现年产值12.95亿元，税收8622万元。

【浙江云森集团受到全国工商联表彰】 2018年12月3日，浙江云森集团受到全国工商联表彰。这是全国工商联首次通报表彰民营企业调查点工作先进基层单位和示范企业，全省共10家企业获此殊荣。全国工商联是党和政府联系非公有制经济人士的桥梁纽带，可以充分发挥政府管理和服务非公有制经济的助手作用。同时，全国工商联建立了多个民营企业调查点，便于民营企业反映的信息直接传达到党和政府的各级部门。富阳区工商联执常委企业涵盖通信电缆、造纸、有色金属冶炼、装备制造、生物医药、轻纺、建材、酒店等多个行业，共45家企业进行了调查点的网上调研。

【金富春实业荣登中国化学纤维行业产量预排名】 2018年3月21日，中国化学纤维工业协会在上海发布“2017年度中国化纤行业产量预排名”。预排名是依据企业2017年1—9月的产量数据进行。浙江金富春实业有限公司荣登“2017年中国化学纤维行业产量预排名”第75位，位列富阳同行业企业排名第一。浙江金富春实业有限公司是金富春集团有限公司下属的国家高新技术企业，自2013年转型生产高档差别化纤维以来，已拥有两条具有国内先进水平的高档差别化纤维生产线，年产各类高档差别化短纤维6.2万吨，其中公司的高档差别化纤维仿羽绒系列产品自2014年投放市场以来，其销售量长期位居国内细分市场排名首位。

【浙江春江轻纺集团有限公司连续8年获浙江省AAA级“守合同重信用”企业称号】 根据《浙江省“守合同重信用”企业公示办法》的规定，经公司自愿申报、各地推荐、省工商局研究审批，公司荣获2018年浙江省AAA级“守合同重信用”企业，这是公司继2001年浙江省开展“守合同重信用”工作以来，连续8年获得此项荣誉。

【浙江春江轻纺集团有限公司2个管理体系通过换

版现场审核】 2018年4月23日至24日，浙江公信认证公司黄月根等四位高级审核员对浙江春江轻纺集团有限公司进行了ISO 9001：2015质量管理体系和ISO 14001：2015环境管理体系的换版现场审核。审核范围包括公司纱线的研发、生产、销售和服务各个方面，涉及公司高层管理及公司所有部门。经过专家们两天的全面审核，审核组认为公司两个管理体系的运行充分有效，符合2015版质量和环境管理体系的要求，宣布现场审核予以通过。

【浙江春江轻纺集团有限公司通过浙江省产品质量监督抽查】 2018年7月，浙江省质量技术监督局委托国家纺织服装产品质量监督检验中心（浙江），对春江轻纺抽查"春江"牌纱线产品质量。依据GZ17110101棉纱113-2017《浙江省棉纱产品质量监督评价规则》要求，对抽查的T/C 60/40 18.5tex混纺纱产品进行了13个项目的检验，对标识的使用进行了检查，检验结果符合评价要求。

·电气机械和器材制造业·

【概况】 2018年，富阳区电气机械和器材制造业规上工业企业48家，主营业务收入194.4亿元，同比增长10.8%，利税总额18.5亿元，同比增长43.3%，其中利润总额14.7亿元，同比增长75.3%。细分行业微特电机及组件制造以富生电器、日月电子为代表，电线、电缆制造以富通、永特电缆、高盛输变电为代表，光纤、光缆制造以富通、富春江为代表。其中富通集团元器件、光棒、光纤、光缆已形成比较成熟完整的产业链。

【富阳3家企业入围浙江省综合百强企业】 2018年9月，省企业联合会、省企业家协会、省工业经济联合会发布《2018浙江省百强企业》榜单，其中包括《2018浙江省综合百强企业》《2018浙江省制造业百强企业》《2018浙江省服务业百强企业》《2018浙江省成长性最快百强企业》四张细分榜单。富阳的富通集团有限公司、浙江富冶集团有限公司、浙江富春江通信集团有限公司再次入围综合百强企业。

【富通鑫茂借壳上市助推实体经济高质量发展】 2018年5月，富通集团全资子公司浙江富通科技集团有限公司出资11.39亿元，受让持有天津鑫茂科技股份有限公司11.09%的股份，成为控股股东，近期更名为天津富通鑫茂科技股份有限公司，股票简称"富通鑫茂"，股票代码"000836"。天津鑫茂科技股份有限公司于1997年9月在深圳证券交易所发行上市。公司位于天津滨海高新技术产业区华苑科技园，专注于光通信产业内石英光纤预制棒（含套管）、光纤、光缆等产品的研发、制造和销售，是我国黄河以北重要的光纤制造商和全国重要光纤光缆制造商。收购鑫茂科技后，富通集团将依托资本市场平台，发挥产业优势和资本市场协同效应，整合光通信产业和技术资源，不断提升企业综合竞争力，助推实体经济和资本市场的高质量发展。

【富通集团继续蝉联2018年全球光纤光缆最具竞争力企业10强】 2018年11月20日，第十二届中国光通信发展与竞争力论坛暨2018年中国全球光通信最具竞争力企业10强评选活动颁奖典礼在北京举行。在颁奖典礼上，亚太光通信委员会与网络电信信息研究院公布了年度光通信行业各领域10强企业榜单。富通集团继续蝉联"全球光纤光缆最具竞争力企业10强"，获得"中国光通信最具综合竞争力企业10强""中国光纤光缆最具竞争力企业10强""中国光通信最佳技术创新奖"等多个奖项。

【富通集团承办2018世界光纤光缆大会】 2018年11月6日，由CRU（英国商品研究所）和富通集团联合主办的2018世界光纤光缆大会在杭州举行。中国工程院院士邬贺铨出席大会开幕式并作主旨报告，浙江省政协副主席陈铁雄，浙江省工商联主席、省商会会长、集团董事局主席王建沂出席大会开幕式并致辞。作为全球顶尖的光纤、光缆行业国际盛会，世界光纤光缆大会是全球范围内唯一的光纤、光缆通信行业大会，具有广泛的权威性、代表性和影响力。大会集聚了全球光纤、光缆产业巨头和全球光通信上下游产业链光纤预制棒、光纤、光缆及光系统制造企业、行业专家和产业链客户代表等800多人参会，共商产业发展，探讨5G时代的光纤、光缆通信产业。大会以“一个光纤连接的智能世界”为主题，围绕“全球光纤光缆供需走势”“5G 和物联网带来的需求展望”“一带一路”和“智能制造”等议题展开深入讨论与交流。

【富通集团入围 2018 中国企业 500 强】 2018 年 9 月 2 日，由中国企业联合会、中国企业家协会主办的 2018 中国 500 强企业高峰论坛在陕西西安举行。会上发布了 2018 中国企业 500 强、中国制造业企业 500 强、中国服务业企业 500 强、中国跨国公司 100 大名单及其分析报告。富通集团成功入围 2018 中国企业 500 强，位列榜单第 460 位。同时，富通集团继续入围 2018 中国制造业企业 500 强，位列榜单第 228 位。富通集团历经 31 年的创新发展，在技术研发、产业升级、结构优化、管理提升等方面不断改革创新，如今已发展成为先进制造业领域的先行者和领军者。近年来，富通集团顺应时代发展潮流，抢抓机遇、深化改革，加快新旧动能转换，坚持创新驱动，推进转型升级，积极向产业链高端迈进，在做精做强做优方面迈出了坚实步伐，全力推动企业高质量发展，打造具有全球竞争力的综合线缆企业集团。

【富阳 4 家企业入围中国电子元件百强企业】 2018 年 6 月，中国电子元件行业协会发布 2018 年（第 31 届）中国电子元件百强企业名单，富通集团有限公司、浙江富春江通信集团有限公司、杭州富生电器有限公司、杭州日月电器股份有限公司榜上有名，分别排名第 6、16、32 和 49 名。根据榜单显示，富通集团有限公司还同时上榜 2018 年（第 31 届）中国电子元件百强电子元件业务额第 4 名、2018 年（第 31 届）中国电子元件百强利润总额第 6 名，杭州富生电器有限公司上榜 2018 年（第 31 届）中国电子元件百强成长性排名第 10 名。

【浙江富春江通信集团入围 2018 年中国光通信最具综合竞争力企业 10 强】 2018 年 11 月 20 日，2018（第十二届）中国光通信发展与竞争力论坛在北京举行，并推出 2018 全球中国光通信最具竞争力企业 10 强榜单，浙江富春江通信集团入围“2018 年中国光通信最具综合竞争力企业 10 强”。

·计算机、通信和其他电子设备制造业·

【概况】 通信系统、终端设备制造、电子专用材料制造、其他电子元件制造是富阳计算机、通信和其他电子设备制造业主打产业。2018 年，全区计算机、通信和其他电子设备制造业规上工业实现主营业务收入 65.0 亿元，增幅 18.1%。该行业全区规上工业共计 38 家，其中通信系统设备制造以雄迈信息、德宝通讯、奥克光电等为代表，电子专用材料制造以大华智联为代表，其他电子元件制造以星帅尔电器、日月电器、科宝电子为代表。

【杭州雄迈信息技术有限公司被评为“杭州市专利试点企业”】 根据杭州市科学技术委员会、杭州市知识产权局联合发文（杭科知〔2018〕239 号），公布认定 2018 年市级专利试点企业名单，杭州雄迈信息技术有限公司荣列其中。

【富阳 3 家企业入选杭州市重点拟上市企业名单】 “凤凰行动”计划启动一周年之际，杭州市首批 83 家重点拟上市企业名单重磅出炉，富阳企业浙江同兴技术股份有限公司、浙江华达新型材料股份有限公司、浙江德宝通讯科技股份有限公司成功上榜。2018 年 4 月，富阳正式发布《关于全面推进企业上市挂牌和并购重组“凤凰行动”计划的实施意见》，将充分发挥上市公司、挂牌企业产业引领带动作用，把对接多层次资本市场与改造提升传统产业、培育发展新兴产业有机结合起来，加快培育和做强一批优势产业，促进区域产业转型升级，全面振兴实体经济。

【工业项目集中开工建设】 浙江德宝通讯科技股份有限公司宏基站铁塔、智慧型微基站生产及技术研发中心建设项目位于东洲新区，主要从事通讯科技领域宏基站铁塔、智慧型微基站试验、检测、组装生产，新材料开发试制，项目无镀锌、油漆、喷涂等污染生产。项目建成后，年生产通讯铁塔 6200 基，年产值可达 4.5 亿元，创税 3000 万元。项目年度计划投资 20000 万元，完成工程量的 45%。

杭州摩光通讯器材有限公司新建年产射频无源器件 800 万只、通信基站配套附件 4 万个站点项目位于场口新区塘东畈区块甘浦变电站旁，建成后年生产射频无源器件800万只，通信基站配套附件4万站点，年产值约12200万元，创税631万元，可提高富阳区内通信器材类产品的总体竞争力。项目年度计划投资4000万元，桩基工程完成65%。

【浙江大华智联有限公司大华智慧（物联网）产业园新建项目（一期）建设项目竣工验收】 2018年4月4日，浙江大华智联有限公司组织召开杭浙江大华智联有限公司大华智慧（物联网）产业园新建项目（一期）建设项目竣工环保设施验收现场检查会。验收小组由企业单位（浙江大华智联有限公司），工程设计、建设单位（杭州格林艾尔环保科技有限公司），环评单位（杭州清雨环保工程有限公司），监测单位（杭州普洛赛斯检测科技有限公司），验收咨询单位（浙江省环境科技有限公司）并特邀3名专家组成。验收结论表明：浙江大华智联有限公司大华智慧（物联网）产业园新建项目（一期）建设项目建设、实施过程中按照环评及批复要求落实了相关环保措施，建立了相应的环保管理制度，“三废”排放达到国家相关排放标准。目前，本项目已完成建设项目环境保护设施竣工验收，将正式投入生产。

【浙江大华智联有限公司成功申报工信部2018年智能制造试点示范项目】 2018年9月，工信部装备工业司公布了2018年智能制造试点示范项目名单。由浙江大华智联有限公司申报的“视频监控终端智能制造试点示范”项目成功入选，该项目同时被认定为“人工智能应用试点示范项目”。

【日月电器立足本业承担社会责任】 日月电器成立于1968年，2005年升格为杭州日月电器股份有限公司。该公司有下属子（分）公司16家，连续15年进入全国电子元件“百强”企业，产品80%以上出口至美国、日本、欧盟等国家和地区。2018年，日月电器作为阿克苏市2018年第一批赴浙江转移就业人员接收企业，为50名阿克苏青年解决就业。

·通用设备、专用设备制造业

【概况】 富阳的通用设备、专用设备制造业的细分领域有：金属切削机床制造、生产专用车辆制造、电梯、自动扶梯及升降机制造、阀门和旋塞制造、气体、液体分离及纯净设备制造、机械零部件加工等31个行业。2018年，全区通用设备制造业规上工业实现主营业务收入74.9亿元，增幅11.9%，该行业全区规上工业共计52家；专用设备制造业规上工业实现主营业务收入15.3亿元，增幅9.7%，该行业全区规上工业共计23家。该行业代表企业有：金火机床、保利电梯、江丰股份、永盛科技、三方控制、中泰深冷、中荷电子、正大空分、惠宝机电、兴发弹簧、方圆塑机、三普机械、龙盛工贸等。

【富阳6个项目获批“浙江制造”标准立项】 2018年6月，省品牌建设联合会公布了2018年全省第三批“浙江制造”标准制定计划。富阳有6个标准获批立项，数量与萧山并列杭州地区第一。此次全杭州共有35个“浙江制造”标准列入制定计划，富阳占17.1%，创历史新高。富阳地区获批立项的项目分别是杭州惠宝机电股份有限公司的印刷机械小型切纸机、杭州星帅尔电器股份有限公司的全封闭电动机—压缩机用热保护器、杭州富阳中荷电子有限公司的家用和类似用途饮用水处理装置用推入式快插接头、杭州富阳祥瑞水上运动器材有限公司的龙舟、杭州优纳摩擦材料有限公司的大巴汽车用盘式制动块与浙江地球管业有限公司的耐刮擦非开挖聚乙烯给水管材。至2018年全区新增培育了13家企业集中申报“浙江制造”团体标准15项，其中成功立项9项，在研标准达到12个。一批富阳本土好企业、行业龙头骨干、单打冠军、隐形冠军的地位逐步被社会各界广泛认可，“三强一制造”建设成效进一步显现。

【富阳农商银行与浙江金鑫集团签订战略合作】 2018年4月，富阳农商银行与浙江金鑫集团正式签署银企战略合作协议，富阳农商银行将在信贷、家装（租金）分期业务、产业链金融、支付结算以及文化建设等十大领域为金鑫集团提供金融支持并展开广泛深入的合作，这将极大地助力金鑫集团机械制造与电器加工、工程建设、商贸地产、矿产投资等业务板块的发展。双方期望，通过紧密的合作，发挥出金融服务更大的能量，实现共赢发展新局面，也为乡村振兴战略贡献银企合作的富阳样本。

【金火机床正式通过“浙江制造”认证】 创立于1991年的浙江金火机床有限公司是一家专业研发、生产、销售高速精密数控车床、数控专用机床、加工中心等的高新技术企业，在行业细分市场占据龙头地位。金火机床曾以第一起草单位的身份，制定了6项行业标准和1项“浙江制造”标准。2018年1月，正式通过“浙江制造”认证。拿到了数控多面切削车床的“浙江制造认证证书”，其产品的加工效率是普通车床的6—8倍。

【永盛科技获荣誉】 2018年1月，浙江永盛科技股份有限公司顺利通过了国家高新技术企业的认定，获得“国家高新技术企业”荣誉称号。3月28日，富阳举行全区经济工作会议及通报2018年度各类先进名单。永盛科技荣获富阳区“十大工业优秀企业”“十佳成长型高新技术企业”“政府质量奖”和“浙江名牌产品”等荣誉。

【中荷电子：净水行业的“隐形冠军”】 杭州富阳中荷电子有限公司成立于1997年，经过20多年的持续发展，在流体管接件系列产品的研发上取得了重大创新和突破，解决了净水设备漏水的难题，产品填补了国内行业高端市场的空白，实现了进口产品国产化，已成为美的、格力、海尔等国内知名品牌企业的战略合作伙伴，是国内净水行业细分市场的“隐形冠军”。2018年，中荷电子在起草“浙江制造”标准时，将主要技术性能指标在现有行业标准和国际标准的基础上进行了提升和增加。

·电力、热力生产和供应业·

【概况】 全区电力、热力生产和供应业以火力发电、电力供应、热力生产和供应为主导产业，2018年，全区电力、热力生产和供应业规上工业共5家，实现主营业务收入59.5亿元，增幅-3.4%。

【富春环保研究院全球首台商用二噁英在线检测设备发货】 2018年12月24日，富春江集团富春环保研究院首台商用二噁英排放在线检测设备在集团举行了发货仪式，标志着二噁英排放在线检测设备正式进入工业示范市场。该产品的成功示范将在实现二噁英在线检测、垃圾焚烧达标排放和行业管理等方面具有非常重要意义。二噁英被冠以“世纪之毒”，具有强烈致癌作用，传统检测方式周期长，耗时耗力。由浙江富春江环保科技研究有限公司研发的“二噁英排放在线检测设备”，是目前国内外可用于实现焚烧烟气中痕量有机物二噁英浓度在线检测的最先进系统之一。该系统可在线快速获得二噁英排放毒性当量浓度，并可指导焚烧炉运行调整，实现低排放。

【富春环保获“中国环境企业50强”殊荣】 2018年9月8日，由全国工商联环境商会主办的首届“中国绿色创新大会”召开，会上颁发“2018中国十大环境责任上市公司”“2018中国十大行业环境责任领军企业”“2018中国环境企业50强”等奖项，富春江集团旗下富春环保荣获“中国环境企业50强”殊荣。该榜单源于2016年国家发改委和原环保部发布的一项政策：《关于培育环境治理和生态保护市场主体的意见》提出，到2020年，要培育50家以上产值过百亿元的环保企业。富春环保作为国内大型的环保公用及循环经济型高新技术企业，现已拥有富阳、衢州、常州、溧阳、南通五大产业基地，日处理污泥（80%含水率）能力7000吨，日处理垃圾能力1000吨。公司经营的循环经济产业是全球公认的具有节约能源、改善环境、增强城市基础设施等功能的高新产业，具有良好的经济、环境和社会效益。

·汽车制造业·

【概况】 全区汽车制造业以汽车零部件及配件制造为主导产业，2018年，全区汽车制造业规上工业共14家，实现主营业务收入25.6亿元，增幅

-3.9%。代表企业有：金固股份、润德车轮、广安汽车等。

【金固股份获评“2018年度数字新浙商”】 2018“金芒奖”年度创新创业颁奖盛典举行，金固股份获得“2018年度数字新浙商”称号。金固股份是国内领先的钢制车轮供应商，主营业务为汽车后市场服务和高端制造业务，积极开拓数字化转型道路。

【金固股份汽车超人牵手阿里巴巴】 2018年8月22日，阿里巴巴旗下天猫汽车宣布联手金固股份旗下汽车养护领军平台汽车超人、汽配供应链龙头服务商康众汽配，成立汽车后市场新公司(以下简称“新公司”)，组建汽服新零售支撑体系，驱动汽服行业升级，为车主提供高效、可信赖的服务。金固股份将旗下汽车后服务板块业务战略重组，将汽车超人业务拆分为汽服门店连锁及汽配供应链两大板块。汽车超人供应链板块将与康众一起并入新公司，形成国内最大汽服支撑体系。同时，新公司将获得阿里巴巴现金注入，并独家运营天猫、淘宝汽车后市场业务。汽车超人汽服门店连锁板块将与新公司在投资层面以及业务层面展开合作，快速拓展门店数量，提升车主服务水平。 （陈品南）

·供电·

【概况】 2018年，公司完成固定资产投资2.88亿元，其中电网投资2.83亿元；实现售电量67.01亿千瓦时，同比增长0.28%。同业对标综合排名位列浙江省电力公司第6，全年保持综合标杆地位；绩效考核位列杭州市供电公司第3，始终保持县级公司前列；社会评价保持富阳单列参评单位前茅，政府及社会满意率持续提升。公司连续5年获得全国“安康杯”竞赛优胜单位，蝉联杭州市供电公司精神文明建设先进单位、富阳区满意单位，公司党委荣获浙江省电力公司双年度先进基层党组织。(2018年全社会用电量、用电性质构成见表12)

【电网建设】 修编拥江发展、亚运配套、“十三五”等电网规划，主网规划均纳入富阳分区规划，49个

2018年全社会用电量及用电性质构成

表12

用电分类	2018年用电量（万千瓦时）	构成比例（%）	2017年用电量（万千瓦时）	增长率(%)
全社会用电量	858785.36	100.00	844767.79	1.66
全行业用电量	769518.239	89.61	766643.32	0.37
其中：农、林、牧、渔业	3605.67	0.42	3643.45	-1.04
工业	681454.13	79.35	695228.44	-1.98
建筑业	13331.24	1.55	8866.67	50.35
交通运输、仓储、邮政业	3200.93	0.37	2428.49	31.81
信息传输、计算机服务和软件业	5766.78	0.67	4467.18	29.09
批发和零售业	17530.46	2.04	14814.14	18.34
住宿和餐饮业	5425.16	0.63	4938.79	9.85
金融业	1143.50	0.13	1047.97	9.12
房地产业	6192.83	0.72	4295.10	44.18
租赁和商务服务业	3810.99	0.44	3035.73	25.54
公共服务及管理组织	28056.54	3.27	23877.36	17.5
城乡居民生活用电量	89267.13	10.39	78124.47	14.26
其中：城镇	36443.32	4.24	32239.11	13.04
乡村	52823.81	6.15	45885.36	15.12

网格化配网精益规划全部完成。投产杭黄高铁富阳牵引站220千伏外部供电、110千伏陆家输变电等6项工程，新增主网容量20万千伏安、线路181.5公里。开工建设220千伏龙星变工程，提速建设110千伏栗园变等项目前期。完成7个变电站综合检修，主网增容8.7万千伏安。

【举办大面积停电事件应急联合演练】 6月14日，富阳区举行大面积停电事件应急联合演练。演练由富阳区人民政府主办，区经信局、供电公司承办，区政府办、区应急办、区委宣传部等23个部委办局和重点行业企业参加演练。演练模拟全区发生大面积停电事件后的真实状态，将停电后政府部门、供电公司、企事业单位、社会公众的应急响应有序地组织穿插起来。检验了《富阳区大面积停电事件应急预案》的有效性和可操作性，进一步提高了富阳区大面积停电应急处置能力，为最大程度减少大面积停电造成的影响和损失，维护全区经济安全、社会稳定和人民生活安定提供全面保障。

【助力城市建设】 结合城市交通融杭、有机更新等重点工程，持续完善城区配网网架；结合小城镇环境综合整治，提升电网与环境的融合度，助力乡村振兴战略落地，全年新增配变容量13.9万千伏安、新建改造10千伏线路235公里。

【大力优化营商环境】 率先完成临时接电费清退，高压用户办电时间压缩至49.5天，签订67户四星级及以上VIP客户战略合作协议。严格落实一般工商业降价政策，取消8项营业业务收费，推进大客户直接交易，为企业减少电费支出1.58亿元。开展“三大一重”服务活动246次，实现5项业务“一证通办”，公司持续获得富阳“最多跑一次”行政审批服务月度效能指数第1名。

【供电服务建设】 圆满完成全区59次重要活动保电任务，启动“全能型”供电所建设提升三年行动计划，场口供电所获评省公司五星级供电所。完成2个“三型一化”营业厅建设。花大力气治理投诉，推出电管家服务，处理“95598”、“12345”、数字城管等各类工单8777件。

【党建引领成效显著】 推出政工一体化积分对标5.0版、“富电八景”新实践。成立2支特色红船党员服务分队，“人民电业为人民”专项行动成效显著。推进“百千万素质大提升”，实施党支部书记抓党建述职评议，“党建+”引领落在实处。发布廉洁责任清单，完成56人次履责约谈，组织7个单位履责报告。推行小微权力岗位教育全覆盖，监督执纪有力有效。加强意识形态建设和品牌宣传，“三力四化”深入人心，53篇报道获省级及以上媒体录用。

（孙俊超）

【编　辑　何开城】

商贸流通

·商贸流通·

【概述】 全区实现社会消费品零售总额270.47亿元，同比增长10.1%，增幅列杭州13县市区第三。

【商贸活市】 鼓励和引导商贸流通企业策划组织特色促销活动，包括周年店庆、工厂直销、年货展、网销融合等扩消措施，举办休闲购物节活动，大大拉动全区零售额增长。“十一”黄金周期间，17家重点流通样本监测企业在实现零售额6412.34万元，同比增长37.2%。

【再生资源工作】 2018年出台全区再生资源回收实施方案，指导24个乡镇街道完成56个再生资源回收站点建设，落实6万立方米分拣中心，全区回收体系网络初步形成，全年实现回收13万吨。

【农村连锁龙头企业培育】 杭州陆加益连锁超市有限公司依托浙江购得网服务平台，发展直营店4家、加盟店56家，现有仓储4000多平方米，12辆配送车辆，形成347家紧密型连锁电商服务店，其中线下实体店5家，配送商品1500家农家店，年销售8000万元。

【商贸项目】 城东农贸市场和鹿苑农贸市场12月开业运营，城北农贸市场和京东电商产业园均已结顶，预计将分别于2019年7月、4月投入运营。

【行业管理】 落实生猪、食盐、尿素、复合肥等重要商品储备，完善市场应急保供体系。验收真佳溪、梓树、三联等加油站迁建改建项目，指导99家加油站点实施地下油罐更新或进行防渗处理。开展报废汽车拆解日常巡查，二手车市场交易量7823辆，报废汽车回收3374辆、拆解3441辆。建立商贸行业隐患排查整改闭环工作机制，组织商贸领域安全检查56次，检查企业329家次，发现和整改安全隐患218个，整改率100%，全年无挂牌督办隐患和安全事故。

·招商引资·

【概述】 全区新引进外资项目15个，实到外资28903万美元，实到内资82亿元，浙商回归到位资金35.3亿元。个性化产业项目29个，“152”4个，智能制造类15个，金融服务类5个，生物医药类1个，运动休闲类1个，文创类3个。

【招商体制】 建立书记、区长双组长的招商引资委员会，创新机构设置，实行“1+2”招商体制，即1个办公室（招委会办公室）和两个小组（产业链招商组和项目评估组）。建立招商引资委员会月度例会制度，每月召开一次由区委书记、区长两位“一把手”亲自参加的重大产业项目专题研究会议。建立区四副班子领导联系项目制度，以区领导为责任人的专项小组负责项目盯引、洽谈、协调、推进直至落地开工，实行“一杆到底”负责制和“一条龙”服务制。

【招商项目】 开展项目谋划、盯引和推进工作，举办招商引资工作大会、深圳投资环境推介会等活动。围绕重点区域、重点产业和重大项目，开展敲门招商活动，累计走访企业530家，对接项目信息165条。全年招引落地西安寰星、百成医药、图南电子等项目116个。签约北影（杭州）国家级电影产业基地等项目145个、总投资365亿元，其中信息技术（产业）项目19个，制造业项目38个（含高端装备制造项目10个）；其中5亿元以上项目3个、10亿元以上项目3个，20亿元以上项目2个。

【“以企引企”】 依托本地民营企业优势，积极开展以企引企，招引大华安防监控设备项目、非道路车辆动力电池项目、航驱汽车新能源汽车EPS项目等一批“以民引企”优质项目落地。其中美科斯叉车项目2018年已完成实际到位外资8419万美元，外方子公司总投资1485万美元氢燃料电池堆项目已经签约。

·对外贸易·

【外贸指标】 全年累计出口128.6亿元，同比增长11.6%，出口增幅列杭州13个县市区第四；进口152.6亿元，同比增长9.4%。

【加工贸易】 杭州富通通信技术股份有限公司成为杭州关区首家开展“出境加工”业务模式企业并在全国推广。浙江江铜富冶和鼎铜业有限公司成为省内首家有资质开展铜精矿加工贸易业务企业。2家企业2018年通过加工贸易创新发展实现出口6.94亿元，均首次跻身全区出口前十；实现进口96.53亿元，占全区进口总额的63.26%。

【出口品牌建设】 2018年新认定杭州市出口名牌3家，复评8家。至2018年底，全区共有省出口名牌企业8家，杭州市出口名牌企业20家，“品质浙货”出口领军企业1家，3家企业通过海关AEO高级认证，品牌企业出口量占全区总额的32.4%。

【境外投资】 全区完成境外投资项目15个，累计中方投资2.18亿美元。截至2018年底，富阳区已有多家企业到“一带一路”沿线国家开展境外投资或进行项目增资。

【服务贸易】 全区累计完成服务贸易出口25.5亿元，新发展入库企业11家。截至2018年底，全区进入商务部业务统计系统并正常申报数字的服务贸易企业共41家。

·电子商务·

【概况】 全年累计完成网络零售额95.7亿元，同比增长33.8%，绝对值在杭州地区列第9位。天猫小店签约10家。

【电商资源对接】 举办“京东—富阳区域资源招商会”，邀请京东超市华东区域采销、招商部门来富对接资源，50余家本土企业参加。组织上官球拍产业带企业和12家优秀制造商对接亚马逊全球开店、网易考拉工厂店，其中杭州环宇玩具有限公司与网易考拉签约20万元订单。组织企业参加第三届全球跨境电商峰会、亚马逊全球卖家直采大会和积极对接对接阿里巴巴天猫小店新零售项目。推荐2家企业参加全省电商创业创新大赛初创组海选，其中杭州艾霄客网络科技有限公司的旅游电商项目“鲸徙”在杭州地区的比赛中荣获初创组最佳模式创新奖。

【电商培训】 先后组织商贸企业前往杭州盒马鲜生、永辉超级物种、淘宝心选、网易考拉“海淘爆品店”等新零售业态实地调研；组织乡镇街道干部参观谷歌出海杭州体验中心。开展电商专题培训3期，介绍谷歌免费工具、新零售做法、备战“双11”经验分享等内容，培训人次约200人。

【电博会富阳馆】 电博会期间，富阳电商特色馆6家参展企业收获意向客户约2000个，现场直接成交订单达810个，接洽有意向合作的电商产业链公司70余家，其中洪牛堂龙门牛肉成为电博会“网红”打卡点。

【电商扶贫】 组织讲师赴锦屏开展电商授课，开展电商培训6场，培训500余人次。在电博会上，富阳特色馆特设锦屏展示空间，展销锦屏农家土特产，吸引30余家电商产业链公司接洽对接。

·粮食安全·

【储备管理】 推进粮食仓储信息化管理，完成中心粮库一期仓库信息化改造提升，推动保粮手段科学化，全年绿色储粮比例达到92.84%。区第二粮库建设项目有力推进，2018年底已完成土地预审、规划选址意见、设计单位招投标。轮出储备粮全部通过省内粮网拍卖销售，临时储备销售按有关规定进行，确保在阳光下操作。中心粮库继续保持省“四星级”粮库和市规范化管理优秀单位荣誉称号。杭州市粮油仓储工作年度考核得分99.61分，位列第二。在杭州市第三届粮食行业职业技能竞赛中，荣获检验项目团体第二名、保管项目团体第四名。

【流通安全】 开展2017年度全社会粮油供需情况调查，全区粮食消费总量35.19万吨，粮食总产量12.34万吨，产需缺口22.85万吨；各类食用植物油消费总量1.32万吨，自产0.43万吨，产需缺口0.89万吨；被杭州市商务委（杭州市粮食局）评为2017年度粮油信息监测先进单位。根据产需现状，科学拟定2018年度粮油供需平衡计划，落实年协议供货量15.8万吨。加强粮食市场信息的监测预警工作，建立健全粮食流通监管联动机制，建立“双随机”抽查事项清单和名录库，开展粮食市场联合执法检查，检查企业10家，抽检粮食11个批次。修订《富阳区粮食安全应急预案》，落实粮食应急供应点36个，日粮食应急加工能力490吨，日运输能力300吨的应急运输企业1家，组织开展应急管理培训，提高应对粮食安全风险能力。

【产销合作】 继续开展“订单粮食”工作，与本地105家种粮单位签订晚稻订单数量10234吨，粮食订单面积1547.87公顷。抓好粮食收购收储，落实收购库点2个、收购仓容10725吨，协调农发行落实收购资金3600万元。运用“智慧粮库”信息管理系统开展粮食收购“一站式”服务，政府奖补资金以“一卡通”形式直接发放到种粮农户手中。支持粮食经营企业与主产区粮食企业建立长期稳定的购销关系，2018年落实年协议供货量15.8万吨。支持粮食收储企业把“订单粮食”向省外粮食基地延伸，2018年与省外基地大户签订早稻订单合同4750吨，委托代收代储小麦3200吨，既确保了储备粮的补库粮源，又促进了省外粮食生产基地的健康发展。

·经济合作·

【牵头开展结对帮扶脱贫攻坚】 对口帮扶工作领导小组调整为区委书记、区长双组长制。组织开展主要领导互访活动，签订富阳·锦屏人才领域对口帮扶、工会疗休养协作、“西部助学”等合作框架协议。协调锦屏选派中青年干部到富阳挂职交流，在锦屏组织召开劳务输出专场招聘会。牵头对接开展富阳区与长春九台区对口合作工作，签订《对口合作框架协议》。 （李　琴）

·供销合作商业·

【概况】 全社系统实现总经营收入42.30亿元，同比增长13.04%，其中商品销售总额32.23亿元，同比增长17.57%；营业总收入6.57亿元，同比增长7.9%；利润3500万元，同比增长15.2%；所有者权益5.5亿元，同比增长3.3%；农村电子商务2.01亿元，同比增长30.19%，再创全国百强县级供销社，获全市供销社系统综合业绩考核特等奖和全省供销社系统综合业绩考评优秀单位。

【完善农合联体制机制建设】 召开杭州市富阳区农民合作组织联合会一届二次理、监事会会议，完成部分理事、监事等人事调整。全面落实农合联农民合作基金和农合联投资发展有限公司等基本制度，高效运转2000万元农民合作基金。按照有办公场所、有专职工作人员、有工作经费、有工作职责的标准，推进“四有分会”建设，建立对片区农合联的考核评价机制。开展会员服务和分类管理工作，全年开展会员培训1338人次。

【创新信用合作支农模式】 与富阳农商银行、杭州富阳农信担保有限公司签订三方合作协议，构建政企银联合服务机制，推进农合联会员信用等级评定工作，建立农合联会员授信、用信服务机制，推出农联贷、农联担、农转贷产品，提供免保证金、免反担保、降低担保费率的“二免一降”最多跑一次的优质服务，通过共担风险、“T+0”转贷、利率优惠、帮扶基金等，解决农业生产过程中的担保高风险、转贷高成本、贷款高利率、受灾高损失等问题。全年为60家区农合联会员单位提供“农联担”专项担保1310万元，发放“农联贷”专项贷款1.27亿元，完成“农转贷”业务9笔、金额1149万元。

【富阳区农合联为农服务中心获评省级现代农业综合服务中心】 投资230余万元建设865平方米的富阳区农合联为农服务中心，聚合气象、银行、保险、农资和担保等资源进驻，提供产前农资供应、产中技术指导、产后农产品销售、信贷金融、农信担保、农业保险、财务代理、农事咨询、气象信息等一站式、全产业链服务，被评为“省级现代农业综合服务中心”。全年，中心服务农户152人次，为15家农业经营主体销售农产品220余万元。

【优化农资生产服务】 发挥农资供应和市场调控的主渠道作用，全年供应化肥25860吨、农药378吨。精简农资队伍，规范经营行为，全年新增农资经营网点2家，注销农资经营网点16家，累计发展农资经营网点117家。为全区50余家种粮大户和专业合作社无偿赠送价值50万元的农药化肥。做好农药包装废弃物回收工作，共回收处置农药瓶1338192只、农药袋2630797只、针剂595只、特殊规格（按重量计）1719165克，超额完成“平安浙江”回收量45吨，无害化处理40.5吨的考核任务。

【畅通供销流通渠道】 拨付20万元补助资金，在杭州大自然农副产品批发市场增设550平方米免费交易区块，供农合联会员进场免费交易。对东洲街道何埭村的闲置资产进行改造建设，并以土地和房产为运营资本进行投资入股成立公望酒业有限公司，专门从事葡萄白酒制作、葡萄文化的展示展销和葡萄销售服务，全年收购葡萄30万千克，为当地果农增收300万元，缓解东洲葡萄卖难。代表富阳区与缙云县签订特色农产品销售展示合作协议，推进山海协作，强化互访联系，深化市场合作，拓宽缙云特色优势农产品销售市场，丰富富阳市民的“菜篮子”。推荐龙门香悦卤味店、黄氏豆制品、大麻子食品等3家单位成为省小吃协会会员。

【合作经济实体培育】 通过出资参股、业务指导、服务带动等方式，新建青源蔬菜、宏建农机等2家专业合作社，发展富阳春望农产品专业社联合社，累计发展专业合作社95家，专业合作社联合社5家。规范提升北支江蔬菜、湖上沙水果、丰硕果蔬、互利粮油、杏梅坞蔬菜、龙羊盆景苗木等6家专业合作社。拨付25万元对17家专业合作社进行贴补。新登供销社被评为全国基层社标杆社。汉禾农产品专业社联合社创建国家级示范社。湖上沙专业合作社的“富四宝”葡萄被评为省名牌产品，其“富阳葡萄”成功注册为“地理证明商标”。安顶山云雾茶获中国西安国际茶业博览会金奖，渔山稻香田园入选浙江“最美田园”。“北支江”牌绿叶菜被评为省名牌产品。“艾康园”牌鸡获评杭州市“十大金鸡”，“艾康园”牌和“上旺”牌鸡蛋荣获“十大金蛋”称号。

【社有企业发展】 引进湖南楚济堂医药连锁有限公司入股杭州富阳百合医药有限公司，新增医保定点门店2家，累计发展医保定点药店39家。杭州富阳杭富罐头食品有限公司启动鲜笋加工流水线作业技术革新，开发的水煮笋自动分级机在中国水煮笋行业为首创。参股组建杭州供销农业发展集团有限公司，打造全市性农资综合服务平台。

【规范资产运营管理】 制定实施《社有资产维修管理办法》，进一步明确所属单位、相关科室资产维修管理职责，规范维修操作规程。组建杭州富阳供销资产管理有限公司，对社有资产实行集中管理。对2018年租赁到期的141处资产进行公开招租。主动配合常安镇、新登镇、大源镇、受降区块做好供销社区块征迁工作。

【开展“供销社老物件”征集活动】 6月15日—8月30日在富阳全区范围内开展“供销社老物件”征集活动。凡与富阳供销社相关的老物件、老照片、

故事、回忆录均在征集范围内。此次活动共征集老照片56张、老物件20件、回忆录1个。（董银玲）

·烟草专卖·

【概况】 2018年，共计销售卷烟3.40万箱，同比增长3.86%；实现含税销售额17.63亿元，同比增长6.14%，其中单箱销售额达5.18万元，同比增长1100元/箱；实现毛利5.21亿元，同比增长5.04%。

【业务经营】 在品牌培育上，立足“3+X”，聚焦定制品牌，连续第三年获得地区定制品牌推广最佳组织奖，全年共组织地推活动14次。在终端建设上，坚持发展一批、巩固一批、淘汰一批的管理思路，顺利达成年度20%的现代终端建设目标。在卷烟配送上，深入开展商零在途试点工作，进一步通过系统优化提高到货确认效率，为地区“互联网+配送”模式提供有益经验。

【市场监管】 持续以打造干净有序的卷烟市场为中心工作，全面落实“两制三覆盖”主体责任。2018年，共查获各类案件242起，其中5万元（20件）以上案件35起，同比增加2.94%；查获卷烟总量548.82件，同比增加16.49%。查获假私烟168.46件，同比增长了88.54%。与公安部门开展销假网络案协办，侦办一起二级国标网络案和首起国标一级网络案。开展“8·26”互联网销售假烟案件的侦办，已抓捕3人。

（方洪潇）

【编　辑　何开城】

金 融

·综述·

【概况】 2018年，富阳区金融机构紧紧围绕供给侧结构性改革和富阳区政府经济发展战略，贯彻落实“服务实体经济、防控金融风险、深化金融改革”任务，认真贯彻执行稳健中性的货币政策，聚焦高质量发展要求，优化金融资源配置，守住风险底线，不断提升金融服务实体经济的能力和水平，促进了全区经济平稳健康发展。全年新设恒通村镇银行东洲支行和泰隆银行富阳大源小微专营支行等2家营业网点，从业人数2605人。

金融总量持续增长，有力支持地方经济发展。年底，全区金融机构本外币各项存款余额1097.19亿元，比年初增加109.84亿元，同比多增56.07亿元，同比增长11.12%。年底本外币各项贷款余额1282.99亿元，比年初增加143.81亿元，同比多增70.32亿元，同比增长12.62%，贷款增量创历史新高。年底，银行承兑汇票余额81.92亿元，累计签发银行承兑汇票122.07亿元。年底，小额贷款公司贷款余额17.79亿元，助推全区信贷总量扩大。全年累计发行债务融资工具40亿元，直接融资有力推进。

信贷结构不断优化，金融支持供给侧结构性改革成效明显。2018年富阳区有机更新、空间腾挪和城市建设快速推进，落后产能淘汰力度不断加大。金融支持政府重点建设项目力度持续加大。年底，政府类项目相关贷款余额239.62亿元，比年初增加69.68亿元，其中基础设施贷款比年初增加84.36亿元。受淘汰落后和过剩产能、企业拆迁归还贷款等影响，制造业贷款有所下降。年底，制造业贷款余额368.84亿元，比年初减少45.7亿元；其中，造纸业、铜行业和建材业贷款分别比年初减少18.79亿元、9.03亿元和1.68亿元。积极支持传统制造业改造升级，通信电缆行业贷款比年初增加1.23亿元，化工行业贷款比年初增加1.21亿元。批发零售业贷款余额46.8亿元，比年初减少10.51亿元。房地产业企业贷款余额43.23亿元，比年初增加20.43亿元。全区金融机构认真执行区域住房调控政策，落实差别化个人住房信贷调控政策取得实效，全年个人住房贷款同比少增8.25亿元，增幅（14.68%）同比回落8.19个百分点。

重点领域金融支持不断加大，金融创新助推高质量发展。积极支持民营企业高质量发展：加强银企对接，开展“百名行长进民企”大走访活动，至年底全区金融机构已走访民企160余家，积极探索“一企一策”纾困帮扶机制，简化信贷流程，提高授信额度，达成意向融资13亿元。小微企业支持不断加强：年底，全区小微企业贷款余额472.56亿元，比年初增加25.95亿元，同比增长5.81%。法人机构灵活运用央行支小再贷款3亿元以及定向降准释放资金，加大小微企业支持力度。金融服务乡村振兴力度不断加大：年底，涉农贷款余额210.55亿元，比年初增加22.97亿元，同比增长12.04%；农户贷款余额128.281亿元，比年初增加21.95亿元，同比增长20.56%。全年发放央行支农再贷款1.4亿元助力乡村振兴。持续推进金融创新，拓宽企业融资渠道：全年累计发放应收账款质押贷款66.91亿元，同比增加51.99亿元；年底排污权抵押贷款余额10.91亿元，比年初增加0.78亿元；加大科技金融支持力度，积极推广商标权、专利权等抵质押贷款业务。积极推动民营企业发债，参与债券融资支持工具试点：发行5亿元，并通过支持工具带动，全年累计发行债务融资工具40亿元。

资产质量持续好转，风险防控工作成效显著。全区金融机构认真落实中央“六稳”要求，加强市场预期引导，坚决打好防范和化解金融风险攻坚战。全年实现不良贷款双下降目标。年底，全区金融机构本外币不良贷款余额15.35亿元，比年初减少4.92亿元；不良贷款率1.2%，比年初下降0.58个百分点。全区金融机构积极拓宽不良资产处置方式，加大处置力度，积极推进企业破产重整，全年累计处置不良贷款29.4亿元，4家（组）企业破产重整正在进行中，有效化解了区域金融风险。潜在风险持续下降。年底，关注类贷款余额62.21亿元，比年初减少17.4亿元；占全部贷款的比重为4.49%，比年初下降2.09个百分点。

优化外汇管理与服务，涉外经济活力持续提升。支持企业应对中美经贸摩擦，全区金融机构积极参与“优化外汇金融服务，助推浙江外贸高质量发展”系列活动，开展各类培训、讲座近60场，受益企业300余家。全区外贸形势良好，涉外经济活力不断提升。全年辖内外汇指定银行共完成国际收支统计间接申报42518笔，金额43.31亿美元，同比增长20.51%。其中，涉外收入申报32889笔，金额20.7亿美元，同比增长23.88%；涉外支出申报9629笔，金额22.61亿美元，同比增长17.52%；国际收支逆差1.91亿美元。

金融改革稳步推进，金融管理与服务水平不断提升。利率定价机制建设不断推进，辖内银行机构认真落实浙江省市场利率定价自律机制要求，扎实推进利率市场化进程，确保存款市场平稳有序。存款保险机制不断完善，强化法人金融机构经营管理。跨境贸易人民币业务稳步推进，　2018年全年结算1980笔，金额11.44亿元。继续推进货物贸易便利化，服务实体经济水平不断增强，货物贸易项下全年收付汇总量46.53亿美元，同比上升18.15%。贯彻落实资本项目管理新政，进一步推进投融资便利化，全年为5家企业办理了外债签约业务，共计借入美元1.73亿美元。支付环境持续改善。深化“移动便民支付示范工程”建设，推进“智慧医疗”“智慧菜场”“智慧停车”等建设，在全区6家公立医院、10家中大型菜场、3家停车场全面上线云闪付扫码支付。推动辖内学校通过手机银行进行学杂费自助缴费，基本覆盖富阳区所有公立中小学和幼儿园。征信服务水平持续提升。积极推广个人信用报告自助查询，布放征信自助查询机增至8台。广泛深入开展“信用记录关爱日”“征信知识进校园”等多样化宣传活动，有效提升社会公众信用意识，积极推进社会信用体系建设。

保险业持续健康发展。至年底，辖内保险营业机构36家，其中，财产保险公司20家，人寿保险公司16家。全年保费收入22亿元。

【中国人民银行富阳支行】　围绕“讲忠诚、善担当、保安全、创一流”工作目标，坚持稳中求进工作总基调，落实稳健中性货币政策和宏观审慎管理政策，加强金融管理与服务，推进供给侧结构性改革，提高金融服务实体经济效率，防范和化解金融风险，促进全区经济金融平稳健康发展。

贯彻落实稳健中性货币政策，促进融资规模合理增长。加强信贷调控指导，制定《2018年富阳区货币信贷工作指导意见》，强化法人金融机构合意贷款动态监测引导，推动辖内银行业金融机构信贷资源投入。至年底，全区金融机构本外币各项存款余额1097.19亿元，同比增加109.84亿元，增长11.12%；本外币各项贷款余额1282.99亿元，同比增加143.81亿元，增长12.62%。推动直接融资发展，指导支持重点优质企业发行债务融资工具，全区全年累计发行中期票据5亿元、短期融资券9亿元、超短期融资券26亿元，至年底余额43亿元。

强化宏观审慎管理，加大金融对经济高质量发展支持。强化信贷政策执行考核，重点支持小微企业和“三农”。落实MPA配合普惠金融实施定向降准支持小微企业政策，督促法人金融机构完善信贷投放结构，优化贷款定价，将全部定向降准释放资金用于支持小微企业。至年底，全区小微企业贷款余额472.56亿元，同比增加25.95亿元，增长5.81%。落实普惠金融定向降准考核和三次下调存款准备金率政策，对富阳农商行累计4次共下调存款准备金4个百分点。继续做好信贷政策支持再贷款工作，支持辖内法人机构申请再贷款4.4亿元。加大金融服务乡村振兴力度，制定《富阳区金融机构服务乡村振兴考核评估（暂行）办法》，至年底，全区涉农贷款余额210.55亿元，同比增加22.97亿元，增长12.04%。认真贯彻“两个毫不动摇”精神，配合区委区政府出台《关于支持民营经济高质量发展的若干意见》，加大民营企业流动性风险防范化解力度、信贷支持力度，优化融资环境，组织开展“百名行长进民企”活动，探索“一企一策”纾困帮扶机制。推动金融服务业务创新，支持企业参与浙江省民营企业债券融资支持工具发行5亿元；发放应收账款质押贷款65.6亿元，同比增加50.82亿元；至年底，排污权抵押贷款余额10.91亿元，同比增加0.78亿元。联合制定《富阳区创业担保贷款实施细则（试行）》，至年底，创业担保贷款余额6393万元，同比增加4908万元。

推进金融改革，改善金融运行环境。加强利率市场化管理，指导并督促辖内银行业金融机构落实浙江省市场利率定价自律机制要求，确保存款市场平稳有序。加强2家法人金融机构存款保险费率核定、保费缴纳、风险监测等工作。组织开展央行（金融机构）评级，督促法人金融机构完善经营管理。规范推广跨境人民币资金池业务，组织开展“服务实体经济，促进贸易投资便利化”专题活动，全区全年跨境人民币结算量达11.78亿元。推动和指导富阳农商银行拓展、创新主动性负债业务，全年指导促成其发行大额存单20亿元、同业存单46.7亿元。配合区政府出台《富阳区“亩均论英雄”差别化信贷支持的指导意见》，提升资源配置的市场化水平。加大“两管理、两综合”力度，组织开展2017年度在富银行业金融机构综合评价，评定A等行10家、B等行19家，对银行机构开展综合业务执法检查，并对其违规行为进行行政处罚，督促其依法合规经营。落实金融机构重大事项报告制度。加强金融消费者投诉处置管理，组织开展“金融消费者权益日”“普及金融知识，守住‘钱袋子’”及“金融知识普及月”活动，举办“党建引领新时代，谱写金融新篇章”文艺会演，强化金融消费者权益保护。

深化外汇管理服务，引导涉外经济平稳有序发展。组织开展“优化外汇金融服务，助推浙江外贸高质量发展”系列活动，推进外汇业务网上办理等“最多跑一次”改革，进一步优化外汇金融服务，助推富阳涉外经济高质量发展。推进跨境融资业务，全年办理外债17703万美元。强化资本项目重点企业、大额及趋势监测，开展2018年外商投资企业存量权益登记，加强事中事后监测和非现场核查。组织开展货物贸易、贸易信贷、外币现钞等经常项目业务现场、非现场核查，确保贸易外汇市场合规有序。加强银行国际收支间接申报管理，有效提升数据质量，2018年全区涉外收支43.3亿美元。开展银行外汇业务合规性检查、个人外汇业务专项检查和银行卡境外交易系统数据监管，对涉嫌违规金融机构进行处理，进一步强化金融机构合规经营意识。

提升金融服务水平，担当市场建设者责任。深化“移动便民支付示范工程”建设，推进“智慧”医疗、菜场、停车、校园等建设，丰富相关领域支付交易方式。推进“移动支付应用示范商圈”创建，加强应用场景建设，改善移动支付受理环境。履行支付结算市场监管职责，开展核准类账户行政许可，简化企业开户服务，落实“最多跑一次”要求。推进国库集中支付电子化试点工作。开展反假货币和反宣币治理，组织开展法人金融机构反洗钱分类评级，强化异常交易信息监测和风险提示。加强征信业务监管，开展法人金融机构征信合规与信息安全年度考核评级。组织开展“信用记录关爱日”活动，推进社会信用体系建设。

加强工作协调联动，助力地方金融发展。协同相关部门做好政府性存款竞争性存放招投标及金融数据统计。协助地方政府债券置换6.8亿元。落实专项救助家庭成员金融信息核查，探索构建监察委等部门银行账户查询工作机制。联合相关部门制定《工程建设领域工人工资管理实施细则》，打击欠薪行为。践行“最多跑一次”改革，协调推动银行及不动产登记中心优化个人住房“期转现”办理手续。落实区政府工作要求，开展2017年金融机构年度评价考核和小贷公司年度监管考核评价，组织开展防范非法集资宣传月活动。动员金融机构参加“春风行动”，募捐90余万元。

·商业银行·

【中国工商银行富阳支行】 坚持党建统领和科学治理，践行科学发展理念，围绕区域经济建设重点和发展规划，有力推动各项工作稳步开展。至年底，本外币各项存款余额76.44亿元，比年初减少6.73

亿元；各项贷款余额84.25亿元，比年初减少1.21亿元；不良贷款率0.06%，比年初下降1.03个百分点；中间业务收入2.79亿元；国际业务结算量7.28亿元；全年实现净利润4.99亿元。

【中国农业银行富阳支行】 坚持党建引领，推进“三线一网格”管理，坚持服务“三农”、支持实体，优化普惠金融工作，提升金融服务水平，助力区域经济发展，全年实现平安经营、快速发展。至年底，本外币各项存款余额78.65亿元，比年初增加9.42亿元，增长13.61%；各项贷款余额65.06亿元，比年初增加18.59亿元，增长40%；不良贷款率0.15%，比年初下降1.87个百分点；中间业务收入0.66亿元；全年实现净利润1.52亿元。

【中国银行富阳支行】 紧紧围绕“一个目标、一条主线、八大战役”工作思路，坚持科技引领、创新驱动、转型求实、变革图强。至年底，本外币各项存款余额44.29亿元，比年初增加2.53亿元，增长6.06%；各项贷款余额62.14亿元，比年初增加0.93亿元，增长1.52%；不良贷款率2.98%；实现中间业务收入0.51亿元；全年实现净利润1.31亿元。

【中国建设银行富阳支行】 坚持党建引领，坚持“六型优先”和“零售优先”，重点推进“三大战略”业务，优化客户结构，加快转型创新，全力实现高质量高水平发展。至年底，本外币各项存款余额62.15亿元，比年初减少7.64亿元；各项贷款余额57.57亿元，比年初减少2.81亿元；不良贷款率2.01%，比年初下降0.68个百分点；实现中间业务收入0.48亿元；全年实现净利润1.47亿元。

【中国交通银行富阳支行】 坚持服务实体经济，严守风险合规底线，强化内部管理和队伍建设，积极拓展经营业务，各项工作和业务指标稳步推进。至年底，本外币各项存款余额25.14亿元，比年初增加0.86亿元，增长3.54%；各项贷款余额28.31亿元，比年初减少0.45亿元；不良贷款率0.12%，比年初下降2.14个百分点；全年实现净利润1.86亿元。

【中信银行杭州富阳支行】 践行“有担当、有温度、有特色、有尊严的最佳综合金融服务企业”发展愿景，在“两个领先、两个关键点”战略指引下，推动效益质量规模全面提升，取得新常态以来最好发展业绩。至年底，本外币各项存款规模77.42亿元，比年初增加16.87亿元，增长27.86%；各项贷款余额99.42亿元，比年初增加28.09亿元，增长39.38%；不良贷款率0.51%，比年初下降0.77个百分点；票据直贴量20.02亿元；国际结算业务量8.4亿美元；全年实现净利润2.99亿元。

【杭州银行富阳支行】 秉持转型发展、风险防范、内控合规并举走路的经营理念，通过夯实客户基础、狠抓清收管理、大零售转型、提升队伍素质等举措，取得一定成效。至年底，本外币各项存款规模42.4亿元，比年初增加1.77亿元，增长4.3%；各项贷款余额46.07亿元，比年初减少5.77亿元；不良贷款率为1.15%；票据直贴量10.34亿元；全年实现净利润1.61亿元。

【富阳农村商业银行】 围绕“一线两转三改四提升”发展战略，打好转型聚焦、管理聚力、文化聚心系列组合拳，积极投身乡村振兴和零售银行转型建设，各项业务实现稳健发展。至年底，本外币各项存款余额352.83亿元，比年初增加39.99亿元，增幅12.78%，存款市场份额32.16%；各项贷款余额254.64亿元，比年初增加26.05亿元，增长11.39%，贷款市场份额19.85%；不良贷款率1.61%；实现中间业务收入0.61亿元；票据直贴量32.8亿元；全年实现净利润3.72亿元。先后荣获“中国红十字奉献奖章”、省联社“普惠金融标兵单位”、富阳区“乡村振兴先进单位”“区级机关满意单位”“转型发展攻坚硬仗先进集体”。

【邮政储蓄银行富阳支行】 坚持“依法合规，稳健经营”，紧紧围绕“抓存款、稳利润、控风险”工作主线，坚持市场导向，推进转型发展，实现较快发展。至年底，本外币各项存款余额31.44亿元，比年初增加2.09亿元，增长7.12%；各项贷款余额29.63亿元，比年初增加5.76亿元，增长24.13%；不良贷款率0.23%；全年实现净利润0.83亿元。

【招商银行杭州富阳支行】 坚持一手抓合规经营，一手抓业务发展，推进各项工作稳步开展。至年底，本外币各项存款余额19.08亿元，比年初增加6.56亿元，增长52.4%；各项贷款余额67.18亿元，比年初增加18.37亿，增长37.64%；不良贷款率1.4%；票据直贴量12.56亿元；全年实现净利润1.06亿元。

【兴业银行杭州富阳支行】 按照“稳中有进”工作基调，立足区域特色，着眼实体经济，审慎应对、主动作为，各项业务快速稳健发展。至年底，本外币各项存款余额29.19亿元，比年初增加8.44亿元，增长40.67%；各项贷款余额63.43亿元，比年初增加0.72亿元，增长1.15%；不良贷款率1.70%，比年初下降2.1个百分点；全年实现净利润2.8亿元。

【浙江民泰商业银行杭州富阳支行】 坚持“服务地方经济，服务中小企业，服务城乡居民”市场定位，创新效率高、管控严、风险小的小微企业信贷服务模式，致力于为小微企业打造便捷、高效、灵活的金融服务。至年底，本外币各项存款12.34亿元，比年初增加1.89亿元，增长18.20%；各项贷款余额14.90亿元，比年初减少2.48亿元；不良贷款率4.72%；全年实现净利润0.74亿元。

【浙江泰隆商业银行杭州富阳支行】 围绕总行“八大体系”建设总要求，以拓展社区作业面、深挖社区和农村市场为落脚点，推进小微金融标准化、普惠社区中心建设，运用批量作业、金融+互联网、党建+金融的社区化经营模式，推动各项业务平稳快速发展。至年底，本外币各项存款余额5.77亿元，比年初增加1.02亿元，增长21.47%；各项贷款余额10.82亿元，比年初增加3.46亿元，增长47.21%；不良贷款率1.74%，比年初下降1.97个百分点。全年实现净利润0.39亿元。

【上海浦东发展银行杭州富阳支行】 围绕“三年振兴计划”，致力于建设“五个浦发，打造卓越区域强行”战略目标，坚持“调结构、保收入、强管理、降风险”主要任务，推动高质量可持续发展。至年底，本外币各项存款余额29.28亿元，比年初增加4.43亿元，增长17.83%；各项贷款余额60.61亿元，比年初增加8.27亿元，增长15.80%；不良贷款率0.65%；全年实现净利润1.6亿元。

【浙商银行杭州富阳支行】 按照“两最目标”、“四个定位”战略目标，力拓业务谋发展，强化管理打基础，业务发展势头良好。至年底，本外币各项存款余额28.85亿元，比年初增加9.28亿元，增长47.42%；本外币各项贷款余额35.72亿元，比年初增加4.77亿元，增长15.41%；不良贷款率3.23%，比年初下降2.16个百分点；全年实现净利润2.64亿元。

【中国民生银行杭州富阳支行】 贯彻总分行改革转型及三年发展规划部署，坚持“不忘初心、做出特色、创新发展”工作主线，在夯实“一个基础”“二项建设”的同时，着眼“五点布局”，各项工作取得积极成效。至年底，本外币各项存款余额20.88亿元，比年初增加3.82亿元，增长22.39%；各项贷款余额34.15亿元，比年初增加4.70亿元，增长15.92%；不良贷款率0.89%；全年实现净利润1.03亿元。

【南浔银行富阳支行】 坚持支农支小支实发展定位，深入贯彻“社区金融，便捷服务”经营理念，围绕“存贷协同发展、防控化解风险、深耕小微零售、强化精细管理、员工队伍建设”五大中心工作，推动各项业务稳健发展。至年底，本外币各项存款余额5.44亿元，比年初增加0.01亿元；各项贷款余额10.82亿元，比年初减少0.64亿元；不良贷款率4.57%；全年实现净利润-0.11亿元。

【恒丰银行杭州富阳支行】 围绕“建设用心倾听的敏捷银行”目标，践行“真诚、守规、勤俭、奉献、执行、奋进”恒丰文化，坚持价值服务、创新服务、高效服务，倾力支持富阳实体经济发展。至年底，本外币各项存款余额25.81亿元，比年初增加4.14亿元，增长19.1%；各项贷款余额25.59亿元，比年初减少8.49亿元；不良贷款率1.75%，比年初下降0.8个百分点；全年实现净利润0.96亿元。

【北京银行杭州富阳支行】 坚持“严控风险、夯实根基、集约经营、提质增效”经营理念，强化内控管理，推进转型创新，践行普惠金融，服务小微企业，大力支持地方经济发展。至年底，本外币各项存款余额10.16亿元，较年初减少1.02亿元；各项贷款余额39.93亿元，较年初增加7.08亿元，增长21.51%；不良贷款率0.1%；全年实现净利润0.35亿元。

【平安银行杭州富阳支行】 贯彻落实总行“科技引领、零售突破、对公做精”战略部署，坚定“以资产质量为核心，零售转型率先突破、公司业务做精做强、集约提效支持一线”发展策略，实现各项工作平稳发展。至年底，本外币各项存款余额2.09亿元，比年初减少4.24亿元；各项贷款余额2.15亿元，比年初减少4.55亿元；不良贷款率3.49%，比年初下降0.95个百分点；全年实现净利润-0.01亿元。

【稠州银行杭州富阳支行】 坚定市场定位，严守风险底线，深化结构调整，强化内部管理，创新和优化产品和服务，推进各项工作有序开展。至年底，本外币各项存款余额4.6亿元，比年初减少0.9亿元；各项贷款余额4.71亿元，比年初减少0.86亿元；不良贷款率3.5%；全年实现净利润0.11亿元。

【富阳恒通村镇银行】 坚持“支农支小，服务三农”经营方针，贯彻“做实、做小、做散”经营理念，严格把控风险，强化内部管理，稳步推进各项工作。至年底，本外币各项存款余额 8.79亿元，比年初增加 2.93亿元，增长50%；本外币各项贷款余额15.20亿元，比年初增加2.55亿元，增长20.16%；不良贷款率1.81%，比年初下降0.72个百分点；全年实现净利润0.26亿元。

【光大银行杭州富阳支行】 围绕“稳中有进、内涵发展”工作方针，坚持“适当、科学、公平”原则，加强内部控制机制建设，稳健合规经营，实现各项业务平稳发展。至年底，本外币各项存款余额19.34亿元，比年初增加4.21亿元，增长27.83%；各项贷款余额48.18亿元，比年初增加4.53亿元，增长10.38%；不良贷款率为零；全年实现净利润1.15亿元。

【华夏银行杭州富阳支行】 按照“干在实处、难中能进、高而能适”要求，营造目标高、措施实、一抓到底、赶快干的工作氛围，推动各项工作平稳开展。至年底，本外币各项存款余额11.59亿元，比年初增加3.67亿元，增长46.34%；各项贷款余额20.51亿元，较年初增加6.89亿元，增长49.49%；不良贷款率0.32%；全年实现净利润0.61亿元。

【宁波银行杭州富阳支行】 围绕“以客户为中心”和“控制风险就是减少成本”经营理念，坚持“与中小企业共成长”目标，创新四专模式，推动各项业务稳健良性增长。至年底，本外币各项存款余额27.77亿元，比年初减少3.66亿元；各项贷款余额32.76亿元，比年初增加9.66亿元，增长41.82%；票据直贴量25.66亿元；不良贷款率0.03%；全年实现净利润0.73亿元。

【台州银行杭州富阳支行】 坚持“中小企业伙伴银行”市场定位，积极践行普惠金融，提供简单、方便、快捷的优质服务，打造绿色、受人尊敬、可以信赖的精品银行。至年底，本外币各项存款余额2.20亿元，比年初增加0.42亿元，增长23.60 %；各项贷款余额3.37亿元，比年初增加0.46亿元，增长15.81%；不良贷款率0.7%；全年实现净利润0.26亿元。

【江苏银行杭州富阳支行】 围绕服务实体经济的宗旨，积极融入富阳经济发展，推动各项业务平稳发展。至年底，本外币各项存款余额7.0亿元，比年初增长4.2亿元，同比增长150 %；各项贷款余额13.39亿元，比年初下降3.12亿元；不良贷款率

0.09%；全年实现净利润-0.002亿元。

【南京银行杭州富阳支行】 围绕服务富阳经济转型发展，保持规模平稳适度增长，夯实管理基础，加快回归本源，强化风险合规，各项工作取得阶段性成效。至年底，本外币各项存款余额23.55亿元，比年初增加5.66亿元，增长31.64%；各项贷款余额41.68亿元，比年初增加25.1亿元，增长151.39%；不良贷款率为零；全年实现净利润0.07亿元。

·政策性银行·

【中国农业发展银行富阳支行】 紧紧围绕服务农业供给侧结构性改革主线，把握稳中求进工作总基调，突出支农重点，在服务国家战略、支持城乡发展一体化、助力全面建成小康社会新征程中再作新贡献、再创新辉煌。至年底，本外币各项存款余额1.25亿元，比年初增加0.11亿元，增长9.65%；各项贷款余额10.79亿元，较年初减少1.71亿元，减少13.68%；不良贷款率5.40%，比年初下降1.38个百分点；全年实现净利润0.12亿元；切实做好政策性粮油收购资金的供应与管理，当年累计发放粮油收储贷款5773万元，共支持收购储备粮食21234吨。

·银行监管·

【浙江银监局富阳办事处】 持续围绕“一四三”重点工作，精准对接富阳区城市转型发展战略，主动作为、开拓创新，促进经济和金融的良性循环。

狠抓存量不良压降：办事处把准确贷款分类、加大不良处置、做实利润作为工作重点，按月通报不良情况的同时点名仍有不良剪刀差的机构，督促机构充分暴露风险底数，做实资产质量分类，全辖逾期90天以上贷款与不良贷款之比由年初114.69%缩减近一半至59.51%，且全部逾期贷款与不良贷款的比值进一步降至90%以下。有针对性地走访督导重点机构8家、约见谈话4家，下发监管意见书5份，有力督促机构落实风险化解主体责任，全辖机构全年累计处置不良超30亿元，不良率由年初的1.78%进一步压降至1.24%。深化困难企业帮扶工作：着力引导银行把思想统一到维护银行业整体利益上来，步调一致、共同行动，为稳妥处置江南片拆除企业债务清偿工作打下基础，成立12家债委会，有效化解近30亿元债务风险。

立体式纵深推进深化乱象治理工作，现场督导9家机构“治乱象、维秩序”工作，下发监管意见书4份和表外业务风险提示函1份。积极推动网贷风险整治出清，会同多部门开展辖内非持牌从事金融业务机构的排查打击，联合约谈3家机构。强化源头预防，开展银行业从业人员合规大考试，以考促学督促机构筑守合规经营高地，组织机构开展普及金融知识进商场、进车站、进高校等3次大型宣传活动，累计发放宣传资料1300余份，深化金融消费教育及宣传长效机制建设，为平安富阳建设上交满意答卷。

全力保障重点政策落地：提出银行业支持富阳江南新城转型发展的倡议，精准对接服务城市整体转型发展战略，并结合富阳入选首批省级生态文明建设示范区及城市生态转型实际，制定出台《富阳银行业支持生态文明建设示范区发展暨深化绿色生态金融发展的指导意见》，鼓励结合地方特色创新探索生态金融发展模式，支持创新驱动发展。全力支持民企高质量发展：灵活运用信息共享型授信总量联合管理，率先实现融资10亿元以上民营企业“扶强工程”全覆盖，并借助浙江省银行业授信管理系统完成辖内银银总协议签订和录入工作，涉及企业（集团）7家、融资规模213亿元、对外担保152亿元。全力发展普惠金融：召开城商行体系及农金体系的普惠金融座谈会，推广普惠金融的优秀做法，指导机构加大“跑街”、“跑数”力度，把更多金融资源配置到小微、“三农”、贫困人口等重点领域和薄弱环节。

引导2家法人机构完善公司治理结构，充分发挥党组织在领导银行业改革与发展中管战略、谋大局等方面的重要作用。通过召开富阳恒通村镇银行三级监管联动会议，努力使其摆正市场定位，开拓网格化村居特色营销，强化全面风险防控，整体发展质量进一步提升。对照《商业银行股权管理暂行办法》对辖内两家法人机构开展股权专项整治工作督导，结合省局对富阳农商行开展重点业务常规现场检查和对富阳恒通村镇银行深化市场乱象治理督查工作的机会，以公司治理、市场定位、操作风险和流动性风险管理、员工队伍培育等方面为切入点，推进法人机构理念转型、管理转型、业务转型，逐步实现整体迈步。 （章淼松）

·证券 期货·

【概况】 2018年，富阳区有证券营业机构7家，比上年减少1家，减少的营业机构为民生证券股份有限富阳金平路证券营业部。全年交易额为908.27亿元（2018年度富阳区证券行业情况汇总见表13），比上年减少238.12亿元，下降20.77%。有期货营业机构2家，与上年持平。全年交易额为964.79亿元（2018年度富阳区期货行业情况汇总见表14），比上年增加4.15%。

（倪建军 沈建农 潘慧敏 刘明昆 李增平 徐金炜 郑 彬 田新成 杨海木）

·保险业·

【概况】 2018年，共有20家财产保险公司在富阳区场开展业务，与上年持平。全年保费收入为85850.89万元，比上年增加7646.29万元，增长率为9.78%。其中，中国人民财产保险公司富阳支公

2018年度富阳区证券行业情况汇总表

表13

机构名称	成立时间	员工数（人）	2018年交易量（亿元）	2018年新开户数（户）	累计开户数（截至2018年12月）（户）	2017年交易量（亿元）
财通证券股份有限公司杭州江滨西大道证券营业部	1999.5	23	454.23	1888	40414	578.85
浙商证券股份有限公司富阳文教路营业部	2010.01	21	129.88	1142	13380	190.00
中信证券股份有限公司杭州桂花西路证券营业部	2010.05	19	127.50	1785	13027	216.00
中国银河证券股份有限公司杭州江滨西大道证券营业部	2014.06	12	98.79	3020	8752	152.00
国元证券股份有限公司杭州江滨西大道证券营业部	2017.01	8	29.18	1071	1959	9.62
安信证券股份有限公司杭州富阳富春街证券营业部	2017.10	9	15.02	1429	1836	0.22
华福证券有限责任公司富阳江滨西大道证券营业部	2018.01	6	53.67	1190	1190	0
合 计	—	98	908.27	11525	80558	1146.39

2018年度富阳区期货行业情况汇总表

表14

机构名称	成立时间	员工数（人）	2018年交易量（亿元）	2018年新开户数（户）	累计开户数（截至2018年12月）（户）	2017年交易量（亿元）
信达期货有限公司富阳营业部	2008.07	10	690	58	1897	800
美尔雅期货有限公司富阳营业部	2017.01	4	274.79	48	80	126.31
合 计	—	14	964.79	106	1977	926.31

司在富阳市场份额最大，占比为43.93%。（2018年度富阳区财产保险汇总情况见表 ）

2018年，共有15家人寿保险公司在富阳区场开展业务，与上年持平。新增1家在富阳区开展业务的是中意人寿保险公司富阳营销服务部，减少1家未在富阳开展业务的是新华人寿保险杭州中心支公司富阳营销服务部。全年保费收入为134094.41万元，比上年增加215271.25万元，增长率为12.85%。其中，中国人寿保险股份有限公司富阳支公司在富阳市场份额最大，占比为27.33%。（2018年度富阳区人身保险汇总情况见表16）（赵雪红）

【中国人民财产保险股份有限公司富阳支公司】 中国人民财产保险股份有限公司富阳支公司是富阳区最大的国有财产保险企业，主要经营车辆险、企财险、工程险、家财险以及责任险、意外险等财产保险业务。2018年，中国人保富阳支公司实现保费收入3.77亿元，支付赔款2.18亿元，上缴税收2000余万元，为保障地方经济建设、支持地方经济发展作出了积极贡献。

机构设置在富阳保险行业中最为齐全和广泛，内设办公室、人力资源部、财务部、理赔分部、客户服务部等5个部门，外设大源、新登、场口、万市、青云等多个分支机构，为保险客户提供更快速便捷的服务；人员配备充足，公司现有160余名具有大专以上学历的员工，各岗位专业人才储备充足；服务优势显著，有覆盖全国、管理完善的理赔监督、调动体系，为客户提供一系列主动、迅速、高效、优质的理赔服务。

2018年共开办并发生业务的有政策性水稻、小麦、油菜、能繁母猪、生猪养殖、鸡养殖、设施大棚、大棚蔬菜、露地蔬菜、葡萄、林木综合、公益林火灾、农房、室内财产共计14个险种。承保了全区15余万户农户的农房险和农户室内财产险，并投入大量人力、财力、精力来确保工作做到位，及时帮助农户灾后恢复生产和生活，得到了农户们高度认可，真正起到利民惠民作用。2018年，公司共处理政策性农业保险各类赔案830余件，共计赔付金额860余万元。（陆绿萍）

【中国人寿保险股份有限公司富阳支公司】 中国人寿保险股份有限公司是首家分别在纽约、香港、上海三地上市的金融保险企业，为广大客户提供个人和团体人寿保险、年金保险、意外险和健康险业务。中国人寿连续16年入选《财富》杂志“世界500强”，2018年排名第42位；连续17年入选中国企业联合会、中国企业家协会“中国企业500强”2018年位列第10位；寿险公司连续15年入选《福布斯》“全球上市公司2000强”榜单，2018年位列第35位。

中国人寿保险股份有限公司杭州市富阳支公司位于富阳区龙浦街200号二楼，公司设有个险、团险、银保三大业务渠道和综合、客服、教培三个职能部门，下设新登、场口、万市、大源等营业网点。公司现有正式在编员工34人，劳务派遣员工2人，各类销售人员840余人。2018年，公司实现保费收入36643.71万元，其中新单保费10856.97万元，市场份额27.33%，各类赔付支出8326.13万元，上缴国家各类税收478余万元。

2018年，富阳支公司在紧抓业务发展的同时还积极抓党建，带领团支部和工会组织各类公益活动，不断增强党支部的战斗堡垒作用，充分发挥党员干部的先锋模范作用。先后荣获杭州市金融系统“工人先锋号”和浙江省公司 “价值贡献先锋单位”荣誉称号。（王琳琳）

·小额贷款·

【概况】 2018年，富阳区共有6家小贷公司，分别是杭州富阳浙丰小额贷款有限公司、杭州富阳永通小额贷款有限公司、杭州荣泰小额贷款有限公司、富阳市海通小额贷款有限公司、杭州富阳富仑小额贷款有限公司、杭州富阳金富春先进小额贷款有限公司，注册资本总计14.0亿元。

富阳区小额贷款公司严格按照《中华人民共和国公司法》《浙江省小额贷款公司试点暂行管理办法》规定，设立股东会、董事会、监事会。建立监督制衡机制，包括《股东会决策运行制度》《董事会决策运行制度》等，确保公司合规、稳健、持续、快速发展。各小贷公司按规定制定《贷款风险管理办法》《内部风险控制制度》《贷款损失追偿制度》

2018 年度富阳区财产保险情况汇总表

表15　　单位：万元

机构名称	2018保费收入	2018市场份额（%）	2018年排名	2017年保费收入
中国人民财产保险富阳支公司	37715.74	43.93	1	33443.60
中国平安财产保险富阳支公司	12618.09	14.70	2	11413.50
中国人寿财产保险富阳支公司	6871.46	8.00	3	6153.00
中国太平洋财产保险富阳支公司	6598.42	7.69	4	5675.00
中国大地财产保险富阳支公司	4922.91	5.73	5	4688.00
阳光财产保险富阳支公司	3419.83	3.98	6	3538.00
太平财产保险富阳营销服务部	1996.26	2.33	7	1559.00
安诚财产保险富阳支公司	1787.65	2.08	8	2136.00
浙商财产保险富阳支公司	1659.03	1.93	9	1366.00
华安财产保险富阳支公司	1237.21	1.44	10	1055.50
天安财产保险富阳支公司	1210.26	1.41	11	1375.00
英大泰和财产保险富阳支公司	1027.64	1.20	12	905.00
信达财产保险富阳支公司	1013.91	1.18	13	232.00
中华联合财产保险富阳支公司	999.90	1.16	14	773.00
长安责任保险富阳支公司	781.09	0.91	15	697.00
都邦财产保险富阳支公司	774.53	0.90	16	894.00
安邦财产保险富阳营销服务部	666.04	0.78	17	1031.00
永安财产保险富阳支公司	314.19	0.37	18	974.00
中银保险浙江分公司富阳营销服务部	235.86	0.27	19	239.00
泰山财产保险富阳支公司	0.85	0.00	20	57.00
富阳地区合计	85850.89	100.00	—	78204.60

2018 年富阳区人身保险情况汇总表

表16　　单位：万元

机构名称	2018年保费收入	2018年市场份额（%）	2018年排名	2017年保费收入
中国人寿保险富阳支公司	36643.71	27.33	1	34307.03
中国平安人寿保险浙江分公司富阳营业区	36508.33	27.23	2	27614.62
中国太平洋人寿保险富阳支公司	24733.05	18.44	3	22546.09
中国人民人寿保险富阳支公司	11156.81	8.32	4	12031.12
太平人寿保险杭州中心支公司富阳营销服务部	8573.69	6.39	5	6147.17
中邮人寿保险浙江分公司（富阳）	6375.91	4.75	6	7181.14
富德生命人寿保险杭州中心支公司富阳营销服务部	4545.17	3.39	7	3721.76
阳光人寿保险富阳支公司	1657.33	1.24	8	1656.19
民生人寿保险浙江分公司富阳营销服务部	1631.27	1.22	9	1504.00
华泰人寿保险杭州中心支公司富阳营销服务部	1111.13	0.83	10	858.70
泰康人寿保险浙江杭州富阳第一营销服务部	391.66	0.29	11	133.58
中国人民健康保险富阳营销服务部	268.31	0.20	12	249.45
长生人寿保险浙江分公司富阳营销服务部	201.85	0.15	13	161.58
中意人寿保险公司富阳营销服务部	180.86	0.13	14	128.25
信泰人寿浙江分公司富阳营销服务部	113.31	0.08	15	131.92
新华人寿保险杭州中心支公司富阳营销服务部	2.03	0.00	—	578.81
富阳地区合计	134094.41	100.00	—	118823.16

《高管人员风险责任追究制度》等一系列规章制度，落实贷款贷前调查、贷时审查、贷后检查“三查”制度。2018 年，全区 6 家小贷公司累计发放贷款 163811.9 万元，贷款余额 177888.7 万元。全年营业收入 11327 万元，缴纳税收 1932.3 万元。（小贷公司 2018 年发放贷款情况见表 17）

【贷款业务】 2018 年，富阳区小贷公司贷款行业相对分散，行业集中度均未超过 30%，主要集中在批发零售业和造纸、纸制品业。3 家小贷公司贷款业务集中的第一大行业均是批发零售业，2 家小贷公司第一大行业是造纸及纸制品业。（小贷公司 2018 年贷款业务集中度情况见表 18） （王振民）

·担保·

【概况】 2018 年，富阳区融资担保机构为中小微企业和“三农”提供融资担保金额 19796 万元，年底在保企业担保余额 32474 万元，比年初下降 14384 万元。全年提供消费融资担保（含中小微企业、工程车、运输车、个人小汽车）金额 141809 万元，比年初增加 121811 万元，年底在保余额 113466 万元，比年初增加 93468 万元。提供工程履约和诉讼保全非融资担保金额 10971 万元，年底在保余额 10409 万元。7 家融资担保机构共提供融资担保金额 161605 万元，提供非融资担保金额 10971 万元。年底融资担保业务在保余额 145940 万元，创近 3 年底最好业绩（主要是汽车按揭担保业务增长较快），非融资担保业务在保余额 10409 万元。

融资担保机构累计收入担保费 3416 万元，同比增加 1871 万元，计提担保赔偿准备金 1473 万元，计提未到期责任准备金 441 万元，合计计提两项准备金 1914 万元，同比增加 971 万元。

全区融资担保机构发生代偿 25 笔，累计代偿 5554 万元，平均代偿率 16.9%；回收当年及以前年度应收到代偿款 4025 万元，年底应收代偿款余额

小贷公司 2018 年发放贷款情况

表 17 单位：万元

公司名称	注册资本	本年累计贷款发放额	贷款余额	营业收入	纳税额
浙丰小贷公司	15000	10302.0	18959.0	1948.0	465.7
永通小贷公司	50000	36657.3	57318.5	2770.0	332.0
荣泰小贷公司	25000	86865.0	41469.1	4687.1	857.6
海通小贷公司	20000	3650.0	22734.3	50.1	1.3
富仑小贷公司	20000	17172.6	23892.9	1272.7	220.0
先进小贷公司	10000	9165.0	13514.9	599.1	55.7
合计	140000	163811.9	177888.7	11327.0	1932.3

小贷公司 2018 年贷款业务集中度情况

表 18 单位：万元

公司名称	第一大行业	占比(%)	第二大行业	占比(%)
浙丰小贷公司	造纸及纸制品	16.2	金属制品	8.4
永通小贷公司	租赁和商务服务业	5.0	加工纸制品	4.9
荣泰小贷公司	批发和零售业	18.4	商务服务业	13.5
海通小贷公司	批发零售业	29.8	造纸及纸制品	18.5
富仑小贷公司	批发零售业	27.6	造纸及纸制品	24.1
先进小贷公司	造纸及纸制品	29.3	批发零售	22.9

13714 万元，比年初增加 1529 万元。

2018 年底，富阳区融资担保机构总资产 94727 万元，其中流动资产 94160 万元，占总资产的 99.4%［其中货币资金 43306 万元，应收款 26569 万元（含应收代偿款）］，存出保证金 24285 万元，固定资产 567 万元，占总资产的 0.6%；融资担保机构总负债 6106 万元（其中应付款 2933 万元，存入保证金 1260 万元，担保赔偿准备金 1473 万元，未到期责任准备金 441 万元），负债率为 7.6%，融资担保机构所有者权益 80153 万元（其中注册资金 71318 万元，占 88.98%）。

（金志明）

【编 辑 赵雪红】

交通·运输

·综述·

【概况】 2018年，区交通运输局坚持“三看四态促转型”不动摇，凝心聚力打硬仗，快步踏上融杭发展之路。“三铁三高三快速”融杭重大交通项目快速推进、高品质“四好农村路”和城乡公交一体化持续深入、打击超限超载等道路运输环境管控力度持续加强、推进“最多跑一次”改革提升交通服务能力持续深化，各项工作均取得较明显成效。

加快推进重大交通项目建设。坚持交通先行、发挥交通效应，促进“四态转型”。充分发挥重大交通项目综合指挥部“统筹、协调、督查”的职能，以“项目为王、实干至上”的理念和“最快速度、最高标准、最严要求”的工作作风，破解多个政策处理难题，实现“交通部门+临时机构”=“1+1>2”功效，形成统一协调、运行高效的工作机制，全面推进“三铁三高三快速”融杭重大交通项目建设，构建网络完善、干线清晰的大交通体系和无缝融杭交通骨架。全年，在建的彩虹快速路、春永快速路及绕城高速西复线、杭富城际铁路、杭黄高铁富阳段等五个融杭重大交通项目（不含两条连接线），总投资346.9亿元。截至12月底，累计投资136.8亿元，占总投资39.4%。其中2018年投资86.02亿元，完成年度计划投资101.4%。对接配合，推进渌渚江航道养护改造（杭州港航局实施）、杭千东洲互通整治提升（杭州杭千公司实施）等“小投资、大民生”工程前期，9月29日开工建设杭千东洲互通整治提升工程，10月30日开工建设渌渚江航道养护改造工程；编制杭州中环富阳段方案；报批富阳320国道至富阳大桥连接线鹿山（大盘山）隧道工程工可稿；优化环金线整治（二期）工程方案；完成投资绕城高速西复线大源及高桥互通两条连接线工程进场施工1.2亿元。分析研究规划阶段的G235国道富阳场口至灵桥段工程、杭淳开（富千）高速、杭千富阳灵桥至富阳互通段南移等重大项目，推动项目早落地。综合利用富春江两岸资源，科学分析合理布局，规划富阳港区码头的布局。随着“三铁三高三快速”等重大项目的规划与建设，全区大交通路网骨架体系日渐完善。

推进“四好农村路”建设。按照“全域统筹、全面达标、重点提升、争创一流”原则，围绕新时代乡村振兴战略，根据“一心二轴七廊二十线”规划布局，编制完成建设高品质“四好农村路”中长期发展规划，制定《杭州市富阳区建设高品质“四好农村路”实施意见》，建立机制、建设、管养、责任、资金等五张清单，实行工作机制、目标任务、工作责任、资金保障等“清单化”管理，落实责任、形成合力，有序推进高品质“四好农村路”建设。全年县乡公路改扩建、续建县道横桐线等4条路基工程9.27千米、6条路面工程11.38千米，分别建设92%、85%。提升改造杨清庙至西郎等18条村道23.73千米(含错车道12处)，完成工程量约82%。大、中修农村公路县乡道33.23千米，竣工总量的86%。改造病危桥梁4座，竣工3座，另1座正加快推进中。

改善水陆运输服务，抓好行业管理。实现融杭公交一体化“同城同待遇”，持续深化城乡公交一体化，启用场口、新登等公交站，更换及增投新能源公交车210辆、增开优化线路30条，打造高效、便捷的公交服务；创新公共交通多元服务机制，引进“左中右”全天候共享汽车，累计投入共享汽车800辆，同时开展试运营；强化联动执法与错时执法，加大路面执法力度，开展整治道路运输环境源头管控和各类专项行动，重拳打击超限运输、抛洒滴漏、非法改装等违法运输行为，累计开展联合执法等活动45次，查扣违法超限运输、抛洒滴漏车辆912辆，查处损坏公路设施赔（补）偿案件41起，卸载货物3.25万余吨，公路路域环境持续好转；推行精细化养护，提高机械化和信息化水平，公路养护水平进一步提升，国、省道平均好路率达到91%；加强监督管理，严肃查处交通工程领域违法行为，全年立案查处5起，罚款14.9万元，查处案件及罚没款数量位列杭州地区首位；继续推动黑码头整治，进一步提升渡口渡船安全管理；持续深化“最多跑一次”改革，搭建“134”新的组织架构，建立回访全覆盖等制度，推出周末（双休日）小客车调控和运管事项受理窗口、“跑一次没办成”投诉电话、“一杯水”服务等多项举措。同时，加大宣传力度，不断提升“实现率”“满意率”和“知晓率”。9月5日起，交通窗口推出公路路政行政许可“零跑”服务，对涉路施工审批等9项许可事项提供上门服务。

·公路运输·

【概况】 全年，辖区管养公路1017条，总里程1963.269千米。按行政等级分，国道4条（其中2条系规划国道）98.552千米，占5.02%，省道4条88.248千米，占4.49%，县道公路45条461.564千米，占23.51%，乡道公路87条261.499千米，占13.32%，专用公路4条16.055千米，占0.82%，村道873条1037.351千米，占52.84%；按技术等级分，国家高速公路37.286千米，占1.90%，一级公路107.009千米，占5.45%，二级公路202.887千米，占10.33%，三级公路194.827千米，占9.92%，四级公路995.366千米，占50.70%，准四级公路425.894千米，占21.69%；按路面等级分，高级路面1930.455千米，占98.33%，次高级路面16.295千米，占0.83%，中级路面16.519千米，占0.84%。全区公路通乡率、通行政村率均100%，拥有107.8千米/百平方公里，拥有29.2千米/万人。

【农村公路建管养】 全年，有序推进农村公路建管养。建设“四好农村路”通自然村道路5条4.205千米；打通断头路4条4.52千米，提升低等级公路25条32.636千米；通乡镇、景区1条5千米，完成率100%。续建县乡公路改扩建路基工程4条9.275千米，完成7.75千米，完成83.56%；续建县乡公路改扩建路面工程6条11.38千米，完成率100%。增建县、乡公路改扩建路基工程3条6.285千米，中桥1座3×16米，完成路基工程2条2.775千米，完成率43.84%，竣工中桥1座3×16米；增建县、乡公路改扩建路面工程7条16.63千米，路面工程竣工4条5.785千米。增建村道提升工程18条23.727千米，路基竣工12条16.892千米；路面竣工7条9.147千米。完成农村大中修工程13条，实施里程27.558千米，总投资6535万元。调整项目7条，实施里程6.44千米，总投资1050万元。改造好2017年病危桥3座，总投资425万元。重建金慈大桥工程90%，总投资563万元。美丽公路创建实施里程2.140千米，总投资506万元。维修国、省道（县道）安保工程，总投资183万元，完成率70%。

【交通质监行业管理】 全年，以“品质工程”建设为标杆，全力推进工程质量提升。强化日常监督检查力度，结合农村公路建设实际，切实开展施工标准化和质量通病治理等专项行动；积极推进“品质工程”建设，在合同价1亿元以上的项目上开展“品质工程”示范项目的培育，大源互通连接线工程和高桥互通连接线工程纳入品质工程示范项目建设；积极推进设计标准化和精细化工作，结合农村公路工人实际的技术水平，推进设计单位在高挡墙部分以混泥土块石取代原有浆砌片石设计，提高工程建设实际质量。

以文明施工标准化建设为引领，全力推进施工环境整治。结合《杭州市富阳区交通工程标准化建设实施意见》实施，从设计和招投标环节开始入手，开启源头管理，提高交通建设工程安全环保意识，强化项目文明施工环境整治和“平安工地”建设，严格落实文明施工环保措施。9月，从工程实际考虑，牵头制定了《富阳区农村公路改、扩建项目路基分段交验指导意见》，对路基工程分段实施提出了相关要求。

【安全监管体系建设】 以“平安工地”建设为抓

手，全力推进安全监管体系建设。做好重要时期在建工程安全生产工作，对施工单位进行雨雪、防台等工作检查，撤离挖机 6 台、泥浆泵 1 台，停止作业钻孔机 2 台、搅拌机 4 台，撤离临时用电设施（电焊机、空压机等）10 台，安全撤离作业人员 36 人，检查工棚 6 个，转移工棚人员 12 人；深入推进“平安工地”创建活动。5 月，牵头制定了《杭州市富阳区交通工程标准化建设实施意见》， 将 500 万以上项目的“平安工地”创建要求予以明确；全面加强安全生产宣传教育、应急预防及预案和安全作业规程等宣传机制建设和安全监管的落实，全年共下发宣传横幅 34 幅，悬挂在各建设工地，同时发放宣传手册 500 余份。全年深入开展扫黑除恶专项斗争，严厉打击各类违法犯罪活动，积极调处矛盾纠纷，上报涉黑线索 1 条。

【公路路政管理】 依托“一巡多功能”综合执法机制，通过跨区域错时执法、部门联动等手段加大对抛洒滴漏和超限运输等野蛮违法运输行为整治，并采取设卡与企业约谈等方式，进一步强化源头监管。全年共排查年进出货物 30 万吨以上企业 40 家，开展联合执法整治活动 45 次，出动执法车辆 1798 辆次，执法人员 3900 人次，移交／查扣违法超限运输、抛洒滴漏车辆 912 辆，查处损坏公路设施赔（补）偿案件 41 起，卸载货物 3.25 万余吨，开出罚单 14.33 万元，征收公路赔（补）偿费 14.23 万元。全年按照防汛体系规范化建设工作要求，配齐防汛抢险物资，提高抢险和保障能力；以网格化方式加强对辖区三级以下公路禁止客运车辆通行标志等安全隐患进行排查；建立值班备勤制度和组织应急抢险队员演练；推进生命防护工程，投入 600 余万元维修改造 320 国道道冠山隧道消防设施。路政、养护部门密切配合，采取督促、跟踪方式，全面排查全区 25 条县级以上公路标志标线完好程度，排查标志 300 余块、标线 100 余千米。按照轻重缓急原则，对交通流量较大的主要县道的车道标线、斑马线、停车线、减速线等标线分别进行漆划，累计共漆划标线 18000 平方米，投入资金 80 万元。以美丽经济交通走廊、美丽公路、“四好农村路”为抓手，结合“路政宣传月”和“安全生产月”活动，开展进公路沿线党政机关、进乡村集镇、进厂矿企业、进在建工地、进货运站场、进中小学校等“六进”活动。通过悬挂宣传横幅、制作小手册等方式着力宣传公路工作，呼吁社会共同一起来爱路护路。活动期间，派发宣传资料 4000 余份，制作横幅 42 条，图板 34 块，电子显示屏播放 4 块。

【公路养护】 通过提高机械化和信息化能力，积极推行精细化养护，2018 年国、省道平均好路率达到 88.3%。出动设备 8472 台班，人员 5.1 万人次，累计清扫路面 50.6 亿平方米，清洗护栏 2980 千米，清除边坡杂草 57.8 万平方米，清理边沟 1790 千米，修剪绿化 285 千米，修复破损护栏 8300 余米，修补路面坑洞 3500 平方米，修复水毁挡墙 4300 余方，清理塌方 3400 余方，修补县道以上路面病害 15000 余平方米。此外，创建一个省级养护站。

【道路运输安全管理】 为有力做好“管理提升年”工作，年初及时成立了“管理提升年”活动领导小组，指导协调和推进落实“管理提升年”工作开展。从企业、车辆、人员、动态监管、四类台账，在 2017 年“规范管理年”基础上，进行了更规范、更全面的提升。继续加强做好“两客一危”车辆电子监管工作，及时落实问题工单处理，并反馈。全年，通过电子化监管平台，分别对杭州富阳舒捷客运有限公司浙 AK2100 客运包车不按包车客运标志牌载明事项运行及浙江东南汽运股份有限公司浙 ACA302 无包车标志牌运营两起案件进行行政处罚。严格查处违章、违法事件，对富阳东海石油有限公司等业主共计处罚 54600 元的罚款。同时，加大源头检查和路面管控力度。以“道路运输源头网格化管理”为抓手，推进货运行业管理，每周至少组织三次对源头企业检查，检查源头企业 287 家次；参与综巡办进行道路环境整治，共查扣各类违法违规货运车辆 1017 辆，处罚 499 辆车次，罚款 128.84 万元；以多部门联合执法为抓手，实施长效管控，完善“一巡多功能”综合执法巡查机制。在新桐、三山、大青、渌渚、永昌等设卡点，加强路面稽查管控力量，严查违法超限超载、抛洒滴漏野蛮运输车辆；与此同时，联合交警对城区四小车进行专项整治 17 次，有效打击残疾车、电瓶三轮车的非法营运现象。

【客运市场管理】 全区公交一体化后，随着公交线路调整或延伸对公交站点的迫切需求、美丽乡村精品线路建设对公交站点的提升改造要求以及学生上放学接送的需要等，对场口、常安、东洲、常绿、渌渚、春建等乡镇（街道）拟设公交站点进行现场踏勘，并对各辖区线网规划进行梳理和调整，做好后公交一体化工作。做好油贴发放工作， 通过网上申报完成2017年度油价补贴共1011辆车；申报2017年新能源车补助，发放2017年油价补贴款：城市公交863.08万元，农村客运1573.75万元；对2017年312辆农村客运车辆服务质量考核，发放补贴533.36万元。做好智慧客运站创建和车厢文化宣传。顺应互联网+交通变革方向，充分发挥信息化的作用，提升服务效率，鼓励富阳客运站进行智慧客运站创建工作，并通过验收。11月底，开展了公交车厢文化建设，内容涉及社会主义核心价值观、廉政建设、文明乘车等，为乘客提供一个较好的乘车环境。做好“村村通”回头看调查及全区农村候车亭梳理工作。9月，对全区276个行政村开展建制村客车“村村通”回头看工作，通过实地踏勘，打表测量方式，详细掌握了解全区各个行政村客车通达情况。11月，通过实地踏勘，拍照取证，信息记录等方式，调查并梳理了全区农村候车亭的地理位置、款式架构、使用情况等方面，为2019年港湾式停靠站建设工作打下坚实基础。

【出租车行业管理】 全年加强巡游出租车和网约车管理工作。通过“四合一监控”平台开展非现场执法，每天安排专人负责，每周巡查所有294辆巡游出租车一遍，不间断保持监管。采取常规动作与自选动作模式监控，发现一起纠正一起，处理一起，采取零容忍态度；通过路面和监控检查，在车站、医院、商业区等重点地段布控，进行巡查；以实施“错时执法”机制为抓手，在夜间或者周末进行非现场执法及上路巡查，弥补执法空档，有力震慑了一些不规范经营行为；不定期集中整治和日常稽查相结合，重点打击群众举报投诉较多的依附在客运站、医院、商业区的“黑车”及私家车从事非法营运行为；对网约车进行6次专项整治行动，严查网约车无证行为，实时关注网约车“市场”最新动态。全年，巡游出租车投诉件113件，与上年同比下降了44%。同时，拾金不昧、救死扶伤等好人好事层出不穷，捡到财物151起，其中现金73070元，以及箱包等物品69件、手机34只，有力地传递了社会正能量。

【维修驾培行业管理】 全年，加强推进汽车电子健康档案系统管理的应用。为较好发挥企业宣传主力军的作用，通过宣传展板、图片、微信公众号、短信平台等多渠道、多形式引导消费者使用汽车电子健康档案管理系统。将汽车电子健康档案数据上传与信用考核挂钩，采取半月一通报，约谈上榜黑名单企业等方式，倒逼企业提升数据上传质量。以维修企业汽车电子健康档案微信群为交流平台，不断完善系统数据库信息。2018年，根据杭州市车管局公布的对接率和上传质量，富阳辖区均排在杭州地区前列，有力维护车主利益。全年加大驾培行业先培后付、人脸识别、第三方监管的监督检查力度。以驾培监管服务平台启用为契机，通过网上监管结合现场检查方式确保学驾改革落到实处，最大程度保障学驾人员合法权益和培训资金安全性。做好两检合一工作。指导督促辖区三家检测机构按要求进行系统升级和设备调试，并与省运管局完成检测数据对接工作。按照上级部门要求，在规定时间内，实行“一次上线、一次检测”的两检合一工作。自8月1日“两检合一”正式实施起，辖区检测机构共通过“两检合一”检测车辆2184辆，其中无委托异地车检256辆，为车主减负15万余元。驾培教练员安全培训网络化成功试点。为破解因教练员流动性大，作息无规律导致安全培训不能达到全覆盖难题，试点驾培教练员安全培训网络化。5月开始，全区10家驾培机构全部实现网络对接，每月通过网络化培训进行安全教育，至年底，4015人次教练员通过网络接受安全培训，网络培训率达到98.5%。

·水路运输·

【概况】 全区境内共有7条航道，1条干线航道和6条支流航道，计76.76千米。其中四级航道1

条，48.6千米；6级航道3条，12.56千米（新江线5.23千米，渌渚江4.41千米，赵东线2.92千米）；7级航道2条，6.20千米（壶源江3.8千米，大源江2.4千米）；准7级航道1条，9.4千米（周东线）。至年底，富阳航区有各类船舶169艘，115871载重吨，平均吨位685吨。全区有各类码头26处，其中砂石料码头14处，煤炭码头5处，成品油码头1处，件杂货码头2处，客旅码头3处，其他码头（华鹰游艇码头）1处。富阳有渡口6处，渡船11艘。

全年，富阳港区货物吞吐量2692万吨，同比涨幅达7.8%。其中进口量865万吨，出口量1827万吨，与去年同期相比分别增长了4%和9.8%。港口吞吐量按货种分析，矿建材料、煤炭及钢铁占91%，矿建材料2036万吨，煤炭265万吨，钢铁151万吨，同比分别增长4.6%、1.9%和5.1%。

全年，富阳港区水运集装箱吞吐量60661TEU，796048吨，与上年同期（51382TEU、520950吨）相比增幅为18%和52.8%。其中完成散改集箱子30622个，457359吨，与上年同期（28737个，284750吨）相比涨幅分别为6.5%和60.6%。2018年初，东洲内河国际港码头“保6万标箱”目标已完成，主要原因是：业务日益成熟、积极拓展货源（废纸、成品纸、煤炭、铜精矿等）、散改集货主企业二期项目上马，铜矿精需求增加、三星热电码头拆除后，11月起部分煤炭改用集装箱运输。

【海事管理】 全年，在为期40天2018年春运期间，辖区渡口投入渡船12艘，运力1046客位，安全输送旅客6万余人次、车辆4.18万车次，渡运量比去年同期下降40%，车辆比上年上升了45%。4月份，根据浙江省交通运输厅《关于2017年全省美丽渡口创建工作情况的通报》（浙交发〔2018〕58号），杭州市富阳区五丰渡口荣获“全省美丽渡口”称号；2018年富阳里山渡、新沙渡参加创建活动。6月8日，组织开展2018水上交通事故应急演练，共出动海事艇6艘，冲锋舟2艘，清污船2艘，救捞船1艘，参与演习人员60余人；首次使用无人机航拍、网络直播等新媒体技术，实现演习过程在微信、直播平台等新媒体上的同步直播，直播观看人数达到14.7万人次。加强安全生产月活动。6月13日，参加区人民政府举办的“生命至上　安全发展”的宣传咨询日活动；15日，参加了杭州绕城高速公路西复线项目安全宣传咨询日活动；21日，到东洲五丰小学组织开展“水上交通安全知识进校园”专题教育活动，三项活动共展示宣传图板20块，发放宣传资料250余份，接受咨询20余人次，培训教育学生30余人次。

此外，开展内河船舶水上安全集中检查，采集信息368艘，现场监督检查321艘，船舶安检96艘。同时开展入沪船舶专项安检，进行入沪船舶专项安检98艘，入沪船舶专项报告核查171艘。

【航道管理】 全年，加强航道、航标巡查与养护，做好干流航道每月至少两次，支线航道每季度一次至少一次，航标每月至少一次的航道、航标巡查工作。与施工单位签订了辖区航标维护协议，直至施工竣工验收通过。8月初，发函给富阳区市政园林管理局，要求尽快维护富春江第一大桥助航设施。开展涉航建筑物事中事后监管，4月19日，对G25长深高速德清至富阳段扩容杭州段富春江大桥工程（以下简称“富春江大桥工程”）通航孔基础桩位放样过程进行现场检查，要求建设单位、施工单位在放样完工后及时报备施工放样资料，今后在建设安装承台、大桥合拢等关键节点之前应及时通知航道管理机构。积极开展美丽航道创建工作。做好涉航建筑物行政许可，杭州富阳交通发展投资集团有公司拟在壶源江与富春江汇流口附近新建富春江两岸贯通项目（南线）青江口骑行桥，5月底，富阳处受理并办结该许可。配合做好应急锚地设计工作。配合做好2018年航道例行养护项目。10月30日上午，渌渚江航道养护改造工程举行开工仪式。该工程航道里程约5千米，按照天然径流航道Ⅴ级双线航道标准进行养护改造。主要建设内容为护岸工程、疏浚工程、防撞警示桩工程、航标工程及防洪堤工程。整体工程，港航部门投入7720万元，富阳区投入配套资金2900万元，总投入共计1.062亿元。

【港口管理】 全年开展现场检查码头数297次，出动执法人员616人次，责令整改数量176次，港口安全检查做到检查全覆盖、码头不遗漏、台账有记录。开展码头环境专项整治行动，检查共计31次。开展港口船舶污染防治和港口作业扬尘治理专项检查，开展港口船舶污染防治专项检查25家次，复查4家次，开展港口作业扬尘治理专项检查19家次，复查2家次。按要求每季度开展危货码头专项检查。查处港政违法案件81起，处罚金额共计15.8万元，与去年同期相比数量（162起）及罚没款（32.3万元）均大幅减少，主要是违规作业现象得到了极大遏制。港区码头累计投入资金约450.58万元，主要用于“2+1”专项治理，包括维护堆场、修整道路、硬化路面、更换喷淋设施、新建或提升车辆冲洗设备等方面。富阳区有4家码头列入了《杭州市县级集中式饮用水水源地排查问题及整改计划清单》，要求在年底前整改到位，并全部拆除。11月16日上午，在杭州东洲国际港码头，召开了富阳区首次船舶与港口水污染防治工作联席会议。配合审查《钱塘江航道富阳航段（富春江）综合码头布局规划》，并形成了报批稿。

全年推进绿色港口建设，增建两处船舶生活污水接收点，分别是杭州富阳鸿富矿业有限公司码头和杭州富阳宏升建材有限公司码头。东洲内河国际港码头，在10、11、12、14号泊位，各增加1套岸电设施。

【运输管理】 全年，富阳辖区货物发送量1819.29万吨，比去年增长10.22%，进口量840.6万吨，比去年增长19.4%，本辖区船舶运输量474.37万吨，比去年下降9.4%。开展2018年度企业船舶核查换证工作。根据抽样系统初步估计，富阳辖区现共计有效营运船舶约164艘，其中个体货船130艘，企业货船34艘（期间，杭州富阳宇顺物流有限公司及所属3艘船舶注销）。通过年度核查船舶共计134艘，其中个体货船103艘，企业货船核查31艘。开展内河船型标准化工作，申请的拆解补贴船舶均已在2017年12月31日前按时拆解注销上报，共计56艘船舶，33艘船舶已经申领到资金，因中央财政审计后才能发放下一批资金，剩余23艘船舶现仍未能领到补贴资金。3月，根据中央财政清算要求，对2017年的所有拆解船舶档案进行复印后，一式四份分别上报给交通运输部、长航局、省局、市局。受理浙江汇通船务有限公司、浙江成远船务有限公司、杭州吉瑞物流有限公司、浙江九舟同物流有限公司、杭州顺研航运有限公司等5家的开业申请，获省局批准。开展400总吨以下内河船舶防污染改造资金补贴工作，成功改造并上报资金申领的船舶为15艘。

【船舶检验】 全年，检验各类船舶277艘，总吨90270，主机功率44728千瓦。

·重大交通项目·

【杭州至富阳城际铁路工程（杭州地铁6号线）】 该项目总投资132.98亿元（富阳段99.27亿元），2017年11月开工建设，计划建设工期4年，线路全长23.5千米，起点为西湖区美院象山站，向西经银湖街道、富春街道，终点位于富春街道桂花路站（一期），设站12座，设计速度100千米/小时，全线入地。西湖区段长6.76千米，设站3座，分别为美院象山站、音乐学院站、中村站；富阳区段长16.74千米，设站9座（预留1座），分别为文创园站、科创园站、科受风井（预留）、受降站、高桥站，汽车北站站、高教路站、富春站、桂花路站。12月底，项目全线进行车站围护结构及开挖施工，部分车站主体结构竣工。

【湖州至杭州西至杭黄铁路连接线工程（富阳段）】 该项目富阳段总投资58.95亿元，自湖州站引出，经吴兴区、德清县、余杭区、西湖区、富阳区，最后并行在建杭黄铁路引入桐庐站。线路全长137.601千米，其中富阳段约38千米，穿越银湖街道、富春街道、鹿山街道、渌渚镇。在富阳区富春街道西邮区块设富阳西站，拟建规模约20000方。项目建设工期3年，2018年，编制好工可方案并获审批，处于初步设计批复阶段。

【杭富城际铁路附属配套工程（彩虹快速路西延）】 该项目总投资44.1亿元，2017年11月开工建设，计划工期4年。全长16.96千米，自麦岭沙互通以西开始沿320国道至新老320互通交叉口以南约200-300米处。富阳段长8.01千米（其中地面形式 1.76 千米，隧道结合地面辅路 6.25 千米），与 320 国道、城际铁路 320 国道段共线。采用一级公路标准兼顾城市道路功能，主路设计速度 80 公里／小时，辅路 60 千米／小时，均为双向六车道。2018 年，各标段开展隧道围护结构施工，部分标段主体结构施工进场。

【杭州绕城高速西复线富阳段工程】 杭州绕城西复线起于湖州德清与杭州余杭交界的姜家山附近，途经余杭、临安、富阳、萧山和诸暨等地，终点在杭金衢高速公路直埠枢纽南侧，路线全长 98 千米，双向六车道，设计时速 100 千米／小时。其中富阳境内 48.536 千米（占全线总长的近一半），总投资 130.5 亿元，平均每公里造价 2.688 亿元。途经银湖街道、春建乡、富春街道、鹿山街道、环山乡、大源镇 6 个乡镇街道 30 个行政村，工程共有桥梁 40 座，共计 17863 米，其中特大桥一座（富春江大桥，长 2176.83 米），大桥 26 座；共设置隧道 17 座，隧道总长 17885 米，其中特长隧道 2 座（六弓山隧道，长 3470 米；驻军坞隧道，长 3539 米）；沿线设置互通立交 5 处［高桥、富春、鹿山、大源、环山（该处为杭千高速上的互通）］，大型枢纽 1 处（中埠），服务区 1 座（春建）。2017 年 11 月开工建设，建设工期 4 年，项目至 2018 年 12 月底，做好项目征地、拆迁、迁穴等工作，全线进行路基、隧道开挖、桥梁等施工。

【西复线银湖互通连接线工程】 项目总投资 5.95 亿元，线路全长约 6.11 千米，按一级公路兼顾城市道路功能设计，设计速度 80 千米／小时，路基宽 39 米，起于银湖互通出口，向东与县道横桐线相交后，经赤坞坑（北）、洪庄（南）后，与县道高泰线相接，随后沿高泰线老路展线，跨北渠（周公坞溪），经泗洲村南后与 G320 国道平交（终点）。9 月，做好施工图报批，11 月进场施工，进行路基清表等工作。

【西复线大源互通连接线工程】 该项目总投资 5.71 亿元，路线全长约 7.55 千米，按一级公路兼顾城市道路功能设计，设计速度 60 千米／小时，路基宽 38 米，起于杭新景高速连接线（大源过镇线交叉），与大源镇亭山东路相交后，下穿杭新景高速后至蒋家村北，经宫前村、大源互通出口、兰庄，至新关村。9 月做好施工图报批，11 月进场施工，进行路基清表等工作。

【G235 富阳灵桥至渔山段工程（春永线）】 项目总投资 19.22 亿元，全长 13.98 千米，位于富阳东部，是浙江省普通国省道路网中规划国道 G235 的组成部分。本次实施起点位于灵桥镇灵桥村（汤山桥），途经灵桥、里山、渔山等乡镇，终点位于富阳渔山乡与萧山义桥交界处的长岭头，与萧山境内的春永线相接，全长 10.48 千米。采用一级公路标准兼顾城市道路功能，设计速度 80 千米／小时，双向六车道，路基宽 42 米。桥梁荷载等级为公路一级，共设置大桥 1 座，中桥 4 座。2017 年 11 月开工建设，建设工期 3 年。8 月 23 日，完成初步设计批复，至 12 月，征地 31.2 公顷、拆迁民房 147 户、迁坟 21 穴、拆迁企业 84 家等政策处理问题，全线进行围挡、土方开挖等施工。

【杭新景高速东洲互通口整治提升项目】 该项目总投资 6200 万元，位于东洲街道学校沙村，用地面积 5.8297 公顷，改造既有匝道长约 442 米（收费站由 2 进 3 出改为 4 进 6 出），整治起点位于东桥路与中心路交叉口，终点位于下穿杭新景高速后交叉口，整治段长约 621 米，主要进行路基、路面、路线交叉、桥梁、涵洞、交通工程及沿线设施（照明、机电、房建等）、景观绿化、市政管线等。9 月 11 日，项目完成施工、监理招投标，9 月 29 日正式开工，采用“边通车，边整治”，至 12 月，项目进行路基、收费大棚及匝道施工。

【富阳 320 国道至富阳大桥连接线鹿山（大盘山）隧道工程】 该项目总投资 25.9 亿元，起点位于西环北路与公望街交叉口，路线沿西环北路往南布设至大盘山后分左右线设隧道穿越大盘山，出洞后沿鹿山 5 号路布线，最终与已建成的富阳大桥北侧桥头相接。路线全长 6.345 千米，其中隧道长 2.29 千米，一级公路兼顾城市道路标准设计，双向六车道，设计速度 80 千米／小时。12 月底完成工可批复，编制初步设计文本。

【G235国道富阳灵桥至渔山段综合整治工程】 该项目总投资5.9亿元，项目起点位于春永线与建黄线交叉口，主要利用老春永线拓宽，局部路段截弯取直，经灵桥、里山、渔山等乡镇，终点位于渔山乡与萧山义桥交界的长岭头路段，与03省道萧山义桥至楼塔段改建工程春永线相接，全长10.48千米，建设内容为道路路基范围内自来水管、污水管、燃气管道布设，强弱电的上改下，以及道路两侧的绿化景观设计、沿江一侧房屋拆除等。12月底，完成建议书批复、建设项目选址意见书、可行性研究报告批复；完成综合整治工程（管线部分）初步设计批复、施工图图审、施工图预算审核、监理招标等工作。

【渌渚江航道养护改造工程】 10月30日上午，渌渚江航道养护改造工程举行开工仪式，富阳区副区长王洪光宣布工程开工，市港航局党委书记、局长杨挺理，富阳区交通运输局党委书记、局长唐瑞华分别发表讲话，省港航管理局，渌渚镇，杭州富阳交通发展投资集团有限公司，杭州交投建设工程有限公司，浙江港湾工程项目管理有限公司，市港航管理局航政处、航管处、富阳处等相关部门参加开工仪式。市港航局副局长周建主持开工仪式。工程航道里程约 5千米，按照天然径流航道Ⅴ级双线航道标准进行养护改造。主要建设内容为护岸工程、疏浚工程、防撞警示桩工程、航标工程及防洪堤工程。整体工程，港航部门投入7720万元，富阳区投入配套资金2900万元，总投入共计1.062亿元。作为富阳区水运航线的重要节点，渌渚江航道养护改造工程是落实“拥江发展”战略，改善渌渚江整体环境的重要举措。

（蒋顺强）

【编　辑　胡春国】

邮政通信

·邮政·

【概况】 2018年全区邮政业务总收入完成6444.24万元，完成利润0万元。其中金融业务收入完成3416万元，较上年增长6.32%；寄递类收入完成4611.26万元，较上年增长76%；建成农村电商“村邮乐购”点604个。至年底，区邮政分公司有员工376人（人力系统内人员），下设2个职能部室，5个专业化经营单位，邮政网点21个。

【寄递类业务】 全年，快递包裹业务收入1439.42万元。超额实现市公司下发的任务指标。区邮政分公司对寄递事业部机构进行重新设置，设立市场部、运营监控部和5个综合营业部，同时设立客服中心和账务中心，支撑经营端业务发展。通过协调整合，将原速递场地统一至集散中心电商场地，并于10月20日完成了整体搬迁工作，实现了合并办公，同时新增配皮带伸缩机二台（一台已安装到位），直线皮带机一台，提升整体处理时效。主动对接政府相关部门，了解富阳区域留学生信息，主动联系客户，做好留学生包裹寄递业务。

报刊、信函业务：开展乡镇、学校等部门单位合作，如开展邮资、信封项目，税务调查约投挂号信函项目，政府社会调查函，生存调查函等项目。做好银企账单业务发展，继续加强与富阳农商银行合作，做好银企帐单项目。

【金融类业务】 区邮政分公司制定出台了《富阳区邮政金融网点星级柜员评定实施办法（试行）》《2018年富阳区金融网点服务质量检查考核标准》，通过明确规范、培训学习、日常督导、检查考核等持续工作，网点服务礼仪、环境卫生、客户体验有了明显的提升。自5月开始，省邮政公司新的云平台系统上线。区邮政分公司围绕金融客户经营这一

表19

项目	单位	2018年实绩	项目	单位	2018年实绩
业务总量	万元	7814	邮运车辆	辆	8
业务收入	万元	6444	计算机总数	台	110
收支差额	万元	0	全员劳动生产率	—	—
固定资产原值	万元	5003	（按业务收入计算）	万元/人	—
本年增加固定资产	万元	132	函件	万	95
期末员工总人数	人	376	包件	万	794
邮政(电)所总数	处	26	报刊收入	万元	502
自有房屋建筑面积	平方米	24810	订阅报刊流转额	万元	1663
邮路单程长度	千米	530	集邮业务	万元	103
农村投递线路单程长度	千米	3541	邮政储蓄余额	亿元	20.1

中心工作，将金融工作中的分片管户、重点村社开发、客户基础数据完善、奖金池分配、客户健康档案建立、日常客户维护等工作与云平台系统应用紧密结合起来，取得了一定的成效。截至11月6日，云平台总客户数21万户，其中已认领客户7.79万户、客户认领率36.95%，已归村客户13.29万户、客户归村率63.03%。

区邮政分公司开展网点基础能力提升“海拔计划”培训学习营，隔三天为一期，总计八期，分别为“18年考核方案”“服务礼仪培训”“片区维护与开发”“《云平台系统操作培训”“网点服务手势展示赛”“营销宝典培训及考试”“代发拆迁项目培训”“风控培训”培训采用考试、游戏、网点Pk赛、培训与实地督导相结合等多种丰富多彩的互动的培训方式，让网点全员自发地感悟，培训效果较好。全区邮政储蓄代理网点期末余额为20.1亿元。

【电商业务】 全年，区邮政分公司投资又增建了24个“邮善邮乐”的邮乐购站点。同时，组建和完善了农村电商运营团队，农村电商专业管理体系得到进一步完善。

【邮政便民服务】 全年，结合上级部门普遍服务专项检查工作要求，对全区17个自办网点、9个代办点进行了全覆盖、多频次的检查和指导，对照标准，集中精力对所有网点的局名牌、信筒（箱）、安防等设施安装到位；对有关业务章戳、资费表、用户意见簿、单式材料等进行了补全，并加配了老花镜等便民用品，加强对网点环境卫生的整治，改善了各网点的内部环境；还对相关营业人员进行了业务培训和指导，并梳理制作操作流程表，提升了营业人员的业务素质和操作能力。理顺代办所代办人员工作职责内容，明确劳动报酬，提高代办人员工作责任心和积极性。落实“警医邮”“四好农村路”村级物流点建设项目。同时，与区交通运输局合力建设“四好农村路”村级物流点。区政府以奖代补的形式，给予540万元建设资金，用于全区300个物流点建设。这些项目的实施和开展，大大地方便了广大百姓，真正实现人民邮政的“便民利民”。

【邮政安全】 根据上级部门文件精神，为深入开展2018“安全生产月”活动，从5月起，区邮政分公司启动开展了“安康杯”安全生产月活动，围绕“落实全员安全责任，促进企业安全发展”的主题，坚持“安全第一、预防为主、综合治理”的工作方针，“谁主管，谁负责”。健全安全生产管理体系和工作机制，相继成立了“安委会”和“防火委员会”，细化职责分工，落实安全生产责任，通过专门的会议部署、宣传横幅、宣传图版、标语宣传、主题知识竞赛、专项检查等方式，营造良好的“安全生产月”活动氛围，组织邮政企业全部员工通过线上和线下参加安全生产月知识学习和考试，确保安全生产月活动落实到位，安全意识深入人心，真正做到“安全生产，重在落实”。（王安娜）

·中国电信股份有限公司富阳分公司·

【概况】 2018年，中国电信富阳分公司（以下简称公司）下设3部1室：销售部、政企客户部、网络运营部、综合办公室；1个中心：政企中心，服务富阳区域内党政军、金融、医疗、教育等行业VIP大客户；14个支局：实现富阳区行政区域（5个街道、19个乡镇、276个行政村）服务全覆盖。下辖25家营业厅、56家天翼卖场、8家大型连锁合作卖场、116家泛渠道网点，全年主营业务收入达20628万元。

【区统一政务咨询投诉举报平台】 全年按照浙江省、市、区政府“来电统一接听、数据统一纳入、人员统一管理”的原则，公司承接富阳区信访局标准呼叫中心场地装修、办公设备采购、呼叫中心座席安装、受话人员招聘、受话人员管理等工作，场地设在区电信大楼6楼。6月29日，该平台正式搬迁投入运行，成功整合19个单位32条热线。

【杭黄铁路高清监控项目】 11月13日，公司成功中标杭黄监控项目，共计建设255个监控点位。12月25日前，顺利安装、开通和上线杭黄高铁沿线89处、112个设备的公安监控点位的任务，助力富阳区进入“高铁时代”，为全面融入杭州大都市打开新格局。

【监控项目建设】 全年公司以国际领先标准，规划建设了区新一代通信与信息基础设施，实现千兆光网城市布局，以信息化保障城市安全。全年参与建设富阳公安治安监控一期、二期升级、六期项目等950个点位；建设公共自行车一期、二期，五水共治监控项目二期，环保污染源监控项目，乡镇村委治安监控，国土矿山高清监控等3000余个点位。

【云业务发展】 公司积极响应落实区委区政府“百万企业上云”工作，及时制定公司企业上云行动计划，接应企业数字化转型的发展需求，全年增开VCPU1481核，服务富阳区企业上云客户数909户。公司成功签约富阳区医疗云及医联网项目，区第一人民医院云灾备项目，区中医骨伤医院云胶片项目等，较好的方便了患者就医看病。

【精品网络建设】 全年改造11个网格B改H光接入网，建设九龙山庄等网格光网覆盖扫尾，在光网覆盖率达100%的基础上进一步确保光网络高速稳定运行；全年建设桂花路到民主村等9条主干中继光缆，为杭黄高铁监控等重大项目提供管线光缆支撑，实现70多家中小企业客调LAN及FTTB订单接入建设；围绕移动网络质量提升，优化无线网络建设，从提升MR覆盖率入手，调整富阳城区及乡镇话务密集区域基站，全力推进LTE七期和资产盘活，为实现承载高品质VoLTE及大力发展NB-IOT业务作准备。围绕重要场所加快室分建设，专项优化杭千高速富阳段、富阳高教园区负载均衡、异频切换，圆满保障区各类重大活动的应急通信。

【客服能力持续提升】 全年，公司聚焦客户体验，推进质量变革，各触点综合服务满意率达99.54%，坚持系统取数监控与实地抽检测评相结合的方式开展服务稽查工作，通过客服周报实时预警加强过程管控，客服月报分析评估落实结果考核；开展宽带“当当慢”专项行动，中心厅客等时长超时率下降至6.31%；完善线上智慧服务运营，增开25家营业厅微店，持续拓展线上服务能力。 （祝晓玲）

·中国移动富阳分公司·

【概况】 中国移动通信集团有限公司富阳分公司（简称“中国移动富阳分公司”）成立于1998年，目前有正式员工150人，下设4个职能部门、5个属地分局。公司拥有营业厅22家，代办移动业务营业网点263家；服务企事业单位6200余家，涵盖党政军、金融、教育、医疗、交通物流、能源制造、设备制造、房产等部门和行业；拥有2G、4G基站分别为997、1419个。

至年底，富阳移动客户规模通话用户数为60余万，市场份额在75%以上。2017年，被浙江省移动评为先进集体，3个营业厅荣获“浙江省巾帼文明岗”称号。

【4G基站建设】 全年在工程维护建设上，对铁塔建造中的复杂站点，引入第三方资源力量建设，确保铁塔保质保量如期竣工。通过努力，全年增建4G基站8个，小微站33个，容量保障扩容基站476个，改善弱覆盖小区8个，做到富阳境内村村都有4G覆盖。同时，还成立专项工程组，增建杭黄高铁沿线（富阳境内）基站296个，确保杭黄高铁沿线信号高质量全覆盖。

【提升信息化合作能力】 全年，富阳移动持续深化与政府部门合作。中标富阳区公安局高清视频监控系统租赁七期项目、“智慧消防”监督管理平台、四级网备用裸光纤及短信机续费项目、视频监控子项目警务通工作机等4个百万元级以上项目，与富阳区公安局携手开展深度信息化建设合作。中标富阳区岩石岭（胥口镇）、蒋家（大源镇）、何务（万市镇）等6座水文站的雨量视频监控项目，以及区道路运输管理处非现场执法取证项目视频监控系统项目等政府信息化项目。 （蒋 赟）

·中国联通富阳分公司·

【打造全民精品网路】 经过多年的信息基础设施建设，已基本实现富阳区网络覆盖无通信盲点，通信光缆、电缆、移动信号覆盖城区及各乡镇，信息接入畅通。截至2018年底，富阳区拥有配线光交400余个，宽带总端口数达到9万多个，宽带用户数超过2万户，宽带接入端口利用率均高于其他县。主干光缆、光交已延伸至富阳所有乡镇街道，业务开通能力遍布可遍布全区。同时，分公司光改80余个铜缆机房工作，实现城区光纤全接入，光改后故障率呈明显下降趋势。随着物理站点的进一步提升，对原来信号盲区、道路断点区、投诉热点区进行了整体规划，以点对点连线覆盖至点对面广覆盖的方式进行建设，使联通信号在富阳区域内覆盖率达到95%以上，大幅度提升了用户感知度和满意度。

【开展通信服务活动】 分公司坚持以用户为中心，以满足广大用户日趋多元化、个性化的通信需求。全年，组织开展了“返城市场”“校园市场”的营销活动，通过走进社区、走进农居点、走进园区、走进高校等形式，在富阳城区及周边乡镇开展近500场通信服务，其间为3000余名用户提供通信服务。此外，分公司全心打造一线服务的窗口平台，通过转变自营业厅原有的营销模式，借助多项措施的有效落地，在营销与服务客户的同时，尽情地展示了联通的多项产品和服务功能。

【加强经营管理理念】 全年，坚持以“一切为了客户、一切为了一线、一切为了市场”的经营管理理念，以互联网+为重点，进一步加大发展力度，拓宽发展领域、提升服务水平，全面增强综合竞争力和可持续发展能力，为用户提供最周全的服务是我们最大的义务。从年初开始每月25日贯穿全年的“客户服务日”，通过线上线下多种活动的组织，提升用户感知度，让广大客户真正体验到“互联网时代”的精彩。此外，随着“最多跑一次”的持续深入开展，富阳联通着力做好客户感知服务，让用户缩短距离和时间，充分体现联通高效、便捷的细致服务。

【加强企业文化建设】 全年，分公司上下统一构建“论功行赏，比追赶超”团队氛围，同时加强员工沟通关怀，急员工所急，强化一线支撑，在评优评先、营销激励等方面引导全体员工积极参加生产。与此同时，结合公司企业文化工作的深入开展，为给每一位员工提供学习交流和放松身心的平台，公司结合节假日时间节点，策划开展了各项节庆活动和团建活动，以及“爱心献血”“春风行动”等系列活动，进一步传递了“五新”联通的新能量。

（孙　莹）

·杭州富阳华数公司·

【概况】 杭州富阳华数数字电视有限公司是国有上市公司华数传媒下属的全资子公司，公司成立于2005年1月，注册资本3000万元，下设本部11个部门及9个乡镇服务部（下辖24个乡镇、街道广电服务站），是富阳区广播电视网络建设、运营管理、安全播出的责任单位，近年来，按照华数传媒与富阳区政府签订的《战略合作协议》，在原有的政府专网、监控业务、信息化项目等合作基础上，富阳华数依托自身的网络、技术、团队优势，进一步深化与政府的全方位合作，已成为富阳区集广播电视、互联网、数据及信息化业务于一体的综合运营商。至2018年12月，全区数字电视开通用户23.5万户，有线电视数字化率已达100%；全区华数宽带用户近7.4万户，平均每3—4户家庭就有1户使用华数宽带。

【重点项目】 2018年，在专网业务上，承建政府、行业等各类专网100余张。如党政办公网、数字城管专网、教育专网、社保专网、医保专网等。在监控业务上，先后建设公安治安监控、智能交通监控、乡镇华数眼监控、富春江远程监控、五水共治生活污水监控、医保监控、村级监控等。在信息化业务上，建设无线城市I-fuyang、智慧小镇、智慧农村、区委组织部视频会议系统、组织部远教入户平台、农村文化礼堂、居家养老平台、社会服务管理中心平台、家政服务中心平台等。

在IDC主机托管业务上，被区政府确定为“党政机关信息化设备托管机房”。政府各部门托管在该机房设备数据共计600多U。

【组网业务】 2018年，建设富阳区公安、交警电子警察路口、卡口智能监控专网118点位；富阳区数字城管执法智能监控专网120点位；富阳区医保定点药店监控专网127点位；富阳区党政办公专网151点位；富阳区环保污染源在线监测监控专网330点位；富阳区农村合作银行专网87点位；富阳区公安四级专网24点位；富阳区教育专网125点位；富阳区公安警务室VPN专网20点位；动态治安监控专网1800点位；富阳区大社保专网 310点位；富阳区党员远程教育专网330点位；乡镇动态治安监控专网102点位。

【智慧信息项目】 2018年参与城镇智慧信息建设项目主要有5个：（一）无线城市项目建设，主要包括：i-fuyang无线城市自建设以来实际完成施工的点位共342个，2018年增设38个点位。据“i-fuyang无线城市”项目运营统计数据显示，截至12月31日，已累计注册用户数369998个，i-fuyang无线城市总访问量6057421人次，月增注册用户数最高为5486人次，月日均使用用户数最高为2343人次，每月在线用户数最大值为2953人次，日均用户上网时长最长为241分钟。（二）智慧常安建设，主要项目有：智慧政务系统、四个平台乡镇扩展应用、智慧民生（家庭智电视、宽带、养老医疗服务等）、智慧农家乐、基础网络建设（数据专网、家庭宽带、数字电视网络、WiFi覆盖）等建设内容。至年底，该项目全部竣工，并通过验收投入使用。（三）智慧龙门项目建设，重点是这一平台将成为村干部联系群众、布置工作的新载体。同时通过加强村务管理，推动乡村建设的又一抓。通过后期的技术开发，可实现在电视终端和手机终端上同时发布市场供求信息；改善村民看电视环境，丰富群众影视文化的新常态。至年底，该项目已竣工，并通过验收投入使用。从“智慧农村”平台建成后看，村民家中的电视收看质量得到了大大的提升，内容更丰富、图像更清晰、画面更逼真，选择电视节目的余地更大。（四）四个政府平台系统项目建设，主要包括：1. 主要包括基层乡镇四个平台标准版3.0版，统一标准，统一受理，协同处理，大屏展示，全科网格管理子系统，统计分析、网格地图等标准功能。2. 省协同功能对接开发。主要包括建筑物住所、人口信息、重点场所、在线轨迹、走访日志、事件数据等相关功能和统计报表按杭州市标准对接。3. 本项目涉及全区综合信息指挥室工作人员、各部门派驻乡镇工作人员、专职网格员的考核工作。至年底，该项目全部竣工，并通过验收投入使用。（五）区机关事务局大屏项目建设，主要包括：8号楼区政府会议中心和11号楼的大屏建设，总面积26平方米。区政府会议中心视频会议改造工程，整个系统由全彩微间距LED大屏系统、音频系统及信号切换系统等四部分组成，主要包括以下几部分内容：1. 全彩LED微间距大屏系统，主要由10.04平方米的全彩LED微间距大屏及配套设施组成，包括设备的安装及后续的维护。2. 音频系统，主要由数字音频处理器，会议发言系统、会议扩声系统及配套设施组成，包括设备的安装及后续的维护。3. 信号切换系统，主要由高清数字混合矩阵组成，包括设备的安装及后续的维护。至年底，该项目已全部竣工，并通过验收投入使用。

（胡晓钰）

【编　辑　胡春国】

旅游业

·综述·

【概况】 2018年，全区接待国内外游客1509.98万人次，比上年同期增长20.01%；实现旅游总收入139.05亿元，比上年同期增长18.80%，其中接待境外游客1.39万人次，比上年同期下降5.85%，实现旅游外汇收入396.30万美元，比上年同期下降9.10%；接待国内游客1208.59万人次，比上年同期增长20.04%，实现国内旅游收入138.79亿元，比上年同期增长18.89%。收费景区接待游客434.44万人次，同比增长2.93%，收费景点实现门票收入1.58亿元，同比增长6.04%。至年底，全区有国家A级景区7家，其中AAAA级景区4家，AAA级景区3家。省A级景区村庄25个，其中AAA级14个，AA级11个。省级旅游风情小镇1个，浙江省休闲旅游示范村4个。有星级宾馆酒店8家，其中五星级2家，三星级5家，二星级1家。三星级品质旅行社5家。拥有富阳永安高山农庄、富阳中医骨伤科医院、杭州华鹰船艇有限公司三家社会资源国际旅游访问点。

【文旅集团成立】 10月30日上午，杭州富阳文化旅游投资集团有限公司正式挂牌，区工贸集团董事长何富军兼任公司董事长。文旅集团是区委区政府实施文化旅游发展战略的主力军，是富阳文化旅游产业转型升级的排头兵，是富阳文化旅游产业项目开发的主平台，主要负责富阳区内国有文化旅游资源的整合、投资开发与经营管理，履行品牌建设、市场营销、资本运作、项目投资、经营管理、文化活动等职能。根据《杭州富阳文化旅游投资集团有限公司招聘公告》有关要求，经公开报名、资格审查、职业面谈、择优聘用等程序，蒋祖云被任命为公司总经理。 （张琴亚）

·旅游开发·

【规划编制】 完善“两江一湖”风景名胜区孙权故里、碧云、龙门、鹳山4个景区详细规划的初稿编制。指导完成永昌镇全域旅游发展总体规划编制。指导完成硅谷小镇、药谷小镇创建国家AAA级旅游景区专项规划编制。启动大龙门区域、壶源溪流域、万市洞桥区域3个旅游联动发展总体规划编制。

【重点项目】 指导推进常安栖鹤生态田园综合体、富春小叠空梦想田园综合体等7个在建项目。协调推进东梓关特色休闲小镇、坑西村西岩温泉文化旅游度假区、春江秀文旅综合体3个签约项目。协调做好杭野·龙晖海洋世界、锦绣富春运动休闲综合体2个项目相关地块的竞拍工作。积极开展项目招商引资工作，接待开元旅业集团、重庆兴茂集团、中青旅海投集团、北京樱桃体育公司、杭州华文旅投发展公司等来富客商10余批次，投资意向明确，招商成效逐步显现（协调推进旅游项目招商引资28.6亿元：包括杭野·龙晖海洋世界项目10亿元、东梓关特色休闲小镇项目3亿元、坑西村西岩温泉文化旅游度假区项目12亿元、春江秀文旅综合体3.6亿元）。

【景区提升】 指导富春小叠空梦想田园综合体、天钟山景区改造提升等景区景点项目建设，以及龙门古镇、黄公望隐居地等景区景点10座A级旅游厕所的建设提升，新增设置智能化取纸设备103套，新建黄公望隐居地景区家庭卫生间一座。

【品牌创建】 成功创建文村村、上臧村等省A级景区村庄15个，其中AAA级7个，AA级8个。成功创建黄公望隐居地为国家AAAA级旅游景区，洞桥状元里为国家AAA级旅游景区。龙门镇为省级旅游风情小镇，湖源乡窈口村、洞桥镇查口村、大源镇蒋家村、东洲街道黄公望村4个村庄为浙江省休闲旅游示范村。

·宣传促销·

【概况】 2018年，旅游宣传推广工作以“长三角”为重点，“省内城市”为核心，“杭黄高铁”开通为契机，全年结合富春山居首届乡村百花大会、东梓关富春江江鲜大会以及美丽乡村建设成果，着力推介《富春山居图》经典线路产品。全年组织杭州野生动物世界、富春桃源、龙门古镇、浙江南国大酒店、富阳国际贸易中心大酒店等20余家旅游企业赴常州、南通、扬州、镇江、南京、合肥、南昌等城市开展“《富春山居图》实景地—富阳”为主题的富阳旅游推广。邀请徐州旅行社联盟走进富阳踩线考察活动，100余家徐州旅行社负责人实地考察杭州野生动物世界、杭州龙门古镇、富春桃源、通天飞瀑、黄公望隐居地等景区，策划富阳三日游产品线路并在徐州客源市场招徕游客。组织参加中国国际（上海）旅游交易会、中国（无锡）旅游产业博览交易会、2018全域旅游上海社区（春季）（秋季）巡展活动、2018中国旅游日广场宣传、宁波国际旅游展、舟山海岛旅游节、中国浙江山水旅游节、成都国际旅游展等活动。组织参加杭州市旅游委员会举办的长春、哈尔滨、沈阳、齐齐哈尔、武汉、长沙等城市的宣传推广。组织开展“千里大别山·秀水富春江” 山水风光摄影作品联展。

【会展旅游】 组织承办第十四届浙西旅游合作峰会。浙江南国大酒店接待了工商联（总商会）十届三次执委会暨企业家座谈会高新技术企业协会二届会议、中国人民政治协商会议杭州市富阳区第九届委员会第二次会议、杭州市富阳区第十六届人民代表大会第二次会议等16项重要会议。富阳国际贸易中心大酒店接待了杭州市水库移民信息检查工作会议暨移民人口年度复核会议、杭州公证处会议、市政协大安顶区域发展调研座谈会、杭州人大民宗侨工作座谈会等18项重要会议。富阳东方茂开元名都大酒店先后接待了广州合生元生物制品会议、互联网农特大会、浙江机电职业技术学校会议、国家体育总局全国跳绳推广会议等10项重大会议。

【指导开展节庆主题活动】 全年指导开展了“富春山居”首届乡村百花大会、富春江江鲜大会、龙门古镇庙会、杭州野生动物世界百兽狂欢节、新登半山桃花节、富春街道拔山茶叶节、安顶山云雾茶文化节、洞桥四月山乡节、万市银杏节、渔山稻香节等节庆主题活动。

【旅游形象宣传】 与杭州电台FM90.7、浙江电视台、杭州电视台、《休闲》杂志、《风景名胜》杂志及《中国旅游报》《杭州日报》《常州晚报》《姑苏晚报》《江南晚报》《合肥晚报》《扬州晚报》《南昌晚报》《富阳日报》等专业媒体密切合作，宣传富阳旅游专版共计100余个，拍摄富阳旅游专题片7期。与富阳电视台联办《玩遍富阳》栏目拍摄、播放20余期。与“富阳旅游”“杭州发布”“富阳发布”等新媒体合作，引导市民来富阳旅游观光。加大富阳旅游形象宣传，在杭州城市公交、上海社区灯箱广告、杭州火车东站、黄山火车北站等户外平台投放富阳旅游形象宣传，编印《富阳旅游宣传册》《富阳旅游指南》等宣传资料20余万份。“富阳旅游”微信公众号粉丝突破5万人。

【旅游资讯服务网点】 至2018年底，全区共有旅游咨询服务点13家：鹳山咨询点、恩波大道咨询点、新兴路咨询点、恩波咨询点、文教路咨询点、富春桃源咨询点、龙门古镇咨询点、黄公望咨询点、秦望广场咨询点、新登咨询点、孙权路咨询点、康月路咨询点、南门街咨询点。

·旅游管理·

【旅行社政府采购】 根据《国务院关于加快发展旅游业的意见》（国发〔2009〕41号）、《浙江省旅游条例》和《杭州市旅游条例》有关规定，为推动政府后勤服务社会化，进一步规范旅行社参与政府采购和服务外包业务。通过政府采购方式，进一步降低行政机关、事业单位和社会团体行政资源，同时鼓励旅行社行业通过公平竞争提升服务质量，优胜劣汰。6月21日，经过杭州市政府采购中心富阳分中心的招投标，30余家旅行社报名参加投标，最后11家旅行社入围政府采购。

【旅游教育培训】 全年举办各类培训班18期，对导游员、景区讲解员、旅行社总经理、企业安管人员、企业营销员等九大类人群开展导游员年审业务知识、景区景点讲解员、旅游行业服务人员礼仪、安全生产管理等培训。培训各类在职人员1600余人次，从业人员受训率达95%以上。

【旅游行业安全生产工作】 1月，在富春街道蓝钻国际城堡大酒店召开2018年度安全生产工作会议，与所属64家旅游体育企业签订《富阳区旅游体育行业安全生产管理目标责任书》。6月，开展第十七个“安全生产月”活动，利用企业画廊、黑板报、标语牌等进行宣传，营造“安全生产月”氛围。6月16日，组织部分旅游企业在时代广场开展旅游安全知识咨询问答活动。全年组织执法安全检查65次，共有550余人次参加。检查发现隐患105个，整改105个，整改率100%。全年组织宾馆饭店、旅行社和景点景区开展急救援预案演练4次。7月12日，组织各旅游行业单位开展安全生产工作季度例会暨安全生产月总结大会。全年开展元旦、春节等节假日期间安全大检查和“富春江运动节”安全保障工作。组织开展富阳区景区水上旅游项目、高星级饭店游泳池安全联合检查，高星级旅游饭店、AAAA级旅游景区安全生产和反恐怖防范工作专项检查，富阳区星级饭店（餐馆）进行餐饮食品安全专项检查，富阳区旅行社旅游包车客运安全检查等专项整治检查。

【旅游行业管理】 全区旅行社实现一社一档，对三年无投诉的旅行社质保金减存、责任险投保统缴。根据“最多跑一次”的要求，旅行社分支机构的备案工作实行了多证合一。充实区导游协会领导班子，完善区导游协会各项规章制度，建立导游服务管理平台，进一步规范导游管理。全年走访企业90余次，召开各类座谈会20多次。

【2018年富阳区饭店业服务技能大赛】 11月15日，由区旅游体育局、区总工会、区人社局、共青团富阳区委联合举办，区旅游行业协会、区餐饮美食协会承办的2018年度杭州市富阳区饭店业服务技能大赛在富阳蓝钻国际城堡酒店落下帷幕。全区6家星级饭店、3家社会饭店及杭州市富阳区职业教育中心共10家单位，87名饭店服务员报名参赛。经过激烈角逐，最终决出中式铺床、中餐宴会摆台项目前八名，西餐宴会服务项目前五名，工装展示项目一、二、三等奖。 （夏 晨）

【编 辑 胡春国】

富阳经济技术开发区

·综述·

【概况】 2018年，富阳经济技术开发区坚持“高新工业强区”战略不动摇、产城融合不动摇、高质量发展不动摇，各项工作稳步推进。直管区域内全年四上主营业务收入941.5亿元，同比增长17.6%；规上工业总产值和销售产值分别为541.2亿元和535亿元，分别同比增长15.1%和14.9%。全年实现规上工业增加值104.7亿元，同比增长18.5%，远高于全区水平；发展质量方面：高新产业产值、装备制造业产值、战略性新兴产业产值分别实现263.4亿元、125.8亿元、357.2亿元，分别同比增长13.2%、4.3%、32.9%；实现增加值分别为65.9亿元、24.8亿元、67.2亿元，分别同比增长16.6%、5.0%、29.9% 。全年实现限上主营服务收入367.4亿元，同比增长18.6% 。全年增加国家级高新企业32家、省级以上研发中心11家、省级双创平台1个。增建市级孵化器1家，创建省级名牌商标4件。省级七大万亿产业信息经济（数字经济）主营业务收入350.2亿元，同比增长 12.3%，占全区比重60%以上，实现财政收入112.2亿元，同比增长35.8%。

硅谷小镇

（富阳经济技术开发区 供稿）

【征地拆迁】 全年征收土地206.89公顷，其中集体土地征用125.67公顷、国有土地拆迁收购69.48公顷、司法竞拍4宗11.74公顷。拆迁农户1641户、经营户764户、企业84家、鱼塘养殖户1家；补偿青苗地178.8公顷。全年投入拆迁做地资金约46.8亿元人民币，其中：（1）银湖新区完成土地征收164.14公顷（征用集体土地76.1公顷、拆迁收购国有土地61.14公顷、司法拍卖3宗8.9公顷），拆迁地铁沿线一期、二期农户1275户，经营户507户；签约企业46家，政策处理土地82公顷，投入做地资金约38.4亿元。（2）东洲新区征收土地50.90公顷（征用集体土地39.83公顷、拆迁收购国有土地8.23公顷、司法拍卖1宗2.83公顷）；签约农户103户、经营户257户、企业38家，政策处理土地约93公顷，投入做地资金约5.8亿元。（3）场口新区征用土地6.67公顷，拆迁农户263户、鱼塘养殖户1家，投入做地资金2.6亿元（4）新登新区征用土地3.08公顷，政策处理土地3.08公顷。

全年调整产业、公建类土地利用规划方案40宗，土地利用规划面积53公顷；报批农转用组件34宗，其中已取得批次指标20宗，取得增建用地指标32.12公顷，取得水田指标17.66公顷；实际出让土地56.78公顷，其中：东洲新区16.42公顷、场口新区23.44公顷、新登新区16.59公顷，出让金总额为2.36亿元；实际经营性用地6宗（银湖5宗、场口1宗）35.55公顷，出让金总额60.8亿元；划拨基础设施配套用地24公顷；为盘活存量土地，全年度富阳区国土分局对开发区下达批而未供土地消化任务 49.1 公顷，实际消化 85.4 公顷，超额 174%，同时处置好供而未用土地 30.22 公顷。

【连续第三年荣获省先进国家级开发区】 8 月，在全省开发区 2017 年度综合考评工作上，综合考评以“质量第一，效益优先”为原则，从经济规模、发展质量、经济效益、增速四大指标体系，对全省国家级开发区 2017 年发展情况进行综合考评，省商务厅就考评结果印发了《2017 年浙江省经济（技术）开发区综合考评报告》富阳经济技术开发区获总分 383.81 分，在全省 20 家国家级开发区中位列第 5，连续三年获得“浙江省先进国家级经济技术开发区”殊荣。

·招商引资·

【概况】 2018 年富阳经济技术开发区围绕“招商引资”一号工程，按照“产业集聚、要素集约、功能集成、产城融合”的要求，精准定位银湖、东洲、场口、新登四大产业平台，启动“一城一带 5100”计划，在招商引资、项目储备、项目推进等各个方面取得了较大成效：开发区实现实到外资 15033 万美元，超额年度任务（15000 万美元）的 100.2%；实现实到内资 61.8 亿元，超额年度任务（52.1 亿元）的 118.7%；上报浙商回归数字 28.7 亿元，超额年度任务（21 亿元）的 136.7%，上报浙商引税 1.6 亿元。持续对总部经济、物联网、智能制造、电子商务、文化创意、高端装备、生物医药、新材料产业上招大引强，总部经济、物联网、智能制造、电子商务四大产业轮廓显现。

个性化项目是 2018 年考核增加内容，开发区成功上报个性化项目 16 家，盯引 10 亿元以上 152 重大项目 3 个，包括大华二期、中南绿建、中策清泉项目，入围杭州市“大好高”项目 1 个（国自机器）、“小而美”项目 2 个（银湖激光和思旋科技）。2018 年全区累计签约项目 81 个，其中，拿地产业项目 45 个（亿元以上项目 20 个），合同额 54.8 亿元，占地 64.33 公顷。落地银湖新区 15 个、东洲新区 4 个、场口新区 15 个、新登新区 16 个，这 45 个项目亩均投资强度 539.4 万元，高于上一年签约产业项目（亩均投资强度 445 万元）的 21.2%，亩产效益进一步攀高。同时，70% 的项目属于高新技术产业项目，包括一批以西安航天寰星、润歌网络为代表的创新型、成长型、研发型企业总部以及一批以东箭智能家居、润展科技、朗鸿科技为代表的先进装备制造业项目。

【项目建设】 全年，开发区直管区域内被列入富阳区大计划产业项目 37 个，其中工业项目 31 个（其中增建 27 个、续建 4 个）、服务业项目 6 个，全年投资固定资产 53.6 亿元；开发区通过建立每月工作例会、进度公开通报、项目关键时间节点梳理备案、常态督查督办等机制，抓进度、抓开工、抓投产。全年增开开工建设项目 26 个，如中南绿建、朗鸿、新恒力、大华二期、老鹰画室等；全年竣工项目 15 个，如大华智联、中控技术、富通 4.0、富春云、京东等；续建的 4 个工业项目速度加快：1. 杭州集世迈新能源智能装备股份有限公司投资 2 亿元的新能源物流车辆及智慧物流智能装备生产项目，总建筑面积 46551 平方米，1#、2# 厂房，1#、2# 仓库以及门卫室、配电房等已全部结顶，其中 1#、2# 厂房外墙已 封闭。2. 杭州大华塑业有限公司投资 3 亿元，增建的功能性膜材料研发生产基地项目，总建筑面积 40937 平方米，容积率面积 68773 平方米，主厂房 30306 平方米、试验车间大楼 18983 平方米、仓库 19392 平方米及门卫室等均已竣工进行水电安装，并铺设好厂区道路。3. 杭州智帛科技有限公司投资 7652 万元兴建的年产服装（饰）100 万件生产线项目，总建筑面积 22531.91 平方米，厂房 21575.87 平方米、食堂 927.48 平方米、以及门卫室等，建设好总工程的 50% 以上。4. 杭州泰林生物技术有限公司投资 1.6 亿元，兴建的生命科学生物技术分析仪器类产品研发生产销售基地项目，总建筑面积 31610 平方米，8 月 9 日全部竣工，至年底顺利投产。列入区政府 2018 年大计划的 27 个增建工业项目更是大干快上，东洲新区：杭州永特信息技术有限公司投资 10 亿元兴建的年产特种光纤 1000 万芯公里项目，建成总工程量 40%；杭州新恒力电机制造有限公司投资3.15亿元兴建的年产10万千瓦高效节能特种电机项目，建成总工程量的50%。新登新区：杭州昆仲机械有限公司投资2.45亿元兴建的新型建筑装备生产基地项目，建成总工程量的40%，杭州博纳水净化设备有限公司投资9000万元兴建的年产7万台水处理设备生产线项目，建成总工程量45%。场口新区：浙江中南绿建投资6.5亿元兴建的年产装配式波形钢板组合结构体系60万平方米项目，建成总工程量50%，由圣昌交通科技有限公司投资1亿元兴建的年产热塑性弹性垫板3000万片生产线项目，建成总工程量40%以上。银湖新区：由杭州崇胜贸易有限公司投资3亿元新建的智能机器人高新园区项目，建成总工程量30%以上。同时，前几年动建的2018年不再列入区政府大计划的几个重大项目，如杭州富春硅谷、中国智谷（富阳园区）、京东电子商务产业园、金固钢轮生产线、金固（鞍钢）加工中心、浙大网新创新研发园等项目，大部分项目已进入竣工扫尾投产阶段。

在大力推进产业项目建设的同时，开发区还承担直管区其他基础配套项目88个（增建47个、续建41个），完成投资额27.3亿元。富春山居集团以“重效率、勇担当、作表率”为抓手，紧盯目标任务，挂图作战，抓工期抢速度，项目建设力争早开工、早完工。到年底，银湖公寓、富春山居景观房产项目配套道路、银湖水系公园绿道慢行系统工程、场口农产品检测中心装修及周边提升工程、东梓关综合整治提升工程、新登新区电力配工程等20个项目竣工；同时，增建项目进展高效有序，快速推进亚运射击射箭馆、金融小镇核心区块、新区安置房等一批重点项目建设，43个项目全部设计好施工图，其中招投标项目30个，开工建设项目10个。

【3家企业入围中国电子元件百强企业】 5月，中国电子元件行业协会发布2018年（第31届）中国电子元件百强企业名单，开发区内3家企业：富通集团有限公司、浙江富春江通信集团有限公司、杭州富生电器有限公司榜上有名，分别排名第6、16、32位。据了解，以中国电子元件百强企业为龙头的电子元件行业，已成为全球电子元件供应链体系中不可或缺的重要一环。此外，根据榜单显示，富通集团有限公司还同时上榜第31届中国电子元件百强电子元件业务额第4名、利润总额第6名，杭州富生电器有限公司上榜第31届中国电子元件百强成长性排名第10名好成绩。

【八大项目参加全区重大项目集中开工仪式】 5月23日，区政府在开发区举行全区重大项目集中开工活动，参加集中开工项目有13个，总投资60.4亿元，包括2个政府投资项目、3个服务业项目和8个工业项目，均属科技含量高、发展潜力大、市场前景好的高新工业项目。这八大项目分别位于东洲新区、新登新区、场口新区，其中东洲新区三个项目：浙江德宝通讯科技股份有限公司宏基站铁塔智慧型微基站生产及技术研发中心项目，总投资4.6亿元；杭州爱新凯科技有限公司工业用压电喷墨打印头项目，总投资1.05亿元；杭州新恒力电机制造有限公司年产100万千瓦高效节能特种电机项目，总投资3.15亿元。新登新区2个项目：杭州昆仲机械有限公司新建新型建筑装备生产基地项目，总投资2.45亿元；杭州百维艾特卫浴有限公司新建卫浴产品生产线项目，总投资8500万元。场口新区3个项目：杭州摩光通讯器材有限公司年产射频无源器件800万只及通信基站配套附件4万个站点项目，总投资6000万元；杭州维彬科技有限公司年产各类型3D打印机7万台生产线项目，总投资5000万元；杭州华固机械设备有限公司压力容器及空分设备生产线项目，总投资5000万元。

【开发区办事服务大厅设立】 为进一步提升富阳经济技术开发区国家级开发区形象，加快项目推进。8月，开发区在银湖创新中心设立服务办事大厅，其面积为1928平方米，投资280万元，设立综合、经发、规建、国土、工商、社保等6个窗口，实行“一窗受理，网上办理，全程监督”的审批模式，全权负责做好投资项目的行政审批、全程代理服务及项目推进工作。可受理办理企业投资项目备案、核准等44项业务，其中：不出园即可办理的事项就有19项。

【富阳王广厚院士工作站揭牌】 8月20日，王广厚院士工作站揭牌暨项目签约仪式在开发区举行，王广厚院士是我国团簇科学研究的先驱者，名声享誉国内外物理学界知名人士。20世纪80年代起，他在国内率先开展团簇物理的实验和理论研究，曾获得过国家自然科学二等奖、胡刚复物理奖、教育部科技进步一等奖等多个国内顶尖奖项，取得了一系列创造性成果，填补了国内多项科技空白。同时，王广厚院士工作站领衔的产业化项目正式签约进驻开发区。该项目由浙工大银湖创新创业研究院引进，项目团队是国内唯一全面掌握当前量子传感器制备最新技术的团队，已成功研发“团簇量子传感器”和“量子导电力学传感器”两款产品，其中团簇量子电导氢气传感器，主要应用于燃料电池和氢能源电池、矿井瓦斯爆炸预警等领域，已可小规模生产，项目投产之后，可替代国外进口高端传感器，前景十分看好，预计三年内可实现销售收入超过2亿元。

【华日家电生活体验馆开张】 杭州华日家电有限公司是开发区前几年引进的重点企业， 9月18日，位于东洲新区内的杭州华日家电有限公司冰箱生活体验馆开张，体验馆内汇集了杭州华日家电有限公司35年来的所有制冷产品，其中有从100升至600升左右各款新科技冰箱和许多精铜制作的华日冷柜。华日家电生活体验馆的开业，旨在展示华日最新的冰箱产品技术创新成果和更好地服务消费者朋友。体验馆内陈列着华日冰箱的各种产品，还有加盟的杭州德意厨电全系列几十款产品，均以工厂价酬宾。

【富阳首家省级科技企业孵化器获评】 12月，省科技厅公布2018年度省级科技企业孵化器认定名单，银湖创新中心获评省级科技企业孵化器，实现了富阳区省级科技企业孵化器零的突破。开发区采取了一系列举措：一是立足因企制宜，优化孵化空间。银湖创新中心孵化面积达到17777.68平方米，其中用于入孵企业面积14323.5平方米，可以根据创业团队不同发展阶段，提供面积大小不同的拎包式入驻物业，为初创企业节约了创业初期的时间和装修成本；用于建设与孵化主营业务相匹配的配套面积为3454.18平方米，包含企业服务中心、会议室、路演厅、健身房、母婴室等公共配套设施。二是注重专业培训，健全运营管理。每年安排团队参加市科委、孵化器协会等单位组织的孵化器从业培训，提升团队整体综合能力。其间，先后制定了《银湖创新中心创业园孵化器管理办法》《种子资金管理办法》《创新服务券管理办法》等管理制度和措施。三是聚集优势资源，提供专业服务。孵化器先后与浙江富春江税务师事务所、浙江印象会计师事务所、浙江圣港律师事务所、杭州富阳科信经济信息咨询有限公司等多家中介服务机构达成战略合作协议，为企业提供一站式服务平台，为企业提供工商注册、税务登记、项目咨询等常规服务，以及高新企业申报、软件企业认定上、科技认定、科技成果评审、知识产权申请及科技奖项申报等综合性服务。与此同时，还创办“银湖创新论坛”，不定期举办法律、财税、投融资科技信息、创业辅导等多样化创业培训。

为实现让企业办事“最多跑一次”甚至不跑的工作目标。该服务大厅内专门设置了项目审批流程指南，企业办事人员扫扫码就能全部知晓，可办理的每一个审批事项都对应一个二维码，用手机一扫，就会跳出相应的事项名称、审批类型、申请方式、所需申请材料、承诺时限以及受理地址、咨询电话等数据和信息。同时，大厅内还专门设立了一台“最多跑一次”自助服务终端机，它含扫描、信息查询等多种功能，操作过程简单便捷，全程均有语音提示。网上申报通过审核后，只需企业法定代表人或委托代理人携带二代身份证轻轻一刷，通过人像识别验证后，就可自助打印并领取营业执照、办理社保业务，还可查询住房公积金、处理交通违章等事项。

【硅谷小镇双十二福利专场】 12月12日，银湖创新中心特别组织了硅谷小镇企业“双十二”特销活动，活动主要由硅谷小镇内企业自主报名参与，有祥生．云湖城、犸凯奴、佳漾贸易等18家企业参加，是一场园区企业产品展销会。“双十二”期间，各企业单位都纷纷展示出自己特有的产品，有智京科技的小京电子科技机器人、犸凯奴的户外服装类、元麦山居的面包饮食类，以及国文科技的电子阅读器、电子画报等，中国移动富阳分公司也来助兴服务园区，充值送话费。参与企业积极性很高，活动进行三天，场面火爆。

·引进项目·

【杭州润歌有限公司总部项目入驻】 1月，开发区与杭州润歌有限公司签约，由杭州润歌有限公司投资1.5亿元，在银湖新区8—A地块，占地0.67公顷，土地已摘牌。拟建设成为电信增值业务、网络游戏、软件服务、互联网彩票等领域行业领先的信息软件、电子商务产业的办公、研发、运营和销售中心，成为润歌网络母公司和子公司（事业部）及其他关联公司在内的总部基地。该公司成立于2009年，是中国领先的泛娱乐运营平台企业。基于创新俱进的经营理念和乐享娱乐的战略方针，润歌培育出了以彩票、数字娱乐、服务平台链式结合的泛娱乐生态圈，打开了互联网+娱乐的新格局，为企业和用户创作了可持续性价值。这个总部基地建成后，预计可实现年产值2亿元以上、税收1000万元以上。

【杭州佰德流体科技生产线项目落户】 1月11日，开发区与杭州佰德流体科技有限公司签约，由杭州佰德流体科技有限公司投资7500万元，建设年产500万只散热器恒温控制阀及卡压管件生产线项目。项目占地1.33公顷，落户于东洲新区，投产后年产值1.1亿元，纳税550万元以上。杭州佰德流体科技有限公司是台州百沃达铜业有限公司全资子公司，台州百沃达铜业有限公司主要生产阀门和水暖器材，公司自2004年自主研发散热器恒温控制阀成功以来，年销售量已达100万只，占据英国市场25%的市场份额。

【浙江新晔网络科技生产线项目入驻】 1月29日，浙江新晔网络科技有限公司通过招拍挂牌方式竞得富政工出〔2018〕13号宗地国有建设用地使用权，该地位于场口新区，面积9522平方米。5月4日，开发区与浙江新晔网络科技有限公司签订招商入园合同。由浙江新晔网络科技有限公司出资7000万元，建设球形摄像机、楼宇对讲系统、智能锁生产线项目。新晔网络科技有限公司成立于2009年10月，主要提供线路板的表面贴装（SMI加工）、PCBA组装（DIP）及各类电子产品的OEM加工、EMS合同制造服务。项目建成后，预计可年创税收655万元。

【杭州域邦年产6万套PC智能控制器项目落户】 2月13日，开发区与杭州域邦科技投资配套有限公司签订招商入园合同。7月6日，该企业通过招拍挂牌方式竞得富政工出（2018）30号宗地国有建设用地使用权，该地块坐落于场口新区，出让面积19339平方米（约1.93公顷），总投资1.1亿元，投产后预计可实现年产值28400万元，利税900万元。

【“创韵环境”和“宏电环保”联合总部基地项目进驻】 4月，开发区与浙江创韵环境科技有限公司（简称“创韵环境”）、浙江宏电环保科技有限公司（简称“宏电环保”），就兴建联合总部基地项目签约。项目选址在银湖新区12—A地块，占地约0.53公顷，总投资1.5亿元。拟建成为“创韵环境”、“宏电环保”及引入的其他环保科技公司的总部办公楼、产品展览展示中心、计算机大数据应用实验室、技术研发中心等在内的总部基地。项目全部投产后，预计可实现年营收2亿元以上，利税1000万元以上，员工500—600人。“创韵环境”成立于2011年，主要经营污水处理技术、废气处理技术、计算机软硬件、电子产品、网络技术的技术开发、服务、咨询等。“宏电环保”创立于2008年，是一家专注于环保装备制造、环保工程总承包及环保设施运维服务的环境治理综合服务的领军企业。公司主要从事智慧环保服务软件开发、系统集成及环保大数据平台建设、环保技术咨询及环保管家服务等，具备完善的科研服务能力。目前公司已具备完善的大气治理、污水治理等核心环保产品的设计制造能力，拥有全国一流的制造规模和生产能力。

【杭州朗鸿科技电子数码产品防盗器生产基地项目落户】 4月12日，开发区与杭州朗鸿科技股份有限公司签约，由“杭州朗鸿科技”投资1亿元，兴建电子数码产品防盗器生产基地项目，项目占地1公顷，位于高新园区原金棕榈地块。项目投产后，年产100个数码产品防盗器，产值9000万元，利税450万元以上。是目前一家为电子数码产品提供展示防盗器的国家级高新技术企业。公司主要客户是华为、OPPO、三星、小米、中国移动、中国电信、中国联通、家乐福及DOCOMO等国内外知名手机品牌商、大型零售和电信运营商。产品销往70多个国家和地区。2016年3月10日，朗鸿科技挂牌新三板，登陆资本市场。

【杭州老鹰教育艺考培训中心项目入驻】 4月24日，杭州市国土资源局富阳分局与杭州老鹰教育科技股份有限公司签订国有建设用地使用权出让合同[330183（2018）A(2011)]，面积31947平方米（约3.2公顷），土地用途为科教用地。由杭州老鹰教育科技股份有限公司（简称“老鹰画室”）投资3.5亿元，兴建艺考培训中心项目，建成后预计年接纳培训考生可达3500人以上、教职工500人以上，年营收3亿元，税收4500万元以上，项目落户于场口新区。“老鹰画室”成立于2011年，长期从事高考美术的专业艺术培训，现有富阳、转塘、象山国际、义乌、衢州、深圳及温州七大校区，在校学生近4000人、教职工400余人。2016年8月2日，“老鹰画室”在全国中小企业股份转让系统（简称“新三板”）挂牌上市，正式成为中国美术教育第一股（证券简称，老鹰教育，证券代码：838254）。

【大华智联安防视频监控产品生产基地项目签约】 6月20日，开发区与浙江大华智联有限公司签约，由浙江“大华智联”投资11亿元，在东洲新区兴建安防视频监控产品生产基地项目。年产安防监控视频存储系列产品450万台，前端系列产品2550万只（台），预计年销售收入20亿元，创税收1.2亿元。项目用地面积17.33公顷。浙江大华智联有限公司（简称“浙江大华智联”）成立于2015年，注册资本11.1亿元，落户于东洲新区，2017年实现营收30.98亿元。其母公司浙江大华技术股份有限公司，成立于2001年3月，2008年5月在深交所正式挂牌上市（股票代码002236），是一家以视频为核心的智慧物联解决方案提供商，面向全球提供领先的视频监控前端存储、显示等系列产品、解决方案和运营服务。大华股份连续十年入选《A&S》“全球安防50强”，2017年跃居全球第二名，同年HIS机构权威报告全球视频监控市场占有率排名第二，是中国智慧城市建议推荐品牌和中国安防最具影响力的品牌之一。

【杭州显迈科技监控设备结构件制造项目落户】 11月30日，开发区与杭州显迈科技有限公司（简称“显迈科技”）签约，由“显迈科技”投资8000万元，建设监控设备结构件制造项目。项目位于高新园区，占地1.33公顷，建成投产后年产监控设备结构件20万件、监控机摄像结构件100万件、自动化产线结构件2万套，总产值1.2亿元，实现税收600万元。

【岩土科技总部项目入驻】 12月，开发区与浙江省岩土科技股份有限公司（简称“岩土科技”）签约，由“岩土科技”投资1.2亿元，在银湖新区占地0.67公顷，兴建成建筑加固改造、地质灾害治理、环保工程、地下空间开发等领域国内领先的技术研发、装配测试和办公营运中心，成为“岩土科技”母公司和子公司（事业部）及其他关联公司在内的总部基地。项目全部投产后，预计可实现年营收5亿元以上，利税1500万元以上，员工就业200—300人。“岩土科技”成立于1999年3月，主要从事建筑加固和维修、建筑空间改造等物种工程服务，并提供建筑纠偏顶升、地质灾害治理、环保工程等新兴特种工程服务，是一家致力于提供集研发、咨询、设计、施工、服务于一体的建筑岩土科技加固和空间改造整体解决方案供应商，公司为国家高新技术企业，拥有省级企业技术中心、浙江省岩土科技地下空间研究院。（周根潮）

【编　辑　胡春国】

投融资平台

·工贸资产经营·

【概况】 2018年，集团实现利润1084.07万元，主营业务收入4.21亿元，上缴税收1710.97万元。至年底，公司总资产89.52亿元，净资产28.66亿元。

【资产经营投资管理】 至2018年底，集团拥有房产面积12.95万平方米，土地27.73万平方米。全年物业创收1698.99万元。对外投资 16家企业，其中，全资企业9家，投资额58578万元。参股企业7家，投资额23512.9万元。

【直属子公司】 至2018年底，富阳工贸置业有限公司（房产分公司）主营业务收入1953万元，实现净利润129万元，完成固定资产投入17520万元，完成全年计划134.8%；杭州富阳阳光担保有限公司在保余额1.2亿元，经营业务收入 174万元；杭州富阳中小企业担保有限公司在保余额1.8 亿元，主营业务收入39万元。全年，二手车市场交易车辆10434辆、评估车辆5599辆、办证车辆2706辆，营业收入987.43万元；食品公司屠宰生猪101978头，出售生猪9018头，营业收入3364万元，实现利润61万元。

【融资管理】 2018年，集团融资10.59亿元，还贷6.94亿元，净增融资2.79亿元，融资余额22.96亿元。至年底，根据富阳区“塔基工程”要求，助力小微企业的健康成长，受托发放贷款4批，累计支持小微企业174户次，金额4.34亿元。

【项目建设管理】 2018年，集团负责建设政府投资项目9个，投资12多亿元；代管项目4个，投资27多亿元。

续建项目：民兵巡特警基地、工兵营大型机械库工程、机关事务局配套用房维修改造工程等项目交付使用。公安业务技术用房、东洲12#地块公共租赁房配建工程、高桥公共租赁房等项目处于施工阶段。上湾乡村文创聚落项目配套道路项目处于道路施工阶段。殡仪馆改扩建工程完成施工招投标。常绿“1+7”红色综合体项目完成施工图图审。阳陂湖生态修复工程处于前期工作中。

代管项目：受降银湖花园、梓树花苑、施家园花苑农居改造工程住宅部分竣工，并交付使用，公建部分配合银湖街道处于装修施工阶段。高桥安置小区土建工程基本完工，处于市政绿化施工阶段。

【国企改革】 2018年，兼并杭州市富阳区医疗投资管理有限公司、杭州市富阳区教育发展有限公司、杭州富阳国有农业资产经营有限公司、杭州富阳国有林场资产经营有限公司、杭州市富阳区粮食收储有限公司5家企业。接管富春江商业城、花坞南路市场、大源市场、二贸市场4个市场。21家子公司归并整合为9家，子公司缩减率57%。

【机关事业单位公共资产管理中心】 至2018年底，集团公共资产管理中心拥有房产37.78万平方米，土地48.58万平方米，年租金收入801万元。

（包　晗）

·城建投融资管理·

【概况】 2018年，集团总资产673.73亿元，总负债388.6亿元，净资产285.13亿元，资产负债率为57.68%。全年完成投资58.85亿元，实现收入

27.65亿元，利润5.29亿元。

【筹融资】 2018年,集团累计完成授信96.57亿元，纳入经营业绩考核融资金额183.44亿元，超额完成融资任务。借助主体信用等级AA+，拓展资本市场业务，以集团（香港）有限公司为发行主体，在香港成功发行3亿美元债。完成30亿元中期票据项目和30亿元安置房ABS项目上报。注入有效资产，提升集团在国家开发银行浙江省分行的信用等级至A级。获得国家开发银行牵头的25年期的秦望区块棚户区改造贷款40亿元，其中，低于基准利率9.28%的贷款20亿元，节约融资成本近3900万元。

【供排水】 2018年，富阳区供排水完成售水总量7728万吨，同比增长8.66%，自来水水质合格率100%；污水处理量5005万吨，同比增长19.66%，污水处理排放合格率100%。

全年自来水完成凤浦、苋浦等5个社区老城区旧管网改造，受益用户2万余人；现代肖邦、幸福家园等2个二次供水改造工程；DN100及以上新建给水管道110公里、旧管网改造8千米；常安镇东村坞村、场口镇洋沙村、乌畴溪村等村7000多户“一户一表”改造。

全年污水处理完成雨污水管网疏通近12.5万米，清捞一体化泵站124座，清掏雨污水管网370公里，各类窨井34145座；富闲线等13处雨污水管网零星改造；三联村等8处应急工程改造；20个小区污水零直排工程。

【燃气供应】 2018年，富阳区燃气供应实现营业额55367.21万元，同比增长48.24%；净利润3934.01万元，同比增长8.29%；销气总量14608.66万立方米，同比增长58.85%，其中，管道煤气11117.41万立方米，车用气1256.18万立方米，液化气11059.72吨。全年，新增工商业用户169家，其中，煤改气用户35家。新增民用户13848户。

全年竣工天然气工程项目307个，同比增长2%；敷设地下中低压管网145千米，燃气管道累计1272千米。重点建设完成金桥园区6千米管网环通，新登至渌渚杭富罐头厂4千米市政中压建设并通气，灵桥光明村富伦纸业中压2千米建设，场口管供（总13千米）11千米管网敷设，新登西站至胥口2.4千米、胥口至平畈小型园区6.5千米管网建设并通气，杭富地铁沿线燃气迁改10.3千米，场口LNG临时站的建设投用。（胡　强）

·交通投融资管理·

【概况】 2018年，集团总营业收入6.02亿元，实现经营性利润0.5亿元(经营性亏损不计)。全年，固定资产投入20.14亿元，完成年度融资30亿元。集团下属客运单位全年运送旅客6500万人次，安全行驶6800余万公里，公共自行车服务64万人次。各行业无安全和消防事故发生。

2018年，集团推进国企供给侧结构性改革。经改革，保留全资二级法人单位5家，控股公司2家，参股公司4家，其中，下设5家全资子公司：杭州富阳通达公路工程有限公司、杭州富阳城市客运有限公司、杭州富阳交拓投资有限公司、杭州富阳交达公路养护有限公司和杭州富阳保安服务有限责任公司。控股2家公司：浙江东南汽运股份有限公司（80%）、浙江蓝盾汽车销售服务有限公司（51%）。参股杭州市富阳公共交通有限公司、杭州富阳润通新能源有限公司、杭州富阳安泰人力资源管理有限公司等9家公司。

【交通工程建设】 2018年，集团竣工工程3个。环金线整治工程：环金线在富阳区域路网主骨架中占有重要地位,连接320国道、杭新景高速、03省道、杭金衢高速等重要通道。2016年12月，环金线整治工程（一期）开工建设，该工程总投资5000万元，施工内容涵盖路基、桥梁、涵洞、防护、路面等。2018年8月，环金线整治工程（一期）竣工通车，其中，横槎大桥为富阳区首座S弯道T桥。汤马线整治工程：2018年9月，总投资约6500万元汤马线（鹿山街道汤家埠—场口镇马山）整治工程开工建设，完成了老路大修、绿化提升、提高了护栏安全等级，并在全线增设了路灯照明，于2019年1月27日正式建成通车，历时151天。龙门古镇互通提升改造工程：2018年10月，龙门古镇互通提升工程开工，该工程已有收费大棚结构基础上，结合龙门古镇皖南民居的造型特色，进行立面优化提升，12月完工。

在建工程1个。富春江两岸贯通项目：2018年5月，富春江两岸贯通项目（南线）开工，至年底，完成15.5千米建设。

【“长鼻子”专用校车应用获赞】 2018年，集团控股公司东南汽运股份有限公司与上官中心小学、春建中心小学、渔山中心小学签约学生接送服务，9月，3所小学开始使用“长鼻子”专用校车接送。至此，该公司专用“长鼻子”校车数量达50辆，覆盖富阳区11个乡镇（街道）、17所学校，惠及学生4200余名。富阳“长鼻子”专用校车应用纷纷获赞，《中国汽车报》《富阳日报》及富阳电视台等新闻媒体对此进行专题采访。

【旅游定制专线开通】 2018年，集团控股公司东南汽运股份有限公司拓展经营渠道，开展旅游定制专线业务，与湖州太湖龙之梦大型乐园签订旅游专线及产品销售总代理合作协议，取得富阳区总代理权。

【杭州富阳城市客运有限公司挂牌成立】 6月29日，杭州富阳城市客运有限公司正式挂牌成立。公司下设一室三部三分公司，主营业务为道路运输站（场）经营、自有房屋租赁、公共自行车租赁、物业服务、土地租赁、停车服务、候车亭维修、道路基础工程、建筑工程设计，施工；建设工程项目管理等。杭州富阳城市客运有限公司前身为杭州富阳公共交通有限公司，根据区交通集团国企改革瘦身强体实施方案，交通集团整合旗下二级杭州富阳公路发展有限公司的国有道路资产管理职责，三级物业分公司、自行车服务中心、广告传媒等公司和业务，为充分发挥交通资产管理、物业服务、公共自行车、站场服务等资源的协同优势而成立的新公司。标志着富阳交通集团公司走上资源整合、一体化运作的管理轨道。

【工程整治】 305省道沿线环境绿化整治工程：2018年4月，305省道沿线环境绿化整治工程启动施工，6月完工，历时2个月。此项目分2个区块，青云桥农居点区块，铺设DN300雨水管道237米，铺设平、侧石820米，水泥稳定层铺设2701.9平方米，沥青铺设2156.6平方米，绿化种植4178平方米，总面积约5255平方米。305省道南侧边坡——横桐线对面区块，边坡清理6245平方米，种植麦冬草约1200平方米，挂铁丝网、喷播草籽约5000平方米，总面积为6245平方米。

渔山三元石料厂废弃矿山治理工程：渔山三元石料厂废弃矿山治理工程是浙江省“四边三化”的矿山治理项目，2015年由交通集团公司代建，同时负责石料的处置、工程管理工作。项目于2015年4月开工建设。2018年，完成项目南区块滑坡体高程+240米平台以上的削方施工；对高程+240米平台以下进行卸载施工，完成削方15万方；爆破44次，使用炸药67.34吨，外运石料44.98万吨，实现销售收入4493万元。

富萧界废弃矿山生态环境治理工程：富萧界废弃矿山生态环境治理工程是杭州市“三江两岸”生态环境保护和建设整治的重点工程项目。2013年11月开工，2015年6月完成C区块削坡和所有坡面、上山道路的喷坡绿化工作。2017年项目暂停。2018年6月重新启动富萧界废弃矿山生态环境治理工程，全年实施爆破85次，使用炸药108.17吨，削方约41万立方米，外运石料98万吨，实现销售收入2383万元。

宏升建材江洲村砂岩矿治理工程：2018年，富阳交通集团公司对宏升建材江洲村砂岩矿治理产生的建筑石料和宕渣参照杭黄杭铁多余石料的处置方式进行公开处置。4月，完成工程183.55万方石料的拍卖。至年底，外运石料207.28万方，实现销售收入1.09亿元。

濮耐矿、新桐建材矿治理：2018年2月，濮耐矿开工。至年底，完成项目A区块高程+240米、B区块高程+210米、C区块高程+240米、D区块高程+180米以上坡面的削方施工，完成削方的部分坡面挂网、喷播绿化施工。6月，新桐建材矿开工。至年底，完成项目B区块高程+260米以下山体进行削方施工，完成B区块高程+280米以上坡面覆盖遮阳网。

银湖街道射击射箭现代五项项目山体土石方平整工程：2018年11月，银湖街道射击射箭现代五项项目山体土石方平整工程项目开工。至年底，完成项目山体的林木砍伐作业，对项目山体进行清表、削方施工，并对场地进行土石方回填，实施爆破17次，使用炸药19.83吨，削方约10万立方米。

杭黄高铁、千岛湖配水工程富阳段多余石料处置工程：2015年，富阳交通集团公司牵头杭黄铁路和千岛湖配水工程多余石料处置工程。至2018年，基本完成杭黄工程多余石料处置，杭千配水工程多余石料处置仍在进行。同年实现销售收入393万元。

【渣土处置国有化管理】 2018年，富阳辖区内的渣土实行国有化管理。集团公司负责消纳场地审批备案以及场地建设、管理等工作。至年底，完成5个大型渣土消纳场地审批、建设和营运工作；70个小场地的现场踏勘、资料审核和登记备案工作；完成约200万立方米工程渣土出土的现场踏勘和调拨消纳工作。同年实现销售收入1709万元。（孙 朗）

·新登小城市建设投融资管理·

【概况】 2018年，集团融资任务20亿元。至年底，实际融资22.58亿元。其中，南京银行5.05亿元，宁波银行6.8亿元，农业银行6亿元，农业发展银行1.26亿元， 民生银行3.48亿元。实现理财金额3.9亿元，实际收益374万元。

全年集团承担建设项目29个，其中：续建项目19个，新建项目10个，计划投资6.8亿元，实际投资3.31亿元。前期项目9个。

【土地经营】 2018年，集团收储新登核心地块7、9号地块，完成新登核心区块1、2、7、8、9号地块土地出让前准备工作。

【重点工程概况】 2018年，集团建设项目29个，其中，续建项目19个，新建项目10个。

新登区块全年列入大计划的建设项目26个，分别为23省道双塔段综合整治工程、昌东溪（松溪家园五期）渠道改造及山体治理工程、5号路西侧土方平整工程（6号路、2号路延伸、秉贤北路区块）、松溪阳光家园五期工程、南闲区块休闲道路（半山至双庙公路）工程、新兴西路至05省道道路改建工程、新登镇福利中心工程、老城区道路整治工程（二期）、葛溪公园塔山段延伸工程、背街小巷整治工程（三期）、和鼎熔炼渣项目新增地块边坡治理工程、新堰阳光家园配套道路工程、新登新区4#、6#及区间道路桥梁工程、新登新区标准厂房（二期）、新登护城河综合整治工程、新登镇共和花园公寓安置区（一期）、新登镇塔山花园公寓安置区、新登镇惠来花园公寓安置区、秉贤街综合整治工程、新城街综合整治工程（一期）、305省道双塔段立面整治工程、新登镇城墙——城河综合保护整治工程（一期）、老城区古建筑修复工程、新登镇登城北路综合整治工程、应急工程、永昌集镇自来水改造工程等工程。

胥口区块全年列入大计划的在建项目3个，分别为药谷小镇综合配套工程（一期）、药谷大道综合整治工程、药谷小镇门户及区域亲水平台绿化项目等工程。

【松溪阳光家园五期工程】 工程位于新登镇松溪村，2017年开工建设，用地面积2.8163公顷。工程总建筑面积60608平方米，其中地上建筑面积52873平方米（住宅面积34504平方米，配套用房17642平方米，物管用房429平方米；社区用房98平方米；消控室、开闭所200平方米）。架空存储室面积3657平方米；地下建筑面积4078平方米。此工程项目总投资16625.72万元，是中建国际进行PPP项目。至2018年底，完成总工程量的60%。

【药谷小镇综合配套工程（一期）】 工程位于胥口镇，2018年开工建设，用地面积2.7277公顷，建设内容包括：药谷客厅工程，总建筑面积15657.3平方米，其中，地上建筑面积11672平方米，包括药谷客厅11432平方米、公共厕所61.5平方米，连廊126.4平方米，消控室52.1平方米；地下建筑面积3985.3平方米。配套道路工程，全长804.344米，宽8米，设计车速20千米/小时。

【新兴西路至05省道道路改建工程】 工程位于新登镇、胥口镇，2018年开工建设，用地面积6.9149

公顷（局部用地须待土地总体规划进行调整后方可实施）。西接现状05省道，东至现状已实施段新兴西路，路线总长2400米，道路等级为城市主干路，双向4车道，设计车速50千米/小时，局部弯道（K1+000—K1+360）限速40千米/小时。项目主要建设内容为道路工程、桥梁工程、绿化工程、排水工程及道路附属工程（含照明、标志标线、智能交通设施）。工程概算总投资12285.58万元，资金来源方式是自筹。至年底，完成总工程量的5%。

【305省道双塔段综合整治工程】 工程位于新登镇双塔村，2017年开工建设，用地面积6.6394公顷，305省道全长1580米；登城南路段长313米，宽8.5米；双宝段长205米，宽10米。道路等级为二级公路兼顾城市道路，设计车速千米/小时。工程项目包括路面浇筑、给排水、人行道铺设、绿化、路灯安装及配套设施等。工程总投资5877.61万元，资金来源方式为自筹。至年底，完成总工程量的100%。

【新登新区标准厂房（二期）】 工程位于新登新区，2017年开工建设，建设内容包括三栋车间，总建筑面积14127平方米，每栋车间建筑面积4709平方米，总用地面积0.7106公顷（其中绿化代征面积468平方米）。工程概算总投资1974.62万元，资金来源方式是自筹。至2018年底，完成总工程量的98%。

【南闲区块休闲道路（半山至双庙公路）】 工程位于新登镇半山村、双庙村，2018年开工建设，建设用地面积43006公顷，建设内容为沿村路段路基宽7.5米，6米路面+两侧各1米土路肩；越岭路段路基宽7.5米，6米路面+两侧各0.5米土路肩+护栏加宽带。工程概算总投资2984.86万元，资金来源方式是自筹。至年底，完成总工程量的40%。（董林晓）

·江南新城投融资管理·

【概况】 2018年，集团融资144.13亿元，其中，陕西、湖南以及本省工商银行棚改贷款授信110亿元，放款60亿元；中信银行、杭州银行等产业基金授信240亿元，到位资金70亿元。固定资产投入8.35亿元，续建工程项目9个，新建项目11个，总投资23.59亿元。集团信用等级被中诚信预评定为AA。

集团内设一办三部，即办公室、项目建设部、财务审计部、投资管理部，有员工38人。下设6家子公司，1家分公司。

【土地出让】 2018年10月，江南新城1号地块（原6号地块）公开出让，面积38982平方米，成交金额7.43亿元。

【重点工程】 东升1号区块安置房建设工程（一期）：项目位于大源镇亭山村，工程内容为安置房工程、室外配套工程、管线工程、景观工程。用地面积14335平方米，总建筑面积33513.98平方米，包括地上建筑面积24095.65平方米，地下建筑面积9418.33平方米。总投资2.37亿元，由杭州华清设计控股集团有限公司设计，浙江三江房地产开发有限公司代建，江西丰和营造集团股份有限公司建设，杭州市城市建设监理有限公司监理。2017年5月进场施工。2018年12月，完成主体工程及小区配套市政绿化工程招投标。

大桥南路延伸至大源段综合改造工程：项目位于春江街道和大源镇，北起新中线，南至规划亭山西路，占地总面积约12.92公顷。工程内容有道路工程、管线工程、桥梁工程、相关道路附属设施与景观工程。道路长1900米，宽53.5米，双向六车道，总投资6.06亿元。2016年12月开工建设，2018年12月完工并竣工初验。

杭黄铁路站前综合体（一期）保通工程：项目位于大源镇，工程新建停车场总用地面积约17816平方米，临时步行通道面积3513平方米，绿化面积1298平方米。主要工程内容为站前景观工程、市政附属配套工程。总投资601万元。至2018年底，完成总工程量的90%。

江滨南大道东延至大源溪工程：项目位于春江街道、灵桥镇，西起规划北入口，东至大源溪，总长4837.197米，道路红线宽度24.5米。道路分为两个标段实施，绿化分一个标段实施，道路一标全长2160米；道路二标全长2677.197米。总面积约26.65公顷，规划道路面积约119710平方米，绿化面积约140246平方米，工程内容为道路工程、雨污水管线工程、桥梁工程、绿化工程、相关道路附属设施等。总投资3.32亿元。至2018年底，完成一标工程量的10%，二标道路招投标及景观绿化方案设计。

杭黄铁路站前广场工程：项目位于春江街道、大源镇，需二期实施；一期建设匝道环通工程，主要包括进出站匝道、匝道下道路、出站环道等，总投资费用0.39亿元；二期建设广场主体工程，主要包括地下室、亭山路下穿隧道、亭山路及公交场站、人行广场、广场景观绿化及周边附属绿化等，总投资5.83亿元。至2018年底，完成总工程量的5%。

春南安置小区建设工程：项目位于春江街道，工程建设用地面积166377平方米，总建筑面积639356.1平方米，容积率2.50，建筑密度20%，住宅总户数2884户。其中，地上总建筑面积415942.5平方米。住宅建筑面积376097.14平方米，配套公建面积27575.6平方米，18班幼儿园面积6181.5平方米，尾气井面积4088.31平方米。地下建筑面积223413.6平方米，含人防面积44693平方米，地下室机动车泊位共计4835个。建设26幢23—27层高层住宅建筑、1幢2层村民文化活动场所、1幢2层社区配套服务用房、2幢2层沿街商业用房、1幢18班幼儿园、2幢单层开闭所及两层地下室。总投资25.09亿元。至2018年底，完成可研批复及试桩进场施工。

东升1号区块安置房建设工程（二期）：项目位于大源镇，工程建设用地面积25877平方米，总建筑面积85680.33平方米，容积率2.314，建筑密度21%，住宅总户数395户。地上总建筑面积59879.33平方米。住宅建筑面积54778.72平方米，配套公建面积5100.61平方米。地下建筑面积25801平方米，含人防面积4842平方米，地下室机动车泊位共计543个。建设9幢16—19层高层住宅建筑、1幢5层村民文化活动中心及一层地下室。总投资3.60亿元。至2018年底，完成可研批复及试桩进场施工。

大源镇亭山安置小区建设工程：项目位于大源镇，工程建设用地面积68465平方米，总建筑面积226168.5平方米，容积率2.37，建筑密度21%，住宅总户数1180户。其中，地上总建筑面积162261.5平方米，地下建筑面积63907平方米。住宅建筑面积148036.7平方米，配套公建面积9849.82平方米，12班幼儿园面积4375平方米。另计底层架空层面积4298.73平方米，尾气井面积1176.64平方米。建设13幢23—27层高层住宅建筑、1幢2层村民文化活动场所、1幢12班幼儿园、5幢单层配套用房（开闭所及配电房）及一层地下室。总投资9.17亿元。至2018年底，完成可研批复及试桩进场施工。

灵桥镇永丰安置小区建设工程：项目位于灵桥镇，工程建设建设用地面积78290平方米，总建筑面积272876.22平方米，容积率2.534，建筑密度21%，住宅总户数1370户。地上总建筑面积198384.19平方米，地下建筑面积74492.03平方米。住宅建筑面积180396.4平方米，配套公建面积11789.07平方米，12班幼儿园面积4485平方米，尾气井面积1713.72平方米。另计底层架空层面积5701.54平方米。建设13幢20—27层高层住宅建筑、1幢2层村民文化活动场所、1幢2层社区配套服务用房、1幢12班幼儿园、4幢单层配套用房及一层地下室。总投资10.82亿元。至2018年底，完成可研批复及试桩进场施工。

亭山快速路工程：项目位于大源镇。西起规划科甲路、东至董家桥路，总长2.12千米，宽45米，双向6车道，工程内容包括道路工程、桥涵工程、下穿秦望南路隧道工程、道路两侧各15米景观带、综合管线及其他附属设施等。总投资9.44亿元。至2018年底，完成方案设计。

春永线西段（江南大道）一期：项目位于春江街道、灵桥镇。西起规划学院路、东至规划经纬路，总长2.98千米，宽55米，工程内容主要为地下6车道快速路、地面6车道主干路、地下两舱综合管廊、20米宽渠道改造、预留两座地铁站点人行横通道、道路两侧各20米景观带及其他附属设施等。总投资43.61亿元。至2018年底，完成方案设计。（孙佳奇）

【编　辑　赵雪红】

城乡建设与管理

・综述・

【城乡规划概况】 2018年，杭州市规划局（杭州市测绘与地理信息局）富阳分局根据区委区政府工作部署，深化细化大都市新型城区规划编制体系，优化完善“编制—审批—监管—支撑”全流程、多链条管理，全面助推建设富裕阳光的大都市新型城区和现代版富春山居图最美示范区。共开展规划编制项目24个（类），（基本）完成16个。确立富阳在杭州大都市发展与拥江发展中的角色地位，完成富阳分区规划、拥江发展四年行动计划；谋划重点板块布局，塑造城市新功能区域，开展《东洲分区规划优化》《高桥区块规划研究》《二绕互通周边用地规划研究》；提升城市整体空间品质，开展《富阳区总体城市设计》；塑城市重点形象区域，开展《秦望广场及周边区块地上地下空间一体化设计》《彩虹快速路沿线城市设计》《金桥北路沿线城市设计》；强化都市交通一体化，对接杭州轨道交通线网规划，提出富阳区轨道交通线网方案；构建都市一体化交通格局，完善《富阳区城市综合交通规划》；优化完善城市配套服务设施、丰富城市文化展示，完成《金桥板块规划优化》《富阳区村级留用地布点专项规划》《富阳区城市文化陈设专项规划》；塑造富有富阳特色、江南韵味的生态景观，开展《富阳主城区河网水系规划》《富春湾新城生态湿地规划》《阳陂湖田园综合体规划》。

2018年，全力推进规划展示馆建设工程，建成富阳规划展示馆新馆。成功举办“走向世界名城的杭州新一轮城市总体规划系列论坛（乡村振兴专场）”活动。（陈丽璇）

【城乡建设概况】 2018年，富阳区住建局抓好城市有机更新、“三改一拆”、“五水共治”、城市治理等重点工作。指导场口镇东梓关村、银湖街道勤乐村、常安镇东风村通过省级美丽宜居示范村验收。场口镇东梓关村获得“省级美丽宜居示范村督查优秀村庄”称号。渌渚镇“梧桐孝道”被评为省级精品示范道路。富阳区被评为“四边三化”行动优秀县（市、区）。

通过对主要道路节点沿线等地的苗木缺株、黄土裸露问题进行重点整治，实现城区主干道沿线园林绿化景观再提升。全年共计整改面积1万余平方米，补植苗木22万余株，修剪各类灌木约30万平方米。

2018年8月，浙江省住房和城乡建设厅厅长项永丹调研富阳三改一拆工作（区住建局 供稿）

通过加快推进基础设施建设。全年完成2条城市道路增亮，2个老小区二次供水改造工作。完成春秋社区菜市街区块、金桥社区教师公寓区块、盘龙山社区市东弄区块、迎宾苑区块等4个区块背街小巷整治。完成公共泊位1053个，其中东吴公园地下停车库498个，秋月社区、东山社区、镬子山社区等社区新增停车泊位105个，背街小巷整治及巨利社区改造完成停车泊位450个。牵头完成20个生活小区类“污水零直排区”试点建设。

通过村集体建房、困难户居住的“村建、公助、民享”模式、旧房置换模式、将低保边缘户纳入农村困难群众住房救助范围多种农村住房改造创新模式，完成2216户农房改造，超额完成省厅480户农村困难群众的住房改造任务，全年共计下拨补助款1186.94万元。（陈　辉）

【城市管理概况】 2018年，杭州市富阳区城市管理局对标“融杭一体化”和“城市管理国际化”，全面加强党建保障，抓好市容秩序、城乡环境两提升，推进垃圾分类、一巡多功能、渣土管理三突破，各项工作顺利推进。全年，共审理审核一般案件1760件，审结1659件，执行罚款738万余元；共查处人行道违停简易案件16217件，其中移送交警六合一系统8077件，共处理12826件，罚款194万余元；共拟定发出执法联系函262份。共受理承办各类信访投诉件4929件，其中区长公开电话1959件，96310投诉2146件，110联动平台563件，电子政务平台97件，信访164件。“一巡多功能”共巡查发现各类问题线索7581件，其中委托巡查4256件，自主巡查3325件，抄告交办1690件（2613处），督办63件，现场整改、自行处置到位5891件，现场整改率为77.7%。

2018年12月，杭州市富阳区城市管理局城西中队成为杭州市城管委五星级中队。（张哲纯）

·城乡规划·

【富阳分区规划】 在富阳撤市设区和杭州新一轮总规编制背景下，为对接浙江省大湾区、大花园、大通道、大都市区建设，实践杭州市“拥江发展”战略，建设杭州世界名城的重要一极，同时也为了探索富阳城市战略新思路，做好顶层设计与各功能板块谋划，引领全区“三高”发展，组织编制了《富阳分区规划》，规划范围为富阳行政区范围，面积约1808平方公里。规划提出以“现代版富春山居图最美示范区，富裕阳光的大都市新型城区”为发展目标，谋划富阳作为杭州大都市生态区、新兴区、潜力区的发展定位，通过“升级、拥江、营景”三大战略，形成“一轴两带，一城两翼三景区”的山水田园组团结构，挖潜存量空间，优化产业布局，构建内联外畅交通，完善各类配套，提升环境品质。重点划好城市开发边界，加强空间管控，落实空间布局与空间管控“一张图”，实现编一本规划、绘一张蓝图，并根据蓝图制定了八大行动计划，确保全区发展战略的实施落地。

【东洲分区规划优化】 根据杭州市拥江发展战略要求，以打造“天堂明珠、田园智城”为目标，为进一步明晰东洲板块在杭州拥江发展中的规划定位、产业发展与交通发展、空间规划、公共设施配套等内容，在东洲分区规划的基础上，组织编制了《东洲分区规划优化》。规划面积72.22平方千米，规划定位为天堂明珠、田园智城，规划形成“一区、一带、一轴、四片”的总体空间结构；规划预留轨道线网、改造高速口、梳理内部路网等手段，合理组织内外交通，规划形成“四横三纵”主干路网框架；以钱塘江文创金融云岛，杭州智能智造新城为产业发展定位，建立“一产、二产、三产”全面发展的产业格局。

【高桥区块规划研究】 高桥区块作为对接之江、未来科技城、富阳主城区的重点板块，其相关功能定位需要重新研究，同时要结合轨道交通、中环、

2018年12月20日，杭州市委书记周江勇调研富阳拥江发展规划

（规划和自然资源局富阳分局供稿）

二绕等重大交通廊道，重点优化功能布局、交通组织、提升配套设施等，组织编制了《高桥区块规划研究》，规划面积约31平方千米。规划以智汇高桥，绿谷新城为规划功能定位，形成“一心六区”的规划空间结构；通过预留轨道交通、车辆段、中环快速路、优化二绕连接线等区域交通设施用地，同时联动受降片区，将九龙大道、九龙二环线、铜锣湾大道延伸至本片区，梳理内部交通，增加次干路与支路网，完善路网组织。同时规划通过重点地段城市设计，营造丰富的空间形态，塑造良好的城市天际线。

【富春湾新城生态湿地规划】 富春湾新城生态湿地即富春湾新城山水田园风光带，包括富春湾大道北侧、洋浦江两岸、大小源溪两岸等区域，是拥江发展背景下富春湾新城打造山水田园之城的重点项目。为加快推进富春湾新城生态湿地规划建设工作，组织编制了《富春湾新城生态湿地规划》，规划面积约14.5平方千米。规划以展现江南韵味、田园风光，融合多元功能，引领产城永续发展、城市共生为发展目标，将富春湾新城生态湿地全境定位为田园湿地公园，打造成为中国长卷美学第一现场、山水田园风光带、海绵城市生态基础设施展示基地；通过优化水系形态、提高连通性、增加水面面积，来提升湿地整体景观，同时为提升湿地价值，以“一心、一廊、一园、七小镇（聚落）”为总体空间布局，着力打造“七小镇（聚落）”主题功能，策划水上巴士线路、统一滨河慢行道系统，串联新城各主要产业小镇与公共服务，实现新城东西向贯通。

【阳陂湖田园综合体规划】 阳陂湖位于富阳城区西北侧皇天畈流域内，是富阳皇天畈内的古内陆湖区、富阳城市发展新拓展区，轨道交通穿越该区块，未来将是富阳城市发展新中心。为发挥阳陂湖地区资源优势，引水构景，营造特色景观，组织编制了《富阳区阳陂湖田园综合体规划》。规划分三层次展开，重点规划一期实施范围。规划以打造成为集现代农业、休闲旅游、田园社区、生态文化为一体的综合产城融合发展的田园综合体为目标，形成一环、五区、多点的规划结构。同时通过开挖水系、引水筑湖，完善配套，构建连贯慢行系统，策划水上游线、丰富植被、引入文化等不同策略，建设富阳中心区的生态绿肺、城中农耕地、活力开放居民休闲乐园。

【秦望广场地上、地下空间一体化设计】 根据区委区政府推进秦望区块开发建设、秦望隧道等基础设施先行的工作部署，联合区城建集团开展了《秦望广场地上、地下空间一体化设计》工作。在《秦望区块城市设计》基础上，以站城一体化开发为目标，通过不同策略交通重构，地上地下空间一体化开发、秦望水系优化、城市设计布局形态优化、绿地广场布局优化等营造公共开放空间，丰富秦望广场滨水空间，激发地区活力；强化城市轴、滨水轴、绿化轴等三大轴线，秦望广场核心区、北片滨水魅力社区、南片商务乐活社区（三轴一核两片）的合理布局，打造集滨水公共服务、文化娱乐、商务办公、商业配套、品质居住于一体的多元中心、中央活力区，建设钱塘江沿岸商务休闲文化新地标。

【富阳区轨道交通站点地下通道研究】 杭富轨道交通线建设，对富阳加快融杭发展、富杭同城化具有重大意义，是富阳区高品质城市建设的重要轴线。为引导地铁站点与周边地块地下通道衔接，并提前做好预留，结合轨道交通站点周边城市设计优化，开展了《富阳区轨道交通站点地下通道研究》。该研究结合杭富线地铁站点站厅层设计，预留好地下通道接口，以便未来相邻地块项目建设时地铁站厅接入地块地下空间，实现地下空间的互联互通，最大程度发挥地铁经济效应。

【大安顶概念规划】 随着富阳撤市设区政策的落地实施及杭富一体化趋势的发展，为梳理大安顶与临近萧山区的区域联系、大安顶与富春江的空间关系以及里山渔山灵桥三个乡镇之间在规划的协调等方面，明确大安顶区块的主题和特色，实现大安顶云雾茶公园的可持续发展，组织编制了《大安顶概念规划》。规划范围含里山渔山灵桥三个乡镇的行政区域，面积约121.6平方千米。通过空间优化、生态维育、设施保障、交通改善、产业提升、文化繁荣、品质人居等七个策略，来实现尊重自然生态的保护提升构建茶香景美的山水环境、探索产业转型的发展之路实践茶旅融合的发展模式、立足历史人文的传承发扬彰显古韵茶馨的品牌价值三大目标。

【春永线沿线城市设计】 春永线沿线地区地处拥江生态发展轴带，以山为邻，以水为伴，上承西湖风景区、湘湖景区，作为富春卷首，具有资源禀赋、交通便利、空间临杭等优势，是富春文化的重要门户窗口。为了充分发展春永线沿线地区的区位优势与资源优势，结合春永线快速路拓宽改造的契机，提升沿线城市空间品质，带动周边区域发展，打造富阳东门户形象，组织编制了《春永线沿线城市设计》。规划设计范围东起富阳萧山区界线，西至杭新景高速，南接富春江，北贴大安顶山脉，沿春永快速路两侧约为 4.9 平方千米的用地。通过用地重构、均衡配套、内优外联、严控开发、修山理水、高端集聚等策略，打造拥江发展的示范样板，景城共融的花园绿廊，安顶片区的魅力门户，描绘山水文荟、风雅无边、隐逸栖居的富春卷首。

【金桥北路沿线城市设计】 城市设计聚焦 7.6 公里的金桥北路地铁核心区段，南起体育馆路，北至郜村，东至文教北路和春秋北路，西至金浦路，贯穿银湖和富春两个街道，总用地面积约 712 公顷。城市设计系统分析沿线五处地铁站点周边规划建设情况与资源特征，规划形成“十字轴廊、三中心五片区”的总体结构，打造“富阳客运中心门户智造区、高桥产业服务区、新桥田园科研文旅区、公望街健康医疗区、桂花西路城市综合服务区”五个特色片区，进而形成集居住、产研、办公、商业、酒店、医疗、文创等多元功能于一体的整体用地方案；以“北园、中田、南城”的理念，自北向南分段打造“林荫大道”“文创田园”“市井繁华”的中央大道风貌印象，统一断面设计与建筑退让，打造高品质沿街景观空间，协调整体建设高度与开发强度，形成高度错落、变化丰富、呼应富春山水城市形态格局的整体天际轮廓线。同时，对沿线金桥北路交通系统、公交系统、地铁接驳、慢行系统及公共配套空间进行系统梳理，引导打造富裕阳光、幸福宜居、绿色美丽的富阳区中央大道。

【杭州绕城高速公路西复线富阳段互通周边规划研究】 2017 年，杭州二绕西复线（二绕）启动建设，二绕富阳段设置银湖、公望街、富春、鹿山、大源五处互通，并设置一处中埠枢纽与龙门古镇互通相接，为充分发挥二绕对周边区域产业转型、经济发展的辐射带动作用，积极落实拥抱大都市、拥抱新时代的发展诉求，组织开展《杭州绕城高速公路西复线富阳段互通周边规划》的编制工作。规划遵循“定位差异化、产业专题化、景观特色化”的理念，充分衔接新一轮富阳分区规划与各版块规划，结合互通周边特色资源对互通周边区域进行全面细致的规划研究，明晰发展定位、产业定位及形象定位，提出用地空间控制与预留要求，并结合互通特色，对各互通迎宾大道沿线景观风貌提出管控与引导要求，深化道路断面与景观节点设计，差异化、特色化打造展现不同富阳地域文化特色的互通景观。通过规划研究，明确互通周边产业、道路及空间布局规划，规范审批管理，明晰发展目标，为互通周边下一步的高品质开发建设提供坚实的规划技术支持。

【美丽乡村建设规划】 完成区域乡村建设规划编制，统筹乡村空间、资源、设施和建设；申报全区 115 处历史建筑名录，为历史建筑的保护和利用提供依据。重点做好村镇建设的策划、宣传、产业培育、招商引资、具体项目设计指导、审查等相关工作。协助乡镇（街道）进一步做好“汤家埠风情小镇”、“安顶村风情小镇”等特色小镇打造工作；主动跟进新登镇核心区块、场口“微镇”建设；深入推进村庄产业培育，打造特色村落。在统筹分析村庄自然、历史、文化、产业等资源的基础上，做好村庄发展的定位和特色产业策划，完成双江、新浦、大同等一批特色村村庄规划编制工作。

【“最多跑一次”改革机制创新】 统一使用杭州市规划局“多规合一”平台进行项目前期预审，通过城乡统筹业务协同平台进行项目审批，实现项目审批一张图管理。全年，中心规划窗口共受理各类行政审批业务 1192 件，其中，核发建设项目选址意见书139件，建设用地规划许可证179件，总核准用地规模约368万平方米，建设工程规划许可证288件，总核准建设规模约591万平方米，出具地块选址规划意见405件，农房规划备案约1800件，为富阳快速建设发展提供了强有力的规划审批支撑。围绕“最多跑一次”，不断深化审批“四减”：所有窗口审批事项实现“一审一核”，选址意见书办理由5天压缩至3天，用地规划许可证由4天压缩为即办件，方案批复审批与建设工程规划学科证办理合并，并通过申请材料与电子证照网上共享、统筹阶段一件事等手段，22个权力事项总计减少申报材料75项、压缩审批时间672个小时（28天），进一步减轻办事群众与企业的负担，助力优化营商环境。完善“规划局+基层所”的网络化工作构架，推动建立“多中心”规划服务机制，推动规划编制、审批、管理工作的全面下沉，实现多地受理，集中办理，进一步做优基层服务。实施村庄规划局调备案制，村庄规划局部调整经村集体同意并公示后即可办理备案与后续审批手续，进一步加快村庄项目审批，为百姓解决切实问题。（陈丽璇）

·城市更新·

【城市有机更新】 秦望区块有机更新：2018年，秦望三四区块2598套房屋完成搬迁、腾空及拆除，秦望安置房项目主楼位置灌注桩完成过半，推进秦望区块项目招引，以打造一流标准的“城市眼”。钢圈厂路区块有机更新：房屋搬迁占地约16.67公顷，涉及房屋建筑面积约19.95万平方米，涉及住宅521户、非住宅95户、企业25家，至2018年底，基本完成搬迁签约。城中村改造：启动编制试点村（社）城中村改造方案，指导富春街道开展湖塍村、巨利股份经济合作社的人口、户数、土地、宅基地、建筑面积等情况初步调查，编制初步改造方案，初步拟定联建房的补偿及安置政策。

【城乡危旧房改造】 城区危旧房处置改造：2018年，采取观察使用、维修加固和腾空等措施防控城区C、D危房。建立社区网格化巡查制度，实行辖区内危险危房全覆盖、常态化、网格化的巡查。对城镇国有土地上的34幢C级危房安装监控设备，开展实时动态监控。对D级危房停止使用，发放过渡费方式腾空，春江路26号、渔种场路区块、城西村、城东村等41幢房屋69户搬迁拆除。农村危旧房处置改造：2018年，排查农村C、D级危房7475户，全部以“拆除、修缮、腾空、防控”四种模式治理完毕，并录入危房管理系统。实行农村危房通报制和治理动态更新制，开展对农村“一户一宅”D级危房的核查、验收和补助，分2次补助乡镇（街道）农村D级危房治理款2790万元。

【三改一拆】 2018年，富阳区拆除违法建筑面积327万方，完成杭州下达任务的272.5%，拆后土地利用率81.04%。完成城中村改造任务面积61.54万方，完成杭州下达任务的124.22%。完成旧厂区改造任务面积28.82万立方米，完成杭州下达任务的144.08%。完成旧住宅区改造任务面积25.27万方，完成杭州下达任务的114.86%。全区24个乡镇(街道)全部成功创建为“基本无违建乡镇（街道）”。

【村庄有机更新】 2018年，完成大源镇新关村、常安镇大田村、春建乡咸康村、万市镇平山村及罗宅村等五个村庄有机更新及“民建公助”公寓化项目的验收，下拨节约土地奖励补助379.9万元。做好其他相关乡镇（街道）的“民建公助”公寓化及村庄有机更新项目的实地指导和审核。

·建筑业·

【建筑业管理】 2018年，构建工程项目“大监管”体制，实行建筑企业积分制管理，对全区所有在建项目全覆盖监管，实行24小时工地监管制度。全年共进行督查28轮，对291个项目施工、监理企业共计扣分1433分。推行监理企业隐蔽工程影像资料留存，要求对建设工程关键部位、关键节点的隐蔽工程必须留存影像资料，倒逼监理企业履职到位。实现全区建筑工地可视化监控管理系统全覆盖，共检查建设项目474个（次），下发责令限期整改通知书1023份，下发停工整改通知书30份，发现各类隐患问题2581条，做到即查即改。严厉打击违法施工、违法分包、转包、挂靠等违法行为，全年共计实施行政处罚 84 起，其中，简易行政处罚 25 起，一般行政处罚 59 起，罚款 1085.82 万元，处罚数量和处罚金额分别比 2017 年上升 15.07% 和 25.55%。

【建设领域最多跑一次】 按照“一窗受理，集成服务”要求，2018 年，列入“最多跑一次”的许可事项和服务事项 66 大项，83 小项。共办理各类事项 2605 件，按时办结率为 100%，其中建筑业办件 936 件，房地产业办件 294 件，市政公用事业办件 1079 件，人防审批 150 件，收取各类行政审批费用 1780.02 万元，减免金额 8015.07 万元，获月度服务明星 3 次、示范窗口 1 次、锦旗 6 面，获 2018 年度“最多跑一次”服务示范窗口。办理楼盘表确认业务 1500 笔，限购核查业务 11769 笔，交易确认 46115 笔。与建设单位签订工程竣工档案承诺书 127 份，初审竣工档案 116 项，签发竣工档案认可意见书 121 份。接收合格工程档案 109 个项目 518 个单位工程，整理、组卷各类档案 402 个工程共计 8235 卷，提供档案查询利用 1070 余人次，调档 5529 余卷，复印图文 73000 余页。完成扫描资料 33 万多页及图纸 26000 余张。开展建设领域“两项改革”，通过招投标管理、施工图审查改革，招投标 9 个事项的办理承诺用时从 82 个工作日缩短至 20 个工作日，施工图审平均用时从 8 月份抽查的 26 天缩短至 15 天。

·房地产业·

【房地产管理】 2018 年，富阳区严格执行房地产调控措施，坚持房子是用来住的定位，加快建立多主体供给、多渠道保障、租购并举的住房制度。全年房地产完成投资 129.88 亿元，同比增长 22.5%，其中住宅 108.25 亿元，同比增长 38.31%；房屋施工面积 566.03 万平方米，同比增长 6.66%，其中新开工面积 168.26 万平方米，同比增长 21.51%。对房地产开发销售房产中介管理等行为开展联合执法工作，全年共计约谈开发企业 11 家，中介企业 23 家，对 5 家房地产企业的发布虚假消息、投资回报承诺等行为进行处罚，处罚金额共计 107.50 万元；对 2 家企业下发整改通知书，暂停中介网签资格 11 家，通报批评违规发布虚假信息中介公司 6 家，处罚 3 家房产中介 5 万元。推进物业行业“党建+服务”有效结合，成立富阳区物业行业协会党委，5 个单建党支部以及 5 个联合党支部，把党建纳入物业考核范围，实现物业党建全覆盖。

【住房改革和保障】 2018 年，富阳区首宗人才专项租赁住房建设用地正式开工建设，东洲、银湖区块的 2 个公共租赁住房项目启动施工。完成 2017 年度 870 户预分配家庭实物配租和 222 户公共租赁住房（廉租住房）实物配租家庭续租审核。构建覆盖 24 个乡镇街道的住房保障网络体系，启动 2018 年度第一批次公共租赁住房申请就近受理，完成 58 户低保优先保障家庭的实物配租。全年完成保障性安居工程开工 21834 套、竣工 2312 套、交付 2312 套，均超额完成专项目标考核任务。

【白蚁防治】 2018 年，累计受理全区新建房屋白蚁预防施工公共服务单 129 份，总面积达 550 万余平方米；完成新建房屋白蚁预防施工 71 项，预防施工面积 150 万平方米。新建房屋白蚁预防覆盖率 100%，施工合格率 100%，建设单位满意度 100%。完成已建房屋白蚁灭治 362 户（次），为低保、残疾的蚁害户免费治理 9 户（次）；完成房屋建筑白蚁预防工程竣工验收 101 项。开展白蚁危害综合治理，完成国家 5A 级景区龙门古镇主景区内明清古建筑、浙江省 3A 级景区村庄东梓关古建筑的白蚁危害综合治理。推广 IPM 技术，减少化学药物的使用量。对全区蚁情监测控制示范点全面进行复查、维护及补设。对完工 5 年和 10 年以上的工程建设单位，进行白蚁预防的上门回访和复查，全年回访单位 295 家。

（陈　辉）

·城市公用设施·

【市政基础设施建设】 全年城建集团共承担 71 个政府工程项目，其中：重大项目 21 个，民生服务工程 24 个，精品项目 6 个。年度总投资 71 亿元。

杭富城际铁路主体结构维护完成 80%，部分车站基坑开挖，金桥北路综合管廊完成 2.1 公里。秦望“城市眼”——秦望隧道完成地质勘探，可研批复。秦望区块搬迁安置房工程完成地下室土方外运、局部地下室底板混凝土浇筑。观前村安置小区及教师限价房建设工程基本完成结顶及地下室内砖墙砌体，地上部分砌体总体完成40%。北支江综合整治工程及亚运场馆上游水闸船闸工程围堰部分完成80%；下游水闸船闸工程临建进场施工；清淤工程已编制完成试验段方案；水上运动中心场馆工可调整上报，初步设计编制完成；激流回旋场馆方案完成工可审查，土地组件报批，初步设计编制基本完成；景观工程方案修改完成，完成规划审查；过江通道完成工可批复，初设基本完成。

鹳山、鹿山、富春江第一大桥、富阳大桥四大节点亮灯按时间节点推进。城区3、4、5号渠河道开展综合整治，7个景观节点开放。达夫路精品街于6月底亮相。完成金桥社区教师公寓区块、春秋社区菜市街区块等四个区块背街小巷综合整治。

东吴文化公园人防地下停车场、新行政服务中心已投入使用，贯通6条断头路、开工建设5条断头路。完成路面、社区整治等养护面积590.4万平方米。完成小城镇综合整治“线乱拉”项目9个。完成新能源汽车充电桩188个；新安装路灯6745套，维修改造路灯3543套；配合地铁、高铁项目迁改拆除路灯389套。

2018年，富阳区行政服务中心迁建工程室外配套工程获“浙江省园林绿化工程安全文明施工标准化工地”；达夫路入选“浙江省街容示范街”；江滨西大道景观一期荣获2018年度“浙江省优秀园林工程金奖”；横凉亭路综合改造工程（五号渠—二环路）获“杭州市优秀园林绿化工程（道路类）”银奖、富阳区“富春杯”优质工程称号；开源路拓宽改造工程获区2018年度“十佳”建设工地施工围挡。

（胡　强）

·城市管理·

【一巡多功能】 以建筑工地、渣土扬尘、道路环境为重点，联合交警、国土、住建等部门，加强日常巡查、联动执法、监督考核，形成追踪溯源、举一反三、自查自纠、破解环境难题的大趋势、大格局，以“新思路、新方法、新高度”推动全区城乡环境再提升。4月至7月，先后两次在全区抽签产生第一批22个工地和第二批24个工地参加现场检查和集中评议，圆满完成年度二次文明施工大比武活动。10月，开展以23省道、320国道为主线的“道路环境整治月”活动，大力整治道路运输， 推动全区环境再提升。

【数字城管】 1月，开展废弃杆线整治行动，解决废弃杆线遗留的难题。2月，全面普查各类井盖问题，重点采集了涉及安全问题的井盖。6月，启动贴心城管APP有奖投诉机制，强化与市民的交流互动。7月，完成“96310”电话纳入区长电话工作。9月，完成数字城管和受理中心合并工作。10月，组织全区各网络单位数字城管业务负责人及系统操作员进行立案、结案规范培训。积极推进“智慧城管项目”建设，上半年，完成项目建设的前期的论证、审批、立项、招投标工作；下半年，进行软件系统的开发整合工作。全年，共参加及组织参加培训17次，接待其他区县市智慧城管（数字城管）中心考察12次，赴外考察6次；全区累计采集交办数字城管案卷 116860 件，针对疑难复杂案件共组织相关责任单位现场踏勘400余件次，全年问题及时解决率100 %；完成《数字城管月情况分析》11期，针对及时解决率不到90%的单位，发出10份预警函。

【精细化管理品牌创建】 在打造城市管理“二纵二横”精品示范街的基础上，确立苋浦江以东、龙

2018年1月26日，城管队员在富春街道文教路“浴雪”奋战

（区城管执法局　供稿）

浦街以南的老城区为精细化管理品牌创建区域。严格按照精品街区管理标准，全面加强综合管理，城区搬离14座富阳日报报刊亭。完成4处便民服务点的改造升级，引摊入室。提升改造公厕，规范户外广告设置，提高精品街市容秩序、环境卫生、城市立面、市政设施等各方面的精细化水平，不断提升精品街区品位和品质。

【亮灯建设】 组织城建集团、规划、住建等部门，加强亮灯设计和研究，着力推进亮灯工程。2月底，完成春节期间“节日红灯笼”项目拆除工作，3月底，全部资料收集完成并送审。6月，完成富阳区照明总体规划调研工作，明确亮灯建设整体管理思路报告区政府。

【犬类管理】 2月，重点限养区范围调整事宜经区政府常务会议通过，自2018年2月5日起实施。4月，筹备成立富阳区犬类管理协会，并于在东吴公园开展富阳区第一期犬只领养活动。7月，在城区开展为期4周的“犬类管理交叉执法”行动，活动期间共收容犬只39只，新办证76件、续办52件，中大型温顺犬登记10只，进社区、校园等宣传8次。11—12月，开展文明养犬专项治理行动，其间共受理养犬许可617件，中大型温顺犬登记44件，教育劝导不文明养犬行为346起，发放宣传资料1587份。全年共计受理办证2229件，登记温顺中大型犬268只，捕犬953只。

【城乡环卫一体化】 全面接手主城区环卫保洁工作，切实推进8把扫帚并一把，使社区环境卫生得到较大改观。主城区沿街店面生活垃圾的收集范围从18条增加至38条，并对有需求的商铺提供一对一上门收集服务。组织开展“喜迎元旦、欢度春节”清洁城乡大行动、“田相”专项整治、“迎五一”清洁行动等大型整治活动，累计出动175842人次，共清理垃圾约22795吨，清除卫生死角34251处，清理绿化带约733629平方米，清洁河道7215.37千米，清除乱搭乱建15682处，清除牛皮癣11364处，发放宣传资料30多万份。同时，以明察暗访、随机抽查及组织“两代表一委员”检查等形式对24个乡镇（街道）及所属行政村（社区）完成十轮月度督查考核，形成10期通报，并对24个乡镇（街道）、5个打造“国内最清洁城市”示范点及23个社区的月度考核成绩和排名进行公布。

【垃圾分类】 4月，起草完成《2018年富阳区全面深化生活垃圾“三化四分”工作实施方案》（富政办〔2018〕19号）并由区府办进行了印发。5月，组织24个乡镇（街道）召开全区生活垃圾治理会议，全面启动分类垃圾桶、收集点的“唯一性可追溯责任编号”工作。建立垃圾分类固定指导日制度，每周二进23个社区、银湖街道、东洲街道进行点对点精准对接，共同助力垃圾分类工作。全年组织开展全区所有封闭式物业小区管理企业负责人垃圾分类工作培训2次，开展社区、中小学生培训等宣传活动30余次，组织外出学习、考察3次。实现144个封闭式物业小区、155家机关事业单位垃圾分类全覆盖。城区沿街水果店、农贸市场、大型超市有机垃圾实现资源化集中处置，大型商业综合体、示范机关单位的餐厨垃圾实现就地、就近资源化集中处置，全区大件垃圾、废旧衣物等低价值可回收物实现统收统运和回收处置，园林垃圾实现资源化集中处置，农村100%区域已推进农村生活垃圾减量化资源化处置项目。100吨/日的易腐垃圾处置项目启动能力建设，具备20吨/日处置能力。

【志愿者活动】 建立区级机关党员参与城市治理服务平台，推行辖区群众“点单”、志愿服务点“下单”、党员志愿者“接单”模式志愿系统。全年共开展机关党员志愿服务47次，区级机关各单位参与数量达59个，参加人次达2337次。

·行政执法·

【执法体制改革】 提交执法主体公示材料，推进“综合行政执法局”作为执法主体进行执法公示。开展全区执法综合平台的工作调研，撰写调研报告提交区政府。

【市容秩序】 3月，开展城区高音喇叭噪音扰民专项整治，其间累计出动2248人次，查处流动摊贩18起，劝导1起，劝导商户噪音扰民447起；完成北门路夜摊2018年度收费，交费32户，共计收费147290元。4—5月，开展洗车场整治行动，共排查洗车场73家。“两会”期间，开展无证摊专项整治行动，总计出动人员1344人次，劝导无证经营563起，立案查处36起，暂扣经营工具53件。全年累计立案查处无证经营类案件250件、结案250件，出店经营类立案查处81件、结案83件，占道经营类立案查处5件、结案5件。

【“三沿”管理】 深入开展沿路、沿江、沿景的“三沿”专项整治，全年共巡查发现各类问题4105件，现场整改3541件，现场整改率86.3%；交办成员单位问题线索564件，有效整改425件，有效整改率75.4%；督办43件。对西复线环境污染反弹回潮严重的问题，由综巡办牵头，成立专项整治小组对西复线等工程项目和道路沿线开展专项督查和整治，对造成道路环境污染和影响居民生产生活的问题进行联合执法和督查交办。

【户外广告】 编制户外广告设置规划、“一场一方案”具体规划，做好规划引领、政策引导，10月，完成12条道路户外广告设置详细规划设计招投标工作。全年共计拆除立柱式大牌22处、面积409平方米，屋顶广告200处、面积8080.169平方米，店招店牌137处、面积1396.47平方米，道旗广告464处、面积659平方米，灯箱广告567处、面积1463.64平方米，横幅1710处、面积8174.5平方米，其他类型广告1933处、面积6249.21平方米。

【两违防控】 推进物业小区违建登记报告制度，全区现有124个物业管理住宅小区全部签订违建登记报告制度目标责任状。1—10月，权力阳光系统立案查处违建案件共172起，已办结69件，办结率40.1%，其中罚款案件4起，合计执收罚款140余万元；共整改拆除73处，拆除面积达4597平方米；即查即拆各类违建359处，拆除面积12745平方米；配合乡镇（街道）拆违47次，投入执法人员371人次，共拆除14113平方米。区城市管理局受理中心直接受理各类涉违投诉举报119件，市（区）长电话受理中心交办385件，合计504件。共接到物业报送各类违建信息45起，其中及时拆除38起，其他方式处置7起。共交办乡镇（街道）各类违建559处，完成有效处置320处，处置率57.2%，处置案件中拆除（整改）共64处，累计拆除面积4230平方米。

【渣土管控】 全面加强渣土消纳监管工作，制定并实施了《关于运输公司行业自律的约则（试运行）》《关于建设工程渣土消纳场地规范化运营的若干意见》（富渣管办〔2018〕1号）等管理办法。建立由区渣管办统筹协调，区城管局监督管理，地上公司标化运营的工程渣土消纳场地备案机制体制。明确新登镇昌东村、富春街道宵井村狮子垅场地、富春街道宵井村欢坞岭场地作为秦望区块安置房的消纳场地；永昌镇长盘村场地作为杭富轨道交通工程的主要消纳场地。对渣土运输车辆统一安装“北斗导航定位系统”，纳入富阳区渣土车辆管理信息平台。全年共处置渣土量282万立方米，建筑垃圾量177521立方米。针对重载车违规运输渣土、抛洒滴漏、“三超”等现象，开展重点检查、督查，保持常态高压管理，全年共检查渣土车辆499辆，暂扣车辆105辆。

【法制培训】 做好骨干法制员队伍的培训，以微信群为载体，讨论热点、答疑，并且由法制员与法规科人员共同撰写疑难问题解答，制造法律学习的氛围，建立法制专业人员梯队。组织全局执法队员分批次开展集中培训，开展理论测试、谈论交流评析、军事纪律考核，全面提升队伍法制业务能力。

（张哲纯）

【编 辑 赵雪红】

环境保护

·环境质量·

【概况】 2018年，富阳以落实中央环保督察反馈问题整改为契机，有力推进污染防治攻坚，持续强化环境监察执法，深入实施环保制度改革，切实加大生态保护力度，区域环境质量持续好转。经测算，2018年全区化学需氧量、氨氮、二氧化硫和氮氧化物排放同比削减4%、2%、3.6%和5.6%以上，完成杭州市下达的减排任务。

【水环境】 2018年，富阳4个集中式饮用水水源地水质监测项目均达到Ⅱ类地表水环境质量标准，总体优良，其中，国控点位——富阳水厂各月监测指标均符合《地表水环境质量标准》（GB3838-2002）的标准限值，达标率为100%，与2017年持平；新登水厂（塔山）、江南水厂、亭山水库（备用水源）3个农村集中式饮用水水源地水质优良，达标率为100%。地表水断面水质优于2017年，12个监测断面无Ⅲ类（含）以下水质，全部符合Ⅱ类水质标准，满足水环境功能水质目标要求的断面比例为100%。窄溪、渔山、青何、汤家4个交接（出入境）断面水质持续稳定向好，均达到功能区要求，其中，渔山出境断面水质自2015年1月以来持续优秀。

全年富阳工业废水排放7823.74万吨，工业化学需氧量3016.13吨，工业氨氮33.17吨，与2017年相比，分别下降11.55%、13.89%、49.71%。

【大气环境】 全年环境空气优良天数为328天，轻度污染天数为29天，中度污染天数5天，无重度及严重污染天数；空气优良率为90.6%，同比下降0.3个百分点；各项监测因子均值除PM2.5年均值超标（超标倍数为0.03）外，其余均达到二级标准；PM2.5全年平均值为36微克/立方米，未达到国家二级标准，与2017年相比，年均浓度下降6微克每立方米，同比下降14.3%。

全年共采集酸雨样品152个，大气降水pH值范围为4.61—5.96，平均值为5.42，酸雨率为73.0%，属Ⅳ级较重酸雨区。相比2017年（属重度酸雨区），酸雨率下降27%。

2018年，排放工业二氧化硫6066.64吨，工业氮氧化物7063.41吨。与2017年相比，工业二氧化硫下降23.31%，工业氮氧化物下降13.44%。

【声环境】 2018年，富阳8个功能区类别噪声测点共获得48个昼间、夜间的定点噪声等效声级，均符合功能区要求，达标率100%。区域环境噪声昼夜间平均等效声级为49.8dB（A），质量等级为好。道路交通噪声路长加权平均等效声级为60.2dB（A），低于国家推荐控制值70dB（A），质量评价为好。

【固废环境】 全年产生一般工业固废2338266.09吨、生活垃圾26.89万吨，其中填埋垃圾量为6.66万吨，焚烧垃圾量为20.23万吨。经统计，共转移处置危险废物118078.64吨，其中工业企业115628.45吨，维修企业891.42吨，医疗废物1513.81吨，农药废弃包装物44.95吨。

·环境综合整治·

【水污染防治】 实施河（湖）长制：制定印发《关于深化湖长制的实施意见》，建立三级湖长体系。进一步完善河（湖）长制基础信息，建立一河（湖）一档，制定一河（湖）一策，实现全区河道各级河长连点成线，织线成网。调整水质“三色预警”标准，全面优化监测点位设置，使水环境质量更趋准确。加强饮用水水源地保护：制定《富阳区饮用水水源地环境保护排查问题整改实施方案》，完成6个富春江富阳饮用水源挂牌督办问题整改，进一步完善富阳大桥应急措施和货车禁运措施，拆除富春江一级、二级保护区范围内4个码头及鹿山区块12家企业。加大涉水行业整治：关停富春湾新城范围内造纸企业32家、污水厂2家， 全年江南片集中式污水排放8246万吨，同比下降13.9%；排查食品、金属表面处理、废塑料行业、砂洗、有色金属冶炼等涉水企业103家，并对其中的12家有色金属冶炼企业进行整治。开展排污口（源）专项整治：通过规范提升、改造纳管、整改拆除、取缔封堵四种途径，整治全区工业类、农业类、生产生活类排污口（源）1648个，并对27个直排环境的工业废水排放口实施“口长制”管理。提升河湖环境质量：以“污水零直排区”和“美丽河道”创建为载体，深化城镇污水管网改造、农村河道整治及河湖清淤，针对企业废水排放、偷倒建筑泥浆、畜禽养殖排放等进行专项执法检查。全年建设改造城镇污水管网23.22公里，完成河湖清淤92万立方米；万市镇、20个生活小区完成试点创建任务；富春江、北支江、壶源溪（湖源段）、葛溪（新登段）获评杭州市级“美丽河湖”。

【大气污染防治】 燃煤烟气治理：执行10蒸吨以上燃煤锅炉、热电锅炉烟气排放最严标准，全年有5家企业6台10蒸吨以上燃煤锅炉、3家企业18台热电锅炉烟气排放分别达到天然气锅炉大气污染物特别排放限值、天然气燃气轮机组排放特别限值标准。实施能源“双控”，实现重点用能单位用能预算化、动态化管理，2018年，全区规模工业能耗330万吨标准煤，同比下降6.5%；原煤消费262万吨，同比下降11%，万元GDP能耗下降8.5%，降幅居杭州市第1。深化工业废气治理：大力实施行业整治，全年关停造纸、热电厂、化工、印刷包装等企业102家，整治“低散乱”企业415家，淘汰落后产能企业21家。加快挥发性有机物深度治理，全面完成杭州市下达的32家年度治理任务。修订《富阳区大气重污染天气应急预案》，65家重点企业、95家二类以上汽修等行业企业编制重污染天气应急“一厂一案”并上墙。全年成功创建清洁生产企业30家。深化扬尘灰气治理：开展矿山整治，全年关停矿山2个，建设绿色矿山7个，治理废弃矿山13个，整治两路两侧裸露点17个。对全区所有在建项目实行24小时工地监管制度，实现全区建筑工地可视化监控管理系统全覆盖。开展工地文明施工“大比武”活动，对全区693个建设工地分类、分层进行评比。城乡烟尘治理：加大秸秆禁烧力度，下发《关于开展2018年秸秆禁烧工作的通知》，通过农民信箱发送提醒短信23.7万条，分发秸秆利用和禁烧告知书1.5万份，开展三级网格化巡查10500人次，完成19个火点禁烧督办。车船尾气治理：新增（更新）新能源公交车210辆，引进并投入“左中右”全天候共享汽车800辆，重拳打击超限运输、抛洒滴漏等违法运输行为，全年查扣违法运输车辆679辆。

【固废污染防治】 2018年，增建造纸废渣三级处置点3个，规范处置造纸废渣存量14.8万吨。签订“点对点”处置，开展“四联单”管理、现场蹲点，对造纸废渣处置实施全过程监管。开展工业固废执法检查，严厉打击违法违规运输、倾倒、处置等行为，确保“动态清零”。城区垃圾分类桶设置实现全覆盖，分类收运覆盖面根据小区自身分类质量逐步提升；24个乡镇（街道）生活垃圾分类完成分类桶配置、设置工作，资源化处置站房基本建设完成，分类收运体系全部建立。退出《富阳区建设工程渣土消纳场地规范化运营若干意见》和《关于加强工程渣土小方量处置监管工作的通知》，规范运营建设工程渣土消纳场地，加强工程渣土小方量处置监管，全年共处置渣土约200万立方米。切实规范医疗卫生机构医疗废物处置行为，全年立案查处违法处置医疗废物单位39家，罚款22200元，31家卫生机构完善电子监控设备，医疗废物无害化处置率达到100%。

【土壤污染防治】 按照省市部署完成土壤污染状况详查，共采集、检测土壤样品739个，上报295家重点行业重点企业用地信息，启动农用地土壤超标点位“对账销号”前期现场调查。与浙江省农科院联合完成区土壤污染评价，做好19个省级农田污染监测点监测，完成1075个基础土壤样本17项共计18275个指标化验。做好农业面源污染治理，回收农药废弃包装物44.95吨，回收率80%以上。加速推广配方肥应用，建设氮磷生态拦截沟渠2条，施肥面积达4.65万公顷，减少不合理化肥525吨，建设水稻统防统治示范区13个，推广病虫害统防统治7000公顷，减少农药使用12吨。做好畜禽养殖污染治理和屠宰场关停整治，改造养殖场集粪棚12家，建设农牧对接绿色循环体5家。

【中央环保督察反馈问题整改】 成立中央环境保护督察富阳区整改工作领导小组，制定中央环保督察反馈问题《专项整改方案》，属地自查、整改领导小组复查、区领导带队督察三级联动，至2018年底，整改完成中央环保督察反馈交办的造纸废渣处置问题、飞灰处置问题，160件交办信访件，分三次公示154件。

【第二次全国污染源普查】 成立富阳区污染源普查领导小组，下设办公室，负责综合协调、业务指导。乡镇（街道）成立普查机构，连同第三方推选661名普查员和指导员，负责辖区入户清查调查、数据采集和录入审核。至2018年底，共计清查对象12993家，实际入户调查和数据录入6722家。普查办总结的“普查数据采集和数据录入流程”经验，为省、市污染源普查工作提供借鉴。

【城乡环境整治】 继续开展小城镇环境综合整治行动：共拆整点位3742处、面积24.58万平方米，完成强弱电线路整治239.6千米，新建及改造提升农贸市场15个，新增停车位5137个，提前一年完成全部23个小城镇整治任务，洞桥、湖源、春建获评省级样板。推进“无违建创建”工作：完成拆违327万平方米、“三改”115.63万平方米，拆后利用率81.04%，成功创建“无违建村”61个。启动“污水零直排区”建设：完成万市镇20个生活小区试点创建任务；建设改造城镇污水管网23.22千米，完成河湖清淤92万平方米。全面贯通富春江两岸道路，北线改扩建项目完成基础工程，南线15千米绿道基本完工，并以南北线为纲，新建精品线路5条、提升7条。推进“拥江发展”精品特色村创建：里山安顶风情小镇完工，新登长兰风情小镇完成年度创建任务；场口镇青江村等5个杭派民居完成主体建设。推进200公顷13个彩色珍贵林基地建设，完工验收11个。加大城区绿化改造力度：整改面积1万余平方米，补植苗木22万余株，修剪各类灌木约30万平方米，城区主干道沿线园林绿化景观实现再改善。完成2条城市道路增亮、2个老小区二次供水改造。推进养殖环境生态化改造提升：成功创建省级美丽牧场5家、美丽渔场3家。建设美丽田园，开展8万亩田园整治，14个重点整治区块9个已完成验收，“稻香渔山”被评为浙江省100个“最美田园”之一。

生态环境不断改善

（生态环境局富阳分局　供稿）

·环境管理执法·

【环境风险管控】 正式划定区域生态保护红线18个，面积276.06平方千米，占全区国土面积的15.16%。严把项目环境准入关，全年审批项目134个，发放新版排污许可证21个。完善27个空气自动监测站建设，积极开展环境质量、污染源监控、行政执法、污染纠纷等各项监测，出具各类监测数据26万余个。严格辐射安全监管，全面落实辐射安全许可证制度，办理辐射环评审批1项、辐射安全许可证初审47项，60家单位144枚放射源安装在线监控系统，收贮21家单位48枚放射源。

【生态环境执法】 严格执行“双随机”制度：相继开展专项执法行动17期，检查企业1万余家次，作出行政处罚决定371件，处罚金额1515.7万元，停产整治4家，移送公安5件，采取刑事强制措施4人、行政拘留2人。推进环保执法百日会战：重点对中央环保督查和市委巡察后续整改情况，重点区域、重点行业、重点排污单位环保守法情况，集中式饮用水水源地违法情况，重点工业园区和乡镇工业集聚区内，垃圾焚烧企业、集中式污水处理厂、VOCs排放企业、危险废物产生和处置企业，在线监控数据超标企业；监督性监测超标企业，历年来信访投诉较多的信访积案件等情况进行执法检查。专项行动期间，出动执法人员3600余人次，检查企业2000余家次，共立案调查316家次。全面落实应急管理：制定年度应急管理工作方案，开展系统内在生产企业应急预案备案管理工作，全区在生产企业应急预案备案率达到90%以上。切实做好应急物资点管理，经常性检查5个应急物资点情况。进一步完善群众来信来访接待、登记程序，完善反馈制度，根据投诉方式、反映内容以及事态严重程度等不同，对信访进行合理分类处理，全年受理各类环境信访1473件（次），同比下降28.7%。

【机制体制改革】 深化环境保护“最多跑一次”改革：完善制度建设，实行领导坐班、定期例会、项目回访、提前介入、联审联批、项目代办等制度，建设项目环评审批时间进一步压缩。实施乡镇（街道）生态环保目标责任制和生态环境质量考核评价制：通过过程管理、满意度测评、综合评定等环节，对乡镇（街道）环境质量情况、生态环境日常管理等进行考核，结果纳入区委区政府综合考评体系，报送有关部门作为奖惩依据。8月，委托第三方机构，通过计算机辅助电话调查系统，采用随机抽样方式，在杭州24个乡镇（街道）生态文明建设满意度开展调查。实施以来，共通报乡镇（街道）生态环境质量考核评价情况2次；委托第三方开展乡镇（街道）生态文明建设满意度调查2次；开展乡镇（街道）空气优良率排名3次。 （王　昕）

【编　辑　赵雪红】

科学技术

·科技进步·

【概况】 2018年，全区新增国家重点支持的高新技术企业46家（累计194家）、省级科技型企业102家（累计667家）、杭州市高新技术企业7家（累计116家）、杭州市雏鹰企业3家（累计53家）、杭州市农业科技企业2家（累计23家）；新认定省级企业研究院4家（累计17家），省级企业研究中心7家（累计49家），杭州市级企业研发中心8家（累计93家）。全年完成高新技术产业增加值112.9亿元，同比增长9%，占规上工业增加值比重45.5%；规上高新技术产业销售产值513.8亿元，同比增长10.6%，占规上工业销售产值38%；新产品产值482.2亿元，同比增长7.9%，新产品产值率达35.4%。

【高新技术产业得到发展】 出台高企培育三年行动计划，建立高企培育名录库，加大“国高企”推荐申报力度。新增（引进）“国高企”46家，累计达到194家。深化高新技术企业梯度培育机制，着重发展一批具有“国高企”潜力的优质科技型中小企业。新认定省级科技型企业102家，累计达667家。突出“高新产业发展”扶持方向，坚持精准性、普惠制原则出台产业政策，重点支持高新产业发展、高新企业壮大、高新项目投资。

【科技合作成效明显】 开展与中科院上海光机所、杭州电子科技大学、中央财经大学和清华大学的战略合作，共建创新创业研究院。上海光机所杭州分所、杭电富阳研究院、中财大科技园杭州园区和清华富阳大数据产业创新研究院完成签约。浙工大创新创业研究院二期加快建设，扩容至10000平方米。

【创新平台不断优化】 加强与省市科技部门对接，依托银湖科技城、富春湾新城“创新要素集聚、创新资源共享、创新特色鲜明”的优势，富春湾新城争取成为“万亩千亿”省级产业平台，银湖科技城打造高新产业集聚区，争取成为杭州高新产业新一极。发挥银湖科技城的区位优势和各科技产业园的体量优势，着力发展孵化器、众创空间等孵化平台，新增省级孵化器1家、杭州市众创空间1家。通过加大研发经费补助力度，实施重大科技创新专项，引导和鼓励企业争创省级研发机构。新增省企业研究院4家，累计17家；新增省、市企业研发中心15家，累计159家。

【大市场桥梁作用凸显】 发挥富阳科技大市场桥梁纽带作用，新引进3家科技中介服务机构，发展服务专员32名。征集各类技术难题140项，梳理高校院所科技成果405项，开展各类对接服务和培训活动15场，服务企业超500家次；组织高校院所专家点对点上门服务企业150多家次，参与老师近100人次。发展科技创新顾问16个，为企业提供科技服务616家次。

【科技成果转化成效初显】 实施绩效考评、奖励补助、末位退出的运行机制，对10家高校富阳技术转移中心开展科学评价，加快推动高校科技成果转化。实现校企合作项目80多项，解决企业技术难题70多个；促成科技成果转化50余项，其中完成产业化15个。

【富阳区创新创业大赛】 2018富阳创新创业大赛作为首届创客文化节系列活动之一，在前三届的基础上进行升级扩容，从原先参赛组别的文创组和初创组的基础上，增加了科创组和农创组，涵盖范围更广，为更多领域的创业者提供机会。本次活动由富阳区人民政府、杭州日报报业集团主办，富阳经济技术开发区、区科技局、区文创办、区人社局、团区委、区农林局、区经信局、区财政局联办。本届创新创业大赛主题为“创新力量，城市之光”，旨在发挥政府引导作用，利用市场机制，聚集优质创新资源，坚定不移推进“高新工业强区”战略，全面提升富阳区创新创业氛围，激发全区人才创业活力，为建设大都市新型城区夯实产业基础。本次大赛吸引了全国各地98个创新创业团队前来参赛，竞争总额高达198万元的扶持资金及相关配套政策。通过初步筛选、项目评审、组委会审核等环节，每组各有10个项目将进入决赛。决赛采用路演和现场答辩的形式，分为科创组、文创组、初创组和农创组四场比赛进行，各决出一等奖1名，二等奖2名，三等奖3名。最终，“基于供应链物流数据平台的智慧药房解决方案”项目获得科创组一等奖，“WOLO儿童智能可穿戴产品”项目获得文创组一等奖，“铁基MRI T1对比剂新药研发”项目获得初创组一等奖。

【科技金融服务持续探索】 结亲“杭高投”，成立2亿元科技投资引导基金，做活风险池、专利质押贷等科技金融，全面吸引区外基金、风投等投融资机构入驻富阳，深化与银行的合作力度，充分利用社会资本和金融资本，为富阳企业提供优质的金融产品和投资服务，努力破解科技型企业融资难。目前已引进2只子基金入驻富阳，共落实5家企业发放专利权质押贷款3170万元。

【专利创造意识得到增强】 结合“4·26”知识产权日，组织了12个乡镇街道开展知识产权及科技政策培训，培训人员达500余人，发放资料1000余册，走访企业150余家，帮助企业挖掘发明专利280余件。新增国家知识产权优势企业1家、省级专利示范企业1家；组织8家企业开展企业知识产权贯标工作，6家企业已通过认证。征集1家企业设立“市长杯”创意杭州工业设计大赛分赛场。至12月底，全区专利授权量2254件，同比增长32.7%，发明专利授权量376件，同比增长51.6%；专利申请量4060件，同比增长21%，发明专利申请量1340件，同比增长57.6%。

【科技惠民服务持续深入】 全面实施“科技惠民”工程，积极开展科技活动周、防震减灾日等宣传活动，推动“科技下乡”“防震知识进校园”，深化科技特派员机制，为农民送去科学技术。加快全省首个农创客小镇建设，打造农业领域“创业苗圃+孵化器+加速器”的全程孵化链条，成为农业领域创业创新高地。积极培育星创天地等农业孵化平台，推动智慧农业、都市农业等快速发展。新增1家省级星创天地并备案国家级。

【拉高标杆强化服务】 积极践行“三看四态促转型”，产业转型向东看、向东干，紧抓杭州建设现代化国际大都市和杭州国家自主创新示范区建设的发展契机，主动拉高标杆，做好融入杭州都市圈和承接高端产业外溢两篇文章，努力实现科技工作理念、思路、方向与主城同步同调。持续开展“服务企业百日攻坚专项行动”，积极创建“最强支部”，强化“党建+”科技队伍建设，深化“走亲连心”活动，坚持问题导向，加强精准对接，全面提供优质贴心的“保姆式”服务，让企业和各类创新主体有更多获得感。累计走访服务企业200多家次，征集汇总各类问题和困难71个，已帮助解决57个，解决率80.3%。 （刘宇涛）

·亚热带林业研究所·

【概况】 至2018年底，全所有在职人员174人，离退休人员123。在职人员中，正高级职称22人、高级职称58人、博士学位79人、硕士学位38人，博士生导师12人、硕士生导师26人、专业硕导6人。获得国家优秀青年基金1人，省部级以上中青年专家3人，省151人才26人，享受国务院特殊津贴20人。全所在读全日制研究生79人。

【科技创新】 2018年申请项目140项，立项50项，合同经费2184万元，可支配经费2118万元。全年在研纵向科研项目230余项，年度计划执行总体良

2018年亚林所获奖成果一览表

表20

序　号	成果名称	获奖类别等级	授奖单位
1	木荷育种体系构建和良种选育	梁希林业科学技术二等奖	中国林学会
2	长三角沿海防护林体系构建与提升关键技术	梁希林业科学技术三等奖	中国林学会
3	亚热带泥质海岸防护林体系构建与功能提升技术	浙江省科技进步三等奖	浙江省人民政府

2018年亚林所年度编写著作一览表

表21

序　号	著作名称	出版单位
1	杭州湾湿地鸟类	中国林业出版社
2	竹林地下系统研究	中国林业出版社
3	森林生态学学科发展报告	中国林业出版社
4	纯林生态修复的理论与实践	中国林业出版社
5	红松种质资源评价与利用研究	科学出版社
6	柿子速丰安全高效生产关键技术	中原农民出版社

2018年亚林所专利情况一览表

表22

序　号	类　别	名　称	状　态
1	实用新型	基于超高频无线电波频段的动物定位数据收集系统	授权
2	外观设计	鸟类追踪器	授权
3	国内发明专利	一种海岸防护林带冠层结构优化方法	授权
4	国内发明专利	木麻黄嫩枝扦插育苗方法	授权
5	实用新型	松脂无污染收集装置	授权
6	国内发明专利	一种檫木种子处理及播种方法	授权
7	国内发明专利	一种含笑属树种扦插繁殖方法	授权
8	国内发明专利	一种简易薄壳山核桃人工辅助授粉方法	授权
9	国内发明专利	一种茶皂素连续提纯的加工方法	授权
10	国内发明专利	一种低成本茶皂素高效连续提取工艺	授权
11	国内发明专利	一种茶皂素连续提取溶剂高效回收工艺	授权
12	国内发明专利	一种石斛栽培基质及其制备方法	授权

2018年亚林所技术标准一览表

表23

序　号	类　别	名　称
1	行业标准	金花茶栽培技术规程
2	行业标准	山苍子苗木培育技术规程
3	行业标准	油茶主要性状调查测定规范

续表23

序　号	类　别	名　称
4	省级地方标准	松、杉低效林改造技术规程
5	省级地方标准	泥质海岸防护林建设技术规程
6	省级地方标准	湿地公园生态管理技术规范
7	省级地方标准	香椿和毛红椿用材林栽培技术规程

2018 年亚林所审认定品种权一览表

表24

序　号	类别	名　称	审认定单位
1	国审定	长乐林场1代火炬松种子园种子	国家林业和草原局
2	省审定	开化林场马尾松二代无性系种子园种子	浙江省林木品种审定委员会
3	省审定	余杭檫木母树林	浙江省林木品种审定委员会
4	省认定	长乐林场湿地松二代无性系种子园种子	浙江省林木品种审定委员会
5	省认定	长乐林场湿地松高产脂无性系种子园种子	浙江省林木品种审定委员会
6	省认定	长乐林场火炬松二代无性系种子园种子	浙江省林木品种审定委员会

2018 年亚林所认定成果一览表

表25

序　号	成果名称	认定单位
1	滨海围垦次生湿地主导服务功能恢复技术	国家林业和草原局
2	竹林金针虫高效绿僵菌生物菌剂的制备及其应用技术	国家林业和草原局

好。全年63项项目完成验收。全年科研项目内部决算（含中期）141项，涉及金额1.26亿元；外部审计7项，内部审计34项。

组织编写科技部“林业高效培育及资源利用技术”“农林动植物新品种选育专项”十四五战略研究等。跟踪经济作物、转基因专项等申报工作，获得4个专题；谋划院基金项目“青年协同创新”项目类别，院基金优青项目实现突破；国家基金申报组织和管理，获批立项8项。

各项科技产出保持稳定。组织申报各类奖励12项，获得各类奖项10项次（见表20）。其中“木荷育种体系构建和良种选育”“长三角沿海防护林体系构建与提升关键技术”分别获得梁希林业科学技术二等奖、三等奖；“亚热带泥质海岸防护林体系构建与功能提升技术”公示为浙江省科技进步三等奖。年度编写著作6部（见表21）；成功申请“城镇森林景观特征分析软件”的软件著作权；年度发表论文160篇，其中SCI收录50篇（一区论文6篇），同比上年增长38.9%，CSCD核心库90篇（影响因子大于0.5的67篇），与上年基本持平；授权发明专利9件（见表22）、实用新型专利2件、外观设计专利1件，颁布技术标准7项（见表23），审认定品种6个（见表24），植物新品种权4个，认定成果2项（见表25），实用技术成果数量保持稳定。8项成果入选国家林草局《2018年重点推广林业科技成果100项》。

多方面科学研究取得系列突破。高品质甜柿在全国产生较大影响，选育出“亚林柿砧6号”等4个甜柿广亲和性砧木，获得了国家林木新品种权，突破了甜柿新品种推广的砧木难关。薄壳山核桃长期育种增产效果显著，筛选出薄壳山核桃材料优良无性系株产量达到15—25公斤，山核桃砧规模化改造与增效技术，人工授粉提高产量2—3倍，芽接技术成效显著，嫁接成活率达到80%以上。林木转基因抗性新品种培育进入商业化，完成了热带睡莲花粉管通道转化法的建立、耐寒基因CodA导入、耐寒转基因优良株系的筛选，筛选出一批兼顾叶形、花色、花期以及耐寒性和生长性状的优良耐寒转基因株系，为热带睡莲在温带地区的工程应用奠定了良好的基础。合作开发铁线莲微繁和生产，筛选出最佳的丛生芽培养体系，目前已经建立了5个铁线莲品种生产线，定向生产铁线莲品种。

【服务林业大局】 主动对接、分区施策支撑精准扶贫。派出专家就贵州、海南、四川等地林业扶贫领域重点工作建言献策；在全国层面逐步构建了以油茶、甜柿等主要经济林、竹子（林下经济）等为核心的扶贫技术模式。同时根据武陵山区、赣南苏区、滇黔桂石漠化片区等亚热带集中连片特困地区特点分区域布局，推广了油茶、薄壳山核桃高产优质新品种及其配套适用技术，累计推广油茶、薄壳山核桃良种20个，建立示范林2万公顷。以国家林草局对口扶贫县贵州独山为支撑对象，重点技术支撑万亩油桐基地建设、桐油精深加工技术提升工作；在国家林草局第一书记挂职村建设甜柿、铁皮石斛、白芨新品种引进栽培示范点3个；技术支撑企业推广应用无患子高效栽培技术，通过“无患子+”产业帮扶模式，辐射带动农户增收。被指定为国家林草局贵州两个定点扶贫县的科技支撑单位。

智力支撑和技术应用相结合助力乡村振兴。参与编制中国林科院《林业科技支撑乡村振兴行动方案》；围绕林业特色村镇建设、长三角地区珍贵彩色健康林规划、湿地和森林公园规划、彩色树种选育、困难立地修复、污染土壤治理、美丽乡村建设等领域，在区域推广实施相关技术20多项，打造长三角地区绿水青山就是金山银山、南方“一村一树”特色景观重塑等乡村振兴模式。

以生态保护为抓手支撑长江经济带战略。编写并发布“长江经济带生态保护行动方案”，协助建立了长江经济带生态保护协同创新中心。

【科技服务地方】 全年累计100余人次赴浙江、福建、江西、湖南、广东、广西、海南、贵州、云南、重庆、四川、湖北、安徽、江苏等省市区进行现场技术指导和培训，培训学员6000余人次，编写印发各种科技推广材料2万余份。3位专家被聘为宁波市竹产业国家级智库专家；与丽水市签订新一轮共建协议，2人入选丽水市乡贤计划。总结与江山结对帮扶工作，协助完成新一轮对接；新选派8名特派员，形成技术落地方案。1人获省政府优秀特派员，2人次获得庆元县科技局表彰。与江西、湖北、贵州、福建等省区地方政府和企业开展合作对接30多次。对接省级林业发展战略，签订各类科技合作协议12份。对接贵州省十大林业产业发展和两大示范基地建设，推进与江西、湖北、上海等省区及安徽农业大学等院校科技合作。在贵州玉屏建设工程中心分支机构。在竹林培育、重金属污染治理等方面与重庆酉阳油茶科技公司、湖南木象公司、元成园林等企业开展合作，转让茶油加工领域1项专利。

【学术交流与国际合作】 举办育种和生态学科学术研讨会；举行学术交流活动31次；竹子分会、松树分会、技术协作组等平台全年组织、承办第十四届中国竹业学术大会、中国林学会松树分会学术研讨会、国际竹产业发展博览会、全国油茶栽培技术培训班、全国热区油茶产业发展论坛等各类大型学术交流会议8次，地方学术活动6次，参加活动人数3000多人次。

参加并协办首届世界竹藤大会第14分会场“中日韩竹产业合作与人文交流对话会”和“竹藤高效培育与健康经营”主题研讨会，搭建竹类研究国际交流平台。先后派出22位科研专家赴美国、瑞士、日本等国开展合作交流，有2位青年专家出国学习1年；邀请美国、德国等6位专家到所交流，接待埃塞俄比亚农业部考察团到访。

申报国际合作项目4项。顺利实施科技部援外合作项目——“中国向巴西提供竹子培育与高效利用技术”，初步完成了巴西竹类植物多样性报告，协助巴方建设竹笋加工企业并开展技术培训。

【人才培养与团队建设】 本年度晋升正高3人、副高4人，职称晋升成果丰硕；1人获省部级

“百千万人才工程”荣誉，1人获批浙江省151第二层次培养人选，提升人才知名度。加大人才引进力度，共引进3名博士毕业生、1名出站博士后，1名优秀博士后入站，聘任客座研究员、特聘研究员各1名；办理65人次人员派遣及辞退等，3名职工退休；完成21人岗位等级聘任调整，其中1人聘为3级、2人聘为5级岗位。梳理出国进修渠道及要求，3人获国家留学基金资助，1人获院留学基金资助。本年度共招收8名博士、16名硕士，3名专业硕士，1名硕士推免生，签订11名联合培养研究生；制定《亚林所博士研究生招生申请考核制实施细则》；严把培养“出口关”，毕业15名硕士、2名博士，论文盲审一审通过率达到100%；新增博导1人、硕导2人；出台《研究生导师遴选资格推荐办法》；15人次获得国家奖学金、茅以奖、梁希奖、优秀研究生干部、优秀研究生、北京市优秀毕业生等荣誉，首次1人获“北美风情杯”林科十佳毕业生。博士研究生科研成果显著提升，1名博士研究生获国家留学资金资助。

【平台建设】 获批国家林草局山茶花工程中心，油茶、山茶花国家产业创新联盟等3个平台，国外松工程中心顺利通过专家评审，成立了“国家林业和草原局油茶工程中心西南高原山地示范基地”和“国家油茶科学中心热带林业试验站”2个分支机构。积极申报国家林草局重点实验室、长期基地、浙江省重点实验。山茶新品种测试站建设稳步推进；全年平台运行有效、活跃度较高的达20余个；中国林学会松树分会、竹子分会获2018年度考核优秀分会；以生态站运行机制为突破，制定《亚林所生态站运行管理办法》。杭州湾生态站、钱江源生态站被中国陆地生态系统网络中心评估为优秀生态站；成立亚林所实验室管理办公室，扩大管理和服务覆盖面；举办40次仪器设备使用培训，仪器平均使用率比去年提高了14.58%。经济林标委会组织审查、报批国标8项，行标32项，完成160余项归口标准复审及全文公开。质检中心顺利完成复评审，中心检测能力范围涉及5大类产品267项参数；牵头16家局级质检机构完成对18个省区3090批次经济林产品及其产地土壤质量监测，组织15家局级质检机构实验室比对；完成山东、江西、福建等省食用林产品质量安全监测任务；与60余家单位保持业务联系，年度创收再创新高。

完成油茶精深加工中试基地基本建设；完成沿海防护林定位站五方竣工验收、职工食堂拆建及周边环境整治、森林防火项目大小门房屋建设。研究生学习生活交流中心、亚林所所部电力扩容、国家林业局亚热带林木培育重点实验室科研仪器设备购置项目等项目验收材料准备并上报验收申请。新获批修购项目1项，经费375万元。

全年有效处理被侵占土地4起，明确土地界线700余米。森林公园获杭州市“最美森林公园”荣誉称号。

（王舒琦）

·中国水稻研究所·

【概况】 2018年，中国水稻研究所共取得2项成果奖励，分别是浙江省科学技术发明三等奖和中国农业科学院杰出科技创新奖各1项。获省级及以上品种审定36个（次），获国家发明专利33项。

【基础研究成果斐然】 1月5日，由王克剑研究员领衔的基因编辑创新团队在线发表在Nature Biotechnology上的题为“Clonal seeds in hybrid rice using CRISPR/Cas9”的研究论文，表明F1杂交水稻的杂合性可以固定，该研究成果与Nature在线发表的美国加州大学戴维斯分校Sundaresan研究组论文为同期完成，被学术界认为具有重大意义。

【“抗病、高产、优质专用早籼超级稻品种中早39的选育及应用”获中国农业科学院杰出科技创新奖】 该成果由杨长登研究员主持完成。针对早稻生长期短，高产突破难等问题，创新光合生理特性超亲选育结合稻瘟病抗性人工筛选的育种方法，选育出高产且抗稻瘟病的早籼稻新品种“中早39”，累计推广77.53万公顷。“中早39”自2014年开始年推广均在13.33公顷以上，连续6年被列入农业农村部和浙江省主导品种、省级农作物种子贮备计划。

【“水稻盘育毯状秧苗质量控制技术研发与应用”获浙江省科学技术发明三等奖】 该成果由欧阳由男副研究员主持完成。针对当前水稻机插栽培技术育秧环节中的秧苗素质差、备土及育秧管理难等关键技术问题，对水稻机插高密度盘育秧、带土移栽和稀植机插的内在生理特征，外源植物生长调节剂对秧苗叶片和根系的影响和调控等内容进行了系统的理论和应用研究，并在浙江省、安徽省和河南省等地示范推广 108.2 万公顷。

【跻身 ESI 全球前 1% 行列】 据 2018 年 3 月发布的基本科学指标数据库（ESI）数据，研究所在“植物学与动物学”领域跻身 ESI 全球前 1% 行列，表明该所在水稻基础研究方面已居世界先进水平。

【2 个所外研究基地揭牌】 所北方水稻研究中心于 2018 年 5 月通过国家发改委批复立项并于 8 月 28 日在黑龙江省宝清县正式揭牌成立，中心建筑面积 7026 平方米，项目总投资 8894 万元，创建所以来单个立项投资最高纪录。中巴杂交水稻中心于 10 月 30 日揭牌成立，该中心是所与巴基斯坦卡拉奇大学国际化学与生物科学中心共同发起、在中巴两国成立的、运作模式相同的镜像研究中心。

【公共科技服务】 继续加强“中国水稻品种及其系谱数据库”“水稻功能基因数据库”“参考文献数据库”等 3 个数据库的建设与维护。承担稻米品质等样品检测 2.7 万余份。开展水稻资源鉴定评价、分发利用等工作。

【国际合作与交流】 获批国际合作项目 6 项。入选“浙江省引进国外智力成果示范推广基地”，成为浙江省首批 3 个引智示范基地之一。接待外宾 10 批、32 人次，派出专家 18 批、37 人次。

【人才培养】 1 名专家被评选为浙江省特级专家，1 名专家入选为浙江省“万人计划”杰出人才，2 名专家入选为浙江省“万人计划”科技领军人才，1 名专家入选科技部中青年科技创新领军人才，1 位专家入选农业农村部杰出青年农业科学家，1 位青年科研人员入选为浙江省 151 第二层次培养人选。全年招收国内研究生 56 人，其中博士 15 人、硕士 41 人；招收国外研究生 6 人。（章蓉蓉）

【编　辑　蒋虹瑶】

教　育

・综述・

【概况】　全区有各级各类学校、幼儿园166所。其中：幼儿园80所（民办50所），小学45所（民办2所），初级中学17所（民办2所），普通高级中学7所（民办2所），中等职业学校2所，技工学校1所，特殊教育学校2所，独立建制区域性成校5所，辅导学校6所。其中，区级以上等级幼儿园创建率为100%，省三级以上幼儿园75所；省一级重点普通高中3所，省一级特色示范普通高中1所，省二级特色示范普通高中4所。国家级重点职高2所，其中1所为国家中职改革发展示范学校，1所为省中职改革发展示范学校。2所中职学校积极参与浙江省、杭州市“十三五”中等职业教育质量提升行动计划项目创建，至2018年底，有名师、技能名师、名校长、品牌专业、现代学徒制试点单位、普职融通试点学校、示范性职教集团、示范性校企合作共同体、示范性教学实训车间、综合性品牌实训基地等25个项目被列为杭州市立项建设项目；有名校、名师（大师）、品牌专业、优势特色专业、示范性校企合作共同体、德育品牌、创新创业教育实验室和优秀毕业生等13个项目被列为浙江省立项建设项目。另有中小学素质教育实践基地1个。

在校学生约11.04万人，其中：幼儿约2.45万人，小学生约4.5万人，初中学生约2.18万人，高中学生约1.21万人，中等职业学校学生约0.68万人，盲、聋哑学生243人。全区教职工0.82万人，其中专任教师0.68万人。

全区学前三年净入园率为99.5%，九年义务教育入学率、巩固率均为100%，初升高比例99.94%，优质高中招生比例95%。普通高中与职业高中（含中专、技校）的招生保持基本平衡。

2018年高考报名总人数4966名，其中，普通高校招考报名4011名，高职单独招考报名955名。普通类一段上线1348名，上线率为33.61%；普通高校招生录取3887名，录取率96.91%。高职单独考试招生录取863名，录取率97.08%，119名同学录取高职本科，录取率13.39%。386名同学被双一流大学录取，其中北大、清华录取6人。5名同学被录取为民航飞行学员，2名同学被录取为空军飞行学员。师生技能竞赛出成绩。在全国职业院校技

区委书记朱党其调研富阳职业教育

（区教育局　供稿）

能大赛中，富阳学院光伏发电项目获银牌，职教中心物流项目获铜牌；在省职业能力大赛中，获一等奖2项，二等奖4项，三等奖5项；在浙江省创新杯信息化教学大赛中，富阳中职专业教师获二等奖1项，三等奖2项。

有34个项目被列入政府投资建设项目，计划总投资148940万元，其中续建项目14个，新建项目20个，全年项目预算安排资金43904万元。富春第四幼儿园、绿城和园配套幼儿园、百合新城配套幼儿园9月投入使用；富春九小新建工程、大青小学改扩建工程等开工建设；富阳中学改扩建工程等顺利推进。全区学校（园）食品安全责任险投保率达100%，并延伸至民办学校和幼儿园。

深化办学体制改革，积极推进名校集团化和城乡教育互助共同体建设，修改完善教育集团（互助共同体）考核办法，扩大城乡学校（幼儿园）参与面，不断促进城乡之间、区域之间、校际之间教育事业的均衡发展，提升全区基础教育的整体水平。承办浙江省小班化教育研讨会，小班化教育的“富阳样式”作经验介绍，并取得2019年大中华地区小班教育研讨会的承办权。举办“富春情　教育梦”学术节，邀请国内外知名教育专家、特级教师20名，开设6大主题16场次活动，3000余名教师参与其中。开展首批示范教研组评比工作，评选出16个示范教研组和14位示范教研组长。

扎实开展党建工作。部署落实基层党建工作“三个清单”，开展学校党建“一校一品”和党建示范点创建工作，学校党建工作特色逐步形成品牌并发挥示范引领作用。富春三中、东洲中幼入围杭州市教育系统党建“双强”示范点创建名单。永兴学校党委在“两新组织”党建工作会上作经验交流。加强对学校党建工作的督察和指导，督促学校党风廉政建设有新形式和新发展。共完成整改问题任务45个。新建制度17项，完善制度11项，重申制度36项，谈话教育80人次。

以“区管校聘”为切入口，摸清学校各类人员配置情况，结合富阳实际做好全区学校人事编制工作。树立“干多干少不一样、干好干坏不一样”的业绩导向，全区中小学66所学校进行“区管校聘”人事管理改革，涉及5965名教师，133人跨校竞聘上岗，17人待岗培训，9人解聘。33名骨干教师参加交流，占参加交流教师总数的25%；95名新教师在城区锻炼培养，占2018年新教师的41.9%。加强学校干部考核与评价，对全区298名校级干部实施综合考核，确定30名正职校长、26名副职校长为“优秀”等次。重新确认全区98名校级后备干部，提高优秀年轻干部培养的精准度。推荐杭州市“新锐教师培养工程”培养人选85名，富阳区131培养计划人选共9名，富阳区“十三五”名师高级研修班学员29名。成立杭州市级“名师乡村工作室”18个，富阳区级“名师乡村工作室”20个，学员227人。4名评为正高级教师。面向不同群体分两次招考新教师，择优录用316名新教师（含民办89名）。到华东师大、浙师大、杭师大等全国“双一流”和浙江省重点建设高校招聘新教师160名，其中研究生以上学历50名，“985”“211”双一流”高校本科毕业生20名。

办理人大代表建议、政协委员提案34件，满意率为100%。承办“12345”区长公开电话等1110件，多数为咨询、求助类内容；及时响应率、及时处理率、按期反馈率均为100%，群众满意率97.93%，回访工作规范，无一退办件和重复交办件。

【区教育系统开展领导干部十九大精神集中轮训】　2月6—8日，举行教育系统领导干部中共十九大精神集中轮训，全区教育系统所有学校（单位）党组织书记、负责人共130余人参加培训。杭州市委党校教育长高国舫教授，浙江省委党校习近平著作与系列讲话精神研究中心副主任卢宁，萧山党校党委书记、常务副校长斯国新，浙江省委党校党史党建教研部副主任、教授徐彬分别作专题讲座。

【召开教育系统校（园）长会议暨党风廉政建设工作会议】　3月16日，全区校（园）长会议暨党风廉政建设工作会议举行。会议表彰了富阳区中小学校（幼儿园）首批“美丽学校”，通报了教育系统2017年党风廉政建设情况，总结了2017年教育工作情况，部署2018年教育重点工作。区教育局党委书记分别与局领导班子成员、下属各党组织书记签订党风廉政责任状，与局机关科室、全区各学校（幼儿园）签订安全责任状、维稳信访责任状、规范办学责任状等。

【富阳区荣膺浙江省首个全国啦啦操示范区】 1月中旬，在国家体育总局体操管理中心主办的第四届全国啦啦操校（局）长论坛上，富阳区荣膺浙江省首个全国啦啦操示范区，也是全国唯一啦啦操示范区。富阳学院、鹿山中学、松溪小学获得全国啦啦操示范窗口学校，富春三小、富春八小、东吴小学、春建中小、鹿山中幼、富春三幼、富春中学获得全国啦啦操实验学校。另外，富阳学院、松溪小学、鹿山中学分别成为全国啦啦操俱乐部发展联盟五星级、四星级、三星级俱乐部单位。

【富阳和省内2所高校举行教育合作项目签约】 9月28日，富阳区人民政府与浙江师范大学、杭州师范大学签署教育合作项目签约仪式。合作项目分为两部分。一是浙江师范大学在现富春三中的基础上组建“浙江师范大学附属富春实验学校”，并合作共建“浙江师范大学富阳基础教育研究院”，引进一批专兼职研究人员，开展富阳教育发展战略规划、智慧教育方面的研究。二是杭州师范大学在现东吴小学的基础上组建“杭州师范大学附属东吴小学”，在鹿山区块打造优质教育共同体，组建“杭州师范大学附属东吴教育集团”，集团成员校包括鹿山中学、东吴小学和鹿山街道中心幼儿园。

·幼儿教育·

【概况】 全区有各类幼儿园80所，其中教育部门办30所（包括30个分园）、民办50所，在园幼儿24477人，学前三年入园率99.8%。幼儿园教职工3000人，园长和专任教师1924人，其中本科毕业1080人、专科毕业791人、高中阶段毕业52人；具有专业技术职称的园长和专任教师1169人，其中小学高级及以上267人、小学一级676人、小学二级226人。

甲级幼儿园20所；乙级幼儿园25所；丙级幼儿园30所；丁级幼儿园5所。有省一级幼儿园11所，省二级幼儿园25所，省三级幼儿园39所。

学前三年幼儿入园率99.8%、富阳等级幼儿园在园人数比例100%、优质学前教育覆盖率73.1%。普惠率92%。制定幼儿教师定数量、定山区、定年限“三定”招考模式，定向分配到农村的幼儿教师在当地服务须满8年，提升了农村幼儿园的师资力量，受到家长和幼儿园一致好评。

继续落实学前教育“1+4”新政，坚持公益性和普惠性，构建覆盖城乡、布局合理的学前教育体系，让全区适龄儿童接受均衡、优质的学前教育。根据浙江省课改要求，出台《杭州市富阳区幼儿园课程实施方案》，分层推进课程园本化建设，各公办幼儿园和一级民办园因地制宜制定园本化课程方案，根据园本化课程方案实施课程。引导各幼儿园挖掘当地的地域文化与幼儿园文化特色项目相结合，做好顶层设计，梳理编制课程方案，启动园本课程开发工程。先后开启新登镇中心幼儿园的“古城新韵”、洞桥镇中心幼儿园的“洞桥小镇”、场口镇中心幼儿园东图分园的“韵满东梓关”等课程，全面提高保教质量。积极开展幼儿园等级创建工作，新增富阳区甲级幼儿园3所，富阳区乙级幼儿园4所。

【举行幼儿园园长论坛活动】 1月5日和1月10日，富阳区幼儿园园长论坛活动分别在富春五幼、富春二幼举行。省教研员虞莉莉、衢州市教研员徐丽娟分别作了专题讲座。在分组沙龙活动中，参会人员就论坛讲座的感想、目前幼儿园课程建设的共性问题、实际困难及可行性建议作了探讨。

【多所幼儿园原创作品入选省优质幼儿园游戏视频案例】 5月，在浙江省教育技术中心组织的视频案例评比中，富春一幼、富春二幼、富春五幼等学校自主开发的原创作品入选浙江省优质幼儿园游戏视频案例，并在浙江教育网络电视进行公开展示，供全省教师观摩学习。充分体现了教师“团队”的协助精神，全面展示了富阳幼教人的专业素质和风采。

【举行幼儿园第四届游戏节活动】 5月15日，举行富阳区幼儿园第四届游戏节活动，全区幼儿园师生在主会场和分会场全员参与。在主会场，与会人员现场观摩了中大班的户外角色游戏，参与了“七彩龙舟”端午节民俗游戏体验活动等。游戏节活动的开展，已成为富阳学前教育的一张名片，是对社会学前教育的宣传，展示了学前教育以游戏为基本活动的理念，体现了“玩转角色智慧发展”的游戏主题。致力于让幼儿在游戏中学习、游戏中发展、游戏中进步。

【富阳幼儿在浙江省体育大会上获佳绩】 5月4日至6日，在2018年浙江省幼儿体育大会第七届幼儿足球表演大赛暨全国邀请赛上，富阳区春江中幼代表队参赛并获得幼儿足球6人绕桩传球二等奖、绕标接力一等奖、射门一等奖、一分钟颠球二等奖、团体总分一等奖的好成绩幼儿足球操二等奖的佳绩。

·中小学教育·

【概况】 全区小学45所（含民办小学2所），1245个班，学生45061人，教职工2863人。专任教师2771人，其中研究生毕业34人，大学本科毕业2131人、大学专科毕业583人、高中段毕业23人，大专及以上学历99.17%。具有专业技术职称的专任教师有2771人，其中中学高级154人、小学高级1921人、小学一级479人、小学二级24人。

全区初级中学17所(含民办初中2所),521个班，学生21780人。教职工2219人，专任教师1708人，其中研究生毕业75人、大学本科毕业1590人、大学专科毕业43人，大学专科及以上学历为100%。专任教师中具有专业技术职称的1708人，其中中学高级672人、中学一级676人、中学二级211人、中学三级1人。

全区普通高中7所（含民办高中2所），277个班（含盲人学校高中班3个），学生12132人。教职工1261人(含民办高中)，专任教师1119人(含民办高中)，其中研究生毕业146人、大学本科毕业973人，大学本科及以上学历为100%。专任教师中具有专业技术职称的1119人，其中中学高级416人、中学一级421人、中学二级182人。

学前教育至高中教育的十五年基础教育高水平普及，学前三年净入园率99.5%，九年义务教育入学率、巩固率均为100%。积极深化名校集团和城乡学校互助共同体建设，全区有名校集团9个，互助共同体18个，15所初中、43所小学与杭州城区及兄弟县市学校结为互助共同体，结对率达到100%。制定出台《2018年富阳区义务教育公办学校招生工作指导意见》，严格执行招生政策，实施“阳光招生”。实施“零择校，不收费”，按照“分类报名、按序录取”的方式，稳步推进招生工作规范有序，公开透明，公平公正。

加大招生政策宣传力度，通过微信公众号、网站等多种途径进行教育招生政策宣传，提高招生工作的公正性和透明度。出台《关于2018年杭州市富阳区各类高中入学考试和招生工作的意见》，规范高中招生秩序，严格执行公办普高“零择校”政策，推进富阳与杭州主城区学校双向招生，省一级重点普高提前自主招生名额重点向农村薄弱初中倾斜。初升高比例99.9%，优质高中招生比例95%；普通教育与职业教育招生比例基本平衡，现代职业教育体系初步建成。

深入贯彻省教育厅普高课改指导意见，稳妥推进课改各项工作。结合新高考改革，鼓励各高中结合自身办学情况，发挥传统优势，优化课程结构，开设校本选修特色课程。深入推进分层教学、走班制、学分制等改革，切实增加学生个性化、多样化学习选择空间，促进学生的全面发展。2018年全区高考报名总人数4966人，比2017年增加67人。其中，普通高校招生考试报考人数4011人，普通类一段上线1348名，上线率33.61%；普通高校招生录取3887名，录取率96.91%。

招飞工作成绩显著，5名学生被录取为民航飞行学员，2名学生录取为空军飞行员；区教育考试管理中心被东部战区空军政治工作部评为2018年空军招飞工作先进集体。

全区义务教育段共接纳外来务工人员子女17204人。其中，分别在春江街道、富春街道、鹿山街道、东洲街道、大源镇、灵桥镇独立设置10所外来务工人员子女学校，就读小学的4205人，就读初中的310人；外来务工人员子女总人数占全区义务教育阶段学生总数的25.67%。

积极探索智慧教育新模式，开展微课、移动学习终端进课堂、电子书包等新型教学模式和载体的试点应用，至年底，建成省级数字校园示范校2所，市级智慧校园示范校15所。实施交互式多媒体覆盖工程，在2017年投入资金562万元，更新282套交互式多媒体的基础上，投入1344万元，更新617套交互式一体机。实施教育无线覆盖工程。在2017年投入340万元建设1121个点位的基础上，投入565万元，建设1632个点位，基本实现教育系统无线全覆盖，为推进教育信息化提供强大的网络支撑。

【成立富阳区小班化教育联盟】 2月9日，富阳区小班化教育联盟成立大会暨业务培训活动在新桐中小举行。会议聘请华东师范大学教师教育学院教授、博士生导师董蓓菲，浙江大学教育科学与技术研究所所长盛群力，杭州市基础教育研究室课程部副主任、小班化教育教研员李燕为联盟活动指导专家团队，为联盟活动的建设和开展提供专业保障。

【全国著名特级教师蒋军晶名师乡村工作室落户富阳】 3月26日，全国著名特级教师蒋军晶名师乡村工作室落户仪式在东洲中小举行。杭州市政府副市长陈红英，杭州市政府副秘书长杨建华等出席。杭州市教育工委副书记郑利敏解读了《杭州市中小学“名师乡村工作室”实施方案》。陈红英充分肯定，并提出市区两局要搭建共享分享平台，扩大覆盖面，共享放大优质资源，创新载体，支持名师走出学校，为更多教师享受到优质资源。

【富阳教研工作亮点在2018年全省“教研智慧论坛”上作推广】 4月3日，在浙江省教育厅教研室举办的2018年“教研智慧论坛”上，富阳区教研中心主任何文明的《学导互促，建构初中区域教研新范式》作为“浙江省市县教研工作亮点”的四个典型之一作交流发言，被推荐在全省教研论坛及长三角教研论坛上作观点报告。

【浙江省陶艺联盟学校实践活动在富春三小举行】 5月25日，“陶写天真，乐享童年”浙江省陶艺联盟学校实践活动暨富春三小首届陶艺节在富春三小举行。该校四、五年级650多名学生现场主题创作，义乌市陶器制作非遗代表性传承人陈云龙作了专题讲座。

【举行杭州市名师乡村工作室推进会暨（富阳区）现场展示活动】 5月30日，杭州市名师乡村工作室推进会暨（富阳区）现场展示活动在永昌镇小举行。活动分项目推进会和现场展示两个部分。富阳区副区长孙洁代表富阳汇报了全区推进“名师乡村工作室”的工作情况，杭州市教育局副书记郑利敏解读了《杭州市名师乡村工作室工作规范》，杭州市副市长陈红英高度评价了富阳区推进“名师乡村工作室”的工作。

【举行“美丽学校”“文明校园”推进会暨劳动教育联盟成立仪式】 6月5日，富阳区“美丽学校”“文明校园”推进会暨劳动教育联盟成立仪式在东吴小学举行。会议展播了春江中幼、场口镇小、银湖实验中学、新登中学等 “美丽学校”代言和实验小学校歌、鹿山中学《规范歌》、富春七小《新劳动教育》相关视频。并成立富阳区劳动教育联盟，举行了首批劳动教育联盟成员授牌仪式。

【实验小学在杭州市小学生篮球比赛中夺冠】 6月12日至15日，杭州市小学生阳光体育篮球锦标赛在杭州市大关实验中学举行，实验小学代表富阳参赛，男子篮球队获得冠军，女子篮球队获得亚军。

【场口镇小学生在国际跳绳比赛中获得11金】 7月5日至8日，2018跳绳世界杯赛在美国举行，来自全球29个国家和地区的800余名运动员参赛。中国选拔了49名选手，首次组队参赛。场口镇小是浙江省唯一入选单位，8名运动员斩获11金8银3铜的好成绩，金牌总数占中国国家队金牌总数近三分之一。7月12日，场口镇小花样跳绳队勇夺11金新闻发布会在场口镇政府举行。

【富春五小陶笛乐队在亚洲陶笛节上获得佳绩】 8月2日至7日，受亚洲陶笛协会、中国陶笛艺术委员会邀请，富春五小陶笛乐队赴香港参加第五届亚洲陶笛节，获得“最佳表演奖”“最佳原创作品奖”。

【富阳二中机器人创客社团在全国比赛中获一等奖】 8月12日至13日，2018年第16届全国中小学信息技术创新与实践活动仿人机器人创新教育成果展评主题活动在嘉善举行，富阳二中机器人创客社参加比赛，共获得7个奖项，其中高三年级的金宇泽、曾佳淇、羊彦恺参赛的“喂饭机器人”获一等奖，另有9人获二、三等奖。

【浙江省2018年小班化教育推进会在富阳举行】 9月26日，浙江省教育厅教研室小班化推进会暨富阳区小班化教学研讨会在富阳举行。推进会以“聚焦小班课堂，追求内涵发展”为主题，分为永昌镇小和礼源中学两个分会场。

【第五届“春江杯”全国青少年校园足球邀请赛在富阳举行】 10月2日至5日，2018年第五届杭州富阳“春江杯”全国青少年校园足球邀请赛在春江中小举行。上海金山、重庆渝北、青海西宁、陕西西安、甘肃兰州、浙江金华、台湾苗栗和浙江杭州（春江中小）的八支队伍参加比赛。最终，富阳区春江中小、台湾苗栗县尖山小学和金华市江滨小学分获一、二、三名。

【举行新劳动教育研讨会】 10月12日，新劳动教育研讨会在富阳举行。浙江大学教授、博士生导师刘力，浙江省教育科学研究院院长朱永祥、副院长王健敏，杭州市教研室主任曹宝龙，杭师院继续教育学院院长项红专，杭州市教科所所长俞晓东，杭州市教研室副主任方丽敏，区教育局党委书记、局长宋国胜，副局长郦建、邵俊，区教研中心主任何文明等参加，就落实全国教育大会精神，推进富春七小的新劳动教育，使其规范化、常态化发展，进行深入研讨。

【举行富阳区第三届汉字听写大赛】 10月28日，富阳区第三届汉字听写大赛决赛在区青少年宫举行。最终东吴小学获得一等奖；富春五小、永兴小学获得二等奖；贤明小学、新登镇小、松溪小学获得三等奖。

·中等职业教育·

【概况】 全区中等职业学校（机构）2所，学生6781人，教职工688人。专任教师627人，具有专业技术职称的553人，其中副高级238人、中级288人、初级74人。技工学校1所，学生数445人，教职工34人。专任教师28人，具有专业技术职称的27人，其中副高级10人、中级10人、初级7人。

富阳学院和区职教中心，两所学校均实行一副班子多块牌子的运作模式。两所中职学校积极创建中职教育质量提升建设项目，在第一批省“三名工程”立项建设项目年度督查评估中，富阳区名师、大师项目为合格，品牌专业、特色优势专业为良好。积极申报2018年杭州市立项建设项目，两所职高共有品牌专业、综合性品牌实训基地、职普融通试点、名教育教学团队、示范性教学实训车间等8个项目立项，列杭州市前茅。富阳学院和职教中心分别与AICC澳洲国籍职业教育中心签订了合作办学协议，达成中澳职业教育合作项目，联合举办中高国际班。

高职单独考试报名人数955人，高职单独考试招生录取863名，录取率97.08%，119名同学录取高职本科，录取率13.39%。尤其重视职高学生技能培养和训练，以师生技能竞赛为抓手，以赛促教，以赛促练。举行职业教育周活动，开展了形式多样，丰富多彩的活动，进一步增强中职学生的职业自豪感，弘扬“工匠精神”。开展初中学生职业体验活动，全区2000余名初三学生走进中职学校进行汽车维修、物流作业等12等职业体验项目职业体验。在全国职业院校技能大赛，富阳学院光伏发电项目获银牌，职教中心物流项目获铜牌；省职业能力大赛，获一等奖2项，二等奖4项，三等奖5项；浙江省创新杯信息化教学大赛，富阳区中职专业教师获二等奖1项，三等奖2项。

【职教中心学生刘金龙荣获2017年度全国“最美中职生”】 1月底，在团中央学校部、全国学联秘书处、中国青年报社共同举办的2017年度全国“最美中学

澳洲国际职业教育中心与富阳职业教育开展战略合作
（区教育局　供稿）

生”“最美中职生”寻访活动结果中，职教中心15物流（3）班的刘金龙当选全国“最美中职生”。刘金龙，勤奋好学，先后在全国、省、市、区级职业能力大赛中获奖，他爱好曲艺，传递欢乐，给全校师生带来欢乐。他热心公益，服务社会，利用双休日主动联系社区，自发和班里的同学走进社区，进行义务劳动和义演，用实际行动投身公益、服务社会。

【澳洲国际职业教育中心与富阳职业教育开展战略合作】 3月27日，澳洲国际职业教育中心（AICC）分别与富阳区职业教育中心、富阳区职业高级中学签约合作办学项目。AICC澳洲国际职业教育中心董事长吴丽芳和中国总部执行总经理位冬分别介绍了机构的基本情况和澳洲TAFE教育三大特点及澳洲留学相关的英语学习、学费、课程难度等问题。

【职教中心成为全国“国防教育特色学校”】 3月底，教育部综合认定北京大学等4382所学校为“国防教育特色学校”。全省共有237所学校上榜，涵盖本科院校、高职院校、普通高中、中等职业学校和义务教育阶段学校，职教中心作为富阳区唯一一所学校上榜。

【区委书记朱党其专题调研全区职业教育工作】 5月17日，区委书记朱党其到区技工学校和区职教中心实地调研，详细了解学校办学、运行管理、专业设置、师资配备、学生学习等情况。区教育局党委书记、局长宋国胜汇报了职业教育有关情况，分析了职业教育发展存在的问题，并提出了职业教育发展的举措及对区技工学校今后发展方向的思考。朱党其充分肯定全区职业教育工作所取得的成绩，并强调职业教育要结合未来发展趋势，科学设置学科专业，面向转型发展、用好实用人才，为富阳转型发展增添更多力量。

【区职高举行省中职教育“名校”建设启动仪式】 6月12日，区职高在大青校区举行省中职教育名校建设启动仪式。区职高校长彭哲敏作《创建省中职名校工作汇报》，参会领导共同启动了“浙江省中职教育名校建设”光球。

·成人教育·

【概况】 近年来，富阳成人教育工作分高等教育和成人教育两条主线。高等教育主要以富阳学院和富阳区职业教育中心为主，与国内高校联合开展各类专科、本科学历教育。其中，富阳学院成人高等学历教育在读学员5552人。其中开放教育学员共3574人（本科1235人、专科2339人）、网络教育1333人（中国人民大学576人、奥鹏教育757人），杭师大函授教育253人，浙江大学远程教育19人，杭州科技职业技术学院42人，成人中专331人。2018年，富阳学院获得全省电大系统科学研究先进单位、全省电大招生工作先进单位、全省电大教材发行工作先进单位、全省电大系统教务工作先进集体，省奥鹏招生工作先进单位、人大网院2018年度招生先进教学服务中心，2017—2018年度大连理工招生先进单位，国家开放大学优秀校园学生活动评比二等奖，2018年度全省市县电大业务工作考核A等单位等先进荣誉。富阳区职业教育中心与西南科技大学、重庆大学、对外经济贸易大学等开展联合办学，在册学生243人，另有成人高中134人。

成人教育主阵地在各级社区学院（校）和成人文化技术学校。全区有各级各类社区教育学校352所，其中社区学院1所、农民学校1所，区域性社区教育中心5所、乡镇街道社区教育学校19所、市民学校327所；全区24所乡镇成校全部创建成为浙江省标准化乡镇成校。已拥有浙江省示范性乡镇成校5所，浙江省标准化乡镇成校24所， 浙江省企业职工培训示范基地2个，浙江省优秀农村预备劳动力培训基地1个，全国职工教育培训示范点2个。获得浙江省社区教育示范区、全国社区教育实验区等荣誉。

积极构建市民学习圈，大力推进终身教育工作。2018年，在巩固提高“浙江省学习型城市”创建成果的基础上，以市民学习圈建设“1+3”文件为指导，通过以评促改、以评促建、以评促管，进一步加强乡镇(街道)30分钟市民学习圈建设，基本形成了“政府领导、教育主管、部门配合、社会支持、街镇实施、居民参与”的建设格局。富阳区成功入围国家级农村职业教育和成人教育示范县建设单位；新登镇、银湖街道创建成为全国社区教育示范街镇；大源镇、场口镇、新登镇创建成为杭州市首批示范街道(乡镇)30分钟市民学习圈；银湖街道、鹿山街道被认定为富阳区示范乡镇（街道）30分钟市民学习圈。有序推进市民学校标准化建设，评选表彰了示范性市民学校30所，标准化市民学校41所。评选出33个富阳区级示范性社区学习共同体，55位区级“百姓学习之星”。

扎实推进社区教育“一乡镇一品牌”项目建设，认定“孝善育人”（渌渚成校）等4个优秀项目、“常绿镇30分钟篮球学习圈建设”（常绿成校）等9个合格项目。富阳社区学院的“百场健康知识宣讲”活动被浙江省教育厅评为2018年度浙江省终身学习品牌。

全区各级社区学校和成人学校坚持因地制宜、就近方便原则，通过分散与相对集中、一对一辅导与就近办班、传统与现代手段相结合等方式，灵活、便捷地开展扫盲教育。2018年，富阳区需完成2160人的扫盲任务， 实际2680人脱盲，其中通过培训测试脱盲2058人，自然脱盲622人。

开展市民素质免费菜单式培训，共设菜单30余个，受益市民4000余人次。2018年度社区学院与企业合作还开展了33场“百场安全知识宣讲进企业”的培训活动，培训人数2084人次。组织开展2018年富阳区“公办中小学、幼儿园社区教育开放日”。全区37所公办中小学和21所幼儿园（含普惠性民办幼儿园）参与社区教育开放日活动，有29867人次参与。

【教育部“完善职业教育和培训体系”调研组到富阳调研】 6月6日，教育部“完善职业教育和培训体系”调研组到新登成校调研，实地参观了该校教学场地，查看设施设备情况，观看学校宣传片《创新攀登、砥砺前行——富阳区新登镇成人文化技术学校办学纪实》，了解各项教育培训工作。该校校长蒋雪龙作《有为才有位、有位更有为——成校办学的实践与思考》的专题报告。

·特殊教育·

【概况】 全区有特殊教育学校2所，即浙江省盲人学校（省教育厅委托富阳区教育局代管）和富阳区特殊教育学校。两校共设24个班，其中视力残疾15个班，智力残疾9个班；在校学生243人（其中视力残疾171人，智力残疾72人）；教职工89人，专任教师88人。2018年，全区持证残障儿童少年入学率居全省前列，其中学前教育入园率为97%；义务教育入学率为100%；高中教育段入学率为85%。确定“1+1+X”（1个区特殊教育指导中心、1所区特殊教育学校、“X”所融合教育随班就读学校）工作模式，在全区普通中小学（幼儿园）建立34个杭州市合格资源教室，其中5个为杭州市示范性资源教室，4个为浙江省示范性资源教室。

【富阳区顺利完成浙江省特殊教育专项督导】 6月26日，浙江省人民政府特殊教育专项督导组到富阳区开展特殊教育工作专项督导。区教育局副局长郦建专题汇报了富阳区特殊教育的基本概况、发展思路及存在不足。督导组实地察看了区特殊教育学校、富春三幼、场口镇小等三所学校，查阅了相关台账资料，随机抽查了送教助学的实施情况，详细咨询了随班就读融合教育推进情况后，顺利完成专项督导。

【举行富阳区首个特殊教育“卫星班”授牌仪式暨全区融合教育现场会】 12月6日，富阳区首个特殊教育“卫星班”授牌仪式暨全区融合教育现场会在春江中小举行。浙江师范大学特教学院、区教育局、区残联及全区资源教室学校负责人、首席资源教师等100多人参加。东洲中幼和里山镇小负责人分别作融合教育专题的典型交流，并对春江中小融合教育卫星班和杭州市示范性资源教室的东洲中幼进行了授牌。

·学校管理·

【概况】 推进“两学一做”学习教育，做到中心组学习、“固定党日”、“三会一课”等基本制度抓常、抓细、抓实，党内组织生活呈现常态化和制度化。组织机关党员干部参加“百千万”集中蹲点调研活动，走访常安镇6个村，开展调研和帮扶工作，梳理上报各类问题100余条，帮助村民解决10多项问题。开展中小学校党的工作标准化建设及“最强支部”创建活动，加强民办学校党建工作，受到中组部和教育部党建工作检查的高度评价。富春三中、东洲中幼入围杭州市教育系统党建“双强”示范点创建名单。建立教育系统党建巡查工作制度，对基层党建工作进行全要素、全过程、全方位的管理。全面理顺学校党建工作管理体制，乡镇（街道）学校党组织隶属关系调整到位。根据区委第二巡查组反馈的问题，深入剖析问题原因，制定整改方案，共完成整改问题任务45个。新建制度17项，完善制度11项，重申制度36项，谈话教育80人次。

围绕教育发展的大局，大力加强反腐倡廉宣传教育，扎实推进廉政文化建设。认真落实党风廉政建设责任制，建立了党风廉政建设“两个责任”落实和巡查机制，强化内审监督工作，积极推进“阳光工程”建设，对学校招生、干部竞聘、职称评定、教师招考、工程管理、高考中考等工作实施有效监督，实现职能转变、方式转变、作风转变。强化系统内审监督作用，开展公务支出公款消费专项审计、校长离任（在职）经济责任审计等内审工作。积极推进“阳光工程”建设，对干部竞聘、教师招考、高考中考、工程管理、小额公共资源交易等工作实行过程监督，实施“阳光招生”专项检查。

加强师生法制宣传教育，提高教师依法执教能力，使学生知法、懂法、守法。进一步推进学校章程建设，全区各校基本建立了一校一章程，提升了学校科学化、规范化、制度化管理水平。组织开展了教育行政执法人员培训考试，提高了教育执法能力。

加强“百校结对”工作，鼓励学校与国外（境外）优秀中小学开展交流合作；创造条件选送优秀教师和优秀校长到国外培训进修，2018年有16名中小学、幼儿园教师出国（境）研修学习，开阔教育视野，提升教育理念；3个学生团组赴国（境）外参加高规格赛事。

深化普通高中中外合作办学项目建设，进一步提升富阳中学中美国际高中项目竞争力，有效利用国际教育资源，探索高中教育跨国合作办学模式，培养具有国际视野的现代化建设优秀人才；国际部98%的学生入读美国前100的知名大学，以及英国、加拿大、澳洲、法国、瑞典的世界一流大学。

严格执行省市教育行政部门关于减负工作的相关文件精神，规范学校办学行为，落实“减负”规定；继续实施“零择校，不收费”的招生政策。重点推进义务教育段学校深化课程改革，2018年浙江省小班化教育推进会在富阳举行。深入推进名校集团（城乡学校互助共同体）工作，继续做好新疆阿克苏等地的教育对口支援工作。

出台《杭州市富阳区公办幼儿园招生工作指导意见》等文件，完善“城区公办中小学招生网上预登记系统”，大力推进“阳光招生”。加大招生政策宣传力度，设立招生政策咨询室，推出咨询热线，现场或电话解答群众疑问。开展教育培训机构整治行动，规范教育培训市场。出台《富阳区民办培训学校前台设置标准》《富阳区民办培训学校安全办学标准》等规范性文件，该做法在杭州市推广，并受到杭州市副市长陈红英、浙江省副省长成岳冲的肯定和批示。

深入贯彻省教育厅普高课改指导意见，稳妥推进课改各项工作。不断丰富已有课程资源，完善各校选修课程体系。针对新考改下，选考与学考的安排、教学管理和教学评价问题进行重点研究探讨，提升普高学校教育教学管理的有序与绩效；深入推进分层教学、走班制、学分制等改革，切实增加学生个性化、多样化学习选择空间，促进人的全面发展。

积极创建省普通高中特色示范学校，全区公办高中均创建成为省级特色示范普通高中。

全面加强学校安全工作制度和长效机制的建设，进一步落实安全管理责任，重点做好校车安全、校园食品卫生等专项检查，开展好各类应急演练活动，确保学校安全责任事故不发生。成立区教育局小额公共资源交易领导小组，规范监督直属学校小额公共资源交易活动。首设区教育局食品安全管理办公室，进一步完善校园食品安全监管长效机制，严把食品安全红线。2018年，全区学校“阳光厨房”建成率、品牌超市进校园率、学校食堂食品安全责任险参保率均达100%；义务教育段学校健康饮水工程实现全覆盖。全面实行生活垃圾分类，教育系统干部、师生垃圾分类知识知晓率及参与率均达到100%、分类准确率90%以上。开展“教育系统安全生产大检查”工作，发现各类安全隐患36条并督促完成整改；局安保科被杭州市公安局评为安全保卫工作先进集体。

落实“最多跑一次”改革，编印服务指南，实现窗口人员在编率100%，实行学校党员代办等创新机制，22个事项中已实现9个“零跑”，8个一证通办，17个达到四星级及以上；全年办结1825件，电话回访率100%，在市教育局和区跑改办的实现率和满意率测评中均获第一名。

【富阳区教育系统召开纪念中国共产党建党97周年大会】 7月1日，富阳区教育系统纪念中国共产党建党97周年大会举行。会议表彰了2017年度富阳区教育系统先进基层党组织，2017年度杭州市教育系统优秀党员代表，2017年度富阳区教育系统优秀党务工作者、先锋党员。

【富阳33所区属学校配齐配强监察联络员】 8月14日，区教育局召开监察联络员聘任大会，驻局纪检监察组组长陆中华宣读了《关于聘任周庆忠等同志为监察联络员的通知》（富纪驻教组〔2018〕1号）文件，并向周庆忠等33名区属学校监察联络员颁发了聘书。

【举行校园安全联防大队成立暨“校安1号”专项行动启动仪式】 9月27日，以“教育铁军护校安园，平安创建保驾护航”为主题，富阳区教育系统校园安全联防大队成立暨“校安1号”专项行动启动仪式在实验小学虎山校区举行。仪式上，校园安全联防大队成立，各联防中队被授予旗帜，联防队员们进行了集体宣誓。区委平安办相关负责人作平安创建知识讲座。各联防中队会后分赴各指定地点开展校园安全专项督查。

【举行专用校车驾驶员岗位技能大比武】 11月11日，富阳区首届专用校车驾驶员岗位技能比武在浙江东南汽运股份有限公司富阳客运站举行。本次比武分理论和实操两部分。其中，理论部分以国务院下发的《校车安全管理条例》为基础进行闭卷考试。而实操部分，所有参赛选手将在车辆车况检查、S形行驶、定点停车、倒车入库等环节进行比赛，相应成绩与理论竞赛成绩相结合，得出最终成绩，并进行排名。

·师资队伍·

【概况】 全区各级各类学校有教职工10120人，其中专任教师8157人。幼儿园教职工3000人，园长和专任教师1844人；小学教职工2863人，专任教师2771人；初中教职工2219人，专任教师1708人，普通高中教职工1261人（含民办高中），专任教师1119人（含民办高中）；中等职业学校教职工688人，专任教师627人；特殊教育学校教职工89人，专任教师88人。

全区有浙江省特级教师14名，杭州市级学科带头人24名，富阳区级学科带头人207名、班主任带头人20名、名校长14人。杭州市“新锐教师培养工程”培养人选85名，富阳区131培养计划人选共9名，富阳区“十三五”名师高级研修班学员29名。10名教师获省“春蚕奖”等省级荣誉，34名教师获杭州市优秀教师等杭州市级荣誉，149名教师获富阳区级荣誉。

连续19年举行暑期师德培训、领导干部暑期读书会，做到一年一个主题、一本教材、一次集中培训、一次分组讨论、一次综合素养测试的“六个一”，引导广大教师追寻教育工作本源，回归教师职业本真。列出教师从教行为负面清单，为教师从教行为划“红线”、设“禁区”，开展师德承诺活动，定期开展群众满意度测评，引导教师知畏知止，强化师德意识。同时，进一步丰富教师业余文化生活，举办乒乓球比赛、篮球比赛等各类赛事。

完善学校机构设置和干部选拔任用办法，加强年轻干部、女干部和党外干部的培养选拔。2018 年，重新确认全区 98 名校级后备干部，提高优秀年轻干部培养的精准度。先后向区委组织部、统战部和团委、妇联等组织推荐优秀干部 30 人次、知联会后备人选 9 人、杭州市妇代会代表 1 人。加强学校干部考核与评价，对全区 298 名校级干部实施综合考核，确定 30 名正职校长、26 名副职校长为“优秀”等次。

成立杭州市级“名师乡村工作室”18 个，富阳区级“名师乡村工作室”20 个，学员 227 名。3 名评为正高级教师。面向不同群体分两次招考新教师，择优录用 227 名新教师。到华东师大、浙师大、杭师大等全国“双一流”和浙江省重点建设高校招聘新教师 160 名，其中研究生以上学历 50 名，“985”“211”“双一流”高校本科毕业生 20 名。

隆重举办“人生最美 40 年——我是一名人民教师”富阳区庆祝第 34 个教师节主题活动，彰显区委区政府对教育的高度重视，教师对教育事业的热爱，学生、家长及社会对教师的尊重，展现了教育事业蓬勃发展的良好局面。举行为期一个月的“富春情教育梦”学术节邀请国内外知名教育专家、特级教师 20 名，六大主题 16 场次的活动让 3000 余名教师获益。

【举行全区中小学教师“区管校聘”管理改革工作】 7 月 1 日，富阳召开全区中小学教师“区管校聘”管理改革工作动员会。区委常委、宣传部部长夏芬出席会议，副区长孙洁主持会议。全区有 67 所学校的 5965 名教师参加适岗竞聘，跨校交流 132 名（其中骨干教师 22 名），原校待聘 17 名，提醒谈话 293 名，解聘 9 名。

【组织结对学校到湖北省恩施州开展送教活动】 5 月 28 日至 6 月 1 日，富阳区教育局组织各结对学校前往湖北省恩施开展送教活动。其中，富阳二中、新登中学、场口中学、职教中心分别对口巴东一中、巴东二中、巴东三中、宣恩县中等职业技术学校进行支教帮扶。富阳学校详细解读了浙江新高考方案，分析了新高考方案下学校、教师、学生面临的挑战及应对策略和职教教育开展情况。双方深入课堂，对话、交流。

杭州市乡村名师工作室推进会

（区教育局　供稿）

【富阳教育系统开展第十九轮师德教育暑期专题培训】 8 月 21 日，主题为“追寻教育工作本源，回归教师职业本真”的富阳区 2018 年教育系统领导干部暑期读书会暨党组织书记高级研修班举行。区教育局中层以上干部，全区区属各校（单位）书记、校长（主任），各乡镇（街道）小学校长、公办幼儿园园长、成人技术文化学校校长，民办学校书记、校长等 160 多人参加此次读书会。培训为期三天，杭州市委党校教育长、教授高国舫作《新时代党建新要求》主题讲座，富阳中学校长丁明中、万市中学校长高震、富春四小校长蒋会军、春江中幼园长孙君湘、局装备中心主任杨开宏分别作观点报告。

【富阳区召开庆祝第 34 个教师节座谈会】 9 月 7 日，富阳区召开庆祝第 34 个教师节座谈会，倾听一线教师心声，并送上党委政府的节日祝贺和诚挚祝福。区委书记朱党其出席并讲话。区教育局党委书记、局长宋国胜汇报了富阳教师队伍建设情况。实验小学退休教师杨平儿、教研中心主任何文明、场口镇小教师许强、富阳二中教师赵毅和郑蓉女士分别代表退休教师、特级教师、乡村教师、新教师和社会爱心人士进行了发言，畅谈工作体会感受，展望教育事业未来。

【富阳举行主题活动庆祝第34个教师节】 9月10日，“人生最美40年——我是一名人民教师”富阳区庆祝第34个教师节主题活动在区影剧院举行。区领导夏芬、赵玉龙、孙洁、蒋建民，以及来自区级机关和各乡镇街道相关负责人，全区各中小学校长、幼儿园园长、各类先进教师代表等欢聚一堂，聆听最美声音，感受动人事迹，表彰全区教育战线上涌现出来的先进教育工作者，大力弘扬尊师重教的社会良好风尚。

【举行第二届中小学幼儿园“富春情·教育梦”学术节】 11月13日，富阳区第二届中小学幼儿园“富春情·教育梦”学术节开幕式在富春八小举行。本次学术节以“深化课程改革、打造高效课堂、发展核心素养”为核心主题，开展了示范教研组展示及交流活动、“生本”课堂教学展示与研讨活动、幼教论坛、中小学校长论坛等四个部分的学术活动，共14个专场活动。

【第一届“公望”全国班主任论坛在富阳举行】 11月29日，第一届“公望”全国班主任论坛在场口中学举行。来自全国各地600多名中小学班主任、校长、少先队辅导员等教育工作者参加论坛活动。本届论坛分成总论坛和小学、初中、高中三个分论坛，以“班主任智慧与智慧班主任”为主题，借助专家讲座、典型分享、案例研讨、情景模拟、主题班会观摩研讨等模块，研讨如何成为一位智慧班主任，分享班主任实现美好德育的智慧。

【新登中学教师杨志芳入选浙江卫视“教育追梦人——我的40年”第二季】 11月30日，新登中学杨志芳老师入选杭州市教育局、浙江电视台新闻频道等单位联合开展的纪念改革开放40周年大型宣传活动“教育追梦人——我的40年”第二季。

·教学与教育科研·

【概况】 秉承科研和课题研究聚焦课堂教学、课题研究植根于教学实践的理念，注重教育科研主题的前沿性、内容的群众性、成果的实用性，在实践中把前沿性课题做实、做细，切实解决教育科研的普及问题，努力把优秀的科研成果转化成教育教学的生产力，形成了研教结合、优质实用、内涵丰富、有效推广的科研成果。

注重培训实效，减少工学矛盾，建设高素质的教学科研相融的、专兼职结合的教科研队伍，发挥其区域内的指导功能。全年完成中小学教师专业发展培训90学分及以上集中培训班37个，培训教师1694人；完成短期项目135个，培训教师12429人次。

全区教育科研课题研究成果质量显实效，处于高位运行状态。2018年，富阳区在省、市课题立项中累计获立项117项，国家级获奖1项；省优秀教科研成果奖累计获奖5人次，杭州市优秀教科研成果累计获奖22人次，市教师小课题成果累计获奖28人次，市教研课题成果累计获奖14人次。

【国家社科基金课题在富阳开题】 11月2日，国家社科基金课题开题暨新时期劳动教育研讨会在富春七小举行。会上，富春七小校长章振乐介绍了“富春七小新劳动教育”以及今后新劳动教育设想和发展规划。班建武作了开题报告。檀传宝等专家教授分别对开展劳动教育提出观点报告。

【杭州市教育科研标兵刘金虎工作室、葛素儿工作室成立仪式在富阳举行】 12月28日，杭州市教育科研标兵刘金虎工作室、葛素儿工作室成立仪式在教研中心举行。杭州市教育科学研究所所长俞晓东向两个工作室领衔人授牌并讲话。工作室成立后，将成为全区教师专业成长的孵化器，推动更多的老师沿着区教育局教师培养路径，成长、成熟、成名，帮助富阳教育达到新高度。

·经费设施·

【概况】 2018年，全年教育事项专项经费2.84

亿元。落实区委区政府有关教育经费保障新举措，新增2800万元，“名校”品牌建设和“名师、名校长”专项资金、班主任专项资金、教育教学质量专项考核资金和普职高学校教育教学管理补助资金均达1000万元/年。下达全区学校（幼儿园）专项维修资金2100万元。做好学生资助工作，免课本费2448.6万元，免杂费1540万元。发放幼儿段保育费减免、义务教育段“爱心营养餐”和家庭困难寄宿生生活补助、高中段教育券及国家助学金共计1851.02万元。发放“合作银行阳光成才基金”奖学金61.24万元，“未来基金”资助金85.6万元。

2018年，全区有34个项目被列入政府投资建设项目，计划总投资148940万元，其中续建项目14个，新建项目20个，2018年项目预算安排资金43904万元。富春第四幼儿园、绿城和园配套幼儿园、百合新城配套幼儿园于2018年9月投入使用，新增学位1000余个，有效缓解城区入学难、入园难问题。富春九小新建工程、大青小学改扩建工程等10个工程开工建设。富阳中学改扩建项目基本完成馆驿区块地下室，其他部分结顶及主体施工。调整中小学、幼儿园布局规划，优化配置教育资源。做好教育系统房产清查处置工作，全区公办学校土地面积3552871.6平方米，房屋建筑面积1678987.48平方米。加强卫生室建设，盘活功能用房，配齐卫生室（保健室）硬件设施设备。

【举行2018年“未来基金”助学仪式】 8月24日，杭州市富阳区人民教育基金会2018年“未来基金”助学仪式在区教育局举行。全年有167名品学兼优、家境贫困的准大学生享受“未来基金”资助，资助总额84.1万元。

【台胞方徐勤及其子女荣获浙江省“最美爱心人物”】 11月14日，在浙江省财政厅、教育厅主办，浙江省学生资助管理中心和浙江中医药大学承办的2018年浙江省学生资助“两美”风采展示活动中，场口中学选送《跨越海峡两岸的故土情深——方徐勤及其子女爱心接力助学家乡寒门学子13载》中的主人公方徐勤（祖籍富阳场口）及其子女荣获2018年浙江省学生资助“最美爱心人物”光荣称号。

（程　琳）

【编　辑　蒋虹瑶】

文化 传媒

·公共文化服务·

【概况】 至2018年底，杭州市富阳区文化广电新闻出版局（简称杭州市富阳区文广新局）直属事业单位6个，局机关科室4个，在职人员116人，其中有艺术、群文、图博等高级专业技术职称35人，中级专业技术职称23人。2018年，全区组织举办各类文化活动5414场。

区文化馆全年举办、联办各类文艺演出150余场次，美术、书法、摄影比赛15次，新故事、群文理论等征文比赛5次，组织摄影、美术、书法骨干外出采风、新故事题材研讨会13次。举办免费培训班两期，学员200多人。到基层企事业单位、乡镇（街道）、社区、农村辅导文艺节目200余次。全年在省级以上赛事获奖5个，杭州市级获奖13个。

区图书馆全年接待读者49.20万人次，书刊外借132.50万册次。专项购书经费110万元，新购图书2.6万余册，订购报刊745种，收集地方文献213种、327册。至年底，藏书54万余册。全年举办各类读者活动165次，参加人员10万余人次。组织开展送书下乡活动，向24个乡镇（街道）、村基层图书室赠送书刊5000余册。

【基层文化队伍建设】 5月10日，举办350余人参加的区基层宣传文化队伍培训班。8月8日，举办杭州市村级宣传文化员（富阳区）培训班。全区24个乡镇（街道）综合文化站站长以及村（社区）宣传文化员340余人参加了培训。10月24日，举办区基本公共文化服务绩效评估系统操作培训班，全区24个乡镇（街道）、局相关科室、局属单位操作人员50余人参加培训。

【历届浙江省十大城市戏曲演唱联赛获奖曲目巡演】 4月18日，由浙江省文化馆、杭州市富阳区人民政府主办，浙江省民间艺术研究会、区文广新局、富阳区新登镇人民政府承办，区文化馆、富阳区新登镇综合文化站执行承办，富阳区新登镇戏曲家协会协办的2018“家在富春江上”越剧宗师徐玉兰系列活动之一“戏曲进乡村 唱响中国腔”历届浙江省十大城市戏曲演唱联赛获奖曲目巡演（富阳站）在新登中学体艺馆隆重举行。来自全省各地的历届获奖演员参加此次巡演。演出期间还进行了“越剧传承教育实践基地”授牌仪式，上海越剧院（红楼团）团长徐玉萍为新登镇人民政府授牌。

【首届全国越剧戏迷演唱大赛】 4月21日，由杭州市富阳区人民政府、杭州市戏剧家协会主办，区文广新局承办，区文化馆执行承办的“人如白玉戏如兰”首届全国越剧（徐派）戏迷演唱（邀请）大赛总决赛在富阳区影剧院举行。钱菊英（诸暨市）荣获金奖，张卫红（嘉兴市）、方梓诺（9岁江干区）荣获银奖，张英（绍兴市）、叶娜（上虞区）、吴卫英（德清县）荣获铜奖，张少红（温州市）、的董婉珍（富阳区）、孟慧（滨江区）等10位选手荣获十佳表演奖。

【《鼓舞双狮》一举夺金】 8月29日，市文化广电新闻出版局在萧山举行第9届“风雅颂”民间艺术展示活动。富阳区选送的《鼓舞双狮》夺得本次比赛活动的唯一一个金奖。

【首届戏剧曲艺大赛】 11月22日，区委宣传部、区文广新局主办，区文化馆承办的2018“家在富春江上”富阳区首届戏剧曲艺大赛决赛举行。比赛分为初赛、复赛、决赛，乡镇（街道）组织初赛，并分别选送一个节目进入复赛。24个节目经复赛选拔出12个节目参加决赛。选送节目都是原创作品，形式多样，内容反映了各自乡镇（街道）的故事。经过角逐，大源镇的情景剧《初心》和富春街道的小品《再拍一次结婚照》获得本次大赛金奖，东洲街道的说唱《放下手机 放飞心情》等4个节目获得银奖，永昌镇的快板《竹韵谣》等6个节目获得铜奖。

【富阳区第八届富春江读书节】 3—12月，举办富阳区第八届富春江读书节，内容包括“走读富阳”大型系列活动、公益性文化讲座“鹳山大讲堂”、“读城·四十年”富阳区“家在富春江上”读书会、“4·23”图书馆之夜朗诵会、“快乐读书、快乐生活”富阳区文化助残读书沙龙、富阳区“未来演说家”大赛、“拥抱春江月”中秋诵读会、43期亲子悦读活动、“关爱特殊人群”送书下乡活动、信用借阅“阅读暖冬行动”、送福送春联活动、37期英文绘本唱读会、21期“我们动手吧”科学实验公益课堂、7期公益手工体验活动、重点图书期刊推荐活动等。

【公共图书馆服务体系建设】 完成村（社区）公共文化场所214个点WiFi的安装改造提升工程。区图书馆新建硅谷小镇、浙江省农创客小镇两个主题图书分馆。新建城西派出所、银湖街道大庄村、新登镇逸兰湾农庄等10个基层图书流通点，共配置图书7000余册。巩固农家书屋建设，补充更新146个农家书屋图书，配送图书8760册。

【读者活动】 举办“迎新春送春联”“猴年元宵谜语竞猜”活动。开展暑期志愿服务，举办暑期主题电影大展播，放映影片30部。参加全国科技日暨第31届科普宣传周活动，向读者赠送科普类图书250册。举办“送图书献爱心”活动、“了解浙江文化、共享文化小康”图版进文化礼堂巡展、图书馆数字资源进社区宣传推广、送图书进校园等活动。组织选手参加杭州市未成年人课本剧大赛。

【杭州富阳越剧艺术传习院】 2018年，传习院赴各乡镇农村文化礼堂、社区和桐庐、诸暨、东阳等县（市、区）及台州、温州农村、海岛巡回演出。2月20日—24日春节期间赴乐清芙蓉镇海口村演出。5月20日在富阳影剧院举行2018“家在富春江上”周末剧场惠民演出暨原创历史传奇越剧《苍生》首演。分别参加2018年杭州市“西湖之春”艺术节暨杭州市新剧目汇演，“浙漾京城”暨第三届浙江戏曲北京周展演，第四届中国越剧艺术节展演。完成富阳区文广新局出版局主办的“送戏下乡”服务农村文化礼堂惠民演出活动和2018“家在富春江上”周末剧场惠民演出活动。全年累计开展完成各类演出活动154场。

·文化遗产保护·

【概况】 2018年，区文物馆坚持贯彻“保护为主、抢救第一、合理利用、加强管理”的方针，开展各项文物保护利用管理和工作。全区共有各级文物保护单位（点）153处。其中：全国重点文物保护单位1处，省级文物保护单位7处，杭州市文物保护点73处，县（市）级文物保护单位72处。全年投入财政资金1000万元，完成修缮集善亭、庄氏家庙、夏灵峰墓等20处农村历史建筑。富阳博物馆、抗日战争胜利浙江受降纪念馆、郁达夫故居全年共接待参观30余万人次。区文物馆被评为2018年度杭州市文物工作优胜单位。7月，抗日战争胜利浙江受降纪念馆被评为杭州市第二批党员教育示范基地。9月，富阳博物馆（富春山馆）被评为浙江省社会科学普及基地。郁达夫故居被评为杭州市青少年学生第二课堂活动三星级基地。抗日战争胜利浙江受降纪念馆被评为富阳区第一批青少年校外教育实践基地。

至年底，全区有国家级非物质文化代表性项目3项，省级12项，市级20项，区级83项，镇级175项；国家级非物质文化遗产代表性项目代表性传承人3名，省级14名（去世3名），市级27名（去世4名），区级107名（去世11名）；修订《富阳区非物质文化遗产保护专项资金管理办法》；区级非物质文化遗产保护专项资金增加至160万元；浙江省非物质文化遗产保护发展指数综合评估排名第11名。

【文物保护与安全】 完成龙门建筑群、两浙公所、曹氏宗祠三处浙江省第七批省级文物保护单位四有档案编制工作。8月，与乡镇（街道）签订文物安全责任书。联合区文化市场行政执法大队对全区文物保护单位（点）开展文物安全巡查，全年共安排800余人次检查221次，并对发现问题督促整改确保文物建筑安全。向上级业务部门申报83处文保单位、文物点为杭州市第五批市级文物保护单位［其中72处为原富阳区县（市）级文物保护单位，11处为申请新增市级文保单位］。

【文物宣传与利用】 先后组织策划了迎新春手艺展、“家在富春江上”第三届古建筑摄影大赛优秀作品展、“喜上眉梢 蕙兰同心”杭州博物馆馆藏梅花主题书画精品展、兰花精品展、改革开放四十周年政协书画展、“蓝立方”国际美术交流展、纪念改革开放四十周年乡镇、街道文化工作成果展等特色临时展览。在湖源、常安、龙门、大源等乡镇开展馆外文物普法乡镇巡回展，以及“新春大联动、书画到基层”剪纸送福活动、“讲好文物故事、留住美丽乡村”、“定格美丽乡愁，拍最美全家福”等一系列博物馆主题活动。博物馆、抗战纪念馆、郁达夫故居全年共组织策划篆刻、书法、茶艺体验课程和“清明祭扫、走读郁达夫”“抗战老兵缘聚受降厅”“纪念馆小小讲解员”等第二课堂、社科普、爱国主义教育活动50余场次，参加活动学生5000余人次，富阳电视台、富阳日报、富阳新闻网、富阳发布等新闻媒体对活动进行宣传和报道。

【农村历史建筑保护】 3月，启动实施“家在钱塘”农村历史建筑保护系列活动工作。5月，杭州市园林文物局书记、局长翁文杰调研富阳农村历史建筑保护工作。6月，组织举办“家在钱塘”——富阳区农村历史建筑保护综合工程九年成果展，杭州市园林文物局党委委员、副局长卓军和区委、区政府相关领导出席开幕式。配合中央电视台完成《国宝档案》节目拍摄，并在中央四套播出。整理编制《富阳区古建筑修缮图录》，完成策划拍摄《潘氏宗祠》《受降厅》《越石庙》讲解视频和《最美文化遗产守望者》宣传视频，并在杭州市级宣传媒体播放。10月，灵桥镇月台李氏宗祠、湖源乡窈口村潘氏宗祠被评为“杭州市农村历史建筑最佳修缮单位”，侵浙日军投降旧址暨千人坑受降厅被评为“杭州市农村历史建筑最佳利用单位”，曹觉民被评为杭州市“最美文化遗产守望者”。

【瓦窑里遗址考古发掘】 区文物馆联合浙江省考古所第三次对大源瓦窑里遗址进行抢救性发掘，发掘总面积近2000平方米。考古发现5000多年前的崧泽文化晚期、良渚文化早中期至明清时期墓葬、村落砂石路，及历史时期砖窑30多处，出土陶器、石器、玉器、印纹陶器、青瓷器、铁器、铜器等400多件。最重要的是发现了由20多座较分散布局的崧泽文化晚期至良渚文化早期的大片墓地，比较清楚地反映了富春江流域当时的社会组织和生产、生活状况。瓦窑里遗址也是富阳目前发现年代最早、发掘面积最大、发掘器物最多的史前遗址考古发掘项目。

【非遗名录项目挖掘保护】 开展桃花纸制作技艺抢救性恢复；开展夏良田竹编抢救性保护，制作完成100个竹编图案；指导国家级非物质文化遗产项目孝子祭的记录成果条目梳理和遴选；举办2018富阳区罗隐传说故事大奖赛；确认15个省级以上非物质文化遗产项目保护单位；竹纸制作技艺被列入首批国家传统工艺振兴目录，竹纸制作技艺、传统装帧技艺和竹藤编织技艺被列入首批浙江省传统工艺振兴目录；指导杭州富阳中医骨伤医院成功申报国遗专项资金20万元；开展区级专项资金绩效考核工作，与14项非遗项目的责任单位签订绩效协议，经考核评估，拨付补助经费50.7万元。

【非遗传承人服务保护】 开展第十一个服务传承人月活动，召开迎新春传统工艺传承人座谈会，慰问代表性传承人李法儿、李再春等；开展第五批区级非物质文化遗产代表性项目代表性传承人申报评审工作，袁柏松等33人被评为第五批区级代表性传承人；组织10对非遗师徒签订协议结对拜师；推荐应小芽参加2018年浙江省非遗传承研习培训（传统蓝印花布印染技艺），骆群芳、朱起杨等参加2018年浙江省非遗传承研习培训（雕版印刷技艺），骆鑫祥、骆宗良参加中国非遗传承人群研究研习培训班（第六届中国手工造纸传承与发展研修班）。

【非遗保护载体建设】 建立富阳区非物质文化遗产数据库；整理完善省级以上非遗代表性名录项目、代表性传承人、基地申报资料的数据库资料；开展第三批富阳区非物质文化遗产传承教学基地创建申报工作；指导周雄孝文化节、龙门九月初一庙会、孙氏祭祖大典、扬清庙庙会等民俗活动。

【非遗展示展演与交流活动】 举办“振兴传统工艺　助推三美建设”——“迎新春”富阳手艺展；举办浙江金石篆刻名家走进富阳系列活动暨浙江金石篆刻精品与印文化展；组织文房企业参加第四十一届、四十二届全国文房四宝博览会；组织竹纸制作技艺、传统装帧技艺参加第二十九届香港书展；组织富阳竹纸、纸伞、竹藤编织、高桥毛笔、参加第十届浙江·中国非物质文化遗产博览会（杭州工艺周）；组织传统体育项目参加杭州市首届非物质文化遗产传统体育大会；接待国家图书馆、云南省文化厅非遗培训班、浙江工商大学、宁波财经学院、浙江金融职业学院等专家、学者、研学团队的考察研学活动。

【纸文化艺术周系列活动】 为庆祝全国第二个文化和自然遗产日，举办2018“家在富春江上”富阳区纸文化艺术周系列活动，具体内容包括“匠心传承”富阳区削竹、抄纸技能竞赛，“纸韵千年”第二届纸文化艺术展，“大匠至心”富阳竹纸传承发展研讨会，“非遗之旅——探寻造纸术”纸乡体验游等活动。

·文化市场·

【概况】 2018年底，全区有文化、广电、新闻出版经营单位804家，其中歌舞娱乐场所40家、游艺娱乐场所20家、互联网上网服务营业场所74家、出版物经营单位135家、艺术表演团体19家、演出场所12家、艺术品经营单位30家、电影放映单位15家、印刷业经营单位309家、广播电视制作单位9家、演出经纪机构3家、网络文化17家、地卫2家、打字复印109家、文化类民办非企业单位及社会团体46家。

【文化市场行政审批】 全年受理、办结各类事项1642件，其中即办率95%，上网审批率、办理准确率和按时办结率均为100%。窗口获2018年度“党建+最多跑一次”大比武活动三等奖。所有事项全部开通网上办理，实现“最多跑一次”。

【文化市场行政执法】 区文化市场行政执法大队全年发放各类宣传资料96000余份（册）、市民读物等图书3000 余册，组织、参加各类广场宣传咨询活动5次，组织召开全区性行业管理工作会议、文化市场业主培训会议9次。全年出动执法人员2031人次，检查经营场所3093家次，受理举报11起；一般程序立案39起，作出行政处罚决定40起，办结案件40起；简易程序处罚10起。共收缴罚没款128000元，停业整顿3家次，没收违法物品663个，收缴非法出版物1728本（张）。推行文化市场“双随机”抽查监管工作，开展双随机抽查24次，联合公安、卫计部门双随机检查2次。2018年，被评为杭州市文化执法“优秀单位”。

【“扫黄打非”工作】 调整区“扫黄打非”工作领导小组成员和联络员，明确各成员单位职责。按照时间节点，开展了“清源、固边、净网、护苗、秋风”等五个全国性的专项行动以及浙江省“清朗”专项行动，联动公安、民宗、市场监管部门开展联合行动9次，全年检查出版物、印刷、广播电视、网络文化类经营单位675家次，查处违规经营单位22家次，立案17起，简易程序处罚5家次，其中广电播出类6个，新闻印刷出版类12个，网络文化类4个，另外2017年查处、2018年作出行政处罚的文化禁止类案件1个，共计收缴罚没款2.6万元，没收违法物品111件。开展了以打击涉宗教、政治性内容的非法出版物印刷行为、打击以未成年人为主要销售对象的各类不良文化产品的出版物市场整治、打击无证网络游戏为重点的互联网文化经营单位专项整治等“三项集中整治”，改进行业管理水平。点面结合指导乡镇（街道）、村社区开展“扫黄打非”进基层规范化、标准化建设。全区354个基层点位建设取得新进展，318个点位基本完成“十有”建设，完成率89%。向全区中小学生发放“绿书签”8万份，发放“绿色上网 文明前行——致全体中小学生和家长的公开信”倡议书1万余份。富春街道被评为省级示范点，东洲街道被评为市级示范点，区文广新局党委委员、区文化市场行政执法大队大队长何善洪被评为2018年全省“扫黄打非”先进个人。

【文物监察】 以日常巡查和联合检查等形式，对在册重点文物保护单位（点）进行全覆盖检查，全年共检查文物保护单位211家次。从3月份开始对文物双随机检查单独建库抽检，每次不少于2家，与区文物馆联合检查常态化。1月和6月开展冬季消防、雨季防汛文物安全联合检查。落实专人操作无人机，完成了省级以上文物无人机航拍19次。

【文化市场安全生产】 区文化市场行政执法大队落实文化市场安全生产行业监管责任，将安全生产督查、日常巡查及经营单位自查自纠相结合，发现安全隐患195处，整改195处。组织人员密集文化经营单位负责人、工作人员开展消防安全培训和消防演练活动，行业预案演练次数约200余家次，举行联合消防演练培训班两期。举行人员密集型文化场所落实企业全员责任制和消防责任制专题培训，制发资料汇编，普签责任状158份。推出了每月18日为“文化市场安全固定日”活动制度，落实网吧、歌舞娱乐场所的企业全员安全生产责任制，推行歌舞娱乐场所第三方咨询检查服务机制。开展“今冬明春文化市场火灾防控行动”“暑期文化市场火灾防控行动”“文化市场电气火灾综合治理行动”等行动，春节、国庆节等重大节庆日与消防、公安部门开展联合检查，全年没有发生与上报安全事故。

【广播电视安全播出管理】 落实节假日和重要时段的广播电视安全播出值班和“零报告”工作。及时调整区广播电视安全播出领导协调小组，定期召开“局、台、网季度工作例会”，组织安全播出主要成员单位收看电视电话会议。组织协调富阳广播电视台和华数富阳分公司认真完成广播电视安全播出设备设施、网络基础信息、监控设备使用情况等排查自查工作。以各种形式对富阳广播电视台演播室、播出机房、总编室和华数富阳分公司的前端机房等进行实地检查，对问题整改情况进行复查，对重要岗位责任人岗位技能进行实测，定期组织参与安播演练活动。全年全区未发生广播电视安全播出事故。

【农村数字电影放映】 2018年农村电影放映工作于5月正式启动，于11月圆满结束。总放映场次3455场，完成全年任务的100.3%，观众26.73万人次；放映区域遍及全市24个乡镇街道的276个行政村，放映点遍布600多个自然村和社区。全年无安全事故发生，无人为故障停映，无漏放虚报场次及群众投诉举报等情况，放映数量质量达到双优。

【董公祠文化布展】 董公祠位于鹳山西麓，是区委区政府为纪念清代中期董邦达、董诰父子所兴建的历史名人专祠。董公祠主体工程于2015年完工，建筑面积约600平方米，为两进三厅合院式传统风格建筑。2018年7月，启动开展董公祠文化布展工作，预计将于2019年4月完成布展并对游客开放。二董纪念馆的陈设遵循“突出主题、尊重历史、简洁大方”的基本原则，主要陈设内容包括“二董”人物塑像、“二董”相关评价、“二董”生平事迹、“二董”艺术成就、“二董”年表、“二董”家乡情缘、“二董”传说故事、匾额、楹联等。通过董公祠建筑本身所体现的大气、庄严、肃穆的格局及内部陈设内容重点凸显“二董”的清正廉洁、艺文大家、道德风范这三个主题。

【拥江发展工作】 参照《浙江省“诗词之乡”申报办法》《浙江省“诗词之乡”评定标准》和《浙江省诗教先进单位评选标准》，经区领导同意推荐新登镇为富阳区创建单位。9月，浙江省诗词与楹联学会，杭州市拥江办，杭州市诗词楹联学会等一行专家领导来到新登镇，对创建工作进行实地考察指导。11月，新登镇被授予“浙江省诗词之乡”荣誉称号，新登中学、贤明中学被授予“浙江省诗教先进单位”称号。

组织相关人员对区域范围内文化历史传承和人文景观资源进行挖掘、整理和调研，并在此基础上提出富阳区文化发展建议，形成《秉承富春山水人文底蕴 以“起承转合”来思考城市文化呈现》的区域文化调研报告，为上级部门编制钱塘江流域文化发展规划，构建钱塘江流域文化体系提供本区域相关素材和参考资料。（夏 晨）

·文化创意产业·

【概况】 至2018年底，全区文化创意产业实现增加值108.09亿元，同比增长9.3%，文创产业GDP占比14.1%，高于全区GDP增速3.6个百分点。现有文化及相关产业法人单位7834家，其中规模（限额）以上文创企业82家，主营业务收入5000万元以上的23家，其中1亿元以上的12家。编制《杭州市富阳区文化产业发展三年实施方案（2019—2021年）》《杭州市富阳区文化产业发展研究报告》《之江文化产业带富春发展极建设五年行动计划（2018—2022年）》，修订出台《关于进一步加快文化产业发展的若干意见（试行）》（富政办〔2018〕54号），增强政策兑现的原则性、灵活性和操作性。定向扶持文创小镇、文创聚集区、双创基地、精品街区、非遗元素产业化、民办非企文化事业项目，全年公开征集本地文创企业创新发展项目35个，入围扶持项目17个，首期拨付文创扶持资金143万元。全年共外出招商13次，接待138批次客商来富投资考察项目，北影（杭州）国家级电影产业基地、北影童星艺术幼儿园及影视人才培训中心、花开岭公益小镇、“春江秀”“蓝立方”文化创意园、浙美·富春江岸艺术园区项目协议落地，省内首个以“二次元”为主题的“春江花月夜”文创街区开街。参展第十四届深圳文博会、第十二届杭州文博会，荣获2018年深圳文博会“优秀组织奖”“优秀展示奖”，销售订单超700万元，促成项目合作58项。举办两期文化创意产业从业人员培训，培训文创人才110余名。

【参展第十四届深圳文博会】 5月10—14日，富阳组织传统竹纸、印刷、制墨、制笔等7家企业参展第十四届深圳文博会，富阳城市馆围绕“中国竹纸之乡”特色文化品牌主题，展陈推介富阳传统竹纸及文房产品，通过对传统竹纸非遗的整体品牌包装和宣传，促进富阳特色竹纸销售及相关竹纸文创衍生品开发对接，宣传推介富阳城市形象，并荣获2018年深圳文博会“优秀组织奖”“优秀展示奖”。

【富阳区被纳入之江文化产业带核心区】 6月11日，浙江省《之江文化产业带建设规划》正式发布，富阳作为富春发展极纳入“一核五极”核心区。北影（杭州）国家级电影产业基地、银湖文创园、东洲文旅综合体、浙报富春云、之江艺术培训产业走廊、“春江花月夜”文旅走廊、中华古籍造纸印刷文化园等七大项目列入之江文化产业带富春发展极的重点项目。

【《关于进一步加快文化产业发展的若干意见（试行）》发布】 8月29日，《关于进一步加快文化产业发展的若干意见（试行）》（富政办〔2018〕54号）发布，该意见通过“支持文化企业做强做大、加大文化企业对外交流、推动文化产业集聚发展、促进文创产业跨界融合、鼓励文化原创作品生产、推进民办文化场所建设、做优做精文化活动品牌、关心关爱本土文化人士”等八大方面对原有政策进行调整，有效补齐文化产业发展短板，同时切实增强政策兑现的原则性、灵活性和操作性。

【参展第十二届杭州文博会】 9月19—23日，组织12家富阳文创企业参展第十二届杭州文博会。富阳馆以“百里富春山居图、五十里春江花月夜”为城市品牌，以“融—传承、智慧、生活”为主题，集产品展销、文艺互动、城市外宣、招商洽谈功能为一体，充分展示富阳区近年来优秀的文化创意与科技、生活融合的典型产品，之江文化产业带富春发展极、2022年亚运会富阳项目形象。9月20日，区委常委、宣传部长夏芬到杭州文博会富阳馆，参观文博会并慰问参展的富阳文创企业代表；9月21日，副区长孙洁至富阳馆慰问参展企业。组织乡镇（街道）分管领导、宣传干事及市民代表100余人赴白马湖国际会展中心观展。

【北影（杭州）国家级电影产业基地项目签约】 10月10日，北影（杭州）国家级电影产业基地项目正式签约落户杭州富春湾新城。区领导朱党其、吴玉凤、夏芬、孙洁，北京电影学院党委书记侯光明，北京电影学院副校长、北京电影学院深圳研究院院长、青年电影制片厂厂长俞剑红以及北深影视产业（深圳）有限公司、重庆爱普科技集团有限公司、香港钧濠集团有限公司等项目投资方主要负责人出席签约仪式。作为富阳区纳入之江文化产业带规划建设后首个影视类签约项目，北影（杭州）国家级电影产业基地与富阳文化产业发展定位、杭州富春湾新城产业定位高度契合，标志着富阳正式启动富春发展极“富春影视制作组团”建设。该项目用地约26.67公顷，分两期实施，一期将引进美国传奇3D公司、青年电影制片厂、奇观影像文化体验中心，总投资35亿元，建成后税收2亿元以上。

【“春江花月夜”文化创意街区开街】 12月16日，“春江花月夜”文旅走廊项目的重要组成部分——“春江花月夜”文创街区在富春山馆报告厅举行开街仪式。杭州市委常委、宣传部部长戚哮虎，市委宣传部副部长、文明办主任钮俊，省委宣传部文化事业发展处副处长朱少平，市文创办副主任孙磊，省委宣传部对外传播中心副主任刘凡力，省文化产业创新发展研究院负责人张建春，区委副书记、区长吴玉凤，区委常委、宣传部部长夏芬出席活动，副区长孙洁主持开街仪式。区委宣传部与浙江省文化产业创新发展研究院签订战略合作协议，区文创办与杭州银行文创支行签订战略合作框架协议。来自美国、澳大利亚、日本、韩国、内地及中国香港知名二次元研究专家学者和知名文化企业高管参加二次元富阳（国际）论坛，围绕“二次元的国际力量”“国漫走向世界”两大主题进行主旨演讲。 （叶 晶）

·广播电视·

【概况】 2018年，富阳广播电视台通过“两台一网一微信”共四个传播平台，围绕区委区政府中心工作，结合“三看四态促转型”发展思路，开展全方位多媒体融合传播。电视自办栏目12个，全年总计采制自办节目970期，平均每月制播81期。制播各类节目和活动共计时长23000分钟（383小时）。广播自办节目7个，平均每天播出自办节目近7小时，平均每月制播节目190期140小时，计1680小时。全年开展20余场直播活动，各类节目及直播活动节目时间总共近2000小时。节目信号覆盖杭嘉湖地区。

外宣工作，2018年，广播在央广新闻发稿5条，在浙江之声发稿66条；电视在央视发稿5条，在浙江卫视发稿94条。外宣排名在全省近100家市、县台排名30位左右。

【主题宣传】 新闻报道把握导向，唱响主旋律。发挥广电影响力，全方位报道“首届乡村百花大会”“达夫路精品街开街”“龙门风情节”和“江鲜大会”等重大活动，播出相关稿件268篇，全力做好宣传工作。结合区委、区政府中心工作，精心策划推出“点赞富阳铁军”“三个拥抱专栏”“乡村振兴富阳实践”“最多跑一次”“改革开放40周年”等系列报道271篇；围绕区委“七大攻坚硬仗”，重点做好秦望区块、江南新城有机更新等重点区块改造的宣传报道；做好杭黄高铁等重大交通融杭项目的宣传报道，播发各类稿件429篇。

【民生报道】 民生新闻牢牢把握贴近百姓、关注热点、服务大众的理念。对老百姓反映强烈的难点、热点问题予以关注。全年播出民生新闻735多条次，微新闻播出800多条次。

【舆论监督】 以《聚焦一线》等监督栏目为平台，对富阳转型发展中存在的问题进行曝光，继续关注项目推进、干部作风、乡村振兴、城乡环境卫生、小城镇环境综合整治等群众关心、关注的热点、难点问题，开展批评监督报道。全年播出栏目154期。

【大型专题】 按照“立足本土、内容为王、办活新闻、办精专题”的要求，继续做好《富春大地》等品牌节目；先后完成制作《破题起势砺砥奋进》《融入都市 转型发展》等9部专题片为区委区政府中心工作的推进营造了良好的舆论氛围。举办大型活动丰富群众精神生活。全年组织策划、导演、制作“‘乡村百花大会’启动仪式”等全区性大型活动10余场。

【广播节目】 先后推出了《富春新女性、美丽发声展风采》、《最强支部创建宣言》等10多个等专题展播；联合有关部门推出《超警侠》《相亲》广播剧，宣传文明出行、乡村振兴。全年300余人次的社会各界嘉宾走进直播室、录音室，参与节目录制。

【融媒体建设】 成立融媒体小组，整合广播、电视和新媒体，运用“中央厨房”机制下的内容生产平台，逐渐形成了从内容生产制作到传播效果监测一体化的新闻传播能力，增强了内部采编资源的统筹调度能力。至2018年底，共推送稿件800多条，网络直播40场。

【节目创优】 围绕“内容为王”理念，完善节目策划、制作、考评机制，加大节目创优投入，优化节目创优环境，细化节目评议规则，通过本台编辑评议、部门落实反馈、季度好稿评选、各类优秀作品参评等多种举措，不断提高节目创优水平。在省、市广播电视节目评比中，杭州有18件新闻、社教和播音主持等作品获奖。其中，市级获奖作品14件，省级获奖作品4件。

【安全播出】 牢固树立安全意识，全年安播保障零差错；完成了47天《新闻联播》延时的正常转，保障两会等重要安播期100余天。安播保障团队先后获得市级“青年安全示范岗”、省电视技术比武三等奖、省金潮奖等荣誉。

【项目建设】 完成安顶山发射基地改造工程项目完成竣工验收，该工程项目为中央电视节目无线数字化覆盖工程的配套工程，位于富阳区安顶山。该项目的完成为中央电视节目无线数字化覆盖工作和我台安全播出提供了坚实的场地保障。按照区委区政府的要求，全面启动广电大楼搬迁项目，完成前期项目方案论证和项目报送工作。 （陈 东）

·《富阳日报》·

【概况】 2018年，《富阳日报》平均期发量3.28万份，出版251期，总发行量823.28万份。富阳日报社实行采编、经营分离，报纸广告委托杭州富阳日报传媒有限公司经营。富阳日报社共有员工46人，下设办公室、总编办、融媒体中心、时政部、民生部、周刊部。全年获得杭州市领导批示9次，省新闻出版广电局专题阅评5次。

【党员家庭订报】 2018年，在杭报集团领导和富阳区委的大力支持下，《富阳日报》发行实现了提价增量，由原来的198元/份·年提价为300元/份·年，并在第四季度实现了党员家庭订报全覆盖，总发行量达4.9万份，牢牢巩固了区域内第一主流媒体的地位。推出《富阳党建》专版，以每周一期的频率，定期展示最新成果、特色亮点和先进经验，进一步加强对富阳党建工作的宣传报道。

【纪念改革开放40周年报道】 推出“亲历者说”专栏，讲述改革开放40年来城市发展及市民生产生活的变化；推出大型新闻策划“致敬改革开放·富阳40事/富阳40人”，撷取40个知名的具有典型意义的事件和人物，解读富阳改革开放以来具有较大影响力的社会经济文化事件及其背后的故事，凸显改革者的打拼、奋斗者的足迹，见证富阳的沧桑巨变和辉煌成就；策划出版了纪念改革开放40周年纪念金刊。

【主题报道】 围绕中心工作，全年完成了学习贯彻中共十九大、全国和省市区“两会”精神宣传、区委全会、“三看四态促转型”战斗再次及第三次动员大会、城市有机更新、“拥抱富春江 拥抱大时代 拥抱新时代”、最多跑一次、美丽经济擂台赛、百花大会、达夫路精品街、乡村振兴等主题报道。

【舆论监督】　《聚焦一线》栏目推出监督类报道70余篇，多次受到区委区政府主要领导批示。《民生议事厅》栏目通过深度报道、网络调查、面对面协商等多种方式，全方位渗透话题类报道，让更多老百姓参与监督，让政府部门主动推进，以全社会力量来加快“民生小事”更好更快地解决。

【评论引领】　以《春江时评》栏目（版面）为重要抓手，着力提高党的新闻舆论传播力、引导力、影响力、公信力。全年开设《春江时评》版面50余个、评论200余篇，《春江时评》的影响力和读者的参与度都不断提升，多次得到了区领导的批示肯定。

【品牌培育】　“十件大事评选”“十大百姓新闻人物评选”“温暖回家路”“为贫困儿童圆梦”等品牌活动以及《看点》《红吉看天》《民事议事厅》《春江时评》《天南海北富阳人》《健康360》《听一首诗》《帮办100》等特色栏目继续持续发力，获得了社会各界的广泛关注和好评。

【媒体融合】　加快推进媒体融合，形成了“1+N”（“1”为纸媒，“N”为官微、微博、APP、网站）多渠道多平台的传播新阵地。截至2018年12月，新媒体用户超过75万人。其中，官方微信粉丝达15万人，无线富阳APP下载量超过12万次，日活量1.1万次；富阳日报微博用户48万。富阳日报的“融媒体”在区域内形成了广泛的品牌认同。6月13日富阳日报官微头条推出新媒产品《车祸导致富阳一女子胸部撕裂，这个微信群救了她的命！》，被新华社、人民日报、人民网等各大微信号、客户端转载，总阅读量上百万。

【大型活动】　2018年，策划并主办（承办）了2018创客文化节系列活动（第四届创新创业大赛、数字经济高峰论坛、十大新锐创客评选）、统战迎新晚会、达夫路精品街开街、东洲葡萄节、万市银杏节、渌渚孝文化论坛、上官竹文化节、渔山芒种节等30余项活动，进一步奠定了富阳日报媒体品牌知名度、美誉度。　（王　磊）

·新闻网站·

【概况】　按照习总书记网络强国战略思想，全区积极构建党委领导、政府管理、企业履责、社会监督、网民自律的综合治网格局，网络空间日益清朗。2018年，召开全区网络安全和信息化领导小组（扩大）会议1次。举办富阳区首届网络文化节，建成杭州市富阳区网络文化协会。部署网络安全督查4次，开展等级保护测评4次，对辖区内67家网站开展远程监测和安全态势感知。打造“富阳发布”权威平台，至2018年底，粉丝突破35万，二级平台99个。发挥“富阳新闻网”作为地方网站城市宣传窗口作用，活跃网络文化，日均访问量达21万。至2018年底，全区网站数量3400余个，主体数量700余个，接入网站数量97个。

【富阳发布】　2014年8月19日，“富阳发布”微博、微信正式上线，为区委区政府官方发布平台，致力于做好权威信息发布、热点事件回应、民生资讯服务、城市形象推介。至2018年底，粉丝突破30万人，建成二级平台99家，总阅读量突破1400万人次，双微影响力位居杭州市第一，浙江省第二，并荣获浙江省“金舆奖”十佳政务发布平台。

【富阳新闻网】　网址为www.fynews.com.cn，是富阳首个经浙江省人民政府新闻办公室批准成立，并由国务院新闻办备案的综合性新闻门户网站，2006年12月1日正式开通，员工9人。以“权威准确　实用”为原则，汇集富阳时政、经济、社会、人文等各类信息，准确快捷。开设今日新闻、部门动态、春江时评、乡镇动态、摄界、数字报等专栏，网站日均点击量达21万人次，曾获得“全国十佳县（市、区）网站”称号。2018年，策划推出“改革开放40年我在富阳看改变”“八八战略十五周年”“三看四态促转型”“最多跑一次”“网络安全为人民　网络安全靠人民”“首届网络文化节”“乡村百花大会”“最美富阳人”“道德模范”等专题，为全区经济社会发展营造了良好的干事创业氛围。

（皮莉琴）

【编　辑　董江军】

医疗卫生

·综述·

【概况】 2018年，全区共有区属公立医院6家。其中三级甲等医院1家，三级乙等医院2家，二级甲等医院2家，二级乙等医院1家，社区卫生服务中心25家。卫生计生系统现有在编职工4184人。

区财政卫生事业费投入62567.33万元，占财政总支出8.57%，人均卫生事业费774.6元。完成富阳区医疗急救体系提升工程，分别对区一院、二院、妇保院、骨伤医院、中医院、大源社卫中心、场口社卫中心、万市社卫中心、受降社卫中心、东洲社卫中心等10家医疗机构急救站点建设及提升改造。开展了骨伤医院病房装修工程、常绿社卫中心新建工程、场口社卫中心提升工程、高桥坑西服务站新建工程、富春街道大青服务站新建工程、万市镇彭家和罗宅服务站新建工程。

2018年全区共出生6953人，计划生育率98.04%。出生人口性别比108.48∶100，统计误差率控制在1.5%以内，无计生侵权行为发生。

居民平均期望寿命为82.97岁。其中：男性80.81岁，女性85.36岁，总体比上年提高了0.38岁。居民前5位死亡原因顺序为：恶性肿瘤、脑血管疾病、呼吸系统疾病、损伤和中毒，占总死亡数的84.25%。

【最多跑一次】 17个权力主项共43个事项审批全部入驻行政服务中心集中办理（其中包括行政许可37个子项，行政裁决1项，行政确认1项，行政给付2项，其他行政权力2项）

根据省卫健委“八统一”要求对审批事项、审批环节、审批材料、审批时间等进一步梳理精简，方便群众办事。推行公共场所卫生许可告知承诺制、生育登记服务“移动办”、中医诊所备案制管理、医疗机构医师护士电子化注册等一系列创新举措。配合并推进企业商事登记服务证照联办，做到卫生许可审批事项提前介入、主动助跑。

【医疗投资管理】 小额公共资源交易平台管理 2018年，完成小额招投标项目共69个，待完成5个，标后情况良好，无纠纷争议及投诉。在区交管办的监督指导下，2018年工作效率有了一定提高，平台管理工作流程更加严谨，归档资料更为完善，各医疗卫生单位对小额项目也开始进行流程化申请。筹

2018年8月19日，举办“我们是医师”——庆祝首个“中国医师节”主题活动

（区卫生健康局 供稿）

2018 年各区属医院业务情况

表26

单　位	平均开放床位（张）	卫生技术人员（人）	门诊人次（万人次）	出院病人（万人次）	住院总床日（万床日）	平均住院床日（日）	床位使用率（%）	业务收入（亿元）
区第一人民院	826	1056	135.35	4.12	32.82	7.95	109.88	7.05
区第二人民院	310	360	42.17	0.95	10.11	10.73	89.11	1.74
区中医院	374	469	90.38	1.42	9.84	6.91	74.92	2.83
中医骨伤医院	500	469	32.83	1.32	16.06	11.98	89.76	3.48
区妇幼保健院	350	516	66.41	2.24	8.92	4.18	71.46	2.25
区第三人民院	150	112	4.82	0.21	10.15	44.54	185.53	0.33
合　计	2510	2982	371.96	10.26	87.90	8.53	97.47	17.68

措建设资金，完成相关建设项目投融资款。2018 年，完成区一院医疗卫生中心工程 4958 万元，妇保院二期工程 435 万元，中医骨伤医院二期工程 1000 万元，二院病房扩建工程1004万元，二院门急诊楼47万元，中医院整体搬迁工程 2212 万元，医投公司办公楼装修工程 79 万元，共计拨付 9735 万元工程建设款。协助做好相关工程审计工作　配合富阳区妇幼保健院基本完成富阳区妇保院二期扩建及计生指导站迁建工程的审计，配合富阳区人民医院基本完成医疗中心项目的审计，完成医投公司办公楼项目的审计。

【区属医院业务】　各区属医院完成门急诊 371.96 万人次，同比增长 14.65%。其中：区第一人民医院门诊 135.35 万人次，同比增长 12.27%；住院 10.27 万人次，同比增长 20.88%。全年完成医疗业务总收入 16.82 亿元，同比增长 13.81%。

【社区卫生建设】　加强基本建设，新登、渌渚社卫中心顺利启用并完成 12 家中心污水改造工程。开展“美丽社卫中心”建设，新登、湖源、富春、万市、大源获 2018 年度“美丽社卫中心”称号。全区 25 家社区卫生服务中心收入总计 64510 万元，支出总计 59971 万元，收支结余 4539 万元。全区社区卫生服务中心总门（急）诊人次 305.1 万，较 2017 年度增长 26.82%，门（急）诊均费 116.77 元，较 2017 年度增长 5.15%。加强双向转诊，其中提供预约转诊 201801 人次，同比增长 174.99%；下转随访 28492 人次，同比增长 8.14%。

【基本公共卫生服务项目】　2018 年，全区基本公共卫生服务项目年度补助资金达 4376 万元，常住人口人均补助经费达到 59.4 元。加强绩效考核，建立平时考核与年度考核相结合的考核机制，将考核结果与项目经费拨付挂钩，扣除末五位项目经费，并按比例奖励给前五名的单位。截至 2018 年底，共建立居民电子健康档案 655579 份，建档率为 90.38%；管理高血压患者 72322 人，管理率为 43.98%；管理糖尿病患者 17213 人，管理率为 38.25%。开展老年人健康管理，为 5.97 万名 65 岁以上老年人提供了健康体检等服务。加强卫生监督协管规范化建设，25 家中心规范化建设率达到 100%。其他指标也基本达到省、市考核要求。

【家庭医生签约服务】　全区组建家庭医生签约服务团队 201 个，团队成员 832 人，其中签约医生 258 人。实现市民卡插卡签约 23.45 万人，续签率达到 73.27%。共完成 65 岁以上老年人、高血压、糖尿病患者等 10 类重点人群签约 206125 人，重点人群覆盖率达到 78.19 %，比 2018 年上升 4.38 个百分点。加强基层首诊，签约居民基层就诊率达到 66.08%，比 2017 年上升 4.7 个百分点。加强预约转诊服务，全年共完成预约转诊 20.18 万人次，同比增长 174.99%。开展个性化服务，为签约居民建立家庭病床 283 张，比 2017 年增长 56.35%，提供慢性病长处方服务，25家中心共开具慢性病长处方7.97万张。

【行风建设】 2018年，组织召开全区卫生计生系统行风工作会议，累计下发行风管理相关文件（通知）10个。开展自查自纠50余家次，覆盖全区所有公立医疗机构，其中现场督导检查 6 次，约谈12人次，建立起预防、教育、监督、问责四位一体综合惩防体系。构筑“防御”网络。统筹区属单位纪检组织管理，区属各医疗单位配齐纪检监察干部，三甲、二甲医疗单位均配备专职纪检监察人员，社卫中心落实纪检监察分管领导、纪检联系人，明确职责、落实分工，构建了纵向到底横向到边的纪检监察网络格局。强化廉政教育。全系统扎实推进“清廉医院”建设，年底召开清廉医院建设动员大会。加大“九不准”宣传力度，开展医务人员职业道德培训，做好系统内“红包”“回扣”的收缴工作，全年累计收缴金额达100余万元，卫生计生核心价值理念深入人心。加强监督预警。全年以“抓管理、正风气、杀歪风”为切入点，高标准、严要求的领导好、监督好10家区属卫生计生单位以及25家社卫中心的党风廉政建设工作，加大明察暗访、专项巡察、通报曝光、责任追究力度，全年共开展监督检查活动20余次。严格执纪问责。全年，驻局纪检监察组办理党政纪案件立案6件6人，了结5件5人；效能处理14件14人，其中诫勉以上2件2人，其他提醒谈话15人；督促下属单位办理效能投诉件3件3人，均答复满意；对单位中层干部、高风险岗位人员进行一次谈话提醒教育，全年累计干部谈心谈话62次，和被监督单位人员谈话1500余人。

·健康富阳·

【实施“大健康”战略】 成立由区委区政府主要领导任双组长的健康富阳建设领导小组，领导小组下设办公室和七个专项工作组。2018年5月，区委常委会专题调研卫生计生工作，会上朱党其书记明确指出建设健康富阳要突出“大健康”理念，全面实施“大健康”战略，切实让富阳成为健康杭州先行区。2018年健康富阳建设由区考评办列入对健康富阳建设组长单位的年度综合考评。

【宣传阵地建设】 与区级媒体合作，富阳广播电台开设“卫计关爱在身边”“名医话24节气健康”“健康加油站”“人口之声”富阳日报开设“健康360”健康富阳专版、改革开放40周年金刊，富阳电视台开设“健康121”等专题栏目。有效应对流感、登革热、疫苗等公共卫生事件宣传，有力促进卫生监督、健康宣教、人员招聘、中医药、美丽社卫中心建设等工作推进，通过微信公众平台合力开展健康富阳宣传，营造健康生活环境，“富阳卫生”微信公众号发布微信推送文章170余条。全年报送富阳发布发表微信推送文章近40篇，获得2018年度富阳发布优秀二级平台称号。国际家庭医生日，开展优秀家庭医生事迹报道；国际护士节，开展护士风采展播；中国医师节，开展“温暖守护，温馨医靠”系列宣传活动。以庆祝首个中国医师节为契机，隆重举办“我们是医师”文艺晚会，表彰先进，大力弘扬“敬佑生命、救死扶伤、甘于奉献、大爱无疆”的卫生健康崇高精神，营造全社会尊医重卫的良好氛围。继续开展“百场健康知识宣讲进社区进礼堂”活动，利用健康教育讲师团优势资源，开展健康知识巡回宣讲，授课85场。通过知识宣教、活动公告、政策解读、知识竞答等方式大力推广关注度，积极有效传播登革热、慢病防控知识，倡导健康生活方式。完成健康121栏目录制播出40期。继续完善城区LED大屏、楼宇电视、车载电视、健康墙绘等宣传阵地，推进电影下乡健康宣传活动。

【健康教育和健康促进】 制定《富阳区2018年健康教育与健康促进工作项目方案》，落实全区健康教育成员单位及各级各类医疗卫生机构的工作任务。共组织开展“儿童预防接种日”“世界无烟日”等大型户外健康宣教活动10余次，发放宣传资料累计6万余份；在“一报两台”上刊登、播出健教专题（刊）100余期，电视播放宣传片2100条；全区讲师团讲座100余次，24个乡镇、街道实现全覆盖。全年完成创建申报“健康促进”学校36所，包括铜牌26所，金牌3所，银牌7所。其中22所铜牌学校成功通过评审。完成健康主题公园、江滨西大道与鹿山健康游步道修复工作。完成浙江省健康素养调查，素养水平为25.73%。区疾控中心获2018年杭州市基层医务人员基层健康教育技能比武组织奖，楼晓云、葛挺分别获杭州健康教育比武科普文章、PPT一等奖。

【“大健康”工作】 按照“健康浙江”考核指标，把健康融入所有政策，积极推进富阳“大健康”工作。举办2017—2018全国跳绳联赛富阳分站赛、“春江杯”全国青少年校园足球邀请赛等高规则赛事。2022年亚运皮划艇、射击射箭、激流回旋等项目成功落户富阳区，永安山滑翔基地成功入围浙江省运动休闲旅游示范基地。积极开展人均期望寿命、健康素养、重大慢性病过早死亡率、出生人口性别比例监测工作。积极构建健康文化，深入挖掘小城镇历史、文化、产业故事，以传播社会主义核心价值观，传导正能量，系统打造“家在富春江上”特色文化品牌，打造“春江花月夜”省级文化创意街区，龙门古镇入选中央电视台中文国际频道《国宝档案——家在钱塘》系列节目。充分利用全媒体，普及健康生活方式，全面提升居民健康素养。2018年，开展“走读富阳”、“清明祭先烈、走读郁达夫”等系列文化活动，全年开展送文化、送书画、送戏、送书下乡等活动661场，送电影下乡3448场，实现公共文化设施“门常开、人常来、活动常有”。

积极推进医共体建设，做实“双下沉、两提升”工作，深化综合医改，推进医疗卫生领域“最多跑一次”改革全覆盖。8月，富阳区人民政府与浙江省人民医院富阳院区合作签约；11月，富阳区人民政府与浙江省中医药大学、浙江省中医药三方合作签约；杭州市一医院全面托管区二院、杭州市中医院重点托管区中医院；区一院与邵逸夫医院、区妇保院与上海儿童医院及上海国妇婴医院，中医骨伤医院与省中医院、区三院与杭州市七医院合作办医力度进一步加强。建成统一卫生数据平台和网络，全面推行“诊间结算”，开通自助机、支付宝、微信等线上线下支付方式，打造“先看病后付费的智慧医疗云平台”。深化公立医院薪酬制度改革，制定出台《富阳区属公立医院薪酬制度改革实施意见》。建成示范型居家养老服务中心5家，示范型老年食堂6家，医养结合示范型照料中心3家，174个村(社)提供助餐、配送餐服务，新增养老机构床位352张。259家照料中心和属地社区卫生服务中心签订服务协议，签约率达84%，美团骑手互联网送餐的“三员结合”模式得到浙江在线、杭州发布、明珠电视台、富阳发布、富阳日报等各权威媒体竞相报道。成功创建“浙江省食品安全县（市、区）”，乡镇（街道）食安办规范化建设率达100%，星级监管所创建率已达69%。成功建设5家农村家宴放心厨房、22家放心消费示范餐饮单位和25家食品生产名优特食品作坊。将健康富阳建设与“拆”“改”“整”“治”“美”“创”（拆违；旧宅改造；小城镇环境综合整治；五水共治、五废共治；美丽富阳、美丽乡村、美丽庭院；创国卫复评、创国卫乡镇、创省卫乡镇，厕所革命、垃圾革命、创国家食安城市）等中心工作紧密结合，治气治霾、五水共治、五废共治、生活垃圾无害化处理和分类处理等工作持续推进。2018年，全区空气质量指数（AQI）优良率为90.9%，PM2.5浓度为36微克／立方米，比上年下降14.3%。3个省控断面水质和列入杭州市“水十条”地表水考核6个断面水质全部达到Ⅱ类水质。出台《关于印发富阳区健康产业三年行动计划的通知》（富服委办〔2018〕1号），着重推进健康产业项目推进。立足全省健康产业“四个一批”重点培育项目，充分发挥海正药业的产业资源优势和胥口的生态环境资源优势，加快“富春药谷”小镇建设。2018年，重点推进了浙江省人民医院富阳院区、杭州市富阳区第三人民医院迁建、富阳区中医骨髓炎医院新院区等项目建设。致力打造“区级—街道级—基层社区级”三级的医疗卫生设施体系，巩固完善“15分钟医疗卫生服务圈”。制定安全生产“1+X”制度，提高防灾减灾和应急能力，注重健康社会组织培育、职业健康检查等工作的推进。建立健全食品、药品安全综合协调体制机制，健全完善组织机构、夯实食药安全基础，成功创建“浙江省食品安全县（市、区）”。积极推进健康社会建设，以电动车交通违法、货运车辆超速超载、机动车酒驾毒驾等14种严重交通违法行为为整治重点，以交通设施建设、公共交通服务、交通安全建设为抓手，全方位构建舒适便捷安全的立体式融杭交通体系。提升卫生行政执法能力建设，巩固“平安富阳”建设成果。

·卫生保健·

【孕产妇系统管理】 区妇保院每周一、二、三，区第二人民医院每月5日、15日、25日开设高危筛查门诊。区妇保院每周一至周五开设高危专家门诊下基层高危筛查25次，共筛查出A级高危孕产妇3600例，B级高危孕产妇1991例，C级高危孕产妇153例。本地户籍孕24周以上区级高危筛查6622人，筛查率达99.74% 。全年分娩产妇数6639人（本地），活产数6725，住院分娩活产7285人，新法接生率100%，高危孕产妇住院分娩率100%。建围产期保健卡6638，建卡率99.98%。其中孕12周建卡6601例，早孕建册率达99.43%；系统管理数6586例，系管率97.93%。2018年，未发生本地户籍孕产妇死亡。

【妇女保健】 全年妇女病普查72525人，疾病检出率为24.32%。完成了国家级和省级农村妇女宫颈癌检查7507例，乳腺癌检查9912例；区级宫颈癌检查18693例，乳腺癌检查22421例，确诊乳腺癌10例，宫颈癌7例，宫颈癌前病变120例。

【儿童保健】 全区7岁以下儿童应检44023人，建档管理44804人，建档率99.98%。管理44223人，当年管理率98.68%；系统管理44023人，系统管理率98.23%。2018年全年活产婴儿7285人。围产儿死亡17例，围产儿死亡率2.3‰；全年5岁以下儿童死亡18例，5岁以下儿童死亡率2.68‰；婴儿死亡17例，婴儿死亡率2.53‰；新生儿死亡9人，死亡率1.34‰。全区0—3岁疑似残疾儿童监测27029人，检测率99.62%，发现疑似残疾儿童28人，0—3岁儿童疑似残疾发生率10.35/万。全区儿童保健门诊89088人次，查出疾病16847人，总患病率18.91%。其中佝偻病11人，贫血1093人，肺炎492人，腹泻736人，营养不良574人，肥胖756人。全区托幼机构卫生保健工作验收98家，验收率100% ，合格95家，合格率96.9%。集居儿童应检24860人，实检24678人，受检率99.27%。

【干部保健】 2018年，首次将全区机关、事业单位在职及退休人员体检工作规定在本区范围内的公立医疗机构开展，由区卫计局负责具体实施。截至年底共完成体检20385人，体检套餐对40岁以上人群进行肺部CT检查，共发现肺部结节4044人，其中可疑的高危结节为34人。发现甲状腺及乳腺4A以上结节及其他脏器占位等重大疾病共416人。4月底配合区老干部局完成26位副区级以上离退休老干部的健康体检，其中1人胃肠镜检查发现较大息肉直接手术摘除并进行住院治疗。体检后组织专家为老干部面对面反馈，解读报告，指导保健。6月，分三批完成一级保健对象共46人的健康体检工作，1人进行手术治疗。全年共为老干部提供服务561人次。利用家庭医生签约平台，将离退休干部日常健康保健落实到老干部常驻地的社区卫生服务中心。督促签约医生按要求做好保健工作，及时协调处理服务过程中出现的问题。全年共为离退休干部提供上门服务1321人次。巡诊20次，陪诊447人次，其中上海12人次，杭州61人次，住院治疗14人次。骨伤科共接诊上级保健对象44人次。保健站为保健对象及区府大院工作人员提供测血压3975人次，巡诊2324人次，配药2133人次，咨询1329人次。

·计划生育·

【创新帮扶服务模式】 联合区委统战部同心公益服务中心启动实施计生特殊家庭帮扶“同心家园”项目，打造以志愿者为主体参与失独家庭帮扶服务的新模式。出台《富阳区计生特殊家庭“同心家园”关怀服务实施方案》，明晰服务职能、帮扶对象、服务内容以及监督评估机制，开展再生育辅助、心理疏导、法律援助、医疗关怀、保洁服务、困难救助、周末陪伴等7个专业服务项目。截止目前，共帮扶服务失独家庭349户，再生育辅助成功8例，抱养2例，周末陪伴83次，困难帮扶30户，节日慰问215户，心理援助55户，完成微心愿208个，组织100余户家庭集体赴桐庐、G20场馆、龙门古镇等开展春秋游，参与志愿者达500人次。2018年5月29日，联合区心理卫生协会成立家庭心理援助中心，新增2名二级心理咨询师加入计生特殊家庭心理援助骨干队伍，扎实推进失独家庭心理援助和干预工作。6月20日，中计协家庭服务部部长刘秀萍专题调研富阳区计生特殊家庭帮扶服务工作，给予高度肯定。富阳区探索建立“党政主导、协会牵头、公益参与”的计生特殊家庭帮扶模式，获杭州市副市长陈红英批示。

【全面实施青春健康教育】 紧扣“健康浙江”考核中关于青春健康教育课程覆盖率达80%达目标，明确规定各年级段青春健康教育课时和内容。各学校结合实际均开设“成长之道”课程，20余所学校积极探索家长“沟通之道”讲座，联合教育局“青春健康教育课程送教下乡”活动，将青春健康教育从城区延伸到乡村。在24个乡镇（街道）假日爱心学校举办青春健康知识讲座40余场，惠及2万余家庭。联合区教育局建立青春健康教育师资队伍，连续二年邀请中计协青春健康教育专家组组长苗世荣老师培训青春健康教育师资。出台《富阳区青春健康教育师资管理办法》，实行省、市、区三级师资分段量化考核，连续2年考核不合格者不再续聘，对特别优秀的师资予以表彰。至2018年底，全区共有国家、省、市、区四级师资98名，其中国家级1名、省级2名、市级21名，实现全区68所学校师资全覆盖。争取省市区项目资金255万，全力推进青春健康教育基地建设，区职教中心、郁达夫中学分别被评为浙江省青春健康教育示范基地。区实验中学建成首个心理健康基地。

【创建“小镇式”计生协会】 为适应新时期计生服务管理新需求，创新流动人口计生服务模式，区计生协在开发区新建硅谷小镇计划生育协会，服务园区内700多家企业，由开发区负责人担任会长、雄迈等大型企业负责人为副会长，配备专职秘书长。并依托小镇党群服务中心，建立会员之家和杭州市级流动人口示范点，为年轻、高学历的创业人员提供沙龙式、分享式自主服务，建立母婴室，安装二代自动售套机。并建立“硅心佳缘谷”社团，每周五中午有专家轮值，开展婚恋指导联谊、家庭维权等活动，得到小镇青年们一致好评，受到国家、省、市计生协的高度肯定。

【落实计生利导政策】 承接奖扶、特扶、农保补贴三项惠民政策审核和发放职能，通过完善部门信息互通和联审机制，加大上门信息核查力度，实现惠民政策发放“零跑次”，首次与农商银行合作，将发放信息及时通过短信方式告知奖扶特扶对象，准确率和及时率均达100%，通过杭州市奖扶特扶信息核查。全区符合奖扶3581人、特扶478人、农保补贴10405人，发放资金1731.33万元。

【建立保险理赔直付系统】 依托智慧医疗云平台，建立计生保险“理赔直付系统”，实现住院保险理赔免报案、免申请、免资料、无纸化直接赔付。建立镇村二级代办制，让计生家庭足不出户完成投保、理赔服务，实现计生保险领域的“最多跑一次”，不断优化理赔款项，增加大病和重疾等赔付内容。加大宣传力度，将5万余份保险制成小保单送到每户计生家庭手中，面对面做好保险宣传服务工作，赔付率逐年提升，2018年共理赔49例，赔付45.9万元，赔付率达80.16%，为计生家庭提升抵御风险的能力。

【推动服务项目专业化】 成立全区妇产儿科专家组成的专家讲师团，建立“生育关怀—优生优育”大讲堂，为全区偏远乡镇（街道）开展专业讲座10场，惠及1000余人。增印《生育关怀—优生优育知识读本》，通过备孕、孕期、产后、育儿四大主题，为育龄群众提供科学、全面的优生优育知识，受到育龄群众的好评，发放优生优育宣传资料6万余份。联合司法局等部门组成领导小组，出台《富阳区计生家庭法律援助实施方案》，处理技术家庭维权案件10余起。

【计划生育依法行政】 通过公务员网上学法，与局机关党工委联合，提升全体行政人员依法治理的能力与意识。开展卫生计生执法人员行政执法培训。对计划生育行政执法人员进行征收文书制作业务培训。结合卫生计生法治宣传主题日活动，创新法治宣传机制，探索“互联网+法治宣传”模式。2018年征收社会抚养费77例，合计448.4606万元，其中通过法院执行12例，乡镇街道执行65例。

·卫生监督·

【公共场所卫生监督】 全区有各类持卫生许可（登记备案）的管理单位1871家。其中，公共场所经营单位1138家，集中式供水单位4家、二次供水单位12家，涉水产品企业11家，学校97家，医疗机构531家、放射诊疗单位51家、消毒产品生产企业19家、餐饮具集中消毒单位4家，病媒生物预防控制服务单位4家。2018年，共实施行政处罚548起，其中简易程序64起，一般程序484起（其中听证程序29起），罚没款金额151.3万元，涉嫌犯罪移送7起，申请法院强制执行2起，本年度无复议、诉讼案件发生。年度办案情况列省市前列。

【饮用水和涉水产品卫生监督】 开展4家市政供水单位的卫生监管，每季度开展1次监督检查，开展了水源水、出厂水的检测，对其中1家出厂水不合格实施了行政处罚；开展4家市政供水单位25个龙头水每季度的检测和公示；开展全区农村供水设施的巡查和指导；开展4家现制现售饮用水供水点的卫生监管；开展12家二次供水单位的卫生监督和检测，责令整改单位1家；开展涉水产品生产和销售单位的专项检查，检查单位20余家，实施行政处罚1家、罚款2000元，监督采样1家次。

【学校卫生监督】 开展春季、秋季学校卫生检查工作，联合区教育局对全区230余家大中小学校、幼儿园及其分校、分园进行监督监测，实施行政处罚单位共28起；开展中、高考保障，对富阳中学等7所高考考点及富春中学等16所中考考点学校开展专项卫生监督检查；开展课桌椅分配符合率提升试点工作。对辖区内5家试点学校进行现场指导，召开联席会议，明确课桌椅分配管理使用标准及提升目标，试点单位课桌椅分配符合率均有明显提升；开展防近视宣传，通过微信公众号、播放宣传片、发放宣传资料等多种形式开展爱眼日宣传咨询活动；开展学校爱国卫生检查，全年共实施爱国卫生行政处罚3起，罚款金额9000元；强化学校饮用水管理，通过对学校饮用水供水设施检查、水样监测强化学校饮水安全，共实施行政处罚9起，罚款金额10000元。

【医疗机构监督】 开展医疗机构校验工作，共开展现场校验494家，立案查处12家；严厉查处非法行医，全年共查处非法行医30家，罚没金额98.39万元，涉嫌移送7家；开展口腔行业专项整治，全年共检查口腔诊疗机构99家，实施行政处罚20家，其中查处取缔非法口腔诊疗机构3家；开展民营医院、门诊部监督检查，共检查22家，行政处罚10家，罚款金额5.25万元；开展登革热防控检查，全年已检查医疗机构387家，责令改正意见书51份；开展医院污水、医疗废物专项检查全覆盖，查处医院污水违法案件3起，罚款8500元。开展传染病分类监督工作，对58家医疗卫生机构进行传染病分类监督。

·疾病预防控制·

【免疫规划工作】 根据全省统一布置，于3月15日起执行二类疫苗零差价，调整为收取28元预防接种服务费，纳入财政预算管理。为满足人民不断增长的健康需求，4月开展宫颈癌疫苗接种工作，至2018年底接种四价1203针次、九价336针次。根据省中心统一要求，11月起，全区开始实施脊髓灰质炎疫苗第二针使用免费灭活脊灰疫苗的新扩大免疫规划，12月全区开始实施2剂次麻腮风三联疫苗免疫程序，常住儿童五苗全程接种率96.73%，流动儿童五苗全程接种率92.56%。

【传染病疫情】 全区未发生甲类传染病报告。报告乙丙类13种，报告病例1392例，发病率189.94/10万。乙类传染病发病数居前5位的依次是：梅毒、肺结核、淋病、肝炎和痢疾，占总报告发病数的95.54%。全区有4例HIV感染者和2例艾滋病死亡病例报告。处理各类突发公共卫生事件131起，比去年同期上升54.12%，2018年度全区无突发公共卫生事件报告。

【H7N9流感防治】 共采集各类人感染H7N9禽流感外环境标本90份，其中甲型流感通用病毒阳性标本 29 份，阳性率为 32.22%，H5 阳性标本 15 份，阳性率为 16.67%，H7 阳性标本 7 份，阳性率为 7.78%，H7 可疑阳性标本 3 份，阳性样本均来自家禽屠宰加工厂。

【艾滋病防治】 做好艾滋病高危行为干预工作的转型，帮助“杭州市富阳区阳光红丝带服务中心”、“杭州市富阳区牵手红丝带关爱中心”两个社会组织完成民政注册。加大学生人群宣传力度，在区职教中心、杭州科技职业技术学院周边设置学生人群监测哨点，提高学生人群的阳性发现率。完成暗娼、男男等高危人群检测 10877 人次，完成艾滋病个案随访 878 人次。新报告发现 HIV 抗体阳性 44 例，管理 259 名艾滋病感染者 / 病人，在治 241 人，治疗率为 93.05%。

【结核病防治】 继续开展结核病中盖项目三期电子药盒 CRT 项目，共筛查 463 例，正式纳入电子药盒病人 100 人。处理结核病疫情 31 起，筛查密切接触者 1445 人，PPD 强阳性 51 人，已按规范要求进行处理。全年共登记结核病 423 例，新发现活动性肺结核病人 302 例，结核性胸膜炎 64 例，肺外结核 57 例，其中新登记病原学阳性病人 162 例。疑似病人追踪率 100%（581/581），到位率为 98.11%（570/581）。

【慢性病防治】 全区共计出生报卡 7880 例，死亡 4012 例，报告糖尿病 4090 例，肿瘤 3032 例，心、脑血管病急性事件 2908 例，伤害病例 13501 例。35 岁门诊首诊测压率达 99.13%，开展青少年健康危险因素、健康素养、双生子队列等专项调查工作。

【地方病防治】 组织开展春季查螺工作，开展领导干部“查螺日”活动，区卫计局、街道办事处相关领导参加现场查螺活动，完成查螺面积 14.27 万平方米。参加“2018 杭—衢山海协作血吸虫病查灭螺技能竞赛”，1 人荣获三等奖。

疟疾：共完成“三热”病人血检 656 人，发现一例疟原虫阳性者。6 月 16 日富阳区第一人民医院报告一例现住址为富阳的境外输入恶性疟病例，经住院治疗恢复健康。

碘缺乏病：食用盐批发场所检测盐样 27 份，合格 27 份，合格率 100%。对大源、洞桥、场口、高桥、鹿山 5 个乡镇 / 街道小学生碘缺乏病病情监测共采集 8—10 岁学生盐碘和尿碘各 212 份，孕妇碘缺乏病病情监测共采集孕早、中、晚期妇女碘盐和尿碘各 35 份，共计 105 份，对东洲、永昌、灵桥、受降、富春 5 个乡镇 / 街道 8—10 周岁 210 名非住校学生进行甲状腺 B 超检查。

地氟病：开展湖源厅基塔坞两村开展水源氟化物监测，共采集水样 5 份，对 2 个自然村 8—12 岁的 1 名儿童进行氟斑牙检查，未发现异常。

全年未有布氏病病例报告。

【生活饮用水监测】 根据省中心任务要求，对 12 份市政供水和 98 份农村饮用水进行网络直报工作。其中市政供水全部合格，农村饮用水合格率 80.61%，主要不合格项目是细菌总数、总大肠菌群、大肠埃希式菌、肉眼可见物、浑浊度、锰、pH 及游离余氯 8 个指标。

【精神卫生】 全区形成“政府主导、卫计实施、部门配合、齐抓共管”的精神卫生综合管理模式。建立健全“区、乡镇（街道）、村（社区）”三级管理网络，对严重精神障碍患者实行精准分类管理，做到应治尽治、应收尽收、应管尽管。建立部门联动机制，开展精神障碍患者网格化排查，复核诊断疑似精神障碍患者 106 例，联动处置 14 例。二级以上医疗机构严重精神障碍患者共发病报告 144 例。全年集中基层精神卫生管理人员 1000 余人次，开展基层督导 106 次。精神障碍患者救助政策进一步落实，全年救助资金达 350 万元，实行严重精神障碍患者监护责任以奖代补和保险政策，发放奖励资金 110.1 万元，保险保障金额达 900 万元；400 多名精神障碍患者由乡镇工疗站托管照料。心理健康促进工作进一步加强。富阳心理咨询工作室设立富阳区社会心理指导服务中心和计划生育家庭心理援助中心，与浙江中医药大学护理学院共建心理教育和志愿服务基地。全年面对面、电话心理咨询 2854 人次。开展心理健康讲座、义诊活动 60 余场次，宣教人数达8000余人。与检察院、公安局、民政局等单位协作，对计划生育失独家庭成员、未成年人犯罪嫌疑人（受害人）、戒毒人员、拟离婚人员等特殊人群实施心理干预，收到良好的社会效果。截至年底，全区登记在册精神障碍患者3781人，其中：严重精神障碍患者3503人，重性检出率为4.76‰，严重精神障碍患者管理率97.52%，规范管理率为97.26%，治疗率为78.10%。全年未发生精神障碍患者重大肇事肇祸案件。区三院全年门、急诊4.8万人次，同比增长9.46%。

·爱国卫生·

【城乡爱国卫生】 截至2018年底，永昌、万市通过省级技术评估，新桐完成国家卫生镇创建工作省级暗访整改反馈工作进入省级技术评估（明察）迎检阶段。龙门、湖源、场口、新登、环山、胥口、里山创建国家卫生镇工作全面进入省级暗访迎检阶段。春建、渌渚、大源、灵桥、渔山、上官、常绿、常安等8个乡镇成功创建成为浙江省卫生镇（乡），实现省级卫生乡镇满堂红。列入小城镇环境综合整治的乡镇、街道积极巩固创卫成果，未发生卫生滑坡现象。

【农村饮用水监测】 继续推进农村改水改厕工作。及时做好改水工程现场质量指导，按时完成常绿双溪村农村水站提升改造工程和常安安禾村管网延伸工程，改善群众用水条件。共投入资金500万元，受益群众1358户3786人。区水利水电局完成洞桥三溪村等10个行政村的农村自备供水工程建设，改善农村供水人口1.5万人。

【农村改水改厕】 积极有效开展粪便无害化处理效果检测，及时上报改水改厕报表。根据杭州市爱国卫生任务书要求，将改厕任务分解至各乡镇、街道，重点开展新建房农户无害化卫生厕所改造和农村公厕改造工作。2018年完成新改建无害化户厕475座，均为预制式三格化粪池，完成二次改厕189座的改厕任务。

·医政管理·

【院前医疗急救】 成立院前医疗急救提升民生实事工作推进领导小组，制定项目实施方案，明确责任主体、实施步骤和工作要求；相关责任单位分别制定实施细则和工作计划，明确时间节点，落实工作责任，确保项目有序推进。在工作推进过程中，领导小组通过建立项目进度月报告制和项目实施月督查制，全面掌握各单位项目推进具体情况，客观分析存在的问题和困难，并及时予以协调解决。院前医疗急救网络进一步完善。全区院前医疗急救站点增加至10个，各急救站点平均急救服务半径进一步缩短，城镇服务区缩短至5千米以内，乡村服务区不超过15千米，城区平均急救反应时间小于12分钟，院前急救效率明显提升。院前急救运行经费从2017年的380万元提高至2018年的570万元，财政保障得到有效加强。院前医疗急救能力进一步提升。院前急救各类相关信息与区急救指挥中心的急救调度指挥系统及区创伤中心、胸痛中心院内信息系统实现无缝对接，提高了院前急救的及时性和精准性。救护车配置标准进一步提高，全区救护车辆总数达到23辆，实现常住人口每4.5万人1辆救护车的配置水平，其中高性能救护车辆比例达40%以上。全区人员密集公共场所投放AED达30台，基本实现全覆盖。对标《杭州市深化院前医疗急救体系建设三年行动计划（2018—2020年）》，2018年底全区提前完成改造提升8个急救站点、新增2个急救点这项工作，走在杭州地区前列。

【医疗保障和体检任务】 成立由局分管领导任组长的高校招生体检和征兵体检专项工作领导小组，负责工作的统筹协调。抽调医务骨干110名，其中高级职称人员48名，占比43.6%，既往有体检工作经验的78人，占比70.9%，共计体检高考适龄学生4966人次，征兵体检适龄青年3943人次。2018年承担百花大会、铁人三项赛事、秦望拆迁等各级各类指令医疗保障任务42次，共派出医务人员236人次。

【城市大脑】 2018年12月28日，杭州城市大脑卫健系统“舒心就医”板块在富阳区率先上线。通过融合钱江分信用体系，进一步扩大受益人群，推出“先看病后付费”2.0版——“钱江分先看病后付费”。初始授信额度从原来的300元提高到500元，平均额度700元，最高额度5000元，基本解决因信用额度不够引起的多次付费，实现就医付费的“最多付一次”。同时，在富阳区工作或生活的“新富阳人”也可凭钱江分在该区公立医疗机构享受先看病后付费服务。

【安全生产管理】 建立全区卫生计生系统安全生产监管花名册，重新梳理区卫计局直接监管名单和属地乡镇（街道）监管范围。2018年首次将属地安全生产工作纳入平安考核范围之内，每月对乡镇开展量化考核评分，继续完善全区卫计系统安全生产管理体系。每季度对局属直管单位进行安全生产检查常规检查和季度例会，分析研判系统安全生产形势。截至目前共计检查安全生产工作68家次，发现安全隐患126个，完成隐患整改126个。

·中医中药·

【概况】 制定《富阳区中医药学会学术会议管理相关规定》，明确学术会议的申报流程及报销范围，学会学术会议工作开展有章可循。加强中医药文化宣传，利用各种传播媒体普及中医药文化知识，电视台健康121栏目“春、夏、秋、冬四季养生”健康讲座，广播电台“24节气话养生”节目。开展科普“进学校、进社区、进农村、进老年大学”活动，举办各类中医科普专题讲座10余次，听课人数近300余人，发放宣传资料500余份。内容涉及中医内、外、妇、儿、骨伤疾病的预防诊治、护理知识、中医文化等。举办各类继续教育培训，其中国家级继续教育1期，省级继续教育1期，市级继续教育12期，专业学组培训5期，为广大中医药人员提供了继续教育学习平台。全面对标《全国基层中医药工作先进单位建设标准》，深化中医药改革，推进基层中医化，中医基层化，构建中医药服务全覆盖、城乡统筹协调发展的基层中医药服务体系。全区中医药保障力度进一步加强，中医“三名”工程进一步推进，中医人才队伍建设进一步强化，中医药健康服务进一步普及，通过全国基层中医药先进单位复评。富阳中医骨伤医院名誉院长张玉柱获得第二批浙江省“国医名师”称号。近10余名专家当选为省、市中医药学会各分会委员会副主任委员、委员等学术职务。根据浙江省中医药管理局《关于组织申报浙江省中医药传承与创新“十百千”人才工程（杏林工程）省级基层名中医培养项目的通知》，优秀中青年中医师林海燕和鲍荣华推荐为浙江省基层名中医培养对象。

【区中医院】 新开设十四病区（肾内科、神经内科），开放床位44张。健康管理中心搬迁至病房大楼4楼，面积扩大近6倍，总面积达1793平方米，分综合体检区、女性项目体检区、中医体检区、体检住宿区、自助餐厅区、休息区等功能单元。中药房开展中药饮片代煎、免费配送服务。引进肾内科、ICU、神经内科、神经外科等专业副高及以上人才4名，新招聘硕士研究生、紧缺专业本科毕业生各9名。各级学科积极申报科研课题，目前在研项目22项，新立项课题9项。结题验收3项。发表SCI论文4篇，中华非论著论文1篇。杭州市重点学科消化内科与浙江省中医院合作成立博士站，中医儿科与杭州市红十字会医院合作成立邵征洋名中医工作室。区重点学科中医妇科与杭州市中医院合作成立章勤省级名中医工作室。杭州市中医名科、区重点学科针推康复科被设为富阳区残疾人康复训练指导中心。做好中医药质控富阳模式。开展全区中医防流感培训1期。组织医务和护理岗位大练兵大比武6次。2018年，开展适宜技术下乡义诊19次，开展健康大讲堂17次，入社区开展中医健康教育12次，参加电视台121健康宣教3期，参加广播电视台名医话节气养生栏目8期，录制健康360健康节目10期。做好中医药质控富阳模式。开展全区性中医防流感培训1期。积极开展中医临床电子路径管理。组织中医药适宜技术视频会议及培训班10期。帮扶上官等12家社卫中心开展中医药特色服务，使其中医药服务人次同比明显提升；推广中医适宜技术下乡义诊19次。指导并协助20家社卫中心开展“冬病夏治”。做好省皮肤病专科联盟（皮肤病诊疗中心富阳分中心）、省中医妇科专科联盟、省中西医结合肾脏病专科联盟、省中西医结合医联体成员单位等合作工作。先后选派儿科、消化内科5位专家赴宣恩帮扶，选派心血管科、康复科、骨伤科、中药房、护理部等6位专家赴锦屏挂职锻炼，并接收两地5位医生到院进修。

【中医骨伤医院】 2018年，医院业务收入3.988亿元，门诊人次328284人次，出院人次13220人次。科教管理方面，医院顺利通过浙江中医药大学非直属附属医院建设管理考核，省中医药重点学科 “中西医结合骨伤科学”、“十二五”建设项目通过验收，“十三五”建设项目获得立项；课题立项厅局级2项，杭州市级4项；课题验收杭州市级2项，富阳区级1项；获国家发明专利1项；完成继教项目9项，其中国家级1项，省级4项，市级4项。提升护理质量，新开展10项中医护理操作，成为“杭州市首期中医护理优才培训班”授课单位。完成信息机房、新服务器及存储、安全设备、住院电子病历、住院一站式服务等10个项目，医院信息化建设提升显著。完成教学大楼、学生宿舍不动产登记；完成一期工程预审计土建造价咨询报告；基本完成医院一期病房的设计、预算财政审核、招投标工作，完成急诊、一东病区临时装修；完成安雅堂整改并开设中医门诊。做好等级医院评审工作，制定《等级医院评审实施方案》，于11月底顺利通过卫计局组织的省中评审组预评。医院中药房获浙江省巾帼文明示范岗荣誉称号。

·医教科研·

【概况】 区医师护士协会全年完成医师执业注册1045人次，护士注册1462人次，盲人从事医疗按摩备案28人，美容主诊医师备案7人，组织完成2018年医师资格考试申报318人。组织开展评选富阳区卫计系统“三十佳”，廖乐明、陈志云、凌华萍、张绍塘、杨群政、唐炎良、方淑英 、章建华 、华浩水、金新文被评为“十佳医生”；陆新颜、何静、邵卫红、胡玲丽 、史燕、秦丹霞、包英华 、邱玲华、何碧云、金晓英被评为“十佳护士”；何方成、陈生祥、李明、张现强、王平华、周飞、金林、李建兰、施华平、于群英被评为“十佳家庭医生”；唐卫东、方海星、李国伟、楼银妹、马敏俊、韩舞群、朱云花、陈金洪、刘丹丹被评为“德艺双馨医卫工作者”。

【技能比武】 举办区临床医疗急救技能竞赛、中医药适宜技术比武、综合案例站点式护理技能竞赛、社区家庭医生技能竞赛、区医疗质控编码员技能竞赛等五项总工会立项比武内容。分别获得技术能手称号15人，经济技术创新荣誉称号25人，职业技能带头人称号3人。在杭州市技能竞赛项目中，区一院护理组荣获杭州市护理竞赛团体二等奖；俞佳佳、王洁、胡丽燕、邵方平等分别获得单项三等奖；区一院护理组获得杭州市护理质量改进成果交流与评比二等奖；宋静荣获护理人员“说课比赛”三等奖、浙江省蔚蓝丝带天使行动技能大赛三等奖；王洁、俞佳佳、胡丽燕、邵方平获杭州市职工经济创新技术创新能手称号；章琴获得杭州市医院药师技能赛优胜奖；区二院获得杭州市职业技能竞赛团体二等奖，其中叶涛获得单项二等奖；区中医院刘英获第三届“桐君堂”杯中药材鉴别真伪全国大赛实物鉴定优胜奖。

【学术活动】 组织完成全区继续医学教育项目35项（其中国家级1项、省级12项、市级22项），并组织申报2019年度继续医学教育项目85项（其中国家级4项、省级40项、杭州市级41项），同比增长30%以上。完成中高级继续医学教育、住院医师规范化培训和全科医师、家庭医生专题培训各项工作。全年组织进行中高级学分审验及外省市学分审验632人次，通过629人次，通过率高达99%。3万余人次参加了不同层次教育培训，其中中级职称以上的占5000余人次。 （李　洋）

【编　辑　董江军】

体　育

·综述·

【概况】 全年，组织群众参加上级体育竞赛活动28次，举办区级体育竞赛活动23次，联络指导全区各类体育协会及乡镇街道组织开展群体赛事活动150余项次，参与群众6.6万余人。主要赛事活动有“新春杯”社区健身联谊赛、迎“三八”女子健身赛、庆“五一”登山比赛、全民健身拔河比赛、全民健身足球比赛、“全民健身日”系列活动、第五届“常绿杯”百村篮球赛等。结合推行富阳区工间操制度工作，组织开展富阳区第九套广播体操、健身气功社会体育指导员的培训和展示赛。组织开展区全民健身太极项目风采展示活动，普及推广中国传统体育文化。组织富阳区代表队参加浙江省系列国际武术（传统）比赛、浙江省第二届女子体育节、浙江省全民健身群体比赛、杭州市第二届体育大会、杭州市第十届健身气功比赛，配合杭州市局做好送体下乡“健身啦啦操”普及推广培训活动。协助富春街道、东洲街道、鹿山街道、银湖街道、新登镇、场口镇、万市镇、大源镇、上官乡、龙门镇、渔山乡等乡镇街道开展好省级体育创强（复评）工作。全区参加体育健身活动的人数占总人口的42.4%以上，人均公共体育场地面积为2.14平方米，国民体质测试人员合格率达到93.0%。

【2018富春江运动节】 2018富春江运动节以“拥抱富春江、拥抱大都市、拥抱新时代”为活动主题，共安排品牌赛事、品牌节庆、群众体育等活动53项，活动内容包括2017—2018全国跳绳联赛富阳分站赛、全国拔河新星系列赛（富阳站）、第二届环富阳骑游大会暨环浙自行车嘉年华、中美国际男篮对抗赛、永安山滑翔伞飞行嘉年华暨首届浙江省滑翔伞俱乐部对抗赛、全国铁人三项邀请赛等品牌赛事，“公望富春”文化节暨第一届“乡村百花大会”、杭州茶博会闭幕式暨富阳安顶云雾茶文化节、龙门庙会暨龙门古镇民俗风情节、周雄孝文化节等品牌节庆，以及“常绿杯”百村篮球赛等群众体育活动等品牌节庆与群众体育活动。此次富春江运动节是富阳区连续第12年举办，也为下一步富阳承办2022年亚运会有关项目奠定基础。

【2017—2018年全国跳绳联赛杭州富阳站比赛暨2018年富阳富春江运动节开幕式】 5月19—21日，由国家体育总局社会体育指导中心、中国大学生体育协会、中国中学生体育协会、富阳区人民政府主办，全国跳绳运动推广中心、富阳区旅游体育局、富阳区教育局、场口镇人民政府承办的“德育龙杯”2017—2018年全国跳绳联赛杭州富阳站比赛暨2018年富阳富春江运动节开幕式在富阳区体育中心举行，共有来自13个省（市、自治区）的50余支队伍的830余名运动员参与角逐。最终场口镇小、场口镇幼共夺得49金、25银的好成绩，同时获得体育道德风尚奖、最佳人气奖和最佳组织奖。7月，场口镇小花样跳绳队8名运动员赴美国参加跳绳世界杯赛，获得11金8银3铜的好成绩。

【全国拔河新星系列赛（富阳站）】 6月23日，由国家体育总局社会体育指导中心、中国拔河协会和富阳区人民政府主办，区旅游体育局和环山乡人民政府承办的“环山杯”2018全国拔河新星系列赛暨2018年健康浙江富阳区全民健身拔河比赛在杭州市富阳区体育馆举行。23支代表队参加了角逐，上千人观看了比赛。此次比赛共设14个分站赛和1个总决赛，杭州富阳站为2018年系列赛的第6站。

【第二届环富阳骑游大会暨环浙自行车嘉年华】 9月16日，由富阳区旅游体育局、富阳区台办、共青团富阳区委员会主办的2018第二届环富阳骑游大会暨环浙自行车嘉年华富阳站在东吴文化公园举行。活动以“骑游富春山居，共叙两岸情谊”为主题，共设置2个组别，全程组160千米，半程组80千米，有1000余名运动员参加，其中有来自台湾的20名骑友。同时，主会场还设有萌娃表演和中国首届全国智能体育大赛分站赛。

【中美国际篮球对抗赛】 10月11日，由富阳区人民政府、浙江省体育竞赛中心主办，区旅游体育局承办的中美国际篮球对抗赛在区体育中心举行，参赛球队为浙江广厦控股职业男子篮球队VS美国洛杉矶金海岸职业男子篮球队，最终美国队以微弱优势取胜。

【永安山滑翔伞飞行嘉年华暨全国滑翔伞定点联赛】 10月22日—23日，由浙江省航空运动协会主办、杭州市富阳区人民政府与锦绣富春集团共同承办的2018年永安山滑翔伞飞行嘉年华暨首届浙江省滑翔伞俱乐部对抗赛在常安镇永安山中国滑翔伞训练基地举行，此次活动由浙江省具备滑翔伞B级及以上飞行证书的运动员自由组队参赛，共有10支队伍50名运动员参加。

【全国铁人三项邀请赛】 11月11日，由富阳区人民政府主办，区旅游体育局承办，上海大铁体育文化发展有限公司运营执行的“2018杭州富阳全国铁人三项邀请赛”在富春江畔的铁三广场举行，富阳区委常委、区政府党组成员裘富水等领导参加，这是继2014年以来第五次在富阳举办的全国铁人三项赛事，人民日报、CCTV5、新华社、中国体育报等全国和省市近百家媒体进行了跟踪报道。本次比赛共设有奥林匹克全程个人组、半程奥运距离个人组、奥林匹克距离接力和骑跑两项赛四个距离组别。比赛吸引了20个国家和地区的50余家运动俱乐部团队近600名选手参加，其中外籍选手69人。

·群众体育·

【体育创强】 2018年，富阳区创建省“四提升四覆盖”工程，同时创建的乡镇街道有富春街道、春江街道、东洲街道、鹿山街道、新登镇、场口镇6个。春江街道、新桐乡、春建乡、里山镇、环山乡、湖源乡、渌渚镇筹备申报省级体育特色乡镇，力争在“十三五”期间此项创建工作达到全覆盖。联络指导职工体育、老年体育、幼儿体育相关创建工作。

【富阳区“胥口杯”女子健身赛】 3月5—6日，由富阳区旅游体育局、富阳区妇联、富阳区体育总会主办，富阳区胥口镇承办的2018年富阳区“胥口杯”女子健身赛在富阳区体育中心举行。此次活动共有来自乡镇街道、机关企事业单位的58支代表队1100余名运动员参加了计时跳绳、趣味定点投篮、飞镖、保龄球4个项目的健身赛。

【富阳区“工间操”培训工作】 3月22—23日，富阳区“第九套广播体操”和“健身气功”培训在区体育中心篮球馆举行，来自全区乡镇街道、机关企事业单位的450余名文体骨干参加。

【富阳区“东虹房产杯”气排球比赛】 4月21—22日，由富阳区旅游体育局、富阳区体育总会主办，富阳区富春街道办事处、富阳区气排球协会承办的2018年富阳区“东虹房产杯”气排球比赛在区体育中心篮球馆举行。本次比赛共有来自乡镇街道、机关企事业单位的26支代表队300余名运动员参加。

【富阳区全民健身“里山杯”庆五一登山比赛】 4月25日，2018年富阳区全民健身“里山杯”庆五一登山比赛在里山镇安顶山古道举行。来自全区乡镇街道、机关企事业单位的46支代表队450余名运动员参加了本次赛事。

【富阳区全民健身太极项目风采展示】 5月25日上午，富阳区全民健身太极项目风采展示活动在秦望广场举行。来自全区乡镇街道的2200余名太极爱好者们一起向市民朋友展示了24个太极拳（械）项目的健身演练活动。

【富阳区“疾控杯”广播操比赛】　6月26日，富阳区“疾控杯”第九套广播体操展示赛在区体育中心篮球馆举行。来自全区乡镇街道、机关企事业的45支代表队750余名运动员参加了本次展示赛活动。

【富阳区第五届百村篮球赛】　8月5—31日，由富阳区旅游体育局、富阳区体育总会主办，富阳区常绿镇承办的富阳区“常绿杯”第五届百村篮球赛在全区24个乡镇街道有序举行。本次比赛共有全区72支代表队，1500余名运动员和裁判人员参加，历时26天164场赛事，12个村级赛场，规模创历史之最。比赛共吸引观众逾22万人次，逾5万人次通过直播收看比赛，信息阅读转载超10万人次。经过激烈的角逐，东洲村队、黄弹村队、灵桥村队、太平村队、大章村队、黄公望村队、勤乐村队、华丰村队分获前8名。

【富阳区“全民健身日”活动】　2018年8月8日是中国“第十个全民健身日”，当天上午，在富阳区体育中心举行了“全民健身迎亚运　健康赢未来”为主题的全民健身日活动启动仪式。活动内容主要有各类全民健身活动展示、全民科学健身体验赛、工间操展示赛、国民体质测试、体育法治宣传、场馆公益性开放等，2500余名市民运动员参加。

【富阳区“灵桥杯”乒乓球比赛】　9月12—15日，2018年富阳区“灵桥杯”乒乓球比赛在区体育中心篮球馆举行，全区65支代表队440余名运动员参加。

【国民体质监测】　完成国民体质监测任务，全年开展国民体质监测任务（样本）3150名。监测结果为：20—59周岁人群中优秀率16.03%，良好率34.28%，合格率45.66%，不合格率4.03%。60—69周岁人群中，优秀率5.77%，良好率26.06%，合格率65.27%，不合格率2.9%。

【社会体育队伍培养】　举办篮球、足球、门球、气排球、柔力球、武术等三级裁判员培训，参训105人。举办健身气功、第九套广播体操、太极拳、啦啦健身操培训，参训820人。5月，举办城市基层体育工作星级评选培训班，参训150余人。7月，举办富阳区二、三级社会体育指导员培训，参训345人。组织各乡镇街道230余名排舞爱好者举办排舞三级社会体育指导员培训。组织体育业务骨干35人分别参加省体育创强（复评）业务培训和杭州市城市基层体育联络员培训。组织75名骨干参加全民健身活动导引功、武术太极、健身排舞等项目的培训。

【体育行政执法】　做好体育行政权力清单工作。全年依法有序开展经营高危险性体育项目行政许可工作。2018年，全区共有22家游泳场所、1家攀岩场所（企业、个体工商户）拿到经营高危险性体育项目许可证。培训合格救生员147人，会同区相关部门体育市场执法20余次；组织人员参加杭州市局高危性体育经营项目管理和经营高危性体育项目许可培训工作。此外，还开展体育执法检查87次，检查各类体育经营场所300余家次。

【老年体育】　老年体协全年组织各级太极拳、地掷球、气排球、健身球操、兜球、柔力球、广场舞以及象棋、乒乓球等培训、竞赛、参训活动67项次，参赛7200余人次。围绕第九届老年运动会，除运动会13个竞赛项目外，还组织开展健身球操、长绸柔力球、地掷球、可乐球等单项竞赛和展示活动6项次4482人次。8月8日，长绸柔力球健身套路“五星红旗”集体展示在秦望广场举行，来自全区10个乡镇（街道）的17个村和城区8个辅导站共550余名老年朋友参加。太极拳（械）俱乐部组织2次大型展示活动，现场人数分别达到1683人和1811人，参展规模创新高。

全年参加杭州市及以上老年体协主办的赛事活动共计23项次，其中杭州市17项次，浙江省1项次，省际交流1项次。柔力球竞技队赴北京参赛，荣获乙组团体第二名，男、女个人技巧赛第二、四名。可乐球队赴安徽铜陵参加全国可乐球赛，邀请赛获团体第四名。兜球队赴余姚参赛并首夺全省兜球团体冠军。选派7人参加全国健身球操和柔力球套路、竞技等4项培训。9月，蒋欢儿被中国老年体协批准成为国家级健身球操裁判员。

富阳区老年体育协会被评为2011—2017年度浙江省老年体育工作先进协会，王洪琪、柏际忠、王丽津、蒋欢儿被评为2011—2017年度浙江省老年体育工作先进工作者。王洪琪、柏际忠还被评为2011—2016年度全国老年体育工作先进个人，分获贡献奖和荣誉奖。

·学校体育·

【运动员库】 2018年，富阳区在库运动员注册450名，主要分布在乒乓球、篮球、田径、武术、羽毛球、中国象棋、国际跳棋、举重、摔跤、柔道、跆拳道、散打、拳击、击剑、射击、足球、游泳、水上体育等18个项目。其中在省体育专业队训练的富阳运动员有15人，在杭州市级体育训练单位有55人。

【第18届印尼雅加达亚运会富阳籍运动员成绩斐然】 2018年 8月18日—9月20日，第18届印尼雅加达亚运会举行。富阳籍运动员戚昕舣、徐臧军、李晨男、王吉宏4人代表中国参加。其中，戚昕舣获得武术女子全能金牌，徐臧军获得男子470级帆船银牌，是富阳区参加亚运会以来人数最多、取得成绩最佳的一届。

【区本级学生比赛】 2018年全年举办各级各类比赛8次：富阳区小学生（幼儿）三棋比赛、富阳区第九届青少年模型锦标赛、第47届富阳区中小学田径运动会、富阳区中小学篮球比赛、富阳区中小学乒乓球比赛、富阳区中小学足球比赛、富阳区少年儿童羽毛球比赛、富阳区中学生健美操比赛。

【体育传统项目学校】 2018年，重新布局了区级体育传统项目学校23所，申报创建省级阳光体育后备人才传统项目学校3所（实验小学、郁达夫中学、春江中心小学），申报创建杭州市级体育传统项目学校7所。富阳区青少年业余体校乒乓球项目申报创建为杭州市级“市队联办”基地，富春三小申报创建为杭州市“体教结合”基地。全年开展篮球、足球、举重、摔跤、击剑、武术、田径、跆拳道、网球、羽毛球等项目的业余训练，承担着向杭州及以上各级体育学校输送苗子的任务。

【组织参加市级以上赛事】 2018年，全区组织参加杭州市级田径、射击、击剑、乒乓球、举重、游泳、篮球、排球、散打、柔道、摔跤等竞赛活动11个大项，共获金牌18枚，银牌8枚，铜牌11枚，团体第一名1个，第二名2个。浙江省第16届运动会上，富阳籍运动员代表杭州市，获得乒乓球2金1银，武术套路2金，皮划艇2金，拳击1金，柔道2金，田径2金2银，另外多人参加女子篮球和足球项目比赛并获得团体冠军。吴思俊获得省乒乓球积分赛第一站金牌，赵俊伟获得省乒乓球积分赛2010组别第二站、第三站冠军。徐焕获得全国青少年柔道锦标赛U18男子-73千克第二名。2018年全区获得杭州市级以上体育比赛奖牌77枚，其中金牌 41枚，银牌27枚，铜牌9枚。

【体育苗子输送】 2018年，向杭州市输送体育苗子35名，向浙江省运动队输送男子全能运动员华梓惠、女子中长跑运动员徐辉、女子乒乓球运动员吴思俊。

·体育设施·

【富阳区体育中心老年健身中心建成使用】 由区政府投资2000万元兴建的 “富阳区体育中心老年健身中心” 经过两年的施工已于2018年11月28日正式启用。老年健身中心位于区体育中心内，建筑面积（四层）5610平方米，老年体协使用3层：二楼建6片气排球（柔力球竞技）场，三楼建4片地掷球场（兜球），四楼为3个训练室、1个会议室，还建有小会议室、办公室、更衣室、开水房、卫生间等辅助设施一应俱全。富阳区老年健身中心由体育中心管理，各楼层由老年体协配合管理。为了科学、规范、有序、安全使用场馆，先后制定了《富阳区体育中心老年健身中心管理职责》《富阳区体育中心老年健身中心楼层负责人工作职责》《富阳区体育中心老年健身中心健身管理制度》等规章制度。

管理单位明文规定了早、中、晚三个时段的开放时间。健身大楼投入使用，为全民健身开启了新的征程，有利于提高训练质量，助推全区老年体育全面发展。

【全民健身提升工程】 2018年，布建富阳区第十五轮全民健身提升工程建设项目8个（健身公园、室内体育场）：富春街道方家井村，鹿山街道汤家埠村、三合村，渔山乡渔山村，新登镇南津村、双庙村、上山村，万市镇何家村。杭州市级全民健身公园2个（东洲街道紫铜村、灵桥镇光明村），室内笼式足球场1个（永隆足球俱乐部7号球场），社区多功能运动场1个（富春街道江滨社区），省中心村体育休闲公园1个（常绿镇大章村篮球公园）。省级体育小康村提升工程25个。

【学校体育场地面向社会开放】 2018年，根据杭州市为民办实事工作要求，永昌镇中心小学、上官乡中心小学、场口镇中心小学、常安镇中心小学、富阳中学、富阳市二中、富春三中、实验小学（鹳山校区）、富春二小、富春四小、富春七小、大源镇中心小学、万市镇中心小学、洞桥镇中心小学、新登镇贤明小学15所学校落实面向市民有序开放室外体育场工作。

【亚运场馆建设】 明确2022年亚运会富阳场馆及设施建设任务，赛艇、皮划艇、射击、射箭、现代五项和篮球6个大项在富阳区举行，预计将产生80多枚金牌。富阳将新建3个场馆，改造提升1个场馆。新建射击射箭馆，位于银湖街道，举办射击、射箭、现代五项运动项目；新建水上运动中心和皮划艇激流回旋场地，位于东洲街道北支江，举办皮划艇、赛艇等水上项目；改造提升富阳区体育中心体育馆，举办篮球项目。

·体育产业·

【产业发展】 以“减压”为主题的文化运动休闲综合体——杭州大隐运动空间入户富阳，拥有1万多平方米的场馆，以健身运动、文化活动为主题的高端休闲娱乐中心，也是富阳目前最大的室内休闲娱乐场馆。体育产品在国际舞台上站稳脚跟，飞鹰船艇公司的“无敌”牌赛艇、祥瑞公司的“祥瑞”龙舟分别是2018雅加达亚运会中标产品。“祥瑞”龙舟积极打造国内首创及首家“龙舟博物馆”，来推动龙舟运动、龙舟文化热潮，同时结合AAAA级景区建立龙舟体验基地，成立赛事运营团队，广泛参与国际国内大型体育赛事的策划及运营，积极推广龙舟文化。

【体育彩票】 2018年，全区共有体育彩票销售网店100家，销售收入达3.4亿元，同比增长1.8亿元，增幅达120%，销量在杭州各县（市、区）前列。

（夏　晨）

【编　辑　董江军】

社会生活

·人民生活·

【城镇居民生活】 2018年，据城乡住户一体化调查资料显示，城镇常住居民人均可支配收入为55985元，同比增加4575元，增长8.9%。城镇居民人均工资性收入31411元，增长7.4%。人均经营净收入14920元，增长4.3%。人均财产净收入6017元，增长27.0%。人均转移净收入3637元，增长16.8%。

城镇常住居民人均生活消费支出34821元，同比增加2964元，增长9.3%。在八大类消费支出中，人均食品烟酒类消费支出9100元，增长9.2%。人均衣着类消费支出3124元，增长15.9%。人均居住类消费支出为7275元，增长4.5%。人均生活用品及服务类消费支出2226元，增长10.2%。人均交通通信类消费支出5296元，增长31%。人均教育文化娱乐类消费支出4357元，下降0.4%。人均医疗保健类消费支出2436元，下降2.6%。人均其他用品和服务类消费支出1007元，增长8.6%。

【农村居民生活】 2018年，据城乡住户一体化调查资料显示，农村常住居民人均可支配收入32448元，同比增加2761元，增长9.3%。农村居民人均工资性收入18562元，增长8.7%。人均经营净收入9180元，增长9.2%。人均财产净收入464元，增长8.8%。人均转移净收入4242元，增长12.5%。

农村常住居民人均生活消费支出23332元，同比增加1830元，增长8.5%。在八大类消费支出中，人均食品烟酒类消费支出6457元，增长5.4%。人均衣着类消费支出1353元，增长6.8%。人均居住类消费支出5431元，增长0.6%。人均生活用品及服务类消费支出1054元，增长6.6%。人均交通通信类消费支出5507元，增长42.5%。人均教育文化娱乐类消费支出1583元，下降6.5%。人均医疗保健类消费支出1650元，下降8.9%。人均其他用品和服务类消费支出297元，下降15.2%。

【居民消费品价格】 2018年居民消费价格总水平比上年上涨2.0%，服务项目价格上涨3.1%。八大类商品和服务项目价格中，食品烟酒类价格上涨0.5%，衣着类价格持平，居住类价格上涨3.1%，生活用品及服务类价格上涨0.6%，交通和通信类价格上涨0.9%，教育文化和娱乐类价格上涨6.1%，医疗保健类价格上涨3.6%，其他用品和服务类价格上涨3.4%。农业生产资料价格下降0.9%。

【居民住房】 2018年底，城镇居民人均住房建筑面积52.6平方米，农村居民人均住房建筑面积87.7平方米。 （孙依娃）

·人力资源·

【“最多跑一次”改革】 富阳区被纳入全省人社系统深化“最多跑一次”改革试点县（市、区），并出台深化“最多跑一次”改革试点实施方案。进一步精简梳理出人力社保跑改事项38个大项142个子项，实现率100%。40个事项凭身份证“一证通办”，80个事项实现“网上办”，20个就业社保办事事项可通过手机移动办理，新增场口、开发区办事网点及79家“社银合作”网点，72项业务实现“就近办”。推出企业参保人员办理退休联审联办、28种特殊药品实时结算、医疗困难救助跑零次等特色服务。

【新增就业】 全区城镇新增就业人数15529人，引导和帮助4744名失业人员实现再就业，其中就业困难人员实现就业2792人，城镇登记失业率为1.6%，就业形势保持总体稳定。

【就业公共服务】 举办和参与45场招聘会，组织1389家次单位参会，提供6527个岗位，现场初步达成意向2544人次。公共职介中心登记发布1942家次单位、6863个岗位的招聘信息。杭州就业网发布富阳区6374家次企业岗位信息17826个，需求人数68377人次。

【就业困难群体帮扶】 公益性岗位安置就业113人，发放岗位综合补贴764万元，惠及1441人次。建立重点群体就业帮扶档案，登记失业人员7657人，工伤鉴定1572人次，为37097人次发放各类补助补贴1.3亿元。通过职业指导培训、技能提升、创业培训和专场招聘等活动，帮助江南区块1536名下岗职工重新走上岗位。

【异地对口就业扶贫】 挂牌成立富阳驻锦屏公共职业介绍服务中心，先后13次组织企业前往贵州、湖北、河南、四川等地招用当地就业困难人员来富就业，赴锦屏为131名当地人员开展技能培训，锦屏籍在富就业人数达1084人，其中建档立卡人员283人。

【职业技能培训】 对定点职业技能培训机构实行"记分制"，规范管理和全面督查。全年开班175个，组织14个大项39个工种的职业技能竞赛，共培训各类技能人才13779人次，核发职业技能资格证书7967人。

【建设和谐劳动关系】 制定《杭州市富阳区构建和谐劳动关系三年行动计划（2018—2020年）》，组织开展"双爱"示范、企业薪酬调查、劳动合同签订督查、劳务派遣行为监管等活动，为企事业单位和乡镇（街道）、村（社区）经办人员举办16期人力社保政策法规培训班，1800余人参加培训，为300家企业提供劳动用工诊断评估服务，实施精细化管理20家，有效降低用工风险，全区19家企业获评杭州市社会责任建设A级企业。

【创建"富阳无欠薪"】 启动防范处置企业拖欠工资工作领导小组实体化办公，推进农民工专用账户管理、欠薪失信联合惩戒、工资按月支付检查等长效机制落地，及时处置欠薪案件1333件，为2956人追发工资及补偿金3502万元，同比分别下降15.7%、41.6%、38.3%，无欠薪过程性考核列全市第一。

【劳动人事争议仲裁】 探索"即收即立、庭前调解、基层回访"三步走模式，打造"1+X"劳动纠纷多元化解平台，切实维护劳动者合法权益，全年受理案件619件，结案率95.2%，调解率86.9%，为1269名劳动者挽回损失3610万元。

【信访维稳工作】 制定出台《富阳区人力社保局全国"两会"期间信访维稳工作实施方案》，落实"工作项目化、项目清单化、清单责任化、责任具体化"。全年共办理各级来信来访件69件、浙江政务服务网网上咨询投诉举报713件、区长公开电话交办件1502件，办结率、反馈率和满意率100%，信访形势总体稳定。

【组团赴基层服务】 组织干部深入基层开展村情民意大走访、"联系基层、服务群众"、"服务企业、服务人才"等主题活动，走访覆盖24个乡镇街道、200余个村（社区）、农户2610户、企业382家次、人才80余名，征集问题建议494条，解决问题308个。

（颜艺华）

·社会保险·

【企业职工基本养老保险】 全区有254468人参加企业职工基本养老保险，有172406人享受职工基本养老保险待遇。2018年度，企业基本养老保险、失业保险、工伤保险和生育保险等社会保险费缴费基数为61099元。

【机关事业单位养老保险】 全区18593人参加机关事业单位养老保险，9318人享受待遇。全年征缴基金7.23亿元，支付7.13亿元，累计积余基金2383万元。

【城乡居民社会养老保险】 全区有18471人参加城乡居民社会养老保险，有27541人领取城乡居民社会养老待遇。城乡居民各类养老保险综合参保率为95.3%。

【被征地人员社会保障】 全区有2096人参加被征地人员社会保障，有2083人享受被征地社会保障待遇。全年征缴被征地人员基本生活保障资金0.54亿元，支付0.63亿元，累计结余4580万元。

【基本医疗保险】 全区共有687695人参加基本医疗保险，综合参保率99.37%。其中：358190人参加城镇职工基本医疗保险，329505人参加城乡居民基本医疗保险。基本医疗保险基金累计结余19.83亿元，支付能力18个月。

【工伤、生育、失业保险】 全区有245229人参加工伤保险，181798人参加生育保险，196741人参加失业保险。全年累计发放工伤保险金1.14亿元、生育保险金7025万元、失业保险金4819万元。

【社会保险扩面提质】 全年新增职工养老保险6109人、职工医疗保险22798人、失地转保1634人。企业退休人员待遇发放与杭州全面并轨，城乡居民基础养老金上调至220元/人·月。实行慢性病长期处方管理，高血压等16种慢性病签约患者一次性配药量可延长至最多12周。

【企业社会保险降费减负】 从2018年1月起至2018年12月止，对依法参加富阳区社会保险的各类企业（含有雇工的个体工商户）继续实行失业保险缴费比例和工伤保险基准费率下调减征政策，其中，失业保险减征4231万元，惠及1.58万家企业，工伤保险减征1460万元，惠及1.26万家企业。

【社会保险业务经办】 启用杭州市级社会保险信息化服务系统，社保经办业务全网运行，窗口全年办结报销医药费2.4万人次、工伤结算4500余人、生育保险待遇发放3300余人、医疗困难救助2700余人、单病种结算8400余人次，办理退休9000余人。

【退休人员社会化管理】 开展65周岁以下企业退休人员免费健康体检，总计体检人数达8万余人。为全区15.5万余名企业退休人员发放端午节、中秋节节日慰问费，累计财政支出2.5亿元。

【医保服务监管】 开展医保专项检查，全区当年共84家医药机构被不同程度扣分处罚。完善医药机构协议化管理，全年经评审新增医保协议管理医药机构48家。将全区2家医疗机构接入跨省异地就医住院费用直接结算平台。 （颜艺华）

·民政事务·

【社会救助】 7月，与杭州主城区同步调整城乡居民最低生活保障线标准：955元人·月，提高4.1%。全年累计发放低（残）保金1.15亿元，低边补助金720万元。强化动态管理，组织乡镇（街道）开展低保集中审验，全年动态调整2000户4000人。截止12月底，全区共有低（残）保9173户13101人，特困人员393户394人，低边2414户6249人。开展低保专项治理，全面落实近亲属备案制度，完善审批、变更、注销程序。实施适度普惠儿童制度，向社会散居孤儿、困境儿童、低保家庭儿童、低边家庭儿童发放生活费，全年累计发放约950万元，惠及1960名儿童。集中供养孤残儿童服务更加精细化。培育和引导社会组织主动介入社会救助服务，有效补充困难群众救助力量。完成“社会救助一站式服务平台”二期建设，实现线上线下融合救助，救助对象预警，救助端口前移，救助功能归集，救助调查留痕，困难群众足不出户就能申请社会救助，全年发放临时救助资金276.9万元，救助1404户家庭。

【养老服务】 加快新一轮居家养老设施建设和服务提质，全年完成5家示范型居家养老服务中心，3家示范型医养结合居家养老服务照料中心，6家示范型老年食堂建设任务；实现为老助餐、配送餐覆盖面超80%，实行老年食堂市民卡统一结算平台，富春街道试点互联网企业助餐服务；推进养老机构“双量”提升，启动扩建新登镇、胥口镇农村五保供养服务中心项目；完成富春江曜阳国际老年公寓三期建设、新建3家民办养老机构，共新增养老床位352张；灵桥镇、大源镇、渌渚镇、湖源乡农村五保供养服务中心完成公建民营改革；瑞丰老年公寓设立失智老人专区，跨出精细化服务第一步；鼓励发展“嵌入式”养老，打造场口镇场口村、大源镇勤功村、环山乡中兴村、银湖街道梓树村等示范型养老服务微机构；长盘村“银龄互助”、杨清庙村“志愿帮扶”、梓树村“集中安养”、汤家埠村“冠名赞助”等多种养老模式各具特色；为全区14.5万名老年人投保意外伤害险；举办第九届区老年人运动会。

【殡葬改革】 完善全区公益性墓地建设规划编制，推行公墓规范化、规模化、集约化。狠抓违建坟墓整治，落实《富阳区开展“青山白化”专项整治工作实施方案》，明确职责，强化部门、乡镇（街道）多方协作，初步形成长效管理机制，全年完成违建坟墓整治1011座。在状元坞陵园新增树葬区域，倡导绿色殡葬。殡仪馆改扩建项目动工建设。

【行政审批】 全面推行“网上办”“简化办”“就近办”“移动办”。71个事项开通网上办理，网上可办率达92%，一证通办事项增加至28项，22个事项下放至乡镇或村（社区）受理，社会组织登记业务、地名业务、临时救助和养老服务等业务纳入“一窗平台”，实现“一窗受理”，5个事项可在政务服务网手机APP申请，3个事项可预约。

【慈善事业】 区慈善总会全年接收捐款1488.8万元，支出2368.38万元。开展春风行动，募捐资金873万元，比上年增长7%；打响“慈善药房”品牌，服务救助困难群众，发放救助金超8万元；建设6家区级慈善基地，场口镇设立全区首家慈善校园工作站，实现“邮善邮乐”平台乡镇（街道）全覆盖；开展“圆梦课桌”办学条件提升工程，捐赠课桌椅314套，涉及对口帮扶黔东南州锦屏县9个小学31个班；区募捐办全年累计彩票销售7200万元，公益金募集收入1600万元，富阳中福在线视频彩票销售排名全国第7，并获2018年度视频型彩票销售厅星级管理考评“四星级”。开展“福彩暖万家”系列活动，资助儿童、大学生、老人、外来民工、环卫工人等各类困难对象166人，资助资金45.2万元。

【社会事务】 开展流浪乞讨人员救助，全年进站救助约200人次，帮助受助对象顺利返乡190人次，帮助35名无身份信息精神病患者或老年痴呆受助人员成功寻亲。开展寒冬、酷暑等恶劣天气专项救助行动，首次组织救助站开放日活动。完善第二次全国地名普查成果转化，多角度多渠道推广使用标准地名及普及地名文化，调查、挖掘、整理地名文化资源，保护地名文化遗产，收集拆迁区块地名资料。依法开展婚姻登记，全年共办理各类婚姻登记业务9410件，办理结婚登记5362对，离婚登记1822对，补发婚姻登记证2219件，线上线下联合开展婚姻法宣传及婚姻辅导。积极为残疾人提供就业机会，全区38家福利企业，安置1324名残疾职工。健全移民应急帮扶“反哺”关爱机制。安排移民各类后扶项目43个，补助资金2332万元。安排移民职业技能技术培训，培训人数2500人。（吴　凌）

·优抚　双拥　安置·

【落实优抚政策】 全面落实优抚对象优待金与杭州主城区同城待遇，全年发放各类优抚对象优抚金5403.8万元，补助对象3100余人；对重点优抚对象门诊与住院期间补助经费实行一站式主动补助，补助医疗费236.9万元，2315人次。制定临时救助办法，实施救助31人次，救助资金22万元。向义务兵发放义务兵家庭年优待金2698.8万元。

【开展双拥活动】 对困难重点优抚对象及驻地部队进行走访慰问，共慰问各类困难优抚对象670人，

富阳区2018年居住区、建筑物命名更名一览表

表27

序号	所在乡镇（街道）	标准地名	所处地理位置和特性	地名含义	地名类别
1	富春街道	迎宾首府	位于城区恩波大道与东山路交汇处	因楼盘地处原迎宾北路取其“迎宾”，“首府”代表该公司开发的第一个楼盘，并且寓示该项目追求质量优秀，故名。	居住区
2	春江街道	春江香樟苑	位于春江街道大桥南路与洋浦江路交汇处	“春江”取楼盘位于春江街道，“香樟”因楼盘周围将种植香樟树，故名。	居住区
3	富春街道	长久院	位于城区金桥南路与体育馆路交汇处	由春江街道建设村建设的安置性商住楼，其建筑形态为长方形，寓意长长久久，故名。	居住区
4	东洲街道	逸城逸江湾	位于江滨东大道逸城	因该项目为逸城小区内1个区块，并且位于富春江内江转弯口，故名。	居住区
5	春江街道	直塘新居	位于春江街道民主村	因该项目为原直塘村新福自然村拆迁安置区块，故名。	居住区
6	东洲街道	富春玫瑰园锦兰院	位于江滨东大道富春玫瑰园	属富春玫瑰园内部组团，锦兰院意为锦心兰质寓示精英名流之居，故名。	居住区
7	东洲街道	富春玫瑰园风禾里	位于江滨东大道富春玫瑰园	属富春玫瑰园内部组团，风禾里寓指得天地灵气，取境山水，回归街巷里弄的中式院子，故名。	居住区
8	场口镇	百丈畈公寓	位于场口镇百丈畈村	由于该项目为场口新区工业园区配套公寓房，因建在百丈畈村，故名。	居住区
9	春江街道	雁沙公寓	位于春江街道中沙村	因该项目为拆迁安置房，又南临雁沙路，故名。	居住区
10	富春街道	金桥新居	位于富春街道西环北路	因该安置房新建在原金桥村区块，故名。	居住区
11	鹿山街道	山水悦府	位于鹿山街道龙江路	“山水”沿用开发的“山水”系列，“悦府”取于《尔雅·释诂》“孟子所谓中心悦而诚服是也。”故名。	居住区
12	银湖街道	科创公寓	位于九龙大道与上林南路交汇处	因项目位于银湖街道科创园内，用于解决科创园区创业人才的用房问题，故名。	居住区
13	大源镇	农场公寓	位于大源镇亭山东路	因该项目为原大源农牧场职工安置房，为体现原农场性质，故名。	居住区
14	富春街道	金周福邸	位于城区金桥北路与文采路交汇处	因该项目为后周股份经济合作社公寓化安置房，寓示金色后周幸福的府邸，故名。	居住区
15	富春街道	文居学府	位于城区金苑路与文居街交汇处	因该项目北靠文居街，项目周边又紧邻富阳区第八小学、青少年宫等单位，故名。	居住区
16	富春街道	金汇之星公寓	位于城区金浦路与文居街交汇处	“金”指本项目位于金桥板块，“汇”指建筑高品质楼盘，“之星”寓指金桥板块上的未来之星，故名。	居住区
17	富春街道	如画府	位于城区西环北路与永兴路交汇处	该项目融汇“天下佳山水，古今推富春”之意，精心建造美如画卷的人文大盘，故名。	居住区
18	银湖街道	聚福雅居	位于银湖街道彩虹路	该项目为政府保障房，“聚福”指凝聚福气，“雅”指优雅的意思，故名。	居住区
19	富春街道	北都荟公寓	位于公望街与春秋北路交汇处	因项目位于城区北部，将以杭州市大都会风格建筑该楼盘，故名。	居住区
20	场口镇	哆哆商业中心	位于场口镇场口村	寓示场口经济越来越好，财富越来越多，故名。	建筑物
21	场口镇	场泰商务中心	位于场口镇场泰街与驾校路交汇处	因该项目为商务办公、仓储用房，毗邻场泰街，故名。	建筑物
22	富春街道	城东迎宾商城	位于城区恩波大道与文居街交汇处	因该建筑为城东综合市场改造升级项目，位于原迎宾北路区块，并且规模较大，故名。	建筑物

发放慰问经费 65.44 万余元；在春节、“八一”等重要时节，走访慰问杭州警备区、省预备役师、中村部队等驻地部队单位，为部队送去慰问金及慰问品共计 80 万元。深入推进社会化双拥工作，安排 50 万元专项费，通过政府购买服务形式，对全区老复员军人、生活困难优抚对象等进行专项走访慰问。继续开展关爱功臣活动，分两期组织 229 名优抚对象在新疆杭州疗养院的进行短期疗休养活动。

【接收安置工作】 完成 2018 年秋冬季退役士兵接收安置及审核工作，发放自主就业经济补助金 2035 万元；完成 20 名重点安置对象接收报到及档案考核与理论考试等工作，完成 2018 年安置任务，其中安置在事业岗位 8 人，国企岗位 12 人。结合冬季退役士兵报到，利用报纸、电台、网络媒体及发放公开信、培训报读指南等，做好政策宣传、咨询、解释工作，143 人参加成人学历教育培训，使用经费 124 万元；如期举办退役士兵专场就业招聘会，为退役士兵就业提供平台与机遇。全年接收军休干部 1 人，已故代管军休干部 1 人，发放丧葬费 5.05 万元。（蒋林瑶）

·残疾人工作·

【概况】 至 2018 年底，全区持有第二代中华人民共和国残疾人证的残疾人 20127 人，其中肢体残疾 10882 人、视力残疾 2080 人、听力残疾 2396 人、言语残疾 133 人、精神残疾 2169 人、智力残疾 2206 人、多重残疾 261 人。

【“最多跑一次”改革】 改进残疾人证申领模式，推出残疾人证免费邮寄到家服务，新申办残疾人证统一由区残联快递寄送给残疾人，实现残疾人证办理最多跑一次；4 月开展为期 30 天进村入户为重度残疾患者上门评定工作，解决了重度残疾患者因行动不便、路途遥远而造成办证难问题，211 名残疾人一次也不用跑就可申领到残疾人证。

【残疾车置换】 开展残疾车置换工作，对全区 223 辆残疾车进行了置换，其中弃购 38 辆，置换新车 185 辆，新置换车辆实现合法上路，同时结束了富阳区残疾车参与营运的历史。

【省级无障碍示范社区创建】 鹿山街道东吴社区省级无障碍示范社区创建工作于 2018 年 4 月顺利通过考核组验收，成为第一批省级无障碍示范社区。

【残疾人意外医疗保险】 继续为全区持证残疾人投保住院医疗、重大疾病及身故慰问保险，其中住院医疗保障金 2 万元，重大疾病保障金 2 万元，身故慰问金 3 千元，特定交通意外身故保障金 30 万元。

【残疾人康复服务】 全年完成 450 例白内障患者复明手术补助，200 台助听器验配，40 例假肢安装；完成 159 名残疾儿童抢救性康复训练及评估；为 700 名残疾人免费提供轮椅、拐杖等辅助器具，辅助器具适配率达到 98.59%；对 90 名贫困残疾人的人工关节置换手术进行补助；开展无障碍进家庭服务，为 135 户残疾人家庭免费安装扶手等无障碍设施；继续落实精神病患者每月补助 500 元的住院补助政策，实现补助全覆盖。

【残疾人“两项补贴”】 全区 7266 名困难残疾人享受生活补贴，发放生活补助金 2500 万元；7753 名残疾人享受护理补贴，发放护理补助金 2400 万元。

【残疾人就业创业】 举办残疾人职业技能和实用技术培训班 7 期，培训残疾人 484 人；举办残疾人就业专场招聘会 2 场，促进残疾人集中就业，完成安置残疾人就业 162 人。

【残疾人文体工作】 在全国“爱耳日”、全国“助残日”等重要节日期间举办“牵着蜗牛看世界”、脊髓损伤者趣味运动会、残疾人读书沙龙、义诊、无障碍电影下乡等活动；开展文化助残“五个一”工程系列活动，成立残疾人文化创作基地和富阳区残疾人朗诵团，丰富残疾人文体生活；参加杭州市第十届残疾人运动会，夺得 35 金、24 银、13 铜的好成绩，居运动会金牌榜首，创造了富阳区参加市残运会以来的历史最好成绩；在雅加达亚残会上富阳区残疾人运动员夏志伟摘得男子铅球F41级比赛银牌。

【残疾人证办理】 为1258人进行残疾评定，并发放残疾人证；为230人补办残疾证；为147名残疾人进行残疾类别、残疾级别变更。

【残疾人救助】 对64名因遭受自然灾害、重大疾病等造成生产生活严重困难的残疾人进行临时救助，发放补助金11.5万元； 12户贫困残疾人家庭获得危房改造补助；全年对600余户困难残疾人家庭进行慰问，发放慰问金48万元。

【残疾人合法权益维护】 接待处理来信、来访、来电77件次，办结率、按时反馈率、满意率均达100%；开展“法律援助扶残助残”为民服务月活动，进行残疾人普法教育，切实维护残疾人的合法权益。

（瞿忠烈）

·社区（村）建设·

【社区规模调整】 根据有利社区治理、服务群众、凝聚共识、资源配置、长远发展原则，对富春、东洲、鹿山、银湖等街道的社区规模进行了重新调整和设置。调整后全区共有城市社区50个，其中富春街道35个、东洲街道4个、鹿山街道2个、银湖街道5个、新登镇4个；农村社区276个，居委会3个（场口镇、

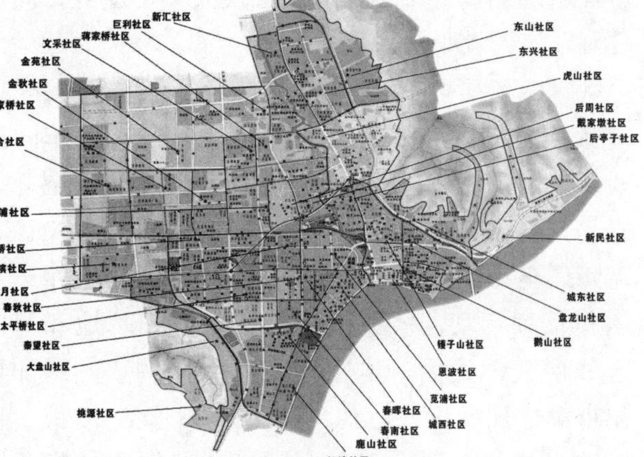

富春街道社区规模调整后分布图

（区民政局 供稿）

大源镇、万市镇）。

【社区人才队伍建设】 加强社工队伍建设，出台《杭州市富阳区关于进一步推进专职社区工作者队伍建设的实施意见》，就社区工作者隶属关系、提升专业素养、待遇保障等方面予以了明确，对现有250名老社工进行了入编考试。根据新设立社区的规模情况，通过笔试、面试、体检、考察等程序，从1826名报名人员中录用114名新社工。

【社区阵地保障】 配合规划部门拟定了《富阳区社区用房布点规划》，通过国有资产调剂、新建、房地产开发配建等方式，按照不低于600平方米的标准配备社区用房，解决社区“有场所办事”，全面实现社区综合服务场所和设施全覆盖全达标。

【田园社区创建】 成功申报首批省级农村引领型社区7个（东洲街道黄公望村、新登镇湘溪村、场口镇东梓关村、春江街道八一村、富春街道宵井村、银湖街道唐家坞村、大源镇跶口村）。

·社会组织·

【打造社会组织党建品牌】 成立区社会组织综合党委，下设为老服务、公益慈善、瑞丰老年、社会服务、社会组织联合、新社会阶层人士联谊会、狼群应急救援服务中心7个支部，理清各类社会组织隶属关系，落实综合党委对其他各类社会组织兜底管理职责，促进社会组织健康有序发展。每月召开社会组织综合党委例会，专题研究社会组织党建与业务的有机结合，凝聚人心、形成合力，推进社会组织党建工作。

【社会组织培育孵化】 至2018年底，已登记、备案的各类社会组织3371家。其中，经民政部门登记的社会组织有612家（其中社团226家，民非382家，基金会4家），备案社区社会组织2759家。276个行政村建立社区社会组织2183家，平均每个农村社区8家社会组织；28个城市社区建立社区社会组织724家，每个城市社区平均约有26家社会组织。设

立区社会组织服务中心、5个街道级社会组织服务中心。建立32家枢纽型、支持型社会组织。完成慈善基地和邮善邮乐建设工作，确定章小军慈善基金会等6家单位为区级慈善基地。建设完成24家“邮善邮乐”慈善超市。

【社会组织规范化管理】 开展2018年公益创投项目评选，从入围的48个项目中评选出18个项目，涉及养老、救助帮困、青少年（留守儿童等）、优抚、助残等各个方面。对社会组织负责人开展了“燃放激情、快乐充电”团队建设活动。积极组织开展非法社会组织整治专项行动，组织公安、卫计、教育等部门开展专项行动，对非法开展活动的社会组织给予告诫等处理，对62家非法社会组织进行了查处。

（吴　凌）

·民族宗教·

【民族概况】 3—4月，区民宗局开展全区少数民族基本情况调查摸底工作，统计全区有常住少数民族人口6863人，流动少数民族人口12853人，全区少数民族主要分布在富春街道，东洲街道、新登镇，万市镇。5月，组织开展了“关于规范外来少数民族群众服务管理工作”的调研。全区有3个少数民族聚居村和1个少数民族村。

【宗教概况】 至2018年底，富阳市有佛教、天主教、基督教、等宗教，经政府登记的寺观教堂及固定处所 93 处，其中佛教32处，天主教2 处，基督教59处。共有已登记的教职人员112人，其中基督教72人，佛教40人。

【扶持民族村发展】 加大扶持力度，强化民族专项资金的监督与管理。3月，深入少数民族村进行实地走访调研，初步确定2018年度民族资金建设项目，11月项目验收并下拨少数民族专项资金；9月完成省民宗委关于2016—2017年度省、中央民族专项资金审计工作；8—9月与区财政联办，落实少数民族专项资金不少于1∶1配套政策，每年配套不少于50万元，解决少数民族村项目建设资金不足的后顾之忧。

【维护少数民族合法权益】 按照少数民族享有的优惠政策，全年为少数民族考生出具民族成分证明33份；落实少数民族成分变更工作最多跑一次举措。积极开展少数民族困难户慰问工作，全年走访慰问少数民族困难户24户，共送上慰问金及粮油等物资3万余元。

【鹿山街道日月电器开展“民族工作进企业”活动】 2018年5月作为省接受新疆籍人员集中跨省务工脱贫工作的援疆试点单位，积极与市援疆指挥部、阿克苏市对接，主动接收52名新疆籍青年务工人员，在区委区政府的高度重视下，统战民宗、鹿山街道、公安等相关职能部门的有力支持配合，日月电器精心管理和辛勤付出，这项工作取得了很好的成效，省委书记车俊专门指示：“富阳区全力做好新疆籍青年务工人员的管理和服务工作的做法很好，值得肯定和其他地方借鉴。”

【开展宗教场所平安创建活动】 将《2018年平安宗教活动场所创建“1+9”指标体系》、“双六”行动要求下发各乡镇街道及宗教团体。通过加强政策宣传引导、督导规范场所管理制度、开展安全隐患排查整治等方式深入开展平安创建活动。

【佛教协会完成换届】 12月29日，区佛教协会第四次代表会议在区文化中心召开。来自全区31个佛教场所的69名代表参加会议。富阳区委常委、统战部部长陈平，杭州市佛教协会会长光泉，富阳区委统战部副部长、民宗局局长郑金林应邀出席，各乡镇街道统战委员，区各宗教团体代表列席了会议。经过大会选举和区佛协四届一次理事会选举，全票产生了释正慧等31名理事、释华严等15名常务理事和新一届会长班子，常安妙智寺监院、三届佛协常务理事释慧平当选为杭州市富阳区佛教协会第四届理事会会长。

（马　威）

【编　辑　董江军】

乡镇·街道

·富春街道·

【概况】 富春街道位于富阳区中部，是富阳区的政治、经济、文化中心。全境地域总面积105.45平方千米，行政村12个，社区35个，股份经济合作社9个，党员6643人，其中党委37个、党总支9个、党支部329个。年底总户数48768户，总人口132263人，其中城镇人口107172人。全年实现规上工业销售产值2320858万元，固定资产投入58187万元，农业总产值33176万元。全年实现财政总收入151366万元。农村经济总收入5118767万元，农村经济净收入729255万元。农民人均收入40708 元。

年底耕地面积971.4公顷，其中水田面积836公顷。粮食总产量832.4万千克。农机总动力6.95万千瓦。水利投资1095万元。存栏生猪1823头，出栏肉猪4035头，存栏家禽4.8万羽，出栏家禽11.69万羽。水产品养殖面积86.7公顷，水产品产量122.2万千克。绿化造林97公顷，封山育林4090公顷。水果种植面积483公顷，水果产量1799.6万千克。茶园面积842.7公顷，茶叶产量226.9万千克。工业企业总数740家，其中规模以上工业企业52家。规模工业销售产值2332403万元，自营出口180365万元。小学10所，在校小学生17156人，幼儿园41所，在园幼儿9545人。社区卫生服务中心1家，社区卫生站23个，村级卫生室20个。全年出生1617人，计划生育率98%。参加城乡居民养老保940人。参加城乡居民基本医疗保险40366人。最低生活保障救助人数714人。社会福利性敬老院1个，年底供养老人64。

【各行政村基本情况】 （见表28）

2018年富春街道各行政村基本情况

表28

村　名	户数(户)	人口(人)	农村经济总收入(万元)	农村经济总支出(万元)	农村经济净收入(万元)	农民人均收入(元)
拔　山	982	3283	28176	15496	12680	24200
三　联	550	2068	12796	5586	7210	32452
三　桥	907	3102	90862	67605	23257	33001
杨清庙	671	2406	16933	10117	6816	27735
湖　塍	524	1602	7558	4263	3295	22440
青云桥	1052	3003	23007	12308	10699	30067
西　邮	782	2877	19745	15194	4551	24121
执中亭	446	1517	8928	4288	4640	28609
方家井	684	2335	23700	17100	6600	23310
宵　井	699	2159	12520	7515	5005	29181
春　华	736	2097	66977	52257	14720	30067
秋　丰	1056	3087	62471	51800	10671	32300

【举办大青草莓节】 3月17日，富春街道在执中亭村举办“‘莓’好时光 相约大青”草莓节。活动在杭州市首条草莓长廊进行，该长廊长80米，内设40个摊位，作为永久性草莓售卖点和活动场所，是305省道边的一道风景。

【举办第九届拔山开茶节】 3月26日，富春街道在拔山村举办“富春山居 斗茶大会”暨第九届拔山开茶节活动。整个活动过程，可以用“个十百千万”5个字来概括，即1台微剧演绎拔山春之约，10人众筹2018大杭州第一锅春茶，100人采茶炒茶品茶买茶，1000人徒步万亩茶园游步道，10000人畅游富阳美丽乡村。

【举办文明创建擂台活动】 9月5日，富春街道在秦望广场启动“文明同心 创建同行”系列活动。当天22个社区参加擂台赛，喊出打擂宣言。随后，9支先锋队高扬手中授予的旗帜，分赴城区各地，沿途宣传创文知识，进行文明劝导，对创文点位进行检查，号召全区人民积极参与，把富春街道建设得更加美好、更加文明、更加和谐。

【举办基层党建“互学互比”总决赛活动】 12月27日下午，富春街道在青少年宫举办“拥抱新时代，引领新示范”基层党建“互学互比”总决赛。该活动历经5个月，经过“晒业务，比基础”“晒台账，比规范”“晒特色，比先进”三轮比赛后，城西社区、巨利股份经济合作社、宵井村等14个单位进入决赛。活动现场，他们请相关职能部门领导组成专家评审组，进行现场打分，与会400多名人员对支持的单位进行网络现场投票，决出最终名次，参赛激情演讲，现场气氛异常热烈。

【宵井村获“浙江省民主法治村”称号】 宵井村村域面积8.80平方千米，全村703户、2150人。2017年始开展“浙江省民主法治村”创建工作，成立了创建工作领导小组。村先后成立治保巡防队、矛盾纠纷调解委员会、预防青少年犯罪、反邪教、归正人员帮教、公共安全监管、流动人员管理等方面的专门工作小组，利用网格化管理，及时收集民情处理矛盾纠纷，将矛盾纠纷化解在萌芽状态。建立健全村规民约和内部管理制度，严格执行“十条禁令”、“六不承诺”；落实“五议两公开”，坚持“三务”公开。2018年8月杭州西湖明珠综合频道“廉政经纬”栏目播放该村“小微权力”实施的专题节目。积极开展法治宣传活动，利用横幅标语、广告、宣传单等形式进行法律知识宣讲。村先后投资30余万元，建设上山村法治文化公园。通过民主法治村的创建，实现“无重大刑事案件、无重大安全生产事故、无重大公共安全事件、无群体性上访事件”的工作目标。2018年，获“浙江省民主法治村”称号。

（包林涛）

·春江街道·

【概况】 春江街道位于富阳区东南部，距区政府所在地5千米。全境地域总面积41.47平方千米，行政村9个，村民小组141个。年底总户数7863户，总人口29805人，其中城镇人口25953人。全年实现工农业总产值193.34亿元，其中工业总产值1912235万元，农业总产值21358万元。全年实现财政总收入101246.89万元。农村经济总收入2312533万元，农村经济净收入471057万元。农民人均收入44464元。

年底耕地面积447公顷，其中水田面积447公顷，粮食总产量216.1万千克。行政村等级公路通达率100%。存栏生猪598头，出栏肉猪5173头，存栏家禽1.06万羽，出栏家禽11.34万羽。水产品产量112.8万千克。水果产量251.9万千克。茶园面积6.13公顷，茶叶产量1.5万千克。工业企业总数118家，其中规模以上工业企业84家。工业产品销售收入1788864万元，产销率99.34%。外贸供货值2381.8万元，自营出口3070万美元。中学1所，在校中学生823人，入学率100%；小学1所（下设3所民工子弟学校），在校小学生2376人，入学率100%；公办幼儿园1所（下设三星、太平、建设3所分园），民办幼儿园6所，在园幼儿1511人；成人文化学校1所。社区卫生服务中心2家，卫生室9个。全年出生433人，计划生育率98.6%。初级卫生保健普及率100%。自来水普及率100%。参

2018 年春江街道各行政村基本情况

表 29

村　名	户数(户)	人口(人)	农村经济总收入(万元)	农村经济总费用(万元)	农村经济净收入(万元)	农民人均收入(元)
太　平	992	3858	139298	113547	25751	45431
临　江	1133	4506	530803	426643	104160	50262
春　江	716	2744	38060	24734	13326	33686
中　沙	776	2920	13300	5943	4601	33765
民　主	823	3341	288147	155517	132631	48300
建　设	745	3059	158810	100066	58743	47020
八　一	530	2197	423906	353416	70490	44529
新　建	651	2545	210884	191909	18975	45675
山　建	947	3761	509325	466943	42382	46351

加城乡居民养老保险 7657 人。参加城乡居民基本医疗保险 12620 人。最低生活保障救助人数 211 人。农户新建房屋 15 户，建筑面积 5400 平方米。

【各行政村基本情况】　（见表 29）

【开设“品味春江”微讲堂】　2018 年 1 月 15 日，春江街道“品味春江”微讲堂开课。街道党工委书记汪军飞带头授课，授课主题为“深入学习十九大精神，加快江南大转型发展”，结合实际，分享个人对十九大精神的理解，剖析江南发展的形势和任务。“品味春江”微讲堂意在希望街村两级干部在春江转型发展中干字当头、学思并进，通过“有滋有味”的工作，用心、用情、用劲品味春江的美丽蝶变。微讲堂结合党员固定主题党日活动，每月一期，每期由不同的部门承办，授课内容主要是当前线上有关工作部署或是会议精神传达、政策法规解读、工作体会交流、读书心得分享，充分利用业余时间为街村两级干部“充电蓄能”。

【完成先行区块 45 家工业企业拆迁签约】　2018 年 2 月 1 日，春江街道先行区块 45 家工业企业拆迁签约顺利清零。本次拆迁工作从 2017 年 12 月 1 日正式开始，街道成立了工业企业拆除领导小组，下设 5 个攻坚工作组，由街道干部、动迁、评估、测绘工作人员组成，负责企业拆除评估、签约、腾空工作。攻坚工作组开启“白加黑”“5+2”的工作模式，发扬“春江铁军”精神，历史 2 个月，圆满完成春南东区块企业 45 家共 139.8 公顷的拆迁签约工作。

【举办 2018 惊蛰文化传承活动暨新年战斗动员大会】　2018 年 3 月 5 日，由区委宣传部、区教育局主办，春江街道承办的 2018 惊蛰文化传承活动暨新年战斗动员大会在新建村成功举办。活动现场通过祭雷、开犁仪式和腰鼓、舞龙等传统民俗表演，传承“惊蛰”节气传统文化。借此节气，春江街道举办新年战斗动员大会，开启“南征北战”新征程。

【完成建设村整村搬迁工作】　2018 年 3 月 2 日，春江街道建设村整村搬迁工作正式启动。本次搬迁共涉及 5 个自然村 784 户农户、456 户经营户。春江街道沿用“公开公平、统一尺度、民主监督、一口定价”的“华共模式”开展工作，成立临时党支部，分设 5 个大组 20 个红旗小组，继续开展小组竞赛，以“支部建在项目上、党员服务在群众间”充分发挥党员干部的先锋模范作用，稳步推进搬迁工作，顺利完成入户调查、测绘、初评、复评工作，5 月 5 日集中签约，历时八天完成 784 户农户的签约工作，签约率 100%。

【春江街道举办第三届全民运动会暨第四届“新春江人”运动会】　2018 年 11 月 20 日，春江街道第三届全民运动会暨第四届“新春江人”运动会正式开幕。本次运动会共设机关事业组、行政村组和“新春江人”组三个组别，11个大项，来自街道的26支代表队、856名运动员参加了比赛。中沙村、民主村、八一村、临江村、新建村、山建村获得行政村组团体总分前六名，教育联队、街道机关队、政法联队获得机关事业组团体总分前三名，浙江新胜大控股集团有限公司、杭州远大纸业有限公司、杭州海科纤维有限公司、杭州金泰纸业有限公司、浙江高阳纸业有限公司、浙江富阳华天纸业有限公司获得“新春江人”组团体总分前六名。

【春江街道第一届人民议事会议第一次代表会议召开】 2018年8月29日上午，春江街道第一届人民议事会议第一次代表会议召开，来自街道各条战线的60名议事代表和47名列席代表。会前，议事代表视察杭黄高铁富阳站。会议审议通过街道人民议事会议相关规则及会议议程，组建了议事代表小组。听取和审议了春江街道办事处2018年上半年度工作报告、2018年上半年度环境状况和环境保护目标完成情况报告、人大春江街道工委2018年上半年度工作报告，书面审议了春江街道办事处2018年上半年度财政预算执行情况的报告。人大街道工委主任金慧军对下半年街道议事代表活动和2019年民生实事项目调研工作进行了部署。

【春江街道举办第二届“最美春江人”评选活动】 12月13日，春江街道第二届“最美春江人”颁奖典礼在春江中心小学举行。本次“最美春江人”评选活动于3月初正式启动，经各村、企（事）业单位推选，街道相关科室审核，评选办公室初选，产生12名候选人。11月30日，“富阳发布”微信公众平台开通投票通道，共计2700余人次参与网络评选。在网络评选结果基础上，经第二届“最美春江人”评选工作小组、老干部代表、“两代表一委员”等各界人士公平合理地进行综合评定，最终杨喜琴、羊明坤、胡小燕、王建强、董烈铭、喻银华、梁忠平、杨力等8人获得十佳“最美春江人”称号，孙克渭、董秋娣、裘锡城、丁峰萍等4人获提名奖。

（孙绮虹）

·东洲街道·

【概况】 2018年，东洲街道全境地域总面积69.70平方千米，下辖15个行政村，4个社区村民小组216个。年底总户数12099户，总人口46812人，其中城镇人口43342人。全年实现规上工业总产值1438711万元，财政总收入118700万元。农村经济总收入3658208万元，农村经济净收入329417万元。农民人均收入40431元。

年底耕地面积1117公顷，粮食总产量671.6万千克。公路通车里程94千米，行政村等级公路通达率100%。水利投工2.1万工，投资630万元。

2018年东洲街道各行政村基本情况

表30

村　名	户数（户）	人口（人）	农村经济总收入（万元）	农村经济总费用（万元）	农村经济净收入（万元）	农民人均收入（元）
鸡笼山	1227	5038	652395	593626	58769	43712
黄公望	751	3020	373288	339692	33596	42351
富春江	1404	5444	356098	324020	32078	43136
何　埭	467	1972	100133	91121	9012	37338
新　沙	259	1059	60767	55293	5474	38791
木桥头	590	2290	135355	123173	12182	38402
东　洲	1214	4804	315868	287414	28454	38620
红　旗	604	2381	124011	112850	11161	37018
陆家浦	472	1824	92867	84509	8358	40367
张　家	855	3179	164822	149988	14834	39003
建　华	1046	4191	201377	183253	18124	37411

续表 30

村　名	户数（户）	人口（人）	农村经济总收入（万元）	农村经济总费用（万元）	农村经济净收入（万元）	农民人均收入（元）
学校沙	792	3112	171133	155717	15416	39075
民　联	689	2866	616150	560646	55504	43699
紫　铜	640	2421	161522	146985	14537	40578
五　丰	624	2413	132422	120504	11918	42126

存栏生猪 390 头，出栏肉猪 1200 头，存栏家禽 4.6 万羽，出栏家禽 2.1 万羽。水产品产量 3110 万千克。绿化造林 10 公顷，封山育林 1450 公顷。水果种植面积 323.67 公顷，水果产量 1823.8 万千克。茶园面积 68 公顷，茶叶产量 47.7 万千克。工业企业总数 691 家，其中规模以上工业企业 99 家。规上工业产品销售产值 1452721 万元，产销率 100.97%。自营出口 129018 万元。中学 1 所，在校中学生 1305 人，入学率 100%；小学 1 所，在校小学生 2673 人，入学率 100%；幼儿园 1 所，在园幼儿 1457 人。社区卫生服务中心 1 家，卫生服务站 10 个。全年出生 648 人，计划生育率 99%。初级卫生保健普及率 100%。自来水普及率 100%。参加城乡居民养老保险 901 人。参加城乡居民基本医疗保险 21790 人。最低生活保障救助 454 户 592 人。农户新建房屋 211 户，占地面积 25320 平方米。

【各行政村基本情况】　（见表 30）

【完成亚运征迁】　东洲街道坚持党建引领亚运项目推进，把支部建在项目上，抓支部、领党员，严纪律、明规矩，把重大项目征迁作为检验基层组织建设、领头雁工程、党员教育成效的试金石。6 月 5 日，北支江综合整治及亚运项目房屋征迁工作仅用时 3 小时 58 分完成 100% 签约；12 月 16—18 日，又用短短 3 天时间，何埭、东洲、富春江 3 个村的村民代表 100% 表决通过了亚运项目征地事项，完成了 3 个村北支江整治及亚运项目 106.67 公顷土地征地。

【省委常委、杭州市委书记周江勇调研新沙岛】　2018 年 12 月 20 日，省委常委、杭州市委书记周江勇到东洲街道新沙岛调研，深入考察美丽乡村建设和乡村振兴工作等情况。他强调，要深入贯彻落实习近平生态文明思想，坚定不移走生态优先、绿色发展之路，加快推进高新产业发展、高品质城市建设和高水平社会治理，用活山水资源，打造美丽乡村，大力发展全域旅游、乡村民宿等绿色产业，实现农民增收致富，切实增强人民群众的获得感、幸福感和安全感。

【东洲街道第一届人民议事会议第一次代表会议召开】　2018 年 9 月 7 日上午，东洲街道第一届人民议事会议第一次代表会议召开，120 余名议事代表和列席人员参加会议。会前，议事代表视察东洲教育硬件设施及五水共治提升项目情况。会议审议通过街道人民议事会议相关规则及会议议程，组建了议事代表小组。听取和审议了费国民代表街道办事处所作的街道上半年工作报告和 2018 年上半年环境状况及环境保护目标完成情况报告，书面审议了街道 2018 年上半年财政预算执行情况报告。人大街道工委主任包杰峰对下半年街道议事代表活动和 2019 年民生实事项目调研工作进行了部署。

【田家英富阳调研与调查研究作风传承研讨会在东洲街道召开】　2018 年 12 月 18 日，由区委组织部、史志办、区委党校主办，东洲街道党工委承办的田家英富阳调研与调查研究作风传承研讨会正式举行。上午，在陆家浦村参观了田家英率中央调研组东洲调研陈列馆、东洲保卫战史料陈列馆；下午，举行了主题为“深化‘大调研’活动·助推‘三高’建设”的研讨会，以纪念改革开放四十周年和进一步贯彻落实省委“大学习、大调研、大抓落实”工作部署。

【东洲街道举办第一届芒种插秧节】 2018年6月2日，东洲街道在红旗村20公顷彩色稻田间成功举办了富春山居·乐在东洲——大杭州首届芒种插秧节暨富阳乡村百花大会东洲街道分会场活动。当天活动到场游客1200多人，新华社客户端浏览量达64万多人次，腾讯大浙网浏览量超100万人次，央级媒体、网站12家转发报道

【东洲街道代表浙江接受中央军委临检获得第一】 2018年11月15日，东洲街道人民武装工作代表浙江省军区接受中央军委国防动员委员会关于民兵调整改革全国性检查，检查组严格按照检查标准细则，进行场地察看、查阅台账、现场提问、电话抽点等地毯式检查，最终取得满分50分，并获得全国排名第一的优异成绩。

【浙江省首家农创客小镇落户东洲街道】 为贯彻落实中央、省、市关于“大众创业、万众创新”等一系列文件精神，在农业领域掀起“双创”热潮，进一步打造众创空间的新样板、特色小镇的新模式、互联网经济新增长点，2018年8月，正式确定农创客小镇落户东洲街道，并进行了办公大楼启用仪式和第一批22家入驻农创客企业见面会，与东洲街道木桥头村签订首期66.67公顷土地流转协议。

（朱鸿斌）

·鹿山街道·

【概况】 2018年，鹿山街道总面积63.31平方千米，辖行政村9个，社区2个，村民小组141个。年底总户数8063户，总人口24746人，其中城镇人口19275人。全年实现工农业总产值1927855万元，其中工业总产值961899万元，农业总产值965956万元。全年实现财政总收入29200万元，其中一般公共预算收入6533万元。农村经济总收入780715万元，农村经济净收入81972 万元。农民人均收入38287元。

2018年鹿山街道各行政村基本情况

表31

村 名	户数(户)	人口(人)	农村经济总收入（万元）	农村经济总费用（万元）	农村经济净收入（万元）	农民人均收入（元）
陆 家	818	2755	90832	79900	10932	43450
谢家溪	870	2783	143020	131011	12009	44766
蒋 家	918	2650	117007	104859	12148	44278
江 滨	575	1720	48196	41614	6582	40118
汤家埠	1087	3513	106445	96186	10259	36367
南 山	1250	3560	100300	88736	11564	43728
三 合	683	1866	84046	76639	7407	43757
五 四	517	1520	59719	53775	5944	42219
新 祥	645	2013	31150	26023	5127	38148

年底耕地面积833.6公顷，其中水田面积750公顷。粮食总产量546万千克。存栏生猪2224头，出栏肉猪98500头，存栏家禽3.85万羽，出栏家禽20万羽。水产品养殖面积163.3公顷，水产品产量660万千克。封山育林3584.8公顷。水果种植面积134.5公顷，水果产量655万千克。茶园面积38公顷，茶叶产量8.6万千克。工业企业总数246家，从业人员10031人，其中规模以上工业企业42家，实现产值89.7亿元。

中学1所，在校中学生836人；小学1所，辖3个校区，在校小学生1766人；幼儿园1所，在园幼儿872人。社区卫生服务中心1家。全年出生306人，计划生育率99.8%。固定电话用户2831户，

移动电话用户8325户，因特网用户6983户。参加城乡居民养老保险4251人。参加城乡居民基本医疗保险10912人。最低生活保障救助人数316人。

【各行政村基本情况】 （见表31）

【小城镇环境综合整治】 鹿山街道认真贯彻落实省委省政府的决策部署，深入开展小城镇环境综合整治，围绕“山、水、人、房、田”五大要素做文章，按照“拆、清、整、实、管、传”六字方针抓工作。全体街道干部群众披星戴月、日夜兼程，带着想法干，带着使命干，带着责任干，克服基础设施差的困难，克服人口多而杂的困难，克服拆整工作量大的困难，克服群众参与度低的困难，各项整治内容按预定计划顺利完成，不仅环境面貌焕然一新，而且融合了干群关系。极大地提升了群众的幸福感、获得感及满意度。

【“三网齐织，系统服务”打造全省唯一的扶贫富阳新模式】 鹿山街道作为浙江省唯一接受新疆籍人员集中跨省务工脱贫工作的援疆试点单位，紧紧围绕省委书记车俊对该项工作“全力支持，加强管理”的批示要求，坚持“没有万一”的底线思维，积极与市援疆指挥部、阿克苏市对接，于2018年5月主动接收52名新疆籍青年务工人员到街道辖区内的杭州日月电器股份有限公司务工。积极织好安全服务、技能培育和帮扶关爱三张网，全方位做实对新疆籍务工人员的服务工作，成绩显著。10月27日，省委书记车俊对此高度肯定，作出重要批示：“富阳区全力做好新疆籍青年务工人员的管理和服务工作的做法很好，值得肯定和其他地方借鉴。”

【杭州师范大学附属东吴小学正式揭牌】 12月5日下午，富阳区教育局与杭州师范大学合作办学签约仪式暨杭州师范大学附属东吴小学揭牌仪式在东吴小学正式举行。杭州师范大学副校长方亮，杭州师范大学基础教育集团书记、副理事长潘春雷，杭州师范大学理学院副院长叶立军，副区长孙洁，区教育局党委书记、局长宋国胜，鹿山街道党工委书记刘海军，杭州师范大学附属东吴小学全体教师、学生以及部分家长代表参加揭牌仪式。 （刘洪祥）

·银湖街道·

【概况】 2018年，银湖街道总面积158.23平方千米，辖行政村22个，社区5个，村民小组399个。年底总户数15979户，总人口54103人，其中城镇人口25484人。全年实现工农业总产值149.9亿元，按可比价格计算，比上年增长2.7%；其中工业总产值136.6亿元，农业总产值13.3亿元。全年实现财政总收入10.3亿元，其中一般公共预算收入1.74亿元。农村经济总收入6615115万元，农村经济净收入581696万元。农民人均收入44347元。

年底耕地面积1632公顷，其中水田面积1258公顷。粮食总产量1160.9万千克。农机总动力6.2万千瓦。水利投工11.3万工，投资2500万元。完成环境污染治理项目4个，投资额200万元。存栏生猪4012头，出栏肉猪24776头，存栏家禽11.2554万羽，出栏家禽49.3291万羽。水产品养殖面积50.1公顷，水产品产量162.3万千克。绿化造林8公顷，封山育林8200.06 公顷。水果种植面积167.73公顷，水果产量 629.7万千克。茶园面积664.13公顷，茶叶产量88.8万千克。工业企业总数 1135家，从业人员13615人，其中规模以上工业企业74家，实现产值112.5亿元、销售107.6亿元、利润总额 3.3亿元。

中学1所，在校中学生1509人；小学4所，在校小学生3784人；幼儿园2所，在园幼儿1407人。社区卫生服务中心2家，卫生室11个。全年出生650人，计划生育率97.2%。固定电话用户8512户，移动电话用户51367户，因特网用户35854户。参加城乡居民养老保险41352人。参加城乡居民基本医疗保险23159人。最低生活保障救助人数810人。农户新建房屋158户，建筑面积56880平方米。

【各行政村基本情况】 （见表32）

【完成地铁沿线搬迁首战】 2018年3月至9月，银湖街道历时近7个月时间，实施2期整村搬迁，共计投入资金21亿元，搬迁7个自然村、农户1283

2018 年银湖街道各行政村基本情况

表32

村名	户数(户)	人口(人)	农村经济总收入（万元）	农村经济总费用（万元）	农村经济净收入（万元）	农民人均收入（元）
高桥	1785	5084	1692317	1522070	170247	44895
观前	1218	4239	473703	436078	37625	44228
泗洲	527	1738	114660	59073	55587	44176
勤丰	364	1219	133998	121635	12363	44341
郜村	419	1452	61649	52291	9358	43542
勤乐	509	1666	384400	368016	16384	43373
唐家坞	522	1742	228768	195530	33238	46885
沈家坞	401	1502	79001	63060	15941	44977
坑西	523	1861	62214	48073	14141	43647
上陈	361	1250	121344	107791	13553	43066
洪庄	683	2416	274956	242722	32234	43821
千家	438	1509	22297	14899	7398	43097
大地	499	1821	73415	60316	13099	43819
杜墓	419	1426	84407	73721	10686	44684
新生	432	1431	42886	32776	10110	43070
金竺	447	1538	81845	67627	14218	43353
受降	1164	3954	597732	562432	35300	44580
新常	789	2598	636706	610925	25781	44303
大庄	810	2799	388852	377648	11204	43508
梓树	572	2227	160608	151228	9380	45881
东坞山	812	3270	360363	350086	10277	43387
银湖	1081	3411	538994	515422	23572	46286

户、住改非经营户 500 户，腾出存量建设用地 73.33 公顷，规划可用土地空间 117.60 公顷。此次地铁沿线整村搬迁工作涉及面广、难度大、任务重，街道提前谋划、科学组建征迁攻坚团队，坚持“一个标准、一口定价、公平公正”的原则，全面掌握搬迁户实际情况，科学制定个性化处置政策，重视工作每一个环节，抓好服务群众每一个细节，充分调动全街道各行政村党员干部的力量，集聚群众智慧，在帮拆部门的支持下，完成地铁沿线整村搬迁首战。

【推进重点项目建设所需用地的征迁和政策处理工作】 作为全区打造“三高三铁三快速”的主战场，富阳客运中心的选址地，融杭发展的桥头堡，银湖街道以实现重点项目无障碍施工为目标，全力推进项目所需用地的征迁和政策处理工作。完成杭富城际铁路(彩虹快速路)征地 4.07 公顷，拆迁农户 20 户，通过开展对紫云山庄、雍柏荟、伊甸山庄、云河福邸等 4 个山庄沿线的保护性施工，完成企业、农户和山庄小区借地及政策处理 120 多处；完成银湖水厂一期 11.33 公顷青苗补偿等政策处理；完成西复线连接线工程征用土地 23.53 公顷，拆迁农户 5 户、企业 9 家；完成亚运射击射箭现代五项馆征地 16 公顷，拆迁农户 3 户、企业 11 家，迁坟 20 余穴；完成银湖 1 号地块配套道路、高渠路、奔腾地块路网水系工程、受降溪绿带公园、街道便民服务中心共计征地和政策处理 5.07 公顷。

【实施小城镇综合整治】 按照“生态文明、宜居宜业、美丽和谐”的整治定位，街道投入 7000 余万元实施小城镇环境综合整治工程。完成樱花绿道建设和文化广场提升工程；新建农贸市场1个，整治规范摊点630个，新建和提升公厕2个；新建停车场6处，新增和规范停车位865个；新建电子交警4套，红绿灯1组，规范标识标牌7块，新增隔离护栏750米，新划交通标线5800米；完成集镇范围强弱电“上改下”7.10千米，拔除多杆废杆80余根；完成高桥东路7600平方米街区整立面改造，拆除防盗窗580个、整治规范50个、拆除遮阳篷420个、整治空调室外机3100只、改造店招650个；采用陶瓷透水砖新型材料，提升高桥东西路人行道1100米。街容风貌和城市管理水平得到有效提升，居民获得感和满意度倍增，于2018年12月20日顺利完成省级验收工作。（郑国英）

·春建乡·

【概况】 春建乡位于富阳区西北部，距区政府所在地13千米。全境地域总面积45.19平方千米，行政村6个，村民小组107个。年底总户数2971户，总人口9258人，其中乡村人口9258人。全年实现财政总收入5287万元。农村经济总收入238063万元，农村经济净收入44491万元。农民人均收入32083元。

年底耕地面积503.3公顷，其中水田面积413.6公顷。粮食总产量291.7万千克。农机总动力1.98万千瓦。公路通车里程35千米，行政村等级公路通达率100%。存栏生猪700头，出栏肉猪1150头，存栏家禽0.5万羽，出栏家禽0.7万羽。水产品产量9.3万千克。绿化造林41.7公顷，封山育林3128.2公顷。水果种植面积72.7公顷，水果产量1558.9万千克。茶园面积577.8公顷，茶叶产量77.4万千克。工业企业总数45家，其中规模以上工业企业4家。规上工业产品销售收入25067万元，产销率96.8%。小学1所，在校小学生322人，入学率100%；幼儿园1所，在园幼儿107人。社区卫生服务中心1家，社区卫生服务站3家，村卫生室2家。全年出生92人，计划生育率98.6%。初级卫生保健普及率100%。自来水普及率100%。固定电话用户776户，电话普及率8.38部/百人，因特网用户1782户。参加城乡居民养老保险7286人。参加城乡居民基本医疗保险4964人。最低生活保障救助人数225人。农户新建房屋39户，建筑面积14040平方米。

【各行政村基本情况】 （见表33）

2018春建乡各行政村基本情况

表33

村　名	户数(户)	人口(人)	农村经济总收入(万元)	农村经济总费用(万元)	农村经济净收入(万元)	农民人均收入(元)
咸　康	627	2063	124815	106703	18112	33876
下　俞	305	872	21913	17819	4094	31489
徐家坞	295	913	16907	13123	3784	30991
铁　坎	363	1179	15987	13026	2961	31552
春　建	888	2621	41099	31108	9991	31113
大　唐	493	1610	17342	11793	5549	33486

【荣获浙江省小城镇环境综合整治样板乡镇】 项目总投1700余万元，涉及项目15个，整治面积0.43平方千米。通过实行每个班子成员联系一个项目、带领一个班组、负责一个片区、牵头落实N个指标“1+1+1+N”工作模式和“拆整为前提，环境为基础，项目为抓手，特色为关键，干群为保证”的“五步工作法”，共拆除违章建筑、彩钢棚、老旧附房6200平方米，清除建筑垃圾、堆积物万余吨。拆除沿街破旧防盗窗、破损遮雨棚、破损广告牌匾138个，统一调整空调室外机及机罩260个、卷闸门31扇。完成强弱电“上改下”整治3.5公里，新建经营面积近千平方米的星级集贸市场，建设5个停车场140个车位，提升绿化景观13100平方米。

【台湾侨建小学参访团到春建乡参访】 7月5日下午，台湾侨建小学参访团莅临春建乡参访。参访团与春建中心小学师生共同开展香囊创作、麦草扇编制、麦饼和粽子制作等趣味活动。

【顺利通过省级卫生乡创建】 以创建省级卫生乡镇为抓手，加大环境卫生管理和整治力度，乡村环境日益改善。探索环境整治长效机制。建立每月一督查一反馈一通报制度，每月进行环境卫生督查考核排名，完成示范区块创建评比。创新垃圾分类处置模式。在生活垃圾“四分三化”处置模式基础上，优化垃圾分类“咸康模式”，实现全乡农村生活垃圾分类全覆盖，全年共收集厨余垃圾430 吨，生产有机肥料90吨。高标准完成厕所革命。新建和改造公厕20座并实施长效管理，全区厕所革命和垃圾分类现场会在春建召开。12月，通过“浙江省卫生乡镇”考核。

【举办2018年“富春山居 百花大会”“坞里探花 嬉骑春建”骑游活动】 11月4日，首届“坞里探花 嬉骑春建” 骑游活动在咸康村举行，此次活动包括趣味打卡骑游、儿童平衡滑步车体验赛、智能骑行台体验赛、摄影展和茶乡集市和茶乡百家宴等丰富多彩的活动。

【举办春建乡第三届全民运动会】 春建乡第三届全民运动会于10月份举行，8支队伍参加了8个大项14个小项的比赛，参与人数达600余人。咸康村、铁坎村、大唐村分获团体总分一、二、三名。(周碧波)

·新桐乡·

【概况】 新桐乡位于富阳区西南部，距区政府所在地20千米。2018年，新桐乡总面积49.82平方千米，辖行政村7个，村民小组83个。年底总户数4601户，总人口14120人，其中乡村人口14120人。全年实现工农业总产值169209万元，其中工业总产值150814万元，农业总产值18395万元。全年实现财政总收入17700万元，其中一般公共预算收入9096万元。农村经济总收入283313万元，农村经济净收入42346万元。农民人均收入29194元。

年底耕地面积653公顷，其中水田面积487公顷。粮食总产量452.5万千克。农机总动力1.16万千瓦。水利投资1200万元。完成环境污染治理项目3个，投资额225万元。存栏生猪12头，出栏肉猪130头，存栏家禽4万羽，出栏家禽5万羽。水产品养殖面积14公顷，水产品产量201.3万千克。绿化造林0.73公顷，封山育林2239.5公顷。水果种植面积310.4公顷，水果产量440.9万千克。茶园面积50.67公顷，茶叶产量12.4万千克。工业企业总数32家，从业人员968人，其中规模以上工业企业6家，实现产值12.85亿元、销售12.91亿元、利润总额3.03亿元。小学1所，在校小学生224人；幼儿园1所，在园幼儿100人。社区卫生服务中心1家，卫生室3个。全年出生158人，计划生育率96.55%。参加城乡居民养老保险677人。参加城乡居民基本医疗保险7897人。最低生活保障救助人数480人。农户新建房屋90户，建筑面积29400平方米。

2018年新桐乡各行政村基本情况

表34

村 名	户数(户)	人口(人)	农村经济总收入(万元)	农村经济总费用(万元)	农村经济净收入(万元)	农民人均收入(元)
程 浦	696	2165	62955	56650	6305	29789
新 桐	1202	3809	127669	111494	16175	32093
小桐洲	464	1374	8862	5776	3086	27872
新 中	405	1262	7983	5113	2870	25693
春 渚	423	1308	16588	13320	3268	28614
江 洲	726	2428	41570	35393	6177	27914
俞 家	550	1695	17686	13221	4465	27885

【各行政村基本情况】　（见表34）

【创建国家级卫生乡】　投资409万元实施“美丽田园”项目，区块内道路硬化、停车场、休息亭等设施建设完成；投资93万元的“美丽林相”建设项目已进场施工。投入200余万元推进“农村厕所革命”，新建公厕3座、改造8座。“五水共治”统筹推进，投入110万元提升改造4个村生活污水终端，确保管网运行维护常态，完成26处小微水体和3个工业排污口整治。农贸市场和街面店铺管理逐渐规范，“三乱”行为有效遏制，整治脏乱差点位42个，镇容镇貌全面提质，顺利通过小城镇环境综合整治省级验收。卫生基础更加厚实，村庄环境整治脏乱差区块10个，整治露天粪坑反弹现象。垃圾分类成效显著，实行“积分兑换”推动生活垃圾智能分类，垃圾分类实现“三化四分”，厨余垃圾就近处理，可回收垃圾外运降解。开展每月庭院大比武，打造8个示范区块，扮靓“最美庭院”，春渚村成为区“美丽庭院”示范村，该乡被评为区“美丽庭院”示范乡镇。小桐洲、程浦、新中、俞家等4个村通过“省卫生村”验收，全乡7个村全部创建成功；国卫创建通过杭州市级明察暗访。

【文化活动丰富多彩】　新中村金萧支队江北办事处史料馆挂牌区爱国主义教育基地。文化礼堂实现全覆盖，提升改造俞家村、新桐村两处文化礼堂。文化惠民更广泛，组织文化走亲活动4场，送文化下乡60场。群众文化生动展示，开展“花舞‘筝’春”和首届新桐农民丰收节活动，展现新桐特色，“宁江王出巡”民俗申请非遗，俞家竹马队多次区级展演。成功举办立春祭、春天的盛会、国际飞行艺术节等活动，参加区百花大会获得最佳展区奖。举办首届全国董邦达董诰学术研讨会，编撰出版《董邦达、董诰传说故事》一书。

举办新桐乡“庆丰收”趣味运动会

（新桐乡　供稿）

【举办新桐乡“庆丰收”趣味运动会】　2018年9月20日，新桐乡“庆丰收”趣味运动会在江洲村举行。运动会共分8个项目，分别是百米顶桔、柚子铅球、柚子进洞、翻来覆去、秸秆标枪、酒坛接力、“馒”载而归、拔河比赛。每个项目都将运动用品替换成了果实、农作物，形式新颖，妙趣横生。新桐乡以本次运动会为契机，倡导全民健身运动，提高广大农民的身体素质、获得感和幸福感。

【乡村医生唐焕庆被评为“首届杭州市优秀医师”】　唐焕庆是一名经验丰富的全科医师，从医13年，积极投身医疗康复、公共卫生一线工作，是富阳区“十佳系列人才”“百位名师”“职业技能带头人”，曾获2016年基层综合卫生技能竞赛一等奖，多次被授予“杭州市杰出青年岗位能手”“杭州市精神卫生工作先进个人”“富阳区十佳社区健康卫士”“富阳区经济技术能手”等荣誉称号。唐焕庆在临床工作中大力发展中医药适宜技术，曾获杭州市首届中医药适宜技术推广应用标兵；他负责的精神病防治工作成为单位亮点工作。在家庭医生签约服务中悉心为签约居民服务，赢得了签约居民的广泛称赞。2018年8月，被评为“首届杭州市优秀医师”。

（何华军）

·新登镇·

【概况】　新登镇位于富阳区西部，距区政府所在地25千米。全境地域总面积179.37平方千米，行政村28个，社区4个，股份经济合作社3个，村民小组590个。全镇党员数3688名、党组织216个，其中党委15个，党总支21个，一级党支部52个，组级支部128个。年底总户数23054户，户籍人口68607人，其中城镇人口30042人。全年实现工农业总产值3176566万元，按可比价格计算，比上年增长12.36%；其中工业总产值2580265万元，农业总产值988850万元。全年实现财政总收入118100万元。农村经济总收入203.40万元，农村经济净收入17.79万元。农民人均收入32865元。

年底耕地面积2286.46公顷，其中水田面积2050.7公顷。粮食总产量1146.6万千克。公路通车里程300.5千米，行政村等级公路通达率100%。水利投资2100万元。存栏生猪30000头，出栏肉猪135000头，存栏家禽60万羽，出栏家禽103万羽。水产品养殖面积116.8公顷，水产品产量65万千克。绿化造林33.33公顷，封山育林4537公顷。水果种植面积664.2公顷，水果产量2609.5万千克。茶园面积140.3公顷，茶叶产量54万千克。工业企业总数608家，其中规模以上工业企业58家。工业销售产值2575104万元，产销率99.8%。自营出口130268万元。中学3所，在校中学生4984人，入学率99.8%；小学3 所，在校小学生4203人，入学率 100%；幼儿园2所，在园幼儿1626人。社区卫

2018年新登镇各行政村基本情况表

表35

村 名	户数(户)	人口(人)	农村经济总收入(万元)	农村经济总费用(万元)	农村经济净收入(万元)	农民人均纯收入(元)
湘 河	366	1156	32860	29912	2948	30138
和 山	371	1108	33042	30150	2892	30000
湘 溪	818	2240	41539	35666	5873	30129
仙 里	309	961	32035	29480	2555	30770
马 弓	503	1627	38540	34500	4040	30086
长 兰	465	1680	37013	31900	5113	32505
湘 主	457	1653	36610	31800	4810	31205
潘 堰	771	2678	44074	36514	7560	30209
元 村	581	1890	91740	85648	6092	30358
半 山	1017	3464	127196	115600	11596	34417
九 儿	413	1221	43546	39600	3946	33732
长 垄	491	1681	64598	59800	4798	32059
双 庙	541	1679	38328	33200	5128	31762
五里桥	596	1972	60416	53120	7296	35418
南 津	829	2752	88631	79100	9531	34052
昌 东	843	2714	88058	79200	8858	33001
上 山	327	1076	62183	58800	3383	33272
官 山	563	2008	71281	65000	6281	30885
包 秦	410	1425	52918	48500	4418	33499
松 溪	1340	4824	391425	374232	17193	34500
上 旺	476	1755	33991	28600	5391	32331
官 塘	619	1976	44744	38500	6244	32708
乘 庄	462	1670	191067	184000	7067	32709
双 江	306	1085	39205	35200	4005	31450
双 塔	326	1068	49052	45400	3652	36610
双 联	728	2392	37274	29600	7674	33142
大 山	669	2357	51338	43100	8238	34912
塔 山	910	2875	111268	100500	10768	36568

生服务中心5家，卫生室18个。全年出生635人，计划生育率98.7%。初级卫生保健普及率100%。参加城乡居民养老保险5073人。参加城乡居民基本医疗保险31282人。最低生活保障救助人数1097人。农户新建农房26户，新增建筑面积8910平方米。

【各行政村基本情况】 （见表35）

【富春港商业中心开业】 2018年1月1日上午，由富春江集团打造的新登富春·港商业中心隆重开幕。开业当天人流量就超过了4万人次，消费金额达500万元人民币。副区长裘富水、新登镇党委书记许玉钧、富春江集团董事局主席孙庆炎等一起参加开业剪彩仪式。

【省委常委、杭州市委书记赵一德到新登镇双江村调研】 2018年3月8日至9日，省委常委、杭州市委书记赵一德到新登镇双江村开展“联百乡结千村访万户”蹲点调研活动，走村入户听民声、访民情、解民忧。蹲点调研期间，赵一德走访蒋坞里、太婆湾、下汪垄、鸡鸣山、钦贤罗家等自然村的30户农家和畲乡园食品有限公司，考察新登镇入城口整治、旧城改造、葛溪景观提升改造、桥梁美化、贤明山公园亮化等工作，踏看了村委广场和文化长廊，并与镇村干部、乡贤座谈交流。

【新登11个重大项目集中开工】 2018年3月13日，新登2018年项目推进大会暨项目集中开工仪式在新登贤明山公园广场举行，总投资达3.5亿元，涉及道路、桥梁、绿化及背街小巷改造等多种项目。参加此次项目推进大会的有新登镇、新投集团主要领导，相关区、镇“两代表一委员”，新投集团全体干部职工，项目工地所属相关行政村（社区）书记、主任及新投集团所属项目施工、监理单位相关人员。区人大常委会副主任陈鸿麟到会并宣布11个工程项目集中开工。

【2018杭州富阳·新登半山桃花节】 2018年3月24日，“新时代登上新台阶”——2018杭州富阳·新登半山桃花节开幕式暨“百花大会”启动仪式在美丽的新登镇半山村举行，区领导夏芬、祝一君、陈鸿霖、何献忠、蒋建民等出席。桃花节从3月24日开始，到3月29日结束，为期6天，通过开幕式启动“百花大会”，举办新登人的演唱会、新登桃花音乐会、台湾画家两岸文化艺术交流采风等活动，充分展现新登的田园风光和文化底蕴，同时以花为媒，凝聚乡贤力量，促进精品线路发展，全面唱响“一城山水秀、十里花果香”的一流小城市品牌。

【双江“三月三”民族文化节】 2018年4月18日下午，由区政府主办，区民宗局、新登镇政府承办的2018杭州富阳·双江第五届“三月三”民族文化节开幕。杭州市委常委、秘书长许明，区领导吴玉凤、陈平、祝一君、蒋建民参加开幕式。本届文化节以“展示畲乡风采，助推乡村振兴”为主题。开幕式分“快乐畲寨”“诗和远方”“风生水起”三个篇章。

【贤明小学在浙江国际传统武术比赛中获得7枚金牌】 2018年7月19日，在浙江国际传统武术比赛中，在227支参赛队伍，4000多名“武林高手”的激烈角逐中，贤明小学斩获7金。贤明小学自三校合并以来，确立了“以武育德，以武启智”的武术特色创建理念，制订了武术特色学校发展中长期规划，全体师生积极开展“以开展武术特色项目促进学校发展，以武术特色品牌提升办学品位”的探索和实践。学校以传统武术进校园为载体，开设了传统武术课程，传承国粹武术，弘扬武术精神，打造武术特色，从而推进学校特色品牌建设。同时，学校成为富阳区非物质文化遗产传统武术传承教学基地。

【新登鲜桃获“2018浙江省十佳桃”】 2018年7月28日，杭州富阳千禧园艺场、杭州富阳湖上沙水果专业合作社、杭州富阳矮子鲜桃专业合作社、杭州富阳海洪生态农业开发有限公司，代表富阳参加“2018浙江精品果蔬展销会”。由杭州富阳海洪生态农业开发有限公司选送的“胖果”牌水蜜桃从全省55个参评样品中脱颖而出，被评为“2018浙江省十佳桃”。杭州富阳千禧园艺场选送的“有源”牌蜜梨、杭州富阳湖上沙水果专业合作社选送的“富四宝”牌葡萄分获金奖，杭州富阳矮子鲜桃专业合作社、杭州富阳海洪生态农业开发有限公司选送的2个鲜桃产品荣获优质奖。

【新登镇获“浙江省诗词之乡”称号】 2018年11月20日，杭州市拥江发展领导小组办公室和浙江省诗词与楹联学会授予7个地方“浙江省诗词之乡”称号，新登镇作为富阳区唯一一个乡镇位列其中。新登镇是晚唐诗人罗隐故里，目前尚存罗隐诗词460首。新登镇致力于打造“罗隐故里，生如唐诗”的地方核心文化品牌。2018年4月，新登镇政府先后举办了“罗隐与唐诗”雅集对话、“罗隐故里，生如唐诗”双江罗隐诗会，中央电视台大型纪录片《跟着唐诗去旅行》将新登作为拍摄的“诗意地标”之一。

【新登镇荣获“中国越剧之乡”称号】 2018年11月，杭州市戏剧家协会授予新登镇“中国越剧之乡”的称号。新登镇是著名越剧表演艺术家徐玉兰故里，乡人爱听戏、唱戏，越剧之风浓厚。

【新登镇与上海同瀚投资有限公司签约】 2018年11月13日，新登镇人民政府与上海同瀚投资有限公司举行战略合作投资签约，双方就城镇有机更新、美丽乡村建设等项目进行合作。区领导朱党其、张霖、陈鸿麟、侯明平参加。本次签约合作是吸引社会资本助推富阳转型发展的一次有效尝试，将进一步拓宽建设融资渠道，降低城市建设成本，提升建设资金绩效。双方将以本次合作开发为试点，借社会力量来推进富阳城市变革，探索新城区域项目社会化开发的“富阳模式”，走出一条社会资本参与城市建设实现“政企共赢”的特色路子。

【省委常委、杭州市委书记周江勇调研新登】 2018年12月20日，省委常委、杭州市委书记周江勇到新登镇调研，杭州市领导戚哮虎、许明、刘国洪、缪承潮陪同。周江勇一行先后走访了双江村了解乡村振兴工作情况、半山村文化礼堂、城市阳台夜景，并前往新登镇政府慰问镇干部。

【“潮涌钱塘——新春送欢乐 文化进万家”活动启动仪式暨首场惠民演出在半山举行】 2018年12月20日，省委常委、杭州市委书记周江勇宣布活动启动，杭州市委常委、宣传部长戚哮虎致辞，杭州市领导许明、刘国洪、罗卫红、缪承潮、汪小玫出席。杭州市市领导向杭州市文联等单位授予“潮涌钱塘——新春送欢乐文化进万家文化文艺服务团”团旗和“文艺轻骑兵”队旗。（金　杰）

·胥口镇·

【概况】 2018年，胥口镇总面积68.81平方千米，辖行政村13个，村民小组217个。年底总户数6043户，总人口18409人，其中城镇人口6438人。全年实现工农业总产值354353.58万元，按可比价格计算，比上年增长21%；其中工业总产值325791万元，农业总产值28562.58万元。全年实现财政总收入37274.2万元，其中一般公共预算收入5228.96万元。农村经济总收入391890万元，农村经济净收入76420万元。农民人均收入27872元。

年底耕地面积818.13公顷，其中水田面积581.4公顷。粮食总产量447.9万千克。农机总动力1.62万千瓦。水利投工1.42万工，投资1200万元。完成环境污染治理项目5个，投资额200万元。存栏生猪8797头，出栏肉猪16242头，存栏家禽4.97万羽，出栏家禽12.13万羽。水产品养殖面积27.53公顷，水产品产量119.9万千克。绿化造林2.7公顷，封山育林1150公顷。水果种植面积91公顷，水果产量680.4万千克。茶园面积74.1公顷，茶叶产量15.7万千克。工业企业总数109家，从业人员4553人，其中规模以上工业企业12家，实现产值32.58亿元、销售44.37亿元、利润总额6.34亿元。

小学1所，在校小学生523人；幼儿园1所，在园幼儿288人。社区卫生服务中心2家，卫生室3个。全年出生171人，计划生育率99.4%。固定电话用户1845户。参加城乡居民养老保险891人。参加城乡居民基本医疗保险11081人。最低生活保障救助人数492人。农户新建房屋75户，建筑面积27000平方米。

【各行政村基本情况】 （见表36）

【举办首届杭州富阳胥口“相约里坞”古茶诗会活动暨“双百计划”启动仪式】 2018年4月20日上午，杭州富阳胥口镇“相约里坞”古茶诗会暨“双百计划”启动仪式在胥口镇里坞村举行。活动以“碧水云山、古茶诗韵”为主题，通过专题片、诗朗诵、舞蹈、歌唱、茶艺表演、乡贤恳谈等形式，结合现场的茶会雅集、胥口农产品展销等活动，以茶为媒，以诗会友，以景留人。杭州市城投集团党委副书记范川，富阳区委副书记徐林亮等领导和各界来宾出席了活动。自2017年“百千万”活动以来，杭州市城投集团与胥口镇结对共建，双方确定了特色村建设、高坪片农村饮用水工程、垃圾“三化四分”、文化礼堂建设、志愿服务等5个项目作为重点帮扶项目。共建过程中，市城投集团共到位资金140万元，并提供人才、技术等帮助，5个结对共建项目均已完成或推进顺利。2018年，双方确定党建提升、乡村振兴、志愿帮扶、民生保障、村镇建设等新五项结对共建项目，进一步深化“百千万”活动成果。

【创建小城镇环境综合整治2018年度省级样板】 2018年12月21日，胥口镇顺利通过小城镇环境综合整治省级考核验收。该镇突出产镇结合、三生融合的特色定位，实施“拥溪发展”战略，打开葛溪两岸滨水空间，以小城镇环境综合整治项目为契机，规划建设小城镇环境综合整治15个大项37个子项目，总投资3747万元。因地制宜增加公共配套设施，完成集镇农贸市场提升改造、雷锋公园、党建公园、镇前广场（市民公园）提档升级，完成道路新建、改造9.40千米，新增车位278个，新增停车场4个，有效解决集镇停车乱、停车难问题。完成6.20千米强弱电线路“上改下”工程，完成飞线治理5.80千米。以拆、补、改、扩为主要形式对沿街立面进行改造提升，共完成墙面整治6.2万平方米，实现集镇美丽蜕变。注重文化挖掘，建成胥口记忆展馆，胥口书院正式启动，出版《胥口记忆》文章集，成功创建小城镇环境综合整治省级样板镇，同时，将小城镇整治与药谷小镇创建、梦想田园综合体打造携手并进，为打造全域景区奠定了坚实基础，最终实现“碧水云山、灵韵胥口”目标。

【谦吉堂正式对外开放】 2018年12月21日，位于胥口镇胥口村的谦吉堂正式对外开放。该场馆建于清代道光年间，上下两层，面积将近400平方米。在胥口镇小城镇环境综合整治中，经设计改造，把老房子做成了一个文化交流的地方，题名“文汇谦吉”，故名“谦吉堂”。堂内展示100幅临帖书法。

2018年胥口镇各行政村基本情况

表36

村　名	户数(户)	人口(人)	农村经济总收入（万元）	农村经济总费用（万元）	农村经济净收入（万元）	农民人均收入（元）
上　练	329	1165	6926	4738	2188	28332
下　练	549	1803	238455	200877	37578	28625
里　坞	484	1549	10004	6955	3049	28028
新　峤	680	2047	9001	3597	5404	27489
查　岭	317	995	15470	12625	2845	27543
胥　口	362	1174	7553	4949	2604	28169
葛　溪	448	1478	42867	36826	6041	27952
金　慈	412	1306	6970	4502	2468	27400
棠　棣	371	1135	12827	9997	2830	28073
平　畈	569	1729	8582	5229	3353	27933
佛　鲁	403	1289	9046	6550	2496	27871
高　联	510	1570	6964	4224	2740	27400
灵　苑	320	933	17225	14400	2825	27378

【胥口记忆展示馆开馆】 2018年12月21日，位于胥口镇雷锋公园旁的胥口记忆展示馆正式开馆，该展馆是胥口镇专门聘请省建科建筑设计院进行规划设计，以《胥口记忆》一书共同命名，是胥口镇小城镇环境综合整治的一个特色项目及成果。该馆占地面积约150平方米，一层楼，分为生产生活篇、家国情怀篇、山水风光篇及发展前景篇四个展厅，馆内记录了时代变迁中，胥口涌现出了移民文化、竹排文化、做纸文化等一系列具有胥口特色的文化故事，展出了胥口本土的非物质文化遗产、记载了革命烈士商振富、“一代梅师”陆九畴爱国主义光辉事迹等。

青年党员参观胥口记忆展馆

（胥口镇　供稿）

【《胥口记忆》文集首发仪式】 2018年12月22日，在胥口村文化礼堂（胥口书院）冬至节气活动之“回家·糕兴”开幕仪式上，胥口镇举行了《胥口记忆》一书的首发仪式和赠书仪式。为了挖掘地域文化，打造有记忆的街区、有故事的小镇，该镇通过面向全社会开展“胥口记忆”征文比赛，多次召开座谈会，借助老百姓以及乡贤的力量，为人文掌故寻找线索、提供佐证，最后形成《胥口记忆》一书，富阳文联《富春江》杂志为此还出了一期专辑。

【开展创建国家卫生镇活动】 2018年4月始，胥口镇在全镇范围内开展创建国家卫生镇活动。为巩固浙江省卫生镇成果，作为提升胥口形象、优化人居环境、协调经济发展的一项重要内容，胥口镇深入开展爱国卫生运动、环境保护、病媒生物防制、传染病防治；不断改善环卫设施、镇容镇貌；健康教育、食品安全、饮用水和公共场所卫生等行业管理水平逐步提高；建立健全卫生管理长效机制，开展五水共治、美丽庭院、村干部队伍“擂台比武”、环境卫生整治等专项行动，形成领导重视、部门协调、全民参与的工作机制。全年开展环境卫生比武攻坚行动，突出“拆、清、整、建、涂、种、栽”，以重点难点区块入手加快推进村庄环境卫生整治，每月开展环境卫生擂台比武活动，比学赶超的氛围初步形成。通过一村一区块、一月一比武活动，基本根除了沉积多年的卫生死角，村庄环境从“脏乱差”变成“洁净美”。国家卫生镇创建9月19日顺利通过市级评估组现场考核，查岭、胥口、棠棣、平畈等4个村成功创建省级卫生村。（王慧娟）

·渌渚镇·

【概况】 渌渚镇位于富阳区西南部，距区政府所在地35千米。全境地域总面积79.24平方千米，行政村13个，村民小组181个。年底总户5509户，总人口17064人，其中城镇人口4926人。全年实现工农业总产值167516万元，按可比价格计算，比上年减少20.95%；其中工业总产值132230万元，农业总产值35286万元。全年实现财政总收入9384万元。农村经济总收入452729万元，农村经济净收入55349万元。农民人均收入31682元。

年底耕地面积757公顷，其中水田面积633.33公顷。粮食总产量656.5万千克。农机总动力5.822万千瓦。公路通车里程120千米，行政村等级公路通达率100%。水利投资1786.52万元。完成环境污染治理项目1个，投资额2571.6万元。存栏生猪18965头，出栏肉猪77932头，存栏家禽41.24万羽，出栏家禽85.04万羽。水产品养殖面积172公顷，水产品产量158.7万千克。绿化造林1.53公顷，封山育林2782.53公顷。水果种植面积151.33公顷，水果产量1127.2万千克。茶园面积28.46公顷，茶叶产量3.2万千克。工业企业总数家，其中规模以上工业企业13家。规上工业企业产品销售收入125939万元，产销率95.2%。外贸供货值11793万元，自营出口1425万美元。小学2所，在校小学生

2018 年渌渚镇各行政村基本情况

表 37

村　名	户数（户）	人口（人）	农村经济总收入（万元）	农村经济总费用（万元）	农村经济净收入（万元）	农民人均收入（元）
百前	414	1257	37214	33353	3961	31637
杨袁	305	898	38281	35700	2581	29185
六渚	411	1342	24808	20930	3878	30838
莲桥	290	885	29987	26522	3465	38837
董湾	365	1070	32849	28902	3947	37703
岘口	457	1149	35505	30207	5298	39759
阆坞	645	2176	69809	60128	9681	36868
桃花岭	312	952	23590	20548	3042	31880
新岭	530	1710	43395	39015	4380	24108
浦中	399	1276	28030	24565	3465	28325
新浦	403	1350	38156	33619	4537	29389
新港	317	987	24356	21315	3041	27420
山亚	407	1457	34878	28756	6122	42103

392 人，入学率 100%；幼儿园 1 所，在园幼儿 203 人。社区卫生服务中心 1 家，卫生室 9 个。全年出生 167 人，计划生育率 98.5%。初级卫生保健普及率 100%。自来水普及率 100%。固定电话用户 967 户，移动电话用户 9565 户，电话普及率 63.07 部 / 百人，因特网用户 2217 户。参加城乡居民养老保险 2388 人。参加城乡居民基本医疗保险 11441 人。最低生活保障救助人数 588 人。农户新建房屋 93 户，建筑面积 33300 平方米。

【各行政村基本情况】　（见表 37）

【荣获 9 项省级荣誉】　10 月 17 日，成功举办“民间民俗　多彩浙江”省级孝道活动，周雄纪念馆被浙江中华文化学院授牌现场教学基地；生态环境质量报告制度做法在全省层面推广，相关经验做法 2 月 24 日被人民日报刊登、8 月 8 日被中国环境报刊登；浙爱卫〔2018〕5 号文件明确，渌渚镇被命名为 2018 年浙江省卫生乡镇；2019 年 1 月 3 日，渌渚镇迎来小城镇环境综合整治省级考核验收，成功创建小城镇环境综合整治通过验收并列为省级样板；10 月 25 日，杭州市文明委全体（扩大）会议暨文明城市建设工作推进会在杭州召开，渌渚镇收获“省级文明镇”荣誉称号；成功创建浙江省小城镇文明行动样板镇；“最多跑一地”经验全省推广，2018 年 11 月 13 日获副省长王双全批示，并入选“2018 年度中国十大社会治理创新”做法；23 省道渌渚段入选 2018 年省级精品示范道路。

【渌渚镇与上海交大农业与生物学院签订合作协议】　3 月 17 日，上海交大农业与生物学院党委书记齐红一行到渌渚镇进行考察调研，与该镇签订校地合作框架协议。上海交大农业与生物学院、规划富阳分局、渌渚镇相关领导参加活动。签约仪式上，渌渚镇与上海交大双方代表签订了《校地合作框架协议》，双方正式达成合作，合作内容包括人员培训、教学实践基地建设、教学科研、科技合作、科技成果推广转化及乡村振兴实施等方面。初期合作期限为 5 年。

【叶永棠被评为“浙江省最美文化礼堂人”】　5 月 4 日，2018 年富阳区农村文化礼堂建设工作现场推进会在新登镇半山村文化礼堂举行。副区长、区农村文化礼堂建设工作领导小组副组长孙洁宣读表彰文件。渌渚镇新浦村老党员叶永棠被评为浙江省最美文化礼堂人。

【"渌渚周雄"杯第二届浙江省少儿故事会总决赛在富阳周雄纪念馆举行】 5月26日，来自全省60名优秀小选手欢聚在富阳区渌渚镇周雄纪念馆，举行浙江省少儿故事大赛总决赛，比赛分小学低段组和小学高段组分别进行。经过激烈而精彩的角逐，60名小选手分别获得特等奖、金奖和银奖。

【举办"民间民俗 多彩浙江"省级孝文化活动】 10月17日上午，以"周雄故里、孝善传承"为主题的"民间民俗·多彩浙江"周雄孝文化节在渌渚镇孝子湾文化公园正式开幕。杭州市副市长陈红英，浙江省民宗委副主任莫幸福，省旅游局党组副书记、副局长傅玮，富阳区领导吴玉凤、陈平、祝一君、孙洁、蒋建民，全省各市民宗局、杭州各区县市民宗局局长，来自江、浙、皖、赣四省市周雄文化相关部门代表，"民间民俗·多彩浙江"周雄孝文化节组委会成员单位负责人，富阳区各乡镇街道主要负责人、统战委员，富阳区各文化团体代表，渌渚镇乡贤以及慕名而来的游客、信众共5000余人欢聚一堂，共同见证传承周雄孝文化，传递孝善正能量。

孝文化节以周雄孝善文化为核心，结合全域旅游，设置了孝子祭、孝子行、孝善传三大系列共九项活动。孝子祭包括周雄祭祀活动、"孝行天下"周雄孝文化交流论坛；孝子行包括"孝行渌渚"周雄孝文化体验之旅、"孝传天下"情景剧首演、孝子宴品尝、孝文化产品设计大赛；孝善传包括"汇匠艺，展孝心"富阳多彩民俗文化小市集、"少年梦，孝先行"富阳少儿书画摄影剪纸优秀作品展、"周雄孝善故事"发布等活动。

【渌渚镇被评为"最美敬老爱老示范街道(乡镇)"】 10月23日，在2018杭州市"老年节"庆祝大会暨敬老爱老助老"最美"系列先进推选会上，渌渚镇被评为"最美敬老爱老示范街道（乡镇）"。该镇新浦村叶永棠被评为"最美长者"，阆坞村吕学平、莲桥村姚兰被评为"最美敬老爱老助老模范人物"。

（许杭琪）

·永昌镇·

【概况】 永昌镇位于富阳区西北部，距富阳市区26千米，全镇区域面积49.59平方千米，辖区行政村5个，村民小组115个。年底总户数3497户，总人口11065人，其中城镇人口4837人。全年实现地区生产总值61285万元，其中工业增加值26376万元，农业增加值13451万元，服务业增加值21458万元，实现财政总收入6095万元。农村经济总收入150254万元，农村经济净收入37344万元。农民人均收入33846元。

年底耕地面积565公顷，其中水田面积392公顷。粮食总产量347.1万千克。农机总动力0.46万千瓦。公路通车里程25千米，行政村等级公路通达率100%。水利投工10.6万工，投资860万元。完成环境污染治理项目2个，投资额150万元。存栏生猪6110头，出栏肉猪12050头，存栏家禽14000万羽，出栏家禽33900万羽。水产品产量12.9万千克。绿化造林38.67公顷，封山育林1984公顷。水果种植面积35.93公顷，水果产量177.6万千克。茶园面积51.33公顷，茶叶产量9.5万千克。工业企业70

2018年永昌镇各行政村基本情况

表38

村　名	户数(户)	人口(人)	农村经济总收入(万元)	农村经济总费用(万元)	农村经济净收入(万元)	农民人均收入(元)
永　昌	1160	3873	75500	61060	14440	34175
长　盘	367	1222	10278	6570	3708	33789
唐　昌	456	1502	23734	19350	4384	33575
昌　岭	508	1732	16309	11150	5159	33418
青　何	945	3178	24433	14780	9653	33829

家，其中规模以上工业企业12家，工业产品销售收入5.24亿元，产销率95.7%，自营出口4442万美元。小学1所，在校小学生438人，入学率100%；幼儿园1所，在园幼儿226人。社区卫生服务中心1家，卫生室5个。全年出生98人，计划生育率100%。初级卫生保健普及率100%。自来水普及率98.8%。固定电话用户2810户，电话普及率26.67部/百人，因特网用户2382户。最低生活保障救助人数169人。农户新建房屋46户，建筑面积16560平方米。

【各行政村基本情况】　（见表38）

【通过杭州市小城镇环境综合整治】　作为全区第一批整治乡镇，永昌镇坚持对照整治要求，健全组织保障。永昌集镇区域与住居区域混杂，界限不清晰，全镇80%产业集聚集镇且沿206省道成带状分布，主要商业街为206省道永昌村永昌自然村段，约1.2公里，其它区域跟村落无异，因此集镇功能不完善、基础建设不到位等先天缺陷显而易见，道乱占、车乱开、摊乱摆、房乱建、线乱拉等乱象不同程度的存在。为彻底改变现状，永昌镇坚持打好规划设计、项目建设、拆违治危、完善管理等组合拳，全力打造“干净、整齐、漂亮”的竹韵永昌，2018年1月顺利通过杭州市级考核验收。

【荣获“中国雷笋之乡”称号】　永昌镇75%左右农户种植食用竹笋，有竹笋专业合作社7家，从事竹笋加工的农业龙头企业3家（省级林业龙头企业1家，杭州市级林业龙头企业2家），年产竹笋3000吨左右，拥有一支50余人的鲜笋及笋制品、竹制品营销队伍，年产值1亿元。永昌鲜笋主要销往杭州、上海等地，笋制品主要销往全国各地大型超市和日本市场，2018年11月荣获“中国雷笋之乡”称号。

【通过国家卫生镇省级评估】　2018年永昌镇大手笔抓小城镇环境综合整治规划，大力气抓环卫基础设施和公共卫生设施的改造和建设，大动作抓环卫保洁管理机制，大声势抓卫生镇创建宣传，组织机构和卫生工作长效管理机制健全，健康教育体系完善，改水改厕和除四害等防病工作措施得力，干部群众环卫意识大为提高，全域内环境卫生面貌得到有效提高，全镇形成了讲文明、讲卫生、讲科学、树新风的社会氛围，2018年12月顺利通过国家卫生镇省级评估。

（凌增柱）

2018年万市镇各行政村基本情况

表39

村　名	户数（户）	人口（人）	农村经济总收入（万元）	农村经济总费用（万元）	农村经济净收入（万元）	农民人均收入（元）
东　叙	248	848	12894	9889	3005	37343
白　石	359	1125	34668	30674	3994	35283
何　家	442	1538	31478	26812	4666	31313
彭　家	707	2380	54186	46245	7941	37424
众　缘	551	1864	91616	86551	5065	32497
罗　宅	425	1386	84312	80474	3838	30294
白　马	241	815	14431	12420	2011	30094
方　里	276	936	39727	37302	2425	30715
何　务	277	885	21985	20081	1904	26835
杨　家	365	1208	29301	26564	2737	32298
平　山	548	1760	46109	41740	4369	27594
新　民	350	1228	30423	26764	3659	29660
万　市	627	2032	140673	136658	4015	29388
田　源	721	2340	42617	38655	3962	27757
槎源坞	442	1490	24881	21900	2981	27614

·万市镇·

【概况】 万市镇位于富阳区西北部，距区政府所在地54千米。全境地域总面积155.37平方千米，行政村15个，居委会1个，村民小组293个。年底总户数7098户，总人口22282人，其中城镇人口4282人。全年实现财政总收入24195.75万元。农村经济总收入699301万元，农村经济净收入56572万元，农民人均收入31047元。

年底耕地面积1121.152公顷，其中水田面积875.6公顷。粮食总产量820万千克。公路通车里程160.60千米，行政村等级公路通达率100%。水利投工18.5万工，投资2250万元。存栏生猪5420头，出栏肉猪14154头，存栏家禽0.7万羽，出栏家禽14.39万羽。水产品养殖面积92.34公顷，水产品产量38.2万千克。绿化造林275.13公顷，封山育林5686.67公顷。水果种植面积134.33公顷，水果产量694.3万千克。茶园面积95.07公顷，茶叶产量10.2万千克。工业企业总数184家，其中规模以上工业企业3家。规上工业产品销售收入18616万元，产销率99.6%，自营出口19605万元。中学1所，在校中学生550人，入学率100%；小学3所，在校小学生625人，入学率100%；幼儿园3个园区有在园幼儿260人。社区卫生服务中心1家，卫生室7个。全年出生153人，计划生育率99.4%。自来水普及率100%。参加城乡居民养老保险1881人。参加城乡居民基本医疗保险13315人。最低生活保障救助653户，933人。农户新建房屋157户，建筑面积56520平方米。

【各行政村基本情况】 （见表39）

【完成“污水零直排区”试点创建工作】 万市镇开展“污水零直排区”试点创建工作，累计投入资金750余万元，全面梳理集镇排污排水系统，形成“四大清单”。结合之前小城镇环境综合整治项目配套，基本完成污水管网全覆盖。全镇新增污水管网4.50千米，雨水管网1.10千米。增加整改窨井845处，整改立管85根，修复边沟，溪道，雨水管道近7.80千米，集镇污水实现零直排。

【通过国家卫生镇创建省级技术评估环节】 万市镇通过召开动员会，构建镇、村、单位三级网络，广泛宣传、全面发动，围绕城乡环境整治行动、“三改一拆”、“四边三化”等工作，带领全镇干部群众，大力开展环境提升工程，狠抓爱国卫生组织管理、健康教育、环境保护、病媒生物防制、食品药品安全及公共场所和生活饮用水卫生、传染病防治、行政村和单位卫生等工作，12月，评估组经过各项指标的比对考核，认为万市镇创建国家卫生镇工作组织有力，措施到位，工作扎实，成效明显，一致同意通过省级技术评估。

【全域推进“洁美家园”】 以“国卫创建”为主抓手和突破点，以“最美”系列大比武为载体，强化运用组团竞赛模式，将“洁化、序化、亮化、美化”理念和行动植入千家万户。农村垃圾分类智能管理更趋科学化和精细化，全镇垃圾分类收集率、投放率均已超80%。启动农村“厕所革命”，实施因地制宜、集中连片、整村推进的改厕模式，全年完成新建改建农村公厕27座，其中杭州市级任务5座。完成彭家村、罗宅村和万市村三个村的再生能源回收站建设。

【万市镇举行农业招商引资推介会】 11月17日，万市镇举行农业招商引资推介会，万市镇与农商银行签订《金融支持乡村振兴战略合作协议》，计划至2020年底，新增信贷资金6亿元，设立“乡村振兴·农业园区贷”“乡村振兴·乡村旅游贷”“乡村振兴·民宿贷”等多种金融产品，全力协助万市做好“消薄”工作，提供乡村振兴“消薄”专项资金等。

【举办第十届“银杏之秋”开游式暨“杏”福小镇推介活动】 11月10日，万市镇纪念改革开放四十周年暨第十届银杏节正式开幕。富阳区有关领导、现场游客和村民群众共计500余人参加了此次活动。银杏节为展现万市镇四十年的变迁历史，文艺表演之间还穿插了原创讲述类节目。四位讲述人，分别以外地人眼中的万市、万市四十年的变迁、我的万市情节、十年杏福路为主题，结合自身经历和体会，讲出了自己的故事。最美爸爸黄小荣、最美婆婆周

2018年洞桥镇各行政村基本情况

表40

村　名	户数(户)	人口(人)	农村经济总收入(万元)	农村经济总费用(万元)	农村经济净收入(万元)	农民人均收入(元)
洞　桥	992	3226	218131	206814	11317	29965
里　仁	606	2027	94382	87602	6780	29717
石　羊	357	1145	97884	93411	4473	29813
枫　瑞	430	1407	46547	41871	4676	29573
袁　家	397	1317	69988	65716	4272	29586
三　溪	669	2170	76956	69848	7108	29681
大　乐	176	508	11044	9325	1719	29566
大　溪	544	1816	83847	77827	6020	29813
贤　德	571	1756	80957	75050	5907	29934
文　村	566	1768	83605	77483	6122	29948
查　口	523	1665	62166	56515	5651	29712

冬美、最美党员汪利荣、最美妈妈奚水英、最美退休干部王韶国、最美山村女教师卢彩贞六位万市最美人物接受了表彰。此外还有晒秋、淘山货等活动。

（刘建峰）

·洞桥镇·

【概况】 洞桥镇位于富阳区西北部，距区政府所在地45千米。全境地域总面积143.29平方千米，行政村11个，村民小组251个。年底总户数6070户，总人口19209人。全年实现财政总收入6176.50万元。农村经济总收入925507万元，农村经济净收入64045 万元。农民人均收入29784元。

年底耕地面积2460公顷，其中水田面积666.8公顷，粮食总产量433.9万千克。公路通车里程120千米，行政村等级公路通达率100%。水利投工5.1万工，投资1417万元。存栏生猪6336头，出栏肉猪5979头，存栏家禽15万羽，出栏家禽32万羽。水产品产量158.7万千克。绿化造林153.3公顷，封山育林6273.3公顷。水果种植面积78.53公顷，水果产量219.8万千克。茶园面积28.93公顷，茶叶产量8.6万千克。工业企业总数165家，其中规模以上工业企业8家。工业总产值7.6779亿元，自营出口4378.9万美元，规模工业销售产值30086.3万元。小学3所，在校小学生330人，入学率100%，幼儿园3所，在园幼儿207人。社区卫生服务中心1家，卫生室6家。全年出生155人，计划生育率97.45%。初级卫生保健普及率100%。自来水普及率100%。固定电话用户1600户，移动电话用户13053户，电话普及率68.7部/百人，因特网用户3553户。参加城乡居民基本医疗保险10487人。最低生活保障救助人数163人。农户新建房屋171户，建筑面积61560平方米。

【各行政村基本情况】 （见表40）

全区“三美”工作现场会

（洞桥镇　供稿）

【洞桥集镇、贤德集镇环境综合整治相继获得省级样板】 洞桥集镇和贤德集镇分别于1月18日、12月23日迎来小城镇环境综合整治省级考核验收。洞桥镇在小城镇环境综合整治工作中始终坚持科学规划方案、狠抓项目落实、全面整治环境、融入特色文化、全民参与管理。洞桥集镇和贤德集镇相继获得省级样板。

【洞桥镇全民动员打造乡村振兴样板镇】 3月15日，洞桥镇集中全镇全体党员，召开以“三美洞桥”建设为主题的全镇党员春训暨打造乡村振兴样板镇总动员。全镇11个行政村的800多名党员在村领导的带队下，准时有序地到查口村杭州（国际）青少年洞桥营地会议中心。活动中组织全体党员观看了“不忘初心、继续前进”宣传片，重温了入党宣誓。还进行了表彰奖励。会上镇党委书记于林芳结合十九大报告和洞桥要打造乡村振兴样板镇的实际，围绕乡村振兴和从严治党为大家上一节党课。

【洞桥镇举办首届“山乡推介会”】 5月5日，杭州富阳洞桥乡村振兴山乡推介会正式开幕，一共26个项目对外招商，其中包括中国美院建筑学院院长王澍代表作洞桥文村的40幢老房子，这些项目吸引了众多企业到场，有6家企业有意向投资，现场签订意向书，意向投资额共计50亿元。

【全区“三美”新农村建设现场会在洞桥镇召开】 5月28日，全区“三美”新农村建设现场会在洞桥镇文村村召开。与会人员先实地踏看了新登上山村田园美丽经济项目、胥口镇小城镇环境综合整治工作、洞桥镇横洞山美丽经济项目、查口村“营地+”美丽经济项目和文村村民宿经济。随后在洞桥镇文村村村委三楼会议室召开会议。 （陈雪娟）

·大源镇·

【概况】 2018年，大源镇总面积105.23平方千米，辖行政村15个，居委会1个，村民小组199个。年底总户数10779户，总人口37137人，其中城镇人口25514人。全年实现工农业总产值1576531万元，按可比价格计算，比上年增长7.58%，其中工业总产值1540000万元，农业总产值36531万元。全年实现财政总收入35402.07万元，其中一般公共预算收入13823.87万元。农村经济总收入

2018年大源镇各行政村基本情况

表41

村名	户数（户）	人口（人）	农村经济总收入（万元）	农村经济总费用（万元）	农村经济净收入（万元）	农民人均收入（元）
大源	1171	4237	469457	417409	52048	50897
亭山	910	3970	1165770	1003795	161975	51025
杨元坎	275	1002	29552	24551	5001	48703
蒋家村	1126	3983	186500	151787	34713	50798
东前	545	1898	81518	65775	15743	42413
稠溪	750	2555	134208	111077	23131	44423
新关	433	2257	69808	50521	19287	49840
大同	835	2737	161132	140228	20904	44775
既口	733	2531	165115	141460	23655	47254
骆村	920	3081	61031	35690	25341	44125
勤功	365	1267	69436	60362	9074	42849
青山	576	1791	59203	49333	9870	44031
虹赤	519	1551	55462	46136	9326	44391
三岭	558	1793	36412	29076	7336	39069
史家	304	953	12909	8975	3934	40010

2757513万元，农村经济净收入421338万元。农民人均收入46737元。

年底耕地面积415公顷，其中水田面积293公顷。粮食总产量278万千克。农机总动力0.61万千瓦。水利投工5.5万工，投资1100万元。完成环境污染治理项目4个，投资额1700万元。存栏生猪3592头，出栏肉猪22575头，存栏家禽3.68万羽，出栏家禽12.49万羽。水产品养殖面积3公顷，水产品产量50万千克。绿化造林6公顷，封山育林3000公顷。水果种植面积14.5公顷，水果产量32.8万千克。茶园面积55公顷，茶叶产量8.3万千克。工业企业总数899家，从业人员9293人，其中规模以上工业企业40家，实现产值122亿元、销售123亿元、利润总额2.8亿元。中学1所，在校中学生1232人；小学2所，在校小学生2255人；幼儿园1所，在园幼儿930人。社区卫生服务中心1家，卫生室11个。全年出生376人，计划生育率97.1%。参加城乡居民养老保险2068人。参加城乡居民基本医疗保险24927人。最低生活保障救助人数847人。农户新建房屋114户，建筑面积38199平方米。

【各行政村基本情况】 （见表41）

【大源集镇房屋搬迁集中签约】 6月30日，富阳江南新城城市有机更新项目大源集镇房屋搬迁进行集中签约。本次房屋搬迁总数868户，其中国有土地上房屋181户，集体土地上房屋687户，营业房400余间。至7月2日下午5时，累计签约836户，签约率达96.31%。

【大源开出集镇人行道违停处罚“第一单”】 9月10日起，大源镇正式对集镇区域人行道违章停车实行行政处罚。2018年初，大源镇为提升集镇环境秩序，新划定一批停车位、中心虚线、斑马线，并增设禁止停车标牌等各类警示标志，亭山路、朝阳路实行违停电子抓拍。2018年，镇城管办联合大源交警中队，成立大源集镇交通整治小组，对于集镇交通不文明现象进行劝导和处罚。至9月10日，累计抓拍道路违停3212次。

大源集镇房屋搬迁集中签约

（大源镇　供稿）

【区委书记朱党其到大源调研传统造纸业发展】 9月18日，区委书记朱党其到大源调研传统造纸业发展情况时指出，要把传统造纸作为富阳的一种文化，保护纸文化、传承纸工艺、提升纸质量，让富阳纸成为优良品牌传承下去。区领导丁永刚、孙洁陪同调研。朱党其书记强调，传统造纸业要切实解决好环境污染问题，要提标排放标准，处理好废水、废气、废渣等废物，减少手工造纸对环境的影响，要用政策解决好造纸技艺传承，注重培育一批手工造纸的工匠，传承好造纸工艺、纸类研发、销产品售等各方面文化。要打响富阳自己的造纸品牌，深度发掘富阳的纸文化，加大力度培育诸如华宝斋、公望等品牌。要开展一些工艺文化传承类的竞赛活动，推进纸文化艺术更好地融入社会和生活。要不断拉长造纸产业链条，推进与纸有关的教育、印刷、包装、文创等系列延伸产业。要鼓励江南区块的造纸企业提升生产工艺，调整产品结构，加快转型升级，努力走出困境。

【西复线大源互通连接线房屋搬迁全部签约】 西复线大源互通连接线起于大源过境线与杭新景高速分离处，终点位于大源镇新关村，主线全长6.17千米 。项目涉及搬迁面积19963.2平方米，民房65户，其中蒋家村17户，新关村21户，东前村27户。搬迁从10月10日入户调查到10月31日全部完成签约，用时25天完成。

【大源镇打造30分钟市民学习圈】 2018年11月，富阳大源镇经纬学习圈被认定为2018年杭州市示范街道（乡镇）30分钟市民学习圈。北纬30度、东经120度（北京时间基准线）的正交点就在大源。2016年6月，大源镇正式启动30分钟市民学习圈的创建工作。学习圈建设总体目标是以打造“大源镇经纬学习圈”为核心，以文教综合体和市民学校标准化建设为抓手，以镇级特色培训品牌和学共体培育为载体，积极构建大源镇30分钟市民学习圈，即以全镇15个行政村文化的传承为经线、文化的发展进程为纬线，搭建创建经纬文教综合体、标准化市民学校和数字化学习服务平台三大平台。2016年和2017年，大源镇参与各类学习活动的市民分别达到1.6万多人次和1.7万多人次。

【获2018“家在富春江上”富阳区首届戏剧曲艺大赛金奖】 11月22日晚上，由富阳区委宣传部、富阳区文化广电新闻出版局主办的2018“家在富春江上”富阳区首届戏剧曲艺大赛在区影剧院拉开帷幕。大源镇选送的情景剧《初心》以全场最高分获得金奖。《初心》以“不忘初心、方得始终”为主题，讲述杭州市非物质文化遗产传承人、富阳区十大工匠之一的朱中华师傅钻研工艺、追寻古法造纸，并将其手艺传承、发展的故事。

【大源镇成功创建浙江省卫生乡镇】 2018年4月，大源镇召开浙江省卫生镇动员会，创建领导小组每月召开镇、村两级工作例会，根据创卫方案和时间节点，每月汇报创卫工作进度，对工作中存在的问题难点进行剖析。7月启动“集镇环境整治专项行动月”行动，全体镇村干部联合执法中队、市场监管所、派出所等力量，对集镇环境开展综合整治。行动由镇主要领导挂帅，班子成员担任“段长”，全体工作人员按照统一部署“兵分多路”，开展地毯式环境卫生大整治，发现问题现场立即落实整改。2018年12月，通过浙江省爱卫办现场复核，被命名为“浙江省卫生乡镇”。（方舒杨）

·灵桥镇·

【概况】 2018年，灵桥镇总面积54.85平方千米，辖行政村13个，村民小组151个。年底总户数7578户，总人口26588人，其中城镇人口21183人。全年实现工农业总产值765744万元，按可比价格计算，比上年增长-13.7%；其中工业总产值748277万元，农业总产值17467万元。全年实现财政总收入46617万元，其中一般公共预算收入25134万元。农村经济总收入1703213.45万元，农村经济净收入168213.16万元。农民人均收入38300元。

年底耕地面积605公顷，其中水田面积480公顷。粮食总产量269.7万千克。农机总动力0.81万千瓦。

2018年灵桥镇各行政村基本情况

表42

村　名	户数（户）	人口（人）	农村经济总收入（万元）	农村经济总费用（万元）	农村经济净收入（万元）	农民人均收入（元）
灵　桥	1298	4617	901844	851409	50434	43900
王家宕	338	1250	314704	271701	43004	46000
江　丰	624	2331	25367	17485	7882	32700
外　沙	530	1886	42063	33865	8198	37000
董家桥	480	1901	104650	86163	18487	43400
永　丰	815	2950	129509	113036	16473	45800
光　明	626	2232	88950	79555	9395	39000
山　基	369	1287	23272	20153	3119	33100
利　民	551	1812	21393	16902	4491	32600
新　华	606	1922	24237	23102	1134	35400
陈　村	276	943	3689	2365	1324	28600
蔡家坞	392	1234	5650	4017	1633	25300
菖　蒲	403	1220	17885	15246	2639	33100

水利投工12万工，投资1800万元。存栏生猪152头，出栏肉猪296头，存栏家禽0.9565万羽，出栏家禽2.13万羽。水产品养殖面积40公顷，水产品产量49.4万千克。绿化造林30公顷，封山育林3200公顷。水果种植面积11公顷，水果产量72.9万千克。茶园面积178公顷，茶叶产量1.2万千克。工业企业总数623家，从业人员9466人，其中规模以上工业企业55家，实现产值74.8亿元、销售74.6亿元、利润总额1.69亿元。

中学2所，在校中学生688人；小学2所，在校小学生1281人；幼儿园1所，在园幼儿460人。社区卫生服务中心1家，卫生室13个。全年出生301人，计划生育率98.2%。固定电话用户2417户，移动电话用户21408户，因特网用户3441户。参加城乡居民基本医疗保险12742人。最低生活保障救助人数475人。农户新建房屋99户，建筑面积35040平方米。

【各行政村基本情况】 （见表42）

【玫瑰园春季盛大开园】 2018年4月25日，灵桥镇玫瑰园盛大开园。玫瑰园位于新沙岛，是目前华东地区规模最大、品种最多的玫瑰园。整个玫瑰园种植面积占地23.33公顷，现已有食用玫瑰、月季品种1000多种，160余万株，其中欧月类389种，大花月季388种，丰花月季36种，藤本月季94种，地被月季40种，微型月季27种，食用玫瑰4种。经过1年精心设计与升级改造，首期23.33公顷花海提升工程已完成，与2017年相比，2018年的玫瑰园陆续更新引入藤本玫瑰、树型玫瑰、食用玫瑰等百余种珍稀玫瑰品种，加之薰衣草花田与荷花池塘等观赏点，同时布景花廊花墙、花田花径、童话风车、树篱迷宫、田园木屋、休闲茶馆、梦幻热气球等景观元素。

【富春山居·百花芳菲灵桥镇小满节气活动暨乡村百花大会正式启动】 5月19日上午，灵桥镇小满节气活动暨乡村百花大会启动仪式、第四届孙过庭杯书法大赛颁奖活动在小满前的一场大雨中拉开了序幕。为响应“富春山居·百花芳菲”，此次活动选在了华丽、浪漫、梦幻的灵桥镇新沙岛玫瑰园举行，23.33公顷磅礴的花海盛世，1000余种名贵玫瑰花品种，160万株玫瑰花，不负百花大会的名号。活动分为“小满”“百花”“书画”三个篇章，将书画与二十四节气小满结合，赋予了传统文化新的时代内涵，让传统文化在打造美丽乡村、推动江南转型、振兴乡村经济的新形势下发挥新的作用，以花为媒，以节会友，以景留人，打造灵桥的独特韵味。

【永丰村荣获征地拆迁攻坚擂台赛擂主村】 3月初，全区启动第三期村干部“擂台比武”——征地拆迁攻坚擂台赛。2017年是江南新城建设的破题之年，灵桥镇紧紧围绕“城市发展向南看”的战略部署，致力于为新产业、新项目腾空间。永丰村作为灵桥镇在产业转型路上的排头兵，始终坚定“一年脱掉一层皮，干出灵桥新天地”的信念，顺利完成333户农户和141家小企业及经营户的签约、腾空“清零”，成功打赢“拥江发展”灵桥首战，在征地拆迁擂台赛中，成为“擂主村”。

【灵桥镇永丰村上灵桥区块房屋搬迁完成】 5月21日，灵桥镇永丰村上灵桥区块进行房屋搬迁集中签约，签约于上午7点开始，截至15时，上灵桥区块房屋搬迁签约工作全面“清零”，65户搬迁户100%签约，全部按时间节点完成任务，八小时全面清零。

【灵桥镇灵桥村房屋搬迁签约工作完成】 7月18日，灵桥镇灵桥村房屋搬迁工作动员大会召开，灵桥村房屋搬迁区块涉及搬迁农户1075户，是富阳史上单次农居整村搬迁农户数量最多、涉及房屋面积最大的一次搬迁。经过3个多月工作，集中签约日当天，9小时累计完成签约 970户，签约率达90.2%，至9月27日00:40，1076户全部签约，签约率100%。

【“奋进新时代，筑梦新征程”庆祝改革开放40周年、山基村文化礼堂落成暨重阳节慰问演出】 灵桥镇山基村地处灵桥镇西南方，辖区面积5.2平方千米，人口1249人，新建的杭黄铁路横穿境内。村

2018年常绿镇各行政村基本情况

表43

村　名	户数（户）	人口（人）	农村经济总收入（万元）	农村经济总费用（万元）	农村经济净收入（万元）	农民人均收入（元）
大章村	1225	3660	34401	24373	10028	31679
青　龙	382	1203	14313	12058	2255	33455
双　溪	308	936	8419	5665	2754	28926
北　坞	691	2001	20228	15233	4996	38224
黄　弹	402	1223	10722	7964	2758	29861
长　佳	945	2775	56172	48518	7655	29690
长　春	754	2358	30189	24266	5924	32432
五　联	470	1522	19535	15656	3879	30154

内有一条通往安顶山的游步古道，翠竹茂林、溪水潺潺，年接待登山爱好者2万多人。改革开放40年来，山基村历届村支两委带领全村人民在上级党委政府的大力支持下，不忘初心、砥砺前行，始终奋进在建设美丽乡村、美好家园的道路上。为进一步丰富村民群众的精神文化生活，山基村于2015年启动对原大会场（始建于1965年）的全体修复工程，2018年8月村文化礼堂胜利竣工，建筑面积约500平方米，集健身休闲、文化娱乐、宣传教育等功能于一体，礼堂内配有舞台，以满足村民群众举办文化节、文化仪式、文体活动的需求。10月16日晚，“奋进新时代，筑梦新征程”庆祝改革开放40周年、山基村文化礼堂落成暨重阳节慰问演出在文化礼堂举行。　（夏黎明）

·常绿镇·

【概况】　常绿镇位于富阳区东南部，距区政府所在地38千米。全境地域总面积49.08平方千米，行政村8个，村民小组128个。年底总户数5251户，总人口15834人，其中城镇人口3760人，非农业人口316人。全年实现财政总收入2520万元。农村经济总收入193980.06万元，农村经济净收入40248.03万元。农民人均收入30308元。

年底耕地面积178.55公顷，其中水田面积113.85公顷。粮食总产量159.5万千克。农机总动力0.95万千瓦。公路通车里程88千米，行政村等级公路通达率100%。水利投工30.6万工，投资1309万元。存栏生猪532头，出栏肉猪6945头，存栏家禽10568羽，出栏家禽85814羽。绿化造林71.67公顷，封山育林2352.67公顷。水果种植面积3.2公顷，水果产量9.1万千克。茶园面积67.7公顷，茶叶产量7.8万千克。工业企业总数21家，其中规模以上工业企业1家。规上工业产值3872万元。小学1所，在校小学生344人，入学率100%；幼儿园1所，在园幼儿148人。社区卫生服务中心1家，卫生室3个。全年出生140人。初级卫生保健普及率100%。自来水普及率100%。参加城乡居民养老保险1113人。参加城乡居民基本医疗保险8666人。最低生活保障救助人数487人。农户新建房屋39户，建筑面积11700平方米。

【各行政村基本情况】　（见表43）

【完成南北溪环境综合整治工程】　投资195万元，沿入镇口—老车站—307省道，对全长约1500米的溪道及两岸环境进行综合整治。整治内容包括修补沿线破损岸线，修缮河埠头，修建拦水坝，沿溪装设景观灯。

【完成主干道立面综合整治工程】　投资950万元，对从入镇口沿溪至307省道两岸建筑立面进行整治，该项目涉及建筑200余幢，整治内容包括外立面粉刷、花格安装、沿街商铺整治等。

【新四军两渡富春江“1+7”红色综合体项目】　为

2018 年里山镇各行政村基本情况

表44

村　名	户数（户）	人口（人）	农村经济总收入（万元）	农村经济总费用（万元）	农村经济净收入（万元）	农民人均收入（元）
里山	963	3010	210470	197288	13182	35314
灵峰	676	2410	119128	110036	9092	35351
民强	408	1385	101865	96219	5645	34760
马鞍山	442	1532	50021	46661	3360	34071
安顶	589	2053	57290	52370	4920	34715

进一步发挥革命遗址的资政育人作用，加强党员党性教育，计划分 3 年实施完成主馆和七处红色遗迹（场馆）的保护开发工作。至 2018 年底，已完成农户征迁 26 户，建设区块征地 2 公顷，安置区块征地 0.67 公顷。开工修缮江南县委旧址；确定主馆和市政景观工程设计单位，完成初步设计方案。（黄一彬）

·里山镇·

【概况】 里山镇位于富阳区东部，距区政府所在地 15 千米。全境地域总面积 25.46 平方千米，行政村 5 个，村民小组 71 个。年底总户数 3064 户，总人口 10455 人，其中城镇人口 3169 人。全年实现工农业总产值 206993 万元（规模企业）；其中工业总产值 181603 万元（规模企业），农业总产值 25390 万元。全年实现财政总收入 11047.56 万元。农村经济总收入 538773.42 万元，农村经济净收入 36199.81 万元。农民人均收入 34842.2 元。

年底耕地面积 478.53 公顷，其中水田面积 73.3 公顷。粮食总产量 130.6 万千克。农机总动力 680 千瓦。行政村等级公路通达率 100%。水利投工 0.07 万工，投资 60 万元。存栏生猪 1700 头，出栏肉猪 5470 头，存栏家禽 1.89 万羽，出栏家禽 4.32 万羽。绿化造林 10 公顷，封山育林 1080 公顷。水果种植面积 42.87 公顷，水果产量 313.5 万千克。茶园面积 389.8 公顷，茶叶产量 53.2 万千克。工业企业总数 44 家，其中规模以上工业企业 5 家。规模工业销售产值 157988 万元。小学 1 所，在校小学生 231 人，入学率 100%；幼儿园 1 所，在园幼儿 160 人。社区卫生服务中心 1 家，卫生室 2 个。全年出生 94 人，计划生育率 97.9%。初级卫生保健普及率 100%。自来水普及率 100%。固定电话用户 452 户，移动电话用户 2625 户，因特网用户 1562 户。参加城乡居民养老保险 155 人。参加城乡居民基本医疗保险 5423 人。最低生活保障救助人数 240 人。农户新建房屋 43 户，建筑面积 14814 平方米。

【各行政村基本情况】 （见表 44）

【完成小城镇环境综合整治】 项目投入资金 2165 万元，涉及项目 11 个。清除建筑垃圾、堆积物 1.2 万吨；拆除各类彩钢棚、违建、老旧附房、危旧房 2.23 万平方米；完成“上改下”整治 3.5 公里，架空线梳理 4.8 公里，拔除强弱电线杆 183 根。打通断头路 7 条；新建停车场 25 个、停车位 310 余个、绿化 1.15 万平方米、道路 3.2 万多平方米、健身点 3 处。

【建创国家级卫生镇】 以创国卫为抓手，抓整治、攻难点。推进厕所革命，新建公厕 7 座，改造提升 11 座，实现从无到有、从脏乱差到洁序美的大转变，为我镇全域景区化建设奠定基础。推进垃圾“三化四分”，新增公共区域垃圾分类点位 75 处，分类桶点桶对应编码 93 处，生活垃圾减量工作成效显著，位居全区第四。推进黑臭水体整治，排查整治排污（水）口 74 个，集中清理溪道占道种植 15 处，里山溪水质全年保持Ⅱ类水及以上。推进田相林相整治，全面清除各类搭建物 115 处、露天粪坑 357 只、旱厕 25 处，独山、三门畈、焦湾里等田相林相显著改善。推进庭院大整治，发挥“巾帼帮帮团”核心力量，在全区美丽庭院PK赛中，取得“八战五胜二平”的成绩，农居环境进一步提升。

【打造里山品牌】 承办2018杭州茶文化博览会闭幕式和2018富春山居斗茶大会颁奖礼，百花大会获“十佳最美”乡镇称号。举办富阳区纪念夏震武创办灵峰精舍100周年座谈会，启动灵峰精舍复建项目。构建里山—渔山文化礼堂共同体，新建马鞍山村文化长廊。成功创建杭州市语言文字规范化乡镇。

（金路华）

·渔山乡·

【概况】 2018年，渔山乡总面积36.76平方千米，辖行政村4个，村民小组80个。年底总户数3841户，总人口13217人，其中乡村人口13217人。全年实现规上工业总产值40034万元，农业总产值13517万元。全年实现财政总收入9351万元，其中一般公共预算收入4713万元。农村经济总收入282657万元，农村经济净收入40226万元。农民人均收入33333元。

年底耕地面积594.9公顷，其中水田面积142.33公顷。粮食总产量125.5万千克。农机总动力0.93万千瓦。水利投工1.1万工，投资150万元。完成环境污染治理项目1个，投资额100万元。存栏生猪1035头，出栏肉猪2164头，存栏家禽0.2万羽，出栏家禽0.8万羽。水产品养殖面积4.7公顷，水产品产量21万千克。绿化造林6公顷，封山育林1640公顷。茶园面积259.1公顷，茶叶产量38.7万千克。工业企业总数70家，从业人员1800余人，其中规模以上工业企业6家，实现产值4.8亿元、销售4.9亿元、利润总额0.2亿元。

小学1所，在校小学生284人；幼儿园1所，幼儿园分园2所，在园幼儿176人。社区卫生服务中心1家，卫生室4个。全年出生122人，计划生育率98.4%。参加城乡居民养老保险7945人。参加城乡居民基本医疗保险13208人。最低生活保障救助人数268人。农户新建房屋31户，建筑面积11160平方米。

【各行政村基本情况】 （见表45）

【举办富阳区二十四节气活动发布会芒种节气活动】 6月7日上午，富阳区“亲近传统文化，感知节气之美”系列活动之“渔浦江山稀，千亩稻花香”2018杭州富阳·渔山稻香节“乡村百花大会”暨“芒种”节气活动在渔山乡的千亩粮食生产功能区内举行。举办“芒种”节气活动，一方面推动“农业+旅游业”深度融合，依托千亩生态优质粮食生产基地，打造集高效生态农业、休闲观光旅游、农耕文化体验、新农村教育基地等于一体的田园综合体，变全域资源为全域景观；另一方面，为孩子们亲近土地、亲近大自然提供场地，培养孩子的多元实践能力，亲近传统文化，感知节气之美，在内心播撒下希望的种子。

【成功创建省级卫生乡镇】 渔山乡围绕“环境治理、五水共治、三改一拆、四边三化”等工作，以建设宜居宜业宜游的大都市美丽花园为目标，带领全乡干部群众，大力开展环境提升工程。狠抓爱国卫生组织管理、健康教育、环境保护、病媒生物防制、

2018年渔山乡各行政村基本情况

表45

村　名	户数(户)	人口(人)	农村经济总收入（万元）	农村经济总费用（万元）	农村经济净收入（万元）	农民人均收入（元）
墅　溪	721	2535	78873	69562	9311	34566
渔　山	1147	3135	84559	73703	10856	32299
五　岭	781	2553	61330	52830	8500	35448
大　葛	1195	4190	57895	46336	11559	31527

食品药品安全及公共场所和饮用水卫生、疾病预防控制、社区单位与行政村卫生等工作，始终把改善人民群众的生活生产环境，提高群众健康水平放在第一位，使爱国卫生水平得到提高。12月，通过“浙江省卫生乡镇”验收。

【五岭村曙光片与墅溪村实现公交通车】 2018年初，利用城乡公交一体化工作全面实施这一契机，在交通运输局指导下，渔山乡对曙光自然村道路进行了改造拓宽并完善了安保设施，8月31日，五岭村曙光片公交线路正式开通，困扰了曙光片村民几十年的公交出行问题终于破解。11月5日，南站至渔山墅溪村的2510路公交线路也正式开通，意味着这个紧邻萧山区的村落告别出行无公交的历史，村民们多年来的愿望终于得以实现。

【签约浙江物产旅游度假项目】 2018年9月，投资3亿元的浙江神怡生态旅游项目正式签约渔山村。该项目拟建于渔山乡渔山村西坞，项目规划总占地面积20公顷至26.67余公顷，总建筑面积2万余平方米，项目用地划分为慢生活旅游度假区、餐饮商务中心和康乐健体区、生态农业区等3个功能园区。

【举办第七届杭州富阳渔山稻香节】 11月11日—12日，第七届杭州·富阳渔山稻香节在渔山乡省级粮食生产功能区隆重举行。本届稻香节围绕“时和年丰·稻香渔山”主题，以稻香渔山田演、民俗踩街和稻田运动会、“一亩画布”亲子秋收游学活动、米制品擂台赛等系列农事节庆活动，将农耕文化展示与游客参与互动相融合，助推美丽乡村的休闲旅游。（李　铭）

稻香节

（渔山乡　供稿）

·上官乡·

【概况】 上官乡位于富阳区东南部，距区政府所在地28千米。全境地域总面积27.06平方千米，行政村5个，村民小组72个。年底总户数2671户，总人口8120人，其中乡村人口8120。全年实现工农业总产值162792万元 ，按可比价格计算，同比减少7 %；其中工业总产值151181万元，农业总产值11611万元。全年实现财政总收入2664万元。农村经济总收入 117322万元，农村经济净收入28485万元。农民人均收入36631元。

年底耕地面积159.2公顷，粮食总产量155.5万千克。公路通车里程11.7千米，行政村等级公路通达率100%。水利投工1.8万工，投资800万元。存栏生猪720头，出栏肉猪1470头，存栏家禽4.6

2018年上官乡各行政村基本情况

表46

村　名	户数（户）	人口（人）	农村经济总收入（万元）	农村经济总费用（万元）	农村经济净收入（万元）	农民人均收入（元）
四堡	405	1179	15990	12039	3951	37812
深里	485	1607	32896	27304	5592	38021
剡溪	627	1889	22020	15464	6556	37951
大盛	874	2613	29306	19892	9414	37734
芳村	280	832	17110	14138	2972	38365

万羽，出栏家禽13.9万羽。封山育林466.87公顷。工业企业总数428家，其中规模以上工业企业1家。工业产品销售收入143684万元，产销率94.8%。自营出口2313万美元。小学1所，在校小学生550人，入学率100%；幼儿园1所，在园幼儿249人。社区卫生服务中心1家，卫生室2个。全年出生85人，计划生育率96%。初级卫生保健普及率100%。自来水普及率100%。固定电话用户453户，移动电话用户7710户，因特网用户1954户。参加城乡居民养老保险2978人。参加城乡居民基本医疗保险8026人。最低生活保障救助人数284人。农户新建房屋23户，建筑面积2730平方米。

【各行政村基本情况】 （见表46）

【举办“乡村振兴·竹廉上官”上官乡清明文化传承暨第五届竹文化节】 4月1日，富阳区“亲近传统文化、感知节气之美”系列活动之“乡村振兴·竹廉上官”2018上官乡清明文化传承暨第五届竹文化节，在剡溪村文化礼堂举行。省委宣传部宣传处和杭州市审管办的领导莅临指导，富阳区领导祝一君、何献忠参加开幕式。本届竹文化节活动，包括了“全笋宴”民间厨艺大展示、兰花展、竹制品展、“幸福花开·最美兰庭”评选等系列活动，充分展示了上官悠久历史和灿烂文化。

竹文化节

（上官乡 供稿）

【完成小城镇环境综合整治】 全乡坚持“123”工作法，遵循“谋、拆、建、管、整、问”六字推进法，通过省级小城镇环境综合整治验收。整治区域内，累计完成整治点位3328个、美化农户庭院586户、新增特色小品节点176处、清除各类垃圾5630余吨；拆出建房宅基地15个，高质量安置无房户、危房户10户，打通断头路3条，拓宽道路2条，新增停车场15处（其中10个以上的停车场10处）、提供停车位近300个。

【创建杭州市“无违建乡”】 坚持以拆促管，按照“四必拆”原则，对辖区内违法建筑、危旧房屋、彩钢屋棚、蓝色屋面，进行地毯式排摸、全方位梳理，重拳治违、强势拆违、连片推进，基本扫清整治区域内的违法建筑和危旧房，顺利完成市“无违建乡”创建任务。全年累计拆除各类违章建筑461宗，计5万余平方米。全乡境内基本实现了“无明显视觉污染、无明显违章搭建、无存在较大反响”的三无目标，各村环境面貌得到根本性改观。

【举行2018年球拍行业技能比武大赛】 11月29日，上官乡举行2018年球拍行业技能比武大赛。来自全乡各基层工会的60多名职工同场竞技。经过激烈角逐，来自大盛村代表队的郭京州、四堡村代表队的盛喜芳、芳村村代表队的李婷分别获得球拍打钉、球拍穿线和计算机实务操作的一等奖。

【成立全区首个企退人员自管组织】 12月5日，上官乡举行企业退休人员自管组织成立大会，成立乡退休人员自管中心和村退休人员自管小组，各行政村企退自管小组办公室设在各村老年协会，按照小组章程实施自我管理服务，发挥政府和退休人员之间的沟通桥梁作用。至2018年，上官有企业退休人员2000多名。这是全区首个企退人员自管组织，这一举措被誉为乡镇企退人员管理服务的有效创新。

（沈依依）

2018 年场口镇各行政村基本情况

表47

村名	户数(户)	人口(人)	农村经济总收入(万元)	农村经济总费用(万元)	农村经济净收入(万元)	农民人均收入(元)
场　口	685	2310	22262	14657	7605	28693
真佳溪	1123	3840	27372	17440	9932	28175
叶　盛	568	1916	21340	14975	6365	31900
马　山	732	2373	22105	15307	6798	28648
青　江	778	2445	30383	22426	7957	29695
华　丰	637	2150	21360	15179	6181	28283
联　群	451	1353	17624	13049	4575	39510
洋　沙	432	1339	11657	8851	2806	28864
徐　家	632	1868	9939	5531	4408	27525
瓜桥埠	513	1552	13974	9782	4192	30538
上　沙	625	2034	20555	15045	5510	29938
百丈畈	363	1219	9385	6241	3144	29904
赵　欧	325	1127	8646	5855	2791	28362
东梓关	645	1887	21001	16044	4957	28744
上　村	517	1548	15519	11646	3873	28452
乌畴溪新村	717	2294	23398	18435	4963	26356
下图山	308	958	7358	5358	2000	30615
上图山	607	1915	18438	14113	4325	30789
白石皎	425	1447	11361	7712	3649	28604
洪家塘	467	1551	9941	6167	3774	28217
宋家溪	287	901	5906	3830	2076	27269
新　元	349	1109	12176	8588	3588	31760
鸿　丰	500	1541	19552	15410	4142	33082
红　星	668	2008	21852	16612	5240	30428

·场口镇·

【概况】 2018 年，场口镇镇总面积 58.06 平方千米，行政村 24 个，居委会 1 个，村民小组 323 个。年底总户数 13619 户，总人口 43463 人，其中城镇人口 1277 人。全年实现工农业总产值 51.51 亿元，按可比价格计算，比上年增长 11%，其中工业总产值 49.53 亿元，农业总产值 1.98 亿元。全年实现财政总收入 2.31 亿元，其中一般公共预算收入 1.18 亿元。农村经济总收入 28.88 亿元，农村经济净收入 11.43 亿元。农民人均收入 2.98 万元。

年底耕地面积 1598 公顷，其中水田面积 1478 公顷。粮食总产量 1053.5 万千克。农机总动力 2.03 万千瓦。水利投工 0.70 万工，投资 570 万元。存栏生猪 728 头，出栏肉猪 3463 头，存栏家禽 2.78 万羽，出栏家禽 11.8 万羽。水产品产量 176.5 万千克。封山育林 1724.4 公顷。水果种植面积 39.1 公顷，水果产量 335.4 万千克。茶园面积 25.8 公顷，茶叶产量 4.8 万千克。工业企业总数 528 家，从业人员 8500 人，其中规模以上工业企业 46 家，实现产值 49.53 亿元、销售 47.06 亿元、利润总额 12.24 亿元。中学 1 所，在校中学生 1051 人；小学 3 所，在校小学生 1129 人；幼儿园 2 所，在园幼儿 519 人。社区卫生服务中心 1 家，卫生室 11 个。全年出生 419 人，计划生育率 99.5%。固定电话用户 4107 户，移动电话用户 33208 户，因特网用户 4690 户。参加城乡居民养老保险 7987 人。参加城乡居民基本医疗保险 24462 人。最低生活保障救助人数1079人。农户新建房屋70户，建筑面积21570平方米。

【各行政村基本情况】 （见表47）

【完成场口老村258户整体搬迁工作】 2018年初富阳经济技术开发区将场口老城地块纳入2018年做地项目，征地22.13公顷，拆迁农户258户，总资金概算16574万元。

【与开元集团签订东梓关休闲小镇项目】 2018年6月16日，东梓关特色休闲小镇项目签约仪式在场口镇举行。东梓关特色休闲小镇将以富春山水为灵魂，以东梓关古村落为核心，以中医养生等为产业支撑，以休闲度假为最终目的，初步规划建设有小镇客厅、开元观堂文化主题酒店、开元芳草地度假酒店及房车酒店、东梓关农耕文化园等不同业态，首期配套占地规模约18.67公顷，首期酒店客房数约170间，投资规模约3亿元。

【场口客运站启用】 2018年6月，场口公交站正式启用，用地面积2万平方米，建筑面积5700平方米，工程投资3465万元，按三级客运站标准建设。同时开通场口公交站—富阳客运西站A线、场口公交站—富阳客运西站B线、场口公交站—富阳客运南站、场口公交站—桐庐深澳客运站等4条公交线路。

【“最多跑一次”改革深入推进】 7月11日，富阳区行政服务中心场口分中心正式投入运行，首批进驻28个行政审批窗口、169项审批事项，场口镇本级和水务、电力、燃气、华数、移动、电信、联通等7个公共服务单位的34项公共服务事项也在分中心实行一站式办理。

【场口社区卫生服务中心升格为富阳区第四人民医院】 至2018年底，中心累计投资700余万元，引进了16排CT、胃镜等先进的医疗设备48件，医疗服务能力大大提升。通过医联体建设的深入推进，区四院有区一院派出的常驻专家2名，各科专家480人次每周定期坐诊，并对医务人员进行业务指导，技术能力有了明显的提升。投资30余万余创建了优生优育优教指导中心；45万元完成杭州市十大民生工程杭州市急救中心富阳分中心场口急救点提升工程建设。社区卫生服务中心升格为富阳区第四人民医院。

（陈沈和）

·常安镇·

【概况】 常安镇位于富阳区南部，距区政府所在地21千米。全境地域总面63.84平方千米，行政村16个，村民小组264个。年底总户数7625户，总人口25315人，其中城镇人口2282人。工业增加值25339.7万元，全年实现财政总收入5336.17万元。农村经济总收入218982万元，农民人均收入24826元。

年底耕地面积874公顷，其中水田面积770公顷。粮食总产量409.7万千克。农机总动力1万千瓦。公路通车里程72.28千米，行政村等级公路通达率100%。水利投工2.6万工，投资458万元。完成环境污染治理项目5个，投资额104万元。存栏生猪2200头，出栏肉猪 6510头，存栏家禽25000羽，出栏家禽44000羽。水产品养殖面积9.6公顷，水产品产量81万千克。绿化造林353公顷，封山育林2953公顷。水果种植面积207公顷，水果产量411万千克。茶园面积108公顷，茶叶产量10.2万千克。工业企业总数72家，其中规模以上工业企业7家。自营出口3712万美元。小学1所，在校小学生391人，入学率100%；幼儿园1所，在园幼儿191人。社区卫生服务中心1家，卫生室9个。全年出生240人，计划生育率99%。初级卫生保健普及率100%。自来水普及率100%。固定电话用户1674户，因特网用户1092户。参加城乡居民养老保险3168人。参加城乡居民基本医疗保险13776人。最低生活保障救助人数582。农户新建房屋114户，建筑面积37986平方米。

【各行政村基本情况】 （见表48）

【通过小城镇环境综合整治省级验收】 1月18日，常安镇迎来了小城镇环境综合整治省级验收组的到

2018 年常安镇各行政村基本情况

表48

村　名	户数（户）	人口（人）	农村经济总收入（万元）	农村经济费用（万元）	农村经济净收入（万元）	农民人均收入（元）
项　家	273	916	3697	1075	2622	28974
礼　门	330	1113	4483	1658	2825	27179
小　剡	553	1758	18675	14762	3913	21604
大　田	615	2281	19650	16683	2967	21903
安　禾	1076	3584	24782	17402	7380	22391
沧　洲	701	2226	11333	7546	3787	21137
东　风	516	1665	14288	11556	2732	21021
幸　福	616	2060	34295	29238	5057	21015
董　家	444	1459	21731	17578	4153	25271
横　溪	265	862	14305	10713	3592	44698
东山下	374	1305	4810	2113	2697	25525
横　槎	747	2648	31504	26268	5236	20174
杏梅坞	244	760	4348	1433	2915	38329
景　山	292	906	3558	779	2779	32373
东村坞	261	818	3364	883	2481	34046
五　胜	309	959	4159	1548	2611	31116

来，通过一年的整治攻坚，1800 吨垃圾，1200 处牛皮癣，250 个自制花盆，100 处绿植花圃，以粮仓广场为中心，老街、新街、桐常线为轴，三十年未变的常安集镇完成了美丽“蝶变”，一座历史悠久，人文底蕴深厚的小镇以崭新的面貌迎接考核，得到了认可，成功通过验收。

【与杭州戏剧家协会签署文化共建协议】 6 月 8 日上午，常安镇（东风村滚龙坞戏剧团）与杭州市戏剧家协会友好互助，举行文化共建签约仪式，并对滚龙坞戏剧团进行授牌，作为以后大力扶持的对象。二十世纪五六十年代，滚龙坞自然村的几位戏曲爱好者就已自发成立了一支戏曲队，从最初的滚龙坞剧团到乡村俱乐部再到东风越剧团，经历三十载，红极一时，名声在外。但在 1984 年，因为一次演出途中车子侧翻事故，造成胶状的所有物品报废，损失惨重，剧团也被迫解散。在越剧团老班底 32 年的坚守付出和广大村民的共同努力下，2016 年该剧团得以重建。

【建党 97 周年系列活动】 “七一”前夕，对各村部分建国前老党员、特困人员党员、因病因灾致贫党员进行走访慰问；结合“百千万”蹲点调研工作，对全镇 16 个行政村和两新组织党建进行大走访大调研；各行政村对本村三务公开栏、村级台账先期自查，各村团长、指导员后续督查；6 月 28 日，210 人参加“我为七一献热血”的无偿献血活动，其中党员 83 人，献血总量达 45860 毫升；6 月 29 日“一江两路”党建示范带第二期互学互比活动来到安禾村；七一前后，“美丽庭院”擂台赛，热火朝天开展房前屋后大美化。

【景山阻击战纪念公园开园】 景山阻击战纪念公园项目总投资 215 万元，用地面积 0.32 公顷，建筑面积 214.40 平方米，3 月开工，12 月一期工程全部完工，并成功开园，受到浙江省黄埔同学会、上级台办、统战部门高度认可，成为抗日战争胜利浙江受降纪念馆的组成部分之一。（胡明建）

·环山乡·

【概况】 2018年，环山乡总面积38.52平方千米，行政村7个，村民小组113个。年底总户数3965户，总人口12927人，其中乡村人口12927人。全年实现工农业总产值327401万元，按可比价格计算，比上年增长2%；其中工业总产值320835万元，农业总产值6566万元。全年实现财政总收入26100万元，其中一般公共预算收入4503万元。农村经济总收入469372万元，农村经济净收入52907万元。农民人均收入32553元。

年底耕地面积792.5公顷，其中水田面积735.2公顷。粮食总产量659.3万千克。农机总动力1.52万千瓦。水利投工312万工，投资650万元。完成环境污染治理项目3个，投资额1850万元。存栏生猪910头，出栏肉猪6400头，存栏家禽2.3万羽，出栏家禽16.6万羽。水产品养殖面积3.2公顷，水产品产量58.7万千克。绿化造林35公顷，封山育林2454公顷。水果种植面积27.5公顷，水果产量 85.2万千克。茶园面积32.2公顷，茶叶产量9万千克。工业企业总数45家，从业人员1578人，其中规模以上工业企业5 家，实现产值21.59亿元、销售21.88亿元、利润总额3.17亿元。

中学1所，在校中学生760人；小学1所，在校小学生534人；幼儿园1所，在园幼儿245人。社区卫生服务中心1家，卫生服务站4个。全年出生124人，计划生育率98%。固定电话用户2106户，移动电话用户3288户，因特网用户2315户。参加城乡居民养老保险225人。参加城乡居民基本医疗保险7269人。最低生活保障救助人数230人。农户新建房屋67户，建筑面积24120平方米。

【各行政村基本情况】 （见表49）

【小城镇整治工作】 围绕“一年通过验收、二年结合产业规划再提升、三年见成效”的目标，全力打造“兴业富民的活力小镇”。累计拆除危旧房、附房、彩钢等建筑物705处，拆除面积40000余平方米，清运垃圾18000余吨，清除空中污点6500余处。完成总投资4170万元的67个项目，新建厕所1处，新增集镇绿化面积6208平方米，停车位250个，安装电子监控18处，路灯152盏，集镇内部道路沥青铺设30533平方米。12月19日，小城镇整治工作顺利通过省级验收并获得了“省级样板”称号。

【招商引资有突破】 通过市场化运作方式，盘活国有资产，引入社会资本招引项目，增加集镇业态，吸引集镇人气，在原供销社拆除位置引进的投资2000万元的乡镇文化综合体项目并动工建设。利用功能区低效土地引进抱团科技，项目总投资1亿，预计年销售产值10亿，创税1亿元以上；10月，和力勤投资有限公司签订投资10亿元的意向协议－诸佳坞田园综合体项目。

2018年环山乡各行政村基本情况

表49

村　名	户数（户）	人口（人）	农村经济总收入（万元）	农村经济总费用（万元）	农村经济净收入（万元）	农民人均收入（元）
中埠	475	1460	61649	55621	6028	32253
诸佳坞	586	2086	101981	91525	10456	33739
中兴	684	2303	88009	77692	10317	32776
环一	500	1678	65856	58788	7068	32983
环二	343	1182	45496	40564	4932	31453
环三	349	1155	51902	47065	4837	31638
环联	888	2836	54479	45210	9269	32203

【顺利通过国家卫生乡创建杭州市初验】 按照“六个有”和“三字经”要求，持续打好五水共治、治危拆违、两路两侧整治、环境整治等组合拳，共集中整治156次，督查61次，完成整治点位1550处，开展环境整治大比武四期，顺利通过国家卫生乡创建杭州市初验，乡域环境面貌全面提升。（骆鸿群）

·龙门镇·

【概况】 2018年，龙门镇总面积27.30平方千米，辖行政村4个，村民小组72个。年底总户数2539户，总人口7257人，其中城镇人口7257人。全年实现工农业总产值38586万元，按可比价格计算，比上年减少15.9%；其中工业总产值28020万元，农业总产值10566万元。全年实现财政总收入1510万元。农村经济总收入64681万元，农村经济净收入18241万元。农民人均收入30988元。

2018年底，耕地面积238.2公顷。粮食总产量253万千克。农机总动力2540千瓦。水利投资70万元。完成环境污染治理项目1个，投资额60万元。存栏生猪200头，出栏肉猪258头，存栏家禽0.23万羽，出栏家禽0.27万羽。水产品养殖面积4.5公顷，水产品产量23.2万千克。绿化造林3公顷，封山育林130公顷。水果种植面积85公顷，水果产量195.6万千克。茶园面积62公顷，茶叶产量12.1万千克。工业企业总数14家，从业人员313人，其中规模以上工业企业3家，实现产值1.9亿元、销售1.8亿元、利润总额0.02亿元。

小学1所，在校小学生170人；幼儿园1所，在园幼儿129人。社区卫生服务中心1家，卫生室1个。全年出生72人，计划生育率98.8%。参加城乡居民养老保险586人。参加城乡居民基本医疗保险3866人。最低生活保障救助人数295人。农户新建房屋17户，建筑面积1980平方米。

【各行政村基本情况】 （见表50）

【龙门镇通过小城镇环境综合整治省级验收】 1月19日，浙江省小城镇环境综合整治验收组领导专家到龙门镇，对该镇小城镇整治工作进行验收。验收组对龙门镇一年来的整治工作成效表示了肯定，同时指出了工作中存在的不足，并对古镇环境整治和旅游发展工作提出了一些意见建议。2017年，龙门镇按照区委、区政府关于小城镇环境综合整治工作的总体部署，以“打造环境、发展旅游、造福百姓”为工作目标，全力建设古镇特色的“美丽城镇、美丽乡村、美丽经济”。全年共计投入资金2253万元，开展道路、线路、立面、农贸市场等整治项目11个，使古镇的整体环境和集镇功能有了大幅提升，为打造具有影响力的“中国历史文化名镇”提供了有力支撑。

【龙门镇建起面筋清洗坊】 面筋是龙门的风味小吃，一直以来受到广大游客的喜爱，也是古镇百姓增收致富的重要来源之一。但是在清洗面筋时，会产生白色污染，到了夏季容易发酵发臭，影响了古镇环境，为此龙门镇特别争取到区环保局环保生态项目，建设了面筋坊统一定点清洗面筋，并于1月9日正式启用。龙门几乎家家户户都做面筋，而每50斤面粉大约能洗出20公斤面筋，其余30公斤左右都被水带走，在河中清洗会造成一定的白色污染。

2018年龙门镇各行政村基本情况

表50

村　名	户数（户）	人口（人）	农村经济总收入（万元）	农村经济总费用（万元）	农村经济净收入（万元）	农民人均收入（元）
龙门一村	604	1807	15720	11234	4486	31093
龙门三村	553	1650	14547	10244	4303	30875
龙门五村	505	1526	13130	9174	3956	30882
龙门七村	815	2081	17819	12893	4926	31069

面筋坊总投资56万多元，设有清洗池、沉淀池、干晒池、停车棚和洗手间，可供20人同时洗面筋，洗面筋用水全部来自自来水，经过沉淀后，接入污水管网，不影响河道和周边环境。清洗坊建设完成后，龙门镇委托第三方进行专人管理，完善清洗坊管理制度、管理员岗位职责、标牌标识等内容，利用村规民约和食品生产经营管理法律法规，全面动员商户、农户到面筋清洗坊统一进行清洗，提高该生态项目投入资金绩效。

【“文心依然”富阳第六届文人画展龙门开幕】 2月11日上午，“文心依然”富阳第六届文人画展在龙门美术馆开幕。区委常委、宣传部长夏芬，区政协副主席蒋建明参加开幕式。本次活动由区委宣传部、区文联、龙门镇政府共同主办，旨在将艺术与城乡风景和发展相结合，以文人画为载体展现富阳的人文魅力。富阳文人画展已经连续举办了五届，今年是第六届，本次画展是整个“文人画”交流工程的又一次展示。2017年上半年，富阳本地有影响力的实力派画家，深入基层开展采风写生活动，收集创作素材。本次展出的60余幅作品都是画家们依托地方特色，结合实际生活，以龙门古镇和富春江两岸为素材的创作力作。本次画展为期一个月，春节期间也将对外开放。

【廉政文化长廊“清风廊”建成开放】 新春伊始，龙门镇廉政文化长廊“清风廊”正式对外开放，为古镇文化礼堂和浙江省廉政文化教育基地再添新景。2017年11月，龙门镇党委政府决定开设以新时代廉政文化为主题的“清风廊”，集中展示十八大以来从严治党的相关法纪法规和中央、本土廉政建设新动态，以进一步延续古镇勤廉文脉，教育并激励广大党员干部继往开来，激浊扬清，推动古镇持续更好发展。“清风廊”位于龙门古镇“党建三馆”之一“正身馆”东侧长廊内。全长15米，由12个板块组成，每个板块设计成仿古菠萝格木框灯箱，顶上悬挂写有习近平总书记关于党风廉政建设金句的大红灯笼，走廊两端设水墨壁画、紫竹假山等小品。

【省委常委、省纪委书记、省委组织部部长任振鹤调研龙门】 5月18日下午，省委常委、省纪委书记、省委组织部部长任振鹤到富阳调研党风廉政建设工作推进情况。区领导朱党其、胡志明陪同调研。任振鹤一行实地踏看了龙门古镇党建三馆。任振鹤对龙门镇将古镇文化特色与党建工作相结合的做法表示了肯定，同时指出，一个地区实现科学发展的关键就是党建保障，要始终坚持“党建强、发展强”的理念，严格落实主体责任、监督责任，确保区委巡察、基层巡察和派驻检查实现“三个全覆盖”，强化巡视成果综合运用，实现全面从严治党向纵深推进。

【央视《国宝档案》栏目组走进龙门】 8月，中央电视台中文国际频道《国宝档案》栏目组走进龙门，进行了节目取景拍摄。龙门古镇以规模宏大、保存完好的江南地区最大明清古镇建筑群和千余年一直繁衍生息的孙权后裔最大聚居地这两个独一无二的元素，吸引了《国宝档案》栏目来此寻宝。这也是该栏目组近期拍摄的《国宝档案——家在钱塘》系列节目之一。栏目组先后走访古镇的孙氏宗祠、百狮厅、工部、义门等地，对彝鼎留芳牌匾、孙氏宗谱等进行了取景拍摄。10月19日，中央电视台中文国际频道（CCTV-4）《国宝档案》栏目播出了《家在钱塘——孙权后人在龙门》。讲述了在中国浙江省杭州市一个叫龙门的地方。中央电视台中文国际频道（CCTV-4）《国宝档案》是一档弘扬中国传统文化、展现中华五千年悠久历史的文化专题栏目，通过讲述一个个国宝文物及其背后的故事，将悠久灿烂的中华传统文化形象生动展现给观众，在海内外有广泛影响。

【华数电视智慧龙门云平台发布】 12月15日，由富阳龙门镇政府主办，富阳华数承办的“党建引领 乡村振兴 智慧龙门 古韵新声”华数电视智慧龙门云平台发布会在龙门驿雷迪森庄园成功举办。此次发布会上，华数电视智慧龙门云平台正式亮相，该平台是由龙门镇政府与华数公司共同打造，华数公司将广播电视网、移动互联网、物联网、云计算等信息技术手段运用于龙门古镇“乡村振兴”建设，真正做到“民有所需，我有所应”，为农村群众提供丰富多彩的政务、电子商务、教育、金融、生活资讯等各种智慧信息资源，协助推动龙门古镇农村建设信息化、智慧化发展步伐。（金露洁）

·湖源乡·

【概况】 湖源乡位于富阳区南部，距区政府所在地33千米。全境地域总面积125.86平方千米，行政村10个，村民小组107个。年底总户数4492户，总人口15398人，其中乡村人口15398人。2018年全年实现工农业总产值6675万元，其中工业总产值62471万元，农业总产值4284万元。全年实现财政总收入3749万元。农村经济总收入89404万元，农村经济净收入15409万元，农民人均收入24613元。

2018年年底，耕地面积576公顷，其中水田面积220公顷。粮食总产量220.9万千克。水利投资500万元，完成环境污染治理项目2个，投资额30万元。存栏生猪666头，出栏肉猪1247头，存栏家禽3万羽，出栏家禽8.1万羽。绿化造林85公顷，封山育林8740公顷。水果种植面积97.87公顷，水果产量445.6万千克。茶园面积35.6公顷，茶叶产量3.04万千克。工业企业总数45家，其中规模以上工业企业4家。工业产品销售收入6475万元，产销率97%。小学1所，在校小学生151人，入学率100%；幼儿园1所，在园幼儿65人。社区卫生服务中心1家，卫生室9个。全年出生113人，计划生育率97.7%。初级卫生保健普及率93.2%。自来水普及率100%。参加城乡居民基本医疗保险8443人，最低生活保障救助人数454人。

【各行政村基本情况】 （见表51）

【窈口村“同文书院”落成】 2018年2月，“同文书院”落成仪式在湖源乡窈口村举行，志在弘扬传统文化，聚集优秀人才。“同文书院”来源历史悠久，清乾隆年间，潘元公经营元书纸业同文号，后发家致富，因此富甲一方，相继建造树滋堂南书房大楼，为后辈科举及第打好基础，诚聘世交儒生董邦达授课子弟，经董先生命名为“同文书院”。“同文书院”在当时的成立为窈口一带积累了丰富的文化底蕴，输出了大批人才。但南书房大楼在九五年的火灾中损毁，为了挖掘和发扬传统文化，振兴“同文”名号，湖源乡在友于堂二楼重新成立“同文书院”。

【湖源乡首届乡游大会召开】 2018年7月，“山水之间 自在源乡”湖源乡2018首届乡游大会“亲近壶源溪”系列活动在湖源乡上臧村举行。此次湖源乡乡游大会系列活动，以“山水之间、自在源乡”为主题，以体验“别样湖源多彩文化”为主线，将湖源的元书纸非遗文化、石头花开公益文化、湖源乡土文化和金萧支队红色文化等串联起来，使传统文化传承、保护与发展乡村旅游休闲产业等相融合，彰显乡村、乡音、乡恋、乡愁，让农民展示淳朴的乡村文化，让城里人记得住乡愁，促旅游开发、农

2018年湖源乡各行政村基本情况

表51

村　名	户数（户）	人口（人）	农村经济总收入（万元）	农村经济总费用（万元）	农村经济净收入（万元）	农民人均收入（元）
新一	224	837	22938	21815	1123	25617
新二	545	2010	6506	3997	2509	26927
新三	715	2638	10355	7918	2437	24677
常南	415	1450	2835	1558	1277	24056
新绿	345	1214	5828	4612	1216	24658
双喜	628	2409	17802	15607	2195	27167
杨家坞	440	1628	3448	2526	922	22025
石龙	396	1365	2932	1857	1075	22684
上臧	197	682	11893	10629	1264	23504
窈口	366	1285	4867	3476	1391	25457

业增产、农民增收，化美丽资源为美丽经济，进而实现乡村振兴。

【成功获评全省小城镇环境综合整治行动第一批省级样板】 2018年9月，湖源乡在省级小城镇整治年中集中考核验收中高分通过，获评省级样板。湖源乡小城镇环境综合整治范围为湖源乡新一村，规划面积0.54平方公里。在整治工作中，湖源乡以“多、快、好、省”四字为本推进工作，强化环境整治，全面攻克线乱拉、低散乱、水域整治等重点工作，深入挖掘地域元素，描绘独特乡愁风味，放大山水特色。

【窈口村被评定为浙江省休闲旅游示范村】 2018年12月，湖源乡窈口村被评定为浙江省休闲旅游示范村，是富阳区此次上榜的四个村之一。窈口村位于富阳最南端，与诸暨、浦江、桐庐为邻，距富阳区中心39公里。村内生态资源丰富，山清水秀，自然条件十分优越。村中民风淳朴，红色文化、古建筑文化、宗祠文化、群众文化底蕴深厚，是国家级文明村、省级AAA级景区村落、美丽宜居村、农家乐特色村。近年来，窈口村在村支两委带领下，坚持“走山水路、打绿色牌、建宜居村”的经营理念，挖掘资源，提升环境，因地制宜发展美丽乡村游，走出了一条生态得保护、群众得实惠的可持续发展的美丽乡村建设之路，受到上级领导、新闻媒体、社会各界的广泛关注。

乡游大会启动仪式

（湖源乡 供稿）

【湖源乡上臧村被认定为AAA级景区】 2018年12月，湖源乡上臧村被认定为AAA级景区，是富阳此次被认定为的7个村之一。上臧村位于湖源乡中部，因背靠绵延群山，拥得风景秀丽的壶源溪，自然景致得天独厚，素有富阳“小九寨”的美名。自2017年夺得“美丽乡村擂台赛比武”擂主村后，乡、村两级借势发力，规划先行，将资源优势转化为产业优势和经济效益。通过村集体流转土地新建创意田园项目，开发水上娱乐项目和民宿，进一步丰富乡村旅游产业业态，带旺村庄人气。（凌晓飞）

【编 辑 陈炜祥】

名　录

·先进集体·

【国家级和国家属部门级先进集体】

先进集体单位	先进集体称号	颁奖单位
富阳区	全国基层中医药工作先进单位	国家中医药管理局办公室
区看守所	2017 年度全国一级看守所	公安部
区规划局	《富阳区龙门镇镇域总体规划（2015—2030）》荣获 2018 年度全国优秀城乡规划设计二等奖	中国城市规划协会
区森林公安局	集体二等功	国家林业和草原局森林公安局
区法院	全国“两会”新闻舆论工作先进集体	最高人民法院
区法院刑庭	人民法院刑事案件认罪认罚从宽制度试点工作先进集体	最高人民法院
区检察院	2018 年度全国检察宣传先进单位	检察日报社
灵桥镇人民调解委员会	坚持发展“枫桥经验”实现矛盾不上交试点工作表现突出先进集体	国家司法部
常安镇	全国红十字防灾避险知识竞赛二等奖	中国红十字会总会
龙门镇	全国红十字防灾避险知识竞赛三等奖	中国红十字会总会
区工贸资产集团	富春山馆项目荣获 2018 年度绿色施工科技示范工程优秀项目	国家住房城乡建设部
区工贸资产集团	富春山馆项目荣获 2017—2018 年度中国安装工程优质奖	中国安装协会
区工贸资产集团	富春山馆项目荣获 2017—2018 年度中国建筑工程装饰奖	中国建筑装饰协会

【省级和省属部门级先进集体】

先进集体单位	先进集体称号	颁奖单位
富阳区	2018 年度美丽浙江建设（生态文明示范创建行动计划）工作考核优秀单位	浙江省委、省政府
富阳区	浙江省食品安全县（市、区）	浙江省食品安全委员会办公室
富阳区	浙江省平安创建“十四连冠”	平安浙江建设工作领导小组
富阳区	2018 年度小城镇综合整治工作优秀单位	浙江省城乡环境整治工作领导小组

续表

先进集体单位	先进集体称号	颁奖单位
杭州市公安局富阳区分局	2018年度全省扫黑除恶专项斗争先进集体	浙江省委、省政府
杭州市公安局富阳区分局	2018年度全省公安信访工作考核县级优秀单位	浙江省公安厅
杭州市公安局富阳区分局	2018年度全省公安队伍正规化建设优秀单位	浙江省公安厅
杭州市公安局富阳区分局	2018年度全省公安机关执法质量优秀单位	浙江省公安厅
杭州市公安局富阳区分局	全省公安机关第二届信息化实战应用模型创新大赛优胜奖——务工人员帮教服务一体化管理模型	浙江省公安厅
区看守所	2018年度多年安全无事故监管场所	浙江省公安厅
杭州市公安局富阳分局场口派出所	全省二级公安派出所	浙江省公安厅
杭州市公安局富阳分局三山派出所	全省二级公安派出所	浙江省公安厅
杭州市公安局富阳分局银湖派出所	全省二级公安派出所	浙江省公安厅
杭州市公安局富阳分局城南派出所	全省二级公安派出所	浙江省公安厅
杭州市公安局富阳分局常安派出所	全省二级公安派出所	浙江省公安厅
杭州市公安局富阳分局龙门派出所	全省二级公安派出所	浙江省公安厅
环山乡	2018年度小城镇环境综合整治省级样板	浙江省城乡环境整治工作小组
春建乡	2018年度小城镇环境综合整治省级样板	浙江省城乡环境整治工作小组
驻区看守所检察室	全省检察机关派驻监管场所二级规范化检察室	浙江省人民检察院
区财政局	2018年度全省财政管理绩效考评县（市、区）财政局优秀单位	浙江省财政厅
区财政局	2017年度会计管理工作县级优秀单位	浙江省财政厅
区财政局	2017年度全省基层财政管理工作优秀单位	浙江省财政厅
区财政局	2017年度会计管理工作县级优秀单位	浙江省财政厅
区城建集团鹿山新区建设有限公司	江滨西大道景观一期省18年优秀园林工程金奖	浙江省风景园林协会
区城建集团鹿山新区建设有限公司	富阳市行政服务中心迁建工程室外配套工程获浙江省园林绿化工程安全文明施工标准化工地	浙江省风景园林协会
杭州市富阳区水务有限公司	2017年度世行项目推进工作先进单位	世行贷款浙江农村生活污水处理系统及饮水工程建设项目办
区信访局	无信访积案区、零非访	浙江省信访工作领导小组

续表

先进集体单位	先进集体称号	颁奖单位
区民政局	全省先进县（市、区）民政局	浙江省民政厅
区移民局	全省先进县（市、区）移民管理机构	浙江省水库移民安置办公室
区科协	2018年全省科协工作考核优秀单位	浙江省科学技术协会
区检察院	2018年度全省检察机关民事行政诉讼监督精品案件	浙江省人民检察院
常安镇	浙江省卫生镇	浙江省爱国卫生运动委员会
龙门镇	浙江省卫生镇	浙江省爱国卫生运动委员会
胥口镇	2018年度小城镇环境综合整治省级样板	浙江省城乡环境整治工作领导小组
海正药业（杭州）有限公司企业技术中心	浙江省2018年度（第25批）省级企业技术中心	浙江省经济和信息化厅、浙江省财政厅、国家税务总局浙江税务局、中华人民共和国杭州海关
洞桥镇	2018年度浙江省美丽乡村示范乡镇	浙江省“千村示范、万村整治”工作协调小组办公室
洞桥镇贤德集镇	2018年度小城镇环境综合整治第二批省级样板	省城乡环境整治工作领导小组办公室
大源镇劳动人事争议调解中心	2018年度浙江省劳动纠纷多元化解机制建设成效显著单位	浙江省人力资源和社会保障厅办公室
大源镇劳动人事争议调解中心	2018年度浙江省劳动人事争议基层调解优秀单位	浙江省劳动人事争议仲裁委员会
大源镇	浙江省森林城镇	浙江省关注森林组织委员会
银湖街道办事处	“浙江省民间文化艺术之乡”	浙江省文化和旅游厅
银湖街道办事处	“梦幻银湖、三美乡村”全国故事征文大赛优秀组织奖	《山海经》杂志社
万市镇妇联	2018年浙江省先进妇女组织	浙江省妇女联合会
区规划局	《杭州富阳江南新区总体规划修编》荣获2018年度浙江省优秀城乡规划设计二等奖	浙江省城市规划学会
区规划局	《富阳区新登镇湘溪村“美丽乡村”建设规划》荣获2018年度浙江省优秀城乡规划设计三等奖	浙江省城市规划学会
区史志办公室	全省地方志工作“十业十佳”	浙江省地方志办公室

【市级先进集体】

先进集体单位	先进集体称号	颁奖单位
杭州市富阳区森林公安局	杭州市模范集体	杭州市委、市政府
常安镇	杭州市2018年度无邪教乡镇创建工作	杭州市政府
区农业农村局	获2018年度杭州市高质量高水平推进农村人居环境提升行动成绩突出集体嘉奖	杭州市政府

·先进个人·

【国家级和国家属部门级先进个人】

姓名	单位	先进称号	颁奖单位
楼　君	富阳区农业技术推广中心林业站	全国林业系统先进工作者	全国人力资源社会保障部和国家林业局
章振乐	富春七小	2018 年度“全国环境你教育百强人物”	环境教育杂志社 环境教育专家委员会
赵国栋	杭州富阳正大彩印有限公司	《临安县志》纯手工宣纸影印荣获“第八届中国（浙江）工艺美术精品博览会”上获得“银奖”	中国轻工业联合会

【省级和省属部门级先进个人】

姓　名	单位或地址	先进称号	颁奖单位
臧湖军	区政府办公室	2018 年度政务信息工作先进个人	浙江省政府办公厅
褚小刚	区环保局	“千万工程”美丽浙江建设三等功	浙江省政府
王　峥	区环保局	“千万工程”美丽浙江建设通报表扬	浙江省委、省政府
楼小锋	区环保局	“千万工程”美丽浙江建设通报表扬	浙江省委、省政府
方忠民	区环保局	“千万工程”美丽浙江建设通报表扬	浙江省委、省政府
		2018 年度全省环境监察执法工作先进个人	浙江省环境执法稽查总队
金军锋	区环保局	2018 年度全省环境监察执法工作先进个人	浙江省环境执法稽查总队
颜宇东	区发展和改革局	浙江省“万名好党员”	浙江省委组织部
胡海燕	春建乡	浙江省“万名好党员”	浙江省委组织部
陈海飞	杭州市公安局富阳区分局	浙江省“万名好党员”	浙江省委组织部
陈荣富	杭州市公安局富阳区分局	2018 年全省“创文明交通、治秩序乱象”系列行动成绩突出个人	浙江省公安厅
吕　盼	杭州市公安局富阳区分局	2018 年全省“创文明交通、治秩序乱象”系列行动成绩突出个人	浙江省公安厅
沃雷波	杭州市公安局富阳区分局	2018 年度破获重大外汇违法犯罪案件表现突出个人	浙江省公安厅、浙江省外汇局
邵顺磊	杭州市公安局富阳区分局	2018 年浙江省打击整治假币违法犯罪专项行动成绩突出个人	浙江省公安厅、中国人民银行杭州支行
金健勇	杭州市公安局富阳区分局	一等功	浙江省公安厅
王民祥	杭州市公安局富阳区分局	二等功	浙江省公安厅
陈雄明	杭州市公安局富阳区分局	二等功	浙江省公安厅

续表

姓　名	单位或地址	先进称号	颁奖单位
应　鑫	杭州市公安局富阳区分局	2018年系列重大活动安保工作想表现突出个人（第五期）	浙江省公安厅
徐　胤	杭州市公安局富阳区分局	2018年系列重大活动安保工作想表现突出个人（第七期）	浙江省公安厅
詹军华（协警）	杭州市公安局富阳区分局	2018年度全省110接警岗位能手	浙江省公安厅
蒋　超	杭州市公安局富阳区分局	2018年度“千名好民警　（辅警）”	浙江省公安厅
朱丹群	杭州市公安局富阳区分局	2018年度“千名好民警　（辅警）”	浙江省公安厅
许　峰	杭州市公安局富阳区分局	2018年度“千名好民警　（辅警）”	浙江省公安厅
陈洪迪	杭州市公安局富阳区分局	2018年度“千名好民警　（辅警）”	浙江省公安厅
盛垚军	杭州市公安局富阳区分局	2018年度“千名好民警　（辅警）”	浙江省公安厅
毛华松	杭州市公安局富阳区分局	2018年度“千名好民警　（辅警）”	浙江省公安厅
谭　鑫	杭州市公安局富阳区分局	2018年度“千名好民警　（辅警）”	浙江省公安厅
赵增兵	杭州市公安局富阳区分局	2018年度“千名好民警　（辅警）”	浙江省公安厅
王建明（辅警）	杭州市公安局富阳区分局	2018年度“千名好民警　（辅警）”	浙江省公安厅
陆国洪	区检察院	全省检察机关羁押必要性审查精品案件	浙江省人民检察院
张梦曦	区检察院	全省第二届未检业务竞赛能手	浙江省人民检察院
屠亦真	区检察院	“我与检察共成长”征文三等奖	浙江省人民检察院
俞　敏	区检察院	2018年度全市民事行政检察优秀调研成果（三等奖）	浙江省人民检察院
陆国洪	区检察院	全省羁押必要性审查精品案件	浙江省人民检察院
俞　敏	区检察院	全省检察理论研究人才	浙江省人民检察院
张　联	区财政局	浙江省“万名好党员”	浙江省委组织部
蒋中兴	区城建集团	浙江省“万名好党员”	浙江省委组织部
蔡军华	杭州富阳水务有限公司	2017年度世行项目推进工作先进个人	世行贷款浙江农村生活污水处理系统及饮水工程建设项目办

续表

姓　名	单位或地址	先进称号	颁奖单位
蒋　臻	区城市管理局	2018年度最美建设人	浙江省住房和城乡建设厅办公室
张　辰	区森林公安局	浙江省森林资源保护管理工作实出贡献个人	浙江省政府
骆震旦	区农业和林业局	浙江省森林资源保护管理工作实出贡献个人	浙江省政府
钱海平	区农业和林业局	浙江省农业技术推广贡献奖	浙江省农业厅
裘雪龙	区农业技术推广中心	浙江省农业丰收项目三等奖	浙江省农业厅
章钢明	区农业技术推广中心	浙江省成绩突出科技特派员	浙江省科技厅
周建花	区民政局	浙江省“万名好党员”	浙江省委组织部
史久西	亚林所	美丽浙江建设突出贡献个人奖	浙江省委、省政府
叶淑媛	亚林所	浙江省成绩突出科技特派员	浙江省委、省政府
李晓刚	区农办	获浙江省“千村示范、万村整治”工程和美丽浙江建设突出贡献先进个人奖	浙江省委
倪建东	区农办	“千村示范、万村整治”工程和 美丽浙江建设突出贡献个人二等功	浙江省政府
包萍亚	区农办	浙江省“千村示范、万村整治”工程和美丽浙江建设突出贡献个人三等功	浙江省政府
陆小荣	大源镇政府	2018年度全省劳动人事争议基层调解优秀个人	浙江省劳动人事争议仲裁委员会
陈旭明	银湖街道办事处	浙江省乡镇文化员才艺大赛金奖	浙江省文化和旅游厅

【杭州市级先进个人】

姓　名	单位或地址	先进称号	颁奖单位
陈苏英	区应急管理局	杭州市2017年度平安工作先进个人	杭州市委、市政府
田　媛	区农业农村局	获2018年度杭州市高质量高水平推进农村人居环境提升行动成绩突出个人嘉奖	杭州市政府
刘　军	洞桥镇政府	2018年杭州市高质量高水平推进农村人居环境提升行动先进个人	杭州市政府
姜朝伟	银湖街道办事处	评为2018年度扩大有效投资推进重点项目建设先进个人	杭州市政府

附　录

·新任区领导简历·

魏　东　男，汉族，1971年7月出生，吉林长春人。1990年7月参加工作，1998年2月加入中国共产党，东北师范大学在职研究生学历。曾任长春市劳动和社会保障局养老保险处副处长、医疗保险处副处长、工伤保险处副处长、工伤保险处处长，长春市人力资源和社会保障局工伤保险处处长、财务处处长，长春市人力资源和社会保障局副局长、杭州市富阳区委常委、副区长。

喻乃群　男，汉族，1971年12月出生，浙江杭州人。1993年8月参加工作，2000年8月加入中国共产党，中央党校大学学历。曾任富阳市环保局副局长、党组成员，胥口镇党委副书记、镇长、党委书记、人大主席，大源镇党委书记，杭州市富阳区大源镇党委书记、东洲街道党工委书记，杭州市富阳区江南新城（区）建设管委会党委书记、主任，杭州市富阳区政府党组成员、副区长。

侯明平　男，汉族，1973年5月出生，陕西石泉人。1994年5月加入中国共产党，中央党校大学学历。1992年12月应征入伍，在新疆军区某部服役。2012年8月转业至新疆阿克苏地区招商局，现任阿克苏地区招商局副局长。2018月4月由国家三部委（中组部、统战部、民宗委）选派，作为东西部交流干部到浙江省杭州市富阳区挂职，任富阳区副区长。

·重要文件目录·

【中共富阳区委文件】

序号	文号	文件标题
1	富委〔2018〕1号	关于以党的十九大精神为指引拥抱富春江拥抱大都市拥抱新时代全力加快建设富裕阳光的大都市新型城区的决议
2	富委〔2018〕2号	关于深入推进安全生产领域改革发展的实施意见
3	富委〔2018〕3号	关于富阳区杭州市管干部2017年度考核等次评定建议的报告
4	富委〔2018〕5号	关于贯彻落实新时代党的建设总要求不断提高机关党的建设质量的意见
5	富委〔2018〕6号	中共杭州市富阳区委批转团区委《关于召开杭州市富阳区青年联合会第五届委员会第一次全体会议的请示》的通知
6	富委〔2018〕8号	关于表彰2017年“转型发展攻坚硬仗”先进集体和先进个人的通报
7	富委〔2018〕9号	关于印发《2018年度区级机关单位综合考评办法》的通知
8	富委〔2018〕10号	关于印发《2018年度乡镇（街道）综合考评办法》的通知
9	富委〔2018〕12号	关于印发《杭州市富阳区试行街道人民议事会议制度的实施意见》的通知
10	富委〔2018〕14号	关于进一步加强高层次人才及团队引进培养若干意见
11	富委〔2018〕15号	关于给予杨利学等116名同志记三等功奖励的通报

续表

序号	文号	文件标题
12	富委〔2018〕16 号	关于印发《杭州市富阳区乡村振兴行动计划（2018—2020 年）》的通知
13	富委〔2018〕17 号	关于加强新时代城市基层党建工作的实施意见
14	富委〔2018〕18 号	关于给予孙浩等 175 名同志表彰奖励的通报
15	富委〔2018〕19 号	关于解放思想转变作风增强本领打好硬仗为加快高质量转型融入大都市增添强大动力的决议
16	富委〔2018〕20 号	关于扎实推进清廉富阳建设的实施意见
17	富委〔2018〕21 号	批转团区委《关于召开中国少年先锋队杭州市富阳区第十次代表大会的请示》的通知
18	富委〔2018〕23 号	批转区红十字会《杭州市富阳区红十字会第七次会员代表大会方案》的通知

【富阳区人大常委会文件】

序号	文号	文件标题
1	富人大〔2018〕1 号	关于表彰 2017 年度区十六届人民代表大会优秀代表的决定
2	富人大〔2018〕2 号	关于表彰 2017 年度全区乡镇（街道）人大代表工作优秀单位的决定
3	富人大〔2018〕3 号	杭州市富阳区人大常委会任命名单（洪世平）
4	富人大〔2018〕4 号	杭州市富阳区人大常委会关于接受裘富水同志辞去杭州市富阳区人民政府副区长职务的决定
5	富人大〔2018〕5 号	杭州市富阳区人大常委会关于喻乃群同志任杭州市富阳区人民政府副区长的决定
6	富人大〔2018〕6 号	杭州市富阳区人大常委会任命名单（白国海等）
7	富人大〔2018〕7 号	杭州市富阳区人大常委会关于实施政府民生实事项目人大代表票决制的决定
8	富人大〔2018〕8 号	杭州市富阳区第十六届人大常委会第九次会议纪要
9	富人大〔2018〕9 号	杭州市富阳区人大常委会 2018 年工作要点
10	富人大〔2018〕10 号	杭州市富阳区第十六届人大常委会第十次会议纪要
11	富人大〔2018〕11 号	“杭州市富阳区人大常委会关于接受吕建明、俞兴军、桑晓霞同志请求辞去杭州市富阳区第十六届人大常委会委员职务的决定”
12	富人大〔2018〕12 号	杭州市富阳区人大常委会任免名单（倪洪水等）
13	富人大〔2018〕13 号	杭州市富阳区人大常委会任免名单（陆文孝等）
14	富人大〔2018〕14 号	杭州市富阳区第十六届人大常委会第十一次会议纪要
15	富人大〔2018〕16 号	杭州市富阳区人大常委会关于侯明平同志任杭州市富阳区人民政府副区长的决定
16	富人大〔2018〕18 号	杭州市富阳区人大常委会任免名单（丁海平等）
17	富人大〔2018〕19 号	杭州市富阳区人大常委会关于调整代表资格审查委员会组成人员的决定
18	富人大〔2018〕20 号	杭州市富阳区人大常委会关于接受吕建明等同志辞去富阳区第十六届人民代表大会代表职务的决定
19	富人大〔2018〕21 号	杭州市富阳区人大常委会关于补选杭州市富阳区第十六届人民代表大会代表的决定
20	富人大〔2018〕22 号	关于印发《杭州市富阳区人民代表大会代表议案和建议处理办法》（修改稿）的通知

续表

序号	文号	文件标题
21	富人大〔2018〕23号	关于富阳生态文明建设示范区规划的审议意见
22	富人大〔2018〕24号	关于对固体废物污染环境防治“一法一条例”贯彻实施情况的审议意见
23	富人大〔2018〕25号	杭州市富阳区第十六届人大常委会第十二次会议纪要
24	富人大〔2018〕26号	关于对《中华人民共和国中医药法》贯彻实施情况的审议意见
25	富人大〔2018〕27号	杭州市富阳区人大常委会关于批准杭州市富阳区2017年财政决算的决议
26	富人大〔2018〕28号	“关于杭州市富阳区2017年财政决算及2017年度财政预算执行和其他财政收支情况审计工作报告的审议意见”
27	富人大〔2018〕29号	关于杭州市富阳区2018年部分政府投资项目计划调整的审议意见
28	富人大〔2018〕30号	杭州市富阳区第十六届人大常委会第十三次会议纪要
29	富人大〔2018〕31号	关于对区政府法治宣传教育工作情况报告的审议意见
30	富人大〔2018〕32号	关于对消除集体经济相对薄弱村工作开展情况的审议意见
31	富人大〔2018〕33号	杭州市富阳区人大常委会关于补选杭州市富阳区第十六届人民代表大会代表的决定
32	富人大〔2018〕34号	杭州市富阳区人大常委会关于政府民生实事项目人大代表专项监督办法（试行）
33	富人大〔2018〕35号	“杭州市富阳区人大常委会关于接受杨俊、潘璀玮等2名同志辞去杭州市富阳区人民政府副区长职务的决定”
34	富人大〔2018〕36号	杭州市富阳区人大常委会任命名单（张生良）
35	富人大〔2018〕37号	杭州市富阳区人大常委会任免名单（韩辉等）
36	富人大〔2018〕38号	杭州市富阳区人大常委会任命名单（张梦曦）
37	富人大〔2018〕39号	杭州市富阳区第十六届人大常委会第十四次会议纪要
38	富人大〔2018〕40号	杭州市富阳区人大常委会关于确定人民陪审员名额的决议
39	富人大〔2018〕41号	杭州市富阳区第十六届人大常委会第十五次会议纪要
40	富人大〔2018〕42号	关于杭州市富阳区人民法院执行工作情况报告的审议意见
41	富人大〔2018〕43号	关于杭州市富阳区国民经济和社会发展第十三个五年规划中期评估报告的审议意见
42	富人大〔2018〕44号	杭州市富阳区人大常委会关于批准2018年财政收支预算调整的决议
43	富人大〔2018〕45号	“杭州市富阳区人大常委会关于接受陈军峰等同志辞去富阳区第十六届人民代表大会代表职务的决定”
44	富人大〔2018〕46号	杭州市富阳区人大常委会关于补选杭州市富阳区第十六届人民代表大会代表的决定
45	富人大〔2018〕47号	杭州市富阳区人大常委会任命名单（蒋寿南）
46	富人大〔2018〕48号	杭州市富阳区人大常委会任免名单（郑金林等）
47	富人大〔2018〕49号	杭州市富阳区人大常委会免职名单（叶胤）
48	富人大〔2018〕50号	杭州市富阳区第十六届人大常委会第十六次会议纪要
49	富人大〔2018〕51号	杭州市富阳区人大常委会关于补选杭州市富阳区第十六届人民代表大会代表的决定
50	富人大〔2018〕52号	“杭州市富阳区人民代表大会常务委员会关于召开杭州市富阳区第十六届人民代表大会第三次会议的决定”

续表

序号	文号	文件标题
51	富人大〔2018〕53号	杭州市富阳区人大常委会关于魏东同志任杭州市富阳区人民政府副区长的决定
52	富人大〔2018〕54号	关于表彰2018年度区人大代表履职积极分子的决定
53	富人大〔2018〕55号	杭州市富阳区人大常委会关于表彰区十六届人大二次会议代表优秀建议的决定
54	富人大〔2018〕56号	杭州市富阳区第十六届人大常委会第十七次会议纪要

【富阳区人民政府文件】

序号	文号	文件标题
1	富政〔2018〕1号	关于印发杭州市富阳区人民政府工作规则试行的通知
2	富政〔2018〕2号	关于印发浙江省杭州市富阳区矿产资源规划的通知
3	富政〔2018〕3号	关于进一步促进开放型经济发展的若干意见试行
4	富政〔2018〕4号	关于印发富阳区造纸制造业改造提升实施方案2017—2020年的通知

【中共富阳区委办公室文件】

序号	文号	文件标题
1	富委办〔2018〕1号	关于印发朱党其同志在区委一届三次全体（扩大）会议上的报告的通知
2	富委办〔2018〕2号	关于印发《中央环境保护督察组富阳区整改工作领导小组工作方案》的通知
3	富委办〔2018〕3号	关于深入开展2018年“春风行动”的通知
4	富委办〔2018〕4号	关于印发《杭州市富阳区农村集体“三资”规范化管理办法》的通知
5	富委办〔2018〕5号	关于富阳区富春街道城中村改造试点工作的指导意见
6	富委办〔2018〕8号	关于调整杭州市富阳区国家卫生城市复评工作领导小组的通知
7	富委办〔2018〕9号	关于2017年度区级机关单位综合考评结果的通报
8	富委办〔2018〕10号	关于2017年度乡镇（街道）单位综合考评结果的通报
9	富委办〔2018〕11号	关于印发《杭州市富阳区食品安全党政同责实施意见》的通知
10	富委办〔2018〕12号	关于深入开展2018年领导干部接待群众工作的通知
11	富委办〔2018〕13号	关于印发《中共杭州市富阳区委常委会2018年工作要点》的通知
12	富委办〔2018〕14号	转发《中共杭州市委办公厅关于印发《关于进一步落实全面从严治党主体责任》的意见的通知
13	富委办〔2018〕15号	关于开展第三轮“联乡结村”活动的实施意见
15	富委办〔2018〕17号	关于建立撤村进社区股份经济合作社换届选举工作领导小组的通知
16	富委办〔2018〕18号	关于认真做好全区撤村进社区股份经济合作社换届选举工作的意见
17	富委办〔2018〕24号	关于转发省委办公厅省政府办公厅《浙江省审计整改责任追究办法（试行）》的通知
18	富委办〔2018〕25号	关于印发《杭州市富阳区政协2018年度协商计划》的通知
19	富委办〔2018〕26号	关于印发《杭州市富阳区政协2018年度民主监督计划》的通知
20	富委办〔2018〕27号	关于举办2018富春江运动节系列活动的通知

续表

序号	文号	文件标题
21	富委办〔2018〕28 号	关于调整杭州市富阳区人才工作领导小组成员的通知
22	富委办〔2018〕29 号	关于印发《2018 年杭州市富阳区普法教育依法治理工作要点》的通知
23	富委办〔2018〕30 号	杭州市富阳区 2018 年度政党协商计划
24	富委办〔2018〕31 号	关于 2017 年度富阳区招商引资工作考核情况的通报
25	富委办〔2018〕32 号	关于转发《区委宣传部、区委组织部关于做好（习近平谈治国理政）第二卷学习宣传工作的通知》的通知
26	富委办〔2018〕33 号	关于印发《中共杭州市富阳区委理论学习中心组 2018 年学习计划》的通知
27	富委办〔2018〕34 号	关于印发杭州市富阳区国有房产清查处置工作总体方案的通知
28	富委办〔2018〕35 号	关于开展 2018 扩大有效投资暨项目攻坚竞赛活动的通知
29	富委办〔2018〕36 号	关于区委办领导班子成员分工的通知
30	富委办〔2018〕38 号	关于建立服务企业发展联席会议制度的通知
31	富委办〔2018〕39 号	关于进一步强化 2018 年度城乡组团竞赛活动的通知
32	富委办〔2018〕40 号	关于开展全区服务企业百日专项行动的通知
33	富委办〔2018〕41 号	关于印发《富阳区 2018 年落实全面从严治党主体责任组织领导和责任分工》的通知
34	富委办〔2018〕42 号	关于加快一二三产深度融合助推美丽经济发展的实施意见
35	富委办〔2018〕43 号	关于进一步推进全区撤村进社区股份经济合作社规范化运转工作的实施意见
36	富委办〔2018〕44 号	关于加快富阳江南新城转型发展的若干意见
37	富委办〔2018〕45 号	关于建立重点企业服务专员制度的通知
38	富委办〔2018〕46 号	关于印发《杭州市富阳区激励干部干事创业勇于担当容错免责实施办法》的通知
39	富委办〔2018〕47 号	关于建立退役士兵社会化服务工作区领导联系制度的通知
40	富委办〔2018〕48 号	印发《关于开展全面从严治党“主体责任深化年”活动实施方案》的通知
41	富委办〔2018〕49 号	印发《杭州市富阳区“清廉村社”建设实施意见》的通知
42	富委办〔2018〕50 号	关于开展纪念中国共产党成立 97 周年系列活动的通知
43	富委办〔2018〕51 号	关于印发《杭州市富阳区关于实施乡镇（街道）生态环保目标和生态环境质量考核评价工作的意见》的通知
44	富委办〔2018〕52 号	关于印发《富阳区贯彻落实中央环境保护督察反馈意见整改方案》的通知
45	富委办〔2018〕53 号	富阳区行业领军人才建设五年行动计划
46	富委办〔2018〕54 号	关于印发《2018 年度区领导重点调研课题》的通知
47	富委办〔2018〕55 号	关于开展“大学习、大调研、大抓落实”活动的通知
48	富委办〔2018〕57 号	关于印发《2018 年杭州市富阳区招商引资考核办法》的通知
49	富委办〔2018〕58 号	关于调整富阳区招商引资委员会成员和下设机构的通知
50	富委办〔2018〕59 号	关于建立区领导联系招商项目工作机制的通知
51	富委办〔2018〕60 号	关于印发《富阳区开展“青山白化”专项整治工作实施方案》的通知
52	富委办〔2018〕61 号	关于进一步推进专职社区工作者队伍建设的实施意见
53	富委办〔2018〕62 号	关于调整富阳经济技术开发区新区建设指挥部组成人员的通知

续表

序号	文号	文件标题
54	富委办〔2018〕63 号	关于加快推进公共法律服务体系建设实施意见的通知
55	富委办〔2018〕64 号	印发《关于进一步把社会主义核心价值观融入法治富阳建设的实施意见》的通知
56	富委办〔2018〕65 号	关于印发《杭州市富阳区 2018 年度区机机关法治宣传教育责任清单》的通知
57	富委办〔2018〕66 号	关于印发《杭州市富阳区基层统战工作规范化建设实施方案（试行）》的通知
58	富委办〔2018〕67 号	关于印发《杭州市富阳区推进农村人居环境提升三年行动方案》的通知
59	富委办〔2018〕68 号	关于印发朱党其同志在区委一届四次全体（扩大）会议上的报告的通知
60	富委办〔2018〕69 号	关于印发《富阳—缙云山海协作工程责任分解》的通知
61	富委办〔2018〕70 号	关于印发《富阳区消防安全工作岗位职责规定》的通知
62	富委办〔2018〕71 号	关于开展富阳区中央环保督察信访件整改落实（督办）工作的通知
63	富委办〔2018〕72 号	关于实行文明创建分片包干负责制的通知
64	富委办〔2018〕73 号	关于进一步加强和改进离退休干部工作的实施意见
65	富委办〔2018〕74 号	关于建立杭州市富阳区乡村振兴工作领导小组的通知
66	富委办〔2018〕75 号	关于印发《关于深化湖长制的实施意见》的通知
67	富委办〔2018〕77 号	关于进一步激励干部新时代新担当新作为加快高质量转型融入大都市的实施意见
68	富委办〔2018〕79 号	关于印发在省委第五巡视组巡视杭州市富阳区工作动员会上讲话要点的通知
69	富委办〔2018〕80 号	印发《关于深化大调解工效作体系有效预防化解社会矛盾的实施意见》的通知
70	富委办〔2018〕82 号	关于印发《富阳区再生资源回收实施方案》的通知
71	富委办〔2018〕83 号	关于印发《富阳区党委（党组）理论学习中心组学习实施细则》的通知
72	富委办〔2018〕84 号	关于成立富阳区城市国际化推进工作委员会的通知
73	富委办〔2018〕86 号	关于成立杭州市富阳区“城市大脑”工作推进领导小组的通知
74	富委办〔2018〕87 号	关于创建国家生态文明建设示范区的实施意见

【富阳区人民政府办公室文件】

序号	文号	文件标题
1	富政办〔2018〕1 号	关于印发杭州市富阳区重特大燃气安全事故处置应急预案的通知
2	富政办〔2018〕2 号	关于印发杭州市富阳区粮食安全应急预案的通知
3	富政办〔2018〕3 号	关于进一步加强居民建房管控区管理的实施意见
4	富政办〔2018〕4 号	关于实施村级留用地消化利用专项行动的通知
5	富政办〔2018〕5 号	富阳区特殊教育三年提升计划 2018—2020 的通知
6	富政办〔2018〕6 号	关于印发杭州市富阳区学前教育第二轮三年行动计划 2018—2020 的通知
7	富政办〔2018〕7 号	关于切实做好 2018 年春节期间富阳区主城区禁止销售燃放烟花爆竹管理工作的通知
8	富政办〔2018〕8 号	关于调整杭州市富阳区高层次创新创业人才 5110 计划政策若干意见的通知
9	富政办〔2018〕9 号	关于开展 2018 年度“局长接听日”活动的通知
10	富政办〔2018〕10 号	关于印发 2018 年政府工作报告重点工作责任分解的通知

续表

序号	文号	文件标题
11	富政办〔2018〕11号	关于分解落实2018年市区两级政府民生实事项目任务的通知
12	富政办〔2018〕12号	关于印发《富阳区第一届富春山居乡村百花大会实施方案》的通知
13	富政办〔2018〕13号	关于印发《富阳区机关事业单位办公用房管理办法试行》的通知
14	富政办〔2018〕14号	关于进一步加强防雷减灾工作的通知
15	富政办〔2018〕15号	关于印发2018年富阳区全面深化生活垃圾三化四分工作实施方案的通知
16	富政办〔2018〕16号	关于印发2018年杭州市富阳区深化“最多跑一次”改革工作要点的通知
17	富政办〔2018〕17号	关于印发富阳区2018年度地质灾害防治方案的通知
18	富政办〔2018〕18号	关于印发《富阳区房屋征迁工作经费管理办法》的通知
19	富政办〔2018〕19号	关于成立杭州富阳文化旅游投资集团有限公司的通知
20	富政办〔2018〕20号	关于印发《富阳区房屋征迁中介机构监督管理办法试行》的通知
21	富政办〔2018〕21号	关于开展富阳区拥江发展美丽乡村精品村创建活动的通知
22	富政办〔2018〕22号	关于开展富阳区拥江发展美丽乡村精品村创建活动的通知
23	富政办〔2018〕23号	杭州市富阳区第二次全国污染源普查工作方案
24	富政办〔2018〕24号	关于印发富阳区国有土地使用权出让收支管理办法的通知
25	富政办〔2018〕25号	关于印发富阳经济技术开发区“一城一带5100”计划实施方案的通知
26	富政办〔2018〕26号	关于贯彻《杭州市爱国卫生条例》进一步加强爱国卫生工作的通知
27	富政办〔2018〕27号	关于印发杭州市富阳区行政服务中心场口分中心组建方案的通知
28	富政办〔2018〕28号	关于转发富阳农商银行乡村振兴金融服务工程行动计划2018—2020年的通知
29	富政办〔2018〕29号	关于消防工作三年行动计划2018—2020年的通知
30	富政办〔2018〕30号	关于开展第四次经济普查的通知
31	富政办〔2018〕31号	关于2018年部分区重点项目实行指挥长制度的通知
32	富政办〔2018〕32号	关于开展中小学教师“区管校聘”管理改革工作的实施意见试行
33	富政办〔2018〕33号	关于同意富春街道秋丰村等村（组）不需确权、暂缓确权及确权确股不确地的通知
34	富政办〔2018〕34号	关于印发富阳区全面推进“浙江制造”品牌培育试点工作实施方案的通知
35	富政办〔2018〕35号	关于加强耕地保护和改进占补平衡的实施意见
36	富政办〔2018〕36号	关于加快推进农村饮用水保障工作的实施意见
37	富政办〔2018〕37号	关于印发杭州市富阳区夏季高峰有序供水应急预案的通知
38	富政办〔2018〕38号	转发区审计局区财政局关于富阳区政府投资项目工程竣工结算审查与监督办法的通知
39	富政办〔2018〕39号	关于印发富阳区创新强省农业科技（循环有机农业）示范试点工作方案的通知
40	富政办〔2018〕40号	关于印发富阳区农村公厕建设改造工作实施方案的通知
41	富政办〔2018〕41号	关于印发富阳区排污口（源）专项整治工作方案的通知
42	富政办〔2018〕42号	关于富阳区十三五规划中期评估工作实施方案的通知
43	富政办〔2018〕43号	关于印发富阳区落实消防安全责任实施办法的通知
44	富政办〔2018〕44号	关于印发富阳区“污水零直排区”建设行动方案的通知
45	富政办〔2018〕45号	关于印发进一步加快文化产业发展的的若干意见试行的通知

续表

序号	文号	文件标题
46	富政办〔2018〕46号	关于进一步明确消防设施设备维修申请使用物业专项维修资金相关程序的通知
47	富政办〔2018〕47号	关于印发富阳区2018年依法行政工作要点的通知
48	富政办〔2018〕48号	关于开展担档破难、大抓落实专项行动的通知
49	富政办〔2018〕49号	关于印发杭州市富阳区农（林）自用船舶管理办法的通知
50	富政办〔2018〕50号	印发富阳区退役军人和其他优抚对象信息采集工作方案、退役军人和其他优抚对象信息采集工作第一阶段实施细则的通知
51	富政办〔2018〕51号	关于印发《杭州市富阳区卫生健康事业发展三年行动计划2018—2020年》的通知
52	富政办〔2018〕52号	关于印发杭州市富阳区管网天然气供应应急预案的通知
53	富政办〔2018〕53号	关于印发杭州市富阳区地铁建设施工区域专项管理实施方案的通知
54	富政办〔2018〕54号	关于进一步规范区政府领导批示件办理工作的通知
55	富政办〔2018〕55号	关于印发富阳区地质灾害和废弃矿山自然生态环境治理工作实施意见的通知
56	富政办〔2018〕56号	杭州市富阳区人民政府办公室关于转发《杭州市人民政府关于在市场体系建设中建立公平竞争审查制度的实施意见》的通知
57	富政办〔2018〕57号	印发富阳区“大棚房”问题专项清理整治行动实施方案的通知
58	富政办〔2018〕58号	富阳经济技术开发区“区域环评+环境标准”改革实施方案的通知
59	富政办〔2018〕59号	关于公布第六批气象灾害防御重点单位的通知
60	富政办〔2018〕60号	关于印发富阳区仿制药质量和疗效一致性评价奖励办法的通知
61	富政办〔2018〕61号	关于印发富阳区环境污染和生态破坏突发公共事件应急预案的请示
62	富政办〔2018〕62号	关于公布2018年杭州市富阳区高新潜力企业名单的通知
63	富政办〔2018〕63号	关于印发杭州市富阳区职业病防治规划2018—2020年的通知
64	富政办〔2018〕64号	杭州市富阳区农村自备供水工程建设管理办法和杭州市富阳区农村自备供水工程三年行动
65	富政办〔2018〕65号	关于印发《杭州市富阳区高新技术企业培育三年行动计划2018—2020年》的通知
66	富政办〔2018〕66号	关于印发富阳区既有多层住宅加装电梯实施细则的通知
67	富政办〔2018〕67号	关于做好农村宅基地使用权及住房确权登记发证工作的通知
68	富政办〔2018〕68号	关于印发富阳区建设高品质“四好农村路”实施意见的通知
69	富政办〔2018〕69号	关于进一步做好富阳区非洲猪瘟防控工作的紧急通知
70	富政办〔2018〕70号	关于成立富阳区水上搜救中心的通知
71	富政办〔2018〕71号	关于印发富阳区集中式地表水饮用水水源地突发环境事件应急预案的通知